Philippe Masson

A SEGUNDA GUERRA MUNDIAL

HISTÓRIA E ESTRATÉGIAS

La Seconde Guerre Mondiale © Editions Tallandier, 2003

Direitos para publicação no Brasil adquiridos pela
Editora Contexto (Editora Pinsky Ltda.)

Foto de capa
Fuzileiros americanos desembarcando
em Guadalcanal, 1942

Montagem de capa e diagramação
Gustavo S. Vilas Boas

Preparação de textos
Lilian Aquino

Revisão
Priscila Pereira Mota

Revisão técnica
Luciano Pinto

Tradução
Angela M. S. Corrêa

Dados Internacionais de Catalogação na Publicação (CIP)
(Câmara Brasileira do Livro, SP, Brasil)

Masson, Philippe, 1928-2005.
A Segunda Guerra Mundial / Philippe Masson ; [tradução
Ângela M. S. Corrêa]. – 1. ed., 6ª reimpressão. – São Paulo :
Contexto, 2017.

Título original : La Seconde Guerre Mondiale.
ISBN 978-85-7244-467-5

1. Guerra Mundial, 1939-1945 I. Título.

10-01054	CDD-940.53

Índices para catálogo sistemático:
1. Guerra Mundial, 1939-1945 : História   940.53

2017

EDITORA CONTEXTO
Diretor editorial: *Jaime Pinsky*

Rua Dr. José Elias, 520 – Alto da Lapa
05083-030 – São Paulo – SP
PABX: (11) 3832 5838
contato@editoracontexto.com.br
www.editoracontexto.com.br

Sumário

PRIMEIRA PARTE
DA CONDUÇÃO DA GUERRA 11
Vom Kriege.. 13
Nêmesis 37

SEGUNDA PARTE
ESTRATÉGIA E TÁTICA... 61
Forças e fraquezas da Blitzkrieg.. 63
A impossível guerra-relâmpago.. 111
Mar contra terra 137
Uma nova dimensão da potência marítima............................... 183

TERCEIRA PARTE
AS CONTROVÉRSIAS... 205
O bombardeio estratégico 207
A guerrilha... 239
A informação... 267

QUARTA PARTE
ECONOMIA, MORAL E COMANDO 293
Das armas e dos exércitos.. 295
Os homens 331
Generais e chefes de guerra.. 371

QUINTA PARTE
AS FRENTES INTERNAS 407
As retaguardas 409
Conclusão: da guerra à paz 453

SÍNTESE CRONOLÓGICA 475

Introdução: a marcha para a guerra 477

A Blitzkrieg 479
  A campanha da Polônia 479
  A guerra no oeste: setembro de 1939-maio de 1940 480
  A Guerra da Finlândia 480
  A campanha da Noruega 482
  A campanha da França 483
  As repercussões da queda da França no plano internacional 491

A Grã-Bretanha sozinha na luta 495
  Primeiras fases da Batalha da Inglaterra:
    10 de julho-6 de setembro de 1940 495
  7 de setembro de 1940-16 de maio de 1941:
    Blitz sobre Londres, continuação e final da Batalha da Inglaterra .. 497
  Guerra no Mediterrâneo 498
  Início da campanha da Líbia: 12-18 de setembro de 1940 499
  Guerra na África Oriental: 14 de julho-19 de agosto de 1940 499
  A Alemanha e o Mediterrâneo 500
  Início da Guerra Ítalo-grega:
    28 de outubro-29 de dezembro de 1940 500
  Ataque aeronaval contra Tarento: 11-12 de novembro de 1940 501
  Guerra na África Oriental: 18 de janeiro-27 de novembro de 1941 502
  A ofensiva de Wavell na Líbia:
    9 de dezembro de 1940-8 de fevereiro de 1941 503
  O juramento de Kufra: 2 de março de 1941 503
  Intervenção britânica na Grécia: março de 1941 504
  Batalha de Matapan: 28 de março de 1941 504
  Intervenção alemã na Líbia: 24 de março-17 de junho de 1941 506
  Campanha dos Bálcãs 507
  Batalha de Creta: 20 de maio-1º de junho de 1941 508
  Campanha da Síria: 7 de junho-14 de julho de 1941 509
  A Batalha do Atlântico, 1940-1941 511
  O início do bombardeio estratégico 513

A guerra torna-se mundial 515
  Início do ataque alemão contra a União Soviética.
    Operação Barbarossa: 22 de junho de 1941 515
  Campanha da Líbia. Operação Crusader:
    18 de novembro de 1941-4 de fevereiro de 1942 517
  Primeira batalha no golfo de Sirta: 17 de dezembro de 1941 518
  Ataque italiano contra Alexandria: 18-19 de dezembro de 1941 519
  Segunda batalha no golfo de Sirta: 22 de março de 1942 519

Pacífico e Extremo Oriente..520
Pearl Harbor..520
Conquista da Malásia e queda de Cingapura:
dezembro de 1941-fevereiro de 1942 521
Queda de Bataan e de Corregidor: abril-maio de 1942 522
Conquista das Índias Holandesas: janeiro-março de 1942 523
Conquista da Birmânia: janeiro-maio de 1942 525
Desembarque britânico em Diego Suarez, Madagascar.
Operação Ironclad: 5-8 de maio de 1942 526
Ocupação de Madagascar:
10 de setembro-5 de novembro de 1942....................................526
As últimas vitórias do Eixo 529
O apogeu da Batalha do Atlântico 529
Os comboios de Murmansk...530
O bombardeio estratégico..530
Guerra no leste 531
Aïn-Gazala-Bir Hakeim: 26 de maio-21 de junho de 1942.............534
O ataque aéreo sobre o Egito: 1º de julho-7 de setembro de 1942 ..535
As operações Harpoon e Vigorous: 12-16 de junho de 1942...........536
Operação Pedestal: 10-15 de agosto de 1942 536
A mudança da maré 539
Frente Oriental 539
Norte da África. A Batalha de El-Alamein:
23 de outubro-4 de novembro de 1942 540
Desembarques anglo-americanos no norte da África.
Operação Torch: 8 de novembro de 1942 541
A reação do Eixo: 9-30 de novembro de 1942................................543
Afundamento da frota francesa em Toulon.
Operação Lila: 27 de novembro de 1942 543
Batalha do mar de Coral: 6-8 de maio de 1942 544
Batalha de Midway: 4-6 de junho de 1942 546
Campanha de Guadalcanal: agosto de 1942-fevereiro de 1943........547
O Reich na defensiva...553
Conferência de Casablanca-Anfa: 13-24 de janeiro de 1943 553
A virada da Batalha do Atlântico 553
Ofensiva aérea sobre a Alemanha..555
Recuo alemão na Frente Oriental 556
Fim da presença do Eixo no norte da África: primavera de 1943 ...557
Operação Corkscrew: 11-12 de junho de 1943 559
Desembarque aliado na Sicília. Operação Husky:
10 de julho de 1943 559

Campanha da Sicília. O recuo ítalo-alemão no Etna:
14-24 de julho de 1943 560
Fim da campanha da Sicília: 25 de julho-17 de agosto de 1943.......561
Desembarques aliados no sul da Itália: 3-20 de setembro de 1943..562
Liberação da Córsega. Operação Vesúvio:
9 de setembro-5 de outubro de 1943............................563
O atolamento da campanha da Itália 564
A operação Shingle e as batalhas do Monte Cassino:
18 de janeiro-12 de maio de 1944 565
Derrota britânica no Dodecaneso:
8 de setembro-28 de novembro de 1943 568
Ofensiva americana no sudoeste do Pacífico
e no Pacífico Central: fevereiro de 1943-janeiro de 1944 568

1944 – A decisão...575
No Atlântico 575
A ofensiva aérea 575
As Baby Blitz 576
O desembarque aliado na Normandia.
Operação Overlord: 6 de junho de 1944 577
A Batalha da Normandia..578
A liberação de Paris: 25 de agosto de 1944 580
Resistência e libertação...581
Desembarque na Provença.
Operação Dragoon: 15 de agosto de 1944 582
Operação Diadem e tomada de Roma:
12 de maio-4 de junho de 1944 583
Campanha da Itália. A exploração em direção ao Arno:
5 de junho-4 de agosto de 1944 585
Na Frente Oriental 585
A aviação estratégica 586
Conquista das Marianas e Batalha das Filipinas:
junho-julho de 1944 587
Reconquista das Filipinas e batalha aeronaval de Leyte:
outubro de 1944-setembro de 1945...............................589
A batalha aeronaval de Leyte: 24-26 de outubro de 1944..............591

O último estertor e o afundamento final...............................595
A recuperação alemã: setembro de 1944 595
Market-Garden: 17-25 de setembro de 1944............................596
A liberação do estuário do Escalda: outubro-novembro de 1944 597
A batalha da fronteira do Reich: novembro-dezembro de 1944 598
A recuperação alemã na Itália..598

O restabelecimento da Frente Oriental..599
Contraofensiva alemã nas Ardenas: 16-19 de dezembro de 1944....599
Segunda fase da Batalha das Ardenas.
    A recuperação dos Aliados: 20-26 de dezembro de 1944.............601
Bastogne e Estrasburgo: janeiro de 1945......................................602
Redução do "bolsão" de Colmar:
    20 de janeiro-9 de fevereiro de 1945 603
Ofensiva soviética em direção ao Oder:
    12 de janeiro-16 de fevereiro de 1945......................................603
Inverno de 1944-1945. A guerra aérea prossegue
    numa violência crescente...604
No Atlântico 604
A batalha da margem esquerda do Reno:
    8 de fevereiro-21 de março de 1945..605
A travessia do Reno: 22-31 de março de 1945..............................605
A ofensiva aliada na Alemanha:
    final de março-8 de maio de 1945...606
Vitória final na Itália: 9 de abril-2 de maio de 1945 607
A queda de Berlim: 21 de abril-2 de maio de 1945.......................608
A capitulação. Reims e Berlim: 8-9 de maio de 1945....................609
Conquista de Iwojima: fevereiro-março de 1945...........................609
Campanha de Okinawa: abril-junho de 1945 611
Camicase.. 613
A campanha da Birmânia: 1942-1945 615
O Japão sitiado... 615
Hiroshima e Nagasaki: 6-9 de agosto de 1945 617
Campanha da Manchúria: 9-25 de agosto de 1945 619
A capitulação japonesa: 6 de agosto-2 de setembro de 1945...........620

BIBLIOGRAFIA 623

Esta obra divide-se em dois blocos.
O primeiro deles, o mais importante, consiste em um estudo analítico da guerra
de acordo com as grandes orientações estratégicas e táticas, os cenários das operações,
o alto-comando, os combatentes, as populações etc.
No segundo bloco, apresenta-se uma síntese cronológica que torna possível situar, com
relação aos fatos militares, os principais acontecimentos políticos e diplomáticos aos
quais se faz alusão nas cinco partes do primeiro bloco, em alguns casos de maneira resumida.

PRIMEIRA PARTE

DA CONDUÇÃO DA GUERRA

Vom Kriege...

Muito mais do que a Primeira, a guerra de 1939-1945 merece sem dúvida alguma ser chamada de mundial. Propagou-se por toda a Europa, desde o cabo Norte até a Sicília, de Brest ao Volga. Entrou pelo norte da África antes de estender-se ao Oriente Próximo e de atingir uma grande parte do Extremo Oriente e do Pacífico. As operações que ocorreram em tais teatros de guerra foram favorecidas por novos sistemas de armas que surgiram, revolucionando os recursos táticos e estratégicos. Tal como o havia idealizado Ludendorff em 1918, a guerra foi total. Mobilizou todas as forças morais e físicas dos beligerantes com a implantação de sistemas de propaganda e de economias de guerra.

Finalmente, o segundo conflito mundial foi absoluto não só pela amplidão dos massacres sistemáticos, pelo emprego de meios de destruição maciços ou pela irrupção das paixões, mas também pelo seu desfecho. Contrariamente ao que parecia constituir uma tradição, a guerra não se encerrou por uma paz negociada, ou mesmo ditada, mas pela capitulação total dos vencidos. Fenômeno sem precedente na história moderna dos países civilizados. Diante desse desfecho, não se pode deixar de pensar em Clausewitz, embora com reservas. Contrariamente à crença dominante, o autor de *Vom Kriege* (*Da guerra*) não fornece nenhuma receita. Sobre a guerra controlada ou a escalada dos extremos, ele não é o apóstolo em que se acredita. Ele se esforçou em explorar as duas vias que comandam necessariamente a evolução de um conflito.[1]

Nessas condições, o desfecho da Segunda Guerra Mundial seria o resultado de uma derrapagem, de uma perda de rumo, do extremismo que espreita todo conflito e conduz ao engajamento total dos beligerantes? Inversamente, esse desfecho pode aparecer como o efeito de uma intenção bem enraizada, de uma ligação intencional

---

[1] CLAUSEWITZ (Karl von), *De la guerre*, Éditions de Minuit, Paris, 1955. [Tradução francesa de *Vom Kriege*.]

entre o *Zweck* e o *Ziel*, entre o objetivo político e o objetivo militar. Em vez da paz negociada, os adversários do Reich e do Japão teriam optado desde o início pela vitória absoluta, pela paz cartaginesa, aquela que deixa aos vencidos, segundo o adágio romano, apenas os olhos para chorar.[2]

Antes de responder a essas questões, cabe retornar às origens dessa guerra. Em setembro de 1939, diferentemente do que se vê em agosto de 1914, as responsabilidades parecem nitidamente definidas. As do III Reich, de Hitler, em particular, são esmagadoras. Foi em consequência de toda uma série de ataques e após a agressão à Polônia que as democracias ocidentais, com a paciência esgotada, decidem declarar guerra à Alemanha.

Sessenta anos depois, o historiador não pode deixar de manifestar seu assombro diante da incrível mansidão das potências ocidentais, que assistem, anos a fio sem reagir, ao desmoronamento do edifício do Tratado de Versalhes – ao qual, entretanto, se mostram profundamente apegadas, e o qual parece constituir a principal garantia de sua segurança.

É com surpresa que se constata, ainda, a habilidade diabólica com que Hitler consegue, sem disparar um único tiro de fuzil, desmantelar o Tratado de Versalhes, impor o rearmamento do Reich, a remilitarização da Renânia, a anexação da Áustria (a "Anschluss"), a anexação dos Sudetos e a decomposição da Tchecoslováquia pelo Golpe de Praga em março de 1939. Ao longo desse período, a Europa parece fascinada, petrificada, incapaz de reagir. A passividade da França constitui um mistério, uma vez que nos anos 1920 ela não hesitara em reagir através de represálias, como a ocupação do vale do Ruhr, às menores transgressões ao tratado de paz por parte da Alemanha.

É forçoso reconhecer que Hitler foi muito hábil em explorar determinados fatores e tirar partido do estado de espírito e das opiniões dos dirigentes dos países europeus da época. Soube jogar com as ambiguidades e contradições da conferência sobre o desarmamento, para reivindicar e finalmente impor a igualdade de direitos, isto é, o restabelecimento da potência militar de um Reich decidido a não mais se submeter a um estatuto discriminatório e permanente.

Hitler soube, igualmente, jogar com o princípio do direito dos povos de dispor de si mesmos na questão dos Sudetos tanto quanto na da Áustria. Cabe lembrar que essa anexação já tinha sido pedida desde 1919 diretamente por Berlim e Viena, antes de se tornar objeto, em 1931, de uma proposta indireta, sob a forma de uma união aduaneira.

---

[2] A oposição entre *Zweck* e *Ziel* foi objeto de uma análise minuciosa em Aron (R.), *Penser la guerre*, Paris, Gallimard, t. I, pp. 405-406. Ver também Masson (Ph.), *De la mer et de sa stratégie*, Paris, Tallandier, 1986, p. 82 e ss. [N. T.: conforme se lê à p. 56 da presente obra, *Ziel* designa o objetivo político, e *Zweck* o objetivo militar.]

Essa política foi facilitada pelo caráter heterogêneo e, por conseguinte, pela fragilidade dos Estados oriundos da decomposição do Império dos Habsburgos, como a Tchecoslováquia, e que pareciam uma Áustria-Hungria em miniatura. Tchecos e eslovacos, que se opunham no plano político e cultural, perfaziam apenas dois terços do conjunto da população, em choque com minorias fortes, constituídas de sudetos, poloneses, húngaros ou rutenos. Nas fronteiras de 1939, os poloneses propriamente ditos não representam mais do que a metade de uma população que inclui fortes minorias de alemães, de bielorrussos ou de ucranianos.

Alternando entre extremos, usando de ameaças, não deixando escolha ao adversário senão a capitulação ou a guerra, Hitler tornou-se também mestre na arte de explorar o pacifismo, que, desde o início dos anos 1930, acabou por invadir as opiniões ocidentais e afetar em diferentes graus o conjunto das classes sociais. Tanto para os ingleses como para os franceses, em sua imensa maioria, a guerra tornara-se sinônimo de horror.

Hitler tirou partido, ainda, da ruptura entre a Itália e as democracias ocidentais, quando da questão da Etiópia e do voto de sanções, que, no entanto, foram minimizadas. A guerra da Espanha contribuiu para estreitar os laços entre Roma e Berlim, antes de desembocar no Pacto do Aço de 22 de maio de 1939. Fenômeno importante: cabe lembrar que, de todos os dirigentes europeus, Mussolini foi o único, quando do assassinato de Dollfuss em julho de 1934, a fazer que Hitler recuasse; provavelmente, a anexação da Áustria não teria sido possível sem a mudança de rumo da Itália. Hitler, aliás, se mostra perfeitamente consciente disso. No dia seguinte à Anschluss, em março de 1938, ele telegrafa a Roma: "Duce, jamais me esquecerei disso".

A política alemã se beneficia também da omissão americana, embora Roosevelt não possa ser posto em causa. Independentemente de uma desconfiança total com relação à Alemanha, ele toma consciência, de imediato, do enorme risco potencial representado pelo nazismo. Mas o presidente nada pode fazer. Ele deve levar em conta o isolacionismo que caracteriza a opinião e o mundo político nascidos do fracasso de Wilson, o problema das dívidas de guerra, a crise econômica. Além disso, decepcionou-se, por ocasião da conferência monetária de Londres ou da conferência sobre o desarmamento em Genebra, ao constatar a oposição da Grã-Bretanha e da França às propostas americanas. Impotência política e também militar. No limiar da Segunda Guerra Mundial, os Estados Unidos, além de uma marinha forte, apesar de envelhecida, só dispõem de uma aviação embrionária e de um exército de 150 mil homens, que figura no 16º lugar no mundo... São meios em desproporção com o potencial demográfico e econômico do país.

Ao longo desse período de tensão, Hitler tem a seu favor o fato de que os políticos a que se opõe se caracterizam pelo refinamento ou pela inteligência, mas são desprovidos de firmeza de caráter. Uma espécie de fatalismo parece então ditar o comportamento das potências vitoriosas: a convicção de que se poderá manter eternamente uma Alemanha de setenta milhões de habitantes, sempre tão dinâmica no plano econômico, num perpétuo estado de deficiência militar e de dependência exterior.

Além disso, Hitler também soube explorar as apreensões britânicas diante da escalada da Rússia de Stalin, ao elaborar uma economia de guerra e um formidável instrumento militar, como demonstram as imponentes paradas da Praça Vermelha. E é nesse fator que a política de apaziguamento de Londres tem origem, em grande parte. O gabinete britânico julga necessário, de início, um restabelecimento da potência alemã, para compensar a ameaça que se eleva no Leste Europeu. A necessidade de manter um equilíbrio marítimo no mar Báltico tem assim um papel fundamental na assinatura do tratado naval germano-inglês de 18 de junho de 1935, que permite ao Reich o aparelhamento de uma marinha que corresponde a 35% da tonelagem da Royal Navy. Londres também não hesita em dar seu aval a algumas reivindicações alemãs com relação à Áustria ou aos Sudetos.

O Golpe de Praga de maio de 1939 constitui, entretanto, uma mudança de rumo. A implantação do protetorado do Reich na Boêmia-Morávia tem como consequência o fim da política de apaziguamento que já havia sido posta em causa por alguns conservadores, como Eden ou Churchill. Londres, seguida por Paris, estima agora que é necessário reagir diante de uma política de usurpação permanente. A era das concessões acabara. Mas, por uma ironia da história, as democracias ocidentais se recusam, a partir de então, a qualquer acomodação diante de uma reivindicação que, afinal, é judiciosa e moderada: a devolução ao Reich da cidade de Danzig (Gdansk), que é 90% alemã e que não interessa mais à Polônia desde a construção do porto de Gdynia e da implantação de uma via férrea e de uma autoestrada ao longo do famoso corredor extraterritorial.

O endurecimento franco-britânico, à margem do que pode parecer um paradoxo, obedece a razões singularmente clássicas. Hitler sai visivelmente dos limites do *Diktat* de Versalhes, da igualdade dos direitos ou das aspirações dos alemães do exterior. Ele pretende conduzir a política mundial, dar ao Reich uma posição hegemônica. É todo o equilíbrio do Velho Continente que é violentamente posto em causa.

A questão não é nova. Hitler não faz mais do que retomar as aspirações dos pangermanistas do final do século XIX. Essas aspirações correspondem a uma inquietação. A Alemanha não poderá permanecer como uma grande potência se persistir em manter-se nos limites estreitos fixados por Bismarck em 1871. Se o Reich pretende continuar a rivalizar com o Império Britânico, e com as potências em ascensão como a Rússia ou os Estados Unidos, deve lançar-se resolutamente numa política de expansão.

Segundo alguns autores, essa expansão pode ter lugar no centro do Velho Continente, nos moldes de uma *Mittel Europa*, em estreita ligação com a Áustria-Hungria.

Segundo outros, pode ainda comportar uma extensão para o leste, em detrimento dos eslavos, no rastro dos cavaleiros teutônicos. Segundo o programa delineado pelo almirante von Tirpitz, o destino da Alemanha pode também identificar-se com a expansão marítima. O Reich deve prover-se de uma marinha de guerra bastante forte, indispensável a uma frota comercial importante e a possessões externas. A Alemanha reclama seu lugar ao sol e, como destaca Guilherme II, seu futuro deve voltar-se para a água.

Hitler não faz mais do que retomar esses sonhos pangermanistas, ainda mais necessários depois da crise dos anos 1930. A falta de matérias-primas e de produtos alimentícios, assim como a redução do emprego implicam uma política de expansão, a necessidade de um espaço vital, para uma "nação proletária" desprovida de colônias, de terras virgens e de zonas de influência.

Em resumo, uma política que nada tem de profundamente original, aparecendo como o encontro de aspirações antigas e novas que explica a formidável adesão de um povo atingido por uma imensa frustração. Desde 1919, a Alemanha espera pela hora do rearmamento, considerado não somente como um retorno à potência, mas como uma reivindicação legítima, como a reparação de uma injustiça. O Reich deve, como todos os outros Estados-nações, beneficiar-se dos atributos da soberania.

Um forte consenso se estabelece sobre o retorno dos alemães do exterior, austríacos ou sudetos ao Reich, e a revisão das fronteiras do leste, objeto de uma reivindicação geral desde 1915, como demonstra a famosa carta de Stresemann ao Kronprinz. O que é mais grave é que esse povo sente o efervescer de energias inexploradas; sente-se pronto para uma grande aventura. Há nisso aspirações confusas que se encontram na obra de Jünger ou de Spengler.[3]

Essa vontade de expansão vem acompanhada, entretanto, de algumas ambiguidades. Nada mais falso do que a crença na elaboração de um plano rigoroso, minuciosamente estabelecido. A política externa do Führer se irradia em auréolas cada vez mais indistintas à medida que se distancia do centro.

Em que direção deve exercer-se essa vontade de hegemonia? Parece bem difícil dizer. Para o mar, como pareciam fazer entender alguns pronunciamentos e a adoção do Plano Z, que deve dar à Alemanha, em 1946, uma marinha impressionante? Ou então na direção do leste, em detrimento da União Soviética, como se constata à leitura de *Mein Kampf* (*Minha luta*) ou nas confidências feitas a Rauschning?

Fato estranho: Hitler hesita. Sua ação oferece uma mistura de preocupações imediatas, cujo adiamento ele não pode suportar, e perspectivas a longo prazo.

---

[3] JÜNGER (E.), *Le Bloqueteau 125*, Paris, Éditions du Porte-glaive, 1986; SPENGLER (O.), *Années décisives*, Paris, Copernic, 1980; SPENGLER (O.), *Écrits historiques et philosophiques*, Paris, Copernic, 1980.

Ele hesita assim quanto à atitude a tomar para com seus vizinhos. Com relação à França, ora ele afirma que não há mais litígio entre os dois países, ora a desconfiança reaparece. A França só pode ser o inimigo mortal de uma Alemanha potente e próspera. Cedo ou tarde, será necessário abatê-la.

O comportamento é o mesmo para com a Inglaterra. Hitler admira a Grã-Bretanha, assim como seu império, o qual julga necessário ao equilíbrio do universo. Ele parece desejar, e chega mesmo a admitir, um entendimento sincero com a Inglaterra no que tange à partilha do mundo. À Alemanha, o domínio sobre o continente; à Grã-Bretanha, a soberania dos mares. Atitude que não exclui, em certos momentos, tons ameaçadores.

Quanto à URSS, ele também hesita. Até o último momento, Hitler oscilará entre uma vontade de entendimento e de dominação. Uma partilha do mundo orientaria a União Soviética em direção ao Oriente Próximo, o golfo Pérsico e o oceano Índico, deixando para o Reich a dominação da Europa. Grandiosa perspectiva em oposição ao outro plano herdado de *Mein Kampf*, que prevê o desmantelamento da URSS, a aquisição de um espaço vital que englobasse a Ucrânia, as margens do mar Negro, as estepes do Volga e o petróleo do Cáucaso. Em resumo, um imenso império colonial às portas do Reich.

E o mesmo comportamento é assumido com relação à Polônia. De início, com o pacto de 1934, Hitler parece aspirar a uma aliança e a resolver pacificamente os problemas pendentes, isto é, Danzig e o corredor. Em troca, a Polônia receberia compensações na Ucrânia, servindo, ao mesmo tempo, de trampolim para um ataque contra a União Soviética. Mas esse projeto entra em contradição com a decisão brutal sobre o destino da Polônia, em favor de uma partilha com Moscou.

Na escala planetária, perspectivas grandiosas se delineiam. Hitler imagina por vezes um mundo dirigido por cinco grandes potências: os Estados Unidos dominando o continente americano; a Grã-Bretanha e seu império; a Alemanha, dona da Europa; a União Soviética voltada para o Oriente Próximo; e o Japão, com seu império estabelecido na China e no Sudeste da Ásia. Hitler não descarta um conflito entre a Alemanha e os Estados Unidos, mas o considera em uma perspectiva longínqua, após sua morte.

O que acontece depois é do conhecimento de todos. Na primavera de 1939, Londres e depois Paris se comprometem em apoiar a Polônia, a Romênia e a Grécia, esta última sob a ameaça das ambições de Mussolini, que, invejoso dos triunfos de Hitler, acaba de apoderar-se da Albânia em abril de 1939. Frágil barreira de potências secundárias. Ilusão efêmera, recusa de uma evidência. Por uma ironia da história, as democracias não tardam em compreender que a sobrevivência da Polônia passa pelo apoio a um outro totalitarismo, a um outro imperialismo latente, o da União Soviética.

18

Por uma outra ironia da história, Stalin se encontra, assim, no centro do jogo diplomático. A URSS ingressa no concerto europeu, deixa repentinamente de ser tida como atingida pela peste e passa tão somente a ser vista como um objeto de desconfiança. O senhor do Kremlin responde às solicitações do Ocidente, pelo menos na aparência. Com uma habilidade consumada, por intermédio de Molotov, que acaba de substituir Litvinov como comissário das Relações Exteriores, ele conduz duas negociações paralelas, uma com a França e a Grã-Bretanha, outra com a Alemanha, rigorosamente secreta e iniciada pelo viés de um acordo comercial. A conclusão acontece na noite de 23 de agosto com a assinatura em Moscou do célebre pacto de não agressão, enquanto as negociações militares com os ocidentais estão em ponto morto.

O desfecho inesperado está na origem de interpretações variadas, pela impossibilidade de aceder aos arquivos soviéticos, apesar das recentes mudanças políticas. Para explicar o fracasso franco-britânico, algumas versões invocam a recusa da Polônia em deixar passar por seu território as forças do Exército Vermelho, antes de qualquer agressão, ou ainda, o despeito de Stalin por ter sido descartado, em setembro de 1938, da conferência de Munique.[4]

Outras razões podem ditar o comportamento do Kremlin. Stalin pode ter buscado tratar com quem lhe oferecia mais vantagens. É claro que os ocidentais praticamente se resignaram a reconhecer a influência da URSS sobre os países bálticos, inclusive a Finlândia. Mas, ao aproximar-se do Reich, Stalin obtém a Bessarábia e sobretudo a metade do território polonês no caso de circunstâncias imprevistas. Ele também pode ter sido tentado a tratar com o parceiro que lhe oferecia mais garantias. Evitando um confronto com a Alemanha, Stalin não corre o risco de ser abandonado no último momento pelos ocidentais, radiantes em assistir ao esgotamento recíproco de dois sistemas totalitários, ou o risco de que a Grã-Bretanha e a França se contentassem com uma guerra acadêmica na fronteira ocidental do Reich.

Um outro elemento, bastante negligenciado ou silenciado, certamente influenciou a decisão soviética. Desde que o Japão se instalou na Manchúria em 1932, a URSS foi obrigada a promover um grande esforço militar na Sibéria oriental e na Mongólia Exterior, ainda mais pelo fato de haver contestação sobre o traçado das fronteiras, o que, por sua vez, fazia que incidentes entre soviéticos e japoneses se multiplicassem. A situação da URSS foi ainda agravada pela conclusão, em 1936, do pacto anti-Komintern entre Berlim e Tóquio, o que constitui, para a URSS, uma

---

[4] Sobre as implicações profundas da política soviética, ver HELLER (M.) e NEKRICH (A.), *L'Utopie au pouvoir*, Paris, Calmann Levy, 1982, p. 294 e ss. Ver também FABRY, (P. W.), *Die Sowjetunion und das Dritte Reich*, Stuttgart, Seewald Verlag, 1971, cap. III.

ameaça em duas frentes, que leva Stalin, a despeito de seus sentimentos profundos, a conceder uma ajuda militar a Chiang Kai-shek, esperando levar o Japão a uma guerra de usura na China.[5]

A partir do mês de maio de 1939, novos combates extremamente violentos se desenrolam nos confins da Mongólia exterior. A situação será sanada com dificuldade pelo general Jukov. Ignorando as verdadeiras intenções japonesas, Stalin não pode se permitir o risco de uma guerra em duas frentes com um exército profundamente abalado pelos "expurgos" de 1937-1938 e cujas insuficiências ficaram evidentes nos incidentes da Manchúria.

Pode-se indagar, entretanto, se não há mais alguma coisa, se o tratado de Moscou, ao abalar o pacto anti-Komintern, não se integra a uma política de maior envergadura. Desde 1938, quando compreendeu a natureza do regime nazista, Stalin, por intermédio dos partidos comunistas integrantes das "frentes populares", passa a incitar os governos democráticos a serem mais firmes com relação à Alemanha. Durante a guerra da Espanha, o Kremlin joga tudo na carta da intervenção. Por ocasião da crise tcheca, recorrendo a suas relações estreitas com Praga, Stalin convida Benes a adotar uma atitude intransigente, acentuando a vontade de intervenção das "massas trabalhadoras" francesas e britânicas e denunciando, em termos insultuosos, o espírito de conciliação de Londres e de Paris.

Evidencia-se que Stalin se empenha em desviar a ameaça alemã para o oeste e em provocar uma conflagração europeia que traria, para a URSS, muitas vantagens. Essa guerra seria longa, desgastante para os Aliados e para a Alemanha. Ela permitiria à União Soviética restaurar seu sistema militar e intervir no momento mais favorável. E, como última vantagem, o conflito desencadearia na Europa Ocidental e Central uma crise revolucionária comparável à de 1918-1919, permitindo a extensão do socialismo sobre a maior parte do continente europeu. As informações transmitidas para a Europa Ocidental no outono de 1939, sobre a reunião do Politburo de 19 de agosto, parecem confirmar essa tese.[6]

O pacto de Moscou se configura como um erro de cálculo geral. Negociando um acordo com a URSS, a Grã-Bretanha e a França alimentavam a esperança de evitar a guerra, de salvar a Polônia a menor custo, dissuadindo Hitler de se lançar numa agressão.

---

[5] LEQUILLER, "Le Conflit nippo-soviétique", *Historia XXe siècle*, n. 176.

[6] A esse respeito, ver SUVOROV (V.), *Le Brise-glace*, Paris, Olivier Orban, 1989, p. 50 e *Rapport sur l'activité révolutionnaire en Europe*, p. 12, com um trecho da declaração de Stalin, no dia seguinte ao da assinatura do pacto de Moscou: "Ajudaremos os alemães durante a guerra europeia para que eles possam resistir por longo tempo à expansão franco-britânica e assim esgotar os países capitalistas, mas não a ponto de permitir o triunfo das armas alemãs. Conservaremos assim a arbitragem em nossas mãos e estaremos prontos a explorar qualquer oportunidade de desenvolver aqui ou ali os núcleos de agitação revolucionária".

O despertar é brutal. Quanto à política de Stalin de uma guerra longa a oeste e de uma revolução mundial, ela se baseia numa avaliação grosseiramente errônea da potência militar da França, na convicção que ela possui, como declara em 23 de agosto diante de Ribbentrop, "um exército digno de consideração". Em menos de um ano, a União Soviética estará só diante de um Reich, senhor de uma parte do continente europeu.

Erro de cálculo ainda para a Polônia. Rejeitando qualquer acordo com o Reich ou com a URSS, o governo de Varsóvia, independentemente das ilusões que alimenta sobre o valor de seu sistema militar e sobre a ajuda da França, age ainda segundo as condições um tanto artificiais do início dos anos 1930. Recusa-se a prever as consequências de uma mutação fundamental. A Alemanha e a URSS então retomam uma estatura internacional e decidem exterminar um Estado que elas consideram uma anomalia.

Erro de cálculo também dos Estados Unidos. Recusando-se a afrontar os isolacionistas, a empreender um rearmamento indispensável, a oferecer abertamente sua garantia às potências ocidentais, Roosevelt conta com a solidez do dispositivo militar francês, considerado a principal linha de resistência dos Estados Unidos. Na eventualidade de um conflito, o presidente espera limitar a participação americana a uma ajuda econômica, através de emendas às leis de neutralidade, como *Cash and carry*. Nesse ponto, a derrocada francesa acarreta uma revisão dolorosa de toda uma política.

Entretanto, o erro de cálculo mais grave é cometido, sem dúvida alguma, por Hitler. Assinando o pacto de não agressão de 23 de agosto, o Führer espera obrigar os poloneses a negociar e levar os ingleses e os franceses a concluir um novo acordo de Munique. A ordem de atacar a Polônia é adiada por uma semana, e Hitler autoriza Göring a se dedicar a negociações diplomáticas finais.

Cálculo falso. A Grã-Bretanha e a França declaram guerra à Alemanha aos 3 de setembro de 1939. Hitler se vê engajado num conflito indesejável a oeste, com uma Rússia incerta em sua retaguarda e uma Itália que proclama sua não beligerância após uma última tentativa de mediação. Aborrecido com as iniciativas unilaterais de Hitler, Mussolini ainda está lúcido. Ele sabe que a Itália não tem condições, antes de 1943, de participar de uma guerra generalizada e não pretende arriscar-se a desencadear no Mediterrâneo a poderosa diversão esperada pela estratégia alemã.

Em 3 de setembro, Hitler mal dissimula seu desencanto. "Eu não quis essa guerra", dirá em várias ocasiões. Em parte é verdade. A Alemanha aborda a Segunda Guerra Mundial com uma marinha em plena renovação, uma aviação tática simples e um exército cuja reorganização ainda está longe de ser concluída. Fiando-se nos episódios precedentes, a Anschluss, os Sudetos ou o Golpe de Praga de março de 1939, ele esperava ter sucesso em sua jogada de pôquer. Sua segurança é mais forte ainda porque, desde Munique, nutre-se do desprezo aos dirigentes ocidentais.

A crise polonesa revela uma vez mais a ambivalência do personagem. Se, por um lado, o homem não deseja realmente um conflito generalizado, por outro, ele não descarta essa perspectiva, como o demonstram as declarações a seus generais. Trata-se, sobretudo, de saber qual será o momento mais oportuno. Todas as suas iniciativas desde a reocupação da Renânia baseiam-se num risco de guerra. A crise do verão de 1939 não escapa a essa regra. De qualquer forma, Hitler estava decidido, no caso do fracasso das negociações, a resolver o problema polonês pelas armas. Tomando a iniciativa do ataque, no dia 1º de setembro ele desencadeia a engrenagem da violência.

A Grã-Bretanha e a França são então obrigadas a intervir, sob a pena de se desmoralizarem totalmente, haja vista os compromissos assumidos com a Polônia, e de serem rebaixadas a um papel subalterno na Europa. Apesar disso, a guerra tem início da maneira mais clássica. A despeito das aparências, não se trata de um conflito ideológico, ainda menos de uma cruzada. Os ocidentais não intervêm para destruir o nazismo nem para afastar a ameaça de um sistema totalitário. É o equilíbrio europeu que está em jogo. A última reunião do Comitê Francês da Defesa Nacional é eloquente. A conclusão é clara. A França deve atender a seus compromissos. Não por princípio, mas porque um esmagamento da Polônia ou mesmo uma nova Munique faria da Alemanha a potência dominante da Europa. Para os ocidentais, trata-se, como em 1914, de impedir uma segunda tentativa de hegemonia alemã e não de punir uma agressão. É a Alemanha em si que é visada.

A prova disso fica evidente 15 dias depois. Quando do ataque soviético contra a Polônia, Paris e Londres se furtam a declarar guerra à URSS. Também não haverá reação diante da agressão contra a Finlândia. A questão será resolvida pela expulsão da União Soviética de uma Sociedade das Nações moribunda. Comportamento duvidoso na ótica da moral internacional, perfeitamente defensável na ótica da *realpolitik*, a única que conta, na realidade.

Durante a *drôle de guerre*,* a atividade diplomática prossegue em escala reduzida. O fenômeno mais importante está relacionado com a agressão soviética contra a Finlândia. Diferentemente dos outros países bálticos, o governo de Helsinque recusou-se, independentemente do intercâmbio de territórios, a ceder à União Soviética bases militares em seu território, primeiro passo em direção à satelização.

A heroica resistência finlandesa propiciaria aos Aliados as manobras de flanco preferidas pelo almirante Darlan e suscetíveis de reforçar o cerco à Alemanha. Mas a perspectiva de ocupação do Cáucaso ou de bombardeios a Baku enfrenta não somente

---

* Nota do Revisor Técnico (N. R. T.): A expressão *drôle de guerre* (correspondente em português a "guerra de diversão") possui uma ambiguidade ao indicar "diversão", tanto no sentido militar, de "espalhar tropas para atrapalhar o inimigo", quanto de "diversão" como guerra de "mentirinha", de "araque".

as reticências da Turquia, mas também as da Inglaterra, inquieta com uma possível desestabilização do Mediterrâneo, que comprometeria uma reaproximação com a Itália.

Por outro lado, um projeto de intervenção em favor da Finlândia, combinado com uma ocupação das jazidas de ferro da Suécia e do porto de Narvik, encontra uma acolhida melhor em Londres. Esse plano de intervenção vai de encontro ao veto da Noruega e da Suécia, que pretendem manter-se afastadas do conflito, por temerem uma reação alemã. Helsinque também se mostra hesitante quanto a tal projeto. A Finlândia se recusa a apelar oficialmente aos Aliados, mas joga com a ameaça de uma intervenção franco-britânica em suas negociações com a URSS, que se concluem com o Tratado de Moscou de março de 1940. Diante das deficiências inquietantes do Exército Vermelho, o Kremlin, efetivamente, age com moderação. Stalin não pretende envolver-se num conflito com a Grã-Bretanha e a França. E, de fato, ocorre uma melhora inesperada das relações diplomáticas entre Moscou e as capitais ocidentais, ao final do inverno de 1940.[7]

O problema-chave da Segunda Guerra Mundial em seu início é, de fato, o conflito ocidental, essa guerra não desejada pelo Reich. Por duas vezes, Hitler vai tentar livrar-se dela segundo as melhores tradições da *realpolitik*. São duas as propostas de paz. A primeira, em 6 de outubro de 1939, após aniquilar e partilhar a Polônia. Nem Londres nem Paris reagem oficialmente a uma proposta de paz sem vencedores.

O efeito não deixa de ser intenso na França, pelo menos, onde se vivencia um mal-estar político advindo de uma guerra mal planejada, difícil de conduzir. Embora exista um partido da paz, representado pelos comunistas e vários parlamentares, com homens como Déat, Laval ou Flandin, ninguém ousa assumir a responsabilidade de uma "nova Munique".

A segunda tentativa acontece em junho de 1940, por ocasião do grande triunfo da Wehrmacht.* Hitler joga então com dois registros. Procura, inicialmente, oferecer à França condições moderadas de armistício. Rejeita, assim, as propostas redigidas pelo OKH, o "Oberkommando des Heeres",** e pela Wilhelmstrasse, inspiradas na ideia de revanche do *Diktat* de 1919. Tais propostas preveem, com efeito, a ocupação completa do território francês, a instalação, pela Wehrmacht, de bases nas colônias, o desarmamento integral do exército francês e a entrega da frota.

---

[7] Sobre o Tratado de Moscou, NERAKIVI (Jukka), *The appeal that was never made*, Londres, Harst and Cie, 1976. Sobre as melhoras das relações com o Ocidente, TOLSTOY (N.), *Stalin's secret war*, Londres, Pan Books, 1982, p. 172 e ss.

* N. T.: Esse termo designa o conjunto das forças de guerra da Alemanha a partir de 1935, compreendendo o *Heer* (o Exército), a *Kriegsmarine* (a Marinha) e a *Luftwaffe* (a Aeronáutica).

** N. T.: Alto-comando do Exército alemão.

É o Führer que dita, então, as condições consideradas "aceitáveis". A França conservará uma zona livre, a soberania sobre seu império. Conservará, igualmente, um exército de 100 mil homens e os domínios territoriais. Fato capital, finalmente, a Alemanha se compromete a não exigir a entrega da frota, nem mesmo no momento da assinatura da paz. Em 18 de junho, durante uma entrevista em Munique, o Führer consegue aliar Mussolini à ideia de um armistício moderado. O cálculo revela-se preciso. O governo do marechal Pétain resigna-se a assinar, em 22 de junho, em Rethondes, uma suspensão de armas, cujas cláusulas lhe parecem honrosas. Apenas algumas vozes isoladas, como a do general De Gaulle, condenam esse armistício considerado uma capitulação.[8]

Por outro lado, Hitler é menos feliz ao apostar no segundo registro. Apesar da defecção da França e da adesão da Itália à guerra, a Grã-Bretanha, sob o comando de Churchill, decide prosseguir na luta. Na realidade, a iniciativa do Führer é muito tardia. Ela chega com um mês de atraso. A vacilação britânica aconteceu em maio, após a ruptura do Meuse e a incapacidade do comando francês em restabelecer a situação.

É com um misto de espanto e cólera que os ingleses assistem à derrota do exército francês, que acarreta o desmoronamento de toda a sua estratégia. Pela iniciativa de lorde Halifax, apoiado por Chamberlain, o gabinete estuda então, seriamente, uma mediação de Mussolini, no que concerne ao restabelecimento da paz na Europa Ocidental. Um mês depois, Londres muda de ideia. A proposta de Halifax foi definitivamente descartada por Churchill, com o apoio dos trabalhistas, Attlee e Greenwood. O gabinete de guerra decide continuar a luta e rejeita as ofertas de negociação alemãs transmitidas por intermédio de Estocolmo e do Vaticano.[9]

Várias razões explicam essa reviravolta. Assiste-se, primeiramente, ao reerguimento do moral da população com o "espírito de Dunquerque". Em seguida, a ameaça alemã foi provisoriamente afastada. O Reich pretendeu abater definitivamente a França, antes de tentar, como se poderia temer no início de junho, um desembarque na Inglaterra. Além disso, Churchill está confiante no apoio dos Estados Unidos. "A antiga personalidade naval" se beneficia do apoio de Roosevelt, e ele tem o pressentimento de que, cedo ou tarde, os Estados Unidos acabarão por intervir.

Qualquer que seja a resolução britânica, a queda da França não deixa de constituir um fenômeno considerável na história mundial. A Segunda Guerra Mundial não será a repetição da primeira. A Alemanha se torna, de súbito, com um mínimo

---

[8] JACKEL (E.), *La France dans l'Europe de Hitler*, Paris, Fayard, 1968, p. 52 e ss.

[9] Sobre a tentação britânica de abrir uma negociação, MURRAY (W.), *Luftwaffe*, Baltimore, Nautical and Aviation Publishing, 1983, p. 43. Estudo de Reynolds em LANGHORNE (R.), *Diplomacy and intelligence*, Cambridge, 1985, e TAYLOR (A. J. P.), *The war lords*, Londres, Penguin Books, 1977, p. 79.

de dispêndio, a potência dominante do continente. O desmoronamento do sistema militar francês põe em causa a política das grandes potências. Nos Estados Unidos, como já se mencionou, a emoção é profunda. O desaparecimento da principal linha de defesa a leste conduz a um rearmamento acelerado que desembocará, um ano depois, no *Victory Program*; isso também acarreta uma participação crescente da US Navy na Batalha do Atlântico. Simultaneamente, Washington, sem chegar a uma ocupação do norte da África ou de Dacar pretendida pelos ingleses, exerce uma vigilância estreita sobre o regime de Vichy, usando de toda a sua influência para impedir uma cooperação militar com o Eixo. Com a "Lei de Empréstimos e Arrendamento" (*Lend-Lease*), de março de 1941, os Estados Unidos assumem uma parte considerável do esforço de guerra britânico.

A emoção também é profunda em Moscou. É com espanto que Stalin assiste, totalmente impotente, ao aniquilamento do exército francês. Ele recusa uma intervenção pedida com insistência por Londres e Paris. Vendo-se num beco sem saída, resta-lhe enviar, por intermédio de Molotov, mensagens de felicitações aos dirigentes do III Reich pelo triunfo de suas armas. Antes da expansão da Wehrmacht para o leste, o senhor do Kremlin busca garantias. Durante o mês de junho, após uma série de ultimatos, Moscou anexa os países bálticos, no espaço de alguns dias, como integrantes da União Soviética. Simultaneamente, Stalin procede, em detrimento da Romênia, à anexação da Bessarábia e também da Bucovina do Norte, não incluída no Tratado de Moscou. Berlim limita-se a aconselhar Bucareste a ceder. Essa política tem seus reveses. A Finlândia, a Turquia, a Bulgária e a Romênia, sentindo-se ameaçadas, inclinam-se a buscar a proteção de Berlim. A dominação do Reich sobre o Sudeste europeu fica reforçada. É assim que, pela arbitragem de Viena aos 3 de agosto de 1940, a Romênia deve ceder uma parte da Transilvânia à Hungria.

Apesar de uma vitória espetacular e de uma posição dominante na Europa, Hitler se acha num impasse. A paz a oeste continua inalcançável. A Grã-Bretanha se retirou. Em conformidade com sua tenacidade legendária, ela prossegue na luta contra o desordeiro continental. Após a derrota na Batalha da Inglaterra, a única esperança do Führer consiste em convencer o gabinete de Londres a uma proposta de paz, enfatizando seu isolamento e demonstrando sua impotência sobre o continente.

O pacto tripartite concluído aos 27 de setembro de 1940 entre Berlim, Roma e Tóquio se inscreve nessa perspectiva. Sob uma aparência defensiva, o tratado constitui uma advertência aos Estados Unidos. No caso de Washington dar o passo decisivo e anunciar guerra contra a Alemanha, entrará em choque com a potência nipônica no Pacífico. Reciprocamente, uma iniciativa americana contra o Japão acarretará uma reação do Reich. Apesar desse acordo, Hitler, a fim de resolver parcialmente o problema britânico, incita o Japão a atacar a Malásia e Cingapura, situadas fora do alcance operacional da US Navy.

Enquanto isso, a atividade diplomática se desloca para o Mediterrâneo. Lembrando que, neste teatro reservado em princípio para Mussolini, Hitler procura limitar suas ações e descarta as vastas perspectivas de um Jodl ou de um Raeder. Ele se satisfaz com a queda de Gibraltar.[10] Entretanto, por ocasião da entrevista de Biarritz, em 23 de outubro de 1940, Franco se esquiva, dissimulando sua recusa através de exigências, *a priori* inaceitáveis. Além de uma ajuda econômica e militar maciça, ele reivindica a cessão de todo o Marrocos francês e da Orania. As negociações continuaram nas semanas seguintes, em tom cauteloso. A despeito de um verdadeiro ultimato de Hitler, que evoca a ajuda prestada pela Alemanha durante a guerra da Espanha, a recusa de Franco é definitiva, em fevereiro de 1941. A operação Félix contra Gibraltar é abortada.[11]

Como interpretar o comportamento do caudilho? Suas exigências mascaram uma recusa ou correspondem à necessidade de reorganizar um exército subequipado e às carências de uma economia atrasada, ainda não refeita da guerra civil? De fato, o fracasso da negociação se deve, no essencial, à pressão que Londres e Washington exerceram sobre Madri. As potências marítimas não hesitam em empunhar a ameaça de um bloqueio, cujas consequências seriam desastrosas para a economia espanhola, além da ameaça de uma ocupação das ilhas do Cabo Verde e das Canárias.

Na verdade, Franco é suficientemente inteligente para compreender que, com a derrota da Batalha da Inglaterra e a participação crescente dos Estados Unidos na luta, a vitória da Alemanha ainda está longe de se afirmar. Para Hitler, a decepção é evidente. Em várias ocasiões, ele evocará a ingratidão de Franco. Apesar das pressões de Raeder e de Dönitz, ele se recusará, entretanto, a reabrir o dossiê espanhol, a forçar o consentimento do caudilho e a ocupar militarmente Gibraltar ou a costa cantábrica. Essa recusa se deve a uma solidariedade para com o regime franquista ou ao espectro da guerrilha sofrida pelos exércitos de Napoleão?

Em Montoire, em 24 de outubro, Hitler também não é feliz. As negociações com Pétain e Laval se limitam a traçar um panorama. Vichy descarta a eventualidade de que a França retorne à guerra. O marechal limitou-se a expor que uma cooperação militar implicaria a reformulação completa de um armistício, definitivamente mais severo do que o previsto, com a volta dos prisioneiros, a redução dos gastos consideráveis de ocupação e a supressão da linha de demarcação que constitui uma barreira política e econômica. Naquele momento, Vichy se concentra na defesa da soberania, isto é, do Império Francês como acaba de demonstrar em meados de setembro de 1940, rechaçando o ataque dos ingleses e dos franceses livres contra Dacar.

---

[10] GRUCHMANN (M. L.), "Les Occasions stratégiques manquées des puissances de l'Axe en Méditerranée, 1940-1941", *La Guerre en Méditerranée*, C.N.R.S., 1971.

[11] Sobre a atitude de Franco, HERMET Grey, "L'Espagne", *Dictionnaire de la Seconde Guerre Mondiale*, Paris, Larousse, 1984, e principalmente PIKE David (W.), "Franco et le stigmate de l'Axe", *Revue hist. Seconde Guerre Mondiale et conflits contemporains*, n. 142, avril 1986.

De qualquer forma, a política de Hitler no Mediterrâneo ocidental choca-se com uma contradição de peso. As reivindicações da Espanha (Marrocos, Orania) assim como as da Itália, com a Tunísia, só podem ser satisfeitas em detrimento do Império Colonial Francês. Hitler está consciente dessa contradição. Em Montoire, ele dá a entender que a perda eventual de alguns territórios franceses acarretaria outras compensações, em prejuízo da Inglaterra, sem dúvida alguma. O Führer sabe, ainda, que qualquer ameaça para com o Império não faria mais do que relançar a "dissidência" e beneficiar o general De Gaulle, que já obtivera a adesão da África Equatorial e dos territórios do Pacífico. A margem de manobra do Reich aparece, assim, singularmente limitada.

O mesmo não acontece nos Bálcãs, onde a diplomacia britânica e a americana vão sofrer uma derrota arrasadora. Entretanto, as perspectivas iniciais não são favoráveis à Alemanha. Apesar dos numerosos avisos de Ribbentrop, durante o verão, Mussolini, invejoso dos louros de Hitler, ataca a Grécia em 28 de outubro de 1940. O passeio militar previsto torna-se um fiasco, e os italianos se acham reduzidos à defensiva nas montanhas da Albânia.

Durante o inverno, Hitler finalmente decide que a Wehrmacht deve intervir na Grécia para tirar a Itália de uma situação difícil e eliminar qualquer ameaça no flanco sul do Reich, às vésperas do ataque contra a Rússia. Evidentemente, por uma questão logística, essa intervenção só pode vir do Norte. A Hungria e a Romênia aceitam a passagem das tropas alemãs, e iniciam-se negociações para obter a colaboração da Bulgária e da Iugoslávia no âmbito da operação Marita. Em troca de uma cooperação militar e do direito de trânsito de unidades da Wehrmacht, Hitler se prontifica a conceder compensações. Sofia recuperaria o acesso ao mar Egeu, perdido em 1920, e Belgrado ficaria com o porto de Salônica.

A questão grega suscita naturalmente uma outra reação, a das democracias ocidentais. Para Churchill, o esgotamento italiano é uma boa ocasião para retomar a estratégia esboçada pela França no verão de 1939, com a criação de um teatro de operações nos Bálcãs. Londres propõe sua ajuda militar a Atenas. Estabelecem-se contatos com a Turquia, a Bulgária e a Iugoslávia. A própria América intervém. O enviado especial de Roosevelt, o coronel Donovan, futuro chefe da oss*, realiza uma turnê nas capitais balcânicas.

De início, a oferta britânica se choca, em Atenas, com a recusa do general Metexas, que teme uma intervenção alemã e não descarta a possibilidade de uma mediação de Berlim. Após a morte súbita do ditador, em janeiro de 1941, seus sucessores se mostram muito mais prudentes e aceitam a proposta de Churchill.

---

* N. E.: *Office of Strategic Services* – em português, Escritório de Serviços Estratégicos – é o nome do serviço de inteligência norte-americano durante a Segunda Guerra Mundial.

A Segunda Guerra Mundial

Precedidos por forças da aeronáutica, os primeiros contingentes militares britânicos desembarcam em Creta e na Grécia continental.[12]

Por outro lado, a Turquia, a Bulgária e a Iugoslávia recusam-se a aderir. A pressão do Reich se revela mais eficaz. O governo de Sofia acaba aliando-se ao Pacto Tripartite e aceita participar com as tropas alemãs da operação Marita. O regente Paulo da Iugoslávia se alinha a essa política. Mas a perspectiva da permanência de tropas alemãs na Sérvia provoca, em 27 de março, um golpe de Estado militar em Belgrado por iniciativa do general Simovic. O novo governo denuncia a adesão ao pacto tripartite e assina um tratado de amizade com a União Soviética. Para tentar garantir a neutralidade do país, Belgrado não se dirigiu a Londres, mas a Moscou, que, em princípio, mantinha boas relações com Berlim. Entretanto, o gabinete britânico e mesmo a administração americana não são estranhos a essa reviravolta.

O cálculo se revela inteiramente falso. A Iugoslávia se integra ao plano Marita, e a reação alemã que se desencadeia aos 6 de abril é fulgurante. Em menos de três semanas, a sorte da Iugoslávia e da Grécia é definida e as tropas britânicas compelidas a lamentáveis retiradas em suas embarcações. Em consequência dessa nova demonstração espetacular da Blitzkrieg,* todo o sudeste da Europa se acha submetido à vontade do Reich. A operação "Castigo" empreendida contra Belgrado, com um ataque devastador da Luftwaffe, trouxe o terror para os Bálcãs. A Turquia, por exemplo, a partir de então, faz tudo para manter relações cordiais com o Reich. Hitler acaba de conseguir sua primeira grande vitória.

Ele se apressa, então, a conceder à Bulgária o acesso ao mar Egeu. E também a deslocar a Iugoslávia. A Alemanha, a Itália e mesmo a Hungria, que participou da operação, recebem vantagens territoriais. Três Estados emergem do naufrágio: o Montenegro ressuscitado, a Croácia de Ante Pavelitch e a Sérvia do general Neditch. Fundados em critérios étnicos e religiosos, esses Estados se colocam inteiramente sob a vontade da Alemanha e da Itália. Um governo dedicado à causa do Eixo também se estabelece em Atenas, o do general Tsolakoghlon.

Para Londres e Washington, a decepção é amarga. A derrota se deve essencialmente à desproporção dos meios. Diante da potência da Wehrmacht, os Estados Unidos só podem prometer à Grécia o envio de algumas dezenas de aviões modernos que os ingleses finalmente conseguiram obter! Quanto à intervenção britânica, depois de mais de 18 meses de guerra, não conseguiu ultrapassar o nível extraordinariamente modesto de 180 aviões e de 60 mil homens...

---

[12] Sobre essa questão, Kitsikis (Dimitri), "La Grèce face à l'invasion allemande dans les Balkans", *La Guerre en Méditerranée*, C.N.R.S., 1971.

* N. T.: Trata-se da guerra-relâmpago.

28

A derrota anglo-americana deve-se ainda ao temor da ameaça soviética. Advertida por Berlim a respeito das intenções da URSS sobre os estreitos marítimos, Ancara se recolhe na neutralidade. A Bulgária e a Romênia preferem a tutela alemã à dominação russa. Enfim, na primavera de 1941, nem os Estados Unidos nem a Grã-Bretanha detêm os meios para implementar uma política eficaz no sudeste europeu.

No fim das contas, a questão dos Bálcãs acaba reforçando a dominação alemã sobre o continente. A Inglaterra se revela impotente. Alguns temem uma paz sem vencedores entre a potência marítima e a potência continental. Para o governo de Vichy, em particular, essa paz ocorreria em detrimento da França. Desse modo, Darlan, após os fracassos britânicos na Grécia, sentiu-se tentado a procurar o apoio da Alemanha. A França participaria da luta contra a Grã-Bretanha no plano aeronaval e terrestre com tropas profissionais. Dando seu aval a essa política, Pétain destaca que não haveria mobilização. A França ofereceria ainda ao Reich facilidades na Síria, em Bizerte e eventualmente em Dacar, em troca de uma revogação do estatuto do armistício, da assinatura de disposições preliminares de paz e de uma adesão ao Pacto Tripartite.

Essa oferta resulta nos acordos militares de Paris em maio de 1941. A ratificação se choca, entretanto, com uma dupla recusa: de uma parte dos membros de Vichy e do próprio Hitler. O Führer julga a participação francesa insuficiente, totalmente em descompasso com concessões políticas consideradas exorbitantes. Além do mais, ele não pretende desestabilizar o Mediterrâneo, às vésperas do ataque contra a URSS. Excetuando Laval ou Darlan, Hitler não confia nos membros de Vichy, suspeitos de nutrirem um ódio tenaz contra a Alemanha. Uma cooperação com a França constitui uma opção a deixar na reserva até a execução de Barbarossa.[*,13]

Tanto quanto a queda da França, o ataque à União Soviética, em 22 de junho de 1941, constitui um dos acontecimentos mais importantes da guerra. De acordo com a versão mais corrente da lógica de *Mein Kampf*, Hitler, desencadeando a guerra no leste, pretende empossar-se do espaço vital necessário à sobrevivência do Reich. Planeja iniciar uma guerra de conquista e de dominação, ocupar as terras da Rússia meridional, constituir um império colonial nas adjacências. O Führer espera ainda desencorajar a Inglaterra, privá-la de seu último aliado potencial no continente e levá-la à paz.

Essa interpretação geoestratégica não é inteiramente falsa. Não há dúvida de que a visão de um Mackinder ou de um Haushofer tenha inspirado a decisão de

---

[*] N. T.: Trata-se da operação Barbarossa, que designa o ataque alemão à URSS, efetuado em 22 de junho de 1941.

[13] Sobre os acordos de Paris, COUTAUT-BEGARIE (O.) e HUAN (Cl.), *Darlan*, Fayard, 1989, c. XIV. Ver também MASSON (Ph.), *Histoire de la Marine française*, t. II, p. 448 e ss.

Hitler. Essa visão não leva suficientemente em conta o caráter ambíguo do Führer e das circunstâncias imediatas que estão na origem de muitas das grandes decisões.

Ao dominar os espaços do leste, Hitler espera fazer um contraponto à potência americana cuja pressão aumenta cada vez mais no Atlântico. Além disso, procura evitar um ataque soviético em 1942. Os serviços de informação do Reich não cansam de assinalar a amplidão dos preparativos da URSS em suas fronteiras ocidentais. É uma ameaça não somente terrestre, mas também aérea. Os territórios soviéticos do oeste podem constituir uma notável plataforma para os industriais alemães da Silésia ou para o petróleo da Romênia.

Apesar disso, Barbarossa acontece logo após um período em que Hitler esperava entender-se com a União Soviética na base de uma espécie de partilha do Velho Mundo, numa repartição de esferas de influência. Esboçada durante o verão de 1940, a decisão do ataque a leste só se concretiza após a visita de Molotov a Berlim, no mês de novembro.

Durante as primeiras negociações, Molotov não descarta as propostas do Führer quanto a uma expansão soviética em direção ao Afeganistão, ao Oriente Médio e ao golfo Pérsico. Mas ele insiste nos interesses da URSS na Finlândia, na Bulgária, na Romênia e nos estreitos turcos onde a marinha soviética deveria dispor de uma base. Dá-se então um choque entre duas hegemonias. Para Hitler, a conclusão é clara. A URSS acaba de tirar a máscara. Para ele, é inadmissível uma expansão soviética na Escandinávia e no Báltico, menos ainda no sudeste europeu e em direção ao Mediterrâneo.

O fracasso das negociações de Berlim confirma uma situação ambígua. Por um lado, os soviéticos não impõem nenhum obstáculo ao repatriamento das minorias germânicas dos países bálticos, e Stalin também aceita entregar à Gestapo os refugiados políticos alemães, até mesmo os comunistas. Por outro lado, uma desconfiança recíproca nasce das negociações econômicas do final de 1939 e do início de 1940. Para a decepção dos alemães, os soviéticos se empenham ao máximo em limitar o fornecimento de cereais, de petróleo ou de metais não ferrosos. Na troca, eles não se contentam com equipamentos e passam a exigir cascos ou plantas de navios de guerra – como os do encouraçado Bismarck – ou o fornecimento de materiais militares de ponta, principalmente na aviação, os quais os serviços alemães recusam-se a entregar.

A decisão definitiva de Barbarossa é tomada em 18 de dezembro de 1940, não sem hesitações de última hora, como notará Hitler na carta endereçada a Mussolini na véspera do ataque. Há outro fato capital a destacar: é a última vez que Hitler age, em pleno conhecimento de causa, por iniciativa própria. Trata-se, também nesse caso, de uma grande jogada de pôquer. Em caso de derrota, estará envolvido numa guerra em duas frentes que ele sempre jurou evitar.

Os primeiros meses de 1941 tomam, assim, a feição de uma trágica vigília em armas. Ao contrário do que reza uma lenda persistente, Stalin está perfeitamente prevenido da ameaça por seus serviços de informação, paralelamente aos avisos transmitidos por Londres ou Washington. A concentração do grosso do exército alemão a leste já começara no fim do verão de 1940.

Ao longo desse período, Stalin manifesta uma extrema prudência. Trata-se, para ele, como explica em 5 de maio diante dos alunos de uma escola de oficiais, de superar a situação delicada desse ano de 1941 e de evitar qualquer provocação. O Exército Vermelho só estará pronto a partir de 1942. Ele se beneficiará, então, de uma nova doutrina e de materiais modernos. Simultaneamente, por ocasião da visita de Matsuoka a Moscou, Stalin assina em 13 de abril um pacto de não agressão com o Japão. Fato pouco habitual, ele acompanha o ministro de Relações Exteriores do Japão à estação de trem, após ter-lhe dito: "Nós também somos asiáticos. Devemos estar de braços dados".

Desse modo, o senhor do Kremlin se resguarda de reagir com muita energia diante da influência crescente da Alemanha na Finlândia, na Romênia ou na Bulgária. Ele também não reage diante do ataque contra a Iugoslávia, apesar do recente pacto de amizade assinado entre Moscou e Belgrado. Espera, provavelmente, que essa campanha dos Bálcãs, como a de 1915, se estenda por longo tempo e imobilize por vários meses uma boa parte da Wehrmacht. No âmbito dos acordos comerciais, o fornecimento soviético de alimentos, de petróleo ou de manganês efetua-se pontualmente, mesmo que o Reich esteja em atraso crescente na provisão de produtos manufaturados e de materiais de guerra à URSS.

Também não há dúvida de que Stalin não confia totalmente nos avisos transmitidos pelas democracias ocidentais. Londres e Washington não buscam provocar um confronto entre as duas potências continentais, o qual resultaria num desgaste recíproco e beneficiaria a Inglaterra e os Estados Unidos? Assim sendo, o senhor do Kremlin se recusa a qualquer medida de mobilização que o Reich pudesse interpretar como um *casus belli* e que servisse de pretexto a um ataque preventivo. As concentrações alemãs na fronteira talvez só tenham um único objetivo: obter vantagens econômicas suplementares da União Soviética.

Apesar de novos indícios inquietantes – partida da maior parte dos membros da embaixada alemã em Moscou, sob o pretexto das férias de verão, e a ausência no começo de junho de qualquer navio de comércio germânico nos portos soviéticos –, Stalin acredita ter atingido seu objetivo. A situação perigosa estaria superada. A estação já está muito avançada para um ataque alemão. Em meados de junho, a vigilância do Exército Vermelho relaxa. As tropas cessam o estado de alerta, as permissões voltam a ser concedidas.

Nada mais além disso? Segundo uma versão recente, a prudência demonstrada por Stalin só teria dissimulado um ataque do Exército Vermelho contra a Polônia e a Romênia previsto para 6 de julho... Barbarossa teria assim ocorrido apenas 15

A Segunda Guerra Mundial

dias antes de uma agressão soviética! A esse respeito, o livro de Suvorov, *Le Brise-glace*, por seu conhecimento dos mecanismos do regime e da estrutura do Exército Vermelho, é desconcertante.[14]

Essa tese explicaria a violência das primeiras batalhas ao longo da fronteira ou na zona de segundo escalão, assim como a extraordinária amplidão das perdas em homens e em material sofridas em algumas semanas pelo Exército Vermelho, antes que a mobilização geral pudesse provocar seus efeitos. Os generais alemães sempre afirmaram a convicção de que se haviam deparado com o dispositivo ofensivo de um exército considerável.

Qualquer que seja a versão adotada, é com assombro que Molotov recebe a declaração de guerra do Reich, em 22 de junho, às 3 horas da manhã – "Nós não merecemos isso". Stalin é avisado um pouco mais tarde dos primeiros sinais da ofensiva alemã. Assombro ainda maior pelo fato de que o ataque de Hitler não foi precedido de nenhuma declaração ameaçadora. Até o último momento, a imprensa alemã continuava a exaltar os méritos do pacto germano-soviético. Quanto à Luftwaffe, ela só efetuou sua concentração no leste nos últimos dias que precederam o desencadear da operação Barbarossa.

De todo modo, em 22 de junho de 1941, o mundo prende a respiração. Para a grande apreensão de dirigentes como Göring, a Alemanha se encontra, ao menos provisoriamente, numa luta em duas frentes. Essa perspectiva está, sem dúvida, na origem da estranha missão de Rudolf Hess na Inglaterra, que talvez se tenha beneficiado da concordância de Hitler e que não apresenta o caráter rocambolesco que se lhe atribui usualmente.

Apesar do silêncio britânico, não há dúvida de que Rudolf Hess tenha tido contatos com algumas personalidades como Kirkpatrick ou Beaverbrook e que suas propostas tenham merecido a atenção dos últimos partidários da política de apaziguamento. Sherwood encontrará pistas a esse respeito nos papéis de Harry Hopkins, conselheiro de Roosevelt. "Os apelos à 'razão'" que haviam sido lançados e que continuavam com Rudolf Hess poderiam ter despertado simpatia, principalmente junto à Câmara dos Lordes. O que Hess propunha, acreditando falar em nome de Hitler, era uma paz que reconheceria e garantiria o poder e o prestígio do Império Britânico em seu todo, enquanto a Alemanha exerceria seu controle sobre todo o continente europeu e ficaria com as mãos livres para a luta contra os "bolcheviques".[15]

---

[14] Sobre esse aspecto surpreendente, SUVOROV (V.), *Le Brise-glace*, op. cit.
[15] Sobre o caso Rudolf Hess, IRVING (D.), *Les Années inconnues du dauphin d'Hitler*, Paris, Albin Michel, 1988; SHERWOOD (R. E.), *Le Memorial de Roosevelt*, t. I, p. 210.

Essa nota é escrita em setembro de 1941, num momento em que, segundo revela Hopkins, Churchill atravessa uma profunda crise de desânimo. Este duvida da capacidade de resistência da Rússia e acaba por duvidar também de uma intervenção americana, já que Roosevelt, prisioneiro da corrente isolacionista, se dispõe a fornecer todo tipo de ajuda "por todos os meios, menos a guerra". Após a missão de Rudolf Hess, Churchill teria cogitado de uma paz sem vencedores? Ignora-se. Entretanto, o que é certo é que Stalin, à mesma época, por ocasião da visita de Beaverbrook a Moscou, concede uma extrema atenção ao caso Rudolf Hess que teria ocorrido, segundo ele, de pleno acordo com Hitler.

Três meses depois, o mundo prende novamente a respiração, e o pressentimento de Churchill se concretiza enfim. Em 7 de dezembro de 1941, acontece o ataque japonês a Pearl Harbor, com a destruição do batalhão da US Navy. Quatro dias depois, a Alemanha e a Itália declaram guerra aos Estados Unidos. A América se vê enfim envolvida no conflito.

Quais são as razões que levam o Japão a ampliar o conflito e desafiar os Estados Unidos? Na base da política nipônica encontra-se a China. Desde 1932, todos os centros de decisão, quer se trate de governo, de exército ou de marinha, estão convencidos de que a zona de interesse vital de um arquipélago superpovoado, desprovido de matérias-primas, submetido ao ostracismo econômico das grandes potências, estende-se ao continente asiático a partir da cabeça de ponte da Coreia. Política essa na origem do protetorado de Manchukuo, na Manchúria em 1932, e de uma guerra declarada contra a China a partir de 1937.

Entretanto, a partir de 1939, o Japão se vê num impasse. A despeito da conquista das províncias mais ricas do antigo Império do Meio, de procedimentos de intimidação bárbaros como o "saco de Nanquim", ou do isolamento da China através de invasões ao longo do litoral, o gabinete nipônico não consegue obter a queda de Chiang Kai-shek ou levar o governo nacionalista refugiado em Chungking a reconhecer a hegemonia japonesa.

Esse impasse tem consequências consideráveis. Tóquio deve manter uma força de um milhão de homens na China. Deve ainda conservar na Manchúria um exército de elite, o de Kwantung, integrado por 700 mil homens, para enfrentar o reforço militar da União Soviética na Sibéria e na Mongólia Exterior. Além disso, o Japão está desconcertado com a atitude alemã. Contrariamente ao estipulado no pacto anti-Komintern, Berlim assinou o Tratado de Moscou sem consultar Tóquio. O temor pelo isolamento e a ameaça potencial da URSS levam finalmente o governo do príncipe Konoe a assinar, em 13 de abril de 1941, o pacto de não agressão com a União Soviética, num momento em que Stalin teme um ataque alemão.

O pacto procede de outra dificuldade da política de expansão japonesa, na origem de uma hostilidade crescente dos Estados Unidos. Em virtude do regime da "porta aberta",* Washington se recusa a aceitar o protetorado sobre a Manchúria e a dominação nipônica sobre a China. Alguns incidentes, como o ataque à canhoneira Panay pela aviação japonesa, ou os massacres de Nanquim, despertam a indignação da opinião americana e particularmente de Roosevelt. O presidente nutre uma profunda simpatia para com uma China idealizada, vista através dos relatos de missionários ou dos romances de Pearl Buck. Outro elemento é que a fortuna de Roosevelt provém, em grande parte, do comércio praticado na China por seu pai, principalmente no que diz respeito ao ópio.

Sem chegar a um apoio militar direto, a indignação americana leva a administração de Washington a conceder a Chiang Kai-shek uma ajuda material que transita pela rota da Birmânia e a apoiar a ação de voluntários como os aviadores de Claire Chenault batizados de "tigres voadores". A irritação dos Estados Unidos dá um passo além no verão de 1940. Na esteira da derrota da França, o Japão procura obter o isolamento completo da China, tornando impossível qualquer ajuda americana. Obtém do governador da Indochina, o general Decoux, o fechamento da fronteira norte do golfo de Tonquim com a implantação de postos de controle e a utilização do porto de Haiphong. Ao mesmo tempo, os britânicos, também impotentes no plano militar, são obrigados a consentir, durante vários meses, com a interrupção do tráfego da rota da Birmânia.

Sem a possibilidade de proceder a uma reação armada numa zona totalmente fora de alcance de suas forças aeronavais, o governo americano limita sua resposta ao plano econômico. Recusa renovar o tratado de comércio com o Japão, estabelece o embargo às exportações da ferragem necessária à siderurgia nipônica e submete a licenças todas as vendas americanas com destino ao Japão.

Essas reações provocam um indiscutível mal-estar em Tóquio. Como destaca o adido naval alemão, o governo japonês teme a potência da marinha americana. Teme igualmente novas medidas de alcance econômico. Assim sendo, ao final de 1940, o Japão descarta a proposta de Hitler de um ataque contra Cingapura e a Malásia, situadas, entretanto, fora do raio de ação da US Navy. A abertura de uma frente no Extremo Oriente daria naturalmente ao Eixo a vantagem de enfraquecer a pressão britânica na Europa.

O desencadear da operação Barbarossa leva a uma mudança brutal. O Pacífico, a despeito da distância, integra-se a um conflito que se expande cada vez mais. O Japão fica liberado da ameaça soviética. Ele se acha então em condições de aumentar

---

* N. T.: Essa política seguida pelos Estados Unidos estabelece que o Ocidente se compromete a respeitar a integridade territorial em troca da total abertura comercial do país.

sua pressão sobre a Indochina e o sudeste asiático. A conclusão de um acordo de defesa mútua com o almirante Decoux, em 29 de julho de 1941, permite à marinha imperial estabelecer uma base aeronaval perto de Saigon, numa iniciativa que tem dupla finalidade: facilitar uma eventual ofensiva em direção ao sudeste asiático e levar as autoridades holandesas, enquanto isso, a prosseguir em seu fornecimento de petróleo ao Japão sem associar-se a um eventual embargo americano.

Efetivamente, a reação dos Estados Unidos não se faz esperar. No final de julho e começo de agosto, Washington toma a decisão de paralisar os aviões japoneses e proibir a exportação de produtos petroleiros, em particular a gasolina de aviação. Britânicos e holandeses se associam a essa medida. É uma reação que tem um objetivo duplo: impedir o Japão de se lançar numa eventual aventura em direção à Malásia ou às Índias Holandesas e também afastar a tentação de se entregar a uma ofensiva na Sibéria a partir da Manchúria.

A iniciativa americana coincide, de fato, com a visita de Harry Hopkins a Moscou, e Molotov insiste então para que o presidente Roosevelt ache um meio apropriado de fazer uma "advertência" ao Japão a fim de impedi-lo de empreender uma nova agressão. A União Soviética não deve estar envolvida em duas frentes. Jamais as relações entre os dois teatros, Pacífico e Europa, foram tão claras.[16]

A reação americana incita o Japão a se decidir pela guerra. Os estoques do país em produtos petrolíferos esgotam-se em 18 meses. Se o exército, em virtude das solicitações de algumas personalidades alemãs, como Ribbentrop, admite um ataque contra a Sibéria, a marinha, ao contrário, condena uma extensão em direção ao norte, que só pode acarretar uma reação americana, uma luta em duas frentes e problemas intransponíveis de abastecimento em petróleo e em matérias-primas. A expansão nipônica deve atingir o sudeste asiático, onde o Japão se apresentará como libertador, criará uma esfera de prosperidade comum e encontrará a energia e os produtos necessários a sua economia e a suas forças armadas.

Paradoxalmente, essa extensão, que concerne a princípio às Índias Holande-sas, não visa nenhum território britânico e muito menos americano. Ela supõe, entretanto, uma guerra com a Grã-Bretanha e os Estados Unidos. O Japão, em sua marcha para o sul, não pode deixar em sua retaguarda as posições estratégicas essenciais de Cingapura e das Filipinas. O problema do ataque do sudeste asiático é abordado durante uma "conferência de ligação" diante do imperador, em 5 de setembro de 1941. Os dois chefes de estado-maior, o general Sugiyama e o almirante Nagano, mostram-se muito categóricos.

---

[16] A respeito dessa "advertência", SHERWOOD (R. E.), *Le Memorial de Roosevelt*, op. cit., t. I, p. 210.

A estratégia do sul permitirá uma guerra-relâmpago de noventa dias e o impasse terrestre não se repetirá. "A China é um continente", destaca Sugiyama, "o sul é feito principalmente de ilhas". Mas o imperador não parece totalmente convencido. "Se o interior da China é vasto, o oceano Pacífico não é ainda mais vasto?". No dia seguinte, Hiroito, durante uma segunda reunião, faz uma nova advertência um tanto sibilina, citando versos de um poema redigido por seu avô, o imperador Meiji: "Todos os oceanos do mundo se comunicam e as tempestades passam de um mar para outro."[17]

Efetivamente, as hesitações persistem. Assim, a estrada para a guerra não exclui a negociação. As duas vias serão seguidas ao mesmo tempo pelo príncipe Konoe e pelo general Tojo, que o sucede, em 18 de outubro, no mais alto posto do governo. Esse procedimento vai contribuir para desconcertar o Departamento de Estado e a Casa Branca, que dispõem, entretanto, do código da diplomacia japonesa decifrado regularmente pela máquina Magic. Em troca da suspensão do embargo americano e do estabelecimento das relações econômicas normais, Tóquio propõe dois planos A e B, o primeiro prevendo um abandono das posições conquistadas na Indochina, o segundo um acordo sobre a China para preservar a situação dominante do Japão.

Depois do fracasso de um projeto de encontro entre Roosevelt e o príncipe Konoe, a resposta americana, por intermédio do secretário de Estado Cordell Hull, sem consulta aos chefes de estado-maior da Marinha e do Exército, Stark e Marshall, chega a Tóquio no início de dezembro. Essa resposta é um estatuto em dez pontos que prevê não somente a evacuação da Indochina, mas também da China e a saída do Japão do protetorado de Manchukuo. Esses dez pontos aparecem como um verdadeiro ultimato, apesar de Cordell Hull, um homem honesto, simples e ingênuo, de um pacifismo primário, não ter consciência disso. Isso afasta as últimas hesitações do gabinete imperial. A sorte está lançada. O ataque contra Pearl Harbor é desencadeado no domingo, 7 de dezembro, às 7 horas da manhã.

---

[17] JOHNSON (Paul), *Une histoire du monde moderne*, t. I. *La Fin de la vieille Europe (1917-1945)*, Paris, R. Laffont, p. 16.

Nêmesis

A intervenção do Japão e a extensão do conflito para o hemisfério ocidental suscitam uma série de indagações. O Japão, antes de mais nada, terá considerado com seriedade os riscos de uma guerra em duas frentes e analisado o potencial militar americano? É certo que o plano ofensivo foi minuciosamente preparado e, fato a destacar, será executado com um mínimo de perdas, nos prazos previstos. Por outro lado, as conferências do mês de setembro confirmam que havia muita hesitação.

O coronel Iwakuro, encarregado dos problemas logísticos, traça um quadro inquietante da disparidade econômica entre o Japão e os Estados Unidos. A superioridade americana é da ordem de 20 para 1 no aço, de 100 para 1 no petróleo, de 10 para 1 no carvão, de 5 para 1 nos aviões, de 2 para 1 no aparelhamento naval... Embora contando com uma vitória, a marinha calcula a perda de um quarto e mesmo de um terço de seus meios... A sequência das operações também é alvo das cogitações do almirante Nagano. "Se me dizem para lutar sem me preocupar com as consequências, lutarei por um ano. Mas o segundo ano, e menos ainda o terceiro, não me inspiram nenhuma confiança."

Com efeito, uma série de elementos lógicos e irracionais dita a conduta dos japoneses. Há consenso em todos os escalões. Não se admite, em hipótese alguma, ceder à China. O embargo do petróleo reduz a nação à catástrofe e implica uma decisão dramática. O embaixador americano Joseph Grew percebe perfeitamente esse mecanismo profundo. "Quando um país inteiro está mergulhado no desespero, pode ser levado a arriscar tudo."[18] "É necessário, por vezes, ter a coragem, como declara então o general Tojo, de fazer coisas extraordinárias, como saltar com os olhos fechados da varanda do templo Kiyomizu" (um templo de Kyoto construído sobre pilares particularmente altos).[19]

---

[18] JOHNSON (Paul), *Une histoire du monde moderne*, op. cit., t. I, p. 416.

[19] MUTEL (J.), "Le Japon", *Dictionnaire de la Seconde Guerre Mondiale*, op. cit.

Entretanto, os japoneses estão convictos de que, após Hitler, o mundo entrou numa nova era com a revelação das possibilidades da guerra-relâmpago. Essa convicção incita o almirante Yamamoto, o comandante da frota combinada, a deixar de lado o plano de atribuição previsto pelo estado-maior desde os anos 1920, em favor de um ataque surpresa à base de Pearl Harbor por um grupo de porta-aviões.[20] Tendo assegurado com este ato o domínio do mar, o Japão poderá então desencadear livremente sua Blitzkrieg no sudeste da Ásia. Fato pouco conhecido, Tojo só será avisado do plano de ataque oito dias antes de sua execução. A operação o fará mergulhar num abismo de perplexidade, e ele insistirá para que "a queda do raio" seja precedida de uma declaração de guerra nos conformes, a qual, em razão da demora da decodificação, chegará tarde demais.

Como todos os seus companheiros, Yamamoto ainda acredita na superioridade intrínseca do guerreiro nipônico, em particular sobre o americano enfraquecido pelas facilidades da sociedade de consumo. Ele também acredita na ajuda das forças divinas, em virtude do Shinto, a via dos deuses. Além disso, está impregnado do ensinamento de um livro célebre do começo do século XVIII, o *Hagakure*, onde consta a célebre frase: "Acabei por compreender que o *Bushido* (a moral do guerreiro) consiste em morrer." Entretanto, nessa obra também se lê: "A boa maneira de vingar-se é atacar o inimigo sem esperar nem hesitar... É preciso somente lançar-se sobre o adversário, mesmo que a sorte esteja contra você, com a determinação inabalável de exterminá-lo."[21]

O racionalismo ao modo ocidental, entretanto, não está ausente da decisão nipônica. Apoderando-se do sudeste da Ásia, eliminando a frota americana, os japoneses almejam desencorajar a China e levá-la a aceitar sua posição. Estabelecendo um sólido perímetro defensivo no Pacífico Central, eles contam, igualmente, ao jogar com a versatilidade da opinião de um país democrático, cansar os americanos e conduzi-los a uma paz negociada, reconhecendo a posição privilegiada do Japão sobre uma parte do Extremo Oriente. Em resumo, não se trata de ganhar, mas de não perder.

A priori, esse cálculo não está desprovido de fundamento. Todas as guerras, inclusive as empreendidas pelo Japão a partir de 1898 contra adversários imponentes, como a China e a Rússia, não terminaram em negociações e tratados de paz? Assim sendo, em dezembro de 1941, os japoneses se empenham numa grande jogada de pôquer e se lançam numa aventura inquietante.

Resta uma segunda indagação. O Japão não caiu numa armadilha? Não foi vítima de uma provocação americana? Recusando toda negociação, impondo um

---

[20] YOUICHI (Hirama), "La Riposte japonaise au plan Orange", *Les Marines de guerre du Dreadnought au Nucléaire*, Service Historique de la Marine, 1989.

[21] MUTEL (J.), "L'Armée japonaise", *Dictionnaire de la Seconde Guerre Mondiale*, op. cit.

estatuto draconiano em dez pontos que equivaleria a uma capitulação, Roosevelt não procurava esgotar o Japão, ocasião para, enfim, entrar na guerra num momento em que Hitler se obstina em não responder às provocações americanas no Atlântico? Essa é uma questão que desperta, ainda hoje, uma série de polêmicas nos Estados Unidos. Para alguns, não há dúvida de que Roosevelt tenha provocado o Japão e o tenha forçado à guerra. Essa versão se baseia em alguns testemunhos, principalmente nas declarações do secretário de Estado do Interior Harold Ickes, que escrevia logo após o ataque alemão contra a Rússia:

> Lançar o embargo ao petróleo com destino ao Japão seria uma medida extremamente popular em todos os pontos do país. E como consequência desse embargo, seria possível criar uma situação que nos permitisse enfim entrar em guerra de maneira fácil e útil. Além disso, se somos indiretamente forçados a entrar em guerra, evitaremos as críticas que não deixariam de acentuar que nos aliamos à Rússia comunista.*

Outros, como John Toland, vão muito mais longe. Roosevelt estaria a par do plano japonês sobre Pearl Harbor. Ele não teria avisado nem a marinha nem o exército e teria evitado qualquer medida que levasse os japoneses a desistir de seu ataque surpresa. Essas interpretações continuam no plano das conjeturas. Mas o fato é que Marshall, Stark e o comandante da marinha em Pearl Harbor, o almirante Kimmel, agiram com muita negligência. Eles não deram importância a indícios inquietantes e manifestaram uma enorme falta de vigilância.[22]

Na realidade, até novembro de 1941, toda a atenção de Roosevelt e de seus chefes de estado-maior está voltada para a Alemanha. O Pacífico fica em segundo plano. A pressão dos Estados Unidos no Atlântico acentua-se cada vez mais desde a intervenção do Reich na Rússia. E essa pressão toma uma feição política e militar. Em agosto de 1941, o encontro de Roosevelt e Churchill ao longo da Terra Nova, a bordo do encouraçado Prince of Wales, conclui-se com a famosa Carta do Atlântico, manifesto ambíguo que constitui, de fato, uma verdadeira declaração de guerra moral dos Estados Unidos à Alemanha.

Essa iniciativa é acompanhada de uma intervenção militar crescente, no âmbito de uma guerra não declarada. Intervenção que se traduz pela substituição das tropas britânicas na Islândia por americanos, pela constituição de uma força-tarefa saída do estreito da Dinamarca e por uma escolta dos

---

* N. E.: Citação no original sem referência bibliográfica.

[22] O episódio de Pearl Harbor ainda é objeto de reais controvérsias nos Estados Unidos. Foi relançado por PRANGE (Gordon W.), *At dawn we slept: the untold story of Pearl Harbor*, New York, 1981; TOLAND (J.), *Infamy, Pear Harbor and its aftermath*, Garden City, 1982. Tentativa de síntese de SPECTOR (R.), *La Guerre du Pacifique*, Paris, Albin Michel, 1987, p. 96 e ss.

comboios pelos navios americanos. Roosevelt alimenta a esperança de provocar incidentes, de acarretar reações alemãs suscetíveis de conduzir a um enfrentamento aberto. De fato, compromissos são assumidos. Dois destróieres americanos, o Kearney e o Reuben James, são torpedeados por U-Boote.[*,23]

Produz-se uma decepção dupla. Os ataques por torpedos provocam, nos Estados Unidos, uma emoção morna, a despeito das declarações pungentes do presidente. Os incidentes só atingem marinheiros de carreira, profissionais. Quanto a Hitler, diferentemente do que se poderia esperar do personagem, não manifesta nenhuma reação. Apesar das pressões de seus almirantes, Raeder e Dönitz, ele se recusa a dar liberdade de manobra aos submarinos. Proíbe formalmente que se estenda sua ação à zona de neutralidade e, em caso de ataque, os U-Boote devem esforçar-se por identificar o adversário. O problema dos Estados Unidos será resolvido após Barbarossa. Para Roosevelt, a guerra no Atlântico, ou a guerra, simplesmente, não acontece. O Reich se recusa a ceder às provocações, a cair na armadilha.[24]

Esse impasse não prova, entretanto, que o presidente americano tenha procurado um outro caminho no Pacífico e que tenha tentado encurralar o Japão numa outra forma de impasse. É certo que a decisão do embargo ao petróleo tenha sido tomada à revelia de Marshall e de Stark. Os dois chefes de estado-maior consideram, efetivamente, que todo o esforço americano, em virtude do plano Dog, deve ser orientado para o hemisfério ocidental, ainda mais considerando que uma guerra aberta com a Alemanha se torna cada vez mais provável.

De fato, Roosevelt procura essencialmente impressionar o Japão, contê-lo, impedi-lo de se lançar numa operação intempestiva contra o sudeste da Ásia e sobretudo contra a URSS, que se tornara o pivô da estratégia anglo-americana. Entretanto, não se pode negar que o presidente, sem procurar deliberadamente a guerra no Pacífico, tenha aceitado o risco. Ele está convencido de que uma ameaça nipônica não pode ultrapassar o istmo de Kra e a Malásia. E também está seguro do caráter dissuasivo do dispositivo anglo-americano que se baseia em três elementos: a chegada de dois navios de linha britânicos a Cingapura, o reforço da defesa das Filipinas por um MacArthur que esbanja confiança, e a transferência, desde agosto de 1940, do grosso da frota do Pacífico de San Diego para Pearl Harbor. Como todos os seus compatriotas, o presidente despreza o sistema militar japonês. Seis meses antes do ataque nipônico, Pulestone, o historiador extraoficial da US Navy, descarta toda ameaça sobre o Havaí e solta esta frase "profética": "Não haverá um Port-Arthur americano".[25]

---

[*] N. T.: Os U-Boote são os submarinos alemães.

[23] Ver ABBAZIA (P. M.), *Roosevelt Navy, the private war of the U. S. Atlantic Fleet*, Annapolis, Naval Institute Press, 1975.

[24] FRIEDLANDER (S.), *Hitler et les États-Unis*, Paris, Éd. du Seuil, 1966.

[25] PULESTON (W. D.), *Armed forces of the Pacific*, New Haven, 1941, pp. 116-117.

Assim, Pearl Harbor se identifica com uma série de erros de cálculo. O desmantelamento do corpo de batalha americano, a destruição do Prince of Wales e do Repulse, os ataques contra a Malásia e as Filipinas demonstram brutalmente a eficácia insuspeita da máquina de guerra japonesa. Para os Estados Unidos, o despertar é doloroso. As ilusões evoluem. A América se acha às voltas com uma verdadeira guerra cujas repercussões serão consideráveis para a condução das operações no hemisfério ocidental, a despeito da prioridade que lhe é atribuída.

O erro de cálculo de Tóquio também é considerável e vai influenciar toda a sequência do conflito. O ataque de Pearl Harbor desencadeado num domingo, antes de qualquer declaração de guerra, provoca a indignação da opinião americana. O "dia da infâmia" varre o isolacionismo, provoca ou exacerba o profundo sentimento de ódio – não isento de considerações racistas – experimentado pelo povo americano para com os japoneses. Notemos de passagem que, em 1904, os americanos haviam apreciado o ataque surpresa dos japoneses contra Port-Arthur sem declaração de guerra e tinham se gabado da inconcebível ingenuidade dos russos! O ódio aos japoneses não é novidade. Remonta à vitória nipônica contra a Rússia em 1905, e as vantagens conseguidas na China após 1918 são vistas como uma ameaça aos interesses americanos no Extremo Oriente. Desde o início, as coisas estão claras. A guerra não será limitada, mas absoluta. Ela não se encerrará por uma negociação, mas pela destruição completa do adversário.

O último erro de cálculo vem da Alemanha. Para surpresa de Berlim, Roosevelt, no discurso proferido aos 8 de dezembro diante do Congresso, no qual ele pede uma declaração de guerra contra o Japão, se mostra evasivo com relação ao Eixo. Temendo dividir a opinião, o presidente se recusa a desencadear um conflito contra a Alemanha e a Itália. Ele espera que Berlim e Roma tomem a iniciativa.

Apesar das garantias dadas por Ribbentrop aos japoneses, Hitler se concede 48 horas de reflexão. Muitos elementos o incitam, finalmente, a declarar a guerra aos Estados Unidos, aos 11 de dezembro. A revelação aos 5 de dezembro, do Victory Program (mantido em segredo até então) pelo *Chicago Daily Tribune*, por iniciativa do grupo isolacionista do Senado que denuncia o belicismo de Roosevelt, demonstra que os Estados Unidos se preparam para uma guerra total contra a Alemanha.

O segundo elemento é a insistência de Raeder em desencadear um conflito com os Estados Unidos nos moldes de uma guerra marítima vigorosa contra os anglo-americanos, em coalizão com o Japão. O grande almirante destaca que

> todos os cálculos dos planos de guerra dos Estados Unidos, tais como foram publicados no *Chicago Tribune*, estão agora reduzidos a zero, em face dos últimos acontecimentos. Uma guerra no Pacífico, dois ou três anos antes do aparelhamento de uma marinha para os dois oceanos, numa época em que o exército ainda não está perfeitamente equipado e em que a gigantesca máquina

de fabricar armamentos ainda não se colocou em movimento, deve ser mal recebida pelo governo americano.[26]

De qualquer forma, um conflito com a América é inevitável. A ocasião parecia, naquele momento, extremamente favorável. Um último elemento incita Hitler a adotar esse ponto de vista. Em 11 de dezembro, ele ainda acredita numa vitória definitiva contra a URSS. As tropas alemãs não estão a mais que algumas dezenas de quilômetros de Moscou, e a contraofensiva lançada em 5 de dezembro pelos soviéticos produz ainda resultados mínimos e pode ser interpretada como um último sobressalto. A crise só se desencadeará em 18 de dezembro.

Essa segurança quanto ao desmantelamento do Exército Vermelho remonta a meados de outubro com as grandes batalhas que cercaram Briansk e Viazma. No auge da euforia, Hitler deixou publicar um comunicado em que se anunciava que a guerra a leste podia ser considerada praticamente encerrada. Ao mesmo tempo, deu ordem para reduzir a fabricação de armamento para o exército, dando preferência às construções navais e aeronáuticas. O esforço será concentrado, em 1942, no mar e em direção ao Oriente Próximo.

No momento em que o conflito toma uma dimensão mundial, os beligerantes se acham prisioneiros de uma rede de ambiguidades. Os Estados Unidos estão engajados numa guerra total em duas frentes, muito mais difícil do que o previsto, o que justifica a tese de Wedemeyer e de Marshall sobre a necessidade de um grande exército. Trata-se, entretanto, de um conflito em que não podem perder, tendo em vista sua posição geoestratégica e seu enorme potencial econômico.

Para o Japão, a situação apresenta-se muito mais delicada. Mesmo que nunca tenha cogitado uma vitória absoluta com ocupação do território americano, não há dúvida de que o plano inicial se acha comprometido, a despeito de êxitos espetaculares. A esperança de uma solução negociada se desfaz definitivamente menos de seis meses após Pearl Harbor. Em Midway, em 6 e 7 de junho de 1942, a marinha imperial perde a batalha que deveria ter ganhado, haja vista sua superioridade. Yamamoto não conseguiu destruir os restos da frota americana do Pacífico e levar os Estados Unidos à mesa de negociações. Embora numa fase difícil, os americanos estão mais do que nunca decididos a ir até o final e a impor uma paz cartaginesa. Apesar da conquista relâmpago do sudeste asiático, o Japão já se encontra numa situação crítica. A única saída: uma resistência obstinada para cansar o adversário e conjurar um desenlace que o desequilíbrio crescente das forças tornará cada vez mais duvidoso.

Quanto à Alemanha, a esperança de orientar o esforço no mar e nos ares a partir de uma base geoestratégica, estendendo-se do Atlântico ao rio Ural, desvanece

---

[26] HUGHES (T.) e COSTELLO (J.), *La Bataille de l'Atlantique*, Paris, Albin Michel, 1977, p. 198 e ss.

já no final de dezembro de 1941. Diante da violência imprevista da contraofensiva soviética, o plano Barbarossa fracassa. O Reich se vê envolvido numa guerra de usura contra a URSS e incapacitado, como o Japão, de conseguir uma vitória completa contra os Estados Unidos. Para o III Reich, dezembro de 1941 constitui efetivamente a bissetriz da guerra.

A Alemanha não conseguirá mais aproveitar-se do indulto de 1942 para reforçar a pressão dos U-Boote no Atlântico, abater a União Soviética e conservar um bastião no norte da África. Após Stalingrado, a vitória aliada no Atlântico, o desembarque no norte da África e a capitulação de Bizerte, a esperança de um desfecho militar favorável ou de uma solução negociada esvai-se cada vez mais.

Do início de 1942 em diante, Hitler não tem mais grandes ilusões. Em 3 de janeiro, ele admite, diante do embaixador Oshima do Japão, que ele não sabe como vencer a América. Logo após a queda em 1945, o general Jodl afirmará que o Führer sabia "desde os primeiros meses de 1942 que a Alemanha não podia ganhar a guerra." Desse modo, não dispensa grande atenção às solicitações de Mussolini, que, por ocasião da conferência de Klessheim, em abril de 1943, o incita a jogar com a carta política do leste. O Duce pressiona o Führer para que este conclua um segundo Brest-Litovsk e concentre todas as suas forças na defesa da Europa Meridional e Ocidental contra a ameaça anglo-americana.

Hitler se mostra evasivo. Ele já sabe que essa via, mesmo não estando fechada, se revela singularmente perigosa. De fato, os contatos entre alemães e soviéticos constituem um dos aspectos mais ignorados da Segunda Guerra Mundial, sendo difícil apreciar sua importância exata, por não se ter acesso aos arquivos soviéticos, apesar das mudanças políticas recentes.

A primeira oferta de paz em separado parece ter ocorrido no outono de 1941, por iniciativa do Kremlin. Logo após as batalhas arrasadoras de Briansk e de Viazma, Stalin, convencido da perda de Moscou, teria convidado Béria, em presença do general Jukov, a utilizar seus contatos para comunicar-se com os alemães. "Nós precisamos de uma pausa", teria ele declarado, "assim como em 1918, quando foi assinado o Tratado de Brest-Litovsk".[27]

A proposta teria sido transmitida por intermédio da Bulgária, e o Kremlin teria oferecido a Berlim o cessar das hostilidades em troca do abandono dos países bálticos, da Bucovina e de uma parte da Ucrânia. Convencido da queda iminente da URSS, Hitler teria recusado. Outras propostas surgiriam, no final de 1942, durante a primavera e o verão seguintes, por intermédio da embaixada soviética em Estocolmo. Os japoneses, interessados em ver a Alemanha orientar o grosso de suas forças contra os anglo-

---

[27] *Le Monde*, 10 juin 1989. KLEIST (Paul), *Entre Staline et Hitler*, Paris, Plon, 1953.

americanos, também intervêm em setembro de 1943. Um encontro – duvidoso – teria ocorrido entre Ribbentrop e Molotov. Em Stalingrado, Hitler respondeu a essas ofertas do Kremlin através do embaixador Oshima do Japão. Com a recuperação do Exército Vermelho, não cabe mais um novo Brest-Litovsk. O Reich deveria abandonar todos os territórios ocupados e recuar para a fronteira de 22 de junho de 1941.

Não há dúvida de que Hitler tenha julgado essas condições exageradas, após tanto sangue derramado no leste. Uma aceitação não estava isenta de riscos. Nenhuma confiança pode existir mais entre os dois países. Para Stalin, um acordo desse tipo corre o risco de ser apenas uma pausa e resultar numa retomada da guerra. O Reich será obrigado a manter forças consideráveis numa fronteira oriental regularmente empurrada para oeste.

Parece que o Führer esperava obter condições melhores: a manutenção da presença alemã nos países bálticos, na Rússia Branca e numa parte da Ucrânia. A ofensiva de Kursk ganha assim um sentido. Ela mostra um estreito parentesco com Midway, manifestando um caráter tanto militar quanto político. No embate entre fortes, infligindo uma rude derrota ao Exército Vermelho, Hitler espera obter não somente uma pausa, mas levar Stalin a se mostrar mais complacente.[28]

Ofensiva de dois gumes. O fracasso consumado em menos de uma semana põe fim a qualquer possibilidade de pausa e também a uma solução política honrosa a leste. Stalin se encontra, a partir de então, numa posição de força. Quando da conferência de Teerã, ele poderá dar-se ao luxo de advertir os Aliados sobre essas aberturas, pondo-os nas mãos dos alemães. Chantagem que, sem dúvida, está na origem de sérias vantagens políticas.

A oeste, o impasse é ainda mais absoluto. De 1942 a 1945, o Reich efetuará sondagens de paz por intermédio da Suécia e do Vaticano. A última ocorrerá em janeiro de 1945, após a ofensiva das Ardenas, com uma finalidade mais política do que militar. Não haverá resposta. Os Estados Unidos e a Grã-Bretanha estão decididos a levar as coisas até o fim. A atitude aliada se vê definida pela declaração de Casablanca em janeiro de 1943.

Os oponentes no interior do Reich não serão mais felizes, apesar dos contatos realizados em Estocolmo e em Zurique. Eles não terão nenhuma garantia sobre o futuro da Alemanha, mesmo em caso de derrubada do regime. O encerramento do conflito só pode acontecer com uma derrota total. O Reich está na mesma situação do Japão. Compreende-se melhor, assim, a irritação de Hitler diante das propostas de alguns de seus generais, como Rommel e von Kluge, para incitá-lo a buscar uma solução política. Durante os dois últimos anos da guerra, o Führer terá

---

[28] Sobre essas tentativas de negociações, DEAKIN (F. W.), *L'Axe brisé*, Paris, Stock, 1962, p. 288 e ss.

como últimos recursos agarrar-se a esperanças cada vez mais tênues: o desembarque na França, as armas novas ou a ruptura da grande aliança.

Podem-se indagar as razões dessa intransigência, assim como as origens dessa vontade de ascensão aos extremos, segundo a célebre fórmula de Clausewitz de recusa ao acordo, ainda mais porque se trata de uma intenção deliberada de impor uma paz de destruição, uma paz à maneira de Catão.

A própria natureza do regime nazista, o sistema dos campos de concentração, o genocídio judeu parecem trazer uma resposta. Não pode haver acordo com um sistema que colocou a si mesmo como indigno diante da humanidade. Essa explicação não é convincente. Até 1941, os alemães fazem uma guerra "correta". O genocídio judeu apenas começara. Como se depreende de uma conversa entre Roosevelt e Eden, ele suscita emoções muito esparsas nos países democráticos, que demonstrarão ceticismo ou indiferença quanto a isso, e que não procurarão explorar esse tema em sua propaganda de guerra. Em sua vontade de destruição, os ocidentais não hesitarão, enfim, a aliar-se a outros totalitarismos, como os de Chiang Kai-shek, Mao Tsé-tung e mais ainda o de Stalin, que nada tem a invejar o de Hitler.

Na realidade, o genocídio ou o sistema concentracionário só fazem nutrir um ódio antigo, que remonta ao começo do século. Nos dez anos que precedem a Primeira Guerra Mundial, a Alemanha começa a aparecer como potência desordeira. A política de Guilherme II indispõe os meios dirigentes da Inglaterra e dos Estados Unidos por suas manifestações agressivas como os "golpes" de Tânger ou de Agadir, por suas reivindicações coloniais, sua expansão no Oriente Médio, com a Estrada de Ferro Berlim-Bagdá e sua vontade de tornar-se uma potência marítima. A criação de uma frota de alto-mar provoca não somente a reação naval britânica, mas também americana. Os Estados Unidos reagem à implantação do Reich no Pacífico e suspeitam de suas intenções sobre alguns territórios da América Latina.

Com a Primeira Guerra Mundial, que se inicia com a violação da neutralidade da Bélgica, esse ódio assume feições patológicas. A propaganda aliada denuncia com frequência os crimes da Alemanha: uso de armas proibidas, incêndios de cidades, destruições de monumentos históricos, execuções de reféns, estupros coletivos, tortura de crianças etc.

Logo após o conflito, uma parte dessas acusações se revela sem fundamento. Mas a marca ficará indelével. Depois do torpedeamento do Lusitania, a opinião americana estará convencida de que a Alemanha é portadora das "forças do mal", e a retomada da guerra submarina em 1917 provocará a intervenção dos Estados Unidos.

A esse ódio acrescenta-se o desprezo mal dissimulado do *establishment* anglo-americano para com a classe dirigente alemã considerada grosseira, sem modos e, em síntese, sem educação. Ao longo de várias visitas em família ao Reich antes de 1914, Roosevelt experimentará essa aversão aos alemães considerados como *schwindt* (porcos).

Em suma, a Alemanha do século XX desconcerta, irrita. Não é mais a "boa Alemanha", a de Goethe ou de Madame de Staël, ou mesmo de Bismarck, de espírito continental e consciente da necessidade de um equilíbrio europeu. Há o sentimento do choque com uma nação em plena expansão, trabalhada pelo demônio do imperialismo, pronta para a aventura.

A partir de 1915, Clemenceau não hesitará em expor as razões profundas da guerra:

> Havia um perigo alemão, um perigo mais temível na paz do que na guerra... Pelo alto valor de um prodigioso esforço de trabalho metódico, numa hábil organização de maquinaria humana, essas pessoas estavam conquistando o mundo. Não havia nenhum lugar disponível sobre a Terra ao qual eles não chegassem. Eles haviam rechaçado o comércio e a indústria da Inglaterra. A França estava submersa em germanismo. Na Rússia, eles dominavam as avenidas do poder, lançando em toda parte as raízes de uma potência econômica indefinida. Nas duas Américas, em todos os lugares, afirmava-se sua influência. Ainda um meio século de paz e o mundo era deles, no recuo universal de todas as forças iniciadoras da civilização... Mas o destino velava.

Em 1921, Romain Rolland escreverá:

> Tenho convicção absoluta de que, de fato, a guerra de 1914-1918 teve por verdadeiro objeto (profundo, inconfesso) destruir a nação que trabalhava melhor em proveito das nações que trabalhavam menos bem, principalmente da Inglaterra. É um crime contra os interesses da humanidade. Ela pagará.[29]

Com o nazismo, a escalada de poder do III Reich e os golpes de 1935-1939, e também em razão do fracasso da política de apaziguamento, esse ódio reaparece, se amplia. No início da guerra, Chamberlain ainda hesita. Ele se esforça para distinguir o povo alemão de seus dirigentes. Numa tentativa de dar uma orientação ideológica ao conflito, Gamelin tenta, ao contrário, não sem esforço, efetuar uma aproximação entre a Alemanha nazista e a "eterna Alemanha", invasora, imperialista, a de Bismarck ou de Guilherme II. Churchill e Roosevelt não pensarão de outro modo.

Não são os sentimentos apenas que estão em causa. O ódio manifesto não explica tudo. O entendimento tem o seu papel. A declaração de Casablanca passa, assim, a ter sentido, ainda mais que o anúncio de uma rendição sem condições não se improvisa, é cuidadosamente amadurecido. Não se trata mais de um gesto destinado a assegurar a Stalin as intenções dos ocidentais; a questão é outra.

---

[29] DALUCES (Jean), *Le Troisième Reich*, Paris, 1950, p. 29.

Roosevelt quer esmagar o Reich para evitar o retorno das ambiguidades de 1918. A Alemanha deve sentir-se vencida. É preciso eliminar a lenda da punhalada pelas costas. O país será desnazificado, e a casta militar, associada sem razão ao regime, deverá desaparecer. Não será também admitido tratar com um membro qualquer da oposição. Não haverá um novo "expediente provisório" tipo Darlan. Esmagada no aspecto militar, a Alemanha deverá ser ainda definitivamente enfraquecida e desmembrada. Os bombardeios estratégicos se inscrevem, assim, numa perspectiva a longo prazo. É a sua existência enquanto grande nação que está em causa.

Em Teerã, assim como em Yalta, Roosevelt dará seu aval às propostas de desmembramento do Reich, de internacionalização do Ruhr e do desmantelamento da economia. Ele se mostrará, no começo de 1945, um adepto fervoroso do plano do secretário do Tesouro Morgenthau, que visa reduzir a Alemanha a um Estado pastoral. Não manifestará nenhuma preocupação em criar um enorme vazio no centro da Europa diante de uma União Soviética vitoriosa.

Essa intransigência coloca, com efeito, o problema da "grande aliança" na origem de um debate interminável. Era necessário buscar, tanto na Europa quanto no Pacífico, uma vitória total que só poderia facilitar a formação de uma hegemonia soviética na Europa e reforçar suas posições no Extremo Oriente? Indagação que foi objeto de comentários apaixonados pelo menos até a Queda do Muro e que suscitou a inquietação de muitos durante o próprio conflito.

Essa política teria sido o resultado da ingenuidade de Roosevelt, prisioneiro de seu ódio para com a Alemanha e o Japão, seduzido por Stalin, e que teria negligenciado os conselhos de um Churchill. Pela vontade americana, a "grande aliança" seria procedente de uma nova diplomacia, fundamentada no sonho de uma harmonia, mantida entre os três grandes para além da guerra e não mais em zonas de influência ou relações de força.

Vários elementos se acham, de fato, na origem dessa "grande aliança". A necessidade, inicialmente. Desde 22 de junho de 1941, a URSS constitui o pivô da estratégia aliada. Para as grandes democracias, é o único meio de vencer a Alemanha. Até o fim, a Frente Oriental reterá dois terços das forças da Wehrmacht. De 1941 a 1945, Churchill e Roosevelt, não sem fortes razões, é verdade, viverão numa angústia constante quanto a uma derrocada soviética ou uma paz separada, numa reedição do Tratado de Moscou.

Lorde Halifax insistirá com veemência ao término do conflito:

> É preciso compreender, para explicar nossa conduta, que, durante a guerra, Roosevelt, Churchill e eu estávamos (secretamente) obcecados pela possibilidade de uma reviravolta das alianças. Lembrem-se da origem da guerra em 1939!

De repente, Stalin se alia a Hitler. Ele era capaz de fazê-lo novamente, uma vez que os exércitos russos, no tempo de Yalta, eram ao mesmo tempo vitoriosos e ameaçados.[30]

A propósito, desde 5 de setembro de 1941, após um encontro com o embaixador Maisky, Churchill declara a Roosevelt que não pode "liberar-se da impressão de que os russos pensam talvez em concluir uma paz separadamente". Em todo caso, Stalin saberá jogar habilmente com essa inquietação.

Os Estados Unidos ainda precisam da União Soviética para vencer o Japão. Basta lembrar que uma intervenção soviética permitiria estabelecer bases aéreas na Sibéria oriental de alcance imediato sobre o arquipélago nipônico. Isso permitiria também reter e desgastar uma parte considerável do exército japonês. A URSS assumiria, assim, o papel que caberia à China, apática e visivelmente sem pressa em empreender operações ativas contra os japoneses. Em troca, a União Soviética recuperaria todas as vantagens perdidas na Manchúria desde 1905 com Port-Arthur, assim como as ilhas Curilas e a Sacalina. Lembremos ainda que em Teerã e também em Yalta, Stalin, para grande satisfação de Roosevelt, promete sua intervenção, três meses depois da derrota da Alemanha.

A ingenuidade, no entanto, não está ausente. É inegável que Roosevelt nutriu sérias ilusões sobre a União Soviética e sobre Stalin em particular. Assim como seu conselheiro Harry Hopkins, o presidente está convencido de que a URSS só procura garantir sua segurança, de que ela precisará dos Estados Unidos após a guerra para assegurar sua reconstrução e de que laços econômicos fortes se estabelecerão entre os dois países.[31]

Roosevelt também está certo de que Stalin é um bom sujeito, que às vezes exagera um pouco e que não é senhor absoluto da política soviética, da qual representaria uma das tendências moderadas. Em Teerã e em Yalta, o presidente usa de todo o seu charme para captar a amizade do *Tio Joe*, não se furtando a fazer brincadeiras em detrimento de Churchill, para amenizar o clima e cair nas boas graças do senhor do Kremlin.

O presidente, enfim, está convencido – tem o "pressentimento" disso, como ele próprio diz – de que o sistema soviético não é tão totalitário quanto pretendem alguns. Dirigindo-se ao papa Pio XII, em 3 de setembro de 1941, ele expressa sua *crença* de que "a ditadura russa representa para as outras nações um perigo menor do que a forma tomada pela ditadura alemã", e acrescenta que "a religião, a Igreja enquanto tal, a humanidade em geral, têm menos a temer de uma sobrevivência

---

[30] Confidência de lorde Halifax: GUITTON (Jean), *Un siècle, une vie*, Paris, R. Laffont, 1988, p. 340.

[31] Nota de Hopkins de 24 de outubro de 1942, SHERWOOD (R. E.), *Le Memorial de Roosevelt*, op. cit., t. II, p. 279.

da Rússia do que a da ditadura da Alemanha". Ele também não acredita num imperialismo soviético, segundo diz ao almirante Leahy, então embaixador em Vichy, logo após o início de Barbarossa: "Agora vai ter início essa manobra russa. Se é certo que vá significar para a Europa o fim da dominação nazista, ao mesmo tempo, não acho que precisemos temer uma eventual dominação russa."[32]

Roosevelt sofre a influência dos "sovietófilos" que o cercam, Harry Hopkins e sobretudo Joseph Davies, antigo embaixador dos Estados Unidos em Moscou. A despeito de sua admiração ingênua por Stalin e de suas ilusões sobre o sistema, o diplomata, entretanto, não está cego. Ele está convicto de que os "expurgos" resultaram de complôs e não de uma desconfiança doentia do senhor do Kremlin. Além disso, ele é, no verão de 1941, um dos raros ocidentais que se declara convencido de que a Wehrmacht não conseguirá dominar o espaço russo e quebrar a resistência do Exército Vermelho.

Roosevelt recebeu, no entanto, diversos avisos provenientes de bons conhecedores da realidade soviética como Kennan e, mais ainda, de seu "conselheiro católico" William Bullit, que também foi embaixador em Moscou. Mas o presidente se vale mais de seus pressentimentos:

> Não nego a qualidade de vossos argumentos. Simplesmente tenho a convicção profunda de que Stalin não é esse tipo de homem. Harry [Hopkins] diz que ele não é assim e que ele não pretende nada mais do que a segurança de seu país; da mesma forma, eu penso que, na medida em que eu lhe der tudo o que eu posso dar e em que eu não lhe pedir nada em troca, *noblesse oblige*, ele não procederá a uma anexação, qualquer que seja, e trabalhará comigo para a instauração de um mundo onde triunfem a democracia e a paz.[33]

O presidente é de opinião que haverá, com efeito, uma convergência entre os dois países após a guerra. Com a ajuda dos Estados Unidos, a URSS se orientará para um sistema cada vez mais liberal, marcado pelas quatro liberdades, a liberdade religiosa em particular. Roosevelt afirma ainda, com toda a seriedade, que a América e a União Soviética são os dois únicos Estados não colonialistas. Um tema que lhe é caro, na origem de tensões severas com Churchill, quando se trata da independência da Índia.

Outros elementos mais realistas explicam, entretanto, a atitude de Roosevelt. Naquele momento, os Estados Unidos representam uma grande potência militar.

---

[32] NOELTE (Earl), "L'Éblouissement provoqué par l'image de la Russie", *Relations internationales*, n. 4, déc. 1975, p. 137.

[33] FULLER (J. F. C.), *The conduct of the war, 1789-1961*, London, Methuen and Co, 1975, p. 275.

Mas, logo após o conflito, o presidente, que conhece perfeitamente os mecanismos profundos de uma nação democrática e da opinião de seu país, em particular, sabe muito bem que será obrigado a efetuar uma desmobilização rápida e que lhe será impossível jogar com as relações de forças.

A Inglaterra será incapaz de assumir sozinha o papel de contrapeso para com a potência soviética. Em Yalta, Roosevelt cometerá a leviandade de anunciar a Stalin a retirada das tropas americanas da Europa num prazo máximo de dois anos. No caso de eventuais intervenções externas, a participação americana se limitará a unidades aéreas e navais formadas por profissionais.

A amizade que ele procura obter de Stalin estaria integrada a uma nova diplomacia, réplica do *New Deal*. No mundo do pós-guerra, a aliança a três deveria manter-se no âmbito das Nações Unidas, réplica melhorada do sonho wilsoniano. Após Yalta, Roosevelt considerará a aceitação soviética da nova organização uma grande vitória, mesmo que a URSS exija três lugares na futura assembleia geral. No interior da ONU, os três grandes, os três "xerifes", continuarão a gerir os negócios do mundo na harmonia que vivenciaram durante o conflito.

Essa nova diplomacia tem sua lógica, mesmo que resulte de uma trágica impotência. Mas era mesmo necessário conceder tais concessões a Stalin, como o reconhecimento da anexação dos países bálticos, da metade da Prússia oriental, da nova fronteira ocidental da União Soviética englobando Lvov ou de um deslocamento da fronteira da Polônia para o oeste, a qual Stalin acabará por fixar na linha formada pelos rios Oder e Neisse ocidental e não oriental? Era também necessário admitir, sob as garantias acadêmicas de uma Europa liberta, a ocupação soviética da metade da Europa? Era, enfim, razoável deixar a Romênia e a Bulgária isoladas, em confronto com a URSS, no momento de seus pedidos de armistício?

É certo que não se pode negligenciar o papel determinante do jogo militar. Os novos regimes seguiriam a marcha dos exércitos. Não se pode negligenciar, no entanto, uma outra explicação: a falta de interesse de Roosevelt pela Europa Oriental, que ele assimila aos Bálcãs. No outono de 1944, ele acredita que os Estados Unidos devem evitar qualquer confronto com a União Soviética a respeito da Polônia, dos estados bálticos ou mesmo da grande "esfera de influência" que Stalin começa a traçar.

Numa carta endereçada em 11 de outubro a Harriman, então embaixador em Moscou, por ocasião do encontro entre Stalin e Churchill, Roosevelt declara: "Meu interesse ativo na zona dos Bálcãs consiste, no momento, em que todas as medidas possíveis sejam tomadas a fim de impedir que os Bálcãs nos arrastem ulteriormente numa nova guerra mundial."

Esse desdém pela Europa Oriental, em contradição total com os princípios da Carta do Atlântico, aparece, de maneira flagrante, numa conversa com o cardeal

Spellman, em 3 de setembro de 1943. Roosevelt não esconde então sua admiração por Stalin e os russos, e não vê inconveniente ao estabelecimento de uma vasta esfera de influência soviética na Europa Oriental. É de se esperar que Stalin "reivindique a Finlândia, os países bálticos, a metade da Polônia e a Bessarábia". Simplesmente, deve-se assegurar que ele não procure estender "os limites da Rússia para além de uma certa linha". Entretanto, se ele quiser estabelecer o comunismo nos países ocupados pelo Exército Vermelho, transformar em protetorados a Áustria, a Hungria ou a Croácia, "o que resta é dobrar-se a ele. Que podemos fazer? Simplesmente esperar que a URSS se civilize após dez ou vinte anos de influência europeia".[34]

O presidente desiste alegremente da metade do Velho Continente, da qual ele se desinteressa por completo. Ele julga os problemas dessa parte do globo insolúveis. O único ponto no qual mostra alguma concordância com Hitler é a divisão da Iugoslávia imposta em 1941.[35] Sobretudo o problema das novas fronteiras orientais da Polônia o preocupa, como declara ingenuamente a Stalin, por suas eventuais repercussões eleitorais interiores. Do mesmo modo, ele aceita, sem fazer disso um caso de consciência particular, a versão soviética do massacre de Katyn transmitida por Harriman, e não manifesta nenhuma emoção particular diante do drama da rebelião de Varsóvia.

Na véspera de sua morte, em abril de 1945, ele poderá considerar que o essencial foi preservado com a libertação da Noruega, da Europa Ocidental, da Itália e com a ocupação da Alemanha a oeste do Elba. Enfim, as regiões mais povoadas e as mais desenvolvidas do Velho Continente.

Um elemento mostra seu desinteresse e mesmo sua desconfiança com relação à Europa Oriental. Ele gostaria de ter estabelecido uma zona de ocupação americana no norte da Alemanha, o mais distante possível dos "Bálcãs", e de localizar a da Grã-Bretanha ao sul do antigo Reich. Diante da impossibilidade de permutar dois grandes exércitos, ele reservará para os ingleses uma zona de ocupação reduzida a um estreito cordão ao longo das fronteiras da Áustria, da Iugoslávia e da Itália...[36]

De um personagem tão inconstante, não se pode descartar uma ponta de maquiavelismo. Segundo lorde Halifax, incitar a URSS a intervir no Extremo Oriente seria uma armadilha que Roosevelt armou para o Kremlin. Embora pouco confiante quanto à realização da bomba atômica, o presidente está convencido, em Yalta, de que o final da guerra com o Japão será longo, terrivelmente sangrento. Não se pode negligenciar, com efeito, o verdadeiro traumatismo provocado nos meios dirigentes americanos pela terrível Batalha de Iwojima. O presidente acredita ainda na solidez

---

[34] GANNON (R. G.), *The cardinal Spellman story*, New York, 1982, p. 222 e ss.

[35] Sobre Roosevelt e a Iugoslávia, ver SHERWOOD (R. E.), *Le Memorial de Roosevelt*, op. cit., t. II, p. 245.

[36] MAY ERNST (R.), *The ultimate decision*, New York, G. Brazilles, 1960, p. 171.

do exército do Kwantung e que as forças soviéticas exauridas pela luta na Europa se perderão na Manchúria. Essa nova luta afastará a URSS do Ocidente. Pode-se então provisoriamente deixá-la agir na Europa Oriental, com a vantagem adicional de evitar que o Kremlin caia na tentação de reverter a aliança... A eterna obsessão.[37]

À beira da morte, Roosevelt estará apreensivo com o comportamento inesperado de Stalin sobre alguns pontos: a recusa em conceder, apesar dos acordos de Yalta, qualquer liberdade de ação aos delegados ocidentais nos países da Europa Oriental, para acompanhar a implantação das instituições democráticas, os adiamentos soviéticos quanto à instalação de bases aéreas na Sibéria oriental e os veementes protestos do Kremlin por ocasião das conversações iniciadas entre os representantes das tropas alemãs na Itália e o comando aliado.

Muito mais do que progressiva sujeição da Europa Oriental, o que inquieta Roosevelt é o novo tom, no limite da insolência, utilizado por Stalin, a manifestação de uma desconfiança e de uma agressividade inesperadas, em contradição com os laços calorosos estabelecidos até então. Esse novo tom parece comprometer a visão geoestratégica do pós-guerra e está na origem de uma carta patética escrita na véspera de sua morte e enviada a Stalin.

Controlando um de seus raros ataques de cólera, escreve o presidente:

> Seria uma das grandes tragédias da história se, no momento preciso da vitória atualmente em nosso poder, uma tal desconfiança, uma tal falta de fé viessem a prejudicar toda a nossa empreitada... Francamente, não posso deixar de me ressentir com as pessoas que lhe informaram, quaisquer que sejam elas, por terem dado uma imagem tão falsa de minhas ações ou daquelas de meus subordinados nos quais tenho inteira confiança.

Stalin sabe mostrar-se conciliador, o que lhe permite receber, aos 13 de abril de 1945, no dia seguinte à morte do presidente, uma última carta de Roosevelt. "Obrigado por sua explicação franca... É preciso evitar que uma desconfiança mútua ou mal-entendidos menores, como esses, surjam no futuro."[38]

Segundo a ideia mais corrente, Churchill teria demonstrado maior lucidez. Ele não teria se deixado ofuscar tanto quanto Roosevelt por seu ódio contra o nazismo e a Alemanha. Ele teria tentado adaptar o objetivo militar ao objetivo político. Teria procurado, enfim, preservar um mínimo de equilíbrio europeu e limitar a expansão soviética na Europa Oriental. Foi a falta de meios e o declínio

---

[37] SHERWOOD (R. E.), *Le Memorial de Roosevelt*, op. cit., t. II, p. 410; GUITTON (J.), *Un siècle, une vie*, op. cit., p. 339.

[38] LALOY (J.), *Yalta, hier, aujourd'hui, demain*, Paris, R. Laffont, 1988, p. 132.

relativo e mesmo absoluto da Grã-Bretanha a um brilhante papel secundário que teriam impedido o triunfo de suas propostas.

É verdade que Churchill foi o único a elevar sua voz diante de Stalin, durante as entrevistas no Kremlin, em agosto de 1942, lembrando o Tratado de Moscou e o isolamento da Grã-Bretanha de junho de 1940 a junho de 1941. Entretanto, até o final do conflito, ele também ficou obcecado pela sua aversão à Alemanha, que ultrapassava amplamente o âmbito do nazismo. Em junho de 1940, ele não chega a afirmar sua vontade de resolver o problema alemão por cem anos?

Um ano depois, para assombro de seus assessores e em particular de seu conselheiro Collevile, ele liquida vinte anos de anticomunismo. Sua declaração ao povo inglês, logo após o ataque alemão à Rússia, se apresenta como uma enorme contradição. Se todo homem ou todo Estado que se alinha a Hitler é seu inimigo, por que não declarou guerra à URSS, quando de sua agressão contra a Polônia ou a Finlândia?

Não se pode negar que o desencadear de Barbarossa traz para a Grã-Bretanha – que mantém "a cabeça fora d'água penosamente" – um enorme alívio. A ameaça se desvia para o leste. O risco de invasão desaparece. A Luftwaffe cessa seus ataques à Inglaterra que retorna às "noites calmas". O apoio trazido à URSS, entretanto, ultrapassa em muito o estágio da simples ajuda militar e técnica, numa aproximação que poderia ter sido um simples encontro.

Se o tratado de aliança anglo-soviética de 24 de março de 1942 ainda não aborda o problema das fronteiras da URSS, em Teerã e ainda menos em Yalta, Churchill deixa de enunciar qualquer objeção à anexação dos países bálticos e da Polônia oriental à URSS: o fato de que o futuro território alemão seja amputado da Prússia oriental é motivo de satisfação. Essa perda de território acarretará a desaparição da casta dos *junkers* considerada o sustentáculo do nazismo e o pilar do militarismo alemão. É ainda o primeiro-ministro britânico que se acha na origem da iniciativa duvidosa de deslocar a Polônia para o oeste.

Churchill joga alegremente com a carta do desmantelamento da Alemanha. Ele propõe uma partilha do Reich em três porções. Não se opõe em nada à internacionalização do Ruhr, às reparações em benefício da URSS e ao esgotamento econômico do Reich. Já em inícios de 1945, ele não faz nenhuma objeção séria ao plano Morgenthau. Também não se opõe ao domínio comunista na Iugoslávia, desprezando Mihailovitch e apoiando Tito.

Decidido a priorizar a destruição da Alemanha e a jogar com tudo a carta soviética, Churchill acaba por se irritar com a atitude do governo polonês. Este literalmente o intima a reconhecer as fronteiras de 23 de agosto de 1939 e a renunciar a Lvov. A esse respeito, a desaparição acidental em 14 de julho de 1943 do general Sikorski, a mais forte personalidade do gabinete polonês, ocorre como um presente do céu. Se os ingleses não têm nenhuma ilusão sobre as origens do massacre de Katyn, o dossiê fica trancado numa gaveta. Embora muito desagradável, o drama de Varsóvia tem esse mesmo destino.

Diferentemente ainda do que diz uma lenda corrente, a intenção de Churchill de empreender pesadas operações nos Bálcãs com a ajuda da Turquia não obedece a razões políticas. Ele não procura suplantar a URSS no sudeste europeu. Sua obstinação tem origem em considerações puramente militares: o precedente de 1918 com a ofensiva vitoriosa de Franchet d'Esperey, a superioridade da estratégia periférica sobre o ataque direto, a vontade de dar ao exército britânico na vitória final os louros que merece.

Seis meses depois, a teimosia de Churchill em manter uma ofensiva vigorosa na Itália, mesmo arriscando sacrificar o desembarque na Provença, se deve à mesma lógica. Atacando pelo canal de Liubliana, o que ele procura essencialmente é reforçar o prestígio das tropas britânicas, e não libertar a Europa Central antes do Exército Vermelho.

É certo que, em alguns momentos, Churchill parece inquietar-se com uma eventual hegemonia soviética. Em 21 de outubro de 1942, ele declara a seu ministro Eden: "Seria um incomensurável desastre se a barbárie russa dominasse a cultura e a independência dos velhos Estados europeus." Mas são apenas lampejos de lucidez.[39] Ao longo desse período, o primeiro-ministro e seus assessores nutrem as mesmas ilusões de um Roosevelt. Em dezembro de 1941, diante das apreensões expostas pelo embaixador da França em Madri, François Petri, sobre uma hegemonia comunista, sir Samuel Hoare, também embaixador, mostra-se categórico: "a Rússia nos deu garantias precisas a esse respeito. Ela deixa de lado o bolchevismo e se dirige para um tipo de democracia conservadora e constitucional, talvez para um czarismo moderado".[40]

Em 19 de fevereiro de 1943, diante das apreensões espanholas após Stalingrado, Samuel Hoare também é afirmativo. Ele rebate uma declaração de Stalin de 6 de novembro de 1942: "a futura política da Rússia não terá como objetivo interferir nas questões dos outros países". A resposta do ministro de Relações Exteriores espanhol, o conde Jordana, merece ser citada:

> Se o desenrolar da guerra não se transformar de maneira decisiva, os exércitos russos penetrarão no coração da Alemanha. Se esses acontecimentos se confirmarem, pode-se indagar se o perigo mais grave para a Europa, e mesmo para a Inglaterra, seria ou uma Alemanha não completamente vencida e ainda capaz de servir de obstáculo ao comunismo, ou uma Alemanha sovietizada que permitiria à Rússia estabelecer um império gigantesco do Atlântico ao Pacífico... Segunda questão. Existe na Europa Central, mosaico de países sem consistência

---

[39] CHURCHILL (W.), *The Second World War*, t. IV, p. 504.
[40] Nota de François Pietri, 1º de dezembro de 1941, S.H.M. I BB2 S.E. 28.

nem unidade, empobrecidos e sangrados pela guerra, uma potência capaz de se opor às ambições de Stalin? É claro que não existe... É por isso que consideramos a situação como extremamente grave e pedimos ao povo britânico para refletir calmamente, ainda mais que se a Rússia conseguir apoderar-se da Alemanha, ninguém será capaz de contê-la... Se a Alemanha não existisse, os europeus deveriam inventá-la. É ridículo acreditar que uma federação de letões, poloneses, tchecos e romenos possa ocupar o seu lugar...[41]

Por ocasião da segunda conferência de Quebec, o velho marechal Smuts se pergunta, por sua vez, se não há o risco de os russos se tornarem "os senhores diplomáticos do planeta". "Após ter cuidadosamente refletido", Churchill responde pessoalmente, em 5 de setembro de 1944:

> Considero inevitável que a Rússia se torne a maior potência militar terrestre após essa guerra que a livrou de dois países que lhe causaram terríveis derrotas, durante a nossa própria existência, a Alemanha e o Japão. Espero, entretanto, que a "associação fraterna" da Commonwealth britânica e dos Estados Unidos, combinada com a superioridade aérea e naval, possa nos deixar em bons termos e num estado de equilíbrio amistoso com a Rússia, pelo menos durante o período de reconstrução. Meus olhos de mortal não me permitem ver além e ainda não estou plenamente informado sobre os telescópios celestes.[42]

Foi somente em outubro de 1944, durante a segunda visita a Moscou, que os olhos do primeiro-ministro britânico se abrem e que ele começa a se preocupar com o futuro do Velho Continente. Durante esse encontro com Stalin, ocorre a famosa repartição das zonas de influência esboçada num pedaço de papel: meio a meio na Romênia e na Iugoslávia; 75% de vantagem para os soviéticos na Bulgária, 90% de vantagem para os britânicos na Grécia.

Churchill persegue então um duplo objetivo. Recolocar a Grécia na órbita britânica, em virtude de uma visão política anterior a 1914, na base das fronteiras existentes antes do ataque alemão de 1941. Eden insistirá violentamente junto ao Kremlin para obrigar a Bulgária a renunciar a seu acesso ao mar Egeu. Stalin cederá, mesmo perdendo indiretamente uma vantagem estratégica de primeira importância. Atitude que prova que quando os ocidentais falam alto, os soviéticos podem ser levados a ceder.

Durante essa visita a Moscou, Churchill pretende ainda ganhar as boas graças do senhor do Kremlin, jogando, por seu turno, a carta da amizade, nas vésperas da conferência a três que acabará por acontecer em Yalta. O balanço da negociação,

---

[41] HOARE (Sir Samuel), *Ambassador on special mission*, London, 1946, pp. 184-185.

[42] BAUER (Ed.), *Histoire controversée de la Seconde Guerre Mondiale*, t. VIII, p. 15.

55

no fim das contas, será medíocre. A partilha dos Bálcãs em zonas de influência será questionada por Moscou logo após o encontro. Quanto a Roosevelt, aborrecido pela iniciativa de Churchill, apressa-se em convencer Stalin de que essa visita constitui uma simples preliminar à futura conferência.

É somente após o final da guerra e a capitulação alemã que Churchill fica realmente apreensivo com o destino da Europa. Ele constata, então, que "a ameaça soviética já substituiu o adversário nazi". Em 12 de maio, ele se dirige ao novo presidente Truman:

> Estou profundamente preocupado com a situação europeia... o que vai acontecer com a Rússia? Uma cortina de ferro se fechou, não sabemos o que vai acontecer por detrás. Não há dúvida de que todas as regiões que se encontram a leste de uma linha Libeck, Trieste, Corfu estarão logo inteiramente à mercê dos russos [...] enquanto isso, toda a atenção de nossos povos se concentrará nos castigos a infligir à Alemanha, que está prostrada e em ruínas e que estará rapidamente aberta aos russos se eles decidirem lançar-se em direção às águas do mar do Norte ou do Atlântico [...]. Em resumo, a necessidade de um acerto com a Rússia, enquanto dispomos de força, me parece dominar os outros problemas.[43]

Lucidez muito tardia...

Definitivamente, a marcha da Segunda Guerra Mundial se chocou, uma vez mais, com a dialética permanente desde a Antiguidade entre a guerra limitada e a guerra total, com relações muito frequentemente imprevisíveis entre o objetivo político, o *Ziel*, e o objetivo militar, o *Zweck*.

Por uma ironia da história, é Hitler, o perturbador-mor, na origem da guerra, que se esforçou em dar uma feição racional ao conflito e em controlar seu andamento. A despeito de vitórias espetaculares, essa tentativa resultou em fracasso. Fato surpreendente, as únicas tentativas de paz da Segunda Guerra Mundial no teatro ocidental partiram da Alemanha, e encontraram um silêncio absoluto. Situação totalmente diferente daquela de Napoleão que, por várias vezes, em Dresden, Frankfurt ou Châtillon, recebeu propostas concretas por parte dos Aliados.

Impotência que ilustra o caminho já percorrido por Bismarck, senhor da *Realpolitik*, da guerra controlada. Em 1866, logo após Sadowa, o chanceler de ferro não procura nem o esmagamento nem a humilhação da Áustria. Seu objetivo é levar o gabinete de Viena a renunciar à sua influência na Europa. Cinco anos depois, ele também não procura abater totalmente a França, mas enfraquecê-la o bastante para que ela deixe de constituir um obstáculo à unidade alemã.

---

[43] CHURCHILL (W.), *The Second World War*, op. cit., v. VI, pp. 498-499.

Em 1919, já se está numa nova era. Os Aliados recusam a negociação, para impor a solução que escolheram. Mesmo sem ter sofrido uma derrota total, nem uma invasão, à Alemanha só resta render-se. Ela é obrigada a aceitar amputações de territórios, um desarmamento permanente e reparações destinadas a onerar sua economia durante gerações. Fato sem precedente, deve ainda entregar mais de quatrocentos criminosos de guerra, a começar por Guilherme II.

Com a Segunda Guerra Mundial, dá-se um passo adiante. A vontade de controle do conflito, por parte de Hitler, choca-se com uma deficiência acentuada desde o começo. O Führer é vítima da dialética da violência que ele mesmo instaurou na Europa desde 1935. O melhor exemplo é o deslocamento da Tchecoslováquia, que será seguido pelo da Polônia ou da Iugoslávia.

Tendo transgredido as regras do jogo, Hitler, desde o começo, não tem escolha entre a vitória total – impossível – e o aniquilamento. As vitórias se revelam estéreis. Após a derrota de Moscou, mesmo se mantendo como uma potência militar considerável e uma carta de guerra imponente, a Alemanha perdeu a iniciativa. Sendo a capitulação impensável, a única saída é a de retardar o desfecho. Solução de desespero, afinal. Tudo leva a crer, aliás, que Hitler nunca teve muitas ilusões a esse respeito. O discurso diante do Reichstag, após o ataque à Polônia, o demonstra: "Não haverá um novo 11 de novembro de 1918. Só pode haver a vitória ou o aniquilamento."

De fato, com a Inglaterra, depois com os Estados Unidos, o impasse é absoluto. Impossível qualquer acomodação. Não poderá haver uma nova Munique. Para as potências marítimas, a ascensão aos extremos não obedece a uma fatalidade, mas a uma vontade deliberada. Não há perda de controle. Tanto contra o Eixo quanto contra o Japão, Grã-Bretanha e Estados Unidos entendem conduzir a guerra à maneira de Catão, chegar a uma paz imposta.

O objetivo estratégico, o *Ziel*, procede da herança de um Grant ou de um Sherman e não de um Clausewitz, como se afirma às vezes. Não se insiste nunca o suficiente sobre a influência da Guerra de Secessão sobre o pensamento militar e político americano. Ataques aéreos e ofensivas terrestres devem levar à destruição total do inimigo, à sua rendição. Objetivo que provém diretamente do *Zweck*, da vontade política de aniquilamento do Estado inimigo associado a um grau suplementar, a mudança da mentalidade do vencido. Ao castigo deve-se acrescentar a expiação.

O objetivo foi atingido. Uma questão se coloca. Era necessário ir tão longe? Era necessário arruinar o velho edifício europeu? Era preciso substituir um totalitarismo por outro? Era prudente facilitar a expansão soviética sobre metade da Europa e reforçar a presença da URSS no Extremo Oriente? Não teria sido melhor seguir as advertências de um Jordana?

A Segunda Guerra Mundial

São questões que colocam o problema de uma paz de compromisso na Europa tanto quanto no Pacífico. Mas achar que um acordo poderia ter sido concluído com o Reich em 1943 ou 1944, baseado nas fronteiras de 1937 ou de 1939, é pura especulação ou uma utopia. O mesmo ocorre com o Japão.

Mesmo que Roosevelt e Churchill não tivessem sido prisioneiros de um ódio doentio para com seus adversários, não lhes era possível voltar atrás nas paixões que haviam despertado em seus próprios povos. Nos Estados democráticos do século XX, a era da *Realpolitik* está ultrapassada. Os cidadãos não são mais súditos. Como havia pressentido Tocqueville, os dirigentes das nações democráticas não podem ignorar o peso de opiniões pouco inclinadas à indulgência. Os povos democráticos desligam-se dificilmente do pacifismo, mas revelam-se, em seguida, incapazes de travar uma guerra controlada.

Parece impensável devolver ao Reich as fronteiras de 1939 ou 1937. As paixões o impedem. A era das guerras de príncipes, de conflitos limitados, acabou. Não se negocia com criminosos. Entretanto, não são apenas os sentimentos que estão em causa. O ódio não explica tudo.

Em setembro de 1870, logo após a capitulação de Sedan, Bismarck já assinalava esse risco de deriva:

> O sentimento popular, a opinião pública sempre adotam o mesmo comportamento. Nos conflitos entre Estados, as pessoas fazem questão absoluta de que o vencedor se erija em justiceiro, com o código de moral na mão, e inflija ao vencido o castigo pelo que ele fez. Essa exigência é totalmente injustificável. O castigo e a vingança nada têm a ver com a política. A política nada tem a ver com o apelo à Nêmesis ou com a função dos promotores da justiça...[44]

Um acordo com Hitler logo após Stalingrado, a queda de Mussolini ou o desembarque da Normandia teria provocado nas opiniões americana e britânica assombro, incompreensão, escândalo. Essa impotência dos dirigentes transparece nesta conversa estranha entre Rudolf Hess e lorde Beaverbrook, no dia seguinte à chegada inesperada do adjunto de Hitler à Inglaterra:

> – Vindo aqui, esperava poder encontrar certo bom-senso. Mas me enganei.
> – O que eu sei agora, uma vez que os canhões tomaram a palavra, é que o sangue corre e que as mortes se acumulam, que não há mais lugar para a razão.
> – Mas eu pensava, mesmo assim, que alguns homens de peso teriam bom-senso suficiente para dizer: "Para que continuar esses combates? Isso não leva a nada".
> – O problema é que, ao fazer declarações desse tipo [conclui Beaverbrook] enfraquece-se o espírito combativo de um povo. Quando duas nações se enfrentam, é muito difícil separá-las... Há o moral da população que se deve

---

[44] BUSCH (M.), *Our chancellor*, London, 1884, p. 88.

58

manter num nível elevado... o tempo todo. E fazer algo que enfraquece o moral de um povo é muito perigoso.[45]

Somente Hitler e Stalin, como já tinham provado em agosto de 1939, teriam a possibilidade de passar da paixão à racionalidade e se dispor a um entendimento de príncipes, à maneira do século XVIII. Em 1942-1943 e mesmo mais tarde, um segundo acordo de Moscou teria sido possível. É revelador constatar que durante toda a guerra esses dois homens nunca deixaram de se estimar. Eles eram da mesma raça. Em Teerã, Stalin devia expor diante de seus parceiros fascinados ideias surpreendentes. Para ele, Hitler estava longe de ser um desequilibrado. A única crítica que podia lhe fazer era a de não saber parar. Alguns acreditaram discernir nessa crítica o lamento de que não foi possível manter um entendimento com o Reich. Unidas, a Alemanha e a União Soviética teriam dominado o mundo. Talvez, mas não haveria outra coisa?

Um fato, no entanto, parece estranho. Enquanto Hitler se esforça para conseguir um acordo a oeste, Stalin não deixa de multiplicar as aberturas com o III Reich. Depois das tentativas de 1941 a 1943, a última proposta ocorre em janeiro de 1945, às vésperas da última grande ofensiva do Exército Vermelho. As razões da recusa de Hitler são diversas: certamente um desconforto em entregar ao bolchevismo uma parte da Europa, mas também uma ausência de confiança e o sentimento de que poderia tratar-se apenas de uma simples trégua que permitisse ao exército soviético fortalecido voltar à ação na hora certa.[46]

Stalin, certamente, não é alheio a esse tipo de cálculo. Em janeiro de 1945, ele conta obter vantagens consideráveis e conservar as posições ocupadas por suas tropas na Polônia, na Bulgária, na Romênia e na Hungria. Mas ele não tem alguma outra intenção? Stalin não procura limitar o conflito à Europa Ocidental, assistir ao esgotamento dos alemães e dos anglo-saxões, reservar-se a possibilidade de retomar as armas no momento oportuno e, sobretudo, não busca aproveitar-se da crise revolucionária do pós-guerra que certamente eclodirá numa Europa devastada pelos combates? Não retorna à política proposta em 1939, baseada na extensão do comunismo à totalidade do continente?

Embora total para o III Reich, o princípio da rendição sem condições teve restrições que Roosevelt, aliás, nunca havia descartado globalmente. A primeira se refere à Itália, em setembro de 1943. A monarquia é conservada, ainda que o rei Victor-Emmanuel III tenha apoiado todas as iniciativas exteriores de Mussolini desde 1935. O governo Badoglio foi autorizado à cobeligerância, embora o sul da

---

[45] IRVING (D.), *Rudolf Hess*, op. cit., p. 225.
[46] IRVING (D.), *Hitler's war, 1933-1945*, Londres, 1988, t. II, p. 747.

Itália não constitua realmente um Estado, mas um simples território submetido ao controle dos Aliados.

O caso do Japão é mais surpreendente. Apesar dos ataques extremamente violentos que sofre desde 1941, o imperador Hiroito, considerado por um momento o homem mais detestado do mundo, comparável a Hitler, é mantido em seu trono e inocentado. Somente Tojo e alguns outros comparsas acusados de "conspiração contra a paz" endossam a responsabilidade de uma guerra de agressão e das atrocidades cometidas pelo exército japonês em Bataan ou em outros lugares.

Esse desfecho, em parte inesperado, procede da nova orientação política americana. Em agosto de 1945, a administração Truman procura pôr fim, o mais rapidamente possível, à guerra do Pacífico. Contrariamente à opinião dos militares, a ideia de um desembarque é descartada. Washington pretende evitar ou reduzir o alcance de uma intervenção soviética no Extremo Oriente.[47]

Dois fatos estão na origem dessa mudança de política. Desde a experiência de 16 de julho em Alamogordo, os Estados Unidos possuem a bomba atômica. Graças às interceptações das mensagens diplomáticas japonesas, Washington toma conhecimento da existência, em Tóquio, de um partido da paz e da rendição, que coloca como única condição que o imperador seja mantido em seu trono. Também não ignora que o gabinete nipônico procura obter, embora em vão, a mediação soviética na esperança de conseguir emendas à capitulação.

O objetivo americano é alcançado apenas parcialmente. É certo que as duas bombas de Hiroshima e Nagasaki, em 6 e 9 de agosto, associadas à conservação da monarquia, permitem ao imperador impor a rendição. Por outro lado, a intervenção soviética tem início, como previsto, em 8 de agosto, e acontece menos de duas horas depois de Molotov ter anunciado ao embaixador do Japão a ruptura do pacto de não agressão sovieto-nipônico. Uma cena que evoca fielmente a da noite de 22 de junho de 1941.

Em virtude do esgotamento do exército do Kwantung, ligado a deslocamentos em favor da China, das Filipinas ou do arquipélago nipônico, a decisão é tomada em uma semana. O Exército Vermelho ocupa a Manchúria, o norte da Coreia, o sul de Sacalina e as Curilas. Somente a perspectiva de uma ocupação conjunta do Japão, temida por Washington, poderá ser descartada. É a vitória de Mao que levará Moscou a renunciar a suas vantagens, por solidariedade a um novo Estado socialista. O processo da capitulação japonesa ultrapassa o âmbito da Segunda Guerra Mundial e já se inscreve na lógica da sequência do conflito, a da Guerra Fria.

---

[47] MORTON (L.), *The decision to use the atomic bomb (1945) in command decisions*, London, Methuen and Co, 1959.

SEGUNDA PARTE

ESTRATÉGIA E TÁTICA

Forças e fraquezas da Blitzkrieg

Singular em seu desfecho, a Segunda Guerra Mundial também o é pelo desenvolvimento das operações. Depois do prólogo brutal da Polônia, o desenrolar do conflito na Frente Ocidental desafia todas as previsões. Diferentemente de 1914, quando violentas batalhas aconteceram logo em seguida à mobilização e à concentração, uma inatividade total reina na "frente" do nordeste. Havia muitos anos que se esperavam bombardeios terroristas contra as metrópoles. Na realidade, as aviações dos dois lados limitam o essencial de sua atividade ao lançamento de panfletos. Só se luta verdadeiramente no mar, onde ocorrem alguns torpedeamentos espetaculares ou o afundamento do encouraçado de bolso *Admiral Graf Spee*.

Perturbada apenas pela questão da Finlândia e pela campanha da Noruega, essa *drôle de guerre* prossegue durante oito meses, como se os beligerantes, obcecados pelas hecatombes de 1914-1918, recuassem diante da prova decisiva. É só em 10 de maio de 1940 que o conflito, enfim, sai de sua letargia. Ao amanhecer, enquanto a frente da Lorena não está mais animada do que de costume, a Wehrmacht passa à ofensiva a oeste, violando a neutralidade da Holanda e da Bélgica. Em alguns dias, ela impõe um ritmo intenso à batalha, a ponto de desconcertar completamente o adversário e de surpreender o próprio comando alemão.

Entretanto, na manhã de 10 de maio, em seu "retiro" de Vincennes, o general Gamelin exibe uma fisionomia satisfeita e assobia um trecho de música marcial. O adversário, desprezando qualquer sinal de prudência, presenteia o generalíssimo com a batalha tão esperada e lhe dá a ocasião de aplicar o plano tão cuidadosamente preparado, aperfeiçoado com vagar durante a *drôle de guerre*. No âmbito da "manobra Dyle", as tropas franco-britânicas, em posição na fronteira do norte, receberam a ordem de penetrar na Bélgica, de se colocar na linha Antuérpia-Namur, de acolher o exército belga e de bloquear a marcha das forças alemãs.

A Segunda Guerra Mundial

Em contraste com 1914, não haverá surpresa. Não haverá avanço da ala esquerda aliada. A batalha se desenrolará em território estrangeiro. Seguro em sua doutrina e levando em conta a abundância dos efetivos, Gamelin não hesita em deter o adversário numa frente estreita e contínua, esperando uma reação lenta, metódica, dentro dos moldes, em suas próprias palavras, uma "Batalha do Somme melhorada".

Nos dois primeiros dias, a despeito de algumas surpresas – como a amplidão das operações aéreas alemãs na Bélgica e na Holanda –, a evolução das operações parece confirmar o esquema de Gamelin. Em ligação com os belgas recuados para o campo fortificado de Antuérpia, o batalhão expedicionário britânico toma posição em Dyle, enquanto o primeiro exército do general Billotte se instala em Namur, em posição defensiva de Bruxelas, detendo os primeiros ataques de blindados alemães. Simultaneamente, nos moldes da "variante Breda", o 7° Exército do general Giraud deslocou-se da região de Lille para o território holandês, de maneira a dar suporte às forças da Holanda, preservar a segurança do estuário do Escaut e permitir o funcionamento do porto de Antuérpia.

O acontecimento importante tem lugar, entretanto, na noite de 21 de maio. Contra todas as expectativas, o eixo principal da ofensiva alemã não atinge nem a região da Holanda nem as planícies belgas. O ponto de aplicação se direciona para as Ardenas, no curso médio do rio Meuse. Todas as estradas do velho maciço florestal acham-se cobertas de colunas de blindados e de veículos. Visivelmente, o comando da Wehrmacht procura romper o centro da frente francesa. A partir de então, os acontecimentos vão se precipitar e tomar ares de pesadelo.

Na tarde de 13 de maio, após uma intensa preparação aérea, a infantaria alemã transpõe o Meuse no setor de Sedan, à frente do 2° Exército de Huntziger. No dia seguinte, elementos blindados tomam posição na margem esquerda. Simultaneamente, outras transposições intervêm mais ao norte, diante do 9° Exército de Corap, nos setores de Dinant-Givet e Revin-Monthermé. Nos dois dias subsequentes, a situação agrava-se vertiginosamente; uma dúzia de divisões se decompõe sob os ataques dos blindados e da aviação, ou em consequência de ataques de pânico descontrolados. Em 15 de maio, é preciso render-se à evidência. A ruptura está feita. A frente francesa apresenta uma brecha de uma centena de quilômetros por onde penetram 9 divisões blindadas, uma massa de 2,2 mil tanques de guerra, seguidos de importantes unidades motorizadas. Nada mais parece se opor à investida irresistível das divisões Panzers em direção ao oeste ou ao sudoeste. Paris está diretamente ameaçada.

Alertado por um telefonema dramático de Paul Reynaud, presidente do Conselho, Winston Churchill, primeiro-ministro britânico desde 10 de maio, chega à capital francesa aos 16 de maio e se vê diante de uma atmosfera de desastre. Foram distribuídos fuzis aos policiais para rechaçar um eventual ataque de paraquedis-

64

tas. Rolos de fumaça sinistros saem dos pátios dos ministérios. Há uma queima de arquivos. Ao final da tarde, no Quai d'Orsay, diante de Churchill, Reynaud e Daladier, ministro da Guerra, Gamelin descreve com uma calma desconcertante a amplidão da manobra alemã. Ele confessa sua impotência e só garante a segurança da capital pelas 36 horas seguintes. É o início, para os assistentes, de um mergulho nas horas mais trágicas, revivendo aquelas de 1870 ou de 1914-1918.

Nos dias subsequentes, a mão de aço do exército alemão prossegue em seu avanço irresistível. Mas, para grande alívio das autoridades francesas, o inimigo poupa Paris e se dirige para o oeste. Em 20 de maio, depois da tomada de Amiens e de Abbeville, chega ao litoral. As divisões Panzers, com a proteção de uma cortina de tropas que se estabeleceu ao longo dos rios Aisne e Somme, rumam então para o norte, na direção de Arras, Boulogne e Calais.

Cercados pela direita desde 13 de maio, ameaçados à esquerda pela capitulação holandesa aos 15 de maio, levados a recuos constantes, os exércitos do norte estão cercados, capturados na armadilha. Por um instante, o general Weygand, que sucedeu Gamelin após sua destituição em 19 de maio, espera, após uma parada inesperada das divisões Panzers em 24 de maio, constituir um reduto junto ao rio Aa, uma cabeça de ponte em torno de Dunquerque, abastecida pelo mar.

É em vão: sob a pressão das tropas alemãs, atacados pela Luftwaffe, os exércitos do norte acabam por se decompor. Em 28 de maio, as tropas belgas depõem as armas num momento em que o batalhão expedicionário britânico se dirige para o mar, provocando uma retirada geral inevitável. A manobra se revela impossível para uma parte do 1º Exército, do qual muitas divisões, presas numa verdadeira rede na região de Lille, devem capitular a 1º de junho. Entretanto, graças à ação conjugada das marinhas inglesa e francesa, intervém o "milagre" de Dunquerque. Mais de 330 mil homens são evacuados de 29 de maio a 4 de junho. Mas trata-se de homens "nus", desarmados, que abandonaram todo o seu material nas vizinhanças do grande porto flamengo ou nas praias.

O desastre se revela imenso. Em menos de um mês, sem que tenha havido verdadeiramente uma batalha, sem que se tenha assistido ao esboço de uma reação, os exércitos do norte foram neutralizados em virtude de uma simples manobra. Além de estar privado do apoio belga e britânico, o exército francês se acha amputado em mais da metade de suas unidades mais modernas e ainda de quase metade de seus tanques de guerra. A partir de então, não há mais dúvida quanto ao resultado da luta, diante de um exército alemão intacto, galvanizado por sua vitória, seguro de sua força.

Há cerca de meio século, esse desastre tem sido objeto de uma abundante literatura e de intermináveis comentários. Abordaram-se diferentes fatores, como as pontes do rio Meuse, os tanques de guerra, a linha Maginot, as instituições, a Frente Popular etc. É forçoso reconhecer que se trata, antes de mais nada, de uma derrota no campo de batalha, resultado de um assombroso acúmulo de erros, que parecem constituir o modelo do que alguns chamam de incompetência em matéria militar.

O desastre se deve, para começar, a um enorme erro estratégico. No dia 10 de maio, o comando francês acredita numa réplica do plano Schlieffen de 1914. Duas razões acham-se na origem dessa convicção. A linha Maginot faz que qualquer operação de ataque frontal redunde em fracasso. Somente as planícies da Bélgica e do norte da França se prestam ao avanço de um exército alemão cuja ponta de lança é constituída de unidades blindadas e motorizadas.

Erro perdoável, pode-se dizer. A ameaça prevista pelo comando francês corresponde perfeitamente ao primeiro plano elaborado pelo comando alemão logo após a campanha da Polônia. Esse plano deveria ter sido aplicado durante o outono ou no começo do inverno, se a ordem de deslanchar a ofensiva não tivesse sido anulada uma dezena de vezes por motivos meteorológicos ou por vazamento da informação, principalmente após o episódio de Mechelen, no qual um avião alemão perdido no nevoeiro fez uma aterrissagem forçada na Bélgica. Os oficiais de estado-maior que estavam a bordo eram portadores de uma parte do plano da operação.

A manobra de 10 de maio de 1940 obedece a uma segunda versão que traz a marca direta do Führer. Hitler, com efeito, não manifesta um grande entusiasmo por uma fórmula que não conduz a uma decisão definitiva, mas ao simples recuo das tropas aliadas à fronteira norte ou, na melhor das hipóteses, ao rio Somme. A única vantagem dessa versão limitada do plano Schlieffen seria fazer da Bélgica e da Holanda uma plataforma de ataque aéreo contra a Grã-Bretanha e garantir a proteção do vale do Ruhr.

A mutação do plano acontece durante o inverno. Com o apoio do general Manstein e de Guderian, o criador da arma blindada, Hitler acaba por impor ao estado-maior do exército um deslocamento do centro de gravidade da ofensiva para oeste. A ruptura no centro da frente de batalha ocorrerá no nível das Ardenas, a despeito das dificuldades apresentadas numa região de terreno acidentado percorrida por estradas sinuosas e estreitas e de uma grande incógnita, a travessia do rio Meuse, que constitui um excelente obstáculo antitanque. A exploração se dará em direção ao mar, de maneira a cercar os exércitos aliados na Bélgica. No total, 7 Panzers, 4 divisões motorizadas e cerca de 50 grandes unidades de infantaria são designadas para esse Schwerpunkt (centro de gravidade) que está ligado ao grupo de exércitos B, sob as ordens do general Rundstedt. O grupo de exércitos A de von Bock, destinado a agir na Bélgica e na Holanda, dispõe apenas de 3 divisões blindadas e de cerca de 30 divisões de infantaria. Seu papel, no entanto, é capital nessa operação. Ao atacar com determinação na Holanda, nos setores de Maastricht, de Liège e do canal Albert, funciona como isca para atrair os exércitos franco-britânicos para a Bélgica, de maneira a preparar o cerco.

Nessa situação, uma divisão inesperada das forças aliadas aumenta as possibilidades de sucesso da ofensiva alemã. Aos 10 de maio pela manhã, o início da manobra Dyle com a variante Breda absorve 36 divisões aliadas apoiadas por 10 grandes unidades holandesas e por cerca de 20 divisões belgas, constituídas pelos melhores elementos franco-britânicos. O 1º Exército, em particular, conta com uma forte proporção de unidades da ativa bem equipadas e com o batalhão de cavalaria de Prioux composto de duas DLM (*Division Légère Mécanique* – divisões leves mecânicas) que, embora não sejam tão boas quanto as divisões Panzers, oferecem uma boa qualidade operacional. Concentração correta, no fim das contas, tendo em vista a certeza do comando francês em enfrentar, na Bélgica, a massa de manobra principal da Wehrmacht.

Em compensação, não deixa de causar espanto a anormal concentração de tropas ao longo da linha Maginot e do rio Reno; 48 divisões, das quais 10 de fortificação encontram-se reunidas neste setor. Essa "sobrecarga", segundo a expressão da época, parece então justificar-se pelo fato de que as tropas se acham "em combate". Explicação surpreendente, pois uma inatividade total reina sobre essa frente desde setembro de 1939. Nela, o adversário mantém efetivos infinitamente mais reduzidos. Desde Luxemburgo até a fronteira suíça, são 17 divisões totalmente privadas de tanques de guerra e de suporte aéreo. Diferentemente do adversário, o comando francês se mostra incapaz de beneficiar-se da fortificação, de utilizá-la para realizar uma economia de efetivos e de usá-la como pivô de uma manobra ofensiva.

Uma situação particular deriva dessa sobrecarga. Com mais da metade do exército reunido na retaguarda desse sistema fortificado, o centro se encontra singularmente desguarnecido. No local onde se concentrará todo o esforço da Wehrmacht, não há mais do que cerca de 15 divisões pertencentes ao 9º e ao 2º Exército. O que ainda é mais grave é que se trata principalmente de unidades de categoria B, compostas em sua grande maioria de reservistas e cujo armamento é incompleto. Essa deficiência procede do dogma que domina o pensamento do comando. A região das Ardenas é considerada "impermeável aos tanques de guerra", e o rio Meuse tem a reputação de ser "intransponível"...

Outra constatação surpreendente, pecado flagrante contra a inteligência, em desprezo das regras mais elementares da arte militar: Gamelin, desde 12 de maio de 1940, se acha praticamente privado de qualquer reserva. Para surpresa geral, é o que ele confessa aos 16 de maio, diante de Churchill. De fato, foi ao longo das semanas

A Segunda Guerra Mundial

e dos dias precedentes que o generalíssimo separou-se de maneira progressiva da massa de manobra que ele havia primeiramente constituído.

O 7º Exército de Giraud, reunido inicialmente em Champagne e depois transferido para a região de Lille, integra-se por fim à manobra Dyle ou ainda à "variante Breda", destinada a dar apoio às forças holandesas e a proteger o estuário do Escaut. A despeito das objeções do general Georges, comandante do grupo de exércitos do nordeste, e de Billotte, à frente do 1º Exército destinado a entrar na Bélgica, ambos desejosos de se fixarem no eixo principal do ataque alemão, Gamelin ordena a Giraud, desde o primeiro dia, que atravesse Flandres e penetre na Holanda.

No dia 10, pela manhã, Gamelin dispõe ainda no setor de Reims das últimas DCR (*Divisions Cuirasées*) do exército francês, uma massa respeitável de 500 máquinas com uma forte proporção de tanques B, as mais poderosas e mais bem protegidas da época. Nas primeiras horas do ataque alemão, a 1ª e a 2ª DCR são dirigidas em proteção ao 1º Exército de Billotte. Com seus batalhões de tanques orgânicos, suas duas DLM (divisões leves mecânicas), este exército contará com 800 blindados numa frente restrita de 36 km. Quanto à 3ª DCR, por motivos obscuros, é atribuída ao 2º Exército. Aos 10 de maio ainda, o generalíssimo orienta para o norte as 5 divisões motorizadas reunidas até então na região de Compiègne. Essas unidades pertencem ao "lote belga", mas como todas as outras reservas estratégicas, são dirigidas para o norte, ainda que não haja nenhuma certeza sobre as intenções alemãs. Em resumo, apenas dois dias depois do início do ataque da Wehrmacht, Gamelin só dispõe, como única possibilidade de resposta, de algumas divisões do "lote suíço" reunidas ao sul da Alsácia, ponto extremo da frente de batalha...

Um outro elemento importante se encontra na origem da derrota: a surpresa tática. A revelação da amplidão da ameaça alemã nas Ardenas, a chegada dos primeiros elementos blindados ao rio Meuse, na noite do dia 12, na altura de Sedan, não provoca nenhuma emoção particular nos níveis mais elevados, ainda mais pelo fato de que o 2º Bureau, embora indo de encontro a um ceticismo geral, havia assinalado essa possibilidade bem antes do dia 10 de maio.

Todas as pontes são destruídas a tempo. A artilharia francesa em posição à margem esquerda recebe a ordem de economizar suas munições. Incapaz de se libertar dos métodos compassados do final da Primeira Guerra Mundial, o comando está convencido de que uma tentativa de travessia do rio Meuse só pode ocorrer depois de vários dias, tempo suficiente para reunir uma artilharia potente e transportar para o local toneladas de munição.

A surpresa ocorre no dia seguinte, à tarde, com a travessia do rio, após uma intensa preparação efetuada por uma esquadrilha completa. Se as perdas parecem

Forças e fraquezas da Blitzkrieg

relativamente limitadas, o efeito psicológico é considerável. Os ataques dos Stukas, bombardeiros de mergulho dotados de sirenes, contribuem para arrasar de maneira decisiva a capacidade de resistência das tropas, levando pânico à retaguarda.

Um fato merece ser destacado. A travessia do rio Meuse e a formação de uma cabeça de ponte devem-se unicamente a uma infantaria que demonstra uma energia e uma capacidade combativa notáveis, contra tropas estabelecidas há muitos meses em posições fixas. Mas é somente aos 14 de maio, pela manhã, graças a uma ponte de barcos lançada durante a noite, que se efetuam as primeiras passagens de elementos blindados. Nesse dia e no seguinte, um drama de mesma natureza explode mais ao norte no setor de Dinant diante das unidades avançadas do 9° Exército que, depois de ter deixado, no dia 10, a "posição de fronteira", começam a seguir o curso do rio Meuse. Na noite de 15 de maio, vem a decisão. Sob o ataque de três batalhões blindados e da Luftwaffe, o 9° Exército é desbaratado, e o 2° recua em direção ao sul. Nada mais se opõe à marcha das divisões Panzers em direção ao mar ou mesmo a Paris.

Não se pode deixar de destacar, ainda nessa queda do centro, a apatia de um comando fascinado pelo adversário, tomado sempre no contrapé, incapaz, senão de conceber, pelo menos de montar uma manobra de conjunto. Em maio de 1940, a França vive na esperança de uma nova Batalha do Marne. Em agosto de 1914, após a derrota das fronteiras, Joffre não hesitara em efetuar, a partir do pivô de Verdun, um vasto recuo estratégico, em conduzir um movimento que lhe permitisse respirar, reparar uma parte de suas perdas e sobretudo restabelecer um equilíbrio ao reforçar sua ala esquerda e ao reconstituir uma massa de manobra a partir de tropas oriundas da frente da Lorena e dos Vosges. Em 5 de setembro, Joffre já havia encontrado meios de interromper o recuo, de passar ao contra-ataque e de começar a batalha da qual dependeria o destino de seu país.

Em 1940, nada disso aconteceu. Gamelin procurou se explicar quanto a essa impotência. Ou, melhor dizendo, alegou que nenhuma reação era possível antes que o comando pudesse fazer uma avaliação precisa da extensão da ameaça e da direção da manobra alemã. Foi somente na noite de 15 de maio que o generalíssimo tomou consciência da ruptura da frente. Por telefone ele avisa imediatamente Daladier, que estava numa entrevista com William Bullitt. O embaixador dos Estados Unidos assistirá, assim, ao desespero do ministro da Defesa, literalmente aterrado pela notícia da "destruição" iminente do exército francês.[48]

---

[48] Telegrama de W. Bullitt a Cordell Hull, 16 de maio de 1940.

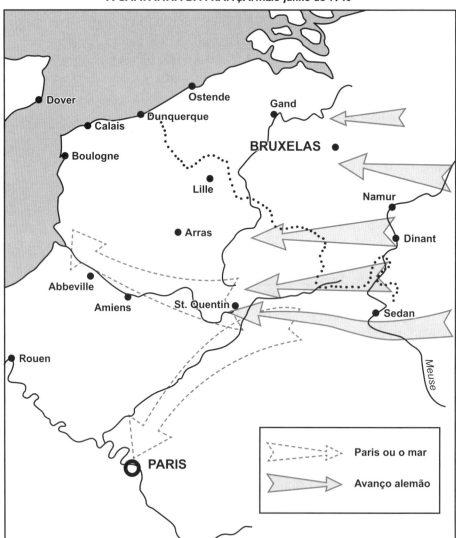

Concentrando suas forças no centro da frente, de Namur a Sedan, na direção do mar, o comando alemão tomou totalmente os Aliados no contrapé. Aos 16 de maio, o general Gamelin chegou mesmo a temer uma investida em direção a Paris totalmente privada de defesa.

Entretanto, uma incerteza persiste sobre a orientação do esforço alemão. Ninguém pode ainda afirmar se ele se dirige para o mar ou para Paris, ou nas duas direções ao mesmo tempo. Após a ruptura da frente francesa, o grupo de exércitos B poderia muito bem buscar o isolamento e o ataque às forças aliadas do norte, enquanto o grupo A, de von Rundstedt, com o grosso dos blindados, alcançaria Paris, retomando assim o plano Schlieffen de 1914, com o cerco dos exércitos da Lorena e da Alsácia numa posição além da linha Maginot. A suposição nada tem de absurda. Logo após a vitória sobre a França, Hitler lamentará que a falta de divisões motorizadas não lhe tenha permitido executar uma dupla manobra de sítio e terminar a campanha da França em três semanas em vez de seis.

É somente nos dias 17 e 18 de maio, após a travessia do rio Oise, que o objetivo da Wehrmacht se delineia claramente. Para grande alívio dos dirigentes franceses, a ponto de Paul Reynaud evocar o erro de von Kluck em 1914, as divisões Panzers não se dirigem a Paris e tomam sem rodeios a direção do mar. A ameaça recai, assim, sobre os exércitos do norte e parece mesmo visar à Grã-Bretanha. A explicação de Gamelin só é verdadeira em parte. Ela não justifica a incrível inércia do comando que nada faz durante uma semana. Há aí uma impotência que deriva de um sistema que possui uma complexidade espantosa, acompanhado de uma série de delegações em cascata, de chefes obcecados pelo desejo de limitar suas próprias responsabilidades.

Diferentemente do que ocorre no OKH (Oberkommando des Heeres), a direção das operações na França depende de três polos distintos. Em Vincennes, Gamelin dispõe de um posto de comando reduzido, destinado a manter o contato com os meios políticos e a prevenir suas intrigas. O grande quartel-general encarregado da condução dos exércitos da metrópole e de além-mar está situado em Montry, ao sul de Meaux, sem que disponha, entretanto, de transmissões diretas para Vincennes.

Durante a *drôle de guerre*, para aliviar os encargos do grande quartel-general e, assim, remediar uma inflação dos serviços, Gamelin tinha decidido ou aceito – o episódio não ficou claro – a criação de um comando para o teatro do nordeste, confiado ao general Georges, que tinha estabelecido seu posto de comando em Ferté-sous-Jouarre, a leste de Meaux, a 35 km de Montry.

Em princípio, essa fórmula, que parece inspirar-se naquela adotada pela marinha em relação aos teatros marítimos submetidos à autoridade de Darlan em Maintenon, devia permitir a Gamelin dedicar-se à estratégia geral, à condução geral da guerra. Entretanto, teve como resultado complicar o funcionamento dos órgãos de comando a ponto de paralisar sua eficácia. Com exceção do 3º Bureau (operações), todos os serviços estão cindidos em dois de maneira a assegurar o funcionamento do grande quartel-general e do posto de comando de Georges.

É difícil imaginar um sistema mais confuso, mais desordenado, cujo resultado imediato, muito antes do ataque alemão, tinha sido o de desanimar os executantes. Para simplificar ainda mais as coisas, Georges não descobre nada melhor, de 11 de maio em diante, do que delegar sua autoridade ao general Billotte, o comandante do 1º grupo de exércitos engajado na Bélgica. Em 15 de maio, este se acha totalmente isolado do resto da frente. Essa delegação traz perturbação aos ingleses e reforça a independência do general Gort, comandante da Força Expedicionária Britânica (BEF), decidido a seguir Gamelin ou, a rigor, Georges, considerando o que eles determinassem apenas como "sugestões".

Este sistema aberrante dita, de certa maneira, o comportamento de Gamelin. Até 19 de maio, o comandante em chefe se reserva o papel de juiz e de observador. Empreendendo visitas quase cotidianas a Ferté-sous-Jouarre, ele se contenta em acompanhar, sem intervir, a "batalha do general Georges", segundo ele mesmo diz. E, assim ele segue, segundo suas próprias palavras, de surpresa em surpresa, de espanto em espanto. De fato, Georges logo se mostra aquém das circunstâncias. Desde a noite de 13 de maio, ao saber das primeiras travessias do rio Meuse, o homem não resiste: desaba numa poltrona, soluçando.

Nos dias subsequentes, Georges parece recuperar-se. Mas isso não passa de uma aparência. A não ser por contra-ataques locais efetuados com meios derrisórios, suas tentativas de "fechamento da brecha" revelam-se incoerentes, tardias, envolvendo forças ilusórias, como o exército de Touchon, cujas divisões convocadas da Borgonha ainda não haviam chegado para lutar.

Em 14 de maio, Georges se esforça, entretanto, para trazer de volta as divisões blindadas que haviam sido imprudentemente dispersas. Mas essas grandes unidades são engajadas às pressas, de maneira desordenada e aberrante. A 3ª DCR, na ala esquerda do 2º Exército, parece capaz de atacar vigorosamente na direção de Sedan, no flanco do batalhão de Guderian ainda mal protegido. Simultaneamente, a 1ª DCR da região de Charleroi, aonde acaba de chegar, se orientaria em direção ao sul para tomar de flanco as divisões Panzers do batalhão de Hoth. Quanto à 2ª DCR, ainda em trânsito, poderia desembarcar seus veículos com esteiras no setor de Saint-Quentin e, com todas as forças reunidas, atacar ao leste e contribuir eficazmente para o fechamento da brecha que atormenta o comandante.

O resultado dessa manobra será lamentável e, em alguns dias, o único grupamento blindado estratégico de que dispõe o exército francês se encontra neutralizado ou dizimado. Em consequência de uma inverossímil série de ordens e de contraordens, a 3ª DCR não entrará jamais em ação; nem no dia 14 nem 15 de maio. O general Huntziger acabará por tomar a decisão desastrosa de disseminar essa potente unidade em sua ala esquerda, a fim de reforçá-la e fazer frente a uma eventual ultrapassagem da linha Maginot, que constitui, ainda naquele momento, uma das obsessões do comandante francês.

Um destino trágico está reservado também para a 1ª DCR. Surpreendida em pleno reabastecimento de gasolina, será encurralada aos 15 de maio entre a 7ª e a

Forças e fraquezas da Blitzkrieg

5ª Panzer, sendo praticamente destruída durante uma série de violentos combates. Quanto à 2ª divisão blindada, tendo desembarcado às pressas em vários pontos do setor do rio Oise, não conseguirá reagrupar-se. Sofrerá pesadas perdas numa confusão de embates obscuros, nada conseguindo além de retardar em cerca de meio dia a marcha dos alemães.

É necessário esperar até 19 de maio, após intermináveis adiamentos, para que o general Gamelin decida finalmente sair de sua torre de marfim e orientar o general Georges que, de maneira flagrante, perdeu o controle da situação. Ao chegar de manhã cedo a Ferté-sous-Jouarre, o generalíssimo redige sua instrução pessoal e secreta a n° 12 que, aparentemente, é bastante rígida.

Reagrupando todos os seus recursos blindados, o 1° Exército e a BEF atacarão com toda energia a partir do setor Cambrai-Arras em direção ao sul, em ligação com uma operação similar lançada pelas tropas reunidas junto ao rio Somme na região de Péronne. Simultaneamente, o 2° Exército efetuará um ataque potente na direção de Mézières, para neutralizar as passagens do rio Meuse utilizadas pelos alemães.

Essa orientação entregue a Georges, no momento da partida do generalíssimo, constitui, na realidade, uma obra-prima de ambiguidade, pois não traz nada que represente uma retomada do controle da situação pelo comandante supremo dos exércitos franceses. Georges, de posse apenas de novas instruções, mantém suas prerrogativas, deixando a Gamelin o papel de testemunha. E o que é mais grave: desde 17 de maio, Gamelin foi avisado do retorno iminente do general Weygand, que fora chamado do oriente. Assim, ele sabe que, muito em breve, estará condenado. Desse modo, procura proteger-se, abrigar-se sob um guarda-chuva. Endereçada também, não sem segundas intenções, ao chefe do governo e ao ministro da Defesa, a instrução 12ª constitui ao mesmo tempo uma justificativa e uma acusação velada de incompetência para com o pobre general Georges.

Contrariamente a uma opinião bastante difundida, Gamelin está longe de ser medíocre. É um homem é inteligente, culto, sutil. Como suas notas destinadas a Darlan demonstram, ele compreendeu perfeitamente as implicações de um conflito de alcance mundial. Gamelin, entretanto, não deixa de ser o reflexo de um regime esgotado. Um contato muito prolongado com o poder fez que desenvolvesse não o sentido da autoridade e do rigor, mas a preocupação permanente com a arbitragem e a transigência, na origem de intermináveis conchavos mal acabados.

Embora de caráter duvidoso, Gamelin demonstra lucidez. Não há dúvida de que, desde 13 de maio, ele sentiu que se enganara redondamente. De imediato, está convicto de que não há mais nada a fazer. A Wehrmacht põe em prática uma doutrina contra a qual o exército francês é impotente. A batalha é incontrolável. Talvez outros pudessem ter agido melhor do que Georges, mas não muito. Essa cons-

73

A Segunda Guerra Mundial

tatação dita o comportamento do general em chefe, sua indiferença afetada, que só termina aos 19 de maio, numa instrução que toma ares de um testamento derrisório.

Sempre se poderá sonhar, imaginar uma outra saída, acreditar que a Batalha do Norte teve várias chances desperdiçadas. Em virtude das perspectivas abertas por Churchill, por ocasião da reunião de 16 de maio no Quai d'Orsay, pode-se imaginar uma ação vigorosa das formações blindadas britânicas e francesas do 1º grupo de exércitos no flanco das forças alemãs, em ligação com um contra-ataque da 2ª e da 3ª DCR na ala esquerda do exército Huntziger. Aos 19 de maio, como sugere Gort a Billotte, uma investida da BEF e do 1º Exército em direção ao rio Somme, a partir do posto avançado da cidade de Arras e através do "corredor das divisões Panzers", que não ultrapassa 50 km de largura, parece ter grandes possibilidades de sucesso. Melhor ainda, por que não imaginar também, a partir das numerosas divisões vindas da frente da Lorena, a constituição, por unidades de suporte, de uma forte massa de manobra na região de Laon, na retaguarda dos batalhões blindados da Wehrmacht, numa zona mal ocupada, e onde a aviação francesa assinala "vazios" consideráveis?

Não há nisso, infelizmente, mais do que uma especulação, um *Kriegspiel* acadêmico. O inimigo se deixará levar, entretanto, por essas ameaças de reação ligadas a uma lógica sadia, mas que não passarão do domínio do imaginário. Vivendo no temor de uma segunda Batalha do Marne, sem acreditar numa sorte insolente, Rundstedt e Hitler, em pelo menos duas ocasiões, aos 15 e 17 de maio, darão ordem para que as divisões Panzers não prossigam, encolerizando Guderian. Vã inquietação. As reações aliadas se limitarão, aos 21 de maio, a uma tentativa de investida em direção ao rio Somme por blindados britânicos, a partir de Arras. Isso terminará num fracasso, embora o ataque inesperado provoque estragos no batalhão de Schmidt e na 7ª divisão Panzer de Rommel.

O exército francês não está em condições de desenvolver uma reação de conjunto, coordenada, pois não é mais o mesmo de 1914. Fundamentado nos conceitos de 1914-1918, o instrumento parece vetusto, enferrujado, num país sem nervos, cansado de aventuras, resignado à defensiva. Diante da velocidade, da potência, só consegue responder mediante ações compassadas e limitadas. O comando é prisioneiro da doutrina das frentes contínuas, com progressões lentas e metódicas. É estranho ao espírito de manobra. Todos os grandes chefes demonstram um raro virtuosismo em despedaçar as formações blindadas. Desde que chegou à Bélgica, o batalhão de Prioux, com suas duas DLM, foi dissociado. E não será jamais reconstituído. O emprego da 2ª e da 3ª DCR, diluídas em guardas defensivas, constitui um monumento de aberração. Em razão dessas heresias, as três DCR totalmente dispersas só conseguem alinhar, aos 19 de maio, cerca de uma centena de tanques.

74

Forças e fraquezas da Blitzkrieg

E há questões mais graves. Qualquer veleidade de manobra está fadada ao fracasso desde o início, pelo arcaísmo das transmissões. Ao contrário da marinha e da Wehrmacht, o comando francês evita o rádio para manter a discrição e conta essencialmente com o telefone, em grande parte civil. A destruição pelos ingleses da central de Lille, ao final de maio, terá consequências desastrosas para o desenrolar das operações ao norte.

Em consequência dos cortes causados pelos bombardeios, do congestionamento das linhas e dos recuos constantes dos estados-maiores, os responsáveis não conseguem controlar a situação já a partir de 15 de maio. Em 18 e 19, Pétain e Weygand, durante suas visitas a Vincennes e a Ferté-sous-Jouarre, constatarão com assombro que nem Gamelin nem Georges sabem da localização de suas unidades. Em 20 de maio, ninguém pode dizer a Weygand se os alemães estão em Péronne, em Amiens ou em Abbeville. É no dia seguinte, durante uma viagem rocambolesca de Paris a Ypres, que o novo comandante em chefe constatará *de visu* que as Panzers não somente chegaram até o mar, como também remontam em direção a Calais e a Boulogne. Nesses dias trágicos, o grande quartel-general terá como único recurso entrar em contato com as "senhoritas do telefone" das estações do norte para tentar seguir a marcha das colunas blindadas alemãs.

Acrescentemos ainda que essa batalha se desenvolve na desordem mais completa das comunicações. Seja nas estações de trem ou nas estradas, sob bombardeios constantes, a multidão dos refugiados se mistura aos comboios militares que estão descendo do norte ou dirigindo-se para o mar, causando monstruosos engarrafamentos. Um último elemento contribui para paralisar o comando: a convicção de enfrentar uma força cuja potência é irresistível: 80 divisões, 6 mil a 7 mil tanques apoiados pelo mesmo número de aviões, quando, na realidade, é da metade disso que os alemães dispõem.

Weygand não será mais feliz do que Georges ou Gamelin. Entretanto, a despeito de seus 73 anos, esse homem conservou um espantoso vigor intelectual e físico. Em Ypres, em 21 de maio, o que ele faz é retomar, com alguns retoques, o plano de seu predecessor, mas em condições de execução já muito mais difíceis. Com a ausência de Gort, retardado por engarrafamentos e pela morte acidental de Billotte após a reunião, sem conseguir transmitir mensagens ao general Blanchard, a ideia de manobra fracassa logo de saída.

Weygand também não poderá constituir uma forte cabeça de ponte ao redor de Dunquerque. Tendo perdido toda confiança no comando francês, cortado de suas bases logísticas pela tomada de Calais e de Boulogne pelos alemães, Gort agora só busca salvar a BEF e alcançar o mar. Em 25 de maio, ele ordena, às últimas formações aéreas britânicas que combatem na França, que retornem à Inglaterra,

75

enquanto a Royal Navy organiza, a partir de Dunquerque, a retirada do corpo expedicionário. Sob violentos ataques alemães, o exército belga capitula em 28 de maio. Quanto ao 1º Exército, só uma parte consegue chegar à costa. Dois de seus batalhões devem depor as armas em Lille, em 1º de junho.

Enfim, e tão surpreendente quanto isso possa parecer, os exércitos do norte, apesar da abundância de seus meios, não efetuaram nenhuma tentativa séria contra o "corredor das Panzers", e muito menos uma investida em direção ao sul, excetuando-se o ataque britânico de 21 de maio. Toda a estratégia de Billotte consistiu em recuos sucessivos para alinhar-se ao avanço alemão, a ponto de se deixar cercar no setor Lille-Valenciennes.

Da mesma forma, é surpreendente a extraordinária passividade das divisões vindas da Lorena e em posição junto ao rio Somme ou ao rio Aisne no âmbito dos exércitos Altmayer, Frère ou Touchon. No entanto, durante mais de 15 dias, essas forças dispõem, nesse setor, de uma nítida superioridade numérica e material que deveria ter comandado a iniciativa. Mas, em vez de montar grupamentos fortes de ataque e constituir bases de partida para o norte do Somme, o comando, prisioneiro do princípio sacrossanto da frente contínua quanto aos métodos de abordagem e de tomadas de contato terrivelmente lentas e temerosas, só consegue diluir suas forças, estendendo-as numa guarda de fronteiras ao longo dos dois rios. Nesse setor, as únicas operações de envergadura limitam-se aos dois contra-ataques da 4ª DCR de De Gaulle, em 17 e 19 de maio, no setor de Montcornet e de Laon. Lançados sem apoio aéreo, com elementos incompletos, ainda em formação, esses contra-ataques não puderam modificar em nada a marcha dos acontecimentos.[49]

Durante esse trágico período, o comando francês não consegue se libertar de uma doutrina atrasada, herdada do conflito precedente e totalmente inadequada à nova forma de guerra imposta pelo adversário. Entretanto, não se devem criar ilusões. Tendo em vista a extraordinária coesão do exército alemão, o sucesso do plano Gamelin ou do plano Weygand muito provavelmente não teria evitado a derrota final.

Se o corredor das Panzers tivesse sido cortado, se uma parte notável do grupo de exércitos do norte tivesse conseguido sair do caldeirão, as Panzers, sem dúvida, os teriam enfrentado numa batalha de frente invertida. A execução de uma reação francesa teria trazido pelo menos uma vantagem: a de tornar a derrota mais honrosa, menos ignominiosa.

---

[49] Em sua obra, *Le Drame de 1940*, op. cit., o general Beaufre destaca essa apatia das tropas francesas, p. 249 e ss.

Mesmo abortada, mesmo perdida no limbo, essa reação irrealizada teve, pelo menos, uma vantagem: deu origem à parada "providencial" dos blindados de Guderian, em 24 de maio, junto ao rio Aa, e ao "milagre" de Dunquerque. Contrariamente a uma lenda persistente, Hitler, ao permitir a retirada da BEF, não procura poupar a Grã-Bretanha, em virtude de alguma admiração pelo sistema britânico. Do mesmo modo, não procura fazer um favor especial à Luftwaffe, dando-lhe a possibilidade de efetuar a estocada final.

Segundo a versão mais plausível do caso, o Führer só teria apoiado uma decisão de von Rundstedt, empenhado em reagrupar as formações blindadas, em descansá-las, de maneira a permitir-lhes resistir ao contra-ataque francês, que, em boa lógica, deveria ocorrer cedo ou tarde a partir do sul.

Desmentindo uma outra lenda, a evacuação da BEF não salvou a Grã-Bretanha em 1940. A salvação da Inglaterra veio de sua superioridade marítima e aérea, que impediu toda tentativa de desembarque. A única vantagem da retirada da BEF foi permitir uma campanha vitoriosa no norte da África, o único teatro no qual a Inglaterra isolada obterá vitórias de consolação após a queda da França.

Enfim, a retumbante vitória alemã não se deve à superioridade das forças, mas a uma nova doutrina ligada à imaginação e à inteligência. No dia 10 de maio de 1940, a Wehrmacht alinha na frente ocidental 135 divisões, dentre as quais 70 estarão realmente engajadas. Os Aliados dispõem de efetivos mais ou menos comparáveis; às 90 divisões francesas, acrescem-se as 10 divisões da BEF, cerca de 20 grandes unidades belgas e uma dezena de unidades holandesas.

Contrariamente ainda à impressão inicial, o adversário não demonstra nenhuma superioridade esmagadora no plano aéreo nem tampouco no domínio dos blindados. A Luftwaffe está longe de possuir de 6 mil a 7 mil aviões, como se acreditou de início, mas sim 3,5 mil aparelhos de combate, sendo 1,2 mil caças e 1,5 mil bombardeiros, dentre os quais 350 Stukas.

A essa força, os Aliados respondem com 2,5 mil aparelhos, sendo 700 aviões franceses de primeira linha, 500 aparelhos britânicos pertencentes à Advanced Striking Force estabelecida na França desde o outono de 1939. Durante a batalha da França, o grosso da Royal Air Force ficará estacionado na Inglaterra, só entrando em ação maciçamente no momento da retirada de Dunquerque.

A inferioridade aliada não se deve nem à aviação de caça nem à de observação, mas à ausência de uma verdadeira aviação de bombardeio tático. Inferioridade agravada pelo equipamento insuficiente de inumeráveis campos, pela falta de padronização do lado francês, e pela ausência de detecção por radar. É certo que a fronteira do leste dispõe de uma barreira eletromagnética; mas essa barreira não permite localizar as invasões e menos ainda indicar a orientação dos aviões inimigos.

Durante a campanha da França, a aviação de caça e a DCA* franco-britânica conseguirão abater 1,2 mil aparelhos alemães. Resultado mais do que honroso. Desmentindo mais uma lenda persistente, o céu não estará vazio. Mas esses resultados poderiam ter sido ainda mais expressivos se o comando francês, em função da teoria das frentes contínuas, não tivesse optado pela dispersão. Em 10 de maio, os grupos de caça e de reconhecimento estão dispersos acompanhando os batalhões do exército desde o mar do Norte até a fronteira suíça. Dispositivo em flagrante contradição com a Luftwaffe, cuja totalidade de aparelhos está agrupada em duas esquadrilhas capazes de agir maciçamente e adquirir uma superioridade aérea local e temporária. Em 13 de maio, ela ataca o setor de Sedan e, no dia seguinte, se concentra na altura de Dinant.

A aviação do Reich, por intermédio de seus Stukas, intervém diretamente na batalha terrestre, efetuando bombardeios na retaguarda do inimigo. Desempenha também um papel parcialmente estratégico, pelo ataque aos quartéis-generais, às pistas de aviação, às rotas terrestres, às estações de triagem e mesmo a centros de indústrias aeronáuticas e de armamentos. Imitando a campanha da Polônia, a Luftwaffe procede a bombardeios seletivos em aglomerações urbanas, de maneira a aterrorizar as populações civis e jogar milhares de refugiados nas estradas, paralisando, assim, os deslocamentos de tropas.

Travada por sua dispersão e pela ausência de um sistema de detecção, a aviação francesa não pode contestar, em lugar algum, a superioridade aérea da Luftwaffe. Em 13 e 14 de maio, franceses e ingleses sacrificam seu embrião de aviação de bombardeio tático em ataques efetuados junto ao rio Meuse e nas concentrações alemãs. Nenhum triunfo decisivo é obtido, apesar das perdas consideráveis provocadas pela aviação de caça e por uma DCA ligeira, dotada de uma violência e de uma eficácia inesperadas.[50]

Em 19 e 20 de maio, para tentar deter o avanço das Panzers, o comandante tem como único recurso engajar as duas esquadrilhas da aeronáutica naval estacionadas em Berck no ataque do cruzamento de Berlaimont e das pontes do canal do rio Oise. Empreendidas sem a cobertura dos caças, essas operações não terão nenhum resultado estratégico e redundarão na perda dos únicos aviões bombardeiros de mergulho de que dispunham as tropas francesas.

---

* N. T.: A sigla DCA remete a "Défense contre aéronefs".

[50] LAUBIER (Ph.), "Le bombardement de la région de Sedan", *Revue historique des Armées*, 1985/3.

Com os blindados, a situação é ainda mais caricatural – é o que se pode dizer. Também a esse respeito, a superioridade alemã é um mito. A Wehrmacht não dispõe de maneira alguma dos 6 ou 7 mil tanques que os Aliados lhe atribuem logo após o desastre, número que se encontra nos primeiros relatórios franceses e por ocasião dos depoimentos do processo de Riom. Possui no máximo 2,5 mil blindados, dentre os quais mais da metade são máquinas leves mal protegidas e pouco armadas. Mas a impressão do comando e dos combatentes diante de uma força mecanizada fulminante, seguindo a fórmula do general De Gaulle em sua mensagem de 18 de junho, deve-se à concentração. Todos os tanques alemães são agrupados no âmbito de 10 divisões Panzers, alinhando em média 250 máquinas.

O contraste com o dispositivo francês parece, então, impressionante. Quase a metade dos tanques franceses está dispersa ao longo da frente de guerra, à maneira dos grupos aéreos, acompanhando o exército em batalhões de 35 a 45 máquinas. O grupamento só se estende às divisões de cavalaria e, sobretudo às três DLM e às três DCR, tendo sido constituída uma quarta divisão às pressas em plena batalha. Mas por sua dotação orgânica e seu modo operacional, essas unidades são fundamentalmente diferentes das Panzers. Situação mais ou menos comparável à do corpo expedicionário britânico, que, entretanto, possui uma divisão blindada em 1940.

É fácil adivinhar que esse contraste quase esquemático entre concentração e dispersão se deve a diferenças de concepção fundamentais no domínio do emprego dos blindados. Pelo desfecho desastroso da campanha da França, seria o caso de duvidar que a França e a Inglaterra tenham sido países pioneiros no domínio dos tanques. Após 1919, seria o caso de pensar num desinteresse. Mas não é nada disso. As experiências prosseguem nos dois países; os protótipos se sucedem. A literatura e os comentários concernentes aos tanques brilham por sua abundância, a ponto de aborrecer por um momento o general Gamelin. Entre os escritos mais célebres, basta lembrar os de Fuller ou de Liddell Hart, na Inglaterra, ou de Estienne, de Doumenc ou de De Gaulle, na França.[51]

Através dessa literatura, uma hesitação se faz perceptível. O tanque deve ser uma máquina de exploração, após uma investida, retomando o papel da antiga cavalaria, transformando uma derrota em debandada, ou deve ser concebido como uma máquina de ruptura de frentes fortificadas a serviço da artilharia e da infantaria? A primeira fórmula se traduz no tanque leve e rápido tipo Vickers ou

---

[51] Sobre o sistema militar francês, consultar a obra fundamental de MYSYROWIEZ (L.), *Autopsie d'une défaite*, Paris, L'âge d'homme, 1973. Ver também BAUER (Ed.), *La Guerre des blindés*, Paris, Plon, 1962; VERNET (J.), "Blindés, guerre des", *Dictionnaire de la Seconde Guerre Mondiale*, op. cit.

Hotchkiss. A segunda, no blindado lento, fortemente protegido, dotado de um abrigo leve e de um canhão em casamata para o ataque de *Blockhaus**. Em 1940, o tanque B-1 constitui o tipo mais acabado dessa fórmula.

Esse tanque pesado de ruptura fará parte dos exércitos aliados até 1942-1943, com os Matilda e Churchill britânicos ou o Grant americano. É somente a partir da metade do conflito que os anglo-saxões se voltarão para a máquina dotada de uma única grande peça de artilharia montada em torre, apta tanto para a ruptura quanto para o combate antitanque, tendo sido esta última aplicação fortemente subestimada de início.

Enquanto isso, é o conceito de tanque de acompanhamento que domina o pensamento militar francês. Apesar dos veementes protestos do general Estienne, os tanques foram atribuídos, a partir de 1920, não à cavalaria, mas à infantaria, no âmbito da noção de frente contínua e de compartimentação do terreno. De acordo com a doutrina estabelecida, os tanques de acompanhamento, dotados de um canhão de fraca capacidade de perfuração, progridem em estreita ligação com a infantaria no campo de ação da artilharia. A progressão, assim, não pode passar de 10 a 12 km. Atingido o objetivo, as baterias são deslocadas para a dianteira e reabastecidas, e o avanço só é retomado após uma cuidadosa preparação.

Esse modo de ação conserva todo o seu vigor em 1940. As grandes unidades blindadas não devem causar ilusão. As DLM dotadas de tanques médios têm essencialmente como objetivo assegurar a cobertura das divisões de infantaria motorizadas durante seu avanço. Quanto às DCR, com uma forte proporção de tanques pesados, sua tarefa principal é romper as frentes particularmente sólidas ou facilitar o preenchimento de brechas ligadas a rupturas, como as que ocorreram por ocasião dos ataques de Ludendorff em 1918. Ao final, uma combinação característica do estado de espírito do exército francês de 1940. O emprego em massa dessas unidades continua estranho à mentalidade da maioria dos grandes chefes.

Conceito de emprego oposto ao da Wehrmacht. Os tanques alemães não somente são agrupados em divisões, mas também são integrados aos batalhões blindados associando dois ou três Panzers. Além disso, diferentemente das unidades francesas comandadas por estados-maiores estáticos instalados de preferência em castelos, a manobra das Panzers se executa a partir de PC avançados ligados a viaturas blindadas que dispõem de notáveis serviços de abastecimento de gasolina

---

* N. R. T.: *Blockhaus* designa em alemão "casa de tronco de madeira". Trata-se de uma construção fortificada, capaz de resistir ao ataque de armas leves.

e de excelentes ligações de rádio. Como os aparelhos da Luftwaffe, os tanques se comunicam por telégrafo, enquanto os franceses ainda estão na fase do pombo-correio ou das bandeirolas. Durante toda a Batalha do Norte, o que se vê é o avanço imponente, sem a menor confusão, de formações blindadas, à maneira de esquadras no alto-mar.

A Panzer de 1940 surge como o resultado de um notável esforço de reflexão. Em 1918, os alemães compreenderam perfeitamente que o tanque era um dos grandes responsáveis por sua derrota. A esse respeito, é surpreendente que o grande estado-maior imperial, sempre tão inovador no domínio do armamento, de artilharia pesada, armas automáticas, lança-chamas e gases tóxicos, não tenha compreendido o interesse dos blindados em 1917-1918.

Esforço de reflexão ainda mais notável porque o Tratado de Versalhes proíbe o tanque tanto quanto o avião para o novo exército alemão. Nada podia destacar melhor sua importância e levar a Reichswehr a multiplicar os exercícios com modelos postiços ou a se dedicar a experiências muito mais realistas nos campos de manobra soviéticos. Um homem domina esse esforço: Heinz Guderian, cuja obra *Achtung, Panzer!*, publicada em 1937, não chamou suficientemente a atenção nos países da Europa Ocidental. Com a chegada de Hitler ao poder, esse homem recebe carta branca e se torna o verdadeiro criador da arma blindada no âmbito da nova Wehrmacht.[52]

Não se pode esquecer, com efeito, o papel determinante do Führer nessa trajetória. Apaixonado por técnica, ele compreende imediatamente que a associação tanque-avião ligada ao rádio permitirá, como havia anunciado a Rauschning já em 1934, exorcizar o espectro da guerra de trincheiras e retornar à manobra ofensiva. Num regime totalitário, Hitler tem toda a liberdade de impor essa nova doutrina a chefes reticentes como Beck ou von Fritsch. Ele pode, ainda, modificar a hierarquia, assim como as regras de promoção, de maneira a colocar nos postos-chave homens convertidos à eficácia de uma fórmula revolucionária.

Para desencargo dos responsáveis franceses, deve-se dizer ainda que a Wehrmacht tem um papel pioneiro em 1940. Em todos os outros grandes exércitos, URSS, Estados Unidos, Grã-Bretanha, com exceção de algumas formações experimentais, o tanque é considerado uma máquina de exploração ou de acompanhamento de infantaria. A campanha da França toma, assim, ares de revelação.

A divisão Panzer constitui então uma síntese notável das diferentes tendências que se enfrentam. Ela dispõe de tanques pesados de ruptura tipo Mark IV arma-

---

[52] GUDERIAN (H.), *Mémoires d'un soldat*, Paris, Plon, 1954, ch. I. Ver também KEEGAN (J.), *Guderian, Panzer leader*, New York, Ballantine, 1973.

dos de um canhão de 75, de tanques médios Mark III dotados de um canhão de 37, aptos para a luta contra os outros blindados, e máquinas de exploração e de reconhecimento, rápidas, com proteção leve, armadas somente de canhões de 20 ou de simples metralhadoras.

Os 250 tanques da divisão Panzer reagrupados em três batalhões são também associados a dois regimentos de infantaria com motocicletas ou veículos dotados de esteiras para enfrentar qualquer terreno. A divisão comporta ainda sua própria artilharia antitanque e antiaérea, seus elementos de abastecimento, de manutenção e de travessia. O conjunto é muito homogêneo, possui um grande poder de fogo e caracteriza-se por uma impressionante mobilidade constituindo um todo orgânico.

Quanto aos procedimentos de emprego, eles diferem totalmente daqueles em vigor no exército francês. As ofensivas se dão através de frentes estreitas, de tanques pesados na dianteira, por trás de cortinas fumígenas. A preparação de artilharia, em nada obrigatória, é intensa, mas breve. Em compensação, o apoio aéreo, o dos Stukas em particular, constitui o suporte obrigatório do ataque das divisões Panzers. Uma vez realizada a investida, o avanço se efetua em profundidade na retaguarda e nos centros de comando do adversário. Cabe às unidades de infantaria clássica a tarefa de reduzir as ilhas de resistência e ocupar o terreno.

Esse método retoma alguns elementos das ofensivas de Ludendorff em 1918: a surpresa, a intensidade e a brevidade da preparação, o suporte da aviação tática, o esvaziamento dos centros de resistência. Mas o sucesso da investida e da exploração é assegurado pelos blindados que exibem uma potência e uma rapidez infinitamente superiores às de unidades de infantaria e que tornam a recuperação do adversário singularmente difícil.

A defasagem entre as doutrinas alemã e francesa é, portanto, desconcertante. Como explicar, por exemplo, que o comando francês não levou em conta as lições da campanha da Polônia, onde a Wehrmacht fez uma soberba demonstração da nova Blitzkrieg?

De fato, nem Gamelin nem Georges, apesar de indicações precisas, quiseram admitir que os métodos alemães aplicados na Polônia pudessem ter o mesmo resultado a oeste, diante de um exército há muito tempo mobilizado, e que se apoiava em fortificações sólidas, em posições bem preparadas, além de dispor de efetivos abundantes.

Razões específicas explicam o triunfo da Wehrmacht a leste: a mobilização incompleta do exército Polonês, uma situação geoestratégica desfavorável com flancos expostos a ofensivas provenientes ao mesmo tempo da Prússia oriental e da Silésia. Essa situação deve ter incitado o estado-maior polonês – como o comando francês já aconselhava, há muito tempo – a lutar junto ao rio Vístula, abandonando um terço do território nacional.

82

Durante a evacuação de Dunquerque, Weygand tenta febrilmente armar uma reação à nova doutrina alemã. Procura inculcar nos executantes a ideia de uma defesa em profundidade na base de pontos de resistência fortificados. Aldeias e povoados serão fortemente ocupados pela infantaria; os acessos serão cercados por barricadas, cobertos pelo fogo da artilharia de campanha. As unidades blindadas que tenham sobrevivido ao desastre deverão reduzir as infiltrações inimigas. Weygand não segue, entretanto, a proposta de De Gaulle, que preconiza reunir os tanques, dispostos ainda pelo comando em dois grupos, além dos rios Somme e Aisne, para lançar, dali, potentes contra-ataques.

A tentativa do generalíssimo se revela ineficaz. De 6 de junho em diante, a Wehrmacht, dispondo de todos os seus meios, lança a ofensiva final contra um exército reduzido a cerca de 70 divisões e 1,5 mil tanques. A aviação ainda dispõe de uma força comparável àquela de 10 de maio, graças à produção aeronáutica e aos aparelhos de segunda linha. Durante dois dias, a esperança ainda se faz presente. Os alemães se batem contra uma viva resistência, principalmente ao norte de Paris, e sofrem perdas elevadas.

Entretanto, de 8 de junho em diante, a partir das cabeças de ponte do rio Somme, as Panzers conseguem realizar infiltrações profundas, neutralizando os centros de resistência. Os blindados de Rommel alcançam Forges-les-Eaux, depois o baixo Sena na altura de Rouen. Essa investida se acompanha de um "mini-Dunquerque". Uma divisão britânica, a única que ainda combate no continente, acha-se cercada junto a várias unidades francesas no setor de Saint-Valery-en-Caux. Mas o milagre não se repete, e mais de 50 mil homens devem depor as armas.

Nesse momento, a ruptura também ocorre junto ao Aisne depois de uma forte resistência. Quando o governo deixa Paris, em 10 de junho, em direção à região de Tours, Weygand deve dar uma ordem de retirada geral para um arco imenso que vai de Caen ao médio Loire, ao Morvan, ao planalto de Langres e até as montanhas do Jura. Essa ordem não poderá ser executada. O pesadelo recomeça.

Em 14 de junho, enquanto uma divisão de infantaria faz sua entrada em Paris, proclamada cidade aberta, e desfila nos Champs-Élysées, a exploração alemã se desdobra em leque, pondo em ação a totalidade dos meios blindados e motorizados divididos em três grupamentos.

O primeiro, sob as ordens de Hoth, avança para oeste, enfrenta e ultrapassa os elementos franceses em retirada, e praticamente não encontra resistência. O objetivo da manobra é claro: apoderar-se dos portos, isolar a França do mar e da Inglaterra. A progressão se efetua num ritmo infernal. A 7ª Panzer de Rommel, que começa a merecer o nome de "divisão fantasma", cumpre em uma jornada um salto de 260 km. Em 19 de junho, Cherbourg e Brest são ocupadas. A defesa de

A Segunda Guerra Mundial

um reduto bretão, proposta por alguns, sequer foi esboçada. Em 21 de junho, os alemães alcançam a região de Nantes–Saint-Nazaire. Dois dias depois estão em La Rochelle–Rochefort. Por conta dessa manobra, a marinha francesa deve evacuar seus portos às pressas. Todas as embarcações passíveis de navegar devem desatracar. Num verdadeiro *tour de force*, o encouraçado Jean-Bart, inacabado, consegue *in extremis* partir de Saint-Nazaire com destino a Casablanca. Mesmo tendo efetuado sabotagens, a marinha deixa para trás uma imensa quantidade de equipamento e perto de 100 mil toneladas de embarcações em construção.

Um segundo grupamento sob as ordens de Kleist procede à exploração em direção ao vale do Loire, enquanto o batalhão blindado de Guderian, através da região de Champagne, do planalto de Langres e do alto Saône, aborda o Jura e atinge Pontarlier em 17 de junho. O OKH pensa que há um erro de transmissão: "Deve ser Pontailler-sur-Saône". "Não há erro", responde laconicamente Guderian, "é Pontarlier, na fronteira suíça".[53] Simultaneamente, as Panzers remontam em direção à vertente ocidental dos Vosges no momento em que o grupo de exércitos von Leeb passa à ação.

Essa ofensiva demonstra que a Blitzkrieg não se restringe a divisões blindadas e à Luftwaffe. Sem o apoio de tanques e sem suporte aéreo, a infantaria alemã rompe a linha Maginot no setor dos Étangs ou, antes, penetra no sistema fortificado, numa zona natural considerada inacessível entre as duas secções desse sistema. Ao mesmo tempo, outras unidades transpõem o Reno na altura de Colmar, apesar das fortificações da margem ocidental. Atravessam a planície da Alsácia e abordam as passagens dos Vosges.

Presos na armadilha, vítimas de uma ordem de recuo tardia, os exércitos do leste, incapazes de reagir, entregam as armas no dia 22 de junho. Os alemães capturam mais de 300 mil prisioneiros. Utilizando lança-chamas, cargas dirigidas, os pioneiros da Wehrmacht empreendem então ataques experimentais contra as fortificações da linha Maginot. Conseguem neutralizar algumas, mas sem penetrar no interior. Essas fortificações resistirão até o começo de julho e só capitularão sob ordem expressa do governo.[54]

Depois do cerco dos exércitos do leste, as formações de Panzers se dirigem para o sul na direção de Lyon e do Ródano, e avançam ao longo dos grandes vales do maciço Central. Não há praticamente nenhuma resistência, e o avanço alemão, segundo a expressão de Rommel, se faz como uma "ocupação progressiva". O

---

[53] GUDERIAN (H.), *Mémoires d'un soldat*, op. cit., p. 117.
[54] ROCOLLE (P.), *2000 ans de fortifications françaises*, Paris, Lavauzelle, 2ᵉ éd., 1989, p. 605 e ss.

exército francês não mais existe. Decompõe-se dia a dia, abandonando ao inimigo material e prisioneiros. As unidades em retirada misturam-se à horda de milhões de refugiados que refluem para o sul. A famosa alocução do marechal Pétain, em 17 de junho, traz o golpe de misericórdia a qualquer espírito de resistência.

Apenas algumas unidades isoladas salvam a honra: os cadetes de Saumur, a 10ª Divisão colonial em Lyon e as tropas do general Olry nos Alpes, que rechaçam os ataques de uma Itália que entrou em guerra em 10 de junho, quando tudo estava consumado. Apesar desses embates armados, não há mais ligação, numa quase ausência de unidades constituídas; a decomposição é total. Para se efetuar com sucesso, o recuo para o norte da África, objeto de intensas polêmicas há cinquenta anos, deveria ter começado ao final de maio.

Em 25 de junho, quando o armistício entra em vigor, as tropas alemãs estão às portas de Bordeaux, sede do governo formado pelo Marechal; elas se infiltraram profundamente no maciço Central e alcançaram Vichy e Clermont-Ferrand. No vale do Ródano, aproximam-se de Valence. Os italianos, entretanto, quase não avançaram, conseguindo com muita dificuldade ocupar uma parte da cidade de Menton.

A decomposição não é só militar; é também política. Quinze dias após o cessar das hostilidades, o marechal Pétain obtém plenos poderes do Parlamento. É como estar diante da reedição dos acontecimentos de 1814, 1815 e 1870. A III República não resiste ao desastre. Um novo regime, o Estado francês, tenta estabelecer-se sobre ruínas.

A campanha de 1940 se inscreve no repertório dos grandes triunfos da história militar. Para o espanto dos antigos combatentes de 1914-1918, a Wehrmacht acaba de demonstrar que os preceitos da Blitzkrieg são perfeitamente aplicáveis contra um exército francês considerado ainda um dos primeiros do mundo ao alvorecer de 10 de maio. O espectro da guerra de posição, das batalhas de usura, das terríveis matanças de Verdun, de Somme e de Flandres está definitivamente enterrado.

É com grande assombro que Ernst Jünger, o combatente alemão mais condecorado da Primeira Guerra Mundial, constata esse aspecto insuspeito das frentes fortificadas. Durante as marchas forçadas pelo norte da França, seu batalhão não entra em combate; estaciona próximo a Laon, para desempenhar uma tarefa de ocupação.[55]

A guerra torna-se novamente "risonha e franca". Com a perda de 40 mil homens, mortos e desaparecidos, de 300 tanques e 1,2 mil aviões totalmente destruídos, o exército alemão pôs a França de joelhos. Cem mil soldados franceses

---

[55] JÜNGER (C.), *Jardins et routes*, vol. I, 1939-1940, pp. 159 e 173.

A Segunda Guerra Mundial

foram mortos, e 1,8 milhão foram feitos prisioneiros; um material considerável foi tomado pelos alemães. O triunfo parece total. Não apenas um exército, mas um regime desmoronou. As Panzers e a Luftwaffe reabilitaram a "guerra curta e vivaz" praticada por um Frederico II, e mais ainda por Napoleão.

Ao longo dos meses seguintes, a Wehrmacht oferece novos exemplos de sua surpreendente superioridade. Realmente, ela parece possuir a chave da vitória, como prova a campanha-relâmpago dos Bálcãs em abril-maio de 1941. A Iugoslávia, atacada de maneira concêntrica, é posta fora de combate com uma perda derrisória de 146 soldados alemães. O exército grego, mesmo apoiado por um corpo expedicionário britânico, não faz melhor figura, apesar de uma notável resistência, nos meses precedentes, contra os italianos.

Uma vez mais, as Panzers, em conexão com a aviação, apresentam assombrosa eficácia num terreno que se mostra difícil, montanhoso, percorrido por estradas escassas, estreitas e sinuosas. Os resultados obtidos desde os primeiros dias são surpreendentes. Pelo sul da Iugoslávia, uma divisão blindada contorna a linha Metaxás e entra em Salônica. Uma segunda, em conexão com uma grande unidade de infantaria, agindo mais a oeste, apodera-se em dois dias de Skopje e Monastir.[56]

---

[56] DUBOST (B.), "Le Combat des blindés em montagne", *Revue historique des Armées*, 1988/1.

Forças e fraquezas da Blitzkrieg

A CAMPANHA DA GRÉCIA: abril de 1941

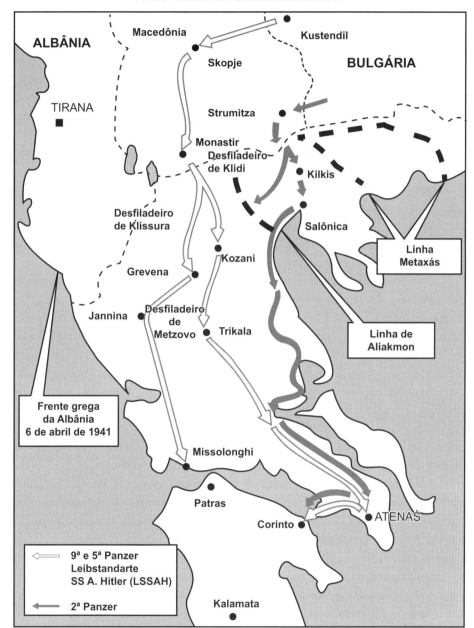

A campanha dos Bálcãs devia demonstrar, para o espanto geral, que a Grécia, apesar de um relevo montanhoso e de uma rede rodoviária embrionária, estava à altura da Blitzkrieg. As 9ª e 5ª Panzers deviam, assim, conseguir cercar por trás o exército grego em ação na Albânia e obter sua capitulação.

Ao chegar ao território grego, essa Panzer toma o desfiladeiro de Klidi, apesar de uma enérgica defesa dos australianos; então, desemboca no Épiro e surpreende por trás as forças helênicas contrárias às tropas italianas. Dezesseis divisões devem depor as armas. Uma estreita ligação entre os blindados, a infantaria e a aviação permite em seguida transpor as Termópilas e rechaçar as forças adversárias na direção de Atenas e de Corinto. Graças à intervenção da Royal Navy, 45 mil ingleses de um total de 60 mil conseguem bater em retirada por mar. Mas trata-se, nesse caso, de um segundo Dunquerque, com a perda quase total do material.

A vitória alemã dos Bálcãs é ainda mais espetacular pelo fato de ter deixado para trás a rude campanha do verão e do outono de 1915 contra a Sérvia. Foram necessários três meses para que o exército austro-húngaro, com o suporte das divisões alemãs e das tropas búlgaras, quebrasse a resistência dos sérvios. Ainda assim, a despeito de uma epidemia de tifo e de um tempo detestável, estes puderam recuar, através de Montenegro em direção ao mar, onde foram resgatados pela marinha francesa e evacuados em Corfu.

O episódio de Creta ilustra também os recursos da Blitzkrieg e confirma as possibilidades das tropas aerotransportadas já utilizadas em 1940, por ocasião do ataque ao forte belga de Eben Emael e às pontes do rio Meuse e do Reno, na Holanda. Sem poder disputar o poder sobre o mar, os alemães lançam uma divisão aerotransportada contra Creta. Depois de violentos combates, os paraquedistas conseguem apoderar-se de campos de aviação, permitindo, assim, a constituição de uma ponte aérea e a chegada de tropas de montanha. Após uma semana de combate, os ingleses foram obrigados a uma nova retirada. O balanço pode parecer pesado: um terço dos paraquedistas foram postos fora de combate e quinhentos aviões perdidos. Mas a operação permitiu infligir perdas severas à Royal Navy e ocupar uma posição estratégica essencial no Mediterrâneo oriental.

A Wehrmacht desperta rivais. O norte da África oferece ao comando britânico a possibilidade de experimentar o funcionamento de formações blindadas, baseadas nas ideias de Liddell Hart e de Fuller, associando tanques ligeiros de exploração e máquinas de ruptura pesadas. Os resultados são brilhantes. A ofensiva iniciada em 4 de dezembro de 1940 por Wavell e O'Connor contra o exército Graziani se encerra com uma vitória completa. Jogando com a mobilidade diante de um adversário temeroso e pouco motorizado, os ingleses provocam a derrota das tropas italianas e capturam mais de 100 mil prisioneiros.

Toda a Cirenaica é ocupada, e o avanço britânico vai até El Agheila. A vitória poderia ter sido completa, se Churchill não tivesse tido a ideia infeliz de retirar as tropas do norte da África para formar um corpo expedicionário na Grécia.

Esse primeiro confronto constitui o ponto de partida de uma guerra de movimento que vai prosseguir na África até a campanha da Tunísia, em 1943. Com seus planaltos pedregosos e a ausência de depressões, o que elimina o problema de acesso, o deserto ocidental configura-se num excelente "tancódromo".

Uma segunda fase se inicia com a chegada do Afrikakorps de Rommel em Trípoli em fevereiro-março de 1941. Passando imediatamente à ofensiva, este, que logo vai merecer o nome de "raposa do deserto", retoma a iniciativa e lança o 8º Exército na fronteira egípcia, após haver cercado Tobruk. Seguindo o que acabará por se tornar uma regra, Rommel soube associar ataque frontal de fixação e manobra de assédio.

Independentemente do gênio tático de seus comandantes, comparável ao de um Lasalle ou de um Seydlitz, a vitória das tropas alemãs deve-se à superioridade dos tanques do Afrikakorps, que associam à proteção e à mobilidade um poder de fogo superior.

Esse primeiro embate confirma algumas lições da campanha da França. O tanque constitui o melhor antídoto do tanque, contrariamente ao que haviam pensado os ingleses, apenas preocupados, desde a Batalha de Cambrai em 1917, pela ruptura de posições fortificadas por meio de artefatos de acompanhamento, substituídos por tanques ligeiros no momento da exploração.

Condenando o veículo pesado com canhão em casamata, essa constatação vai comandar a evolução dos blindados até 1945, lembrando uma outra evolução, a do encouraçado, desde o surgimento do La Gloire em 1857 até o Yamato de 67 mil toneladas em 1941. Assiste-se a uma corrida pelo aumento do calibre, com a adoção de canhões cada vez mais potentes e com grande velocidade inicial, 75, 88 e 122 mm, e ao reforço da blindagem levando ao aumento da potência dos motores. Essa evolução se traduz em um aumento espetacular do peso dos tanques. Em 1940, as máquinas mais pesadas não ultrapassam 25 toneladas, para atingir de 65 a 70, cinco anos depois. Simultaneamente, a guerra na África assiste ao retorno de alguns aspectos defensivos. Os adversários preparam campos de minas, arames farpados, fossos, batidos pelo fogo das armas automáticas e dos canhões antitanques. São os "jardins do diabo".

Existem, contudo, impasses na guerra de movimento. Já em junho de 1940, o exército italiano não pôde romper posições fortificadas nos Alpes. Um fracasso desse mesmo tipo manifesta-se no ataque contra a Grécia, iniciado em 28 de outubro de 1940 por um Mussolini invejoso dos louros de Hitler. Após uma progressão reduzida, os italianos enfrentam violentos contra-ataques gregos e recuam para a Albânia. Evita-se a derrocada total. Entretanto, é o ponto de partida, durante todo o inverno, para um novo capítulo da guerra na montanha, caracterizado pela estagnação recíproca, que lembra os combates estéreis de 1915-1917 no maciço do Carso e nas Dolomitas.

Um outro impasse concerne à guerra sovieto-finlandesa. O ataque do Exército Vermelho em novembro de 1940 obedece, de início, às melhores regras da Blitzkrieg: bombardeios dos campos de aviação e das cidades, colunas motorizadas lançadas ao longo de eixos privilegiados (península de Vyborg, região central da Finlândia).

O processo constatado na Polônia ou na França, no entanto, não se reproduz. A ofensiva de Vyborg detém-se diante das fortes defesas da linha Mannerheim; mesmo fracasso no centro. Após uma progressão da ordem de 150 a 200 km, as colunas motorizadas são atacadas de flanco por unidades de esquiadores. Algumas são neutralizadas, como em Suomosalmi, obrigadas a capitular ou a constituir um ponto de resistência fortificado ou *Motti*, que, em alguns casos, sobreviverão por várias semanas.

Depois dessas derrotas sangrentas, o avanço soviético só é retomado em fevereiro-março, com uma esmagadora superioridade de meios e métodos lentos que associam preparações intensas da artilharia à progressão dos tanques agindo em estreita ligação com as massas de infantaria. Esses procedimentos abominavelmente dispendiosos lembram os de 1916-1917: estão nos antípodas da guerra-relâmpago. Trata-se do tradicional rolo compressor russo.

Na ocasião, as implicações das batalhas dos Alpes, da Albânia ou da Finlândia não retêm suficientemente a atenção. Só se pretende ver nessas derrotas italianas a consequência do despreparo e da falta de motivação do combatente; nos desastres soviéticos, o resultado dos expurgos de 1937-1938 que desorganizaram o comando. Os observadores destacam ainda o heroísmo dos gregos e dos finlandeses.

Essas explicações não são inteiramente falsas. Não levam em conta, entretanto, os obstáculos da guerra na montanha, que trazem vantagens consideráveis para a defesa. Os Aliados tiveram experiências penosas nesse sentido, na Itália, de 1943 a 1945. Também não levam em conta os rigores do clima do leste da Europa com temperaturas da ordem de -30° a -40°. Por fim, não se insiste suficientemente nas dificuldades encontradas pelos blindados no ataque a posições fortificadas bem planejadas, como as da linha Mannerheim.

Esses fatores não diminuem a importância das campanhas da Polônia, da França ou dos Bálcãs, com o retorno à vitória total, obtida na batalha de aniquilamento ligada à manobra, e não mais à usura ou ao esgotamento – como havia ocorrido com a Alemanha de 1918, obrigada a capitular sem ter sofrido derrotas flagrantes nem invasão e mantendo uma força militar coesa.

Em 1941, o exército alemão está em seu zênite. Constitui um magnífico instrumento de combate, comparável à falange macedônia, à legião romana, ao terço espanhol ou ao Grande Exército de Napoleão. O resultado, junto aos dirigentes do Reich, é um sentimento excessivo de segurança e euforia, que pode levar a grandes erros. É o que se constata já no verão de 1941, na imensidão do território russo.

De fato, aos 22 de junho de 1941, ao alvorecer, pondo em ação o plano Barbarossa, a Alemanha ataca a União Soviética. Seguindo a predição de Hitler, "o mundo prende a respiração". O Führer terá êxito onde Charles XII da Suécia e Napoleão fracassaram? A Wehrmacht vai eclipsar o Exército Vermelho, objeto das solicitudes do regime desde 1917 e beneficiário desde 1928 de um enorme esforço de armamento no âmbito dos planos quinquenais? É certo que o desempenho das tropas soviéticas na Polônia e, principalmente, na Finlândia, está longe do que se esperava quanto à eficácia. Mas o mesmo ocorreria nas imensidões russas, na defesa do solo natal?

Os prognósticos, entretanto, mostram-se favoráveis à Wehrmacht. O aparelho que desmantelou o exército francês parece não ter adversário à sua altura. As primeiras semanas da guerra a leste parecem confirmar essa conclusão. Ao norte, as tropas de von Leed progridem rapidamente pelos países bálticos, em direção a Leningrado. No centro, no setor do grupo do exército de von Bock, profundas manobras em pinça empreendidas pelos batalhões blindados, em conexão com a Luftwaffe, atingem Bialystock, Minsk e Smolensk, num assédio impressionante. As divisões de infantaria se encarregam, em seguida, de eliminar as últimas resistências e limpar o terreno. Centenas de milhares de prisioneiros e um imponente material são capturados. Em meados de julho, os alemães se acham a 350 km de Moscou. No sul da frente de batalha, o avanço das forças de von Rundstedt é um pouco menos rápido; entretanto, a margem direita do Dnieper é progressivamente ocupada, e grandes cercos como o de Uman também ocorrem.

Após uma pausa, a marcha segue adiante. No início de setembro, Leningrado está cercada. Mas o triunfo mais espetacular acontece na Ucrânia. Após uma brilhante manobra de pinça, o grupo de exércitos de Timochenko é aniquilado a leste de Kiev. Cerca de 650 mil homens são feitos prisioneiros. Depois desse triunfo extraordinário, as tropas de von Rundstedt penetram fundo na baixada industrial do Donetz, atingem o rio Don, em Rostov, e ocupam a totalidade da Crimeia, excetuando Sebastopol.

O ataque final parece delinear-se com o início da operação Typhoon, contra Moscou. A frente soviética é rompida em 30 de setembro e em 2 de outubro. A ruptura é acompanhada de grandes cercos em Viazma e em Briansk; mais 700 mil homens são capturados. Desde o início da campanha, o exército alemão fez cerca de 3 milhões de prisioneiros e matou ou feriu centenas de milhares de homens. Muitos milhares de tanques foram destruídos. A Luftwaffe domina os céus, depois de destruir 1,2 mil aparelhos no solo ou em combate aéreo nos três primeiros dias da ofensiva a leste.

Em 15 de outubro de 1941, a rota de Moscou parece livre. As vanguardas alemãs alcançam Mojaisk, a menos de 100 km da capital, onde se estende uma atmosfera de pânico. Milhares de refugiados deixam a cidade, tomando os trens de assalto. O governo, as embaixadas recuam para Kuibyshev junto ao Volga. Um clima doentio domina os bairros periféricos. Cruzes gamadas surgem nas paredes. Os membros do partido retiram discretamente suas insígnias. Os milicianos tornam-se escassos.

O roteiro da campanha da França parece repetir-se. Ao desastre militar deve suceder-se o desmoronamento político. Com a aprovação de Hitler, um comunicado de imprensa do grande quartel-general anuncia que as operações militares a leste podem ser consideradas praticamente concluídas.

Ao final de outubro, a queda de Moscou não passa de uma questão de dias. Entretanto, essa queda não acontecerá. O inesperado intervém. A formidável máquina de guerra do Reich emperra. O avanço se torna mais lento, é retomado a duras penas para deter-se definitivamente em 5 de dezembro às portas da capital, num momento em que alguns observadores percebem pelo binóculo as torres nevadas do Kremlin.

Para assombro geral, o Exército Vermelho passa ao contra-ataque e, pela primeira vez desde 1939, a Wehrmacht se vê forçada a recuar de 150 a 200 km. A esperança pretensiosa de abater a União Soviética numa única campanha, de repelir o sistema bolchevique para uma posição a leste de uma linha Archangelsk-Astrakhan, desmorona. O plano Barbarossa fracassa.

Quais são as razões do fracasso? De início, a deficiência relativa dos meios. Em 22 de junho, a Wehrmacht engaja, a leste, 153 divisões, dentre as quais 16 blindadas e 13 motorizadas apoiadas por cerca de 30 grandes unidades aliadas, finlandesas e romenas. No total, um conjunto pouco superior ao dos 10 de maio de 1940, no domínio da infantaria, nitidamente inferior no plano aéreo. Um terço do exército alemão se acha imobilizado nos territórios ocupados, ou pronto para reagir a uma eventual ação britânica na costa do mar do Norte, da Mancha e do Atlântico. A Luftwaffe deve igualmente manter importantes formações a oeste e no Mediterrâneo. Para a Rússia são mobilizados somente 2,8 mil aviões de combate, dos quais mil são bombardeiros, em vez dos 4 mil que participaram do início da campanha da França. A Alemanha paga o preço de uma guerra mantida em duas frentes.

A única superioridade da Wehrmacht com relação a 1940 é no que se refere aos blindados. As 16 divisões Panzers engajadas a leste totalizam 3,3 mil tanques.

92

São divisões de um novo modelo formadas por dois ou três batalhões alinhando de 150 a 200 tanques. A diminuição da quantidade de máquinas é compensada por sua qualidade e por sua potência. Vulneráveis em excesso, os tanques leves Mark I e II praticamente desapareceram, e o grosso dos efetivos das novas Panzers é constituído por tanques Mark III e Mark IV dotados do novo canhão de 50 mm.

O plano de ataque concebido pelo general Marcks do OKH parece pecar por um excesso de otimismo. Contrariamente à regra do exército alemão, não está claro o Schwerpunkt habitual, o ponto de aplicação. Uma divergência caracteriza Barbarossa. A primeira versão do plano Marcks previa uma dupla ofensiva, de um lado e do outro dos alagados do Pripet, em direção a Moscou e à Ucrânia, e uma simples demonstração à esquerda, em direção aos países bálticos.

Com a intervenção de Hitler e de Brauchitsch, o plano definitivo se baseia em três eixos de ações principais, em direção às duas capitais históricas, Moscou e Leningrado, e na Ucrânia, considerada o celeiro de trigo e o centro industrial mais importante da União Soviética.

O ataque de 22 de junho se baseia numa grave subavaliação do adversário. O OKH de fato peca por excesso de otimismo. Diferentemente de muitos casos precedentes – a remilitarização da margem esquerda do Reno, a questão dos Sudetos, a ofensiva a oeste –, o estado-maior opôs muito poucas objeções à diretiva de Hitler de dezembro de 1940, prevendo a derrota da URSS em uma única campanha.

O OKH não acredita na solidez das tropas soviéticas. Bem antes do lamentável desempenho na Finlândia, o exército russo, há mais de um século, não tem sido constantemente derrotado quando se vê diante de forças organizadas? Basta evocar a Guerra da Crimeia, o conflito do Extremo Oriente de 1904-1905, as derrotas de 1915-1917 ou, ainda, os equívocos de 1920 na Polônia. As únicas vitórias aconteceram nas guerras com o Império Otomano ou nas campanhas coloniais da Ásia Central ou do Cáucaso. Só a fome e o frio explicam o desastre de Napoleão em 1812. O general Marcks está convencido de que Barbarossa poderá ser levada a cabo num prazo de 9 a 17 semanas.

A despeito de algumas declarações bombásticas – "ao primeiro ataque, todo esse amontoado de batatas vai desmoronar" –, Hitler não dissimula uma profunda preocupação ao ser desencadeada a operação Barbarossa. Na carta endereçada a Mussolini aos 22 de junho, ele reconhece que o ataque contra a Rússia constitui "uma das decisões mais penosas de sua carreira" e uma "porta aberta para o desconhecido".[57]

---

[57] *La Vérité sur les rapports germano-soviétiques*, Paris, France-Empire, 1948, p. 251.

A Segunda Guerra Mundial

De fato, o Exército Vermelho de 1941 está em plena reorganização. É necessário, de início, compensar os terríveis "expurgos" de 1937-1938 que acarretaram a desaparição da metade do corpo de oficiais e da quase totalidade dos grandes chefes. A execução do chefe de estado-maior geral, o marechal Tukhatchevski, parece coincidir com a rejeição de fórmulas audaciosas e o retorno a uma doutrina muito mais convencional, abandonando os batalhões blindados, as formações transportadas por via aérea e a aviação estratégica. Em virtude de alguns episódios da guerra da Espanha, o tanque retorna a seu papel de veículo de acompanhamento.

Logo após a campanha da França, o exército se vê obrigado a elaborar uma nova doutrina fundamentada no modelo alemão. Em 1941, o esforço de reconversão está longe de terminar, e um enorme trabalho precisa ser levado a efeito no domínio da formação de grandes unidades, das transmissões e da instrução da tropa.

O Exército Vermelho se encontra ainda numa situação de transição no domínio do material. O armamento é composto, basicamente (quer se trate de aviões ou de tanques), de artefatos de concepção antiga, remontando ao início dos anos 1930, e os novos materiais apenas começam a chegar às unidades. Conta, entretanto, com reservas consideráveis: 20 a 25 mil tanques e 15 mil aviões, que resultam de uma planificação rígida, o que, por sua vez, tornou prioritárias as indústrias pesadas e a fabricação de armamentos.

Esse quadro não deve criar ilusões. O conjunto é extraordinariamente disparatado. No domínio dos blindados, duas tendências são nitidamente perceptíveis. Engenhos leves de exploração, herdados dos Vickers britânicos ou dos Christie americanos, convivem com tanques pesados de difícil manejo, de acompanhamento de infantaria. Os novos modelos – o KV1, principalmente, o T34 de 30 toneladas armado de um único canhão de 76, rápido, bem protegido e superior às melhores máquinas alemãs – não passam de algumas centenas de unidades. Entretanto, apesar de algumas deficiências – ausência de rádio, abrigo muito estreito, que obrigava o chefe do tanque a atuar como canhoneiro –, a aparição do T34 será uma surpresa penosa para o comando alemão. A situação é a mesma no domínio da aviação. As esquadrilhas ainda são compostas, no essencial, de aparelhos ultrapassados como o caça Rata ou o bombardeiro Martin. Os novos aviões tipo Yak ou Ilyuchin acabam de ser fabricados. Mas, é preciso ressaltar, as reservas são consideráveis. Quando de seu encontro com Mussolini para tratar da Frente Oriental, em agosto de 1941, Hitler não esconderá seu espanto a respeito das reservas aparentemente inesgotáveis do Exército Vermelho em material e em efetivos.

Se os triunfos iniciais pareceram espetaculares, o avanço alemão não foi rápido o suficiente para impedir a mobilização de milhões de reservistas. Após a destruição das tropas de cobertura, Halder, o chefe do estado-maior do OKH, acredita que a

94

partida está ganha no leste. Em 8 de julho, ele anota em suas cadernetas: "Não há exagero em dizer que a campanha da Rússia foi ganha em três semanas."[58]

Um mês depois, deve voltar atrás. Durante o seu avanço, as tropas alemãs enfrentam a cada momento novas unidades, mesmo que, geralmente, estas estejam mal equipadas e mal treinadas. Na frente de Smolensk, de meados de julho ao final de setembro, o comandante soviético, indiferente às perdas, lança continuamente novas divisões na batalha. Durante o verão e o outono, o Exército Vermelho renasce constantemente das cinzas. As perdas alemãs são consideráveis: em meados de setembro, no que tange ao material, chegam a mil tanques e 1,6 mil aviões. Nesse ponto, Marcks, convencido de que a URSS não poderia chamar seus 8 ou 10 milhões de reservistas mobilizáveis, pecou por excesso de otimismo.

O freio às operações, desde meados de julho, deve-se, entretanto, menos à resistência do Exército Vermelho do que a dificuldades logísticas. Em outubro, as operações cobrem um imenso território de 1,2 milhão km², o dobro da França. Não há nenhuma dúvida de que o comando alemão subestimou as dificuldades de transporte. A progressão é interrompida pelo arcaísmo da rede viária, sem comparação possível com a da Europa Ocidental. Em 1941, a URSS só possui 15 mil km de estradas regularmente revestidas, contra 500 mil na França. Salvo a rede viária dos países bálticos, o exército alemão só pode contar com um único eixo viário praticável em qualquer estação, a autoestrada Brest, Minsk, Smolensk, Moscou. Exceto esta, o que existe não são mais que pistas simples, nas quais o tráfego levanta nuvens de poeira e as quais se transformam em verdadeiras lagoas ao menor temporal.

Os serviços de engenharia também cometeram um grave erro de cálculo sobre o tempo necessário à adaptação das vias férreas à bitola europeia. Trabalho ainda mais difícil porque os soviéticos, durante a retirada, procederam a uma destruição maciça de pontes, sinalização, postos de manobra, oficinas etc. Ao final de setembro, apenas 1,5 mil km dos 2,5 mil utilizáveis foram consertados. A pausa de final de julho e do mês de agosto se explica, assim, pela necessidade de restabelecer uma corrente de abastecimento com destino às tropas e de tornar operacionais campos de aviação avançados. Ao longo da ofensiva de Moscou, o suporte logístico do milhão de homens lançados na operação Typhoon estará na dependência de dois eixos viários, num momento em que o tráfego ferroviário ainda não chegou a Smolensk. O outono e o inverno contribuirão para agravar essas dificuldades.[59]

---

[58] Notas de HALDER, *Kriegstagbuche*, vol. II, p. 337 e vol. III, p. 106.

[59] Sobre as restrições logísticas, CREVELD (Martin van), *Supplying war*, Cambridge, 1977, cap.V. Ver também BLAU (George E.), *The German campaign in Russia. Planning and operations (1940-1942)*, Washington, 1955, pp. 6-12.

As recuperações constantes do Exército Vermelho e os gargalos de estrangulamento logístico levam o OKH, desde final de julho, a modificar o plano Barbarossa. Um avanço divergente se revela impossível. Torna-se necessário retornar a um Schwerpunkt, a um eixo privilegiado. Um debate opõe então o alto comando a Hitler.

As preferências de Brauchitsch, de Halder e de Guderian são por uma ofensiva em direção a Moscou. A tomada da cidade teria consequências estratégicas determinantes. Moscou é não somente o coração político da URSS, mas um centro importante de indústrias de armamento e um núcleo ferroviário essencial. A queda da capital impediria o Exército Vermelho de coordenar suas operações entre o norte e o sul da frente de batalha.

Para Hitler, Moscou não é uma prioridade naquele momento. O esforço deve antes dirigir-se para a Ucrânia, foco mais importante na economia da União Soviética, mesmo depois que o centro de gravidade das indústrias pesadas e de armamento se deslocou para o Ural e para a Sibéria ocidental em 1928. A progressão numa linha reta de 350 km em direção à capital ofereceria ainda o inconveniente de atrair sérias ameaças para os flancos.

O ponto de vista do Führer acaba por prevalecer. As Panzers dos exércitos do norte e do centro são reagrupadas no setor Rogatchev-Roslav, ao sul de Smolensk. Em conexão com o grupo de blindados da frente sul e com o batalhão aéreo de Richthofen, desencadeiam, no começo de setembro, uma manobra de pinça. Os dois lados se reúnem aos 15 de setembro em Lokhvitza, a 200 km a leste de Kiev. Setecentos mil soviéticos, aproximadamente, desaparecem nesse caldeirão, vítimas de ordens de recuo muito tardias. Após essa vitória excepcional, é de comum acordo que o Führer e o OKH decidem lançar a operação Typhoon contra Moscou, antes da chegada do frio intenso. Trata-se de dar a estocada final no sistema militar e político da URSS.

O começo da ofensiva é promissor com os novos cercos de Viazma e de Briansk. O sistema de defesa soviético é desmantelado, e a rota de Moscou está praticamente aberta. Entretanto, o comando alemão subestimou o aspecto climático do país, e a Wehrmacht enfrenta condições meteorológicas inesperadas. Como diria mais tarde Eisenhower, o tempo nunca é neutro!

O fracasso da ofensiva de Moscou deve-se, de início, a chuvas diluvianas que se abatem sobre toda a região central a partir de meados de outubro. Essas chuvas são logo acompanhadas de nevasca. O exército alemão conhece então o outono russo, que bem merece o nome de *rasputitza*, as estradas ruins. Em alguns dias, enquanto a capital parece ao alcance da mão, as estradas não passam de horríveis lamaceiros impraticáveis para os veículos a motor, exceto para os tanques. A Luftwaffe passa a jogar, de paraquedas, cabos que permitem aos blindados rebocar viaturas e caminhões. Mas os próprios tanques alemães têm uma séria desvantagem com relação a seus congêneres soviéticos: suas esteiras, de largura insuficiente, não lhes permitem operar em todo tipo de terreno.

Assim, é num mar de lama que o exército alemão fica imobilizado, à vista do objetivo a alcançar. A investida só é retomada em meados de novembro, com as primeiras geadas que solidificam o terreno. Por um instante, o alto comando é tentado a efetuar uma pausa até a primavera e se proteger em posições defensivas seguras.

BARBAROSSA: verão-outono 1941

Legenda
Frente aos 15 de julho
Frente aos 31 de agosto
Avanço extremo dos alemães
Cerco de tropas soviéticas
Ataques alemães
A diminuição do ritmo do avanço alemão de meados de julho deve-se essencialmente a dificuldades logísticas

Na falta de meios suficientes, o plano Barbarossa finalmente é executado em várias fases sucessivas. De início, as batalhas que cercaram Minsk e Gomel; em seguida, a investida a Leningrado; e, por fim, o cerco a Kiev e a ocupação da Ucrânia. Por outro lado, a Wehrmacht acaba fracassando diante de Moscou, em razão da resistência soviética associada a um frio intenso.

A Segunda Guerra Mundial

Fiando-se nas médias dos anos anteriores, o OKH acredita dispor de tempo para terminar a operação Typhoon antes do frio intenso que, na região de Moscou, só tem início habitualmente a partir do mês de janeiro. Essa retomada da ofensiva encontra, entretanto, uma resistência muito mais forte do que em outubro. Graças à pausa, o comando soviético se recuperou. O general Jukov tem em mãos a defesa da capital. Mobilizando uma parte da população civil, ele multiplica os trabalhos de defesa nas vizinhanças da cidade. Graças a seu serviço de informações, e em particular graças à ação de Sorge no Japão, o comando do Exército Vermelho não mais teme um ataque nipônico no Extremo Oriente.

Ele pode então convocar divisões da Ásia Central e do Extremo Oriente bem equipadas, que chegam de trem. Conta também com uma retaguarda intacta, bem dotada em meios de transporte, em garagens e em campos de aviação. Assiste-se, assim, a um renascimento inesperado da aviação soviética.

São vantagens importantes num momento em que as tropas alemãs devem progredir numa zona em que o adversário praticou a política da terra arrasada, multiplicando as destruições e chegando a incendiar povoados e aldeias. As dificuldades logísticas agravam-se uma vez mais. Víveres, munições e combustível são trazidos em quantidade insuficiente para as unidades combatentes. Operando a partir de campos improvisados, com falta de gasolina e de peças de reposição, a Luftwaffe deve reduzir consideravelmente sua atividade. O número de missões cai para duzentos em fins de novembro, contra 1,2 mil em outubro.

Entretanto, em menosprezo a essas dificuldades, uma gigantesca manobra de assédio se delineia em torno da capital. Por iniciativa de Hitler, o OKH renuncia a um ataque frontal, em proveito de manobras de abordagem, de maneira a permitir à população fugir para o leste e não constituir uma carga para o vencedor.

Vindo do sul, o grupamento blindado de Guderian apodera-se de Kaluga, força as passagens do Oka, aborda Tula e, no início de dezembro, está a apenas uma centena de quilômetros da capital. Uma ameaça ainda mais grave surge do norte. Os blindados de Hoth, após a tomada de Kaliningrado e a travessia do alto Volga, chegam, em 5 de dezembro, a uma distância de cerca de 30 km de Moscou. Alguns motociclistas chegam a penetrar na periferia da capital.

É então que, pela segunda vez, a progressão estaca, no momento em que o êxito da operação parece iminente. À tenaz resistência inimiga associa-se um frio intenso que bloqueia a progressão da Wehrmacht. Mais tarde, os soviéticos negarão ao clima sua parte de responsabilidade, mas não há nenhuma dúvida de que o exército alemão tenha enfrentado um inverno de uma precocidade e de um rigor excepcionais. Uma onda de frio de uma brutalidade inabitual recobre então toda a Europa. Os registros de temperatura na Europa Oriental e na Escandinávia são

98

Força e fraquezas da Blitzkrieg

eloquentes. Na região de Moscou, o termômetro baixa para -35°C, alcançando até -40°C. Ao frio, acresce-se um vento glacial vindo do norte.

As tropas alemãs não estão preparadas para enfrentar essa anomalia climática. Em razão da imprevidência do comando e das eternas carências dos transportes, faltam-lhes guarda-roupa de inverno e anticongelantes. A gasolina sintética congela nos reservatórios, a borracha se reduz a pó. Os motores dos aviões e dos veículos devem ficar permanentemente ligados, dia e noite, agravando as dificuldades de abastecimento de combustível. Idealizadas para temperaturas mais amenas, as armas deixam de funcionar. Os casos de lesões por congelamento se multiplicam. A cada dia é preciso evacuar milhares de homens.

A Blitzkrieg deve reconhecer seus limites diante da fúria dos elementos associados a dificuldades logísticas constantes e à resistência de um adversário singularmente invulnerável e que sempre soube se recuperar. Contrariamente ao que ocorrera na França, um ano antes, as derrotas soviéticas do verão e do outono não levaram ao desmantelamento político. É certo que, em várias ocasiões, a tropa deixou-se levar pelo desânimo, o que resultou em ondas de rendições maciças. Em várias outras ocasiões, ainda, o sistema vacilou, principalmente em meados de outubro. O discurso de Stalin no metrô de Moscou revela então uma profunda decepção.

Mas o regime recuperou-se. Uma vez mais, como em 1709 e em 1812, beneficiou-se de aliados poderosos, da extraordinária capacidade de sofrimento da população, das distâncias e das intempéries. O "general inverno" chegou trazendo socorro. O partido pôde restabelecer seu domínio sobre a população; o exército pôde dar continuidade à mobilização e apelar para as últimas reservas. A Blitzkrieg, tal como a guerra napoleônica, não se mostra à altura de um território desmedido, subdesenvolvido, submetido aos rigores de um clima impiedoso.

Pela primeira vez desde setembro de 1939, a Wehrmacht se vê encurralada na defensiva e as forças soviéticas são capazes, em 5 de dezembro, de retomar a iniciativa. A sombra do Grande Exército se projeta então nos estados-maiores alemães. Os generais se dedicam à leitura das Memórias de Caulaincourt ou de Philippe de Ségur. Reina a decepção. Alguns preconizam um recuo para Smolensk. Outros até consideram a evacuação de todos os territórios conquistados e uma retirada para a Polônia. Arrasado pelos acontecimentos, Brauchitsch é vítima de uma crise cardíaca. O comandante do grupo do centro, von Bock, arrasta-se da cama para a poltrona.

É forçoso reconhecer que a intervenção pessoal de Hitler permite conjurar o desastre e evitar a reedição de uma catástrofe comparável à de 1812. Vários grandes chefes são destituídos, entre os quais o próprio Brauchitsch, dispensado como se fosse um camareiro. Guderian não escapa a uma desgraça temporária. O próprio

Führer assume o comando do exército alemão, conservando Hadler como chefe de estado-maior. Depois de recuos de 150 a 200 km, ele proíbe qualquer outra retirada e impõe um sistema defensivo que não deixa de lembrar o que Weygand havia improvisado em junho de 1940 junto ao Somme e ao Aisne.

Não se trata, com efeito, de retornar a uma frente contínua comparável à de 1914-1918. Nas aldeias, nos povoados, as tropas alemãs constituirão pontos de resistência fortificados. As unidades blindadas, em ligação com as formações aéreas, terão por missão quebrar as infiltrações soviéticas. Um aquecimento temporário em meados de dezembro facilita a execução do sistema.

Entretanto, crises importantes se sucedem. Contando com o inverno, e querendo explorar ao máximo a situação precária de um exército mal preparado para as temperaturas abaixo de zero, perdido num território imenso, dispondo de meios de comunicação insuficientes e frágeis, Stalin multiplica as ofensivas, sem a menor preocupação com as perdas. Ele tenta, a seu turno, jogar com a Blitzkrieg e chegar à decisão com o desmantelamento do adversário.

Em janeiro-fevereiro de 1942, o esforço soviético dirige-se para a Frente Central. O Exército Vermelho, infiltrando-se entre os pontos fortificados, realiza profundas investidas. Isola Rjev e efetua uma progressão em pinça até os limites de Smolensk. Essas iniciativas chocam-se, contudo, com o domínio tático da Wehrmacht, que responde à manobra pela manobra. As unidades das Panzers logram isolar e aniquilar as formações soviéticas, restabelecendo a situação.

Entre Moscou e Leningrado, o exército alemão, por sua vez, também não escapa dos cercos. Uma das brigadas cai numa armadilha em Kholm, um exército inteiro de 100 mil homens em Demiansk. Na impossibilidade de proceder a uma movimentação rápida, essas tropas são reabastecidas, pela primeira vez na história, pelo ar. Por falta de pistas de pouso suficientes, os sitiados de Kholm recebem víveres, munição e canhões antitanques trazidos por planadores. Uma ponte aérea assegura, por outro lado, a sobrevivência do bolsão de Demiansk. Trezentas toneladas são trazidas em média, por dia, com a perda de 200 aparelhos. Em maio, após o degelo, os dois bolsões serão desfeitos por elementos blindados.[60]

Além da Frente Central, as tropas soviéticas lançam ataques igualmente violentos no Donetz, tentando retomar Kharkov. Uma abordagem por mar permite reocupar a península de Kertch sem lograr, no entanto, a liberação da Crimeia nem o assédio a Sebastopol. Ao fim do inverno, o exército de Vlassov tenta enfim

---

[60] Boa análise das pontes aéreas de Kholm e Demyansk em BEKER (C.), *Raid, altitude 4.000*, Paris, 1966, p. 247, e LUCAS (J.), *War on the Eastern front, 1941-1945*, Londres, Jane's publishing Co, 1979, p. 196 e ss.

liberar Leningrado. Em vão. Com o degelo, as tropas soviéticas logo ficam cercadas, prisioneiras das florestas pantanosas do Volkov. O exército de Vlassov, terrivelmente esgotado, acabará por capitular no início do verão.

Apesar de terríveis sacrifícios e de condições aparentemente favoráveis, o Exército Vermelho não pode, definitivamente, chegar à decisão. As perdas soviéticas são enormes. Isso fica patente em numerosas fotos, que mostram, em torno dos pontos de apoio alemães, a neve pontilhada de centenas de cadáveres dizimados pelo fogo das armas automáticas, rodeando carcaças de tanques incendiados. Ao fogo alemão somam-se o frio, também duramente sentido pelo soldado soviético, e os efeitos de uma violenta epidemia de tifo no final do inverno.

Os civis não são poupados. Em Leningrado, o balanço do primeiro inverno do assédio é aterrador. Apesar de uma frágil linha de abastecimento pela "estrada da sobrevivência" sobre o gelo do lago Ladoga, mais de 900 mil pessoas – um terço da população – morrem de fome e frio.

A derrota final do Exército Vermelho deve-se à aplicação de uma doutrina simplista, arcaica, com ataques maciços e repetidos de infantaria mais ou menos bem apoiados pelos tanques e pela artilharia. O comando soviético não sabe ainda associar seus ataques a pontos de aplicação precisos. Em várias ocasiões, como acontece com Speer no Donetz, assiste-se ao estranho espetáculo de tanques soviéticos errando ao acaso na retaguarda das linhas alemãs, sem saber exatamente para onde se dirigir.

Com escassez de veículos, a infantaria perde em mobilidade, e os grupamentos blindados ainda não têm um volume suficiente. Graves lacunas prejudicam as transmissões, o sistema de abastecimento e o serviço sanitário. O comando ainda apresenta uma qualidade extremamente variável. Ao lado de novos indivíduos de grande valor, como Koniev ou Jukov, subsistem chefes de uma evidente mediocridade, como Budienny ou Timochenko.

Também contribuem para a derrota os erros do próprio Stalin, que assume o controle das operações. Esse homem demonstra tenacidade e espírito ofensivo, mas comete o erro de multiplicar os ataques ao longo da frente de batalha, de dispersar suas forças e de negligenciar os eixos de operações mais importantes.

No final das contas, o exército alemão consegue resistir, revelando qualidades tão marcantes na defensiva quanto na ofensiva. Durante cada crise, as Panzers sempre acabam por retomar a vantagem, e a Luftwaffe, com árduos sacrifícios, mantém-se num nível de atividade elevado, com a média de mil missões por dia no final do inverno.

Apesar disso, o balanço mostra uma situação difícil. Na primavera de 1942, após dez meses de operações no leste, Halder constata com espanto que um milhão de homens foram postos fora de combate, mortos, feridos, desaparecidos ou feitos prisioneiros, o que corresponde a um terço dos efetivos engajados em 22 de junho de 1941. Não há mais do que 500 tanques e 1,7 mil aviões em estado de uso. Apenas 8 divisões de um total de 162 continuam plenamente operacionais. A Wehrmacht se acha diante de uma forma de guerra bem diferente das campanhas da Polônia e da França. Ela se depara com um adversário à sua altura.

Entretanto, nada é definitivo ainda. Hitler e o OKH querem se convencer de que a derrota de Moscou não passa de um acidente que não tem a ver com o adversário, mas com a violência das forças naturais. A Blitzkrieg nada perdeu de sua eficácia. O verão de 1942 servirá de prova. Como resultado de um enorme esforço, cerca de 60 divisões retomam uma capacidade ofensiva graças à pausa da primavera em que o degelo impede qualquer operação ativa. Os efetivos das Panzers são recompostos. Cerca de 20 divisões blindadas participarão da grande ofensiva do verão, utilizando 3.500 tanques com uma potência superior. Todos os Mark III e Mark IV dispõem agora de canhões de 50 a 75 mm, com grande rapidez inicial. Estão equipados para reagir ao T34 que sai em grandes quantidades das fábricas do Ural e que constitui agora a máquina de base das brigadas blindadas soviéticas. Quanto à Luftwaffe, ela participa da retomada da Blitzkrieg com uma força aérea de 2,7 mil aparelhos, dentre os quais 1,5 mil bombardeiros.

Diferentemente do ano anterior, não se trata de lançar uma ofensiva geral em toda a frente. A Wehrmacht não dispõe mais de meios para isso. Também não se trata de retomar um ataque na direção de Moscou, atrelado a uma sinistra memória. O ponto de aplicação do relançamento da Blitzkrieg concerne essencialmente à frente sul.

O objetivo é limpar a curva do Don, alcançar o Volga, paralisar um eixo maior de tráfego, ocupar as ricas terras agrícolas do Kuban, atingir os desfiladeiros do Cáucaso e, principalmente, apoderar-se dos poços de petróleo de Maikop, de Grosnyi e de Baku, que representam então 90% dos recursos da URSS. É pela economia mais do que pela destruição do grosso do Exército Vermelho diante de Moscou que Hitler conta abater a União Soviética. Retoma-se nesse ponto o tema da ofensiva da Ucrânia no ano anterior.

Dois grupos de exércitos sob as ordens de von Bock e de List são encarregados de executar o plano ambicioso a partir do Donetz e de Rostov em direção ao Don. Cada grupo põe em ação um exército de infantaria e um exército blindado, colocados sob as ordens de Hoth e de Kleist. No total, 68 divisões, completadas por cerca de 50 grandes unidades dos países satélites.

A operação principal é precedida de ações preliminares. No extremo sul, Manstein limpa a península de Kertch e consegue tomar a fortaleza de Sebastopol após uma formidável preparação conduzida pela artilharia e pela aviação. Uma iniciativa fracassada dos soviéticos também favorece o início da grande ofensiva.

Mantendo importantes reservas na região de Moscou, Stalin desencadeia uma ofensiva preventiva na Ucrânia. Depois de uma boa partida na direção de Kharkov e do Dnieper, a iniciativa termina em desastre. Atacado no flanco por potentes formações blindadas, o exército de Timochenko é literalmente feito em pedaços. Assiste-se à reedição da crise de Kiev de setembro de 1941. Uma ordem de recuo tardia da parte de Stalin consuma o desastre. Duzentos mil homens são feitos prisioneiros; um importante material é destruído ou capturado.

Após esse trágico episódio, a ofensiva dos grupos dos exércitos de von Bock e de List tem início em meados de junho. Após alcançar o Don em Voronej, os alemães empreendem, dois meses depois, o desbaste da margem direita do rio, aproximando-se de Stalingrado e do Volga. Mais ao sul, List, depois de arrombar Rostov, transpõe o Don. Apodera-se de Novorossisk, ocupa o Kuban e os poços de petróleo de Maikop, alcança os contrafortes do Cáucaso e o Terek. Mais uma vez, a Rússia parece vacilar. O desânimo domina o Exército Vermelho. As rendições se multiplicam. A vitória definitiva aparece no horizonte.

Mas então a formidável máquina de guerra do Reich dá sinais de esgotamento. O 6° Exército de Paulus deve empreender combates difíceis nas vizinhanças de Stalingrado antes de entrar na cidade e levar uma batalha a cada rua. List não consegue transpor o Terek nem apoderar-se dos desfiladeiros do Cáucaso central. Seu avanço não vai além de Piatigorsk. A resistência soviética endurece, acompanhada de violentos ataques aéreos.

Produzem-se as mesmas fricções do ano anterior. As forças disponíveis devem empreender um enorme esforço, ainda mais porque Hitler, temendo desembarques anglo-saxões na Europa Ocidental, julga necessário enviar algumas grandes unidades para a França. Ele deve também, em detrimento da frente sul, mandar reforços para a frente de Leningrado e para o setor de Rjev, onde os soviéticos multiplicam os ataques.

Os alemães enfrentam, principalmente, um novo problema logístico depois de um avanço de cerca de 750 km na direção do Cáucaso. As vanguardas de List carecem de munição e de gasolina. O comandante do grupo de exércitos se queixa da ausência de suporte aéreo. Cansado de suas reclamações, Hitler acaba por destituí-lo e decide assegurar pessoalmente a direção das operações. Ele não consegue fazer melhor que seu predecessor e não pode relançar a ofensiva do Cáucaso.

O motivo dessa degradação no setor-chave da manobra está essencialmente ligado a um deslocamento do centro de gravidade da ofensiva, a uma modificação radical do plano de operações. Stalingrado atrai como um ímã a atenção do OKH e sobretudo a de Hitler. Razões muito mais psicológicas do que estratégicas estão na origem desse desvio capital.

A Segunda Guerra Mundial

Há aí uma resposta à decisão de Stalin de defender a cidade que lhe é cara – onde ele exerceu um comando durante a guerra civil, numa época em que a cidade ainda se chamava Tsaritsin – e objeto de todas as suas solicitudes desde 1928. Decisão tomada sem levar em conta condições táticas extremamente desfavoráveis. A batalha terá por cenário um enorme povoamento de 40 km de extensão construído à margem direita do rio Volga. Os defensores deverão combater de costas para o rio, correndo o risco de ver a artilharia e a aviação alemãs paralisarem seu abastecimento.

Ao tomar sua decisão, Stalin obedece a razões de amor próprio, mas também de política. Pelo próprio nome, Stalingrado constitui um símbolo. A queda da cidade dá margem à propaganda do adversário e pode atingir fortemente o moral da população e do exército soviéticos. Deve-se ir mais longe ainda? Stalin imagina então uma saída decisiva? Obedece também a considerações estratégicas? Sacrificando batalhões de infelizes soldados de infantaria na defesa da cidade, procura desgastar a elite da tropa alemã, arrastar as unidades blindadas e motorizadas em combates de rua sangrentos que não correspondem à sua vocação?

Stalin pensa ainda em ganhar tempo, obter o prazo necessário que lhe permita, graças às produções do Ural e com a ajuda maciça dos anglo-americanos, reconstituir uma massa de manobra, passar à contraofensiva e retomar a iniciativa? Seria muito temerário levar em conta tal pressentimento da ofensiva final, destinada a fazer de Stalingrado o túmulo do 6º Exército.

Quais são as razões, então, que incitaram Hitler a aceitar o desafio e cair na armadilha que seus adversários talvez já imaginassem? Não há dúvida de que Stalingrado tenha exercido um fascínio sobre o espírito do Führer. Tomando a cidade, ele quer convencer-se de que vai consumar o desgaste de um adversário que ele acredita estar no limite das forças. "O russo está acabado", repete com insistência. A queda da cidade terá uma repercussão mundial e indefectivelmente vai consumar a decomposição moral do adversário. Ao final de agosto, a batalha por Stalingrado absorve o 6º Exército, o grosso do 4º Exército blindado e a quase totalidade da Luftwaffe que efetua até 2,5 mil missões por dia. Esse engajamento acontece apesar dos protestos dos comandantes das unidades de Panzers, que assistem com muita raiva à degradação de suas formações, em combates para os quais não foram minimamente adaptadas.

Em meados de setembro, dá-se o impasse. Toda a atividade da Frente Oriental se cristaliza numa batalha que absorve o essencial das reservas e do abastecimento da Wehrmacht. Lenta e penosamente, rua por rua, casa por casa, fábrica por fábrica, os alemães conseguem apoderar-se da quase totalidade das ruínas da cidade, sem conseguir entretanto eliminar os últimos bolsões de resistência.

104

Essa obstinação corresponde às pretensões do comando soviético e sustenta então, talvez, sua ideia de manobra. No início de novembro de 1942, o exército alemão está abalado. Seguindo a progressão do verão, sua frente de batalha estendeu-se consideravelmente. Para uma base de partida de 750 km, acaba atingindo 2 mil km em meados de julho, 4,5 mil km ao final de agosto. É preciso atribuir setores amplos demais às divisões de infantaria e delegar responsabilidades cada vez mais importantes às unidades dos paises satélites, italianas, húngaras ou romenas, cuja solidez não pode comparar-se com a da Wehrmacht.

O comando soviético sabe admiravelmente explorar esse desequilíbrio. A partir das cabeças de ponte do Don e da estepe dos calmucos, a contraofensiva do Exército Vermelho tem início em 19 de novembro. A frente dominada por divisões romenas é rompida de um lado e do outro da curva do Volga: uma manobra de pinça se esboça e, em menos de uma semana, as tropas alemãs engajadas em Stalingrado são cercadas num bolsão de 30 a 40 km de lado.

O episódio é bastante conhecido. Duas causas estão na origem do drama final. O 6º Exército e os elementos da 4ª Panzer poderiam, sem dúvida alguma, livrar-se da investida nos primeiros dias se tivessem recebido a ordem de avançar na direção oeste.

Essa ordem, Hitler se recusa a dar. Várias razões ditam sua atitude. Um recuo seria a confissão de um enorme fracasso, o de toda a campanha de 1942. Hitler se baseia nas lições do inverno anterior. O 6º Exército, a exemplo das tropas de Kholm e de Demiansk, constituirá uma base de resistência fortificada que acabará sendo desbaratada num potente contra-ataque de blindados.

Uma ponte aérea permitirá ainda manter a resistência das tropas sitiadas. O Führer conta, de fato, com a possibilidade, assegurada levianamente por Göring, de manter o abastecimento do 6º Exército pelo ar. As tropas sitiadas receberão as 30 toneladas cotidianas de víveres e munições necessários. Essa é uma quantidade mínima, que supõe que os cavalos serão abatidos e servirão para abastecer o exército.[61]

Vã promessa. Apesar dos meios consideráveis, o fornecimento médio da ponte aérea não ultrapassará as 100 toneladas. A Luftwaffe passa pela experiência do tempo instável do inverno da Rússia meridional, com alternância de céu claro, nevoeiro e neve. Os aparelhos enfrentam a reação de uma aviação de caça muito mais numerosa e muito mais agressiva que a do ano anterior. Na borda do bolsão, os soviéticos estabelecem ainda uma DCA potente que cobra um pesado tributo aos aparelhos que se aproximam. A ponte aérea se traduzirá, finalmente, na perda de 800 aviões.

---

[61] BEKER (C.), *Raid, altitude 4.000*, op. cit., p. 252 e ss.

Último ponto. Em 20 de dezembro, uma coluna blindada sob as ordens de Manstein chega a menos de 40 km ao sul do bolsão. Surge então a última explicação para o drama: a falta de caráter e de audácia de Paulus. A despeito de apelos persistentes, Paulus, sob diversos pretextos, se recusa a tentar a operação decisiva, a investida em direção ao grupamento de tanques. A sorte do 6º Exército acha-se então selada. Ao longo do mês de janeiro, violentos ataques soviéticos rechaçam os alemães nas ruínas de Stalingrado. Sem aeródromos, o abastecimento pelo ar só é feito através de contêineres. Por falta de víveres e de munição, a capitulação torna-se inevitável, e ocorre por unidades sucessivas de 31 de janeiro a 2 de fevereiro de 1943. De 300 mil homens cercados, 42 mil puderam ser evacuados por avião e 90 mil são feitos prisioneiros; somente 8 mil retornarão à Alemanha ao final da guerra.

Essa resistência levada ao extremo teria sido inútil? Parece que não. O 6º Exército reteve forças soviéticas consideráveis. A partir de 1º de janeiro de 1943, sua resistência facilitou o recuo dos grupos armados A, pelo corredor de Rostov e na cabeça de ponte do Kuban. Permitiu também o restabelecimento da frente sul na base de partida do verão de 1942. Em fevereiro e março de 1943, Manstein, depois de reconstituir uma massa de manobra, pôde passar à contraofensiva, romper e afastar as colunas blindadas soviéticas, em marcha para o Dnieper, e retomar Bielgorod e Kharkov. Para o Reich, trata-se de uma verdadeira vitória do Marne.

Após uma pausa de quatro meses, a Wehrmacht tentou, pela última vez, em 5 de junho de 1943, retomar a iniciativa a leste. O terreno é o posto avançado de Kursk; os meios, cerca de 40 divisões, dentre as quais 16 Panzers, num total de 2,7 mil tanques com uma forte proporção de máquinas novas tipo Panther, Tigre ou Ferdinand. Num esforço considerável, a Luftwaffe estará em condições de efetuar, ao dar início à operação Cidadela, de 2,4 mil a 2,6 mil missões por dia.

Uma vez mais, como em Stalingrado um ano antes, a ofensiva encontra forte resistência. Depois de muitas hesitações, Hitler ataca posições preparadas, repletas de organismos de defesa: campos minados, armadilhas, fossos, canhões antitanques cuidadosamente camuflados. Perfeitamente ciente da ameaça, o adversário dispõe ainda de uma nítida superioridade em artilharia e potentes reservas blindadas. A aviação soviética está agora em condições de disputar com a Luftwaffe o domínio do céu.

O objetivo da operação Cidadela é claro. Não se trata mais de praticar vastos assédios, de jogar com o espaço para enfraquecer o adversário e reduzir seu potencial econômico, mas de castigar o Exército Vermelho para desembocar numa solução política ou, pelo menos, obter uma pausa que permita enfrentar a ameaça anglo-americana que cresce no Mediterrâneo.

O episódio é resolvido em menos de dez dias. Na vertente norte do posto avançado, o fracasso é praticamente imediato, acompanhado de muitas perdas.

Na vertente sul, a progressão alemã é lenta, metódica, custosa. Ao final de uma semana, as Panzers passam pelas defesas soviéticas e penetram em terreno livre, para enfrentar importantes contra-ataques blindados, na origem da maior batalha de tanques da Segunda Guerra Mundial.

Em 14 de julho, logo após o desembarque da Sicília, Hitler desiste. Ele decide retirar o batalhão blindado SS e enviá-lo para a Itália. Uma vitória ainda seria possível? Apesar do otimismo de um Manstein, pode-se duvidar disso. De todo modo, a última ofensiva chega a seu término. Daí em diante, o Exército Vermelho vai adquirir e conservar a iniciativa no leste.

Por fim, a Blitzkrieg acaba de exibir seus limites em Moscou, em Stalingrado e em Kursk. No caso de Moscou, as causas do fracasso são claras. Desde o início, as forças engajadas mostram-se insuficientes para dominar um espaço crescente. As carências do sistema viário, a impossibilidade de restabelecer uma rede ferroviária coerente nos territórios conquistados, não permitem aproveitar os primeiros triunfos, manter uma progressão controlada para impedir que o adversário mobilize suas enormes reservas em homens e em material.

Depois dos grandes cercos de Kiev, de Briansk e de Viazma, o êxito de Barbarossa parece ainda impossível. Três elementos se encontram, no fim das contas, na origem da derrota de Moscou: o eterno estrangulamento logístico, os rigores insuspeitados do clima, o endurecimento do adversário.

Alguns desses fatores se repetem no fracasso de 1942: a dificuldade de dominar o espaço, a extraordinária capacidade de recuperação do Exército Vermelho, verdadeira hidra de Lerna. Mas a razão essencial do fracasso da operação é outra. Tem a ver com o desvio completo do plano de operações. Na origem, o grupo de exércitos B tinha como tarefa essencial controlar o curso inferior do Don, neutralizar Stalingrado a distância e constituir uma massa de manobra, uma reserva estratégica destinada a assegurar o triunfo do grupo de exércitos A, encarregado da missão mais importante em direção ao Cáucaso e do mar Cáspio e que devia receber o essencial das provisões e do suporte aéreo. A orientação do esforço para Stalingrado vai paralisar o esforço em direção ao Cáucaso e acarretar o desgaste de um dos braços fortes da Wehrmacht, o 6º Exército e a 4ª Panzer Armada.

Essa orientação corresponde ao desejo do comando soviético. Ao final de julho de 1942, Stalin destaca claramente a necessidade de suspender a retirada do Exército Vermelho. O espaço não é indefinidamente negociável. A URSS não pode se permitir abandonar novas terras aráveis e o essencial de sua produção de petróleo. Os recuos devem cessar no Terek e no Volga. Mas Stalin não pretende iniciar a batalha atrás do rio, mas sim na frente, em Stalingrado mesmo. Ele obedece a razões de prestígio, mas também a uma estratégia de espera, que deve permitir-lhe reconstituir uma margem de manobra.

107

No ano seguinte, depois de renunciar a uma ofensiva preventiva em direção ao curso inferior do Dnieper, Stalin, concentrando o grosso do exército no posto avançado de Kursk, incita novamente o adversário a tentar o ataque direto, a despeito de posições solidamente organizadas.

Enfim, são motivações políticas e estratégicas que comandam o comportamento de Stalin. O mesmo parece ocorrer com Hitler. Na realidade, suas decisões são muito mais surpreendentes. Por duas vezes o Führer aceita, no terreno escolhido pelo adversário, a batalha de usura, negação da Blitzkrieg da guerra rápida e econômica. Essa atitude surpreendente é contrária ao que ele declarava em 1932 diante de Rauschning:

> A próxima guerra não parecerá em nada com a de 1914. Não mais ataques de infantaria nem assaltos em massas compactas. Tudo isso está ultrapassado. Quanto às escaramuças da frente de batalha, que se eternizam anos a fio, eu vos afirmo que não se verá mais acontecer isso. Era uma deliquescência da última guerra. A última guerra acabou por degenerar-se... Dessa vez nós retornaremos à superioridade proporcionada pela liberdade de manobra.[62]

Como explicar esse recuo? Provavelmente isso se deve à fadiga intelectual, ao esgotamento da imaginação, ao cansaço, ou talvez, simplesmente, trata-se da confissão de um sentimento de impotência oriundo da incapacidade de dominar os três componentes da guerra no leste: o espaço, o clima, a faculdade inesgotável de recuperação do adversário. Por fatalismo, esse homem se inclina diante da solução simplista do choque frontal, em batalha direta.

A Blitzkrieg deve ainda confessar seu fracasso num outro teatro, o norte da África. Em maio de 1942, Rommel consegue sua mais expressiva vitória em El Gazala, apesar da admirável resistência das Forças Francesas Livres em Bir Hakeim. O 8º Exército britânico é condenado a uma retirada precipitada. Tobruk cai em menos de 36 horas. A rota para o Egito parece aberta.

Uma situação comparável à da frente russa desenvolve-se então. Intervindo junto a Hitler, Rommel obtém a anulação do plano previsto. As tropas germano-italianas não se deterão junto à fronteira egípcia, esperando o desencadear da operação aeroportuária prevista contra Malta. O comandante do Afrikakorps obtém carta branca para acompanhar a retirada britânica, apoderar-se de Alexandria e do Cairo e alcançar o canal de Suez.

---

[62] RAUSCHNING, *Hitler m'a dit*, Paris, Somogy, 1979, p. 35.

Forças e fraquezas da Blitzkrieg

É possível acreditar por um instante no sucesso dessa manobra. De fato, o 8° Exército não desmorona, conseguindo restabelecer-se em El Alamein, a 100 km de Alexandria. A posição foi bem escolhida. A localidade é o ponto terminal da via férrea costeira, rodeada ao sul pela depressão de El Qantara que limita as possibilidades de envolvimento.

Após uma investida de 750 km, Rommel deve parar, e não pode abandonar a posição em que está. Suas comunicações cobrem uma extensão longa demais, e a Luftwaffe deve instalar novos campos próximos à frente. Depois de uma série de engajamentos parciais, o assalto só poderá ser retomado aos 30 de agosto. É um fracasso, já que Rommel se depara com um 8° Exército seriamente reforçado graças à ajuda americana. Não há reservas de gasolina, e sobretudo por não poder executar uma manobra de exploração, os ataques enfrentam sólidas posições defensivas.

Essa derrota anuncia a de Kursk no ano seguinte. Ela inaugura também uma nova fase da guerra. Mesmo com o apoio aéreo, o tanque não é mais o rei do campo de batalha. Como o marechal Pétain havia previsto em 1934 em seu prefácio à obra do general Chevineau, *Une invasion est-elle encore possible?*, o tanque se encontra na situação do soldado de infantaria de 1914-1918, confrontado com os arames farpados e com o tiro das armas automáticas. O blindado enfrenta agora profundos campos minados, fossos, precedidos de ninhos de canhões antitanques, apoiados por grupos de veículos com esteiras, num entrecruzar de tiros. A defensiva reencontra possibilidades que pareciam ter desaparecido, por não terem sido analisadas objetivamente as dificuldades do Exército Vermelho, durante o inverno de 1939-1940, diante da linha Mannerheim.

Essa visão parece desmentir-se pela contraofensiva britânica e pela vitória de Montgomery, ao final de outubro, em El Alamein. Mas não é isso. El Alamein lembra 1918, com uma superioridade de meios à moda Foch. Precedidos de preparações de artilharia maciças e de violentos bombardeios aéreos, os ataques são empreendidos no conjunto da frente de batalha por divisões de infantaria, de maneira a obrigar os alemães e os italianos a engajar todas as suas reservas, inclusive os blindados, para fechar as sucessivas brechas. O tanque volta finalmente a ter importância no momento da investida, sem conseguir uma vantagem real. As forças do Eixo efetuam, assim, um recuo considerável, que vai até a Tunísia, em consequência do desembarque aliado no norte da África.

Seja em razão da tirania do espaço ou da insuficiência de meios, a Blitzkrieg deve admitir sua falência na virada de 1942-1943. Os exércitos do Reich se acham, doravante, encurralados na defensiva.

A impossível guerra-relâmpago

A Batalha de Kursk constituiu uma das mais importantes mudanças de rumo da Segunda Guerra Mundial. A derrota alemã coincide com o desembarque da Sicília. O Reich perde definitivamente a iniciativa, e a Wehrmacht não estará mais em condições de montar contra-ataques locais. Os papéis acham-se invertidos. Anglo-americanos e soviéticos esforçam-se agora para aplicar as receitas da guerra de movimento.

O problema que se coloca então não é o da derrota alemã –, pois a desproporção crescente das forças torna-a praticamente inelutável –, mas o de compreender por que serão necessários dois anos para se chegar ao desmantelamento do Reich. De fato, apesar de tentativas repetidas, a esperança de retomar a Blitzkrieg, de chegar ao processo de decomposição militar e político, esvai-se regularmente, qual uma miragem. De 1943 a 1945, recuperações inesperadas se sucedem às rupturas mais espetaculares.

Isso é constatado no Mediterrâneo, durante o verão de 1943. Apesar dos contra-ataques locais alemães, o desembarque na Sicília começa sob os melhores auspícios. Enquanto as tropas de Montgomery progridem a leste na direção do Etna e de Messina, o 2º Exército de Patton consuma a derrota italiana e consegue, em pouco tempo, ocupar toda a parte central e ocidental da ilha.

A essa fase brilhante sucede um período, senão de estagnação, pelo menos de progressão lenta e difícil. De um lado e do outro do Etna, algumas divisões alemãs impõem uma batalha metódica de retardamento durante quase um mês, antes de evacuar Messina e de recuar de maneira ordenada, na península. Sob a cobertura de uma formidável bateria de DCA, os homens, mas também todo o material, podem ser evacuados. Os Aliados são frustrados de uma vitória completa.

Uma outra desilusão intervém algumas semanas depois no próprio território da Itália. Os primeiros resultados são promissores. Os desembarques britânicos acontecem sem encontrar a menor resistência na Calábria e em Tarento. Em Salerno, os americanos encontram uma viva resistência, mas a batalha das praias

A Segunda Guerra Mundial

está ganha ao final de uma semana. As tropas de Kesselring recuam para o norte e evacuam Nápoles em 1º de outubro.

Pode-se acreditar numa marcha rápida e numa ocupação de Roma antes do Natal. Os Aliados logo perdem as ilusões. Em meados de outubro, a retirada alemã é interrompida entre Nápoles e a capital na altura de Cassino, numa linha defensiva organizada no coração dos Apeninos. É o ponto de partida de um impasse interminável.

Durante sete meses, os Aliados vão esforçar-se para destruir o bloqueio de Cassino que domina a estrada de Roma. Americanos, britânicos e poloneses multiplicam os ataques frontais ou as tentativas de estrangulamento. Apesar de dilúvios de obuses e de bombas, esses assaltos se esvaem pela admirável resistência de unidades paraquedistas e de tropas de montanha. Um desembarque na retaguarda da "Linha de Inverno"* em Anzio, a 25 km de Roma, não permite desbloquear a situação e conduz a um novo impasse.

Na Frente Oriental, a situação parece totalmente diferente. Logo após Kursk, o Exército Vermelho, ao mesmo tempo que lança violentos assaltos na Frente Central, multiplica os ataques na Ucrânia, obrigando as reservas blindadas alemãs a se deslocar de um ponto a outro da frente. Em meados de setembro, Manstein se vê obrigado a efetuar um recuo geral para a margem direita do rio Dnieper.

Essa retirada não significa uma pausa. As tropas soviéticas conseguem atravessar o rio em novembro no setor de Kiev e retomam sua marcha para o oeste. Uma vitória decisiva aparece então à vista. Pode-se acreditar no desmanche de toda a frente sul alemã. Mas isso não acontece. Reagrupando suas unidades de Panzers, Manstein, com um sentido agudo de manobra, contra-ataca de flanco as colunas blindadas soviéticas e as faz recuar em direção ao Dnieper, sem conseguir, no entanto, retomar Kiev. Esse retorno ofensivo leva o Exército Vermelho, fatigado por cinco meses de combates ininterruptos, a observar uma pausa.

A pausa foi curta. Durante o inverno, as tropas soviéticas partem novamente para o ataque ao longo da frente de batalha. Leningrado é desocupada após 900 dias de sítio. Mas os alemães se restabelecem em torno dos países bálticos, às margens do lago Onega. Violentos assaltos voltam a se realizar na frente central, onde a Wehrmacht teve de evacuar Smolensk no outono. Esses ataques se esvaem nas sólidas posições de Vitebsk em Orcha.

O Exército Vermelho, em compensação, é mais feliz na Ucrânia. Independentemente de uma enorme superioridade de meios, os generais Vatutin, Koniev, Jukov exibem um domínio tático crescente. Esforçam-se por deslocar a frente meridional alemã com repetidos ataques brutais e manobras de pinça. Um primeiro assédio ocorre em fevereiro de 1944 na "varanda" do Dnieper. Sessenta mil

---

* N. T.: Nome dado a uma linha imaginária montanhosa e fluvial ao longo do Garigliano e do Sangro.

112

homens caem na armadilha no setor Tcherkassi-Korsun. Trata-se, entretanto, de uma vitória parcial. Como resultado de um esforço heroico e custoso, a metade dos elementos sitiados consegue subtrair-se ao "caldeirão" e voltar para a coluna blindada de socorro do general Hube.

Ao mesmo tempo, o 6º Exército consegue, não sem dificuldade, sair da curva do Dnieper no setor de Nikopol. Um mês depois, os soviéticos empreendem uma nova manobra. É o 1º Exército blindado de Hube que se acha sitiado dessa vez. Abastecido por uma ponte aérea, consegue subtrair-se ao vespeiro com a ajuda de um grupamento de Panzers formado por duas divisões SS vindas da França e "emprestadas" pelo OKW. Quando as neves derreteram, o exército alemão teve de evacuar a totalidade da Ucrânia. Foi deslocado para os Carpatos e para o setor de Kovel. Apesar do enorme esforço soviético, também nesse caso a decisão não pôde ser obtida. Entretanto, em várias ocasiões, como demonstra o tom triunfante dos comunicados, o comando soviético acreditava no desbaratamento de todo o flanco meridional da Wehrmacht.

O ano de 1944 é marcado, em todos os teatros, por investidas espetaculares obtidas pelos adversários do Reich, seguidas de recuperações inesperadas e surpreendentes. Isso é constatado inicialmente na Itália. Em maio, graças a uma ofensiva generalizada e à maleabilidade do corpo expedicionário francês treinado para a guerra na montanha, a Linha de Inverno foi enfim rompida. Os alemães batem em retirada em direção ao norte, enquanto as tropas de Anzio conseguem sair de sua cabeça de ponte.

O recuo das tropas alemãs acontece, entretanto, de maneira ordenada. Evita-se efetuar assédios de grande porte. Retornos ofensivos ocorrem regularmente. Se Roma cai aos 4 de junho, três meses são necessários aos exércitos aliados para ocupar a Toscana e a Úmbria, pois se acham enfraquecidos pelos desfalques efetuados em favor do desembarque na Provença.

Embora conservem uma forte superioridade, os Aliados não podem impedir, no outono, uma recuperação alemã ao norte de Florença sobre a linha Gótica, na extremidade dos Apeninos. É o ponto de partida de um segundo impasse que vai persistir até abril de 1945.

Durante as seis primeiras semanas do desembarque na Normandia, uma ameaça de destruição pesa sobre os exércitos aliados. Apesar de seus esforços contínuos, as divisões de Montgomery marcam passo no setor de Caen e não podem romper a frente alemã. De início, os americanos são mais felizes. Conseguem limpar o norte do Cotentin e tomar Cherbourg aos 26 de junho, embora o façam com 15 dias de atraso sobre o plano. Mas a progressão em direção ao sul, na região de Saint-Lô e de Vire ocupa todo o mês de julho, revelando-se terrivelmente lenta e custosa.

A ruptura acaba sendo conseguida, entretanto, ao final de julho, em Avranches, graças à ação decidida do 3° Exército de Patton. A exploração se efetua então

A Segunda Guerra Mundial

num ritmo rápido em direção à Bretanha, ao baixo Loire e a leste, em conexão com o avanço britânico para o sul, a partir do setor de Caen.

Durante uma contraofensiva na direção de Mortain-Avranches para isolar o 3º Exército de sua retaguarda, as tropas alemãs foram logo cercadas no "caldeirão" de Falaise, sendo submetidas a bombardeios de artilharia e a ataques aéreos de uma rara intensidade.

O cerco não pode ser totalmente realizado. O grosso das forças da Wehrmacht consegue safar-se, mas à custa da perda da maior parte do material, tornando impossível uma recuperação no baixo Sena. Os exércitos aliados acham-se então em condições de passar à exploração, em 15 de agosto, em conexão com as forças franco-americanas desembarcadas na Provença e que sobem em direção ao norte pelos Alpes e pelo vale do Ródano.

Logo após a liberação de Paris, o general Leclerc, no comando da 2ª DB, acredita reviver a campanha da França ao contrário. Pouco antes de 15 de setembro, os Aliados liberaram a Bélgica e nove décimos do território francês. Os americanos abordam a fronteira alemã perto de Aix-la-Chapelle. Combates acontecem diante de Metz, próximo aos Vosges e na brecha de Belfort.

A situação não é muito diferente na Frente Oriental, após a novos triunfos do Exército Vermelho. Dos oito "golpes" lançados em 1944 pelo comando soviético, alguns, como a ofensiva de maio na Crimeia, apresentam um caráter secundário; outros, como as operações efetuadas nos países bálticos, manifestam de forma clara um aspecto político. Stalin busca garantias, para ter trunfos no campo diplomático, como se constata na imponente ofensiva à Finlândia no verão, cuja amplidão ultrapassa em muito a reconquista do istmo de Vyborg. Uma vez mais, graças à sua admirável resistência, os finlandeses conseguem preservar sua independência.

À margem dessas questões, o Exército Vermelho consegue duas vitórias espetaculares. A primeira concerne ao desmanche da Frente Central, após a operação Bagration, desencadeada aos 22 de junho de 1944, exatos três anos após a entrada das forças da Wehrmacht na Rússia. O dispositivo alemão voa em pedaços. Muitos exércitos são deslocados. As tropas soviéticas atingem os países bálticos e o Vístula na altura de Varsóvia. Penetram na Galícia, apoderando-se de Lvov e de Sandomir. Um salto de 700 km, dentro das melhores tradições aparentes da Blitzkrieg.

Também nessa ocasião, os comunicados triunfantes preveem a iminência de uma solução definitiva. A derrota da Frente Central parece acarretar, com efeito, a ruína de todo o dispositivo alemão a leste. O segundo ato de sucesso concerne, de agosto a outubro, à vitoriosa ofensiva dos Bálcãs, favorecida pela defecção da Romênia. As tropas soviéticas penetram na Hungria, na Iugoslávia e na Bulgária.

No começo do outono, após essa série de desastres, a situação do exército alemão parece crítica. Vinte e oito divisões foram praticamente dizimadas na operação Bagration. Das 50 grandes unidades da frente ocidental, em 6 de junho apenas 11

114

A impossível guerra-relâmpago

divisões blindadas e 28 divisões de infantaria conservam um valor operacional; as outras tiveram de ser dissolvidas ou estão em via de reconstituição no âmbito do exército do interior. A situação das unidades que conservaram um valor de combate não deve, entretanto, causar ilusão. As 11 Panzers não dispõem de mais do que 120 tanques em condições de deslocamento, e das 28 divisões de infantaria, 7 se encontram imobilizadas nos "bolsões" do Atlântico. Em três meses, as perdas da Wehrmacht, em todas as frentes, compreendem 600 a 700 mil homens fora de combate, mortos, feridos ou prisioneiros.

O otimismo reina então nos estados-maiores aliados. Na conferência de Quebec, em setembro, Roosevelt e Churchill afirmam a convicção de que a queda do Reich está próxima e de que a guerra pode estar concluída antes do Natal. Esperança malograda, uma vez mais. A operação aerotransportada Market Garden, destinada a se apoderar das passagens do Reno na Holanda, resulta na derrota de Arnhem. Em toda a frente, a resistência alemã endurece. Violentos combates acontecem na fronteira ocidental do Reich e nas vizinhanças da Alsácia.

A situação é semelhante no leste, após os grandes triunfos do verão do Exército Vermelho. Na Frente Central, as tropas alemãs, apesar das perdas consideráveis, puderam restabelecer-se nos países bálticos, na fronteira da Prússia oriental e junto ao Vístula. Violentos contra-ataques afastaram os soviéticos do setor de Sandomir. Após derradeiros sobressaltos, uma frente contínua restabeleceu-se desde o final de julho. Nos Bálcãs, a vitória soviética também está longe de ser completa. As tropas alemãs conseguiram, não sem dificuldade, retirar-se da Romênia e recuar para a Hungria retomada por Hitler após a eliminação do regente Horthy.

Essa resistência permitiu ao grupo de exércitos Löhr evacuar a Grécia e o sul da Iugoslávia e ganhar a Bósnia. Ao final de outubro, a Wehrmacht encerra sua retirada, criando, também dessa vez, uma nova frente que se estende de Sarajevo a Budapeste. O Exército Vermelho se vê obrigado, a despeito de um enorme esforço, a marcar passo na Hungria. Combates sangrentos acontecem simultaneamente nos países bálticos e na fronteira da Prússia oriental.

No final das contas, no outono de 1944 a recuperação é geral. Graças ao desenvolvimento das indústrias de armamento e a um novo esforço de mobilização, as unidades desfalcadas puderam ser recompostas em prazo recorde. O que é melhor, Hitler consegue reconstituir uma massa de manobra de 10 divisões blindadas e de 18 grandes unidades de infantaria. Em 16 de dezembro, para assombro geral, a Wehrmacht passa ao contra-ataque nas Ardenas. Mesmo que a ofensiva redunde em derrota, o abalo não é menos intenso. Todos os preparativos anglo-americanos acham-se abalados. A progressão em direção ao Reno só poderá ser reiniciada ao final de janeiro de 1945, e o rio só é retomado em todo o seu percurso em meados de março.

115

A Segunda Guerra Mundial

Essa situação coloca os anglo-americanos numa posição difícil por ocasião da conferência de Yalta, num momento em que o Exército Vermelho acaba de obter sua vitória mais espetacular desde a derrubada da conjuntura, dois anos antes. O episódio inicia-se aos 22 de janeiro de 1945, na Polônia. Passados alguns dias, a frente alemã está totalmente rompida e as tropas soviéticas se estendem em menos de três semanas até o Oder, onde estabelecem cabeças de ponte. Encontram-se então a menos de 80 km de Berlim. A vitória total parece estar ao alcance da mão.

Mas tal não acontece. Uma séria ameaça pesa sobre os flancos do Exército Vermelho alongados em demasia. Durante dois meses, são necessários combates extremamente violentos para reduzir a resistência alemã na Prússia oriental, na Pomerânia e na Silésia. Simultaneamente, operações sangrentas têm prosseguimento na Hungria e nas vizinhanças da Áustria.

O desmantelamento militar e político, tão esperado por dois anos, só acontece finalmente a partir de abril de 1945. Depois da travessia do Reno e do cerco do Ruhr, as tropas aliadas não encontram mais do que uma resistência esporádica. As rendições se multiplicam. Negligenciando Berlim, Eisenhower concentra o esforço no mar do Norte e no Báltico, assim como em direção ao sul. Ele procura evitar o estabelecimento de "redutos" na Escandinávia e nos alpes da Bavária.

A leste, a luta conserva um caráter de fúria até o fim. Tendo atravessado penosamente o Oder, as tropas soviéticas procedem ao assédio de Berlim antes de submeter a capital, bairro por bairro, à custa de combates sangrentos. Depois do suicídio de Hitler, o almirante Dönitz continua na luta por uma semana. Ele consegue fazer passar para as linhas ocidentais milhões de combatentes e de civis que escapam ao domínio soviético.

Do bunker de Berlim, ou do quartel-general de Flensburg, Hitler e Dönitz puderam, até o fim, manter as conexões com o exterior e coordenar a resistência dos últimos elementos constituídos da Wehrmacht. O desenlace é singularmente longo e penoso. Apesar dos triunfos espetaculares e de enormes sacrifícios, a guerra-relâmpago, a de 1939-1941, tornou-se impossível. Os Aliados ocidentais e os soviéticos, apesar de uma esmagadora superioridade numérica, só puderam dar início ao fenômeno de desintegração militar e político constatado na Polônia, na França e nos Bálcãs nas últimas semanas da guerra.

Estranha constatação cujas causas são diversas e que, para começar, não se devem a uma falta de meios. A partir de 1943, ocidentais e soviéticos ultrapassam progressivamente a Wehrmacht pela amplidão dos efetivos e do material. O Exército Vermelho dispõe de uma imponente massa de manobra de 500 divisões, com 5 milhões de combatentes, 15 mil tanques e 10 mil aviões associados a uma artilharia impressionante. Os alemães devem combater a um contra dois ou três. Nas grandes ofensivas, a superioridade dos soviéticos afirma-se continuamente. Da

116

A impossível guerra-relâmpago

ordem de 1,5 para 1 na Batalha de Kursk, ela atinge 6 para 1 ao longo da operação Bagration na Rússia Branca, um ano depois, e 10 para 1 na ruptura do Vístula em janeiro de 1945.

O número não explica tudo, como nota Stalin na conferência de Teerã. O Exército Vermelho de 1943 não é mais aquele dos anos anteriores. Sob a direção de uma plêiade de grandes chefes, aperfeiçoa incessantemente seus procedimentos táticos. As ofensivas efetuam-se agora em função de eixos privilegiados no âmbito de manobras em pinça.

Os progressos são constantes. Sem mencionar a equivocada ofensiva do Donetz de maio de 1942, note-se que logo após o assédio de Stalingrado realizado em detrimento dos exércitos dos países satélites, o Exército Vermelho não chega a explorar o desmanche do flanco sul. Deixa de concentrar seu esforço no corredor de Rostov, o que lhe permitiria isolar o grupo de exércitos do Cáucaso. Ao longo do avanço sobre o Donetz, os generais soviéticos deixam de lado a proteção dos flancos. Essa falha está na origem do triunfo da brutal contraofensiva de Manstein, a última grande vitória alemã a leste.

Durante o verão de 1943, após a Batalha de Kursk, da perda de Orel e de Kharkov, o exército alemão ainda pode recuar de maneira ordenada para trás do Dnieper e atacar Jitomir. Isso não acontece na Ucrânia ocidental durante o inverno. Os Koniev, os Jukov estão em condições de passar do estágio dos ataques frontais ao dos assédios de grande porte, em função de direções precisas, mesmo que as tropas de Tcherkassi ou o exército blindado de Hube consigam, em grande parte, escapar da rede.

Em 1944-1945, novos progressos se verificam. A ruptura da Frente Central, em junho-julho de 1944, associada à manobra de pinça de Minsk, causa, em menos de 15 dias, a destruição quase completa de três exércitos. A Wehrmacht sofre um desastre de uma dimensão comparável ao de Stalingrado, com mais de 300 mil homens postos fora de combate. O mesmo esquema se reproduz em janeiro de 1945 com a ruptura total da frente do Vístula, seguido de uma exploração extremamente rápida em direção ao Oder.

Convém salientar que, na Frente Ocidental, a Wehrmacht também se acha constantemente ultrapassada no que tange aos efetivos e ao material. Na Sicília, nas primeiras semanas da campanha, 5 divisões alemãs só cedem terreno metro a metro diante de cerca de vinte grandes unidades anglo-americanas.

Na Itália, no cerne do impasse e da Batalha de Cassino, 17 a 18 divisões da Wehrmacht enfrentam cerca de trinta unidades aliadas, geralmente mais bem equipadas. Ao longo da Batalha da Normandia, a diferença só faz aumentar. Ao final de julho, cerca de 30 divisões anglo-americanas estão em confronto com um número aparentemente equivalente de grandes formações da Wehrmacht, mas com poucos efetivos e privadas de reforços. No início de 1945, no momento da Batalha da Renânia, a relação de forças se estabelece na proporção de 4 a 1. E essa diferença aumenta ainda mais após a passagem do Reno, na última fase da campanha. Às 90 divisões de Eisenhower, a Wehrmacht só pode opor cerca de 30 unidades exangues.

As forças do Reich enfrentam ainda uma superioridade aérea crescente. A partir de 1943, e mais ainda em 1944, a Luftwaffe não domina mais o céu. O fenômeno mais marcante é a extraordinária ressurreição da aviação do Exército Vermelho, praticamente aniquilada em 1941 e ainda nitidamente ultrapassada em 1942. Graças ao auxílio aliado, ao esforço de produção espantoso das usinas do Ural e da Sibéria ocidental, essa aviação acaba por enfrentar de igual para igual a Luftwaffe, antes de adquirir a superioridade aérea em 1944. Ela pode engajar 3 mil aparelhos na Batalha de Kursk e mais de 7 mil na operação Bagration.

A aviação soviética alinha então um total de 15 mil aviões de excelente qualidade, bombardeiros Boston, aviões de assalto Stormovik, caças Yak-9. É certo que o treinamento do pessoal deixa a desejar. Essa lacuna está na origem de perdas importantes. Alguns pilotos alemães como Hartman, que conquistou trezentas vitórias, poderão reivindicar troféus de caça impressionantes na Frente Oriental – o que não impede que a aviação soviética de assalto desempenhe um papel crescente na batalha. O triunfo espetacular da ofensiva da Rússia Branca no verão de 1944 deve-se em grande parte à participação maciça da arma aérea.

No teatro ocidental, o fenômeno é ainda mais nítido e ainda mais precoce. A partir de 1942, a RAF e a aviação americana reparam uma profunda lacuna e alinham uma excelente aviação tática. Já na campanha da Sicília, os anglo-americanos dispõem da superioridade aérea, apesar de algumas reações marcantes da Luftwaffe. Essa superioridade se afirma na Itália, mesmo que a ação da aviação seja frequentemente entravada pelas condições atmosféricas e pelo relevo.

Na Normandia, enfim, os Aliados dominam o céu. Eles estão em condições de opor 8,5 mil aviões, entre os quais 5 mil bombardeiros, aos 500 aparelhos da Luftwaffe no teatro ocidental. Por várias vezes, a aviação estratégica combina seus efeitos aos da aviação tática, por ocasião da fase difícil do desembarque de Salerno, durante a Batalha de Cassino e durante as operações Goodwood e Cobra, na Normandia.

Ao contrário do que ocorre nos primeiros anos da guerra, a potência aérea adversária modifica radicalmente o comportamento do comando alemão. Toda retomada da ação está ligada à expectativa do mau tempo. Os primeiros triunfos da ofensiva das Ardenas intervêm por conta de um céu baixo. Quanto ao fracasso da operação, é confirmado quando ocorre o retorno de um céu limpo que permite uma ação maciça da aviação aliada, tanto tática quanto estratégica.

No fim das contas, a perda da superioridade aérea constitui um dos elementos essenciais da virada estratégica. Não é mais possível aos exércitos do Reich retomar a iniciativa. Para a grande desilusão de alguns, essa superioridade não impede, entretanto, que a Wehrmacht desenvolva uma luta defensiva obstinada e prolongada.

Se comparada ao desenvolvimento impressionante dos meios inimigos, a Wehrmacht fica estacionária a partir de 1943. É nesse período que o exército ale-

A impossível guerra-relâmpago

mão atinge seu apogeu com 285 divisões, mais do que o dobro do nível de maio de 1940. Mas o exército de 1943 não é mais aquele da campanha da França. Ele não se apresenta mais com a mesma homogeneidade.[63]

Pelo menos um terço das grandes unidades pode ser considerado estático, apto apenas para missões defensivas. O fenômeno ocorre desde 1942, logo após o primeiro inverno russo, terrivelmente penoso. Essas divisões são compostas de homens cansados, com mais idade, ou mesmo de recrutas que sofrem de doenças crônicas. Por derrisão, uma dessas unidades em posição ao longo da muralha do Atlântico na primavera de 1944 arvorou para si o nome de "doentes do estômago". Essas divisões dispõem de um armamento ultrapassado ou incompleto e de meios de transporte limitados. Entre essas formações de qualidade duvidosa, pode-se ainda alinhar as divisões de campanha da Luftwaffe formadas a partir dos excedentes de efetivos da aviação. Mal enquadradas, essas divisões de campanha, com exceção da formação de elite Hermann Göring e das divisões de paraquedistas, têm um valor militar reduzido.

Apesar disso, o exército continua a dispor de uma notável ponta de lança composta de cerca de 50 boas divisões de infantaria, 20 divisões motorizadas, rebatizadas de Granadeiros Panzers, e de 40 divisões blindadas, que se manterão até o final. A esse conjunto, acrescem-se, a partir de 1943, as divisões de uma Waffen SS em plena mutação.

Durante os primeiros anos da guerra, a Waffen SS limita-se a alguns regimentos de elite. Essas formações atingem o nível da divisão em 1942 e principalmente em 1943. Um batalhão blindado SS tem, pela primeira vez, um papel importante na contraofensiva de Manstein em fevereiro-março de 1943 e na retomada de Kharkov.

Após essa data, a ascensão é constante, e a Waffen SS atinge seu apogeu em 1944 com uma dupla composição. Notam-se inicialmente cerca de 20 divisões de origem alemã. Entre as mais célebres, Adolf Hitler, Das Reich, Hitler Jugend, Totenkopf, Goetz von Berlichingen, Hauhenstaufen... Compostas, em sua origem, de voluntários, essas unidades devem apelar, a partir de 1943, para os recursos do contingente. Elas dispõem de insígnias, de graus, de uniformes específicos. Mas acham-se colocadas sob o comando tático do exército alemão. Quanto ao armamento, é o mesmo das divisões Panzers, sendo por vezes mais potente.[64]

A Waffen SS de 1944 possui um segundo aspecto, algo surpreendente para um exército de elite destinado inicialmente a só acolher os representantes mais perfeitos da raça germânica. Ela se tornou uma enorme legião estrangeira com Volksdeutsch, mas também com representantes de todos os países europeus. Entre as divisões mais célebres, sobressaem os nomes de Wallonie, Viking, Nordland, Charlemagne. Qualquer que seja a origem, as unidades da Waffen SS, em ligação com as divisões

---

[63] MULLER (Klaus), "L'Armée allemande", *L'Histoire*, 1989, n. 118.
[64] STEIN (G. H.), *La Waffen SS*, Paris, Stock, 1967.

A Segunda Guerra Mundial

blindadas ou as Granadeiros Panzers, têm o papel de "bombeiros do III Reich". Graças à qualidade de seu armamento e a um espírito de sacrifício elevado, elas intervêm nos períodos de crise, para restabelecer a frente de batalha e lançar contraofensivas. Como demonstram a campanha da Itália e a Batalha de Cassino, o exército alemão conta ainda com outras formações de elite, as tropas de montanha ou os paraquedistas.

O exemplo de Cassino demonstra uma notável capacidade de adaptação. Embora cada vez mais heterogêneo, o exército alemão deixa de configurar-se mais, a partir de 1943, como um instrumento ofensivo, mas realiza a façanha de se adaptar perfeitamente à guerra defensiva. As divisões de infantaria têm a tarefa singularmente ingrata de manter o essencial das frentes, em setores muitas vezes desproporcionados, e de sofrer o choque de ofensivas aliadas ou soviéticas.

Essa tarefa se acompanha de uma modificação do armamento. A dotação de armas antitanque aumenta sem cessar. Os canhões são cada vez mais potentes. O 37 do início da guerra dá lugar a canhões de 50 e depois de 75, e também ao de 88, uma das armas mais aperfeiçoadas da Segunda Guerra Mundial. De 1944 em diante, para o combate direto contra os tanques, os soldados de infantaria são abundantemente dotados de Panzerfaust, que lançam foguetes de carga oca, particularmente temível nos combates de rua ou nas zonas de vegetação densa que serve de cobertura.

Diante de uma ameaça aérea crescente, a dotação em armas de DCA ligeira também aumenta sem cessar. A mesma evolução se aplica aos morteiros e às armas automáticas. A partir de 1942, para responder aos ataques maciços da infantaria soviética, o soldado de infantaria alemão recebe a pistola automática MP42 e ainda a notável metralhadora MG42, com uma cadência de 1,2 mil disparos por minuto em tiro rasante. Em 1944, enfim, aparece o temível fuzil de assalto. Rivalizando com as *katyusha* (russo: Катюша) do Exército Vermelho, a artilharia divisionária alemã é dotada de Nebelwerfer, lança-foguetes de seis canos com um alcance de 5 mil a 6 mil metros, com um efeito impressionante.

Mas a mutação mais importante está relacionada aos tanques. Inspetor geral do exército blindado desde 1943, Guderian é, em grande parte, responsável por isso. O Reich participa então da corrida à potência, iniciada pelos soviéticos com o KV1 e o T34.

No início de 1943, as Panzers deixam de lado o Mark III, mesmo quando dotado do cano de 50 de comprimento. O Mark IV é renovado por um reforço da blindagem e pela adoção de um cano de 75 de calibre 48*, com grande velocidade inicial. Será o único blindado a conservar sua eficácia durante toda a guerra.

Além dessa máquina, há ainda dois outros modelos: o Tigre, utilizado desde o final de 1942, pesando 60 toneladas, fortemente protegido e armado com o

---

* Conta-se o comprimento do tubo pelo número de vezes que seu diâmetro (i. e., seu calibre) está contido em sua extensão.

120

temível canhão de 88; e o Panther, de 48 toneladas, bem trabalhado, mais rápido e equipado com um cano longo de 75 mm de 70 calibres. Graças a esses materiais, a Panzerwaffe se acha enfim em condições de retomar a vantagem sobre os blindados soviéticos.

O Exército Vermelho, entretanto, não fica atrás. Em 1943, o T34 sofre uma importante mudança com uma nova torre giratória, capaz de acolher dois homens e armada de um canhão de 85. Ao T34, acrescenta-se, a partir do ano seguinte, o Josef Stalin, tanque fortemente blindado e protegido, armado com um cano longo de 122 mm de calibre. A reação alemã se manifesta com a aparição do Tigre Real de 68 toneladas dotado de um cano longo de 88 mm de calibre. Em compensação, a Batalha de Kursk demonstrou o fracasso dos blindados monstros como o canhão de assalto Ferdinand.

Capazes de enfrentar as máquinas soviéticas, os tanques alemães exibem uma nítida superioridade sobre os materiais aliados, que têm dificuldade em superar as concepções em vigor no início da guerra, as quais levam a dois tipos de veículos: o tanque leve tipo Valentine ou Stuart, e o tanque pesado de ruptura como os Matilda e Churchill britânicos ou o Grant americano. Esses dois últimos modelos possuem um canhão pesado de 75 em casamata para o ataque dos *Blockhaus* por meio de tiros em sua seteira e um canhão leve de 40 ou de 57 em torre giratória, muito inferior às máquinas alemãs no combate antitanque. Essa deficiência anglo-americana só começará a atenuar-se no final de 1942 com a entrada em serviço do Sherman americano e, um ano mais tarde, de uma nova versão do Churchill britânico. Armados com um 75 ou mesmo um 76, essas máquinas não se comparam, entretanto, aos últimos modelos alemães. Na Normandia, para abater um tanque alemão, os Aliados perdem cinco máquinas.[65]

Enfim, se a divisão Panzer de 1943-1944 conta apenas com cerca de 100 tanques, essa deficiência relativa é amplamente compensada pela potência dos materiais e pelo aumento da mobilidade dos batalhões de infantaria dotados de veículos com esteiras. Nota-se, assim, a criação de canhões automotores de 105, 155 e 170 mm, assim como um reforço da DCA. Algumas Panzers também são dotadas de um batalhão de canhões automotores ou de caçadores de tanques.

Trata-se de uma iniciativa de Guderian que – curiosidade da história – torna-se, a partir de 1943, o grande senhor da anti-Blitzkrieg. Enquanto a produção de tanques fica estagnada até o final da guerra, a de canhões automotores ou de canhões de assalto aumenta em proporções consideráveis. O automotor nada mais é que um canhão antitanque com esteiras.[66]

---

[65] Sobre a evolução dos blindados. BAUER (Ed.), *La Guerre des blindés*, op. cit.; VERNET (J.), "Blindés, guerre des", op. cit., *Tanks*, Purnell and sons, vol. 7, n. 11; ORGILL (Douglas), *T 34 Russian Armor*, New York, Ballantine, 1971.

[66] GUDERIAN (H.), *Mémoires d'un soldat*, op. cit., c. VIII.

A Segunda Guerra Mundial

Com a retirada da torre giratória, substituída pela casamata, o tanque ganha em facilidade de fabricação e em peso, o que permite, com o mesmo chassi, receber um canhão mais potente. O Sturmgeschütz com um chassi de Mark IV recebe um 75 de 70 calibres. O Jagdpanther com o chassi do Panther é dotado de um 88 longo, o canhão do Tigre Real. Ao final de 1944, entram ainda em serviço batalhões de Jagdtiger de 72 toneladas, armados de um canhão de 128 mm.

Os canhões automotores constituem o armamento de base das divisões de Granadeiros Panzers, de algumas grandes unidades SS. Eles integram também várias divisões de infantaria. Muito móveis, capazes de atingir alvos distantes e com força, essas máquinas têm um rendimento de 4 a 5 vezes superior ao dos canhões antitanques rebocados. Esses canhões causarão um grande estrago nas forças blindadas soviéticas e aliadas. Contribuirão decisivamente para a recuperação em situações difíceis.

Até o final, sob o comando de homens como Manstein, Hube, Heinrici ou Manteuffel, as formações blindadas alemãs exibirão uma notável maleabilidade tática no âmbito de uma defesa expandida. Essa habilidade se manifesta em 1943, a leste, na Frente Central, no setor de Smolensk ou de Vitebsk, ou no setor sul com a contraofensiva Jitomir. No ano seguinte, faz-se presente na desocupação do bolsão de Tcherkassi e do 1º Exército de Hube, ou na contraofensiva de Sandomir, que rompe o assalto soviético próximo ao Vístula. Na Normandia, a despeito de uma forte superioridade de meios, Montgomery não consegue romper a resistência das Panzers diante de Caen. Ao longo dos últimos meses, nas Ardenas ou na Hungria, as Panzers demonstram ainda sua capacidade de ataque feroz.

A partir de 1943, a Luftwaffe também sofre uma mutação e torna-se um instrumento cada vez mais defensivo. A era da superioridade aérea incontestada se encerra tanto na Frente Oriental quanto no Mediterrâneo. Várias razões explicam essa mutação. Desde 1939-1940, a Luftwaffe efetua um aumento moderado em seus efetivos, diferentemente das aviações anglo-americana ou soviética. Após vitórias impressionantes obtidas no início da guerra, o estado-maior continua fiel a uma aeronáutica de alta qualidade, mas relativamente reduzida.

Entretanto, a partir do outono de 1941, o peso da guerra no leste traz uma vontade de extensão. Mas essa extensão se choca com a deficiência dos talentos de organizador do chefe de estado-maior Udet, que multiplica os protótipos e procede a anulações de programas, o que provoca uma profunda desordem na produção.

Fato estranho, a aviação alemã tem dificuldade em fabricar uma série de aparelhos de nova geração. Em 1943, a maioria dos aviões em formação não passa de versões melhoradas dos que entraram em serviço em 1939-1940. O grosso dos efetivos da frota de bombardeio continua composto de Heinkel 111 ou Junkers 88. O famoso Stuka, o Junkers 87 das campanhas da Polônia e da França, não é

122

mais utilizado em mergulho, em razão da eficácia da DCA ligeira. Dotado de dois canhões de 37, ele é convertido em avião antitanque, antes de terminar sua carreira em ataques noturnos. Entre os caças, os Messerschmitt 109 e 110 dotados de novos motores continuam competitivos. A Luftwaffe só conta, na realidade, com um único aparelho verdadeiramente novo, o Focke Wulf 190, que surge em 1941. Sucesso notável, esse aparelho é utilizado em diferentes versões: avião de reconhecimento, interceptador e caça-bombardeiro. Entretanto, os fracassos se sucedem. O mais espetacular deve-se ao bombardeiro pesado Heinkel 177, vítima de intermináveis "doenças infantis". É somente em 1944, com a aparição dos aviões a jato, que a Luftwaffe retornará à sua superioridade técnica sobre os adversários.

Nessa data, a mutação é completa. Sob o impulso de Milch, o novo chefe de estado-maior, em ligação com Speer, o grande chefe das indústrias de armamentos, a produção aumenta consideravelmente: 40 mil aparelhos em 1944 contra 10 mil em 1941. Mas a proporção de bombardeiros regride continuamente em favor de monomotores, interceptadores ou caças-bombardeiros.

Nada revela melhor a nova vocação defensiva da Luftwaffe, apesar de atingir seu apogeu em 1943 com 6 mil aviões de combate. A tarefa mais importante da aviação, então, é a proteção do Reich contra os bombardeios estratégicos noturnos do Bomber Command e diurnos dos 8° e 15° comandos da força aérea americana.

A Luftwaffe, além disso, participa da batalha terrestre, em conexão com as Panzers. Em várias ocasiões, com uma espantosa rapidez, o comando alemão compensa a inferioridade de suas forças em alguns teatros através de concentrações. O procedimento não é novo. Desde o inverno de 1941-1942, formações de bombardeiros são retiradas da Frente Oriental, transferidas para o Mediterrâneo, e participam da neutralização de Malta e da preparação da ofensiva de Rommel, na direção de El Gazala e de Tobruk.

Em julho de 1943, por ocasião do episódio de Kursk, a Luftwaffe joga na batalha 2,5 mil aviões retirados de toda a frente. No outono, quando dos ataques soviéticos ao Dnieper e da reação de Jitomir, reúne fortes concentrações em detrimento do restante da frente. No momento do desembarque da Sicília, as formações alemãs na Itália são reforçadas por grupos vindos do norte da Noruega.

Durante o desembarque de Salerno, a Luftwaffe intervém ainda com eficácia, utilizando com sucesso, contra os navios, uma nova arma teleguiada: a bomba rasante. Algumas semanas depois, obtém uma de suas últimas vitórias, no Mediterrâneo oriental, por ocasião da retomada das ilhas do Dodecaneso, onde um cruzador e seis destróieres britânicos são afundados.

A Luftwaffe desenvolve ainda um enorme esforço a leste, durante o inverno de 1943-1944. Ela participa da desocupação de Tcherkassi e da retirada do exército de Huber, organizando pontes aéreas para o abastecimento das tropas e a evacuação dos feridos. Também não se pode deixar de lado os êxitos conseguidos contra a aviação estratégica aliada no espaço aéreo da Alemanha, por ocasião da batalha de Berlim e dos ataques de Schweinfurth e de Nuremberg. Ingleses e americanos devem renunciar, durante vários meses, a realização de operações em profundidade.

O declínio só se acentua realmente a partir de 1944. A leste, a Luftwaffe é cada vez mais dominada pela aviação soviética. E é dominada ainda mais a oeste. Durante a Batalha da Normandia, por falta de meios e de infraestrutura, ela se acha incapaz de responder à potência aérea aliada. Os campos de pouso sofrem ataques aéreos constantes. Todas as noites, entretanto, grupos de 200 a 300 bombardeiros efetuam ataques na cabeça de ponte.

Durante a ofensiva das Ardenas, a Luftwaffe efetua sua última grande demonstração com 700 missões por dia, seguida em 1º de janeiro de 1945 de um ataque maciço a campos de aviação aliados. Uma paralisia progressiva manifesta-se em seguida. Não tem a ver com a falta de aviões, mas com a penúria de gasolina após ataques da aviação estratégica a complexos petrolíferos. A atividade alemã é então dez vezes inferior à dos Aliados. E a inovação dos caças a jato é muito tardia para reverter a situação.

Independentemente de concentrações de blindados ou de aviões, os êxitos defensivos da Wehrmacht explicam-se ainda por uma arte consumada de utilização do terreno. Isso é particularmente nítido na Itália, onde, ao contrário, os exércitos motorizados aliados enfrentam contingências do relevo e condições meteorológicas difíceis. Para o comando aliado, o clima dos Apeninos no inverno, com seus nevoeiros, suas chuvas diluvianas ou suas nevascas, constituiu uma amarga surpresa. Na Normandia, os alemães utilizam, ainda com muito brio, a rede das alamedas e dos caminhos cavados, infligindo perdas importantes à infantaria americana nos setores de Vire e de Saint-Lô.

A leste, as Panzers utilizam com habilidade o emaranhado dos pântanos e das florestas da Ucrânia ocidental, para fazer emboscadas fatais aos blindados soviéticos. No outono de 1944, os combates da Renânia são marcados pela notável utilização de um terreno acidentado, arborizado, cortado por cursos d'água. As inundações aumentam as dificuldades. Os americanos guardarão uma lembrança amarga dos combates de Röhr e da floresta de Hurgen.

Na segunda parte da guerra, assiste-se a uma reabilitação da fortificação que a Blitzkrieg, em seu apogeu, parecia ter condenado. Na Frente Oriental, nas fases de estabilização, reaparecem posições dignas da Primeira Guerra Mundial, com trincheiras, túneis, abrigos, fortins protegidos por arame farpado e campos minados. Nas duas faces do posto avançado de Kursk, os soviéticos cavam 10.000 km de trincheiras e contam-se 5 mil minas por quilômetro ocupado. Em resumo, se a muralha do leste preconizada por alguns é uma utopia, tendo em vista a extensão da frente, a fortificação de campanha em alguns setores nevrálgicos retoma sua eficácia.

A impossível guerra-relâmpago

Entretanto, por sua largura estreita e seu relevo, a península itálica se presta, em duas ocasiões, ao estabelecimento de edificações fortificadas. A primeira concerne à linha de inverno, de um lado e do outro do Cassino, com um conjunto de *Blockhaus*, de trincheiras, de arames farpados, de armadilhas. Essa linha é construída rapidamente no outono de 1943 por pioneiros alemães e empresas italianas. Depois da ruptura de maio de 1944, a engenharia terá tempo de estabelecer um segundo sistema de resistência ao norte dos Apeninos com a linha Gótica que impedirá a vitória dos Aliados até abril de 1945.

A ruptura relativamente fácil da muralha do Atlântico não deve causar ilusão. A muralha tinha obrigado os Aliados a reforçar consideravelmente seus preparativos e a desenvolver um material de travessia delicado e penoso. No outono de 1944, enfim, os alemães utilizarão com sucesso os fortes de Metz, algumas construções na linha Maginot. Eles recuperarão uma parte da linha Siegfried. Com a deficiência relativa dos exércitos aliados em artilharia pesada, pode-se ainda constatar que fortificações antigas que datam da época de Vauban reassumem um valor inesperado.

Os alemães também sabem, em várias ocasiões, tirar partido da lição de Stalingrado. Eles obrigam o adversário a combater em meio urbano. Entre as batalhas mais duras, podem ser lembradas as de Cassino, de Brest, de Aix-la-Chapelle, de Budapeste e, naturalmente, de Berlim. Por várias vezes, as tropas soviéticas devem abandonar povoados convertidos em fortalezas, à custa de graves perdas.

Ao longo dos dois últimos anos da guerra, os alemães também conseguem tirar partido do esgotamento logístico do adversário. Nas grandes ofensivas da guerra, manifesta-se uma evidência. Torna-se necessária uma pausa após o avanço de 500 a 600 km, nem que seja para permitir que a infantaria alcance os blindados, ponha os tanques e o material motorizado em ordem, desloque os abrigos de prisioneiros, os campos de pouso e os serviços sanitários.

A pausa das Panzers em maio de 1940 diante de Dunquerque, imposta por Rundstedt e Hitler, é um primeiro exemplo. Uma segunda pausa ocorre por volta de 20 de junho, após a exploração extremamente rápida em direção aos portos do Atlântico e às regiões do leste. Mas o comando francês, então, é incapaz de tirar partido disso. No momento do pedido de armistício, esse comando, que perdeu totalmente o controle da situação, constata com surpresa que os alemães não atravessaram o Loire em ponto algum. Uma pausa célebre acontece ainda em julho-agosto de 1941, após o início arrasador de Barbarossa. Durante suas grandes ofensivas, o Exército Vermelho não escapa a essas freagens logísticas, quer seja no Vístula em julho-agosto de 1944, ou no Oder em fevereiro de 1945. Depois da liberação relâmpago da França e da Bélgica, os ocidentais também não escapam desse processo, em meados de setembro de 1944, quando de sua chegada às fronteiras do Reich.

125

O esgotamento é ainda agravado pelas destruições operadas pela engenharia alemã, que, a exemplo do que fazem os soviéticos, se dão com uma rara virtuosidade. Essas destruições ultrapassam largamente as que foram praticadas pelos franceses em 1940, limitadas às pontes rodoviárias e a algumas ferroviárias.[67] Ao longo do verão de 1943, ao evacuar a Ucrânia, a Wehrmacht pratica a política da terra arrasada, com a destruição sistemática das instalações industriais e agrícolas, a evacuação da população e a desorganização completa das estradas de ferro com o desmantelamento das vias férreas. Em Teerã, Stalin não deixará de mencionar as enormes dificuldades encontradas pelo Exército Vermelho durante sua progressão para o oeste.

Ao mesmo tempo, na Itália, os Aliados enfrentam as mesmas dificuldades. A marcha sobre Roma é entravada por uma série de destruições "diabólicas", pontes, estradas escarpadas. Em alguns povoados, ruas inteiras de casas serão dinamitadas para paralisar o tráfego. Campos minados, armadilhas, bombas de efeito retardado semeados em profusão mostram sua temível eficácia. A tais destruições, soma-se a sabotagem dos portos. Assim, são necessárias três semanas para colocar em funcionamento as instalações portuárias de Nápoles.

Mesma situação verifica-se no ano seguinte, depois da liberação da França e da Bélgica. Em meados de setembro, as tropas aliadas enfrentam uma acentuada penúria de abastecimento e de combustível. A explicação não está unicamente num avanço muito rápido, mas na desorganização total dos transportes, sobretudo ferroviários, que obriga os americanos a improvisar um sistema de conexão rodoviária, o Red Ball Express.

A tais sabotagens acrescenta-se a persistência dos "bolsões do Atlântico", episódio que remete a uma sinistra memória. Os alemães se mantêm assim até maio de 1945 em Dunquerque, Lorient, Saint-Nazaire, La Rochelle, La Pallice e no Verdon. Serão necessárias várias semanas de esforço para recuperar alguns portos liberados após duros combates, como Cherbourg, Le Havre ou Brest. O de Antuérpia cai intacto na mão dos britânicos, mas a retomada da atividade do porto só ocorrerá em meados de novembro, após uma limpeza trabalhosa do estuário do Escaut.

Enfim, os alemães souberam admiravelmente tirar partido, por várias vezes, do momento delicado em que o adversário, segundo a fórmula de Clausewitz, se aproxima do "ponto culminante da vitória", aquele em que ele se encontra, pode-se dizer, em equilíbrio instável, vulnerável a toda uma série de fatores materiais ou psicológicos: alongamento de seus flancos, distanciamento de suas bases, obrigação de deixar forças de ocupação em todos os territórios conquistados, enquanto o inimigo se aproxima de suas reservas, de seus depósitos, e ganha uma energia nova para a defesa de seu solo.

---

[67] DELMAS (J.), "Le Génie", *Dictionnaire de la Seconde Guerre Mondiale*, op. cit.

A impossível guerra-relâmpago

Essa capacidade de explorar o desequilíbrio do adversário caracteriza o notável talento de manobra do exército alemão, essa Operative Kriegskunst herdada de Moltke, o Velho. Para além das grandes ofensivas, previstas de longa data como o ataque a oeste em 1940 ou a operação Barbarossa, essa capacidade se manifestou em vários momentos durante o conflito no âmbito de operações improvisadas e executadas de maneira magistral, como o episódio da Noruega, a campanha dos Bálcãs de 1941 ou a instalação da cabeça de ponte na Tunísia.

Durante a segunda fase da guerra, essa Operative Kriegskunst é praticada com uma rara virtuosidade por homens como Model, Kesselring, Schorner etc. Apoiando-se em estados-maiores experimentados, secundados por excelentes transmissões e por um notável serviço de informações tático, esses chefes sabem coordenar admiravelmente a ação de formações de blindados, de unidades de infantaria e de artilharia, bem como improvisar Kampfgruppen compostos de elementos desaparelhados e até mesmo no limite do esgotamento.

Com o recuar do tempo, a Normandia, levando-se em conta a dissimetria das forças, aparece como o modelo da batalha defensiva. E é por isso que, por muito tempo, foi objeto de estudos extremamente avançados por parte de quadros da Otan, na eventualidade de uma batalha em defesa da Europa Central diante de uma ofensiva das forças do pacto de Varsóvia.[68]

Quer seja nas cercanias de Caen, no Odon ou no Cotentin, os alemães mantiveram os Aliados na expectativa durante mais de seis semanas, graças a um sistema de defesa em profundidade, que utilizava todos os recursos do *habitat*, da vegetação ou do terreno.

O sistema compreendia três posições sucessivas estabelecidas numa profundidade de 12 a 15 km. A primeira linha que se identificava aos "postos avançados de batalha" continha um conjunto de alvéolos dotados de armas automáticas associadas a campos minados, religados entre si por trincheiras ou trilhas balizadas, protegidas das vistas do inimigo. A posição avançada, situada a 4 ou 5 km depois, comportava também um conjunto de alvéolos protegidos por cercas de arame farpado e campos minados e fortemente dotados de armas pesadas, morteiros e canhões antitanques. A 4 ou 5 km mais atrás, achava-se enfim a posição principal, que utilizava elevações ou as cristas do relevo onde eram agrupados os elementos blindados – tanques e canhões automotores –, armas pesadas – canhões de 88 e de 105 ou Nebelwerfer. O escalonamento, a profundidade do sistema, as possibilidades de recuo dos elementos avançados através de abrigos ou de trilhas cavadas explicam os fracassos de assaltos aliados, efetuados tanto por formações de infantaria pre-

---

[68] KEEGAN (J.), *Six armées en Normandie*, Paris, Albin Michel, 1984, p. 365.

127

A Segunda Guerra Mundial

cedidas de preparações maciças de artilharia quanto por lançamentos de divisões blindadas, como na operação Goodwood num corredor varrido por bombardeios intensos da aviação estratégica.

A extraordinária capacidade de recuperação dos homens ou o senso de improvisação de chefes capazes de constituir *Kampfgruppen* (grupos de combate) explicam a eficácia de um sistema que se faz presente no outono, na fronteira ocidental do Reich. Somente o desequilíbrio da frente alemã e o desgaste de unidades, privadas de todo reforço, explicam, no fim das contas, a ruptura do Cotentin, obtida em começo de agosto pelos americanos.

Essa batalha "modelo" travada sem suporte aéreo traz um problema. Logo após o conflito, os chefes da aviação aliada alegarão ter "pavimentado" a estrada das tropas terrestres até a vitória final. Asserção que está na origem de sérias reservas, ou mesmo de discussões que chegam a ser abusivas, ligadas em parte às decepções quanto ao suporte aéreo na Coreia e no Vietnã.[69]

Não se pode negar, de fato, que a superioridade aérea aliada e soviética constituiu, como já se destacou, um dos fatores fundamentais da virada estratégica da Segunda Guerra Mundial, a partir de 1942-1943. Na Normandia, logo após o desembarque, a potência da aviação tática anglo-americana consegue, em conexão com a artilharia da marinha, conter os blindados alemães e impedir qualquer operação de envergadura. É assim que o ataque da 12ª SS e da Panzer-Lehr, previsto para 12 de junho em direção a Bayeux, é suspenso em consequência da destruição, por um grupo de caças-bombardeiros, de todos os veículos e dos caminhões rádio do estado-maior de Geyr von Schweppenberg, o comandante dos blindados no oeste. Dois meses depois, os Typhoon da RAF anulam de maneira magistral a contraofensiva de Mortain, no momento em que a aviação soviética contribui de maneira decisiva para o sucesso da operação Bagration.

Aos 12 de junho, Rommel assinala os efeitos do domínio do ar pelos Aliados:

> Nossas operações tornaram-se extraordinariamente complicadas e em parte impossíveis, sobretudo por causa da superioridade enorme, e em alguns aspectos esmagadora, da aviação inimiga. Ela detém o domínio total do céu acima da zona de combate e até uma centena de quilômetros além da frente, impedindo praticamente qualquer tráfego durante o dia nas estradas e nos caminhos secundários em terreno descoberto. Como resultado, nossas tropas não podem executar nenhuma manobra no campo de batalha durante o dia, enquanto o adversário opera livremente... As unidades e os estados-maiores devem dissimular-se durante o dia em lugares que oferecem alguma cobertura... Nem nossa DCA nem nossa aviação parecem capazes de pôr um termo a essa ação

---

[69] Essa discussão foi abordada numa excelente análise de HASTINGS (Max), *Overlord D. day, and the Battle for Normandy*, London, Michael Joseph, 1984, p. 266.

A impossível guerra-relâmpago

paralisante e destruidora dos aviões inimigos. As tropas se protegem o melhor que podem com os meios de que dispõem, mas as munições são escassas e só podem ser trazidas nas condições mais difíceis.[70]

Na realidade, os alemães conseguiram se adaptar a essa situação, e a aviação anglo-americana, apesar de sua esmagadora superioridade, não logra jamais "enquadrar" o campo de batalha, mesmo com a destruição das pontes do Sena e do Loire, nem impedir a chegada de reforços e os movimentos das tropas alemãs. O tempo instável – junho e julho foram chuvosos – e a falta de aeródromos na cabeça de ponte não permitiram. Enfim, os ataques maciços sobre as vias férreas diminuíram de intensidade; os bombardeiros estratégicos haviam retomado suas investidas sobre a economia alemã ou então eram obrigados a atacar as rampas de lançamento dos aviões V1, cuja ofensiva havia começado aos 12 de junho. Após um período de indecisão, os alemães se adaptaram à situação, executando apenas movimentos noturnos, utilizando a navegação sobre o Sena e circulando ao longo de itinerários balizados por uma forte DCA. A propósito, além dos elementos convocados da Bretanha, a maior parte das grandes unidades de infantaria engajadas na Normandia durante o mês de julho foi retirada das tropas estacionadas no sul da França, na costa basca, ou no litoral do Languedoc. Se a divisão SS, "Das Reich", vinda de Toulouse, levou muito tempo para chegar à frente de batalha, é porque havia recebido, com prioridade, a missão de reduzir os *maquis* do Limousin. Quanto à 2ª Panzer vinda de Amiens e à 116ª Panzer vinda de Compiègne, chegaram à Normandia, com a totalidade de seus meios, sem ter sido detectadas. As divisões alemãs alertadas registraram atrasos e, algumas vezes, perdas importantes durante o deslocamento, mas todas conseguiram chegar à Normandia.[71]

Nos primeiros dias de agosto, por ocasião do contra-ataque de Mortain, no âmbito da operação Lüttich (Liège), von Kluge consegue a proeza de retirar quatro divisões blindadas do setor de Caen, conduzi-las ao Cotentin e recuperá-las com unidades de infantaria retiradas do 15º Exército ao norte do Sena. Melhor ainda, a aviação anglo-americana, apesar de um tempo bastante favorável, não consegue paralisar completamente os movimentos alemães do bolsão de Falaise, e menos ainda impedir um recuo para o norte do Sena. Causa espanto constatar que, de 20 a 24 de agosto, os alemães chegaram a pôr em funcionamento, entre os Andelys e Quilleboeuf, 23 barcaças, que permitiram, durante a noite, a passagem de 250 mil homens e 25 mil veículos![72]

---

[70] WILMOT (Chester), *La Lutte pour l'Europe*, 3 tomes, Paris, Presses de la Cité, 1964, t. II, p. 125.

[71] KEEGAN (J.), *Six armées en Normandie*, op. cit. Quadro anexo: divisões engajadas na Normandia.

[72] DUFRESNE (M.), "Normandie août 1944", *Revue historique des Armées*, 1987/3. "Le succès allemand sur la Seine", *Revue historique des Armées*, 1989/3.

129

Por ocasião do restabelecimento da Wehrmacht, em meados de setembro, a aviação perdeu mais uma parte de sua eficácia, em razão da distância de seus campos de pouso, da degradação do tempo e da existência de importantes abrigos florestais. Mesmo tendo contribuído para quebrar a ofensiva das Ardenas, revelou-se incapaz de detectar seus preparativos. Por causa do tempo que voltou a ficar enevoado, não pode impedir que os alemães evacuem o posto avançado das Ardenas e efetuem um recuo metódico para suas linhas de origem. Essa mesma impotência relativa também se revela na Coreia e no Vietnã, com a incapacidade das forças aéreas de traçar "faixas de interdição", isto é, separar as tropas chinesas de sua retaguarda logística e interromper a circulação na cabeceira da pista Ho Chi Minh. Um ensinamento pode ser tirado, no final das contas, da Segunda Guerra Mundial. Sem suporte aéreo, um exército se encontra na incapacidade de lançar operações ofensivas de envergadura, mas pode, em compensação, travar uma batalha defensiva de grande porte.

De qualquer modo, a mutação da Wehrmacht a partir de 1943 é acompanhada de uma profunda modificação das condições táticas. O tanque de 1942-1945 não é mais o rei incontestе do campo de batalha. Assiste-se a uma reabilitação da artilharia e da infantaria. O sucesso resulta da coordenação das três armas em conexão com a aviação. Curiosamente, há um retorno parcial dos grandes beligerantes à doutrina francesa de 1940.

Kursk oferece o primeiro exemplo desse recuo. Além de violentos ataques aéreos, a tentativa de ruptura da frente soviética é acompanhada de uma intensa preparação de artilharia, inabitual desde 1939. A Wehrmacht põe em linha 10 mil canhões. Os soviéticos alinham o dobro. Para obter a decisão, os alemães contam ainda com os tanques. Utilizam de início os blindados mais pesados, Elefante, Tigre; os Mark IV e os Panthers asseguram a proteção dos flancos na expectativa de passar à exploração.

O fracasso não se deve unicamente à reação dos blindados soviéticos, mesmo que o contra-ataque de Prokhorovka tenha sido particularmente violento. Deve-se antes à profundidade dos campos minados, às armadilhas, à dissimulação traiçoeira dos fossos e à densidade dos canhões antitanques maravilhosamente camuflados, como constata o piloto de Stuka, Hans Rudel:

> Muito mais temíveis que os tanques dos russos são os canhões antitanques... São encontrados em todos os pontos nevrálgicos do campo de batalha. Estou exagerando ao dizer que "são encontrados". Os russos são verdadeiros artistas da camuflagem, o que torna a descoberta e a destruição de sua artilharia extremamente difíceis.[73]

---

[73] RUDEL (H.), *Pilote de Stuka*, Paris, Correa, 1951, p. 117.

A impossível guerra-relâmpago

Como a infantaria de 1914-1918, os blindados de 1943 enfrentam um fogo destruidor. A ameaça está não somente no solo, mas também nos ares, com os aviões de assalto Stormovik, Junkers 87, Focke Wulf 190 e Typhoon atacando com bombas, com armas de bordo ou com foguetes.

As ofensivas soviéticas dos dois últimos anos da guerra são o reflexo de uma nova doutrina bem diferente daquela de 1941-1942. Além da ação aérea, toda ofensiva supõe uma intensa preparação de artilharia digna daquelas da Primeira Guerra Mundial, destinada a desmantelar as posições inimigas. O tiro de artilharia tem por objetivo destruir as trincheiras e os abrigos, neutralizar os ninhos de armas automáticas e os canhões antitanques, e fazer explodir os campos minados.

São unidades de infantaria mais ou menos sacrificadas que efetuam o assalto e realizam as primeiras brechas. As formações de tanques, seguidas de outras alas de infantaria motorizada, só intervêm mais tarde. Elas se lançam nas brechas e conduzem uma exploração num ritmo extremamente rápido. Os preparativos dessas ofensivas realizam-se ainda em todos os níveis, no segredo mais absoluto.

O sucesso está longe de ser uma certeza, como se constata em 1943 na frente central. É verdade que esses ataques revelam métodos inquietantes. Depois de uma forte preparação de artilharia, os assaltos empreendidos com base na infantaria, com o suporte de alguns tanques, desencadeiam-se todos os dias com uma grande regularidade: 9 horas, entre 10 e 11 horas, e enfim entre 2 e 3 horas da tarde!

A esse respeito, diz o general Heinrici, comandante do 4º Exército:

> Era quase cronometrado, os russos agiam sob a ordem: deviam atacar até ser detidos por nossa artilharia; atrás deles, comissários e oficiais, de revólver em punho, proibiam qualquer retirada. A infantaria russa era mal treinada, mas atacava com vigor.

Com esse método, 9 divisões alemãs, apoiadas por uma bateria enorme de 380 peças de artilharia, detêm os assaltos de 20 a 36 divisões, provocando verdadeiras hecatombes na infantaria soviética.

A ruptura associada à infantaria é também característica da partida da ofensiva das Ardenas. Após uma preparação de artilharia intensa e breve, os soldados da infantaria assumem a penetração da frente americana na noite de 15 a 16 de dezembro de 1944. Eles atacam graças a uma espécie de luar artificial assegurado por centenas de projetores da DCA voltados para as nuvens baixas.

Os anglo-americanos também recorrem a procedimentos semelhantes. Na Normandia, os alemães são atingidos pela densidade dos tiros de artilharia e pela intervenção maciça da aviação tática e mesmo estratégica, por ocasião da ofensiva Goodwood diante de Caen e da ofensiva Cobra, que leva à ruptura da frente do Cotentin. Centenas de bombardeiros pesados jogando um terrível tapete de bombas

131

transformam o terreno em paisagem lunar e aniquilam qualquer resistência no setor reservado à passagem dos blindados e da infantaria. Mas esse exagero de meios nem sempre leva ao sucesso. Na operação Goodwood, o bombardeio aéreo carece de profundidade. Os britânicos sofrem perdas enormes sob o fogo dos blindados alemães e dos canhões em posição na crista de Bourguebus.[74]

Retorna-se, assim, aos procedimentos das ofensivas Ludendorff de 1918: segredo absoluto, preparação de artilharia intensa, mas breve, ondas de assalto explorando a menor brecha e procedendo ao deslocamento das posições inimigas. As semelhanças, entretanto, só vão até aí. Diferentemente dos últimos tempos da Primeira Guerra Mundial, agora os tanques é que são utilizados para a exploração, para alargar as brechas, e não mais os grupos de infantaria. O fechamento das brechas não é mais tarefa de batalhões de infantaria levados por trem ou pela estrada e lançados de qualquer maneira no terreno do adversário. A reação exige a intervenção nos flancos de fortes grupamentos de blindados e de aviação. Oposição marcante que explica a amplidão bem diferente das investidas: 60 a 80 km em 1918, 500 a 700 km em 1943-1945. A missão do tanque, mais do que nunca, parece ser dupla: exploração e neutralização.

De todo modo, levando-se em conta a amplidão e a variedade da ameaça, em avanço dos blindados não tem mais o aspecto irresistível de 1940-1941. A progressão torna-se mais lenta, mais circunspecta, ou mesmo cautelosa ao extremo. O perigo está em toda parte. As equipes vivem na angústia das minas, dos canhões antitanques ou dos Panzerfaust. Essa prudência se manifesta no emprego das tropas aerotransportadas, que carecem de mobilidade e de meios pesados. Para evitar enganos sérios como em Arnhem, esse emprego de elementos aerotransportados deve preceder de poucas horas a intervenção maciça das forças, como se constata na travessia do Reno em março de 1945.

Diferentemente ainda de 1940-1942, essas novas táticas se traduzem em perdas sangrentas. A guerra torna-se novamente muito dispendiosa. Mesmo que as Panzers tenham sucesso em temíveis contra-ataques sobre os flancos das forças soviéticas, a infantaria alemã não deixa de ser a grande vítima das ofensivas do Exército Vermelho ou das forças anglo-americanas. Nos ataques de 1944-1945, exércitos inteiros são deslocados. A falta de mobilidade não lhes permite desvencilhar-se dos assédios. Centenas de milhares de homens são mortos, feridos ou declarados desaparecidos.

O tributo pago pelo vencedor é também terrivelmente pesado. Qualquer que seja a intensidade da preparação de artilharia, qualquer ruptura acarreta verdadeiras

---

[74] Delmas (J.), *Combattants, Terrain, concentration de feu dans Normandie 1944*, Paris, Albin Michel, 1987, p. 85.

132

A impossível guerra-relâmpago

hecatombes no Exército Vermelho. Centenas de carcaças de tanques espalham-se pelos eixos de progressão.

Apesar de terem um enorme poder de fogo na base da artilharia e da aviação, os exércitos anglo-americanos também sofrem perdas amargas. No outono de 1944, os ocidentais atravessam uma crise grave de efetivos. Duzentos e cinquenta mil homens foram postos fora de combate entre 6 de junho e 15 de setembro. Essas perdas vão atingir o dobro ao longo dos seis meses seguintes, que precedem a travessia do Reno.

Essa crise afeta particularmente a infantaria. Ela obriga Eisenhower a suprimir serviços, formações de DCA e a incorporar negros em unidades combatentes. Nos dois campos, o nível das perdas é incomparavelmente mais elevado do que o de 1939-1942.

Essa metamorfose da tática é acompanhada de uma estratégia muito mais prudente. A primazia concedida à defensiva e a vulnerabilidade dos flancos não permitem mais desencadear operações muito audaciosas. Grandes ocasiões são perdidas, chegando a desorientar o adversário. Em junho de 1944, Hitler está convencido de que o comando soviético vai lançar uma operação decisiva até a Prússia oriental, com o Vístula assegurando a proteção do flanco esquerdo. Uma ofensiva desse gênero acarretaria a reversão das frentes norte e centro. Mais de metade das forças alemãs do leste cairia na armadilha.

Diante dessa eventualidade e apesar de índices perturbadores na região Vitebsk-Orcha, Hitler reagrupa as Panzers no setor sul da frente de batalha e desguarnece o setor central cujos efetivos caem de um milhão para 400 mil homens, dispondo de uma única divisão blindada de reserva.

A Segunda Guerra Mundial

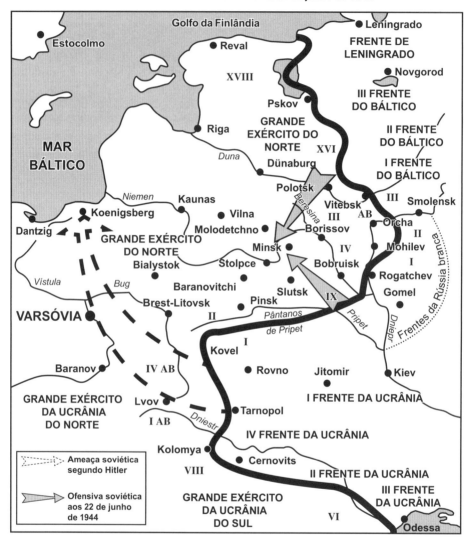

Em 22 de junho de 1944, no âmbito da operação Bagration, o Exército Vermelho conseguia uma vitória decisiva sobre a Frente Central antes de proceder à exploração na direção dos países bálticos e do Vístula. Essa vitória se dava, em parte, pela convicção do comando alemão de que a ofensiva soviética se exerceria da Ucrânia ocidental ao Báltico.

De fato, com o risco de contra-ataques graves nos flancos, o comando soviético renuncia a uma manobra muito promissora. O objetivo é mais limitado: a ruptura da Frente Central, ainda que esta esteja desguarnecida, o que diminuirá a extensão do sucesso. Mesma prudência no outono seguinte. Durante a ofensiva

A impossível guerra-relâmpago

vitoriosa nos Bálcãs, o Exército Vermelho limitará sua penetração na Iugoslávia, mesmo que esta estivesse assegurada pelo apoio dos partidários de Tito. O exército não cortará o eixo Skopie-Sarajevo e permitirá, assim, a retirada do grupo de exércitos Löhr da Grécia e seu restabelecimento na Bósnia. Essa prudência se explica pela lembrança ainda presente das reações alemães durante os meses precedentes.

Desses enganos, destaca-se um ensinamento. Uma ruptura bem-sucedida seguida de uma exploração profunda requer imediatamente a proteção e a limpeza dos flancos. Isso é constatado em fevereiro de 1945 com a chegada das tropas soviéticas ao Oder. Stalin desiste então de um ataque na direção de Berlim provavelmente ao alcance de seus meios. Ele busca aumentar sua base ofensiva e reduzir toda a resistência lateral. Política sábia que, entretanto, conduz a ásperos combates na Prússia oriental, na Pomerânia e na Silésia.

Uma preocupação do mesmo teor ocupa o espírito de Eisenhower por ocasião da preparação do desembarque da Normandia. No momento da ruptura, um avanço em direção ao norte e ao leste da França deverá acompanhar-se da proteção do flanco sul para impedir o adversário de se restabelecer no Sena e no Loire. As tropas aliadas não podem correr o risco de ficar bloqueadas numa espécie de quadrilátero.

Apesar do pronunciamento britânico em favor da continuidade das operações ofensivas na Itália, o comandante em chefe impõe um segundo desembarque na Provença, que completará a manobra principal do norte do Loire. A operação traz ainda uma vantagem logística: pôr à disposição dos exércitos aliados as instalações do porto de Marselha.

Durante a exploração do verão de 1944, após a travessia do Sena, haverá um debate entre Eisenhower e Montgomery cujos ecos continuam até o presente. O comandante em chefe recusará conceder todos os seus meios logísticos a uma grande ofensiva britânica associada a alguns batalhões americanos na direção da Holanda, do norte da Alemanha e de Berlim, pois uma operação dessa ordem implicaria riscos muito prováveis de contra-ataques laterais. Eisenhower preferirá manter-se fiel à concepção estratégica da "frente ampla".[75]

Nos períodos de estabilização, ataques repetidos abrangem geralmente a frente em seu todo. Os soviéticos utilizam esse método no centro e no sul da frente de batalha durante o verão e o outono de 1943. Voltam a fazê-lo durante o inverno e o verão seguintes com as ofensivas à Frente Central, dos países bálticos e dos

---

[75] O debate sobre a "frente ampla" deu margem a uma abundante literatura. Há uma boa síntese em KEEGAN (J.), "Broad front or narrow front", *Second World War*, Purnell and Sons, vol. 8, n. 5.

A Segunda Guerra Mundial

Bálcãs. Os americanos utilizam esse mesmo método no outono de 1944, uma vez chegados às fronteiras do Reich.

Nesses ataques repetidos, trata-se de desgastar o adversário, de esgotar suas reservas antes de atacar de modo mais forte, método que supõe, naturalmente, uma enorme superioridade de meios. Assiste-se assim a uma reedição dos ataques brutais à moda de Foch em 1918. A propósito, curiosamente, a estratégia e os procedimentos táticos de 1943-1945, pelo aumento do poderio de ataque, baseiam-se num encontro inesperado entre Foch (ofensiva generalizada), Ludendorff (ruptura que associa infantaria e artilharia) e Guderian (exploração pelos blindados)!

Última constatação, a vitória mais espetacular não é suficiente para levar ao esgotamento do adversário. O fenômeno de decomposição não mais se produz. Explorando as dificuldades logísticas e o alongamento dos flancos, o inimigo se recupera. O ataque deve ser repetido várias vezes. A decisão, finalmente, só é obtida pela ocupação total do território do Reich e pela neutralização de seus centros de decisão.

Mar contra terra

A Segunda Guerra Mundial não se limita à dialética clássica da luta em terra com ataque e defesa. O conflito põe em jogo potências de dominância marítima e continental. Comparado com o apogeu de 1914-1918, o conflito apresenta uma amplidão verdadeiramente mundial com uma estreita ligação entre três grandes teatros: o Atlântico, o Mediterrâneo e o Pacífico.

O início da guerra leva a uma afirmação surpreendente. Diferentemente do que se poderia esperar da evolução de uma luta, marcada durante três anos por vitórias espetaculares da Wehrmacht, a Alemanha de 1939 não possui de um verdadeiro plano de guerra. Ela só dispõe de um plano de ataque contra a Polônia, que será seguido, no outono, de um outro plano de operações a oeste, improvisado rapidamente antes de passar por profundos remanejamentos durante o inverno.

Há duas razões na origem dessa estranha lacuna. De início, há o erro de cálculo de Hitler, que, em setembro de 1939, em virtude dos acontecimentos de Munique, acreditou na apatia fundamental das democracias ocidentais. A declaração de guerra de 3 de setembro constituiu, para o Führer, uma surpresa desagradável, pois ocorre num momento em que o rearmamento da frota mal começou, reforçando a situação clássica de uma potência continental sem condições de suportar um conflito global de caráter marítimo. Napoleão enfrentara uma situação similar logo após a ruptura da Paz de Amiens sem jamais conseguir superá-la.

Em 1939, a força militar do Reich se limita a um exército com uma centena de divisões – com um sólido núcleo de unidades blindadas e motorizadas – que ainda não foram testadas no combate. Esse exército conta com uma aviação de apoio tático. Entretanto, a Alemanha não dispõe de uma aviação de bombardeio estratégico nem de uma verdadeira frota de combate.

A tonelagem da Kriegsmarine não passa de 250 mil toneladas, um quarto da marinha imperial de 1914, um oitavo das forças navais franco-britânicas de 1939. Em 3 de setembro, o grande almirante Raeder confessa sua impotência:

> No que diz respeito à marinha, a preparação deste outono não é em nada adequada à grande luta contra a Grã-Bretanha... a frota submarina é muito fraca para ter um efeito decisivo. Quanto às forças de superfície, são tão inferiores em número e potência às britânicas que, mesmo se entrarem em ação com todos os recursos, não poderiam fazer mais do que mostrar como se morre corajosamente e abrir assim caminho a uma futura reconstrução... De qualquer modo, a ação das embarcações de superfície não poderá influir decisivamente na resolução do conflito.

As forças navais limitam-se, com efeito, a 3 encouraçados de bolso, 2 cruzadores de batalha, 8 cruzadores pesados ou leves, cerca de 20 destróieres e torpedeiros e 52 submarinos, dentre os quais apenas 20 têm uma capacidade de ação oceânica. Desde o começo do conflito, as exigências de economia acarretam o adiamento da realização do plano Z que previa a construção de 6 encouraçados gigantes, 4 porta-aviões, 25 cruzadores e 225 submarinos. Apenas as embarcações já lançadas, como os navios de linha Bismarck e Tirpitz, serão terminados. Será dada prioridade à construção de submarinos ao ritmo de 25 a 30 por mês. Essa orientação começará a dar resultados somente a partir de 1941-1942.[76]

O III Reich acha-se então condenado a travar uma guerra predominantemente continental. Sua impotência marítima torna-se ainda mais marcante quando a Itália proclama, em 3 de setembro de 1939, sua "não beligerância". A Alemanha se acha, assim, privada da ajuda de uma frota considerável que teria obrigado os Aliados a abrir um teatro mediterrâneo.

A situação se mostra totalmente diferente na Grã-Bretanha, e mesmo na França, o que pode ser surpreendente. Fato inesperado, é o próprio general Gamelin que está à frente de uma estratégia de conjunto, baseada na potência marítima, estratégia elaborada em estreita colaboração com o almirante Darlan nos anos que precedem o conflito. Essa política se fundamenta em postulados ligados, em parte, ao precedente de 1914-1918.[77]

A guerra será longa. Colocará em jogo a totalidade das forças demográficas e econômicas dos beligerantes. Num conflito desse tipo, a Grã-Bretanha e a França deverão explorar ao máximo as vantagens de um trunfo importante, a liberdade dos mares que lhes permitirá impor à Alemanha um bloqueio e tirar o melhor partido dos recursos de seus domínios territoriais ou dos Estados Unidos.

Gamelin não acredita numa decisão na Frente Ocidental. Tendo em vista a importância dos sistemas fortificados e a quantidade dos efetivos, um esforço

---

[76] MASSON (Ph.), "Kriegsmarine", *Dictionnaire de la Seconde Guerre Mondiale*, op. cit.

[77] MASSON (Ph.), "La Marine française et la stratégie alliée", *Deutchsland und Frankreich, 1936-1939*, München und Zürich, Artemis Verlag.

francês ou alemão nesse teatro poderia conduzir a um impasse sangrento, no âmbito de uma "Batalha do Somme melhorada". A derrota da Polônia não modifica em nada essa visão.

O generalíssimo não espera nenhum apoio dos países do leste. A União Soviética permanece um "enigma"; ela está "abalada por sua crise política interior e em larga medida voltada para o Japão no Extremo Oriente". Bem antes da Anschluss, Gamelin já não dá nenhum crédito à Pequena Entente (Tchecoslováquia, Iugoslávia e Romênia), "pronta para desagregar-se no caso de não ter de atuar contra a Hungria". Ceticismo que atinge a Tchecoslováquia antes de Munique e que não poupa a Polônia em 1939. Gamelin nutre uma grande desconfiança com relação ao governo de Varsóvia, cuja "duplicidade" ele assinala em setembro de 1938.

A nota de 8 de setembro de 1939, que anuncia a decisão francesa de não intervir energicamente em favor da Polônia, procede ainda da irritação de Gamelin com um dispositivo militar que não levou em conta conselhos do estado-maior francês e que deveria ter-se baseado num sistema fortificado com apoio no Vístula. A breve demonstração francesa sobre os avanços da linha Siegfried em setembro de 1939 existia em germe desde 1936.

Na primeira fase do conflito, a França deve limitar suas ambições a uma estratégia prudente que lhe permita completar seus armamentos, reforçar suas fortificações, esperar "a reconstituição da potência britânica" e conseguir aliados. Evidentemente, trata-se dos Estados Unidos. As operações ativas só poderão começar, na melhor das hipóteses, a partir de 1941; e ainda assim, no que concerne a uma estratégia periférica. Gamelin é tentado a reeditar, a partir de Salônica, com o apoio da Grécia e da Turquia, e talvez até o da Iugoslávia e da Romênia, a manobra de Frenchet d'Esperey do outono de 1918 – manobra que supõe, entretanto, o domínio do mar, isto é, a resolução do problema italiano em operações ao norte da península e na Líbia.

Essa estratégia tem uma enorme semelhança com a da Grã-Bretanha durante os grandes conflitos dos séculos XVII e XVIII. A esse respeito, Gamelin se mostra muito explícito. Em outubro de 1938, ele considera que "por trás de seu sistema fortificado, a França deve conduzir sua guerra como a Inglaterra por trás da Mancha". Menos de um ano mais tarde, ele acrescenta:

> É preciso que a França se convença da ideia de que, ao abrigo de seu sistema fortificado, como a Grã-Bretanha em sua ilha, e pronta para se defender em todas as frentes, terá talvez de conduzir, fora de suas fronteiras, uma luta do tipo daquela que a Inglaterra travou muitas vezes ao longo de sua história, estando agora pronta para a ofensiva decisiva quando chegar a hora.

Não é de admirar a adesão britânica a esse tipo de guerra, adesão que se sucede a um longo período de incerteza. Nos três anos anteriores ao conflito, Londres hesita entre duas possibilidades: de início, travar uma guerra contra a Alemanha apenas com o apoio americano. Seria então uma luta essencialmente aeronaval, com ênfase na defesa das comunicações e no bombardeio estratégico dos grandes centros industriais do Reich.

A segunda possibilidade diz respeito a um conflito enfrentado em associação com a França, mas com uma sólida reserva. Em consequência das trágicas hecatombes de Flandres em 1917 (resumidas em uma palavra: Passchendaele), que traumatizaram a consciência britânica, o engajamento terrestre seria obrigatoriamente limitado. O rearmamento só abrange, aliás, 50 divisões logo reduzidas a 35. Assiste-se, assim, a um retorno à escola da *blue water*, que dá primazia à luta no mar, em oposição à escola continental, da qual Kitchener havia sido o apóstolo eloquente de 1914 a 1918 com o engajamento de um grande exército na França.

Foi somente na primavera de 1939, após o Golpe de Praga, que Londres optou pela segunda solução. Decisão tardia que explica as reticências manifestadas pela Grã-Bretanha na conclusão de uma cooperação militar com a França. A assinatura de um acordo naval só acontece em 8 de agosto de 1939 em Portsmouth, três semanas antes do início das hostilidades. Comportamento bem diferente do que havia precedido a Primeira Guerra Mundial. A conclusão de acordos militares, por insistência de Londres, já se efetuara em 1912. Um elemento, ou antes, dois, pesaram de maneira determinante no engajamento britânico de 1939: a convicção de Gamelin de um impasse militar total na Frente Ocidental e a qualidade do exército francês.

Diferentemente de 1914, quando prevalece o dogma da guerra breve, a França e a Grã-Bretanha se preparam, em 1939, para uma guerra longa, na qual a potência marítima, as alianças e o bloqueio terão um papel essencial. Numa primeira fase, os dois Aliados se recolherão a uma posição defensiva, à espera do desenvolvimento de suas economias de guerra e de seu potencial militar.

A ideia original na concepção militar francesa de um bastião insular que se apoie numa retaguarda marítima, adotada por Gamelin, deriva em grande parte do pensamento do almirante Castex, encarregado, entre 1936 e 1938, da direção do Colégio de Altos Estudos de Defesa Nacional.

Essa visão deriva também da tomada de consciência da situação econômica e demográfica da França que estará praticamente só, no começo de uma guerra, contra uma Alemanha aliada da Itália. No plano industrial, o potencial francês representa um terço do potencial do Reich. No que concerne à população, a da

França corresponde à metade da Alemanha, menos ainda se forem levadas em consideração as faixas de idade que integram as unidades da ativa.

É de conhecimento de todos que a França só pôde suportar o primeiro conflito graças à ajuda britânica e russa, e que a vitória de 1918 só se concretizou pela participação maciça dos exércitos anglo-americanos. Em julho de 1918, o exército francês representava apenas 41% dos efetivos na Frente Ocidental, e 37% em 11 de novembro. À espera de uma ajuda aliada eficaz, a França deverá então evitar qualquer iniciativa precipitada do gênero dos ataques sangrentos de poucos resultados de 1914-1918. Segundo a fórmula de Gamelin, ela deverá "gerir com prudência seus efetivos", sem "desbastar" inutilmente seu instrumento militar.

Doutrina coerente, em sua aparência. Mas há deficiências que não deixam de ser perceptíveis na escala de uma estratégia que se pretende mundial. Se Castex cai na utopia ao preconizar, no começo do conflito, a transferência do governo para Tlemcen ou para Fez, para que se tenha uma visão global das coisas, o almirante não deixa de ter razão ao destacar a indigência econômica de um império colonial privado de infraestruturas industriais e de verdadeiras bases, com exceção de Bizerte, terrivelmente vulnerável à ameaça aérea italiana. Em 1939, os trabalhos de Mers El-Kebir estão apenas começados. Casablanca e Dacar não dispõem de nenhuma instalação. Saigon se limita a um pequeno arsenal.[78]

Surgem, entretanto, divergências entre os Aliados. O comando francês não parece abalado pela insuficiência da futura participação terrestre britânica, mas manifesta-se bastante reticente à tese do bombardeio estratégico destinado a desmantelar a economia do Reich. Durante toda a *drôle de guerre*, os responsáveis políticos e militares se oporão a que a Royal Air Force tome a iniciativa de ataques aéreos, suscetíveis de provocar severas represálias sobre a população francesa.

Por seu turno, os britânicos, já na conferência de Portsmouth, em 8 de agosto de 1939, exibem sérias reservas sobre a intenção do comando francês "de adiantar-se ao Eixo nos Bálcãs". O plano de Gamelin parece, com efeito, singularmente frágil. Uma única divisão, vinda do Levante e com desembarque em Salônica, pode constituir um elemento catalisador suscetível de mobilizar os exércitos medíocres da Turquia, da Grécia, da Romênia e mesmo da Iugoslávia, e levá-los a enfrentar, senão um ataque italiano, pelo menos uma efetiva ação alemã?

A deficiência fundamental do plano de Gamelin, entretanto, não está aí, mas deriva da esclerose no domínio das ideias táticas. Logo após a queda da Polônia, o generalíssimo atribui à aviação um papel apenas "moral" e não acredita no efeito

---

[78] CASTEX (R.), *Mélanges stratégiques*, Paris, Académie de Marine, 1976, p. 185.

dos blindados em frentes estreitas e fortificadas. Sua estratégia cairá por terra em maio de 1940, não somente em razão da surpresa das Ardenas, mas principalmente em virtude de sua incapacidade de elaborar uma doutrina e construir o instrumento suscetível de reagir à Blitzkrieg. Uma outra razão é sua impotência em impregnar de espírito combativo um exército que demonstrará uma espantosa passividade diante do ataque alemão.

No momento, com exceção de alguns espíritos visionários, como o almirante Castex ou o coronel De Gaulle, ninguém se dá conta dessa falha fundamental, ainda mais considerando que o começo da guerra parece justificar as concepções de Gamelin. Uma calma absoluta reina no teatro do nordeste, como se a Wehrmacht pusesse em dúvida as receitas da campanha da Polônia para obter a decisão nessa frente.

A proteção das linhas de comunicação ainda se acha assegurada, e um bloqueio econômico da Alemanha é posto em prática. A situação aliada parece mesmo mais favorável do que se pensava. Com a abstenção da Espanha, e mais ainda da Itália, o Mediterrâneo fica neutralizado. A guerra naval se limita ao mar do Norte, à Mancha e ao Atlântico.

As marinhas aliadas dispõem, assim, de uma sólida superioridade e não parecem ter muito a temer da pequena marinha alemã. Alguns fatores tendem, entretanto, a reduzir essa distância. A marinha britânica de 1939 apresenta uma fachada imponente, mas envelhecida, cuja qualidade essencial reside no grande valor de seu pessoal, provavelmente superior ao de 1914. Mas, em razão das "férias navais" que, de 1922 a 1937, se caracterizaram por um retardo considerável das novas construções, e também em virtude do atraso do rearmamento cujos efeitos só se farão sentir a partir de 1941-1942, há deficiências que atingem determinadas categorias de embarcações.

A Grã-Bretanha conta com 15 navios de linha, mas somente três deles dispõem do armamento e da velocidade suficientes (os Hood, Repulse e Renown) para interceptar e tomar as 5 embarcações de linha alemãs. Entre estas, aliás, figuram os três "encouraçados de bolso" construídos nos limites teóricos do Tratado de Versalhes, com uma tonelagem que não vai além de 10 mil toneladas (12 mil, na verdade), mas cujo armamento – seis canhões de 280 – ultrapassa os canhões de 203 dos cruzadores pesados de todas as marinhas que aderiram às limitações do Tratado de Washington.

Essa escassez da Royal Navy em navios recentes explica a insistência com que os ingleses, durante as conferências navais, pediam a participação de duas embarcações francesas da classe "Dunquerque" na vigilância do Atlântico para restabelecer o equilíbrio das forças aliadas em navios de linha. Durante a *drôle de guerre*, os ingleses insistirão novamente junto ao almirantado francês para que este apresse a conclusão de seus dois 35 mil toneladas, o Richelieu e o Jean-Bart, de maneira a responder à entrada em serviço dos Bismarck e Tirpitz alemães, num momento em que a construção das embarcações britânicas de mesma categoria está seriamente atrasada.

O almirantado britânico é sensível a essa deficiência em navios de linha, por estar preocupado com o perigo que as grandes embarcações de superfície representam no ataque às linhas de comunicação. A esse propósito, escreve Roskill: "Se nos reportarmos ao treinamento contínuo e às maneiras de pensar características do período entre guerras, parece que a orientação comum era o combate entre navios de superfície e que mesmo a defesa das comunicações comerciais só deveria ser efetuada por embarcações desse tipo."[79]

De fato, estranhamente a marinha inglesa negligencia a ameaça dos submarinos, que se revelará, na realidade, infinitamente mais grave do que a dos navios de superfície. É verdade que a Kriegsmarine de 1939 só dispõe de 57 U-Boote, dos quais apenas 22 têm uma capacidade oceânica. A confiança britânica se baseia nas virtudes do ASDIC,* que é instalado em 200 embarcações no começo da guerra, e no sistema de comboios, conforme os ensinamentos de 1917-1918. A ideia da tática do ataque noturno por comboios formados de grupos de submarinos agindo na superfície e à qual fazia alusão de maneira minuciosa o livro do capitão de marinha Dönitz, *L'Arme sous-marine*, publicado em 1939, passou totalmente despercebida na Inglaterra. E, em 1937, o almirantado não hesitou em escrever no *Shipping Advisory Committee*: "O submarino não estará nunca mais em condições de causar os mesmos problemas que em 1917." A concepção francesa não é diferente. O que ocorre é que, apesar de dispor de um número respeitável de destróieres e de torpedeiros, as duas marinhas não possuem embarcações para a proteção dos comboios. Em setembro de 1939, tem início um programa de construção urgente. Mas os resultados só se farão sentir a partir de 1941-1942.

A arma aérea constitui ainda o primo pobre da Royal Navy em 1939. Essa deficiência se deve à onipotência da Royal Air Force, que negligencia o desenvolvimento do Coastal Command em benefício do Bomber Command e principalmente do Fighter Command. Mesmo no domínio da aviação embarcada (em seis porta-aviões), a ditadura técnica da RAF se traduz na existência de aparelhos totalmente ultrapassados quanto ao seu desempenho. Mas a Royal Navy também

---

[79] ROSKILL (St.), *War at sea*, London, H.M.S., t. I, p. 34.

* N. T.: Trata-se de um dispositivo de detecção antissubmarino.

é responsável pela deficiência da arma aérea, entre outras razões, pela solicitude concedida aos navios canhoneiros e por uma doutrina de utilização que reserva para o avião missões de reconhecimento e de regulagem de tiro. O ataque de navios no mar só é considerado na medida em que permita retardar esses navios para que sejam abordados e capturados por navios de linha ou por cruzadores. Essa doutrina negligencia o bombardeio de mergulho e arma os navios de superfície com uma DCA ridiculamente fraca. Diante da Luftwaffe, vai levar às dolorosas experiências da Noruega e do Mediterrâneo, de 1940 a 1942. A situação da aeronáutica naval francesa é ainda menos invejável, com um único porta-aviões, o Béarn, deixado de lado desde o início do conflito. A embarcação que deve substituí-lo, o Painlevé, entra em serviço somente em 1942.

Um outro gargalo de estrangulamento atinge as construções navais. Com o rearmamento, uma saturação se manifesta nos estaleiros britânicos, cada vez mais grave pelas exigências da guerra. Em consequência de um equipamento ultrapassado e insuficiente, da falta de pessoal qualificado e da semana de 40 horas, o ritmo das construções na França é notoriamente mais lento do que na Itália e na Alemanha, o que compromete a realização do programa naval, como constata Darlan em outubro de 1938:

> É necessário que esse programa seja executado, no mais tardar, nos prazos fixados pelo decreto-lei de 2 de maio de 1938, isto é, antes de 31 de dezembro de 1942. Essa condição implica que nenhuma restrição de orçamento deve entravar as construções em andamento ou projetadas e que a atividade da indústria, dos estaleiros privados ou de nossos arsenais não poderá ser limitada no que concerne ao número de horas de trabalho. Ora, esses atrasos sofridos pelas construções em andamento são inadmissíveis. Nada do que foi feito há vários meses para impedir a extensão desses atrasos foi eficaz, e o prazo legal de 31 de dezembro de 1942 corre o sério risco de não ser respeitado.

Essas deficiências franco-britânicas serão, em grande parte, compensadas, como os dez primeiros meses da guerra mostrarão, pela qualidade das transmissões, do treinamento e do valor do pessoal. As tripulações francesas provarão não somente ter disciplina, mas também coragem e entusiasmo, e exibirão um estado de espírito bem diferente do observado no pessoal dos arsenais e, sobretudo, da marinha mercante. A Royal Navy, associada à marinha francesa, constitui um grupo coerente e homogêneo. Entretanto, as forças navais aliadas de 1939 não têm um contingente numeroso e seriam solicitadas ao extremo se tivessem de sustentar, sozinhas, uma guerra de longa duração contra as frotas do Eixo. Elas devem atender à enorme tarefa de defesa das linhas de comunicação, enquanto a marinha alemã pode concentrar o essencial de suas forças no ataque. As frotas franco-britânicas se apoiam ainda numa base industrial muito reduzida, com deficiências marcadas pelas exigências da guerra. E já em 1939, a ajuda dos Estados Unidos parece indispensável.

Essas lacunas são mais acentuadas porque o começo da guerra contradiz as predições. Contrariamente às inquietações britânicas e à esperança de Raeder, os grandes navios de superfície obtêm resultados insignificantes na guerra ao comércio marítimo. Quando foi a pique, em 17 de dezembro de 1939, no rio da Prata, o encouraçado de bolso Admiral Graf Spee só havia abatido, em três meses de cruzeiro, uma dezena de navios.

Em contraste, os submarinos alemães confirmam as esperanças de seu chefe, o almirante Dönitz, e mostram-se notavelmente eficazes, apesar do sistema de comboios e do sonar. Acontecem vários torpedeamentos de grande repercussão, como o do encouraçado Royal Oak ancorado em Scapa Flow ou do porta-aviões Courageous, ao longo da Irlanda. Dönitz experimenta ainda, com sucesso, a tática da alcateia, dos ataques noturnos na superfície de grupos de submarinos. Em razão do escasso número de embarcações operacionais, os Aliados mantêm suas ligações durante o inverno com perdas suportáveis.

O comando aliado, entretanto, estuda a possibilidade de operações periféricas. Por ocasião das conferências franco-britânicas no inverno, o almirante Darlan se mostra partidário de uma "estratégia dinâmica suscetível de romper o equilíbrio atual", estratégia que se impõe ainda mais porque o bloqueio, diferentemente do que ocorreu na Primeira Guerra Mundial, mostra-se ineficaz apesar do controle da navegação neutra.[80]

Na perspectiva de um conflito, o Reich acumulou estoques de produtos estratégicos e aplicou-se em desenvolver indústrias de síntese que trabalhavam particularmente com a borracha e com os combustíveis. Através de acordos de troca com alguns países balcânicos, com a Romênia, em particular, a Alemanha recebe produtos alimentícios e petróleo. Em novembro de 1939, a assinatura de um tratado de comércio com a União Soviética constitui uma nova brecha importante no sistema de bloqueio. Em troca de objetos manufaturados e de sistemas de armas, o Reich recebe, assim, produtos do petróleo, manganês e cereais. Por intermédio da URSS, também transitam em direção à Alemanha produtos do Extremo Oriente fornecidos pelo Japão. E graças ao domínio do Báltico, o Reich se alimenta com toda a liberdade de mineral de ferro sueco.

Essa situação incita o almirante Darlan a preconizar, diante da inviolabilidade da frente do nordeste, "manobras de ala" destinadas "a privar a Alemanha de tudo

---

[80] Sobre Darlan e a estratégia periférica, COUTAUT-BEGARIE e HUAN (Cl.), *Darlan*, Paris, Fayard, 1989, p.194 e ss.

o que ela ainda recebe dos países neutros que a cercam". Uma primeira manobra poderia abranger o Mediterrâneo oriental. Mas, diante da atitude duvidosa da Itália, estão excluídas, no momento, operações nos Bálcãs com o suporte eventual da Grécia e da Turquia.

O comando aliado estuda, entretanto, a possibilidade de uma ocupação do Cáucaso em conexão com os turcos ou a possibilidade de um bombardeio dos poços de petróleo ou das refinarias de Baku. Partindo do Iraque, aparelhos britânicos efetuam reconhecimentos sobrevoando a região. Uma operação desse tipo contribuiria indiretamente para um forte golpe contra a economia do Reich.

O pacto de Moscou e a agressão contra a Finlândia desencadeada pela União Soviética em 30 de novembro de 1939 ofereceriam uma cobertura moral a essa manobra de ala, que apresentaria, contudo, o inconveniente de estreitar os laços entre a URSS e a Alemanha e de dar ao conflito uma orientação preocupante.

O ataque contra a Finlândia, cuja espantosa resistência causa uma admiração quase geral, suscita ainda, ao que parece, uma outra operação que visa, dessa vez, à Escandinávia. No começo de 1940, ingleses e franceses preparam o envio de um corpo expedicionário ao norte da Finlândia pelo porto de Petsamo. Reúnem-se unidades em Brest e na Escócia.[81]

A intervenção teria dois objetivos: aliviar as tropas finlandesas pela participação de 50 mil soldados na luta contra o Exército Vermelho; e ocupar simultaneamente as minas de ferro de Kirkenes no norte da Suécia, das quais uma parte da produção é exportada para a Alemanha. Segundo a opinião de especialistas e, em particular, do industrial Thyssen, que fugiu da Alemanha nazista, "a vitória pertencerá àquele que puder apoderar-se das reservas de minério de ferro". O Tratado de Moscou de 12 de março, que põe fim à guerra fino-soviética, condena esse projeto.

A ideia de uma intervenção na Escandinávia, entretanto, é retomada dias depois e vem a receber o apoio de Winston Churchill, do primeiro lorde do Almirantado e de Paul Reynaud, que acaba de suceder a Daladier na chefia do governo francês. A operação atinge, dessa vez, a Noruega e principalmente a rota invernal do ferro. Durante a estação fria, com o gelo no golfo de Bótnia, as exportações de minério efetuam-se por Narvik e ganham os portos alemães pelo mar do Norte. Desde setembro de 1939, o tráfego se dá ao abrigo das águas territoriais norueguesas.

Segundo o roteiro adotado pelos Aliados, campos minados nessas águas obrigariam os cargueiros alemães a passar longe da costa e, desse modo, eles seriam facilmente interceptados. A ação naval seria acompanhada de um desembarque em

---

[81] KERSAUDY (F.), *1940, La Guerre du fer*, Paris, Tallandier, 1987, c. I.

Narvik, prelúdio indispensável a uma operação na direção de Kirkenes. A operação começa aos 7 de abril com a instalação dos primeiros campos de minas.

A expedição da Escandinávia leva, desde o começo, a dois equívocos. De início, os países escandinavos se recusam a associar-se a uma operação suscetível de causar uma reação alemã. Em 9 de abril, os franco-britânicos enfrentam uma reação alemã de uma extraordinária audácia, que constitui uma obra-prima da arte militar. A campanha começa com uma batalha fortuita. Em 24 horas, a Wehrmacht ocupa a Dinamarca, manda tropas para os principais portos noruegueses e apodera-se de Oslo. A Noruega é literalmente tomada de assalto. Os transportes das tropas se efetuaram a partir de navios de guerra ou de cargueiros camuflados, num momento em que a frota britânica encontrava-se no mar.

O ataque alemão se realiza no âmbito da operação Weser planejada em menos de seis semanas. A operação põe em jogo a totalidade dos meios da Kriegsmarine – 1,5 mil aviões de combate e 6 divisões –, revelando a potência e a eficácia da Wehrmacht, e as preocupantes deficiências dos Aliados.

Sob os ataques da Luftwaffe, as forças navais franco-britânicas sofrem perdas importantes. Os desembarques de Namsos e de Andalnes acabam em confusão, e a evacuação deve acontecer já ao final de abril. O único êxito ocorre no setor de Narvik. A cidade é ocupada em 28 de maio. Mas, diante do andamento desastroso da Batalha da França, o reembarque é efetuado duas semanas depois.

Ao ocupar a Noruega, o Reich acaba por adquirir uma vantagem estratégica mais expressiva, que justifica perdas navais sensíveis. A Kriegsmarine dispõe então de uma "varanda" sobre o Atlântico e não está mais isolada no sul do mar do Norte, como tinha ocorrido em 1914-1918. Quanto à Luftwaffe, a partir da Noruega meridional acha-se em condições de atacar o norte das ilhas britânicas.

Mas o acontecimento mais importante que vai abalar toda a orientação do conflito tem lugar algumas semanas depois. Correndo um risco enorme, que nunca é suficientemente assinalado, Hitler desencadeia o ataque a oeste, deixando apenas umas poucas divisões na fronteira oriental diante da União Soviética... A aposta se revela vantajosa. O ataque a oeste não resulta numa nova Batalha do Marne, nem numa derrocada comparável à de 1914-1918, e menos ainda numa intervenção soviética.

A queda da França, obtida em menos de seis semanas, acarreta o desmantelamento da estratégia elaborada por Gamelin e adotada com entusiasmo pela Inglaterra. Com isso, todas as condições do conflito se acham modificadas. A Segunda Guerra Mundial assume sua verdadeira face. Ela não será a reedição da primeira. Serão necessários quatro anos de duros combates para restabelecer o teatro ocidental.

Enquanto isso, o desenlace desastroso da campanha da França provoca, no mundo, um profundo assombro. Os Estados Unidos ficam privados de sua principal linha de defesa a leste. A União Soviética se acha brutalmente confrontada com uma Alemanha que se tornou, em menos de seis semanas, a potência dominante da Europa. Por um instante, Stalin planeja uma mobilização e um ataque ao Reich no momento em que a Wehrmacht ainda se acha ocupada na França. Mas, diante do desenrolar acelerado dos acontecimentos, o Kremlin renuncia a esse projeto.

Para a Grã-Bretanha, o golpe não poderia ser pior. Ela é brutalmente privada de seu aliado no continente no momento em que deve enfrentar um novo adversário, a Itália, que entrou em guerra em 10 de junho. Essas circunstâncias, entretanto, nada têm de novo; são comparáveis com as dos grandes conflitos dos séculos XVII e XVIII. A Inglaterra se defronta com um adversário que é senhor da costa da Mancha e da fachada atlântica, estando diante de um risco de intensificação dos ataques aéreos e sobretudo de uma ameaça de invasão.

Essa situação, contudo, não é tão crítica quanto tem sido frequentemente representada. A Grã-Bretanha beneficia-se do suporte de uma "retaguarda" imponente, com os domínios territoriais e principalmente com os Estados Unidos, graças a um compromisso pessoal de Roosevelt, decidido a trazer o máximo de apoio compatível com o isolacionismo e as regras de neutralidade – outros trunfos. Apesar de ter cometido um engano, a resolução britânica está, mais uma vez, intacta. Sob o impulso de Winston Churchill, a Inglaterra está decidida a resistir, e o drama de Mers el-Kebir está à altura de uma tenacidade mais uma vez legendária.

Mesmo que seu exército se ache reduzido e desorganizado, a Inglaterra tira partido da vantagem de uma posição insular, garantida pela marinha e por uma aviação que soube preservar, com razão, durante a campanha da França. A salvação virá, uma vez mais, do mar, associado pela primeira vez ao espaço aéreo.

E como última vantagem, há o despreparo alemão no âmbito de uma situação clássica. Hitler é, de certa maneira, prisioneiro de sua vitória. Depois de tantos outros, Filipe II, Luís XIV, Napoleão, ele se acha diante do problema quase insolúvel de improvisar um desembarque, sem dispor do domínio do mar. Logo após a vitória sobre a França, o OKW elabora o plano Seelowe. Vinte divisões serão lançadas na costa sudeste da Inglaterra. Com a impotência da Kriegsmarine, o papel principal caberá à Luftwaffe. Depois de neutralizar a aviação de caça britânica e rechaçar as forças ligeiras da Royal Navy, ela garantirá a proteção da passagem.[82]

Essa missão, decisiva, tem início em 8 de agosto de 1940. Após um mês de esforço, o resultado está longe de ser alcançado. A Luftwaffe não pode adquirir

---

[82] "Seelowe", *Dictionnaire de la Seconde Guerre Mondiale*, op. cit.

Mar contra terra

a superioridade aérea. Ao longo da segunda quinzena de setembro, a operação Seelowe é adiada e depois anulada. A Batalha da Inglaterra se resolve por uma vitória britânica. O "perturbador continental", segundo a expressão do almirante Castex, acaba de demonstrar mais uma vez sua incapacidade diante da potência insular e marítima.

De todo modo, o êxito estava longe de ser alcançado. Mesmo que tenha adquirido a superioridade aérea, a Luftwaffe teria conseguido neutralizar os grupos de destróieres reunidos na Mancha? Mais ainda, segundo um fenômeno igualmente clássico, a Wehrmacht não pôde resolver o problema sempre subestimado da frota de transporte. Diferentemente do que pensava um Manstein, que assimilava a travessia do Pas-de-Calais à de um grande rio, seria necessário um tempo abençoado pelos deuses para conseguir a passagem das divisões alemãs a bordo de simples embarcações renanas de fundo chato, requisitadas para a operação. Seelowe baseava-se numa enorme improvisação, comparável às chalanas do duque de Parma no episódio da Armada ou no das embarcações de fundo chato da flotilha de Boulogne em 1805, objeto de comentário de um almirante britânico: "Não posso dizer que elas não virão, mas o que eu posso afirmar é que não virão pelo mar!"

Segundo uma fórmula ainda habitual, a guerra toma então a feição de uma luta de usura. Durante o outono e o inverno, a Luftwaffe empreende ataques noturnos contra Londres e contra os grandes centros industriais das Midlands, sem conseguir desorganizar a economia nem abater o moral da população.

No mar, a Kriegsmarine prossegue a batalha das comunicações com uma nova vantagem. No verão de 1940, navios de superfície e submarinos operam diretamente no Atlântico a partir das bases francesas de Brest, Lorient, Saint-Nazaire ou La Pallice. Os resultados obtidos pelas grandes embarcações continuam medíocres. Após a destruição do Bismarck em maio de 1941 e os ataques da RAF contra os portos franceses, o comando alemão recolhe suas unidades pesadas no início de 1942 para o norte da Noruega, fora do alcance da aviação britânica.

Durante o inverno de 1940-1941, entretanto, a Luftwaffe alcança resultados no ataque aos portos da costa ocidental da Inglaterra. Mas ela não dispõe de aviões com grande raio de ação, exceto alguns Focke Wulf, 200 Kondor que operam no litoral entre Bordeaux e Stavanger. A ofensiva aérea acaba por interromper-se na primavera de 1941 com o reagrupamento da Luftwaffe nos Bálcãs e principalmente na Frente Oriental.

O essencial da Batalha do Atlântico se baseia, então, nos U-Boote. Dois elementos favorecem a guerra submarina: a utilização das bases do Atlântico e a falta de escolta da Royal Navy, privada do suporte da marinha francesa e obrigada a assumir novas responsabilidades no Mediterrâneo.

Os resultados obtidos pelos U-Boote durante o ano de 1940, no entanto, parecem medíocres, com 2,5 milhões de toneladas de navios afundados. Essa situação

149

está associada à deficiência relativa do número de submarinos operacionais, que não vai além de trinta. Tem a ver também com a qualidade das escoltas britânicas. E, mais ainda, com a ajuda dos Estados Unidos no âmbito de uma guerra não declarada. Desde o outono de 1940, essa ajuda se manifesta com a entrega de 50 velhos destróieres à Royal Navy, em troca de bases navais nas Caraíbas, e com o estabelecimento de uma zona de neutralidade que cobre o Atlântico ocidental e confina a batalha à parte oriental do oceano, onde os ingleses estão em condições de concentrar a totalidade de seus meios.

A luta se desenrola também no Mediterrâneo. Logo após a queda da França, esse teatro constitui em princípio o feudo da Itália. Mussolini pretende travar uma "guerra paralela" à da Alemanha e estabelecer a hegemonia italiana sobre o grande mar interior.

Sob o impulso de Churchill, sempre fascinado pelo teatro do Mediterrâneo, a Grã-Bretanha decide aceitar o desafio, apesar da França e de uma ameaça de invasão. O plano traçado às vésperas do conflito é abandonado. Não se trata mais de sacrificar Malta, de transferir a conexão Grã-Bretanha-Oriente Próximo para a rota do Cabo ou a via aérea Freetown-Cartum por Takoradi. Duas esquadras tomam posição em pontos opostos do Mediterrâneo, em Gibraltar e em Alexandria. Tendo uma força comparável, ambas comportam um porta-aviões, dois ou três navios de linha e um conjunto de cruzadores e de destróieres.

A decisão de Churchill parece preocupante, tendo em vista a desigualdade das forças. Com 550 mil toneladas, a marinha italiana alinha 6 encouraçados recentes ou altamente modernizados, 7 cruzadores pesados, 24 cruzadores leves, 50 contra-torpedeiros e torpedeiros e uma centena de submarinos. A "Régia Aeronáutica" dispõe de 2 mil aviões de combate, e o exército conta com um potencial de 8 milhões de homens. A posição central da Itália, que lhe permite, em princípio, comandar a rota Gibraltar-Suez, e a possessão da Líbia, excelente plataforma operacional na direção do Egito e do Oriente Próximo, são vantagens adicionais.

Uma série de fatores inesperados, que ninguém havia previsto antes da guerra, finalmente irá justificar a opção audaciosa de Churchill. Desde o outono de 1940 que a Grã-Bretanha se beneficia das incoerências da estratégia de Mussolini e das deficiências insuspeitas das forças italianas. Logo no começo do conflito, o Duce não se dispõe a tomar Malta num momento em que a ilha se acha praticamente desarmada. Na África, o exército de Graziani desencadeia uma ofensiva a partir da Líbia, a qual dura pouco, após uma progressão de cerca de 100 km, por falta de audácia e em razão de dificuldades logísticas. O ataque contra a Grécia, aos 28 de outubro de 1940, fracassa de imediato. Sob violentas reações helênicas, as tropas italianas se veem envolvidas numa dura campanha de inverno nas montanhas da Albânia.

Simultaneamente, a Royal Navy consegue suplantar a frota italiana. Ela permite o reforço de Malta – promovida à função de base ofensiva contra a ligação Itália-Líbia – e ainda protege, até o final de 1940, a passagem de grandes comboios do oeste para leste, destinados a constituir, no Egito, um exército importante em condições de operar na Líbia ou no Mediterrâneo oriental.

Melhor ainda: em 11 de novembro de 1940, um ataque aéreo noturno contra a base de Tarento, lançado por aparelhos do porta-aviões Illustrious, resulta no abate de três encouraçados, a metade do corpo de batalha italiano, e obriga o restante da frota a recuar para Nápoles e La Spezia. Esses episódios mostram a condição de subequipamento do exército italiano, da ausência de ligação entre a frota e a aviação e da circunspecção excessiva do comando naval. O moral deixa ainda a desejar. O povo italiano mostra-se cético diante dos objetivos políticos grandiosos do Duce.

Além da defesa da própria Inglaterra e do desenvolvimento de uma aviação estratégica destinada a operar contra a Alemanha, o Mediterrâneo constitui, para a Grã-Bretanha, um teatro onde ela, enfim, tem condições de obter vitórias após as derrotas de Noruega ou de Flandres. Teatro de dois gumes, entretanto. Até 1943, o Mediterrâneo vai absorver continuamente meios consideráveis. Essa prioridade suscita inquietações desde 1941. Na visão de Churchill, esses reforços efetuam-se em detrimento do Extremo Oriente, reduzido a recursos mínimos.

Por outro lado, os excessos italianos acabam por desencadear uma intervenção alemã logo no início de 1941. Acabam-se as hesitações de Hitler, que, desde julho de 1940, demonstra uma estranha prudência para com o Mediterrâneo, apesar das solicitações do OKW e da marinha. Depois da derrota na Batalha da Inglaterra, Jodl e Raeder planejam várias combinações. Um ataque contra Gibraltar em conexão com a Espanha daria a vantagem evidente de trancar o Mediterrâneo.

Uma operação muito mais abrangente poderia ser iniciada através da Anatólia em direção ao Oriente Médio, com ou sem o suporte da Turquia. Isso traria a vantagem da ocupação das reservas de petróleo do Iraque, assim como de comandar o golfo Pérsico e Suez. Odl também não descarta a ideia de tomar posse de surpresa dos arquipélagos do Atlântico, das Canárias, das ilhas de Cabo Verde ou dos Açores.[83]

Esses projetos são descartados pelo Führer, não por incompreensão de problemas geoestratégicos, mas por razões militares ou políticas. Uma invasão das ilhas do Atlântico, mesmo sendo bem-sucedida, provocaria uma reação britânica, e mesmo

---

[83] HILLGRUBER (M.A.), "La Politique et la stratégie de Hitler dans le bassin méditerranée", em *La Guerre en Méditerranée*. C. N. R. S., 1971, p. 139.

americana, e tornaria impossível o abastecimento das tropas desembarcadas. Na hipótese de uma manobra na direção do Oriente Médio, o suporte da Turquia não é seguro, e a atitude da URSS parece muito ambígua. Somente a operação contra Gibraltar é que será considerada. Mas o projeto é abandonado diante das reticências de Franco, pouco após a entrevista de Hendaya em outubro de 1940.

Hitler se decide finalmente por uma intervenção limitada, com o objetivo de evitar um enfraquecimento da Itália. Essa intervenção se traduz no envio de cerca de vinte submarinos para o Mediterrâneo, do 10º batalhão aéreo do general Kesselring para a Sicília e das duas divisões do Afrikakorps de Rommel que desembarcam em Trípoli em janeiro-fevereiro de 1941. Apesar da mediocridade relativa desses meios, a situação é decidida em algumas semanas. Malta é neutralizada pela Luftwaffe. Os britânicos são rechaçados no Egito, e Tobruk é cercada.

Essa recuperação espetacular deve-se à superioridade tática alemã, à espantosa habilidade de manobra de Rommel e à vontade intempestiva de Churchill de restabelecer, contra o Eixo, uma frente balcânica. A partir de janeiro de 1941, unidades aéreas são enviadas à Grécia, seguidas de um corpo expedicionário que acaba por reunir 60 mil homens. Todos esses indivíduos foram retirados das tropas que operavam no Egito e na Líbia.

Os primeiros desembarques ocorrem em Creta e depois no Pireu. Pela primeira vez após Dunquerque, tropas britânicas põem o pé no continente. Simultaneamente, Londres, curiosamente inspirando-se nos planos franceses do verão de 1939, exerce uma forte pressão sobre a Iugoslávia e a Turquia. Os meios britânicos não estão, entretanto, em condições de manter uma política tão ambiciosa.

A reação alemã, que tem início em 6 de abril de 1941, é fulgurante. A sorte da Iugoslávia é decidida em cinco dias, e a da Grécia em menos de três semanas. A campanha se encerra com a ocupação de Creta por meio de uma audaciosa operação aeroportuária que dá à Luftwaffe a possibilidade de ameaçar diretamente o Egito e o canal de Suez. Utilizando ainda a Síria de Vichy como transição, o Reich dá apoio à revolta de Rachid Ali no Iraque. Todas as posições britânicas do Oriente Médio parecem ameaçadas.

A Grã-Bretanha consegue limitar os estragos. A revolta de Rachid Ali é contida, a Síria e o Líbano ocupados após uma dura resistência das tropas de Vichy. Mas apesar desse restabelecimento local, a situação britânica continua preocupante. Pode-se temer uma operação aérea contra Chipre ou uma retomada da ofensiva de Rommel na direção do Nilo com meios reforçados.

Na realidade, Hitler está, mais do que nunca, convencido da incapacidade do Mediterrâneo em retirar a guerra do impasse em que se encontra. A impotência é recíproca. O Reich se revela incapaz de desembarcar na Inglaterra, enquanto a

152

Grã-Bretanha não pode voltar a pôr o pé no continente. Seguindo a fórmula anglo-saxônica, assiste-se a um novo episódio da luta do elefante e da baleia.

Por outro lado, o tempo trabalha contra a Alemanha com o incremento da potência da URSS e principalmente com a intervenção crescente dos Estados Unidos no conflito. Em razão de intervenção se manifesta no plano militar no Atlântico, onde a zona de neutralidade passa pelo 26º meridiano, e mais ainda no plano econômico. Em razão de uma ajuda material maciça, a América constitui agora, mais do que os domínios territoriais, a retaguarda da Grã-Bretanha. Desde março de 1941, essa ajuda se materializa num empréstimo que assegura o reerguimento de um crédito britânico esgotado.

O desencadear da operação Barbarossa parece então constituir o único meio de resolver a situação. Abatendo a URSS numa única campanha, Hitler busca afastar uma ameaça, ocupar o espaço vital necessário e assentar definitivamente a hegemonia alemã na Europa. Senhor do Velho Continente, o Reich estará em condições de desafiar a potência anglo-americana no âmbito de uma luta que se tornou intercontinental.

Para a Grã-Bretanha e mesmo para os Estados Unidos, o ataque de 22 de junho de 1941 não traz mais do que um imenso alívio. A ameaça alemã se volta para o leste. Isso também significa um retorno a uma situação tradicional. A Inglaterra reencontra um aliado privilegiado no continente. Uma nova estratégia se torna possível. Antes de mais nada, conceder uma ajuda material à União Soviética. Os primeiros comboios com destino a Murmansk partem da Escócia já no mês de agosto.

Conservando as comunicações vitais com os domínios territoriais do Império e com os Estados Unidos, a Grã-Bretanha deve poder empreender operações anfíbias no entorno do continente europeu, no âmbito de uma habitual estratégia periférica. Trata-se da doutrina da *blue water*. Simultaneamente, Londres conta atiçar as resistências e intensificar os bombardeios estratégicos sobre o Reich de maneira a enfraquecer seu moral e sua economia.

Os Estados Unidos associam-se à ajuda levada à URSS, aceita como beneficiária do empréstimo desde o outono de 1942. Roosevelt dá mais um passo na guerra não declarada. Tropas americanas substituem as forças britânicas na Islândia. A partir de setembro de 1941, uma força-tarefa, composta de um porta-aviões e dois encouraçados da US Navy, vigia a saída do estreito da Dinamarca, suscetível de ser utilizado pelo Tirpitz, o *sistership* do Bismarck, para penetrar no Atlântico. A marinha americana garante ainda a escolta dos comboios com destino à Islândia. Em resumo, uma intervenção crescente que limita consideravelmente as possibilidades de ação dos U-Boote. A carga afundada em 1941

A Segunda Guerra Mundial

é inferior à do ano anterior, mesmo que o número de submarinos operacionais tenha aumentado.[84]

Logo após o ataque japonês de Pearl Harbor, em 7 de dezembro de 1941, a guerra toma uma nova dimensão e torna-se verdadeiramente mundial. Com a declaração de guerra da Alemanha e da Itália, os Estados Unidos mergulham no conflito. O pressentimento de Churchill – em 1940 – confirma-se então. A Inglaterra parece definitivamente salva, ainda mais porque a agressão japonesa intervém no momento da derrota alemã diante de Moscou. Por ocasião da conferência Arcadia em Washington, 15 dias após Pearl Harbor, ingleses e americanos decidem combinar seus esforços para conseguir antes a derrota da Alemanha, seguindo o princípio *Germany First*.

Entretanto, contrariamente às expectativas, a extensão do conflito e a entrada dos Estados Unidos na luta vão traduzir-se, inicialmente, em profundas desilusões. O ano de 1942 será, para a América, e para a Grã-Bretanha em particular, o ano mais duro da guerra, marcado por derrotas importantes. Várias razões estão na origem de uma situação aparentemente paradoxal, que reflete, na realidade, a estreita interdependência que vai se manifestar até 1945 entre o teatro do Pacífico e o teatro europeu.

Pearl Harbor surpreende as forças americanas num estado de despreparo total. Diante do agravamento das ameaças, a recuperação foi muito tardia e só começou verdadeiramente no verão de 1940, após a queda da França. A supressão da principal linha de defesa americana incita Roosevelt e o Congresso a empreender um rearmamento maciço. Mas os efeitos só começarão a se fazer sentir a partir do verão de 1943, ainda mais porque haverá atrasos, ligados ao trabalhoso desenvolvimento das indústrias de guerra. Apesar de seu enorme potencial demográfico e econômico, os Estados Unidos finalmente abordam o conflito com uma marinha envelhecida, uma aviação limitada a 2,5 mil aparelhos de combate e um exército em plena reorganização, incapaz de alinhar mais do que cerca de 15 divisões, das quais muitas em pleno treinamento.

Esse despreparo está na origem de uma incrível série de desastres no Pacífico. Constata-se então a que ponto os meios políticos e militares subestimaram a potência nipônica. Até Pearl Harbor, reina a convicção de que o Japão, ocupado na China, é incapaz de uma ação exterior de envergadura. O plano Orange elaborado entre as duas guerras pelo comando americano prevê no máximo uma ação nipônica contra as Filipinas, desencadeando uma reação do corpo de batalha da

---

[84] ABBAZIA (P.), *M. Roosevelt Navy*, op. cit.

154

US Navy, seguida de um segundo Jutland. Trata-se de uma manobra singularmente aleatória, tendo em vista a imensidão do Pacífico e a ausência de bases americanas em Guam ou nas Filipinas. De fato, nas vésperas da ruptura de dezembro de 1941, Roosevelt e o secretário de Estado Cordell Hull estão convencidos de que uma eventual ameaça nipônica se limitaria ao istmo de Kra e à Malásia...[85]

Essa convicção da irremediável deficiência japonesa está na origem das desventuras do adido naval americano em Tóquio. Seus relatórios a respeito de novos torpedos com motor a oxigênio, a reforma dos cruzadores da classe Mogami ou a aparição do caça embarcado Zero enfrentaram um ceticismo geral. O oficial foi aconselhado a mudar de informantes.[86]

Ao despreparo dos Estados Unidos acrescenta-se o da Grã-Bretanha. Desprezando repetidas solicitações, Churchill se opôs à expedição de reforços em homens, e sobretudo em material, para Cingapura e para a Malásia. Durante todo o ano de 1941, o fornecimento de aviões ou de tanques se faz unicamente para o Oriente Médio e para a União Soviética; a única reação do primeiro-ministro britânico limitou-se, no fim do ano, ao envio a Cingapura de dois navios de linha, Prince of Wales e Repulse, sem o suporte de um porta-aviões.

Nas vésperas do ataque de Pearl Harbor, Roosevelt e Churchill, no entanto, estão convencidos de que essa força naval, associada à presença do grosso da frota americana no Havaí e à organização da defesa das Filipinas por MacArthur, constitui um meio de dissuasão suficiente para evitar que os japoneses sejam tentados a lançar-se numa aventura que está muito além de suas forças.

O despertar é brutal. Em menos de seis meses, para assombro geral, os japoneses derrotam todo o sudeste asiático. Apoderam-se de Hong Kong, da Malásia, de Cingapura e da Birmânia. Ocupam as Filipinas, as Índias Holandesas e estabelecem no Pacífico Central um perímetro defensivo que se estende de Guam à Nova Guiné. Enquanto o almirantado japonês contava sacrificar, em suas operações, um terço de sua marinha, as perdas são ínfimas. Limitam-se a 15 mil homens, algumas unidades leves, uma dúzia de submarinos e 400 aviões. Ao longo da conquista da "esfera da coprosperidade", os japoneses exibiram uma notável habilidade no domínio das operações combinadas, adquirida na China. A vitória deve-se ainda à qualidade de determinados materiais, principalmente da aviação embarcada, e ao rigor do treinamento, em particular no combate noturno. Deve-se, sobretudo,

---

[85] MAJOR (J.), "The navy plans for war, 1937-1941", em In peace and war, Wesport, Connecticut, Greenwood Press, 1984.

[86] YOUNG (Howard), "Racial attitudes and the US Navy's unpreparadness for war with Japan", em Naval History, Baltimore, the Nautical and Aviation Publishing, 1985.

A Segunda Guerra Mundial

à coesão, à combatividade excepcional dos homens. O caso é particularmente sensível no exército que só possui tanques leves e um material que em geral do final da Primeira Guerra Mundial.

Diante de tudo isso, a potência japonesa atinge seu apogeu no início de 1942. A marinha imperial é nitidamente superior à US Navy. Dispõe de 11 navios de linha contra 3, 11 porta-aviões contra 4, 40 cruzadores contra 20 e 125 destróieres contra 80. Mas o conflito acha-se às vésperas de uma reviravolta importante que vai demonstrar uma vez mais o caráter fascinante e irracional da batalha e da marcha dos acontecimentos.

Surpreendido pela amplidão de sua própria vitória, o comando japonês hesita, na primavera de 1942, sobre a estratégia a seguir. Deve ele isolar-se na defensiva ou lançar novas operações, com o objetivo de chegar ao engajamento decisivo suscetível de destruir os restos da frota americana do Pacífico e de provocar uma eventual solução negociada? Três possibilidades são sucessivamente exploradas.[87]

Uma ofensiva no oceano Índico com a ocupação do Ceilão permitiria constituir uma ameaça à navegação aliada do golfo Pérsico e do mar Vermelho e levar a uma eventual cooperação militar entre as forças nipônicas e as do Eixo. Uma outra ofensiva poderia abranger a Nova Guiné, as ilhas Salomão e a Austrália. Esses dois projetos são descartados pelo exército, que invoca a falta de meios de transporte e de efetivos. O estado-maior se recusa a desguarnecer a China e a enfraquecer o exército de Kwantung (Manchúria), que exerce uma ameaça sobre a URSS. Com essa ameaça, ele espera aliviar a pressão do Exército Vermelho sobre a Wehrmacht num momento em que esta se encontra em situação delicada. Em seguida, logo após Stalingrado, principalmente, o estado-maior contará com o exército de Kwantung para conseguir uma solução de conciliação entre a URSS e o III Reich – solução que permite aos alemães intensificar sua luta contra os anglo-saxões em benefício do Japão.

A terceira possibilidade recomendada pelo almirante Yamamoto, o comandante da "frota combinada", isto é, da marinha imperial, diz respeito a um desembarque nas ilhas do Havaí. Independentemente das reservas do exército, essa possibilidade se choca com as reticências do estado-maior da marinha, que não acredita numa segunda surpresa e teme as reações das baterias de costa e da aviação americana.

O plano adotado finalmente é muito mais limitado; consistiu na ocupação de Nova Guiné e das ilhas Salomão e num desembarque em Midway. Essa última operação, pela ameaça sobre Pearl Harbor, parece suscetível de levar a frota americana ao combate. A estratégia vai conduzir às primeiras grandes batalhas aeronavais travadas "além do horizonte" pelos grupos de porta-aviões.

---

[87] KENNEDY (Paul), "Japan's strategic decisions", *Second World War*, Purnell and Sons, vol. 8, n. 3.

Mar contra terra

A primeira, no mar de Coral, de 5 a 8 de maio, termina por uma meia-vitória japonesa. Em compensação, a segunda, travada um mês depois, de 4 a 7 de junho, conclui-se com uma grave derrota, a primeira desde o início do conflito. Em Midway, os americanos ganham a batalha que perderiam caso prevalecesse sua inferioridade. É o primeiro grande sucesso aliado desde 1939. "Começamos então a confiar no futuro", escreverá Winston Churchill. No espaço de um mês, os japoneses perdem cinco porta-aviões contra apenas dois de seus adversários. A derrota nipônica se deve à falta de segredo, à dispersão das forças, e também ao acaso. Os americanos souberam explorar admiravelmente as chances que se apresentaram a eles.

Mas a pressão japonesa continua considerável nas ilhas Salomão, com o desembarque de Guadalcanal, no âmbito de uma manobra destinada a isolar a Austrália dos Estados Unidos. Dois elementos, entretanto, vão levar ao fracasso dessa estratégia. Há, sobretudo, a atitude do exército nipônico ao engajar forças reduzidas e a do próprio Yamamoto, que mantém em reserva o essencial de suas forças. Depois da derrota de Midway, o almirante retoma a doutrina preconizada antes da guerra, baseada no desbastamento, na usura das forças inimigas por ações de submarinos e operações noturnas de torpedeamento conduzidas por grupos de cruzadores e de destróieres. O grosso da frota é mantido em Rabaul e em Truk, à espera do embate final contra a marinha inimiga.

O segundo fator tem a ver com a extraordinária determinação americana, da qual há poucos exemplos na história marítima. Para evitar o isolamento da Austrália, os almirantes King e Nimitz reagem ao desembarque de Guadalcanal, em agosto de 1942, ponto de partida de uma batalha cruenta que vai durar seis meses. Eles não hesitam em lançar mão de todos os seus meios, os restos da marinha de 1941. Apesar da circunspecção japonesa, o desgaste é considerável. Em novembro de 1942, a US Navy dispõe de um único porta-aviões operacional e deve pedir o auxílio do Victorious britânico. A tenacidade americana é finalmente recompensada. Os japoneses serão obrigados, em fevereiro de 1943, a evacuar Guadalcanal. Com o apoio das forças navais de Halsey, MacArthur pode então empreender a lenta e penosa reconquista das ilhas Salomão.

Em última instância, as derrotas japonesas de Midway e de Guadalcanal não se devem a uma superioridade americana frequentemente invocada e que só se tornará patente ao final de 1943. Tais derrotas estão associadas a grandes erros de execução, a um sentimento excessivo de superioridade e ao método sempre nefasto dos "pequenos pacotes". Se tivessem utilizado forças terrestres superiores e a totalidade de sua frota, os japoneses poderiam, sem dúvida, ter conseguido o isolamento da Austrália e destruído as escassas forças navais americanas num momento em

157

que a nova US Navy nascida dos programas de 1939-1940 encontrava-se ainda no estaleiro. O Japão perdia assim uma chance provavelmente única de reforçar sua superioridade e melhorar suas posições.

A GUERRA DO PACÍFICO

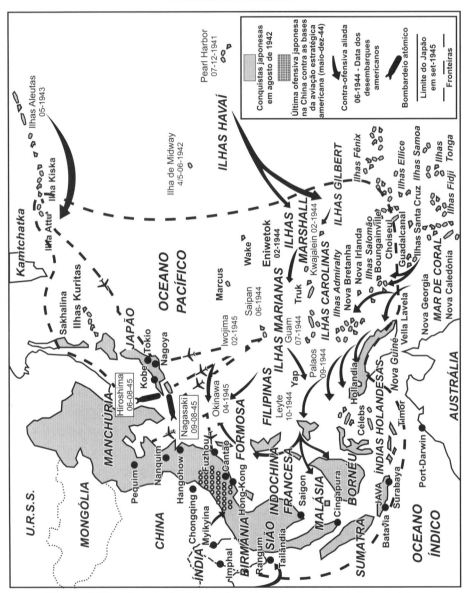

Filipinas. A última fase da ofensiva incluiu as abordagens do arquipélago nipônico, com os desembarques de Iwojima e Okinawa.

Apesar de uma reversão inesperada da situação, que constitui uma das maiores viradas do conflito como um todo, o Pacífico exige da parte dos americanos um esforço enorme, ainda mais porque, com a destruição das forças holandesas e o recuo britânico no oceano Índico, eles assumem praticamente sozinhos todo o peso da luta.

Ainda no final de 1943, o Pacífico absorverá a metade das divisões do exército e a totalidade das forças do corpo das marinhas, um terço dos grupos aéreos e 80% das forças navais em via de renovação.

Nessas condições, não é difícil compreender a influência exercida pela pressão nipônica sobre o desenvolvimento da guerra na Europa, apesar de suas derrotas e da ausência de qualquer coordenação com as forças do Eixo. Apesar do princípio *Germany First*, o engajamento americano no teatro ocidental é retardado e singularmente limitado durante todo o ano de 1942. Hitler se beneficia, assim, de um indulto, ainda mais porque a Wehrmacht, contrariamente às expectativas dos anglo-saxões, triunfou sobre a crise do inverno na Frente Oriental. O Exército Vermelho não pôde conquistar a vitória decisiva que as condições climáticas favoráveis permitiam esperar.

Para o Reich, esse indulto apresenta duas vantagens. Traduz-se, de início, numa retomada espetacular da Batalha do Atlântico. A entrada dos Estados Unidos na guerra, paradoxalmente, traz um enorme alívio aos U-Boote. Com a eliminação da zona de neutralidade, estão enfim livres para operar em toda a superfície do oceano. Beneficiam-se ainda com o enfraquecimento da US Navy obrigada, após Pearl Harbor, a transferir uma parte de suas forças do Atlântico para o Pacífico. Paralelamente, os submarinos tiram partido de dois erros capitais dos Aliados.[88]

Apesar dos ensinamentos de 1917-1918 e de 1939-1941, os americanos recusam-se a adotar o sistema de comboios, julgado muito defensivo, e retornam ao método das rotas patrulhadas. Esse erro de doutrina se traduz numa verdadeira hecatombe de cargueiros e, sobretudo, de petroleiros na costa leste, onde os U-Boote operam com uma notável impunidade. É a era dos "tempos felizes". Mais de 2,5 milhões de toneladas de navios são afundados em menos de seis meses. Esse desastre inquietante cessa no início do verão de 1942, quando o almirantado americano se resigna a adotar o sistema de comboios.

Simultaneamente, a RAF e a US Air Force recusam-se a conceder às aeronáuticas navais os grandes quadrimotores indispensáveis ao estabelecimento de uma cobertura aérea completa do Atlântico. Essa recusa deve-se à convicção de que a batalha pode ser ganha pelo bombardeio dos estaleiros e das bases de submarinos.

---

[88] MASSON (Ph.), "La Bataille des communications, Atlantique-Pacifique", colóquio *La Mer et les relations internationales*, Nantes, 1989.

Os ataques aéreos repetidos sobre os portos do norte da Alemanha ou sobre as bases francesas do Atlântico têm resultados ínfimos; em contrapartida, as perdas são consideráveis. A reação alemã se manifesta pela construção de abrigos de concreto que serão praticamente à prova de bombas até o fim da guerra. Os submarinos acham-se assim livres para operar no "buraco negro" do Atlântico central, a zona que não é coberta pela aviação.

Alcateias de 20 a 30 embarcações saturam as defesas ainda insuficientes dos comboios e conseguem vitórias espetaculares. No total, 6,5 milhões de toneladas de navios mercantes são afundados durante o ano de 1942. Essas perdas acarretam um bloqueio de toda a estratégia aliada. Com falta de tonelagem, o chefe do estado-maior do exército americano, o general Marshall, não pode transferir para a Europa as divisões cujo treinamento já foi concluído.

Mesmo reforçando a ação de seus submarinos, considerados a principal linha de resistência da Alemanha a oeste, Hitler tenta arrancar a decisão na frente oriental. Nesse teatro, é preciso lembrar o caráter trágico do verão de 1942? Parece que o Exército Vermelho, em várias ocasiões, está prestes a se desfazer quando as Panzers avançam na direção do Volga e do Cáucaso.

No Mediterrâneo, o ano de 1941 termina mal para a Royal Navy, pelo torpedeamento do porta-aviões Ark Royal e do encouraçado Barham, pela perda de dois cruzadores num campo de minas e pelas avarias causadas por nadadores de combate italianos, em Alexandria, aos dois navios de linha Valiant e Queen Elizabeth. A Luftwaffe retoma ainda seus ataques aéreos sobre Malta, facilitando o abastecimento do Afrikakorps.

Essa situação não é alheia ao retorno ofensivo de Rommel. A eterna inferioridade de seus meios não o impede de conseguir, em maio de 1942, a espetacular vitória de El Gazala, apesar da resistência das forças francesas livres em Bir Hakeim. Esse êxito destaca a estranha deficiência tática da Grã-Bretanha no único teatro cuja responsabilidade compete a ela, e no qual mobiliza meios consideráveis.

Apesar de Montgomery se restabelecer em El Alamein, uma séria ameaça pesa sobre o vale do Nilo e de Suez, num momento em que Malta, submetida a bombardeios constantes, parece estar prestes a capitular. Na primavera, a capacidade ofensiva da ilha só pôde ser mantida pela intervenção da marinha americana, obrigada, no Mediterrâneo, a substituir o papel da Royal Navy que não dispunha de meios naquele momento. Por duas vezes, o porta-aviões Wasp consegue fazer chegar até Malta grupos de Spitfire.

Durante o verão de 1942, o destino da guerra parece ainda estar em suspenso. É certo que, para o Reich, não se trata mais de ganhar, mas de não perder. Uma

Mar contra terra

invasão da Inglaterra ou dos Estados Unidos está fora de cogitação. Contudo, pode-se pensar se a Wehrmacht não conseguirá adquirir, na África e principalmente na Rússia, a base geográfica estratégica que lhe permita constituir o bastião continental que resista ao assalto das potências anglo-saxônicas.

Essa situação incerta está na origem de uma crise séria entre os Estados Unidos e a Grã-Bretanha. Para os americanos, os Aliados devem reforçar sua ajuda à URSS. A resistência soviética constitui o pivô de toda a sua estratégia. A ajuda não deve ser unicamente material: é preciso que venha acompanhada, como Stalin não cansa de reivindicar, de um desembarque na Europa Ocidental e da abertura de uma "segunda frente".[89]

Concebida por Marshall, a operação que recebe o nome de Sledgehammer constitui o prelúdio à Round Up e à Bolero, isto é, ao reforço da presença americana na Europa e à expansão de uma primeira cabeça de ponte. O desembarque destinado a evitar o desmantelamento da União Soviética deveria acontecer durante o mês de setembro no Cotentin.

Essa proposta suscita, durante o verão de 1942, as crescentes reservas dos britânicos. As preferências de Churchill e de Alan Brooke, o chefe de estado-maior imperial, são por uma operação de diversão na Noruega ou no norte da África. Um desembarque na França parece prematuro, ainda mais porque seria predominantemente britânico. A partir de Dunquerque, passando pelos Bálcãs e pelo norte da África, os ingleses guardam uma lembrança dolorosa de seus embates com os alemães. Uma operação na França, numa zona atravessada por uma excelente rede de comunicação, só pode resultar numa derrota sangrenta, à altura da Batalha de Flandres de 1917.

As reticências britânicas estão na origem de uma violenta irritação dos americanos. Nas notas dirigidas aos chefes de estado-maior, Embick e Wedemeyer, encarregados do bureau de operações, afirmam sua convicção de que a Grã-Bretanha, aproveitando-se da guerra, só procura aumentar seu império colonial no norte da África ou na África Ocidental. Os ingleses só cogitam de uma estratégia periférica e indireta. Eles contam obter a derrota do Reich apenas com forças de resistência e bombardeios estratégicos. Para eles, um desembarque seria o último recurso, o

---

[89] O debate estratégico anglo-americano tem sido objeto de uma abundante literatura. Ver, em particular, DUROSELLE (J.B.), "Le Conflit stratégique anglo-américain de juin 1940 à juin 1944", *Revue histoire moderne et contemporaine*, t. X, juillet-septembre 1964; KEEGAN (J.), "Mediterranean strategy", *Second World War*, Purnell and Sons, vol. 8, n. 5; LOVE (R.), "Fighting a global war" em *In peace and war*, London, Greenwood Press, 1984; STOLER MARK (A.), "The American perception of British Mediterranean strategy, 1941-1945", em *New aspects of naval history*, Annapolis, Maryland, 1981; WEIGHLEY (R. F.), *The American way of war*, Indiana Univ. Press, 1973, cap. XIV.

161

golpe de misericórdia. Embick, cuja influência é considerável nos meios militares americanos, nutre sentimentos dúbios com relação a Churchill, que ele conheceu por ocasião das conferências interaliadas de 1918-1919. Conserva, com relação a ele, a lembrança de um homem instável, caprichoso, mal preparado para suas funções. Tendo em vista a gravidade da situação, os americanos estão convencidos da necessidade de uma operação enérgica, de envergadura, num momento em que as resistências europeias são ainda embrionárias e em que os efeitos dos bombardeios são ainda negligenciáveis.

Mas os ingleses vão ganhar a partida. No meio do verão, Sledgehammer é enterrada. Diferentes razões estão na origem desse adiamento. De início, há uma carência de tonelagem e de chalanas de desembarque, levando-se em conta as necessidades do Pacífico, onde a situação de Guadalcanal continua precária. Há ainda, a impossibilidade, também por carência de tonelagem, de acelerar a transferência das grandes unidades americanas na Inglaterra.

Após a viagem de Eisenhower à Grã-Bretanha, os americanos acabam por duvidar também das virtudes do exército britânico: falta de garra e de treinamento, inferioridade dos blindados em relação aos Panzers, insuficiência da aviação de apoio. Diagnóstico severo verificado algumas semanas depois, por ocasião do trágico fiasco de Dieppe marcado pelo desmanche de uma divisão canadense e por graves perdas aéreas.

Uma ruptura anglo-americana parece então possível. Marshall e King, o chefe de estado-maior da US Navy, estão dispostos a abandonar os campos de batalha aos ingleses e aos soviéticos, e a concentrar seus esforços no Pacífico. A intervenção de Roosevelt permite desfazer a crise e salvar a aliança. O presidente acredita que é necessário "fazer alguma coisa". O ano de 1942 não pode encerrar-se a oeste sem uma grande operação aliada. Considerações políticas não estão ausentes de suas preocupações: as eleições no Congresso devem ter lugar em novembro.

Depois de descartar a Noruega, Marshall acaba por se alinhar à ideia de um desembarque no norte da África. Será a operação Torch, concentrada no Marrocos e na Argélia. Seu caráter secundário não deve causar ilusão, pois apresenta grandes vantagens. Essa operação fará que Rommel mude de posição, que se reabra o Mediterrâneo e que se economize um milhão de toneladas em barcos. E ela aparece como relativamente fácil. Torch só visará as tropas de Vichy e se beneficiará de ajuda no local. Os americanos contam ainda com o general Giraud para obter a adesão das forças francesas.

A crise do verão de 1942 não é somente anglo-americana, mas também anglo-soviética. O contencioso é duplo. Stalin não ignora as reticências britânicas à abertura de uma segunda frente. Ele também não admite as razões que justificam a interrupção dos comboios de Murmansk durante o mês de julho. De fato, a Batalha do Ártico se traduz numa série de derrotas severas para a Royal Navy. Os comboios PQ-16 e PQ-17 sofrem graves perdas. À ameaça da Luftwaffe e dos U-Boote acrescenta-se a dos grandes navios, em particular o Tirpitz, que imobilizam o grosso da Home Fleet em Scapa Flow e exigem o reforço de um navio de linha americano.

Por outro lado, a situação se agrava no Mediterrâneo. Malta agoniza. Para salvar a ilha, o Almirantado deve concentrar importantes forças navais em Gibraltar, tiradas do Atlântico e do Ártico. As forças estão na origem das duas operações Harpoon – Vigorous e Pedestal – de junho e agosto que permitem evitar a capitulação de Malta sem lhe devolver, entretanto, uma verdadeira capacidade ofensiva.

Ao anúncio da suspensão dos comboios de Murmansk, a reação de Stalin é brutal e contundente, embora essa interrupção seja compensada pela abertura da rota do golfo Pérsico e do Irã. Essa via tem a vantagem de abastecer diretamente as tropas soviéticas engajadas ao sul da frente de batalha, onde acontece a ofensiva alemã.

A tensão é suficientemente viva para justificar, aos 16 de agosto, a visita de Churchill a Moscou, no momento mais crítico do ataque da Wehrmacht em direção ao Cáucaso. Após uma troca de acusações, dá-se uma distensão e Stalin é informado, com alívio, a respeito da preparação da operação Torch no norte da África. Segundo uma fórmula alegórica, Churchill apresenta a operação como um crocodilo pronto para a atacar a Itália, o "baixo ventre mole" do Eixo.

Desencadeado em 6 de novembro de 1942, o desembarque no norte da África resulta numa vitória completa apesar de um imbróglio inicial ligado a um fracasso dos conspiradores, à impotência de Giraud e à presença inopinada de Darlan em Argel. Após algumas hesitações, o almirante impõe um cessar-fogo e, invocando a confiança do marechal Pétain, faz que o norte da África entre na guerra. Hitler reage, em 11 de novembro, com a ocupação da zona livre, seguida, 15 dias depois, do afundamento da frota em Toulon.

Torch, a primeira operação aliada vitoriosa desde 1939 no teatro ocidental, constitui uma nova reviravolta da guerra. Desde meados de setembro, as forças do Eixo marcam passo em todas as frentes: nas ruínas de Stalingrado, nas vizinhanças do Cáucaso, diante de El Alamein. A maré está calma. O desembarque acontece dez dias antes da contraofensiva do Exército Vermelho que resulta no cerco a Stalingrado e no desmantelamento da frente sul – e isso logo após a vitória de Montgomery em El Alamein, que deu origem ao recuo de Rommel em direção ao sul da Tunísia.

Duas decepções se fazem presentes. Na Frente Oriental, a vitória soviética não é decisiva apesar da capitulação de Stalingrado no início de fevereiro de 1943. O grupo de exércitos do Cáucaso escapa à destruição e consegue recuar para oeste de

Rostov e para a cabeça de ponte do Kuban. A contraofensiva vitoriosa de Manstein em fevereiro-março inflige pesadas perdas ao Exército Vermelho, acarretando a retomada de Kharkov e a estabilização na parte meridional da frente.

No norte da África, a esperança acalentada por ocasião da conferência de Casablanca em janeiro de 1943, de concluir rapidamente o desmanche das tropas do Eixo, se desvanece. Aproveitando-se das hesitações da tropa de Vichy, do avanço extremamente lento das unidades aliadas na direção da Tunísia, o OKW consegue controlar o terreno de Bizerte e estabelecer uma ponte aérea, antes de poder utilizar as instalações do porto. Com uma rapidez desconcertante, o general von Arnim constrói uma sólida cabeça de ponte em torno de Túnis e Bizerte antes de estabelecer – em conexão com Rommel, que acaba de chegar da Líbia – seu controle sobre a maior parte da Tunísia.

É o ponto de partida de uma rude campanha de seis meses, nos quais as tropas alemãs afirmarão, uma vez mais, sua superioridade de manobra sobre as forças aliadas. A vitória só será verdadeiramente completa pelo domínio do mar e do ar, que resultará na asfixia e na rendição das forças do Eixo, em 11 de maio de 1943. Além de suas repercussões estratégicas, o balanço do episódio da Tunísia mostra-se bastante positivo. A campanha constituiu uma excelente escola para um exército americano ainda novato.

As capitulações de Stalingrado e Túnis constituem uma reviravolta do conflito. As forças do Eixo acham-se então acuadas na defensiva. Com efeito, a URSS chega ao ano de 1943 com uma confiança renovada. Depois das evacuações de 1941 e 1942, as indústrias de armamento do Ural e da Sibéria ocidental fornecem um material de boa qualidade e em quantidades crescentes. Pelo Irã, Vladivostok e a rota de Murmansk restabelecida no outono de 1942, a União Soviética se beneficia de uma ajuda aliada maciça.

Por outro lado, tendo corrigido suas deficiências, o Exército Vermelho torna-se um temível instrumento de combate. Uma segunda frente parece menos urgente. Uma questão se coloca, no entanto: o exército soviético deve tomar a iniciativa ou esperar a ação da Wehrmacht? Após hesitações, Stalin opta pela segunda opção.

Durante a conferência de Casablanca, Roosevelt e Churchill, em conexão com seus chefes de estado-maior, fixam as grandes linhas da estratégia anglo-americana. Cinco prioridades são estabelecidas: intensificar os bombardeios sobre a Alemanha; levar a aviação americana a combinar seu esforço com o do Bomber Command, agindo por meio de ataques aéreos diurnos; intensificar igualmente a ajuda à União Soviética; reforçar o apoio aos movimentos de resistência; lançar, enfim, uma grande operação anfíbia contra a fortaleza Europa. Toda essa estratégia está subordinada,

164

no entanto, a uma prioridade: ganhar a Batalha do Atlântico e obter a tonelagem necessária para o funcionamento dos meios indispensáveis.

No Pacífico, onde a resistência japonesa se enfraquece em Guadalcanal, o almirante King planeja a continuidade da ofensiva na direção das ilhas Salomão e de Rabaul, sem excluir uma manobra em direção às ilhas Gilbert e de Truk. A primeira operação caberá às forças de MacArthur, a segunda às de Nimitz.

O principal problema concerne, uma vez mais, ao local do desembarque na Europa. Nessa ocasião, a imagem de uma contraofensiva aliada lógica, estabelecida de pleno acordo, compreendendo o Mediterrâneo em 1943 e a França em 1944, está longe de ser aceita. De fato, Casablanca é novamente o palco de um intenso debate entre americanos e britânicos. Enquanto Marshall argumenta em favor de uma operação no norte da França, Churchill e seus conselheiros militares insistem na necessidade de prosseguir a ofensiva no Mediterrâneo, efetuando um desembarque na Sicília, depois na Itália. O objetivo é claro: atacar a malha mais fraca das potências do Eixo. Paralelamente, Churchill manifesta um interesse menor pelo Pacífico, que deverá ser abordado após a vitória na Europa.

Para consternação dos chefes de estado-maior combinados, Roosevelt se alinha ao ponto de vista britânico. Após a queda de Túnis, uma operação anfíbia terá lugar na Sardenha ou na Sicília. Se os resultados forem positivos, a ofensiva prosseguirá na própria península. Em princípio, a ideia de um desembarque na França não é descartada, embora, na realidade, seja impossível pela concentração das forças marítimas e aéreas no Mediterrâneo, necessárias ao caso da Sicília. Marshall e King mal dissimulam seu desapontamento.

No que concerne ao Eixo, a margem de manobra para 1943 parece singularmente reduzida, embora Hitler, nas conferências de Klessheim, se esforce por estreitar os laços com os países satélites e obter um aumento de sua contribuição. Três elementos prioritários são finalmente decididos pelo Führer:[90] manter a Tunísia – esse bastião avançado da defesa da Itália e da fortaleza Europa – pelo tempo mais longo possível; reforçar a guerra submarina no Atlântico; desencadear uma ofensiva limitada contra o exército soviético. Não se trata de obter uma vitória decisiva e menos ainda de se lançar novamente à conquista de vastos espaços. O objetivo é bem menos ambicioso: infligir uma derrota severa ao Exército Vermelho, enfraquecer sua capacidade ofensiva e obter uma pausa a leste.

Essa pausa permitirá dispor de uma massa de manobra destinada a enfrentar a ameaça anglo-americana na França ou no Mediterrâneo. A Blitzkrieg fica, assim,

---

[90] DEAKIN (F. W.), *L'Axe brisé*, op. cit., p. 283 e ss.

totalmente abandonada. Hitler joga agora com a guerra longa, com o cansaço, com a fadiga do adversário. O Führer fala de uma guerra de sete anos. Não é por acaso que ele mergulha nos relatos da luta épica de Frederico II contra uma formidável coalizão. Ele tem esperanças, entretanto, de retomar a iniciativa por volta de 1945-1946, por meio de novas armas suscetíveis de restabelecer a superioridade tática da Wehrmacht.

O desenvolvimento dessa estratégia enfrenta uma série de dificuldades. Por conta da deficiência crescente dos meios aéreos do Eixo, em razão da passividade da frota italiana, a cabeça de ponte da Tunísia não pode ser conservada. Uma ameaça direta pesa agora sobre a Itália invadida pelo desânimo, quando o regime apresenta sinais inquietantes de decomposição.

O que é mais grave ainda é que na primavera de 1943, os Aliados vencem a Batalha do Atlântico de uma forma súbita e inesperada. A vitória se prende à amplidão dos meios disponíveis, à cobertura aérea finalmente assegurada sobre toda a extensão do oceano, ao emprego de novos sistemas de armas, radares centimétricos, morteiros e, sobretudo, à quebra do código da Kriegsmarine associada à famosa máquina Enigma.

A reação é tanto defensiva quanto ofensiva. Os U-Boote são atacados em toda a superfície do oceano por aviões e grupos de caça frequentemente associados a porta-aviões de escolta. Paralelamente a resultados cada vez mais insignificantes, as perdas dos submarinos aumentam de maneira vertiginosa. O emprego de novas armas, torpedos acústicos, detector de radar, DCA reforçada e Schnorchel,* que assegura a navegação a diesel em imersão periscópica, são suficientes para os alemães retomarem a iniciativa.

Essa vitória constitui uma das viradas decisivas da Segunda Guerra Mundial, desbloqueando, enfim, a estratégia aliada – ainda mais pelo fato de coincidir com o enorme esforço de produção dos estaleiros americanos que fabricam em larga escala os cargueiros tipo Liberty ou Victory *ships* e os petroleiros da série T2. As tropas americanas podem ser levadas para a Inglaterra, convertida em verdadeira praça de armas. Para o Reich, a principal linha de defesa a oeste acaba de ser desmantelada. A estrada está livre para grandes operações anfíbias.

Simultaneamente, a intensificação dos ataques aéreos sobre a Alemanha, com os bombardeios de Hamburgo, a Batalha do Ruhr, os ataques americanos a indústrias privilegiadas, obriga a Luftwaffe a utilizar cada vez mais seus meios para a defesa do Reich. A indústria aeronáutica se orienta para a fabricação de caças

---

* N. T.: Tubo que permite aos submarinos, quando submersos, utilizar seus motores a diesel, evacuando os gases e aspirando o ar puro.

em detrimento dos bombardeiros. A Luftwaffe torna-se um instrumento cada vez mais incapaz de disputar o domínio do ar nos teatros de operações.

Na Frente Oriental, a ofensiva de Kursk, destinada a atingir severamente o Exército Vermelho, resulta num fracasso dispendioso. Não é, pois, por acaso, que o cessamento da operação coincide com o desembarque aliado de 10 de julho na Sicília. Os resultados dessa operação combinada atendem à vontade de Churchill. A Batalha da Sicília confirma o esgotamento material e psicológico da Itália. Ela provoca a queda de Mussolini e do regime fascista. Sob a égide do rei Victor Emmanuel III, o novo governo do marechal Badoglio busca negociar uma capitulação com os Aliados.

Essa mudança de situação incita Roosevelt e Churchill, na conferência de Quebec, a promover desembarques na própria Itália. Essas operações acontecem no início de setembro em Tarento, na Calábria, e principalmente em Salerno, onde a vitória só é assegurada após uma dura batalha em suas praias. As forças alemãs efetuam, então, um recuo para o norte. Nápoles é ocupada em 1º de outubro. Planejam-se uma entrada em Roma no início de novembro e a chegada à linha Pisa-Rimini antes do fim do ano.

Decepcionante para a Alemanha, o ano de 1943 reserva, em seus últimos meses, sérios reveses para os Aliados. Em Teerã, em novembro, Stalin não dissimula uma certa decepção. No Dnieper, a resistência alemã continua firme e a progressão soviética encontra grandes dificuldades logísticas por conta da política da terra arrasada praticada pela Wehrmacht. Na Itália, os Aliados têm uma decepção ainda mais forte. Hitler aceita o plano do marechal Kesselring, que prevê o fim do recuo, não ao norte da península, mas no centro dos Apeninos, na altura de Cassino, à meia distância entre Roma e Nápoles. Decisão judiciosa que conduz a uma batalha de usura por seis meses.

Lançado em janeiro de 1944, o desembarque de Anzio às portas de Roma não melhora a situação. As tropas desembarcadas ficam bloqueadas numa estreita cabeça de ponte. Segundo um chefe de estado-maior americano, a campanha da Itália resulta em duas "baleias encalhadas". Para coroar a situação, os britânicos sofrem uma forte derrota no outono. Eles não conseguem impedir os alemães de retomar as ilhas do Dodecaneso, que haviam sido ocupadas após a capitulação da Itália. A questão resulta em graves perdas no plano aeronaval e terrestre.

Há outras decepções. As resistências na Europa, inclusive na Grécia e na Iugoslávia, não asseguram ainda nenhum efeito decisivo. O mesmo ocorre com os bombardeios estratégicos sobre o Reich, apesar de uma enorme mobilização de meios. Nem o moral nem a economia da Alemanha parecem estar abalados. No

A Segunda Guerra Mundial

outono, diante da amplidão das perdas, a aviação americana deve interromper sobremaneira seus ataques aéreos sobre o Reich.

A situação não é muito diferente no Pacífico, apesar das forças consideráveis engajadas. A evacuação de Guadalcanal pelos japoneses em fevereiro de 1943 e a reconquista de Attu e de Kiska nas Aleutas durante o verão não permitem esquecer a lenta progressão de MacArthur nas ilhas Salomão. Em 20 de novembro, o ataque de Tarawa, nas ilhas Gilbert, pelas forças de Nimitz, traduz-se ainda em perdas preocupantes que não trazem boas perspectivas para a sequência da ofensiva do Pacífico.

Essas decepções não são à última diferença anglo-americana que encerra o ano de 1943. Uma vez mais, Churchill põe em causa a ideia de um desembarque na França na primavera do ano seguinte. Essa operação, batizada de Overlord, não deve constituir um peso, considera ele, e frear a marcha das operações no Mediterrâneo.

O primeiro-ministro britânico insiste numa retomada da ofensiva na Itália até a linha Pisa-Rimini. Ele não descarta a ideia de outras operações na Iugoslávia com o apoio dos partidários de Tito e, principalmente nos Bálcãs, isto é, na Grécia, em cooperação com o exército turco reforçado com materiais modernos. Uma ofensiva nesse setor permitiria alcançar a planície da Panonia (Hungria) e ameaçar o flanco sul do Reich. Essa operação deveria começar pela tomada de Rhodes e seria a única suscetível de incitar o governo de Ancara a sair de sua neutralidade e entrar no conflito.

Vários elementos estão na origem dessa estratégia. Os ingleses estão por desencadear uma operação importante que avaliam como prematura, pois permanecem obcecados pelas lembranças das terríveis hecatombes de Passchendaele durante a Primeira Guerra Mundial. Churchill sempre foi fascinado pelo Mediterrâneo, como demonstra seu interesse pelo Dardanelos. Uma ofensiva nos Bálcãs constituiria uma espécie de revanche à derrota de 1915.

Tendo em vista o volume dos meios investidos, o Mediterrâneo constitui, em 1943, o teatro britânico privilegiado. É o único no qual a Inglaterra parece estar em condições de desempenhar um papel determinante para o fim da guerra e de apagar várias decepções. Essa convicção é ainda mais forte pelo fato de que a operação Overlord, em sequência à concentração das forças da US Army na Inglaterra, terá uma dominante americana. Entretanto, e contrariamente a uma crença arraigada, essa estratégia britânica não obedece em nada a considerações políticas. Não se trata de procurar superar o Exército Vermelho nos Bálcãs ou na Europa Central. É somente no outono de 1944 que Churchill começará a se preocupar com o destino da Europa Oriental.

Uma intenção dissimulada ainda se faz presente no espírito de Churchill. O primeiro-ministro britânico acalenta ainda a esperança de provocar a derrota do Reich através de bombardeios estratégicos. A RAF acaba de desencadear a Batalha

168

de Berlim, e o chefe do Bomber Command, Marshall Harris, está mais do que convencido disso. Prevê uma perda de 400 a 500 aviões, mas crê que, em compensação, a destruição da capital alemã acarretará o desmantelamento do sistema político e militar do Reich. Nessa perspectiva, o desembarque na França se identificará com a estocada final a um adversário desorganizado pelos ataques aéreos e esgotado pelo Exército Vermelho. Um atraso para o lançamento da operação Overlord não terá então nada de dramático.

Essa visão britânica está em total contradição com a dos chefes de estado-maior. O Mediterrâneo, isto é, a Itália e os Bálcãs, não deve ser mais que um teatro de operações secundário, e está fora de cogitação lançar uma operação contra Rhodes com uma participação americana, por mínima que seja. A prioridade deve ser dada à França com duas operações simultâneas, conforme a proposta de Quebec: Overlord na Mancha, Anvil no Mediterrâneo. Para Marshall, a vitória sobre o Reich deve ser obtida pela estrada mais direta, das costas da Mancha, na direção do Ruhr e de Berlim pelas grandes planícies do norte da Europa, onde a superioridade mecânica dos exércitos aliados poderá se afirmar.

Num conflito mundial que se caracteriza pela interdependência dos teatros, o Pacífico não deve ser sacrificado ou posto de lado até a derrocada da Alemanha, como querem os ingleses. O almirante King tem o firme propósito de acelerar a progressão de MacArthur nas ilhas Salomão e de neutralizar Rabaul. Essa ofensiva não exclui, em absoluto, uma manobra de maior envergadura na direção das ilhas Marshall, de Truk e das ilhas Marianas.

Os Estados Unidos dispõem então dos meios necessários a uma ofensiva divergente. Uma nova marinha entra em serviço: a dos dois oceanos, cuja formação foi iniciada em 1939 e 1940. A chegada de encouraçados rápidos permite, em conexão com os porta-aviões, constituir *task groups*, instrumentos de domínio do mar e das operações combinadas. A possessão das Marianas constituirá uma brecha importante no sistema de defesa nipônico e uma base de partida para o bombardeio estratégico do Japão.

Uma outra operação diz respeito à China, à qual o comando americano reserva um lugar de destaque em sua estratégia conjunta. A exemplo da URSS em relação à Alemanha, uma China renovada e rearmada deveria reter e desgastar o grosso do exército japonês, facilitando assim a reconquista do Pacífico. Nessa perspectiva, o general Stilwell, à frente de divisões americanas associadas a tropas de Chiang Kai-shek, pretende reabrir a rota da Birmânia de maneira a reforçar o exército do Kuomintang e assegurar o apoio logístico das bases de bombardeiros pesados da US Army Air Force instaladas no sul da China, não longe da Manchúria e do sul do Japão. A rota da Birmânia permitirá um fluxo bem superior

169

ao do Hump, a ponte aérea acima do Himalaia. A ofensiva de Stilwell deveria ser associada a uma operação combinada britânica contra as ilhas Andaman ou contra o sul da Birmânia.[91]

Fato inesperado, o debate anglo-americano chega à sua conclusão em Teerã, por ocasião da primeira conferência entre os três grandes. O plano americano para a Europa beneficia-se da adesão calorosa de Stalin, que destaca o interesse, em virtude da experiência adquirida na Frente Oriental, por operações em pinça. Um duplo desembarque na França facilitará a derrota das forças alemãs a oeste. Por razões políticas, sem dúvida, Stalin manifesta-se cético com relação às operações nos Bálcãs e põe em dúvida a eventualidade de uma adesão da Turquia.

O conflito anglo-americano encontra sua solução definitiva logo após a conferência, por ocasião das conversações do Cairo. O Mediterrâneo oriental é definitivamente abandonado. Os ingleses recebem, entretanto, um prêmio de consolação: o desembarque de Anzio destinado a desbloquear Cassino. Em troca, uma prioridade absoluta é concedida à preparação de Overlord e de Anvil. Entretanto, logo após a ruptura da Linha de Inverno e da tomada de Roma, Churchill tornará a insistir, preconizando a anulação de Anvil e o desembarque na Provença, em favor de uma exploração na direção da Europa Central pela passagem de Liubliana. Em vão.

Simultaneamente, assiste-se ao abandono das operações previstas na Birmânia. Duas razões fundamentais explicam essa reviravolta. Primeiramente, a falta de interesse e de meios britânicos e, em seguida, o compromisso assumido por Stalin, em Teerã, de participar da guerra contra o Japão três meses após a derrota do Reich. A intervenção do Exército Vermelho imobilizará forças nipônicas importantes na Manchúria em detrimento do próprio arquipélago e das ilhas do Pacífico. A entrada da URSS na guerra permitirá ainda à aviação americana estabelecer bases nas províncias marítimas a pouca distância do Japão.

A promessa de intervenção de Stalin tem por consequência relegar a China a um segundo plano no âmbito das preocupações estratégicas americanas. Os chefes de estado-maior combinados e o próprio Roosevelt acabam por irritar-se com a corrupção do regime nacionalista e com a má vontade evidente de Chiang Kai-shek. Este não procura utilizar minimamente as tropas rearmadas pelos americanos para efetuar operações ativas contra os japoneses, apesar do apoio do batalhão aéreo do Chennault. Ele pretende – e isto é evidente – reservá-las para acertar suas contas, após a guerra, com os partidários de Mao Tsé-tung que, por si mesmos, se mantêm

---

[91] O papel da China na estratégia aliada é bem marcado em ROONEY (D.), *Stilwell*, New York, Ballantine, 1971 e MOSER (Don), *China-Birma-India*, Time-Life, Alexandria, Virginia, 1978.

confinados em abstenção. No início de 1943, um outro acontecimento contribuirá para o descrédito da China nacionalista. Uma ofensiva japonesa na direção do sul provocará o desmantelamento de vários exércitos e obrigará os americanos a evacuar a maior parte de suas bases aéreas. Assim, um fenômeno importante ocorreu ao final de 1943: a União Soviética está destinada a tornar-se um dos pilares fundamentais da estratégia americana no Pacífico.

Enquanto isso, Marshall e King manifestam sua satisfação logo após as conversações de Teerã e do Cairo. Diferentemente dos debates precedentes, Churchill não venceu. Roosevelt foi categórico em favor de seus chefes de estado-maior, quanto mais não fosse, por razões políticas. Nas vésperas de eleições presidenciais, ele sabe que não "resistiria" a um novo fracasso no Mediterrâneo e ainda menos a uma campanha nos Bálcãs. Dois pontos essenciais são assim resolvidos. O desembarque terá lugar na França na primavera de 1944, e a guerra na Europa e no Pacífico se desenvolverá paralelamente e no mesmo ritmo. Como King não cansa de repetir, não pode haver duas campanhas sucessivas. Um país democrático como os Estados Unidos, de opinião versátil, não pode permitir-se travar uma guerra de sete anos.

Desde o final da Segunda Guerra Mundial, o debate estratégico anglo-saxão torna-se objeto de intermináveis comentários. Muitos destacaram o caráter coerente da estratégia americana, baseada num processo direto e rápido, que conduziu à vitória e à liberação da Europa Ocidental. Outros, ao contrário, lamentaram o abandono dos planos ofensivos britânicos no Mediterrâneo, que teriam por resultado reduzir o domínio soviético sobre os Bálcãs e a Europa Central.

No fim das contas, os Aliados teriam adotado uma estratégia simplista procedente tanto das reflexões de Clausewitz sobre a guerra absoluta, a escalada aos extremos, quanto da tradição de Grant herdada da Guerra de Secessão. Diferentemente do *indirect approach* preferido pelos britânicos, um conflito deve, cedo ou tarde, desembocar num enfrentamento direto e encerrar-se pela destruição da força organizada do inimigo. Essas divergências não podem ser negadas. Não há dúvida de que o pensamento militar americano, desde o final do século XVIII, tenha sido influenciado pelo princípio da batalha de aniquilamento.[92]

Apesar de tudo, as divergências anglo-americanas não são unicamente uma questão de doutrina, mas de meios e de possibilidades de exploração. Igualmente decididos a obter a destruição da Alemanha, os ingleses contam mais com o desgaste

---

[92] Sobre a herança do século XIX no pensamento militar americano, ver WEIGHLEY (R. T.), *The American way of war*, op. cit.

da Frente Oriental, com os bombardeios estratégicos e com as operações periféricas, do que com um desembarque de impacto na Europa Ocidental. Não há dúvida de que, ao final de 1943, Churchill e a maior parte dos chefes militares britânicos compartilham a convicção de que o Mediterrâneo, "seu teatro", oferece notáveis possibilidades para consumar, de maneira mais adequada, a derrota do III Reich.

E é nesse ponto que a divergência entre Aliados é mais sensível. Desde as primeiras derrotas diante de Cassino, os americanos estão convencidos de que a Itália não constitui um bom teatro de operações, tendo em vista as dificuldades de um relevo muito favorável à defensiva e totalmente inadequado a exércitos motorizados. Os americanos não manifestam nenhum entusiasmo em levar as operações para além da planície do Pó, pela passagem de Liubliana limitada a uma estrada estreita e a uma via férrea que abriga numerosos túneis fáceis de sabotar. Os Bálcãs têm os mesmos inconvenientes. Uma operação nesse setor tem toda a chance de terminar num segundo impasse e numa nova "baleia encalhada".

Os desembarques na França tornam-se, então, indispensáveis. Para Marshall, a experiência da Tunísia, da Sicília ou da Itália prova que o exército alemão só pode ser derrotado por uma superioridade de dois ou três contra um. Diferentemente de regiões montanhosas de clima difícil, a França constitui o único terreno em que as forças motorizadas anglo-americanas estarão em condições de se estender e afirmar sua superioridade.

Respondendo por antecipação à objeção da liberação da Europa Central ou Oriental, homens como Embick e Wedemeyer afirmam sua convicção, em 1943, de que o prosseguimento das operações no Mediterrâneo só pode levar à ruína e provocar uma vitória soviética total com a ocupação da maior parte do Velho Continente apenas pelo Exército Vermelho. Por outro lado, um desembarque na França trará fortes chances de libertar a metade ocidental da Europa, a mais evoluída intelectual e economicamente.

A argumentação parece convincente. O que não impede que a estratégia periférica posta em ação de 1941 a 1943 no Mediterrâneo, em detrimento de operações na França, tenha tido efeitos também positivos, visto que acarretou uma dispersão das forças alemãs e criou, a partir de 1941, uma frente virtual. Na incerteza dos projetos aliados, os alemães foram obrigados a manter efetivos importantes na Noruega, na Europa Ocidental, no sul da França, na Itália e nos Bálcãs. Os bombardeios estratégicos também agravaram a dispersão da Luftwaffe e aceleraram seu caráter defensivo. Sem terem sido decisivos, esses ataques aéreos contribuíram para dar à aviação aliada a superioridade em todos os teatros.

Mas, ao final de 1943, a decepção de Churchill e do alto comando inglês não é menos aguda. O entorpecimento do Mediterrâneo rebaixa o exército britânico

172

Mar contra terra

a uma função auxiliar, com a perspectiva de desempenhar um papel acessório na vitória.

Deixando de lado essas diferenças entre ocidentais, a margem de manobra do III Reich se acha, uma vez mais, reduzida. A diretiva 51 de Hitler em dezembro de 1943 constitui uma nova etapa de uma guerra que nada mais tem de relâmpago. A Frente Oriental constitui um teatro sacrificado, no qual a Alemanha pode ainda ganhar tempo ao jogar com o capital-espaço. Na Itália, as tropas do Reich, em caso de ruptura da Linha de Inverno, têm ainda a possibilidade de recuar em direção ao norte dos Apeninos ou à planície do Pó.

A margem de manobra a oeste, ao contrário, parece singularmente limitada. Um desembarque deve ser imperativamente rechaçado. Desse modo, durante o inverno, Hitler consegue reagrupar cerca de 60 divisões a oeste com uma massa de manobra de uma dezena de Panzers e 15 divisões motorizadas ou de infantaria de boa qualidade. Entretanto, pesam incertezas sobre o local do desembarque e o emprego tático das divisões blindadas, tendo em vista a enorme superioridade da aviação aliada.

No fim das contas, persiste uma frágil esperança. Se o desembarque for rechaçado, a Alemanha terá a possibilidade de reagrupar o grosso de suas forças a leste. Uma solução política ou pelo menos militar talvez seja então possível, em conexão com o uso de novas armas. É em novembro de 1942 que Hitler faz alusão, pela primeira vez em público, à existência de materiais inovadores. Em várias ocasiões, ele faz confidências sobre essas armas diante de dirigentes de países satélites. O próprio Laval teria obtido precisões sobre esse arsenal, o que explicaria sua teimosia em acreditar na vitória final da Alemanha. Ao longo do ano de 1943, o tema dessas armas secretas é explorado pelo doutor Goebbels.

De início, os Aliados são tentados a acreditar que se trata de um mito, uma simples invenção do ministro da Propaganda, destinada a levantar o moral da população alemã, abalado pelo fracasso da Blitzkrieg e pelas derrotas de Stalingrado e da Tunísia. Mas os serviços secretos aliados logo chegam à conclusão de que essas armas existem de fato e que as pesquisas alemãs orientam-se em três direções principais.[93]

Nesse novo arsenal, figuram principalmente os artefatos V derivados de *Vergeltungswaffe* (arma de represálias), que os Aliados chamarão de bombas voadoras.

---

[93] O problema das armas secretas alemãs foi minuciosamente abordado por LUSAR (R.), *German secret weapons of World War II*, New York, Philosophical Library, 1959. Ver também *Dictionnaire de la Seconde Guerre Mondiale*, op. cit.

173

Essas armas, de concepção totalmente diferente, seriam utilizadas na retomada dos bombardeios terroristas sobre Londres.

A primeira refere-se ao F26-76 ou V1, construído pela Luftwaffe. Trata-se de um avião-robô de 2.200 kg, dotado de um estato-reator e capaz de transportar, a uma distância de 200 km, uma carga de explosivos de 850 kg à velocidade de 550-600 km/h, comparável à dos melhores caças em serviço. O lançamento se efetuará por meio de uma rampa apontada para o objetivo. A segunda arma de represálias, ou V2, refere-se ao foguete A4 projetado no centro experimental de Peenemunde, às margens do Báltico. Trata-se de um artefato muito mais sofisticado, que anuncia os mísseis balísticos. Lançado quase na vertical, o foguete deve atingir uma altitude de 400 km para abater-se sobre seu objetivo numa velocidade amplamente supersônica e a uma distância de mais de 300 km.

A ofensiva dessas bombas voadoras é planejada para atingir a Inglaterra a partir de fevereiro-março de 1944. Nessa perspectiva, os alemães estudam ainda três tipos de canhões com um longínquo parentesco com a "grosse Bertha" de 1918, que havia bombardeado Paris a mais de 100 km de distância – uma peça de alma lisa com 310 mm, que teria um alcance de 150 km com uma precisão bastante satisfatória.

Num domínio ainda mais revolucionário, o engenheiro Otto Muck projeta, em 1943, um canhão elétrico com um tubo de 100 m de comprimento dotado de um solenoide com uma potência de 100 mil kW e instalado em galeria com uma inclinação de 55 graus. Teoricamente, o artefato deveria poder atirar 12 obuses de 150 mm por minuto, a uma distância de 150 km. Um outro artefato, batizado de "bomba de alta pressão", tem um enorme tubo de 50 m de comprimento, dotado de 28 câmaras laterais, capaz de imprimir a um obus de 80 mm uma velocidade inicial de 1.620 m/s e um alcance de 300 km. No final de 1943, a organização Todt realiza a construção, em Mimoyeques, no Pas-de-Calais, de uma bateria gigante de 50 canhões apontados para a capital britânica. Em princípio, os tiros deveriam começar durante o verão de 1944.

O segundo grande eixo de pesquisa é sobre os aviões a jato, cujos primeiros modelos devem entrar em serviço na primavera ou durante o verão de 1944. Três aparelhos serão logo fabricados em série. O Messerschmitt 262, cujo primeiro voo experimental remonta a 18 de julho de 1942, é um caça bimotor, solidamente armado, com fuselagem em flecha e capaz de atingir 950 km/h, ou seja, uma velocidade superior em 200 km à dos caças de hélice mais recentes até então. O Heinkel 172 é outro interceptador a jato. A Luftwaffe dispõe ainda do Arado 234, um aparelho de bombardeio ou de reconhecimento suscetível de efetuar missões noturnas sobre a Inglaterra. Para a defesa direta de objetivos importantes, a aviação alemã estuda ainda aviões a motor-foguete, capazes de atingir 1.000 km/h, como o Komet da empresa Messerschmitt. Os alemães esperam assim contestar a superioridade aérea adquirida pelos anglo-americanos e pôr em causa os bombardeios estratégicos.

Estudos avançados dedicam-se ainda a dois outros aparelhos. O Junkers 287, que deveria ser o primeiro bombardeiro a jato pesado no mundo. Dotado de quatro motores e de quatro foguetes, poderia transportar a quase 1.000 km/h quatro toneladas de bombas por 1.500 km. Quanto ao Bachem-Natter, trata-se de um interceptador com motor-foguete, de funcionamento, por assim dizer, acrobático. Lançado na vertical por meio de trilhos de direcionamento, a máquina poderia atingir 13.000 m a uma velocidade de 1.000 km/h. Depois do ataque de uma formação de bombardeiros, o piloto saltará de paraquedas, enquanto o avião se quebrará em dois. A parte da cauda que contém o motor descerá de paraquedas e será, assim, recuperada.

Esses protótipos representam um notável progresso na pesquisa aeronáutica fundamental. É assim que o professor Lippisch avança no estudo dos aparelhos com "asa-delta", com protótipos como o bombardeiro Junkers EF-130, os caças Bhlom e Voss P-208, AE 607, ou Horten HO IX A. Focke Wulf estuda um bombardeiro batizado de "1.000 x 1.000 x 1.000": 1.000 kg de bombas a 1.000 km de distância e a 1.000 km/h! Ele também desenvolve um bombardeiro transcontinental, o FW-03 1025, capaz, em princípio, de alcançar os Estados Unidos.

Para disputar a superioridade aérea dos Aliados sobre o Reich, os alemães contam ainda com mísseis solo-ar de uma eficácia nitidamente superior à dos canhões da DCA clássica de 88 a 128 mm. Entre os mísseis mais evoluídos, figuram o Schmetterling e Henschel, o Wasserfall ou o Rheintochter. Com um alcance de 12 mil a 16 mil metros, munidos de cargas de 100 a 450 kg, esses artefatos serão equipados com sistemas de direcionamento por radar ou por infravermelho. Sua eficácia deverá ser muito grande, a ponto de tornar possível aos alemães recuperar a superioridade que eles possuíam no domínio dos radares no começo do conflito. O novo aparelho Heidelberg, com ondas centimétricas, equivale, com vantagem, às melhores realizações aliadas; no plano do infravermelho, seu avanço é incontestável.

No outono de 1943, os alemães demonstram sua superioridade no domínio dos mísseis pelo ataque a navios de guerra por meio de bombas rasantes rádio ou teleguiadas, lançadas fora do alcance da DCA. Por ocasião da rendição alemã, a Luftwaffe conseguirá, assim, afundar o encouraçado Roma antes de infligir severas perdas à frota aliada, ao longo de Salerno.[94]

No âmbito da guerra submarina, o almirante Dönitz espera, enfim, retomar a iniciativa remediando a deficiência congênita dos submarinos da época, cujo

---

[94] "Bombes planantes", *Dictionnaire de la Seconde Guerre Mondiale*, op. cit.

A Segunda Guerra Mundial

desempenho em mergulho é singularmente medíocre, de maneira que são obrigados a vir regularmente à superfície para recarregar as baterias. Para compensar essa deficiência fundamental, os alemães projetam, primeiramente, a realização de um submarino com motor único, de peróxido de oxigênio, capaz de navegar a uma velocidade de 25 nós quando submerso e liberado na superfície. Entretanto, a conclusão do projeto e a fabricação dessa embarcação de tipo Walter enfrentam muitas dificuldades técnicas. Assim, o almirante Dönitz prefere investir num navio menos sofisticado, mas revolucionário: o "submarino elétrico".[95]

Dois modelos são concebidos e construídos em série: um modelo reduzido, de 250 toneladas, destinado a operar em águas costeiras, e uma unidade de tipo oceânico, o XXI. Deslocando 1,6 mil toneladas, dotado de formas hidrodinâmicas perfeitamente estudadas e de baterias duplas, esse submarino pode navegar a uma velocidade de 16 a 17 nós, quando submerso, durante duas horas, ou seja, uma velocidade que é o dobro da dos barcos da geração precedente e nitidamente superior à grande maioria das embarcações de escolta.

Equipado com um Schnorchel e com um detector de radar, o XXI acha-se totalmente liberado da superfície e nada tem a temer do avião, o pior inimigo dos submarinos. Dispõe ainda de um raio de ação considerável, mais de 15.000 milhas náuticas a 7,5 nós. Desatracando da Alemanha, esse submarino pode operar assim por mais de três semanas ao longo do cabo de Boa Esperança, antes de retornar à base. A partir de uma central de operações altamente evoluída, o XXI pode também disparar, submerso a 50 metros de profundidade, um feixe de seis torpedos com capacidade de se lançar automaticamente em direção a ruídos de hélice ou de auxiliares dos navios de superfície.

Preveem-se ainda progressos espetaculares nos mais diferentes domínios. Ao final da guerra, equipamentos dotados de infravermelho começam a ser instalados nos tanques e em algumas armas automáticas, revolucionando completamente as condições do combate noturno. Na luta contra os blindados, os alemães voltam-se também para um setor inteiramente novo, com canhões sem recuo ou mísseis solo-solo, como o Pfeifenkoff, o Steinbock ou o Rotkäppchen. Teleguiados ou com dispositivo de direcionamento infravermelho, esses artefatos são de uma temível eficácia para todos os tipos de blindados a distâncias de até mil metros.

Ao final de 1943, os alemães esforçam-se, assim, por criar um arsenal totalmente novo. Contrariamente, entretanto, aos temores dos Aliados ligados ao enorme

---

[95] RAHN (Werner), "The development of new types of U-boats in Germay during World War II", *Du Dreadnought au Nucléaire*. Service historique de la marine, 1988.

176

programa Manhattan, os alemães abandonaram toda a pesquisa no domínio da arma nuclear. Eles compreenderam rapidamente que a realização de uma bomba atômica, para um país mergulhado numa guerra total e submetido a bombardeios constantes, era impossível. A partir de um centro de pesquisa situado no Wurtemberg, eles preferiram orientar suas pesquisas para a realização de um motor nuclear para os submarinos. Ao final da guerra, os americanos herdarão, assim, estudos avançados que não serão estranhos à realização do primeiro submarino movido a energia atômica, o Nautilus, que entrou em serviço em 1955.

O conjunto de inovações é impressionante, capaz de modificar profundamente o desenrolar dos acontecimentos. As revelações dos serviços de informação sobre essas armas novas só fazem incitar os anglo-americanos a acelerar o ritmo das operações e a não adiar os grandes desembarques previstos para a primavera de 1944. O último grande ato do conflito vai, assim, ter lugar simultaneamente na Europa e no Pacífico. Com alguns dias de intervalo, os Aliados estão em condições de lançar duas das maiores operações da guerra. Desencadeada aos 6 de junho, Overlord pode ser considerada um sucesso ao final de três semanas. Após um período de incerteza, a ruptura é obtida ao final de julho. O exército alemão na Normandia sofre uma derrota decisiva no bolsão de Falaise, que resulta numa exploração, em conexão com as tropas desembarcadas aos 15 de agosto em Provença, em direção à Bélgica e ao leste da França. Em dois meses, quase 2,5 milhões de homens foram postos em combate terrestre com um imponente material. Graças à atuação de meios marítimos consideráveis, a Frente Ocidental desaparecida em 1940 acaba por ser restabelecida.

No Pacífico, os desembarques nas Marianas efetuam-se a partir de 15 de julho, tendo sido precedidos por assaltos contra as ilhas Marshall e pela neutralização da base de Truk pela aviação embarcada. Pondo em ação 180 mil homens, os desembarques de Saipan, Guam e Tinian levam a um enfrentamento naval que resulta numa grande vitória americana.

A vitória americana se explica pela potência dos *task groups*, que põem em ação de 12 a 15 porta-aviões de combate equipados com radares e com aparelhos muito superiores aos japoneses. Explica-se também pela insuficiência das guarnições japonesas, em virtude da primazia que sempre é concedida pelo estado-maior aos exércitos da China e do Kwantung, além da carência em tonelagem devida à vitoriosa ofensiva dos submarinos americanos.

Sendo assim, uma brecha importante acaba de ser realizada no perímetro defensivo japonês. Seis meses depois, após trabalhos intensos executados pela engenharia americana, os bombardeiros pesados B-29 começam a operar contra o Japão. As bases situadas no sul da China são então totalmente abandonadas.

A Segunda Guerra Mundial

No outono, a Batalha do Pacífico entra numa nova fase. Um acordo é concluído entre MacArthur e Nimitz. A ideia de um desembarque na Indochina ou em Formosa é abandonada. As duas ofensivas se reunirão nas Filipinas e começam, aos 20 de outubro de 1944, pelo desembarque de Leyte.

Essa ação culmina com a última grande batalha naval da guerra, que termina com uma nova vitória americana. A US Navy dispõe agora do domínio absoluto do mar. Um sucesso definitivo se delineia, embora ainda subsistam duas sombras. A resistência japonesa nas Filipinas é obstinada, e o surgimento dos primeiros camicases constitui uma surpresa desagradável. O Japão parece ter sido praticamente vencido, mas os Estados Unidos ainda não conseguiram a vitória.

A situação não é diferente, naquele momento, no teatro ocidental, apesar das ilusões de Roosevelt e Churchill na segunda conferência do Quebec, em setembro. De fato, a Wehrmacht parece estar, então, a ponto de se desmantelar. O Exército Vermelho acaba de conseguir duas vitórias de grande repercussão na Rússia Branca e nos Bálcãs. Na Itália, a Linha de Inverno foi enfim rompida em maio, Roma foi ocupada aos 4 de junho, e durante todo o verão a progressão avançou em direção à planície do Pó. A oeste, os Aliados atingem a fronteira do Reich, e os bombardeios estratégicos, após uma interrupção de alguns meses, foram retomados com uma violência acentuada, atingindo a indústria de petróleo e as comunicações, antecipando, assim, a desorganização da economia.

Uma recuperação inesperada, entretanto, manifesta-se no outono. A resistência alemã se endurece na Prússia oriental, na Hungria, no norte da Itália, na linha Gótica e na Fronteira Ocidental do Reich. E mais, aos 16 de dezembro, a Wehrmacht passa ao contra-ataque nas Ardenas, encurralando os Aliados numa rude batalha defensiva e retardando em mais de um mês a retomada da ofensiva em direção ao Reno.

Ao longo dessa fase de estagnação, uma viva inquietação domina o comando aliado: vai-se assistir à intervenção maciça das novas armas alemãs? É certo que a campanha das bombas voadoras não teve efeitos decisivos e não parece poder consegui-los. O início da ofensiva foi retardado pelo bombardeio de Peenemunde, em 17 de agosto de 1943, que obrigou os alemães a dispersar seus centros de pesquisa, e pelos ataques aéreos efetuados no começo de 1944 contra os locais de lançamento de Pas-de-Calais, no âmbito da operação Crossbow.

É somente aos 12 de junho de 1944, após o desembarque da Normandia, que os primeiros V1 começam a atacar Londres. Quinze mil artefatos, no total, serão lançados, provocando danos consideráveis e uma baixa na produção, e obrigando os ingleses a multiplicar as medidas de defesa: balões de barragem, baterias de DCA, barreiras de caças. A vida da capital, entretanto, não será desorganizada, e a ofensiva

178

cessará ao final do mês de agosto, com a liberação das costas da Mancha. Lançadas da Holanda, as V2 são utilizadas a partir de 8 de setembro, também sem obter resultados decisivos, embora nenhum tipo de defesa tenha sido encontrado.[96]

De novembro de 1944 em diante, a ofensiva também abrange a Antuérpia, que se tornara o principal porto de desembarque aliado. Serão lançadas sobre a cidade 5.760 V1 e 1.265 V2, durante todo o inverno. Também nesse período, os danos materiais serão importantes. Mas as bombas voadoras conseguirão, no máximo, incomodar e retardar as atividades portuárias, sem impedi-las.

Quanto aos aviões a jato, uma das grandes expectativas dos dirigentes do Reich, só aparecem no outono de 1944. A primeira formação de Messerschmitt 262 só se torna operacional em novembro. Essa situação se deve aos bombardeios sobre a indústria aeronáutica e principalmente a uma atitude intempestiva de Hitler, que quis transformar esse avião de caça em bombardeio ligeiro de represálias sobre a Inglaterra. Decisão que está na origem de um atraso de cerca de seis meses.

Apesar de seu número reduzido, os Me-262 infligem sérias perdas à aviação aliada e impressionam enormemente as tripulações anglo-americanas, que se sentem defasadas contra esse tipo de aparelho. Quanto aos aviões Arado, estes efetuam, com toda a impunidade, ataques noturnos sobre a Inglaterra. Para atenuar a ameaça, o comando aliado intensifica os ataques aéreos estratégicos sobre a indústria aeronáutica e a indústria de petróleo. A aviação tática multiplica os ataques sobre as pequenas fábricas de montanha dispersas ao sul e a leste da Alemanha. Sem se preocupar com uma DCA reforçada, grupos de caças vigiam de maneira permanente os campos de pouso utilizados pelos aviões a jato, vulneráveis na decolagem ou na aterrissagem. Todas essas medidas contribuirão para frear a fabricação e a entrada em serviço dos novos aparelhos. O mesmo ocorrerá com os mísseis terra-ar. No fim das contas, por terem surgido tarde demais, essas máquinas não conseguirão mudar a fisionomia da guerra aérea.

De fato, no outono de 1944, o temor principal do comando anglo-americano tem a ver com uma retomada da guerra submarina, que aconteceria num momento crítico. O abastecimento das tropas aliadas na Europa Ocidental enfrenta, efetivamente, sérias dificuldades relacionadas com a desorganização dos transportes rodoviários e ferroviários e sobretudo com a penúria dos portos. Na Mancha e no Atlântico, os alemães ocupam um certo número de bolsões. Brest, Le Havre, Calais, Boulogne são desocupados, à custa de muitas perdas, sem evitar a destruição

---

[96] IRVING (D.), *À bout portant sur Londres*, Paris, R. Laffont, 1967.

das instalações. O esforço logístico aliado acaba por concentrar-se em três portos principais: Cherbourg, Marselha e Antuérpia, capturado intacto, mas cuja utilização só se inicia em meados de novembro, após a limpeza cuidadosa do estuário do Escaut, na origem das últimas operações anfíbias na Europa.

Um elemento torna ainda mais espinhoso o problema logístico: a carência de tonelagem, apesar do enorme esforço dos estaleiros americanos, continua crônica, a ponto de provocar uma nova redução das importações britânicas. Nessas condições, poderiam decorrer graves consequências da entrada em serviço dos novos U-Boote tipos XXI e XXIII.

O problema desses novos submarinos é abordado em Yalta e torna-se objeto de um relatório pessimista do almirantado britânico.

> Com seus Schnorchels muito aperfeiçoados, a detecção na superfície seria ainda mais difícil, e enquanto submersos, sua velocidade era a mesma de nossas embarcações de escolta, o que os tornava muito difíceis de serem caçados, em particular com mau tempo. O advento desses novos U-Boote teria revolucionado a guerra submarina.*

O relançamento da guerra submarina constitui, de fato, a última esperança dos dirigentes do Reich. Por ocasião da última conferência naval de 1º de janeiro de 1945, havida em condições normais, o relato da situação feito por Dönitz é inteiramente aprovado por Hitler. A oeste, as ofensivas das Ardenas e da Alsácia deixam entrever uma resistência prolongada. Pode-se ainda esperar retardar o avanço soviético a leste. Toda a atenção deve ser concentrada no teatro de operações do norte. A defesa das bases da Noruega, do mar do Norte e do Báltico tem uma importância capital para o desenvolvimento da nova ofensiva submarina que deve começar em março. Durante a Batalha da Prússia oriental e da Pomerânia, no final do inverno, as últimas grandes embarcações da Kriegsmarine se empenharão totalmente para prolongar a resistência dos portos.

Até o último momento, a ameaça submarina influencia fortemente a estratégia aliada. A partir do verão de 1944, a RAF começa a depositar minas no Báltico, onde acontece o treinamento das novas flotilhas. Sem deixar de lado a indústria de petróleo, os bombardeios estratégicos intensificam-se sobre as vias de comunicação ferroviárias e fluviais, bem como nos estaleiros. Os novos U-Boote são, com efeito, fabricados aos pedaços em usinas do interior e montados nos portos. Em Yalta, os alemães pedem ainda uma ocupação rápida de Danzig, onde está reunida uma parte das novas embarcações.

---

* N. E.: Citação no original entre aspas, sem referência bibliográfica.

Após a passagem do Reno, Montgomery concentra seu esforço sobre os portos do norte da Alemanha e da Dinamarca. Às vésperas da capitulação, os britânicos temem ainda a criação de um "reduto setentrional" em torno da Dinamarca, da Holanda e da Noruega, de onde os U-Boote poderiam ter lançado uma última ofensiva.

Os temores dos Aliados, então, são excessivos. As duas primeiras embarcações de tipo XXI só entrarão em serviço ao final de abril de 1945, revelando capacidades operacionais extraordinárias. Somente umas dez embarcações de tipo XXIII puderam operar com sucesso a partir de fevereiro, ao longo das costas britânicas, sem sofrer perdas.

Ao contrário do que os Aliados pensavam, esses atrasos não se devem aos bombardeios estratégicos. Em 31 de dezembro de 1944, 64 unidades de tipo XXI e 31 de tipo XXIII foram entregues à Kriegsmarine. Além dessas, 82 outras embarcações (51 de tipo XXI e 31 de tipo XXIII) serão entregues até a capitulação. A capacidade de produção dos estaleiros devia bater seus recordes durante o primeiro trimestre de 1945 com 26 embarcações por mês, em vez de 23 em 1943 e 20 em 1942. Os atrasos devem-se essencialmente às minas plantadas no Báltico, que prejudica o treinamento, e às dificuldades de formação de tripulações.[97]

O caso dos U-Boote demonstra a que ponto a estratégia aliada se achou, até o último momento, na dependência do domínio do mar. Mostra ainda que as armas novas pertenciam realmente ao domínio da realidade. Elas ficarão, entretanto, em estado de ameaça e, apesar de enormes esforços de pesquisa e fabricação, não terão nenhum papel no desenrolar da guerra.

Entretanto, uma questão se coloca. Esse arsenal de armas novas poderia ter modificado o curso dos acontecimentos e permitido à Alemanha reverter a conjuntura e conseguir a vitória final? Muito provavelmente. Mas sob uma condição. Seria preciso que essas armas tivessem sido usadas simultaneamente e em quantidades maciças, o mais tardar no outono de 1944. Essas armas anunciavam a nova geração do conflito, a partir dos anos 1960 – foguetes balísticos, mísseis, aviões a jato, submarinos com motor nuclear que constituem a panóplia de base das forças armadas contemporâneas.

No momento em que o III Reich capitula, o cerco se aperta sobre o Japão. Enquanto MacArthur busca a liberação das Filipinas, Nimitz se apodera de Iwojima em fevereiro de 1945 – à custa de graves perdas – para facilitar os ataques dos B-29 sobre o Japão. O objetivo seguinte, em abril-maio, é Okinawa, onde os japoneses tentam, mais uma vez, reverter o destino. Enquanto o exército permanece na ilha, numa

---

[97] RAHN (W.), "The development of new types of U-boats in Germany during World War II", op. cit.

resistência obstinada de 84 dias, ondas de camicases se precipitam sobre a frota americana. A manobra fracassa. Okinawa cai, e a US Navy sai vitoriosa do embate.

Sujeito à irresistível pressão das forças navais e aéreas americanas, o Japão parece estar numa situação desesperada. O arquipélago é submetido a ataques aéreos terroristas que desorganizam a economia. A aviação embarcada acrescenta seus efeitos aos bombardeios pesados. Graças à ação vitoriosa dos submarinos americanos, o Japão também se encontra à beira de uma asfixia. Privado de marinha mercante, não pode mais comunicar-se com o sudeste asiático nem com a China. Só mantém ligações reduzidas com a Coreia e o norte da Manchúria.

Entretanto, uma vontade de resistência subsiste. Diante da lentidão de um bloqueio, os americanos resignam-se a desembarcar no próprio arquipélago, de início na ilha de Kyushu no outono de 1945 e em Honsu na primavera seguinte. Ninguém tem ilusões sobre o custo da operação. O exército japonês dispõe ainda de 3 milhões de homens bem equipados e de mais 15 milhões de auxiliares, 5 mil aviões camicases e centenas de embarcações e submarinos suicidas. A intervenção soviética e as duas bombas atômicas precipitam o desenlace. Apoiando-se no partido da paz, o imperador impõe a capitulação. Assinada em 2 de setembro na baía de Tóquio, a bordo do encouraçado Missouri, a rendição põe fim à Segunda Guerra Mundial.

Uma nova dimensão
da potência marítima

A Segunda Guerra Mundial mostra-se singularmente rica no plano naval. O conflito trouxe sua sanção às doutrinas em vigor em 1939, suscitando o aparecimento de novas táticas associadas a sistemas de armas inéditos, com uma modificação radical da hierarquia dos navios de combate. A capacidade de ação das frotas torna-se singularmente mais ampla.

Segundo a tradição, a guerra, de início, identificou-se com uma batalha das comunicações que envolveu quase todos os mares do globo, o mais importante, claro, tendo sido o Atlântico. Ainda segundo a regra, essa batalha foi travada por iniciativa de uma marinha alemã cujas forças de superfície estavam totalmente superadas pelas marinhas aliadas. Entretanto, ela não constitui uma réplica daquela da Primeira Guerra Mundial.

Diferentemente de 1914-1918, os alemães praticaram a luta contra o comércio com obstinação e sem interrupção, de setembro de 1939 até a capitulação do Reich. Diferentemente ainda da guerra precedente, eles operaram a partir de uma posição nitidamente mais vantajosa. Já no outono de 1940, as embarcações da Kriegsmarine puderam agir de maneira direta no Atlântico a partir dos fiordes da Noruega e sobretudo dos portos franceses de Brest, Lorient, Saint-Nazaire ou de La Pallice.

As zonas de operações parecem também muito mais vastas. As embarcações alemãs não limitaram suas ações às Western Approaches ou, a rigor, ao Mediterrâneo, como em 1914-1918. Seus setores de atividade abrangeram o centro do oceano, a costa leste dos Estados Unidos, o mar das Antilhas, a saída de Gibraltar e mesmo os litorais da América latina e da África. A batalha estendeu-se ainda ao Ártico, com os comboios de Murmansk, ao Mediterrâneo e ao oceano Índico com a instalação, em 1944, de uma base de submarinos em Penang, dominado então pelos japoneses.

A riqueza dos meios é também muito mais vasta do que durante o primeiro conflito. Os alemães recorreram às minas, aos grandes navios de superfície, à aviação e, naturalmente, aos U-Boote. Contrariamente à concepção admitida em 1939, o papel das grandes unidades revelou-se ineficiente por falta de bases e de suporte aéreo. Logo após a trágica partida do Bismarck (maio de 1941), e mais ainda após o retorno para o mar do Norte do grupo de cruzadores de batalha baseados em Brest, o comando da Kriegsmarine reagrupará as grandes embarcações no norte da Noruega, ao alcance dos comboios do Ártico e fora do raio de ação da aviação britânica. Apesar da presença do encouraçado Tirpitz, esse reagrupamento terá, finalmente, por único resultado, obrigar a Royal Navy a manter um imponente dispositivo de cobertura em Scapa Flow.

Por outro lado, a intervenção da aviação na luta contra o comércio se revelará mais importante do que o previsto. Entretanto, pela falta de aviões com um grande raio de ação, excetuando alguns Focke Wulf Kondor, em razão também da deficiência relativa de seus meios, a Luftwaffe deixará de participar da batalha, a partir da primavera de 1941, por ocasião da campanha dos Bálcãs e da operação Barbarossa. Até o fim de 1942, entretanto, demonstrará sua eficácia no ataque aos comboios do Ártico e de Malta.

As decepções causadas pelos grandes navios e as carências da Luftwaffe estão, em parte, na origem dos pífios resultados da primeira fase da batalha, incapazes de pesar sobre a resolução do conflito. De setembro de 1939 a dezembro de 1941, a tonelagem de navios afundados não ultrapassa 5,5 milhões de toneladas. As perdas, em grande parte, são compensadas pelas apreensões, construções britânicas e suporte de marinhas mercantes aliadas, principalmente escandinavas.

Esse modesto balanço deve-se ainda ao número reduzido de submarinos operacionais. Ao final de 1941, apenas 16 U-Boote operam no Atlântico, contra 5, é certo, do início da guerra. Lembremos que o desenrolar da luta é, em grande parte, comandado pela intervenção crescente dos Estados Unidos, que obriga os U-Boote a operar na parte oriental do oceano, onde a Royal Navy concentra seus meios.

A fase mais violenta da Batalha do Atlântico parece, entretanto, relativamente curta. Ela se estende de janeiro de 1942 a abril de 1943, mas não é menos crítica para os Aliados, submetidos, em alguns momentos, a uma crise comparável à do primeiro semestre de 1917. Em 16 meses, 7,5 milhões de toneladas são postas a pique e as perdas infligidas aos submarinos são largamente compensadas pelas entradas de outros tantos em serviço.

Como explicar esses êxitos retumbantes que contrastam com a estagnação do período precedente? Lembremos, para começar, que os alemães exploram então dois grandes erros aliados. Durante seis meses, até julho de 1942, os americanos se recusam a aplicar o sistema de comboios na costa leste e no mar das Antilhas;

Uma nova dimensão da potência marítima

simultaneamente, os responsáveis pela aviação estratégica, em vez de promover uma cobertura aérea completa do oceano, obstinam-se em querer destruir os submarinos nas bases ou nos estaleiros, sem obter, contudo, o menor resultado.

O fator essencial, entretanto, não é esse. Deve-se, antes, a um novo conceito de emprego do submarino, cuja eficácia, por uma ironia da história, tinha sido posta em dúvida pouco antes da guerra pelo grande almirante Raeder tanto quanto pelo almirantado britânico. De fato, o submarino de 1939 é muito semelhante ao de 1917. Ao contrário de todos os navios de superfície, cujo desempenho melhorou consideravelmente em cerca de vinte anos, o submarino quase não evoluiu. Os ingleses estão convencidos, então, como já foi dito, de que uma eventual ameaça dos U-Boote será sufocada pela adoção do sistema de comboios associado ao sonar, aparelho de detecção por ultrassom.

A Rudeltaktik, ou tática das alcateias, imaginada pelo almirante Dönitz em 1938, permite sair do impasse. O sistema tem como objetivo compensar as deficiências dos U-Boote submersos, tributários de motores elétricos que não lhes permitem ultrapassar 8 nós durante apenas uma hora. São desempenhos medíocres, pouco compatíveis com o ataque de comboios protegidos. Desse modo, a formação de alcateias, que atacam à noite na superfície, empresta novas capacidades ofensivas aos submarinos, ainda mais porque o plano de desenvolvimento dos U-Boote adotado desde o início da guerra começa a dar frutos. No início de 1943, de 40 a 50 embarcações operam no Atlântico.

A Rudeltaktik procede ainda de progressos consideráveis realizados pelo rádio desde 1919 e que permitem coordenar a ação dos submarinos a partir de um posto de comando sediado em terra. Um último elemento facilita ainda a formação das alcateias. Durante esse período, o *Bdu* está em condições de decifrar, num prazo curto, as mensagens endereçadas aos navios mercantes aliados. Vantagem preciosa que permite a Dönitz estabelecer barragens de submarinos na rota dos comboios. Essa vantagem intervém num momento em que os serviços de informação ingleses, após brilhantes resultados no final de 1941, encontram-se na incapacidade de decifrar o novo código Triton da Kriegsmarine.

Como explicar a reviravolta da situação, na primavera de 1943, com uma rapidez inesperada? Paralelamente a resultados cada vez mais medíocres, as perdas alemãs aumentam em proporções consideráveis. De julho a setembro, são postos a pique 71 U-Boote para 75 navios mercantes afundados. Durante o último trimestre, 53 submarinos desaparecem para 40 navios somente.

Vários fatores estão na origem dessa virada espetacular. De início, o aumento constante dos meios aliados, quer se trate de navios de escolta ou de aviões com um longo raio de ação. O "buraco negro", o vazio do Atlântico central, é, enfim,

185

A Segunda Guerra Mundial

preenchido por Liberators. As marinhas aliadas dispõem ainda de um número crescente de porta-aviões de escolta, integrados em grupos de caça que asseguram a proteção afastada dos comboios. A esses meios acrescentam-se armas cada vez mais eficazes – morteiros, bombas e granadas com forte capacidade explosiva –, assim como toda uma gama de aparelhos de detecção na superfície, como o *huff-duff*,* que detecta as emissões de rádio, e os radares decimétricos, e depois centimétricos, que aparelham os navios de escolta e os aviões, associados então a um projetor que permite o ataque noturno de um U-Boote surpreendido na superfície.

Todo esse arsenal permite explorar plenamente a falha mais importante do submarino da época, que, na realidade, não passa de um submersível, condenado, em razão de sua falta de resistência embaixo d'água, a trânsitos e à abordagem de comboios na superfície. Tendo em vista a densidade dos meios aliados, os submarinos são surpreendidos e destruídos antes de poder submergir, ou submetidos, em imersão, a ataques prolongados, a "caças até a morte", nas quais os sonares atuam com toda a eficácia. A tática das alcateias falha, e a vitória aliada procede de uma dupla associação: avião de escolta, radar-asdic.

Outro elemento desempenha também um papel determinante. A eficácia dos meios deve-se a um sucesso capital da informação. No começo de 1943, os Aliados estão em condições de decifrar o novo código Triton da Kriegsmarine e de conhecer assim, com precisão, a posição dos U-Boote. Exploram uma das deficiências fundamentais da Rudeltaktik: a abundância das comunicações pelo rádio. Vantagem maior que ocorre no momento em que o *Bdu* se revela incapaz de decifrar rapidamente o novo código comercial do Almirantado. A situação de 1942 acha-se invertida. Avisados da localização dos submarinos, os anglo-americanos podem então desviar os comboios ou enfrentar a batalha com meios reforçados. Podem ainda perseguir os U-Boote por toda a superfície do oceano e estabelecer um verdadeiro bloqueio aéreo no golfo de Gasconha.

Em dezembro de 1943, Dönitz deve reconhecer que a Batalha do Atlântico está perdida, apesar da utilização de detectores de radares ou de torpedos acústicos. Apesar de perdas aterrorizantes, os U-Boote continuarão na luta – quanto mais não fosse para deter meios aliados consideráveis – e na expectativa de relançar a batalha com novos submarinos "elétricos" tipo XXI e XXIII dotados do Schnorchel, um tubo retrátil que permite a navegação em imersão periscópica. Esperança vã:

---

* N. R. T.: *Huff-duff* significa "*High frequency direction finder*", aparelho de detecção de ondas de rádio de alta frequência, muito utilizado durante a Segunda Guerra Mundial para interceptar mensagens entre U-Boote, a fim de, aliado a outros equipamentos, determinar a localização de submarinos.

Uma nova dimensão da potência marítima

sabe-se que as novas embarcações só se tornarão operacionais no final da guerra. Por falta de aviação de reconhecimento a distância e de informação, esses submarinos, em grande parte livres na superfície, não poderiam operar no Atlântico central a partir da Noruega, mas em zonas de grande densidade de navegação, como os Western Approaches, a costa leste dos Estados Unidos, o mar das Antilhas ou o estreito de Gibraltar. De qualquer modo, durante os dois últimos anos da guerra, 550 U-Boote desaparecem, para abates que não ultrapassaram 2 milhões de toneladas. De 41 mil homens alistados na U-Bootwaffe, 5 mil foram feitos prisioneiros e 28 mil encontraram a morte, na maioria das vezes em condições terríveis.

Definitivamente, como durante a Primeira Guerra Mundial, os submarinos não puderam paralisar as comunicações aliadas nem manter uma taxa de abate suficientemente elevada para bloquear a estratégia anglo-americana. Esse objetivo só pôde ser atingido de maneira episódica em 1942 e no começo do ano seguinte. Se todos os submarinos operacionais tivessem sido concentrados no Atlântico, os resultados teriam sido, sem dúvida, muito melhores. Apesar dos protestos de Dönitz, Raeder e Hitler deviam manter mais da metade dos U-Boote no Mediterrâneo ou no mar do Norte, para dar uma resposta a um eventual desembarque na Noruega.

Nunca será demais repetir que a sorte da guerra foi decidida, em 1943, no Atlântico, e que o enorme esforço de novas construções empreendido por ingleses, canadenses e principalmente por americanos, atingindo um total de 42 milhões de toneladas, não teria sido suficiente para assegurar o sucesso. Contrariando uma ideia amplamente difundida, esse esforço não tinha por objetivo apenas compensar as perdas. Certamente, em 1943 e 1944, as construções novas excedem em 23 milhões de toneladas as destruições. Essa diferença, aparentemente confortável, responde com dificuldade à expansão dos teatros de operações, sobretudo o do Pacífico, à transferência das forças americanas para a Europa e às exigências da ajuda prestada à URSS através do Ártico, do golfo Pérsico ou do Pacífico norte.

De qualquer modo, mesmo que a Batalha do Atlântico não tivesse acontecido, os anglo-americanos deveriam ter efetuado um esforço considerável de construções novas, para aumentar em ao menos 50% a tonelagem disponível. Em 1940-1941, apenas para seu abastecimento, a Inglaterra já exige 26 milhões de toneladas, quando sua marinha mercante não ultrapassa 17,7 em 1939. Em 1943, com a chegada das forças americanas, essa tonelagem eleva-se a 54 milhões. Seis meses antes de Pearl Harbor, preparando para 1943 a formação de um grande exército americano de 8,8 milhões de homens, o general Wedemeyer associava a esse programa a construção de 10 milhões de toneladas de navios mercantes. Notemos ainda que, ao longo do conflito, os estaleiros estão permanentemente cheios de embarcações avariadas pela ação do inimigo ou pelo mau tempo, em razão das condições difíceis do Ártico ou da rota setentrional do Atlântico, utilizada excepcionalmente no inverno pela proximidade das bases aéreas de Terra-Nova e da Islândia. No começo de 1943, 2,6 milhões de toneladas de navios acham-se assim imobilizadas nos portos britânicos.

Se os alemães tivessem conseguido produzir uma média mensal de 600 mil toneladas, estariam em condições de paralisar a estratégia aliada e comprometer o desenvolvimento das economias de guerra. Várias crises graves o demonstram. A primeira se manifesta durante o primeiro semestre de 1942, quando da ofensiva dos U-Boote na costa leste dos Estados Unidos. Uma escassez de petróleo atinge a região industrial do nordeste dos Estados Unidos, a ponto de comprometer todo o esforço de guerra – para grande cólera de Marshall – e de levar à construção de dois oleodutos, Big Inch e Little Big Inch, para que o petróleo do Middle West e das Caraíbas alcance as zonas de consumo.

Há um fenômeno ainda mais grave: a falta de tonelagem paralisa a transferência das divisões americanas oriundas dos campos de treinamento com destino à Grã-Bretanha, apesar de um enxugamento substancial de suas estruturas. No âmbito do debate estratégico anglo-saxão da primavera de 1942, essa paralisia contribui para o abandono da operação Sledgehammer – o desembarque na França – em proveito do plano Torch, muito menos ambicioso e que só poderá utilizar um máximo de 100 mil homens, entre os quais menos de 60 mil são combatentes. Simultaneamente, ainda por falta de tonelagem, o almirantado britânico deve tomar a decisão estratégica e política capital, em razão das relações com a URSS, de suspender, durante o verão, os comboios com destino a Murmansk e de transferir para o Mediterrâneo as embarcações necessárias à sobrevivência de Malta.

Uma segunda crise acontece no início de 1943. As perdas atingem tal nível que se assiste a uma paralisia estratégica. Por ocasião da conferência de Casablanca, é dada prioridade à Batalha do Atlântico. Apesar da aceleração da rotação dos navios e das descargas nos portos, de novas restrições impostas à população britânica, de subtrações suplementares efetuadas nos estoques, um cálculo elementar demonstra que a continuidade de um nível elevado de perdas elevadas só pode resultar numa diminuição no ritmo das operações no Mediterrâneo e num novo adiamento dos desembarques previstos para a França em 1944, com todas as repercussões que tal atraso poderia trazer para as relações entre os anglo-americanos e os soviéticos.

A vitória aliada no Atlântico constitui uma das reviravoltas mais importantes da guerra, pois permite, enfim, desencadear a dupla ofensiva simultânea no teatro ocidental e no Pacífico. A situação continuará tensa até o fim. Por falta de tonelagem, o exército americano na Europa Ocidental experimentará, durante o inverno de 1944-1945, dificuldades de abastecimento em munições. Lembremos ainda, por acaso, que a escassez de tonelagem constituirá, para Washington, um argumento de peso em sua intenção de recusar todas as solicitações de rearmamento suplementar do exército francês.

Assim sendo, foi necessário um enorme esforço militar e industrial para ganhar uma batalha determinante para o desenrolar do conflito. Alguns números permitem compreender melhor a importância logística do Atlântico. De 1939 a 1945, 75 mil navios atravessaram o oceano transportando 268 milhões de toneladas de material de guerra; 4,3 milhões de homens também atravessaram o oceano, dos quais 80% de navio. Somente no ano de 1942, 40 milhões de toneladas foram embarcadas com destino à Inglaterra em 4 mil navios. Só o porto de Murmansk recebe, para a Rússia, 12 mil aviões, 6 mil tanques, 300 mil toneladas de munições, 360 mil veículos, em 775 navios (dos quais 68 desapareceram). Uma quantidade equivalente transita pelo golfo Pérsico, o dobro pelo Alasca e pelo Pacífico. No total, 17,5 milhões de toneladas de material são enviadas para a Rússia.

Um acontecimento raramente evocado também contribuiu para a vitória logística e militar dos anglo-americanos. Os Aliados não tiveram de travar uma segunda guerra das comunicações, uma Batalha do Pacífico. Apesar das admoestações alemãs, os japoneses se recusaram a utilizar sua frota de submarinos (75 embarcações em 1942) na luta contra a navegação mercante; só o fizeram episodicamente em 1942 no oceano Índico, com muito sucesso, aliás.[98]

Entretanto, os submarinos nipônicos afundaram, durante toda a guerra, somente 250 mil toneladas de navios mercantes. Diferentemente dos americanos, os japoneses continuaram fiéis à sua doutrina anterior à guerra, baseada no emprego dos submarinos para a observação e o ataque aos navios de combate, antes de serem utilizados para o abastecimento de guarnições isoladas. Essa obstinação teve consequências estratégicas importantes. A navegação comercial no Pacífico pôde efetuar-se em condições de tempos de paz. Os americanos não foram obrigados a recorrer ao sistema de comboios, a retirar navios de escolta do Atlântico ou destróieres de suas forças de alto-mar.

Por outro lado, contrariamente à tradição, foi a US Navy, cuja superioridade afirmou-se de maneira contínua, que travou, ao longo de todo o conflito, uma batalha das comunicações com uma eficácia crescente. De fato, desde o começo de 1943, os submarinos americanos, após implementarem novos procedimentos de ataque organizados em alcateias de 3 a 4 embarcações e superem uma severa crise de torpedos, infligem à marinha mercante japonesa perdas cada vez mais graves.

---

[98] Masson (Ph.), "La Bataille des communications Atlantique-Pacifique", op. cit.; Spector (R.), "Guerre sous-marine dans le Pacifique", *Du Dreadnought au Nucléaire*, Service historique de la marine, Paris, 1988.

A Segunda Guerra Mundial

Os americanos não deixam de lado, entretanto, a doutrina anterior a Pearl Harbor, baseada também na observação e no ataque aos navios de combate.

Na primavera de 1945, a situação do Japão é desastrosa. Mais de 7 milhões de toneladas de navios mercantes foram afundados, sendo 60% por submarinos e o restante pela aviação. Todas as relações econômicas e militares com o sudeste da Ásia são interrompidas ou são efetuadas por intermédio de submarinos que se esforçam em abastecer as guarnições afastadas. São mantidas ligações reduzidas com a Manchúria, a Coreia, o norte da China, Formosa e as Filipinas. Em agosto, enfim, às vésperas da intervenção da arma nuclear, a marinha mercante cai para um milhão de toneladas. As relações marítimas limitam-se, então, ao norte da Manchúria e à Coreia, e são cada vez mais entravadas pelos ataques da aviação tática com base em Okinawa e pela campanha de lançamento de minas pelos B-29 nas águas costeiras nipônicas.

Independentemente da eficácia tática dos submersíveis americanos, essa degradação se explica também pelo despreparo japonês para a luta antissubmarino, considerada não prioritária e mesmo pouco honrosa pelos oficiais da frota combinada. É somente em novembro de 1942 que é criado um estado-maior das rotas, encarregado da luta antissubmarino associada a um plano de urgência de construção de navios de escolta e de embarcações mercantes. Serão obtidos resultados consideráveis com o lançamento de 300 navios de escolta e de 3,5 milhões de toneladas de navios mercantes. Os japoneses conseguiram ainda afundar 52 submarinos americanos, mas sua defesa antissubmarino não alcançará jamais a eficácia dos anglo-saxões.

O desbastamento da frota mercante terá consequências ainda mais graves pelo fato de que essa marinha, com a capacidade de 5 milhões de toneladas em 1942, já não atendia às exigências militares e econômicas de um imenso território conquistado com uma facilidade impressionante. Por falta de tonelagem, o exército teve de limitar as tropas destinadas ao ataque e à ocupação do sudeste asiático: uma dezena de divisões num total de 60.

Em sequência a essas grandes vitórias, a falta de transportes, assim como as hesitações do exército em enfraquecer seu dispositivo na Manchúria e na China, impedem o lançamento de uma ofensiva que poderia atingir o Ceilão, a Austrália ou o Havaí, mas que se limitará, como é sabido, às ilhas Aleutas, a Midway e às ilhas Salomão. A deficiência das guarnições espalhadas sobre um espaço gigantesco, e ainda por cima, mal abastecidas, explica ainda a derrota final de Guadalcanal e o sucesso das contraofensivas americanas nas ilhas Salomão e no Pacífico central. O espírito de sacrifício do combatente nipônico compensa apenas em parte essa deficiência.

A admiração só pode aumentar, diante da espantosa resistência dos 3,5 mil soldados japoneses de Tarawa ou dos 5 mil homens das ilhas Marshall. Nas Marianas, são somente 25 mil nipônicos que enfrentam 180 mil americanos. Em Iwojima e Okinawa, são apenas 21 mil e 90 mil homens que enfrentam forças incomparavelmente superiores. São necessários 84 dias para que os americanos quebrem sua resistência, apesar de um poder de fogo imponente.

Por falta de tonelagem, o exército japonês só pôde engajar 15% de suas forças na Batalha do Pacífico propriamente dita. Nas vésperas da capitulação, esse exército está, em grande parte, intacto: 1,5 milhão de homens ocupam a Manchúria e a China e 3 milhões se encontram no arquipélago. Assim, compreende-se melhor a apreensão dos americanos à perspectiva de um desembarque do Japão e o desejo frenético de Roosevelt e de seus conselheiros de associar a URSS à fase final da guerra no Extremo Oriente.

A deficiência do transporte está na origem de uma outra falha: a impossibilidade de tirar partido dos recursos do sudeste asiático e de desenvolver uma economia de guerra. Desde a metade do ano de 1943, quando a luta submarina acaba de começar, manifestam-se sinais preocupantes, como a crise da siderurgia ligada à insuficiência das importações de minério de ferro ou à diminuição de metade das reservas de petróleo. A tonelagem reservada pela marinha e pelo exército às necessidades civis não ultrapassa 2,6 milhões de toneladas em vez dos 3 milhões considerados indispensáveis.

Dezoito meses após o início da guerra, é forçoso constatar que a marinha mercante não está à altura da "esfera da coprosperidade". Essa situação resulta de um grave erro de apreciação do alto comando japonês. Na primavera de 1945, quando a frota se acha reduzida a um milhão de toneladas, a desorganização da economia é quase total.

Não há nenhuma dúvida de que, bem antes da utilização da arma atômica, a derrota do Japão era inelutável, levando-se em conta a enorme potência industrial e militar dos Estados Unidos e ainda mais, talvez, o anseio de vitória absoluta. Entretanto, a situação do Japão teria sido bem diferente se tivesse contado com uma marinha mercante na medida de suas ambições e se tivesse conseguido, como os anglo-americanos, impedir ou ao menos conter a ameaça submarina americana. Essa situação influenciaria o desenrolar da guerra. O mesmo ocorreria se tivesse havido uma guerra submarina japonesa. Mesmo que se caracterizasse por uma tonelagem moderada, teria diminuído o ritmo das operações no Extremo Oriente e no hemisfério ocidental. Teria também modificado a aplicação dos planos aliados e contribuído para dar ao conflito um andamento profundamente diferente.

Um outro elemento capital da guerra no mar está relacionado à evolução das frotas de superfície, marcada pela primazia crescente do porta-aviões – fenômeno que está na origem de comentários desfavoráveis ao conservadorismo dos almirantes anteriores a 1939, incapazes de liberar-se do fetichismo do encouraçado e de apreciar a enorme capacidade potencial do avião.

É um julgamento sumário, que merece sérias correções, mesmo que as hesitações tenham se manifestado no período entreguerras. Em 1918, o avião integrou-se à panóplia de todas as grandes marinhas. Mas, apesar das experiências variadas com os aparelhos tanto quanto com as embarcações de transporte, subsistem muitas incertezas a respeito de suas possibilidades. Aprovado no que concerne ao reconhecimento e à observação, sua função suscita dúvidas no domínio do ataque. Ao longo do conflito, raros tiros certeiros são observados em embarcações de tonelagem variada. Nenhuma é posta a pique; as avarias são leves. Entre os 178 submarinos alemães destruídos, apenas uma dezena é destruída pela aviação, cujo papel parece ser, sobretudo, de dissuasão, limitado à faixa litorânea.

Esse balanço incerto não impedirá, logo após o conflito, que a existência de frotas de combate seja colocada em causa. Defensor da guerra do ar, o italiano Douhet afirma sua convicção de que uma Blitzkrieg com ataques aéreos terroristas sobre as cidades tem condições de levar, em alguns dias, à capitulação de uma grande nação que colocará o exército ou a marinha numa posição subalterna.

Menos sistemático, o general americano Billy Mitchell, a partir de experiências de bombardeios artificiais efetuados em 1921-1925 contra navios alemães desarmados, estima que a atuação de formações de bombardeiros pesados tem condições de assegurar a proteção das costas americanas, de rechaçar e destruir frotas adversas, tornando inúteis as fortificações do litoral. É uma concepção que dará origem, às vésperas da guerra, às célebres "fortalezas voadoras" B-17.

Essas experiências artificiais executadas sobre embarcações imóveis, sem tripulação nem defesa, são recebidas com ceticismo pelos marinheiros. A ameaça aérea, entretanto, não é descartada, mas parece, sobretudo, afetar as bases cujos órgãos de proteção precisam ser reforçados. Por outro lado, a eficácia do avião com relação ao navio – alvo reduzido e móvel – parece muito mais duvidosa.

Esse ceticismo não impede que as grandes marinhas prossigam suas experiências sobre o avião baseado em terra ou embarcado. Várias vias são então exploradas. A primeira tem a ver com hidroavião, considerado fundamentalmente "marinho". A maior parte das frotas adota aparelhos com carcaça de grande tonelagem e de grande raio de ação, aptos para o reconhecimento ou para o bombardeio. Entre os aparelhos mais representativos dos anos 1930, podem-se citar os Breguet Bizerte ou os Lieutenant de Vaisseau Paris da marinha francesa, os Short Sunderland britânicos ou ainda os Catalina da US Navy e os Kawanishi japoneses, que constam entre os mais eficientes dessa fórmula. Com base no litoral, uma geração de hidroaviões de proporções menos ambiciosas, previstos para a caça, o bombardeio ou o ataque torpedeiro, também é desenvolvida.

A partir dos anos 1930, todas as marinhas adotam hidroaviões leves com flutuadores embarcados a bordo dos encouraçados ou dos cruzadores. Destinados à exploração ou à regulagem do tiro, esses aparelhos são postos em funcionamento por meio de catapultas à base de pólvora ou de ar comprimido. O problema da volta a bordo continua intacto, entretanto. Nenhuma fórmula, grua ou tapete desdobrado na parte traseira do navio é realmente satisfatório. A coleta só pode efetuar-se com o mar calmo, quando o navio se encontra praticamente imóvel. Assim, os arremessos de catapulta se efetuam, com mais frequência, à proximidade do litoral, permitindo ao hidroavião encontrar um local favorável para aterrissar.

A mesma dificuldade é encontrada pelo transporte de hidroaviões do tipo Commandant Teste da marinha francesa ou pelo "cruzador de aviação" experimentado no Japão ou na Suécia, sob a forma de uma embarcação híbrida associando artilharia média e catapultas. Essas fórmulas, muito próximas, revelam-se, entretanto, ineficazes, pelo eterno problema de coleta dos aparelhos.

Assim, a solução do porta-aviões acaba por se impor. Uma primeira geração abrange encouraçados inacabados, como o Béarn francês ou cruzadores de batalha condenados na conferência de Washington, como os Saratoga americanos, os Kaga japoneses ou os Glorious britânicos. Uma segunda geração aparece a partir dos anos 1930, apresentando porta-aviões de 20 mil a 30 mil toneladas, capazes de se deslocar a mais de 30 nós. Contrariamente a muitas embarcações da série precedente, esses porta-aviões são privados de artilharia média e só conservam uma DCA ligeira. Todos são construídos a partir de fórmulas aprovadas: ponte de voo contínua, cabos de sustentação para a descida, "ilha" com um bloco chaminé-passarela localizado geralmente a estibordo.[99]

Esse tipo de navio só se adapta às grandes marinhas oceânicas dos Estados Unidos, da Grã-Bretanha ou do Japão. Levadas a operar em mares estreitos, as frotas secundárias não hesitam em criar impasses temporários ou mesmo definitivos sobre o porta-aviões. Desarmado em 1939, o Béarn só será substituído pelo Joffre em 1942-1943. A Itália resiste totalmente a esse tipo de embarcação. Tendo em vista a posição da península, a Regia Aeronautica se considera em condições de operar em toda a extensão do Mediterrâneo. A orientação é a mesma na Alemanha, onde o Graf Zeppelin, lançado em 1938 como "cruzador porta-aviões", jamais será terminado.

De qualquer maneira, às vésperas da guerra, a doutrina universalmente admitida, mesmo na marinha japonesa, concebe a hidroaviação, embarcada ou não, e o porta-aviões como auxiliares do encouraçado, que constitui ainda a espinha dorsal das frotas de combate. A primazia do encouraçado parece ainda reforçada a partir de 1935, pelo surgimento de navios de linha rápidos, síntese do encouraçado "lento" e do cruzador de batalha. Deslocando 35 mil toneladas, como os Richelieu,

---

[99] Sobre o desenvolvimento do porta-aviões nas grandes marinhas, ver *Du Dreadnought au Nucléaire*, op. cit.

ou mesmo 45 mil nos New-Jersey americanos, ou 67 mil com os Yamato, essas embarcações solidamente armadas e protegidas ultrapassam os 30 nós.

Mesmo quando precedida de uma fase de desbastamento, com emboscada de submarinos ou ataques noturnos de destróieres, a batalha se reduz sempre a um duelo entre navios de linha. Nessa perspectiva, o porta-aviões assegura o reconhecimento das esquadras, além de proteger o corpo de batalha contra os ataques de aparelhos inimigos; deve, ainda, retardar a marcha dos encouraçados inimigos para que os navios de linha possam alcançá-los e atacá-los a tiros de canhão. Sua ausência de proteção requer maior prudência e um emprego fora do alcance da artilharia adversária.

No final desse período, americanos e japoneses, entretanto, admitem a possibilidade de constituição de grupos de porta-aviões independentes para o ataque das bases, ou mesmo das forças no mar, ainda que ninguém possa prever os resultados. Há quem espere, contudo, que haja efeitos decisivos dos novos aparelhos embarcados ligados à mutação técnica do final dos anos 1930: monoplanos de construção metálica com trem de aterrissagem dobrável, hélice de velocidade variável, ligações de rádio seguras, capacidade de carga da ordem de 500 kg.

As marinhas americana e japonesa ainda ignoram os conflitos ligados à vontade dos exércitos do ar, desejosos de assegurar seu monopólio sobre todo o material de voo. Americanos e japoneses dispõem, assim, de aparelhos embarcados aptos para a caça, para o ataque torpedeiro ou para o bombardeiro em mergulho, cujas dificuldades técnicas, em geral, já foram dominadas. Na mesma época, a Fleet Air Arm da Royal Navy, tributária das especificações da Royal Air Force, deve contentar-se em ter, em seus porta-aviões, 220 aparelhos de uma concepção antiga e mesmo superada: caças-bombardeiros Blackburn Skua ou aviões-torpedeiros biplanos Fairey Swordfish.

Assim, uma incerteza geral persiste em 1939. Mesmo reconhecendo a vulnerabilidade das bases, os marinheiros continuam céticos sobre a eficácia do avião para uma força marítima, ainda mais pelo fato de que muitas marinhas, como a Royal Navy, negligenciam o bombardeio em mergulho. Entretanto, a DCA, em seu conjunto, é considerada insuficiente. Mas seu reforço parece enfrentar problemas insolúveis de adaptação dos compartimentos e de aumento do pessoal. Essa lacuna parece, de fato, compensada pela notável concepção dos novos encouraçados previstos para transportar vários torpedos e bombas de 500 a 1.000 kg. Em outubro de 1944, por exemplo, na Batalha de Leyte, 20 bombas e 20 torpedos serão necessários para afundar o encouraçado Musashi.

Enquanto isso, a prova da guerra vai permitir, uma vez mais, decidir o debate. O início do conflito mostra a vulnerabilidade de uma força marítima submetida aos ataques de uma aviação baseada em terra. A primeira experiência penosa ocorre durante a campanha da Noruega. Sob a pressão da Luftwaffe, a Home Fleet é rechaçada ao largo e deve desistir de forçar as passagens de Bergen.

A demonstração se repete na evacuação de Dunquerque, da Grécia e principalmente de Creta, quando a Mediterranean Fleet, além de fortes danos às suas unidades, perde quatro cruzadores e seis destróieres. A eficácia da aviação baseada em terra é facilitada pela insuficiência da DCA e da aviação de caça dos porta-aviões, como o demonstram ainda, durante o verão de 1942, as severas perdas sofridas pelos comboios de Malta sob o ataque das forças aéreas do Eixo.

Os primeiros meses demonstram também a vulnerabilidade das bases sem "teto". O caso é particularmente nítido por ocasião das ações efetuadas contra a frota francesa em julho de 1940 em Mers el-Kebir e em Dacar, e mais ainda durante os ataques de Tarento e de Pearl Harbor. Os resultados obtidos devem-se essencialmente à ação de aviões torpedeiros ou de bombardeio em mergulho, como os Stukas alemães Junkers 87.

Segundo as teorias de Billy Mitchell, os primeiros anos ilustram, por outro lado, o fracasso do bombardeio em voo horizontal, em altitude elevada, efetuado por aparelhos pesados ou médios. O fracasso ocorre tanto com a aviação italiana no Mediterrâneo quanto com os bombardeiros americanos no início da Guerra do Pacífico. Na Batalha de Midway, os B-25 e os B-17 não acertarão um único tiro na frota de Nagumo, embora sua tonelagem em bombas seja impressionante.

Os resultados obtidos contra as bases também se mostram decepcionantes. O reforço constante da caça e da DCA e a camuflagem de navios com redes ou fumígenos tornam os ataques cada vez mais aleatórios. Para conseguir que os navios alemães abandonem Brest, o Bomber Command deve empreender um enorme esforço: jogar mais de 4 mil toneladas de bombas sem causar avarias notáveis e perder 43 aparelhos.

Os ataques maciços empreendidos pelo Bomber Command e pela aviação estratégica americana, nas bases de submarinos do Atlântico ou nos estaleiros do mar do Norte e no Báltico, são mais decepcionantes ainda. Os abrigos antiaéreos de concreto revelam-se à prova de bombas, e as perdas aliadas são singularmente graves.

Quanto ao porta-aviões, ficam confirmados alguns temores de antes da guerra. Sua fragilidade é patente. Basta lembrar o torpedeamento do Courageous ou do Ark Royal ou ainda a destruição pelos canhões do Glorious diante de Narvik pelo Scharnhorst e o Gneisenau. Uma proteção limitada a alguns destróieres, em virtude das teorias de antes da guerra, mostra-se notoriamente insuficiente. A Royal Navy acaba por associá-lo a um ou a vários navios de linha.

O porta-aviões corresponde, por outro lado, às concepções previstas quanto ao ataque das bases – como pôde ser constatado em Tarento e em Pearl Harbor –, assim como em operações efetuadas por esquadras, funcionando como um auxiliar do encouraçado, assegurando o reconhecimento. Através de ataques com bombas ou torpedos, pode retardar ou mesmo imobilizar embarcações inimigas. O resultado da Batalha do cabo Matapan ou o fim do Bismarck obedecem a esse procedimento.

O início da guerra do Pacífico constitui uma virada capital na história do porta-aviões e da aeronáutica naval. Os primeiros embates "além do horizonte" do mar de Coral e de Midway revelam a temível capacidade de ataque a longa distância da aviação embarcada, dez vezes superior à dos navios de linha. Em Midway, o almirante Yamamoto se recusa finalmente a relançar a batalha, embora conte com um corpo de batalha de encouraçados intactos. Daí em diante, os embates com a utilização de canhões só acontecerão à noite.

Entretanto, as duas batalhas confirmam a vulnerabilidade do porta-aviões. Em menos de dois meses, sete embarcações foram destruídas por bombas ou torpedos bem colocados. O porta-aviões deve, mais do que nunca, ser utilizado com prudência, em conexão com uma sólida "vizinhança". Na fase de usura marcada pelos combates de Guadalcanal e das ilhas Salomão, os dois adversários utilizam seus navios com uma extrema circunspecção. A prioridade é dada aos combates noturnos, à ação dos submarinos e da aviação baseada na terra. Em dois anos, registra-se apenas um encontro entre porta-aviões, o de Santa Cruz, em outubro de 1942.

O papel decisivo do porta-aviões só se manifesta a partir de 1944, para confirmar-se até o final da guerra. Isso é constatado por ocasião dos assaltos aéreos lançados contra as bases de Truk e de Rabaul, durante a Batalha das Marianas, na qual a frota de Spruance consegue, sucessivamente, deter os ataques de formações baseadas em terra e de flotilhas embarcadas. Isso fica mais patente ainda durante o embate de Okinawa, em que os *task groups* resistem aos assaltos maciços dos bombardeiros e dos camicases japoneses.

A eficácia desses *task groups* deve-se a vários fatores. O emprego do radar permite a um conjunto de navios praticar navegações rápidas à noite ou em tempo de nevoeiro, sem risco de colisão. A aviação embarcada americana dispõe, então, de aviões de assalto que superam os aparelhos nipônicos. A eficácia deve-se também à importância de uma "vizinhança" antissubmarino, antissuperfície e antiaérea composta de auréolas de encouraçados, de cruzadores e de destróieres. Essas embarcações são dotadas de uma formidável DCA compostas de canhões de 20, 40 e 127 mm, estes últimos dotados de projéteis com foguetes de proximidade. É uma DCA que nada mais tem a ver com a do começo da guerra e que permite, em conexão com a caça dos porta-aviões seriamente reforçada, deter os assaltos aéreos. Proteção associada ainda a radares centimétricos de tiro e de vigília com um alcance de 160 milhas náuticas, fornecendo assim um aviso com antecedência de meia hora. Nessa defesa integrada, o navio de linha rápido tipo New-Jersey torna-se o auxiliar indispensável do porta-aviões. Em relação aos primeiros anos da guerra,

Uma nova dimensão da potência marítima

os papéis se acham invertidos, e o porta-aviões alcança o estatuto de *capital-ship* das frotas de combate.[100]

Deve-se ainda lembrar o papel essencial do avião na Batalha do Atlântico, a partir do momento em que os responsáveis pela aviação admitem que os U-Boote devem ser neutralizados no mar e não destruídos nos estaleiros ou nas bases? Bombardeiros pesados, tipo Liberator, ou grandes hidroaviões oferecem uma cobertura completa do oceano e o bloqueio do golfo de Gasconha. Simultaneamente, porta-aviões de escolta participam da proteção à distância dos comboios e da destruição dos submarinos de abastecimento. Dos 782 U-Boote destruídos, a metade foi atacada por aviões que agiam independentemente ou operavam em conexão com navios de superfície.

Quer se trate de *forças-tarefa* ou de luta antissubmarino, a guerra consagra finalmente a superioridade do avião com trem de pouso em relação ao hidroavião. As operações só fazem confirmar, com efeito, a extrema dificuldade de emprego dos pequenos hidroaviões lançados por catapultas a partir de encouraçados ou cruzadores. Para a exploração e proteção das rotas marítimas, as aeronáuticas navais orientam-se progressivamente para os aparelhos de grande porte tipo Focke Wulf Kondor ou Liberator. Menos rápidos e, sobretudo, dependentes de raras extensões de água bem abrigadas, os hidroaviões pesados são reservados para missões de transporte e evacuação.

A aviação desempenha ainda um papel capital por ocasião dos desembarques. Diferentemente do conflito de 1914-1918, marcado pelo episódio de Dardanelos, a Segunda Guerra Mundial colocou-se sob o signo das operações combinadas. As marinhas ultrapassaram, assim, o estágio do combate de esquadra e do ataque ou da defesa das linhas de comunicação. Graças ao domínio do mar, os Aliados podem, de início, proceder a toda uma série de ações mais ou menos limitadas contra o litoral europeu, como as de Saint-Nazaire ou de Dieppe, antes de empreender, a exemplo dos japoneses que mostraram essa possibilidade na China e depois em todo o sudeste asiático, grandiosas operações combinadas, como as do norte da África, da Sicília, de Salerno e de Anzio. Virão, em seguida, Overlord e Dragoon, que se tornaram necessárias pelo fracasso relativo dos bombardeios estratégicos. No Pacífico, o luxo dos meios e o domínio dos desembarques permitem a MacArthur e a Nimitz exercer, após as operações de Tarawa e de Kwajalein, uma dupla pressão na direção das Filipinas e no próprio centro do arquipélago nipônico por Guam, Saipan, Iwojima e Okinawa.

Todas essas operações, com exceção do primeiro assalto japonês sobre Wake e do trágico episódio de Dieppe, terminam em vitórias, contrariando os sombrios

---

[100] REYNOLDS (Clark), "The concept of task-force", em *Du Dreadnought au Nucléaire*, op. cit.; REYNOLDS (Cl.), *The fast carriers – The forging of an air navy*, McGraw Hill, 1968.

prognósticos do período entreguerras inspirados pelo fiasco de Dardanelos. Às vésperas do conflito, uma ideia havia penetrado nas mentes: a da impossibilidade de forçar um litoral protegido e de estabelecer uma sólida cabeça de ponte em zonas dotadas de uma rede de comunicação moderna, estradas ou ferrovias, permitindo a afluência de reforços até a costa num ritmo mais rápido do que o alcançado com os meios marítimos.

Várias razões estão na origem dessas vitórias. Após a derrota de Dieppe, os desembarques a partir do final de 1942 não mais se efetuam em portos geralmente bem defendidos, transformados em fortalezas, mas sim nas praias. Os portos podem então ser cercados e atacados por trás. Esse tipo de manobra põe em ação toda uma frota de navios especializados de fundo chato e proa dobrável, desde os enormes LST até os LCT, LCM, LSI, sem esquecer os Dukws e os Buffalos.

O papel dessas embarcações é duplo. Primeiro, lançar uma primeira onda de unidades de infantaria associadas a blindados, para a ruptura das posições defensivas, e depois assegurar o reforço e o abastecimento das tropas em terra. Na Normandia, o suporte logístico, à espera da ocupação e do reparo de instalações portuárias, leva à criação de portos artificiais e de um oleoduto submarino.

Antes de mais nada, o sucesso dos desembarques depende de uma intensa preparação da artilharia, garantida pelos canhões dos encouraçados e dos cruzadores. Em 6 de junho de 1944, ao alvorecer, por ocasião do desembarque da Normandia, os Aliados posicionam 7 navios de linha, 23 cruzadores, 148 destróieres, sem contar 350 navios leves equipados de canhões ou de foguetes, para reduzir as defesas do Muro do Atlântico. Os porta-aviões de combate ou de escolta, isolados ou com o apoio da aviação terrestre, asseguram o domínio do ar e participam da destruição das organizações de defesa e do suporte das tropas em terra. A associação da aviação e dos navios provoca então efeitos decisivos, como destaca o comando alemão: "Foram os ataques aéreos e a artilharia, particularmente os pesados canhões dos encouraçados, que quebraram nossas contraofensivas." Rommel acrescentará: "Os efeitos dos bombardeios da artilharia pesada naval são de tal ordem que é muito difícil desencadear operações baseadas em tanques ou em infantaria na região exposta aos tiros que vêm do mar."

A técnica das operações combinadas guarda, entretanto, diferenças marcantes entre o Pacífico e a Europa Ocidental. Em virtude de seu domínio do mar, os americanos só enfrentam, no Pacífico, guarnições insulares, isoladas, sem possibilidade de receber reforços e condenadas a uma luta desesperada. Com ataques noturnos, os japoneses tentam, no começo, levar o adversário para o mar. Eles adotam, em seguida, uma defesa em profundidade, a partir de posições fortificadas enterradas, de maneira a desgastar e a "tirar o sangue" do adversário. Esse método está na origem das graves perdas sofridas pelos americanos em Iwojima e Okinawa.

Na Europa, a surpresa tem um papel primordial e é assegurada por procedimentos de segurança particularmente estritos, pela extrema mobilidade das forças navais e por medidas de propaganda destinadas a causar uma incerteza sobre o local do desembarque. As operações são preparadas e sustentadas por bombardeios aéreos intensos em profundidade, visando à desorganização dos meios de transporte e procurando cercar o campo de batalha, de maneira a entravar a chegada de reforços ao adversário.

Durante o conflito, a capacidade de ação das frotas de combate, graças à integração do avião, aumentou consideravelmente com relação à terra, e ultrapassa em muito o alcance dos canhões. Ao contrário das afirmações de um Billy Mitchell, as flotilhas das *forças-tarefa* estão em condições de desafiar as forças aéreas baseadas em terra e efetuar ataques maciços em profundidade, de caráter tático ou estratégico. Por ocasião do desembarque em Provença, essas flotilhas liquidam as colunas alemãs, em retirada no vale do Ródano até a altura de Montelimar.

Durante as últimas semanas da Guerra do Pacífico, a aviação embarcada ataca diretamente o arquipélago nipônico em ondas de 800 a 1.000 aparelhos, multiplicando os bombardeios e metralhando os portos, os campos de aviação, os transportes e as indústrias. Essa ação completa a dos bombardeiros pesados B-29. O reinado do adágio de Nelson, "o marinheiro que ataca a terra é um louco", está acabado.

Assim, o domínio do mar, ou antes, o controle das rotas marítimas, teve um papel capital no desenrolar e na decisão do conflito. No teatro ocidental, em particular, esse controle preservou a Inglaterra de uma invasão e permitiu que a América desempenhasse o papel de arsenal das democracias. Assegurou, enfim, o êxito das operações combinadas e a reconstituição do teatro ocidental, suprimido com a queda da França. Desse modo, a soma desses resultados parece confirmar, uma vez mais, a validade das teses defendidas pelos "navalistas".

Após 1945, entretanto, aparece um novo questionamento. A evolução do conflito teria evidenciado um desmentido à doutrina de Mahan sobre a potência marítima e justificaria, ao contrário, a tese de MacKinder do começo do século XX sobre a superioridade dos grandes conjuntos continentais, ligada à Revolução Industrial e ao surgimento dos meios de transporte terrestres de massa, como as estradas de ferro.[101]

O domínio do mar não teria sido suficiente para assegurar a vitória. O bloqueio teria sido impotente contra o conjunto de territórios europeus dominado pelo III Reich. Três elementos teriam sido necessários para obter a decisão: um desenvolvimento considerável da potência aérea, o papel importante do Exército Vermelho no enfraquecimento da Wehrmacht, e um engajamento terrestre sem precedentes das potências marítimas.

---

[101] KENNEDY (P. K.), "Mahan contre MacKinder, deux interprétations de la puissance maritime britannique", dans *Stratégie et politique*, Paris, Economica, 1988, p. 145 e ss.

Essas críticas parecem, no mínimo, estranhas e sem fundamento. Os navalistas mais impenitentes jamais negaram as falhas do pensamento de Mahan, na origem de uma noção abusiva do domínio do mar, raramente total, mais comumente local, temporário e relativo, como se constata na pirataria clássica ou nas guerras submarinas dos dois conflitos mundiais.

De qualquer forma, a destruição da força organizada do inimigo ou sua neutralização, se permite a utilização das rotas marítimas, não é suficiente para ganhar uma guerra. A ruína do comércio do inimigo e a formação de um bloqueio não constituem armas absolutas. Os diferentes bloqueios contra a Inglaterra jamais abalaram profundamente a vida econômica do país e, em várias ocasiões, a pirataria trouxe sérias compensações à desaparição dos circuitos comerciais do tempo de paz.

A mesma constatação pode ser feita sobre a Primeira Guerra Mundial. Apesar de uma eficácia excepcional, o bloqueio infligiu às populações civis e aos combatentes das potências centrais severas restrições alimentares, sem desorganizar a produção de armamento. No fim das contas, a derrota alemã de 1918 é essencialmente militar, e o desmantelamento dos aliados do Reich só ocorreu após o fracasso das ofensivas Ludendorff.

Quanto à ajuda financeira e material, trazida pela potência marítima a seus aliados engajados na luta contra o adversário terrestre dominante, embora se revele importante, não constitui um fator decisivo.

A participação da potência marítima num conflito de envergadura não se limita a um papel indireto. Durante todas as guerras da época moderna, o exército inglês constituiu o segundo pilar da potência militar britânica, no mesmo patamar da Navy. Em virtude da escola da *blue water*, a intervenção das tropas terrestres pode efetuar-se no âmbito de uma estratégia periférica, por meio de "operações conjuntas", como as imaginadas por William Pitt, durante a Guerra dos Sete Anos, nos litorais da Mancha e do Atlântico. Seguindo os preceitos da escola continental, cujos melhores representantes foram Marlborough e Kitchener, o engajamento militar acaba por configurar-se na ação de um grande exército no continente, combatendo em conexão direta com o aliado principal.[102]

Os partidários mais ardentes do *sea power* sempre admitiram que a decisão de um conflito ocorre em terra e que a potência de dominante marítima só atinge sua plena eficácia em concordância com um aliado continental. A Segunda Guerra Mundial – com o lugar ocupado pelo Exército Vermelho – não constitui uma

---

[102] BARNETH (Corelli), *Britain and her army*, Londres, Penguin Books, 1974, e MASSON (Ph.), *De la mer et de sa stratégie*, op. cit., p. 128 e ss.

exceção. Basta evocar o papel de mobilização da Grã-Bretanha para a formação e o suporte das grandes coalizões dirigidas contra a França nos séculos XVII e XVIII. Sem um aliado de peso, a potência marítima acha-se num impasse. A Inglaterra passou por essa experiência após a ruptura da Paz de Amiens, ou seja, de junho de 1940 a junho de 1941, entre a queda da França e o ataque alemão contra a Rússia.

Por ocasião desse debate, duas observações se impõem. É certo que a espantosa resistência do III Reich diante de uma formidável coalizão constitui uma bela ilustração da potência de um conjunto continental altamente industrializado e servido por uma vasta rede de transportes. É uma ilustração ainda mais forte pelo fato de que a Alemanha pôde apoiar-se nos recursos da quase totalidade da Europa e de que o êxito de Barbarossa teria deslocado o centro de gravidade do Reich em direção ao Heartland idealizado por MacKinder. Associada a uma política de estocagem de produtos estratégicos e de desenvolvimento de indústrias de síntese, essa situação já explica os limites de um bloqueio que constituía um dos elementos mais importantes da estratégia franco-britânica em 1939.

Além disso, a Segunda Guerra Mundial revelou e acelerou o declínio da Grã-Bretanha, cujos primeiros sintomas haviam surgido desde o final do século XIX. É certo que a Royal Navy conseguiu manter as relações com a "retaguarda" americana e com os domínios territoriais do Império. Em conexão com a RAF, preservou a integridade do território britânico. Contudo, a estratégia elaborada por Churchill não teria sido suficiente, mesmo em conexão com a URSS, para provocar a queda da Alemanha. Nem as resistências nem os bombardeios estratégicos obtiveram resultados decisivos. A estratégia periférica de pôr em jogo forças reduzidas, praticada ou inspirada pela Inglaterra, resultou ou em retiradas decepcionantes, seja na Noruega, na França, na Grécia ou em Dieppe, ou em impasses difíceis, como na Itália, por exemplo.[103]

A potência naval só pôde atingir toda a sua eficácia com a participação crescente e logo dominante dos Estados Unidos. Sendo capital mesmo antes de Pearl Harbor, tanto no plano econômico quanto no militar, essa intervenção revelou-se determinante a partir de 1943, seja pela ajuda maciça concedida à Grã-Bretanha ou à URSS, seja pela amplidão das operações combinadas. A formação de um grande exército permitiu retomar uma estratégia continental, única capaz de abater a Wehrmacht, em conexão com o Exército Vermelho, e jogar mais de 2 milhões de homens no continente. No total, por conta da guerra, uma substituição ocorreu, e os Estados Unidos, no espaço de alguns anos, tornaram-se uma potência marítima efetiva.

---

[103] KENNEDY (P. K.), *The rise and fall of British Naval Mastery*, London, Mac Millan, 1985, p. 312 e ss.

A Segunda Guerra Mundial

Entretanto, seria temerário ceder ao determinismo, mesmo que a Segunda Guerra Mundial pareça demonstrar, uma vez mais, que as potências marítimas têm vantagem assegurada no caso de guerras generalizadas. É certo que a Inglaterra e, depois, os Estados Unidos conseguiram dispor continuamente de vantagens importantes. Graças à liberdade das rotas marítimas, essas potências tiveram condições não somente de explorar seus próprios recursos, mas também de apoiar-se numa enorme retaguarda. Com um território ao abrigo de uma invasão, dispuseram do tempo necessário para o desenvolvimento de seu potencial econômico e militar. Na perspectiva do desembarque na Europa, puderam ainda constituir enormes praças de armas no norte da África, e depois na Inglaterra.

É fato que nem a Grã-Bretanha nem os Estados Unidos estariam em condições de utilizar seus consideráveis meios se a União Soviética caísse. Em caso de derrota do Exército Vermelho em Stalingrado ou em Kursk, os desembarques de 1943-1944 seriam irrealizáveis diante de uma Wehrmacht dispondo de todos os seus meios. Inversamente, sem os comboios de Murmansk, sem a ajuda trazida pelo golfo Pérsico ou por Vladivostok e sem a existência de uma segunda frente potencial, a URSS teria acabado por ceder em 1942 ou 1943. Ela não poderia fazer frente à concentração da potência alemã.

Mais uma vez impõe-se uma conclusão. Se há uma estratégia marítima, específica, diferente da estratégia terrestre, existe uma interdependência estreita entre os dois modos de ação. Num conflito generalizado como o de 1939-1945, a vitória ou a derrota devem-se à utilização judiciosa ou não de todas as armas e de todas as forças dos participantes. A intervenção das potências marítimas, de início um simples apoio, acaba por constituir uma força considerável, e mesmo determinante, ainda mais porque é acompanhada da mobilização de recursos mundiais.

O teatro do Pacífico ilustra à perfeição a união estreita entre as duas formas de estratégia e a conexão obrigatória e íntima de todas as armas. É um engano considerar essa guerra essencialmente aeronaval. É certo que, tanto do lado japonês quanto do americano, o domínio marítimo e aéreo constituiu a base indispensável das grandes operações combinadas. Mas a conquista da Malásia, das Filipinas ou da Indonésia só foi possível pela qualidade do exército nipônico. Do mesmo modo, a reconquista das ilhas desde Guadalcanal e Tarawa até Iwojima e Okinawa só foi obtida pela superioridade, em efetivos e em material, das forças terrestres americanas. A derrota japonesa cabe tanto a uma marinha e a uma aviação incapazes de assegurar à distância a proteção de posições-chave, quanto a um exército que não teve condições de rechaçar um único desembarque, apesar de defesas admiravelmente organizadas e de um espírito de sacrifício levado ao extremo.

A Guerra do Pacífico coloca outro problema capital: o da divergência do esforço nipônico entre uma estratégia continental concentrada na China e uma

202

estratégia marítima orientada para o Pacífico e o sudeste asiático. Alguns quiseram ver nessa divergência o resultado de um enfrentamento entre o poder civil e o poder militar, e mesmo entre o exército e a marinha. Na realidade, pode-se falar, no máximo, de debate, de rivalidade, mas não de oposição.

Para os japoneses, a guerra de 1941-1945 inscreve-se num conflito de 8 anos que se inicia em 1937 com o "incidente da China", ou mesmo de 13 anos, com o estabelecimento do protetorado de Manchukuo. Conflito que relança a controvérsia MacKinder-Mahan. Às voltas com um território exíguo, pobre em recursos naturais e fortemente povoado, o Japão entende obter seu "espaço vital" em detrimento do continente asiático, na vertente ocidental do mar da China rebaixado ao nível de Mediterrâneo interior. Ele continua, assim, uma política iniciada desde a era Meiji pelo conflito com a China em 1894-1895 e a guerra com a Rússia em 1904-1905. A posição insular não deve causar ilusão. Por seu sistema político e econômico, bem como pela orientação de sua expansão, o Japão integra-se muito mais ao conjunto das potências continentais que ao das marítimas. O exército constitui a força militar principal com o suporte de uma marinha encarregada de assegurar as ligações com o continente asiático.[104]

Apesar de diversos métodos – ocupação do norte da China, saque de Nanquim, estabelecimento de um governo satélite, isolamento do antigo Império do Meio ou ocupação de suas costas e do norte de Tonquim em 1940 –, o Japão não consegue provocar o desmantelamento do governo nacionalista ou a queda de Chiang Kai-shek. Essa estagnação só faz agravar a tensão com os Estados Unidos, que reagem com medidas econômicas.

Para sair desse impasse, o Japão volta-se para Mahan e joga a carta da expansão marítima para forçar o isolamento da China pela ocupação da Birmânia e para assegurar-se das bases econômicas necessárias – principalmente o petróleo –, ao prosseguimento da política terrestre. Estratégia inversa à de Hitler, levado a jogar com a expansão continental para resolver o conflito com as potências marítimas.

O caráter espetacular das operações do Pacífico, logo após Pearl Harbor, não pode anular o fato de que, de 1941 a 1945, a China constitui sempre o teatro essencial. Há um consenso entre os civis e os militares, entre o exército e a marinha. Resultados importantes são obtidos. Em fevereiro-março de 1945, após novas ofensivas, as divisões vindas do Tonquim estão reunidas com os exércitos que operam a partir de Hankow. A China nacionalista está dividida em duas; as bases aéreas

---

[104] REYNOLDS (Clark), "The continental state and the sea: imperial Japan", in *History and the sea*. Columbia, The University of South Carolina Press, 1989.

A Segunda Guerra Mundial

americanas foram ocupadas. Tanto quanto a escassez de tonelagem, essa política explica o esforço insuficiente do exército em favor das guarnições do Pacífico.

Estratégia marcada, definitivamente, por um duplo fracasso. Na China, apesar de novas derrotas, Chiang Kai-shek resiste. No Pacífico, os "perímetros defensivos" cedem, uns após os outros. Para os japoneses, três elementos imprevistos estariam na origem desses enganos: a estratégia em "pulo de carneiro" praticada por MacArthur e Nimitz, que leva a neutralizar e ultrapassar pontos de apoio importantes destinados a "apodrecer no local"; a guerra às comunicações, desastrosa no plano econômico e militar; a criação de bases móveis aparelhadas de maneira admirável e que estendem consideravelmente o raio de ação da US Navy, liberada dos arsenais de tempos de paz de San Diego ou de Pearl Harbor. Um último elemento pode ser acrescentado: a desproporção entre os meios e os objetivos.

Contestadas no plano da doutrina, as frotas de combate também são contestadas, logo após 1945, em virtude do desenvolvimento de novos sistemas de armas que parecem pôr em causa a eficácia e mesmo a existência dos navios de superfície. O surgimento dos submarinos "elétricos", em grande parte liberados da superfície, parece oferecer novas perspectivas para a luta contra o comércio e mesmo para o ataque a navios de combate O reforço da DCA dos navios leva à dúvida quanto à eficácia das aviações embarcadas, a menos que se recorra a ataques de saturação ou à fórmula desesperada dos camicases. Como prova a destruição do encouraçado Roma, em setembro de 1943, o surgimento de bombas rasantes (rádio ou teleguiadas) traz novas perspectivas ao ataque contra os navios de superfície. Mas a ameaça mais séria, tanto contra as bases quanto contra as frotas de combate, vem da bomba atômica, utilizada pela primeira vez em agosto de 1945.

A discussão em torno dos navios de superfície e dos porta-aviões atingirá seu ponto culminante em 1947 nos Estados Unidos, por ocasião da "Batalha de Potomac", com o enfrentamento entre marinheiros e aviadores, estando estes últimos seguros de que detêm o monopólio da arma absoluta, capaz de regular todos os tipos de conflito. Será necessário esperar a Guerra da Coreia para demonstrar as dificuldades políticas e militares de emprego da bomba e reabilitar os armamentos tradicionais. A renovação das marinhas se efetuará então em virtude das inovações técnicas surgidas ao final do conflito mundial. As forças de combate estarão colocadas sob o signo do míssil e do nuclear.[105]

---

[105] ALLARD (Dean), "La Bataille du Potomac", *Du Dreadnought au nucléaire*, op. cit.

204

TERCEIRA PARTE

AS CONTROVÉRSIAS

O bombardeio estratégico

O bombardeio estratégico merece um capítulo à parte, pois é visto como uma das grandes controvérsias da Segunda Guerra Mundial. De 1940 a 1945, foi objeto de um grande esforço por parte dos anglo-saxões, mas um questionamento surgiu logo após o conflito. Os resultados obtidos pareciam decepcionantes, em desproporção com os meios imponentes utilizados. O bombardeio, por si só, não causou a capitulação da Alemanha e do Japão. Apesar das destruições urbanas maciças, dos ataques repetidos aos centros industriais, os Aliados constataram com espanto que a produção de armamento do Reich continuava a aumentar até o verão de 1944. Cabia então indagar: não teria sido melhor orientar os recursos para as forças terrestres ou navais, o que, provavelmente, teria permitido antecipar a decisão do conflito?

Essa opinião requer sérias correções. Entretanto, convém abordar uma questão preliminar. Quais são as origens do bombardeio estratégico? Esse sistema tem início nos dois últimos anos da Primeira Guerra Mundial. Os Aliados multiplicam os ataques às bases de submarinos de Zeebrugge e de Ostende. Os alemães respondem bombardeando Dunquerque. Há ainda bombardeios que atingem as bacias de Lorena e do Luxemburgo. Enfim, ataques aéreos são efetuados contra Londres e Paris. Os resultados, aparentemente, são modestos. Nos 122 ataques contra a Inglaterra, dirigíveis e zepelins despejam "somente" 289 toneladas de bombas, provocando, entretanto, a morte de 1.413 pessoas, número considerável para a época.

Esses bombardeios parecem, assim, constituir o ponto de partida de uma nova era. Em consequência de progressos extremamente rápidos, o avião não se limita mais a missões de observação ou de ataque à vizinhança da frente de batalha. Ele parece estar em condições de efetuar ataques em profundidade nas retaguardas e nos grandes centros urbanos, de solapar o moral das populações e entravar o curso da economia. Os quadrimotores alemães Gotha, capazes de transportar duas toneladas de bombas, aparecem como os protótipos dos bombardeiros pesados do futuro, e os ingleses se preparam para responder com os Handley Page V1 500.

Antes mesmo do final do conflito, o surgimento do bombardeiro pesado está na origem de uma nova doutrina de emprego da aviação, capaz de travar uma guerra específica. Isso se constata na Grã-Bretanha, onde, sob a influência do general Trenchard, a Royal Air Force constitui, desde o 1º de abril de 1918, uma força armada totalmente independente do exército e da marinha. Trenchard está na origem de uma proposta do gabinete britânico ao governo francês, para a criação de um corpo de aviação independente das forças aéreas de cooperação terrestre e marítima.[106]

Embora tenha sido rejeitada pelo estado-maior geral francês, apegado ao princípio da unidade de comando, a proposta se apresenta como a certidão de uma aviação que já se pode qualificar de estratégica. Tal como foi apresentada durante o verão de 1918, a missão desse corpo de aviação se reveste, desde o começo, de um conteúdo quase definitivo, que sofrerá, a seguir, apenas alguns retoques. Essa missão é dupla.

Em primeiro lugar, "destruir os meios de produção e de transporte do inimigo, o que terá repercussões diretas sobre suas forças marítima e militar. Em seguida, arruinar o moral da população civil e talvez provocar, assim, não somente uma espécie de deslocamento da atividade industrial, mas também o enfraquecimento do espírito de guerra no interior".*

Sem dispor ainda de meios apropriados – o quadrimotor Handley Page ainda não está concluído –, a RAF não poderá inaugurar uma política de bombardeio à longa distância antes de 11 de novembro de 1918. Entretanto, logo após o conflito, Trenchard, que estará à frente da aviação britânica durante dez anos, fará que o princípio da primazia do bombardeio sobre a aviação de caça e a aviação de cooperação prevaleça.

A ideia de uma guerra aérea independente surge também nos Estados Unidos, num contexto diferente. À frente do Air Service, que constitui um setor do exército, o general Billy Mitchell põe em causa a doutrina de defesa do território americano. Segundo essa doutrina adotada após a Guerra de Secessão, a proteção do litoral contra bombardeios ou desembarques inimigos é incumbência da marinha, em conexão com o exército, encarregado de armar os fortes situados próximos aos grandes portos.[107]

---

[106] MASSON (Ph.), "De Douhet et de quelques marins", *Revue historique des Armées*, 1988.

[107] CHRISTIENNE (Ch.), "Ader et Mitchell", *Revue historique des Armées*, 1982/1.

* N.E.: sem referência bibliográfica no original.

Em 1921, Mitchell faz uma demonstração espetacular. Aparelhos transportando bombas de 250, 500 e 1.000 kg conseguem pôr a pique, ao longo de Norfolk, embarcações da antiga marinha de guerra alemã, entre as quais o encouraçado Ostfriesland. O caráter artificial desses ataques – embarcações imóveis, sem equipamentos nem armamento – é denunciado pela marinha. A US Navy, entretanto, considera necessário, tal como a Grã-Bretanha, dotar-se de porta-aviões e estudar hidroaviões com um grande raio de ação, destinados ao reconhecimento e ao bombardeio. Ao final dos anos 1930, essas pesquisas resultarão num excelente aparelho, o Catalina.

Essa conversão suscita o ceticismo de Mitchell, que não acredita na eficácia do porta-aviões diante de uma aviação baseada em terra. No caso de uma guerra contra o Japão, o agitado general põe também em dúvida a possibilidade de que o exército e a marinha assegurem a defesa de Guam ou das Filipinas. Ele preconiza a utilização de bombardeiros pesados com um grande raio de ação, baseados no Alasca, que tem, segundo ele, uma posição estratégica essencial.

Antes de ser obrigado a deixar o exército em 1926, em consequência de ataques virulentos contra a imperícia do alto-comando, Mitchell é o propagador das teorias de Douhet sobre a guerra aérea.

Muito mais do que Trenchard ou Mitchell, o general italiano Douhet surge, com efeito, como o verdadeiro pai da aviação estratégica e o promotor de uma guerra aérea independente, capaz de levar à decisão isoladamente.[108] De caráter difícil, em conflito permanente com seus chefes, Douhet consegue desenvolver sua teoria sob o regime fascista, com o apoio de Mussolini e de Italo Balbo, o chefe da aviação italiana.

Além do grande número de artigos, quatro obras desenvolvem o essencial de seu pensamento: *Il dominio dell'aria*, publicada em 1920, revista em 1927; *Probabili aspetti della guerra futura*, também publicada em 1927; *La guerra del 19...*, publicação póstuma de 1932, e principalmente *La difensa nazionale*, escrita em 1923, que é, de longe, seu melhor livro, seguido de um estudo sugestivo sobre a Primeira Guerra Mundial.

A doutrina de Douhet deriva das experiências do conflito. Como todos os antigos combatentes de sua geração, Douhet foi atingido pelo impasse tático e estratégico da guerra ligada à dramática impotência da infantaria diante dos emaranhados de arame farpado batidos pelo fogo das armas automáticas. Apesar do uso

---

[108] Sobre Douhet, ver ROCHAT (G.), "Douhet and the Italian military thought, 1919-1930", *Adaptation de l'Arme aérienne aux conflits contemporains*, Paris, Fondation des Études de Défense Nationale, 1985.

de uma artilharia cada vez mais potente, todas as tentativas de ruptura das frentes fortificadas acabam em batalhas de usura e em perdas proibitivas contra ganhos de terreno insignificantes. Por outro lado, todos os combatentes foram atingidos pela facilidade derrisória com que os aviões dos dois campos atravessavam as linhas para desempenhar missões de observação ou de bombardeio.

Para sair desse impasse, Douhet só vê uma solução: recorrer à força aérea. Na hipótese de uma guerra futura, o exército limitará suas ambições a defender as fronteiras e a conter o adversário com meios reduzidos, em face do enorme poder de fogo das armas modernas. Quanto à marinha, renunciará à guerra de esquadra e se contentará em assegurar a liberdade das comunicações.

O papel determinante pertencerá a uma força aérea independente, sob as ordens de um chefe de estado-maior geral, comandante também das duas outras armas. São duas as missões que cabem às forças aéreas: adquirir o domínio do ar e destruir o potencial do adversário, desmoralizando-o e levando-o à capitulação.

Os meios necessários parecem ao mesmo tempo imponentes e econômicos. Douhet defende a criação de uma aviação de assalto e de bombardeio, composta de mil aparelhos multimotores, de construção metálica e pesando de 20 a 30 toneladas. Essas máquinas poderão transportar, em distâncias de 500 a 1,5 mil km, cargas de 1 a 3 toneladas de bombas. Relativamente lentos, os aviões serão blindados e comportarão um armamento imponente à base de metralhadoras e de canhões de tiro rápido. Esses aviões prenunciam os Liberator e as Fortalezas Voadoras da Segunda Guerra Mundial.

Agindo durante o dia, em formações maciças, vão ganhar, de início, a superioridade aérea, quebrando os ataques da aviação de caça do adversário, destruindo seus campos de pouso e suas indústrias de construção aeronáutica. Simultaneamente, zombando da DCA, efetuarão ataques sobre os centros de decisão políticos e militares do inimigo, sobre suas linhas de comunicação e principalmente sobre suas cidades.

Os ataques utilizarão bombas explosivas, incendiárias e também artefatos químicos. Douhet não hesita em chamar essa forma de luta de guerra aeroquímica. Os efeitos desses ataques aéreos serão determinantes. Bastam pequenas quantidades de materiais tóxicos, segundo ele, para produzir efeitos formidáveis de destruição. Para acabar com uma cidade grande, é inútil afogá-la literalmente no gás; os mortos não se mexem, mas os vivos provocam a confusão, a desordem, a derrota e a dissolução.

Na mente das populações, surgirá rapidamente a convicção de que é impossível resistir diante de ataques contra os quais não há nenhuma possibilidade de abrigar-se ou de reagir. Essa convicção trará a resignação diante da derrota. Os povos desmoralizados pedirão a paz a qualquer preço.

Essa luta absoluta deverá ser desencadeada sem aviso, sem sinal de alerta, dispensando a tradicional declaração de guerra. A surpresa será associada à brutalidade da ação, e terá ainda a vantagem de evitar as hecatombes de 1914-1918. Cruel para os civis, terá o mérito de ser curta.

O sucesso dessa forma de guerra supõe não somente a criação de uma força aérea independente, mas também a concentração de todos os meios aéreos em seu proveito. As aviações de cooperação do exército ou da marinha devem desaparecer. Incapazes de participar da aquisição da superioridade aérea, essas aviações são *inúteis*; elas tornam-se também *supérfluas*, pois a superioridade aérea implica a não ameaça aérea do inimigo. Elas são, ainda, *perigosas*, pela dispersão dos meios em detrimento da força aérea.

Pode-se imaginar o impacto das teorias de Douhet, expressas com brio e com uma notável força de persuasão. Esse homem teve o mérito de explicar o papel capital da aviação num conflito futuro. Indiscutivelmente, ele contribuiu para a independência ou a autonomia da força aérea em muitos países: Itália, Alemanha, França... Ele confirmou a posição especial dos britânicos adquirida pela Royal Air Force desde 1918. Entretanto, muitas reservas se manifestam com relação ao comando único, ao papel respectivo das três forças e ao futuro das aviações de cooperação.

Embora Douhet tenha contribuído efetivamente para revelar as possibilidades da arma aérea, ele não conseguiu escapar ao perigo que ronda todos os precursores, o de pecar pelo excesso. Ao longo dos anos 1930, sua doutrina suscita sérias objeções. Concebida para a Itália, sua teoria ultrapassa os limites da península, sem, no entanto, ter um alcance universal. Considerando o raio de ação dos aviões da época, parece apropriada para potências de porte médio, com fronteiras comuns.[109]

A guerra aérea total concerne aos países da Europa Ocidental. Assim sendo, não se adapta às imensidões da União Soviética, mesmo que esta pareça capaz de executar ataques maciços contra os estados do Leste Europeu ou contra o Japão. Também não se mostra adaptada a um conflito entre o Império nipônico e os Estados Unidos. Uma luta aérea deveria então, como sustentam alguns, utilizar porta-aviões ou acompanhar-se da conquista de bases avançadas. Entretanto, põe fim a algumas insularidades, como a da Grã-Bretanha.

São muitos os que não acreditam na invulnerabilidade das formações de bombardeiros que agem durante o dia diante da DCA e principalmente da aviação de caça. Os exemplos do último conflito não deixam de ter um interesse. Diante do reforço constante da caça e da DCA britânicas, os aviões alemães tiveram de interromper,

---

[109] MASSON (Ph.), *De Douhet et de quelques marins*, op. cit.

a partir de 10 de janeiro de 1918, os ataques aéreos sobre Londres. Os ataques noturnos devem cessar, por sua vez, após o desastre do dia 19 de maio, quando 10 aparelhos de um total de 33 se perderam. A aviação alemã parece mais feliz sobre Paris, não tão bem defendida. Mas, de um total de 485 aviões utilizados nos ataques noturnos, apenas 37 conseguem sobrevoar a cidade *intra muros*, e a tonelagem lançada dentro de seus limites não ultrapassa as 11,5 toneladas. A maior parte dos aviões não logra encontrar seu objetivo por falta de meios precisos de navegação noturna.

É fato que as experiências da Primeira Guerra Mundial anunciam muitas das dificuldades encontradas pela aviação estratégica durante o segundo conflito. Antes de serem acompanhados de uma escolta de caça, os bombardeiros americanos sofrerão perdas proibitivas durante seus ataques diurnos sobre a Alemanha. O mesmo acontecerá no Japão. Os ataques britânicos noturnos só se tornarão eficazes a partir de 1942, com a entrada em serviço do sistema de radionavegação tipo Gee.

Apesar da melhoria constante do desempenho dos aviões, Douhet parece iludir-se a respeito da eficácia dos bombardeios. É pouco provável que uma decisão possa ser obtida em alguns dias. Os ataques da Primeira Guerra Mundial, na verdade, não prejudicaram a atividade dos portos de Flandres, da bacia da Lorena, de Paris e de Londres. Não provocaram nenhuma baixa sensível no moral das populações.

A Guerra da Espanha mostra que são necessárias tonelagens imponentes de bombas para obter destruições importantes em meio urbano. Apesar dos ataques repetidos da aviação nacionalista, Madri conserva sua atividade e o moral da população não se dobra.

Os resultados rápidos divulgados por Duhet são ainda mais duvidosos pelo fato de existirem meios de proteção. Os grandes centros industriais e políticos podem ser protegidos por baterias de DCA e formações de caça. A essa proteção acrescentem-se medidas de defesa passiva extremamente variadas. Alguns planejam instalar as grandes centrais telefônicas em subterrâneos, multiplicar as estações de rádio de ondas curtas, reforçar a interconexão da rede elétrica. Parece ainda necessário prever a retirada de algumas faixas da população, distribuir meios de proteção, construir abrigos e prever a dispersão de determinadas indústrias de armamento.

Surge uma outra objeção. Em seu ataque ao impasse tático de 1914-1918, Douhet esquece o final do conflito, embora tenha sido testemunha da derrota de Caporetto em 1917, que anuncia um retorno espetacular à guerra de movimento. Retorno confirmado no ano seguinte na frente francesa, com as ofensivas Ludendorff e, posteriormente, com os "ataques brutais" de Foch baseados numa estreita ligação entre a artilharia, a infantaria e os tanques.

À margem dos Fuller, dos Guderian ou dos De Gaulle, um dos professores da escola de guerra naval francesa manifesta, em 1935, sua surpresa sobre o fato de

O bombardeio estratégico

que o teórico italiano não se preocupa em absoluto com os progressos realizados pelos tanques desde 1918. Assim, escreve o capitão de corveta Braxmeyer:

> Aperfeiçoaram os meios de reação contra as armas automáticas; o desenvolvimento da arma blindada motorizada traz à baila a preponderância dos meios defensivos... Não se trata mais, de ora em diante, "de atacar uma muralha a cabeçadas", mas a golpes de aríete, nem de opor à metralhadora o peito descoberto, mas armas protegidas por blindados.[110]

O jovem oficial adota as conclusões de von Seeckt enunciadas em 1928: "A próxima guerra começará por um ataque das forças aéreas; mas a ofensiva por elas iniciada terá prosseguimento e desenvolvimento pelas forças terrestres, para cuja preparação, em tempos de paz, devem ser tomados os maiores cuidados." Braxmeyer tem o pressentimento da Blitzkrieg de 1939-1942, associando o tanque ao avião, o que favorece a manutenção dos aviões de cooperação.

Para concluir, ele acrescenta:

> O domínio do ar, que se supõe adquirido, não é uma garantia certa, absoluta, de obter, *ipso facto*, a capitulação do adversário. Tudo depende da maneira pela qual este tiver preparado e posto em prática a defesa ativa e passiva... e finalmente de sua vontade moral de continuar a luta.
> A decisão pelo ar é uma hipótese submetida atualmente a muitas incógnitas, variáveis, circunstâncias, para que se possa *fazer dela a base essencial de um sistema de guerra*.[111]

Conclusão que vai no mesmo sentido das reflexões do almirante Castex, então diretor do Instituto de Altos Estudos em Defesa Nacional. Autor das *Teorias estratégicas*, ele associa a guerra aérea às ilusões da pilhagem, da escola nova ou da guerra submarina alemã de 1914-1918. "Não é isso a persistência da mesma miragem, da mesma esperança quimérica *de obter a decisão através de um truque, sem muito esforço, sem grande perigo, negligenciando os fortes e atacando os fracos sem defesa?* Esperança que, aliás, é desmentida pelos fatos."[112]

À margem dessas críticas, entretanto, ninguém nega a existência de uma séria ameaça da abertura de uma frente aérea em caso de conflito. Ninguém nega, igualmente, que a guerra futura será aeroterrestre e aeromarítima. Mas ninguém, até então, ousa apostar integralmente na guerra aérea, se deixar, no entanto, de considerar o seu risco.

---

[110] BRAXMEYER, *Considérations sur la guerre aérienne*, École Supérieure de Guerre navale, 1934-1935, p. 62.

[111] BRAXMEYER, *Considérations sur la guerre aérienne*, op. cit., pp. 49 e 69.

[112] CASTEX (R.), *Théories stratégiques*, t. 1, p. 354.

Sem desprezar o bombardeio, a Grã-Bretanha organiza seu rearmamento a partir de 1937 apoiando-se na aviação de caça e na defesa das Ilhas Britânicas. Na França, o esforço de recuperação traduz-se na aviação de cooperação. Após as experiências da Guerra da Espanha, a aviação soviética abandona o bombardeio estratégico em favor do apoio às forças terrestres. A orientação da Alemanha é ainda mais nítida. A Luftwaffe é concebida como um instrumento de apoio tático a serviço do exército. O bombardeio estratégico só é utilizado a título de represálias. Na Itália, observa-se um prudente equilíbrio entre o bombardeio, a caça e a cooperação.

Paradoxalmente, apenas a aviação do exército americano possui, em 1939, aviões pesados capazes de operar a grande distância. Mesmo que haja severas restrições orçamentárias, reticências da marinha e mesmo do exército, o Air Service, a partir de 1939, começa a dispor de um quadrimotor de vocação estratégica, o B-17, que será seguido do B-24. O nome desse aparelho, "fortaleza voadora", é revelador. O Air Service toma a tarefa de assumir, em detrimento da marinha e do exército, a defesa das costas dos Estados Unidos e das possessões do Pacífico, que até então era assumida pelas "fortalezas costeiras".

Em 1939, dois grupos de B-17, 70 aparelhos no total, estão disponíveis, um em cada faixa oceânica; 154 aparelhos estarão em serviço no momento do ataque a Pearl Harbor. Trata-se então da vanguarda de um programa de grande alcance já em fase de realização. Apesar disso, o sistema apresenta uma falha: a falta de base no caso de operações de envergadura. Os B-17 estacionados nas Filipinas estão, a rigor, em condições de ameaçar o sul do arquipélago nipônico e, no extremo limite de seu raio de ação, a região de Tóquio. Por outro lado, na hipótese de uma guerra com a Alemanha, a US Army Air Force necessitaria de bases na Europa Ocidental.

Reina, então, a incerteza nas vésperas da guerra, sobre o emprego da aviação no futuro conflito. Incerteza que está na origem de hesitações do comando e de uma inquietação profunda entre os governantes e a opinião. A partir de 1938, todos os países europeus tomam medidas de defesa passiva: recenseamento dos abrigos, distribuição de máscaras de gás, plano de evacuação das crianças etc. Sem desprezar o papel da aviação de suporte tático às tropas terrestres, reina a convicção de que uma guerra terá início por ataques aéreos sobre os centros de mobilização e sobre as grandes aglomerações. Há, quanto a isso, uma angústia que não é alheia à "demissão" dos países democráticos em Munique ou ao "Golpe de Praga".

Nessas condições, não é de estranhar a surpresa e o alívio do início do conflito. A pedido do presidente Roosevelt, a Alemanha, a França e mesmo a Grã-Bretanha comprometem-se a não tomar a iniciativa da guerra aérea absoluta. O bombardeio estratégico está ausente nos dez primeiros meses do conflito. Durante a *drôle de guerre*, a Luftwaffe e a aviação britânica contentam-se em lançar panfletos sobre as cidades inimigas.

O bombardeio de Varsóvia visa a apressar uma rendição, o de Roterdã

Durante as campanhas da Polônia, da Noruega e da França, a força aérea alemã se refugia num papel essencialmente tático. A Luftwaffe, entretanto, não intervém apenas em favor das tropas em terra, efetuando ataques contra campos de aviação, centros de comando e núcleos de comunicações, o que não deixa de provocar danos a muitas aglomerações urbanas. Alguns ataques aéreos às cidades têm como objetivo agravar a confusão, jogar hordas de civis nas estradas e nos trens, para provocar a paralisia dos movimentos militares.

O bombardeio de Varsóvia visa a apressar uma rendição, o de Roterdã contribui para a capitulação da Holanda. Mas essas ações puramente estratégicas são marginais, como o ataque às indústrias aeronáuticas da região parisiense, em 3 de junho de 1940, ou o bombardeio das garagens de trens perto de Marselha. Quanto à RAF, a partir de 16 de maio deixa de apoiar as tropas em terra, a fim de evitar perdas importantes, passando a executar bombardeios noturnos nos centros de comunicação do oeste da Alemanha. Nesse aspecto, deve ser lembrado o ataque simbólico do Jules Verne, da aeronáutica naval francesa, sobre Berlim, em represália ao bombardeio de Paris.

Os bombardeios estratégicos só começam, no fim das contas, com a Batalha da Inglaterra. Depois de uma fase preliminar que atinge a navegação costeira, essa batalha tem início, verdadeiramente, no dia 13 de agosto de 1940, o "dia da Águia". A Luftwaffe põe em jogo, na luta, 1,3 mil bombardeiros e mil aviões de caça, buscando, assim, adquirir a superioridade aérea conforme Douhet preconizou. Bombardeiros em formações poderosas atacam em pleno dia as estações de radar, os campos de aviação, as usinas aeronáuticas. Com o apoio dos aviões de caça, procuram dizimar em combate aéreo o Fighter Command, que é composto de 650 aparelhos de primeira linha, sendo dois terços do tipo Hurricane e um terço do tipo Spitfire.

Essa ofensiva constitui o ponto de partida de uma luta de usura, com severas perdas de ambos os lados. No início de setembro, o sucesso parece possível. Atacados por diversas vezes, muitos campos de aviação ficam desorganizados, as equipes no solo esgotadas. A RAF perde 450 aparelhos, mas suas reservas são grandes. Entretanto, começa a haver um déficit acentuado de pilotos; 103 foram mortos e 198 feridos. Muitos sobreviventes estão no limite das forças.

Desconhecendo a fadiga do Fighter Command, o estado-maior da Luftwaffe inaugura, então, uma nova tática cujas consequências revelam-se nefastas. É uma mudança motivada por uma provocação britânica. Em reação a um bombardeio acidental a Londres, Churchill toma a decisão de efetuar um bombardeio estratégico contra a Alemanha, o qual estava previsto há muito tempo por Trenchard e que tinha sido posto de lado desde o início da guerra por motivos políticos e psicológicos.

Em 24, 28 e 29 de agosto, aparelhos do Bomber Command atacam Berlim. Outros ataques são efetuados sobre Essen e Düsseldorf. Os resultados, ainda que

215

medíocres – os britânicos só utilizam grupos de 80 a 100 aparelhos –, provocam uma emoção considerável na Alemanha. Hitler e Göring decidem responder ao desafio britânico e desencadear uma ofensiva sobre Londres.

A operação começa em 7 de setembro e se prolonga até o fim do mês. Aplicando novamente as teorias de Douhet, a Luftwaffe, com ataques diurnos maciços sob a proteção dos aviões de caça, procura desmoralizar a população e desorganizar a vida política e econômica da capital. Entretanto, não alcança o resultado esperado; o moral da população resiste e a atividade de Londres se mantém. O Fighter Command se recupera e inflige severas perdas à aviação alemã, chegando, do começo de julho em diante, a um total de 1,75 mil aparelhos.

Na impossibilidade de adquirir a superioridade aérea, Hitler adia, em 17 de setembro, o desembarque na Inglaterra, postergando-o para o ano seguinte. Os ataques repetidos do Bomber Command sobre os portos da Mancha, onde está concentrada a flotilha de desembarque, contribuem para a decisão do Führer.

A partir de outubro-novembro tem início uma nova fase da batalha que os ingleses chamarão de Blitz. As operações diurnas cabem cada vez mais a grupos de caças-bombardeiros que promovem ataques a baixa altitude sob a cobertura do radar. Para limitar as perdas, os maiores ataques são feitos à noite. O alvo é sempre Londres, mas estendem-se às cidades das Midlands, Birmingham ou Coventry – esta última destruída, em sua maior parte, aos 15 de novembro – e aos portos, como Bristol ou Liverpool. Os últimos ataques acontecem em 1941, com bombardeios devastadores sobre Londres. Trata-se, então, de uma exibição de adeus, no momento em que a Luftwaffe agrupa o grosso de suas forças no Leste Europeu, por ocasião da campanha dos Bálcãs e às vésperas do ataque contra a Rússia. Essa última fase se encerra, entretanto, com um novo fracasso. A Luftwaffe não conseguiu abater a vontade de resistência da população nem desorganizar a economia britânica.

Quais são as causas do fracasso dessa primeira tentativa de guerra aérea travada segundo as receitas de Douhet, que resultou na perda de 2,7 mil aviões alemães e 1,5 mil britânicos? A Luftwaffe deparou-se com uma defesa integrada, associando a uma cobertura de radar uma aviação de caça dirigida do solo pelo rádio. Esse sistema, desenvolvido a partir de 1935, permite o melhor rendimento dos fracos efetivos do Fighter Command. Apesar de o sinal de alerta ser dado com pouca antecedência, grupos de caças podem enfrentar as esquadrilhas de bombardeiros alemães assim que estes transpõem a costa.

Ao contrário das convicções dos teóricos da guerra do ar, as densas formações de bombardeiros revelam-se incapazes de adquirir a superioridade aérea. Entregues a si mesmas, essas formações parecem muito vulneráveis não somente à DCA, mas sobretudo aos Spitfire e aos Hurricane. Por falta de um raio de ação suficiente – numa época em que não se pensa ainda em reservatórios de combustível suplementares –, os aviões de caça alemães só podem escoltar os bombardeiros numa parte de seu percurso. Quanto aos caças destróieres – que são os bimotores Messerschmitt 110 providos de um grande raio de ação –, revelaram-se uma amarga decepção, muito vulneráveis aos caças britânicos por falta de maneabilidade.

Perdas excessivas levam, então, a Luftwaffe a orientar-se para os ataques aéreos noturnos. Mas estes enfrentam uma dificuldade maior, constatada ao final da Primeira Guerra Mundial: o voo sem visibilidade e a extrema dificuldade em descobrir o alvo. Para resolver esse problema, a Luftwaffe põe em uso sistemas de radionavegação de tipo Y e X Gerät. Esses aparelhos estão na origem de sucessos espetaculares, como a destruição quase total do centro de Coventry.

Os ataques noturnos obrigam a RAF a buscar sistemas de defesa como o da interferência nas ondas de radionavegação e a improvisar uma caça noturna comandada naturalmente a partir do solo. Ao final do inverno de 1941, o sistema recebe um começo de solução com o funcionamento de radares de 1,5 m associados a telas panorâmicas que permitem a um controlador no solo guiar o avião caça num voo junto ao bombardeiro. A fase final exige, entretanto, um radar de bordo. Por ocuparem muito espaço, os primeiros ASV (*Airborne search for surface vessels*), destinados inicialmente à marinha, são instalados apenas nos bimotores Blenheim ou Beaufighter. Mas as perdas alemãs no combate são escassas durante a Blitz, nitidamente inferiores àquelas ligadas a acidentes provocados pelas condições naturais.[113]

Contrariando as expectativas, os ataques diurnos ou noturnos não produzem o efeito pretendido. As destruições são importantes, as perdas relativamente elevadas, 43 mil mortos e 51 mil feridos graves, mas o moral da população resiste. Os momentos de desânimo são passageiros. A economia não fica desorganizada por causa disso. Alguns alegam que teriam sido obtidos resultados nitidamente superiores se a Luftwaffe tivesse concentrado os ataques sobre certos pontos nevrálgicos, estações de trem, centrais térmicas, instalações portuárias. Mas esquecem-se da incapacidade da aviação da época em efetuar ataques noturnos de precisão.

Entretanto, uma constatação se impõe. Durante a Batalha da Inglaterra, a Luftwaffe explorou praticamente todas as técnicas que se desenvolveriam depois: ataques maciços durante o dia, sistema de radionavegação para os ataques noturnos, utilização de aviões de observação para marcar o objetivo com pontos luminosos, emprego de caças-bombardeiros etc. Nessas condições, parece surpreendente que

---

[113] "Radiogoniométrie et X-Gerät", *Dictionnaire de la Seconde Guerre Mondiale*, op. cit.

nem os britânicos nem os americanos tenham tirado conclusões suficientes do fracasso alemão. Para os anglo-saxões, a derrota da Luftwaffe só se explica por uma falta de intensidade e de duração. A Batalha da Inglaterra havia sido travada com um instrumento muito fraco e inadaptado: uma aviação de apoio tático unicamente constituída de bimotores com desempenhos medíocres tanto na velocidade e no raio de ação quanto pela carga das bombas.

Assim, as dificuldades alemãs não afetam em nada a confiança dos anglo-americanos nas virtudes do bombardeio estratégico. A US Army Air Force dedica toda a sua confiança aos quadrimotores B-17 ou B-24, capazes de operar a grande distância, em altitude elevada e em plena luz do dia, fora do alcance da DCA e com um armamento defensivo capaz de impor respeito aos aviões caça. O visor Norden herdado da marinha proporciona ainda bombardeios de alta precisão em altitudes de 20 a 25 mil pés. Quanto ao Bomber Command britânico, prefere o bombardeio noturno, a baixa altitude, por meio de bimotores ou de quadrimotores capazes de transportar de 5 a 7 toneladas de bombas, duas vezes mais do que os aparelhos americanos. Nas duas aviações prevalece ainda a convicção da fragilidade moral da população alemã e da vulnerabilidade da economia do Reich.

De todo modo, é o Bomber Command que inaugura a ofensiva contra a Alemanha. É ele que vai continuá-la com obstinação e com meios crescentes até o final da guerra.

De 1940 ao final de 1941, os ataques britânicos dirigem-se, em princípio, para objetivos pontuais: estações de trem, indústrias de armamento, usinas de gasolina sintética etc. Após 18 meses de esforços, deve-se constatar que esses ataques são totalmente imprecisos, apesar das impressões das tripulações. As fotos tiradas pelos aviões de reconhecimento são eloquentes: apenas 1% das bombas cai no interior de um raio de 8 km ao redor do alvo! Os meios utilizados parecem ainda insuficientes. O Bomber Command dispõe principalmente de bimotores tipo Blenheim, Hampden ou Manchester. Os primeiros quadrimotores Stirling e Halifax apenas começam a entrar na esquadrilha. Quanto à tonelagem das bombas atiradas, não ultrapassa 100 mil toneladas em 1941, a comparar com as 2,7 milhões de toneladas lançadas pela aviação estratégica sobre a Europa ao longo de toda a guerra.

Em consequência do relatório Butt, o papel do Bomber Command é posto em causa. Será salvo, entretanto, pela insistência e tenacidade de dois homens, o próprio Churchill e o novo chefe do Bomber Command, Harris. Ambos estão convencidos de que o bombardeio estratégico constitui o único meio de ação ofensiva contra a Alemanha à disposição da Inglaterra. Não se cogita em renunciar a um dispositivo em pleno desenvolvimento que absorve 40% do esforço de guerra britânico. Novos meios estão prestes a entrar em jogo, como o quadrimotor Lancaster em consonância com um enorme esforço de formação de tripulações.[114]

Logo após assumir suas funções em fevereiro de 1942, Harris torna-se o advogado de uma nova tática: o bombardeio por zona. A RAF deve concentrar seus esforços na destruição sistemática de grandes cidades alemãs. Basta inspirar-se no exemplo de Coventry, que demonstrou que a paralisia da produção pode ser obtida não pela neutralização das fábricas, mas sim pela destruição do centro, que acarreta a ruptura das canalizações de água e de gás, dos cabos elétricos e telefônicos. A ruína dos bairros habitacionais afeta ainda o moral da população e desenvolve o absenteísmo. Inspirando-se ainda na experiência dos últimos ataques sobre Londres em maio de 1941, Harris procura associar artefatos incendiários às bombas explosivas. As cidades alemãs deverão ser objeto de um verdadeiro holocausto.

Outros elementos contam a favor desses ataques de destruição e de terror. A entrada em funcionamento do primeiro sistema de radionavegação, o Gee, deve reforçar a precisão dos ataques. Os primeiros resultados obtidos são eloquentes. Lübeck e Rostock, nas investidas contra estaleiros de submarinos, são vítimas de ataques devastadores. Notam-se pela primeira vez verdadeiros tufões de fogo: todos os incêndios se agrupam numa imensa coluna de chamas de 800 m de altura, atiçada por um vento de tempestade. Mas o ataque mais espetacular, efetuado por mil aparelhos, é sobre Colônia, em 30 de maio de 1942. Aí também, todo o centro da cidade é devastado pelos incêndios.

A partir de então, o método está aprovado, e Harris acredita possuir, enfim, a receita para a queda do Reich. O Bomber Command deverá destruir as 60 cidades alemãs com mais de 100 mil habitantes, o que constitui um terço da população. Para ele, o resultado deveria ser obtido em meados de 1943, acarretando a decomposição psicológica e econômica do Reich.

A convicção de Harris é mais forte ainda pelo fato de que novos meios entram em funcionamento ao final de 1942. Os aparelhos são equipados com sistemas de radionavegação mais precisos, como o Gee H e o Oboe ou o radar de bordo H2S. O Bomber Command joga então com formações de 400 a 500 aviões, entre os quais os Lancaster apresentam-se em quantidade crescente. As formações de bombardeiros são precedidas de aviões de observação, os Pathfinders, que marcam o alvo por meio de pontos luminosos. Para derrotar a defesa alemã, ataques de diversão acompanham o ataque principal. Voando em alta velocidade

---

[114] Sobre o estudo dos bombardeios estratégicos em 1940-1941, ver "Rapport Butt", *Dictionnaire de la Seconde Guerre Mondiale*, op. cit.

A Segunda Guerra Mundial

e em altitude elevada, os bombardeiros ligeiros Mosquito procedem a operações de desbastamento.

Ao longo de 1943, o Bomber Command trava três grandes batalhas que acabam numa vitória incompleta, numa vitória e numa derrota. De março a julho, acontece a Batalha do Ruhr com ataques maciços sobre Essen, Dortmund, Duisburg, Düsseldorf, entre outras localidades. Os danos são consideráveis. Mas, com exceção de Essen, onde as fábricas Krupp estão localizadas no centro da cidade, o efeito desses ataques sobre a produção nada tem de decisivo. A esses bombardeios acrescenta-se o ataque audacioso efetuado por um grupo de Lancaster às barragens do Möhne que alimentam o vale do Ruhr em energia. Mesmo nesse caso, entretanto, o resultado não é determinante.

Em 26 e 29 de julho de 1943, o Bomber Command efetua uma onda de ataques sobre Hamburgo, provocando uma enorme destruição. Todo o centro da cidade é devastado por gigantescos incêndios. Contam-se mais de 40 mil mortos e 800 mil desabrigados. O holocausto de Hamburgo choca toda a Alemanha. Segundo Speer, cinco ou seis ataques desse tipo poderiam ter paralisado a atividade do Reich. A vitória da RAF se deve a uma inovação técnica, a utilização de "Windows", bandeirolas metálicas que tornam "cegos" os radares alemães.

Durante o verão, esses ataques são seguidos de outros, mais devastadores, sobre Berlim, Hannover, Kassel, Mannheim, Nuremberg, Munique, Stuttgart. Na noite de 17 para 18 de agosto, o Bomber Command efetua ainda um ataque de sucesso contra o centro de testes de Peenemünde, onde os alemães fazem testes com o foguete V2.

Ao final do ano de 1943, Harris acredita ter atingido seu objetivo. O balanço geral se mostra encorajador. Dezenove cidades são consideradas destruídas e 16 parecem ter sofrido danos vultuosos. O grande senhor do Bomber Command pretende então dar o golpe de misericórdia, travando a Batalha de Berlim. Isso acarretará a perda de 400 ou 500 aviões, mas provocará a queda do Reich. Certeza compartilhada por Churchill, cuja aversão à operação Overlord não para de crescer.

Travada de novembro de 1943 a março de 1944, a Batalha de Berlim termina numa clamorosa derrota para o Bomber Command. É fato que as destruições são importantes, mas a capital do Reich continua a viver. Suas atividades não foram em nada desorganizadas. As canalizações de água e as instalações elétricas são consertadas em prazos recordes. Quanto às perdas britânicas, parecem infinitamente mais graves do que o previsto, com 1,2 mil aviões abatidos pelos caças ou pela DCA. Essas perdas estão na origem de uma severa crise moral das tripulações, consumada pelo desastre de 30 de março em Nuremberg. Dos 795 bombardeiros engajados, 94 ficaram destruídos, 59 muito danificados. A porcentagem de perdas chega perto de 11%, o que é insuportável. Uma pausa se torna necessária. Os bombardeios contra as comunicações do noroeste da Europa, durante a preparação do desembarque da Normandia, vão constituir operações de convalescença para as tripulações britânicas sobrecarregadas, à beira de um esgotamento nervoso.

Essa primeira grande fase do bombardeio estratégico se encerra com uma derrota. A RAF não foi mais feliz do que a Luftwaffe. Nem o moral do povo alemão foi abatido, nem a economia desorganizada, e, tampouco, a produção de armamento do Reich parou de crescer.

Vários fatores acham-se na origem desses fracassos. A população exibe uma notável capacidade de resistência; implantadas na periferia das aglomerações urbanas, as grandes empresas escapam às bombas; a capacidade de recuperação das cidades parece, enfim, surpreendente. Um mês após os bombardeios, Hamburgo retoma uma atividade quase normal.

A aviação britânica, principalmente, enfrenta uma defesa cada vez mais eficaz. Em 1943, os alemães dispõem de uma aviação de caça noturna imponente, composta de 700 aparelhos de diversos tipos, Me 109 ou Focke Wulf 190, caças destróieres Me 110 ou 410, aviões bimotores Junkers 88 ou Dornier 17. Fortemente armados, esses aparelhos estão integrados a um sistema de defesa comparável ao da Inglaterra em 1940.

Em todas as fronteiras ocidentais da Alemanha, da Dinamarca à Suíça, o comandante da aviação de caça noturna, o general Kammhuber, estabelece uma linha de cobertura-radar que leva o seu nome, linha dividida em setores ou "baldaquins", atribuídos a um ou dois aviões de caça. Cada baldaquim comporta um radar de vigilância Freya e dois Würzburg de perseguição, um seguindo o bombardeiro, o outro o caça. A posição dos dois aparelhos aparece sobre uma tela que permite ao controlador dirigir o caça sobre o bombardeiro. Na fase final, o radar de bordo Liechtenstein emitindo a 60 cm assegura o estabelecimento do contato.

A DCA também está em constante aperfeiçoamento. A partir do outono de 1943, os radares conseguem anular o efeito das Windows. Baterias potentes asseguram a defesa dos grandes centros; 25 mil canhões pesados estão em posição ao redor de Berlim. Obrigam os bombardeiros a operar em grande altitude, em detrimento da precisão. Só no ano de 1943, as perdas britânicas atingem o total impressionante de 3,5 mil aviões, em sua grande maioria quadrimotores. Nada explica melhor a crise moral atravessada pelas tripulações do Bomber Command. A cada missão, a porcentagem de perdas acaba por ultrapassar a fronteira fatídica dos 5%.

À vitória da Luftwaffe contra a RAF acrescenta-se aquela obtida sobre a aviação estratégica americana. É no começo do verão de 1942 que os primeiros elementos da 8ª Air Force, sob a direção dos generais Spaatz e Eaker, começam a se instalar em East Anglia, ao noroeste de Londres. Esse primeiro grupo, composto de B-17,

A Segunda Guerra Mundial

constitui uma simples vanguarda de uma frota aérea considerável que chegará a 45 grupos ao final da guerra. Essa 8ª Air Force é concebida, em princípio, para agir em conexão com outras formações de bombardeiros pesados baseados no Mediterrâneo. Essas formações vão integrar-se à 12ª Air Force instalada no sul da Itália após o sucesso dos desembarques de Tarento e de Saler.

Essas duas forças estão à altura do fantástico desenvolvimento da aviação americana durante a guerra. Embora essa aviação comporte apenas 17 grupos quando do ataque a Pearl Harbor, dos quais 3 são formados por B-17 ou B-24, acabará chegando a 273 no final de 1943, entre os quais 104 são constituídos de bombardeiros estratégicos. O crescimento dos efetivos é naturalmente da mesma ordem: 284 mil homens em dezembro de 1941 e 2,1 milhões no momento da capitulação do Japão. Ainda que os primeiros objetivos não sejam atingidos, o desenvolvimento industrial é impressionante. Em janeiro de 1942, 3 bombardeiros pesados saem das fábricas, mas dois anos mais tarde serão 50.

A doutrina do emprego dessa enorme força estratégica em rápida expansão provém de um documento batizado de AWPD-1, redigido em julho de 1941 pela Air War Plan Division da US Army Air Force, dirigida pelo general Arnold. Na hipótese de um conflito generalizado Pacífico-Europa, a prioridade deve ser dada à luta aérea contra a Alemanha. O objetivo consiste em quebrar o sistema econômico do Reich e em obter sua capitulação, sem que seja necessário recorrer a operações terrestres.[115]

A partir de bases instaladas na Inglaterra e no norte da Irlanda, os 32 grupos de B-17 e B-24 inicialmente previstos, ou seja, 2,2 mil bombardeiros, devem atacar 154 objetivos repartidos em quatro grandes categorias: as centrais elétricas, o sistema de transportes, a indústria de petróleo e as construções aeronáuticas. A esse conjunto acrescentam-se eventualmente as bases de submarinos e os estaleiros de construção dos U-Boote. Os ataques aéreos terroristas contra as cidades só acontecerão em último caso, estando o moral da população suficientemente abalado pela decomposição da economia.

No mês de agosto de 1942, ao ser instalada a 8ª Air Force na Inglaterra, um segundo documento chamado de AWPD-42 substitui o primeiro: as prioridades não são mais as mesmas. Os ataques devem atingir as bases e os estaleiros de construção de submarinos. Atingirão em seguida os transportes, as centrais elétricas, os complexos petroleiros, as indústrias do alumínio e da borracha sintética, sem deixar de lado os centros de construções aeronáuticas. Não se cogita mais em ataques aéreos terroristas.[116]

---

[115] FREEMAN (R.), *The US Strategic Bomber*, Londres, Macdonald, 1975, p. 34.
[116] FREEMAN (R.), *The US Strategic Bomber*, op. cit., p. 45.

O bombardeio estratégico

Embora seja proveniente das ideias de Mitchell e de Douhet, a doutrina americana é diferente daquela dos britânicos, tanto no plano tático quanto no estratégico. Apesar dos reiterados convites de Harris, Spaatz e Eaker opõem-se formalmente à prática de ataques noturnos. Continuam fiéis ao princípio dos ataques diurnos, de precisão, em altitude elevada. Trata-se de um método que deriva das ideias de Seversky, um dos últimos teóricos da guerra aérea cuja obra *Victory Through Air Power* acabara de ser publicada nos Estados Unidos.

Nesse livro, Seversky, diferentemente de Douhet e de muitos de seus predecessores, exibe seu ceticismo com relação a ataques aéreos destinados a solapar o moral das populações. Ele se apoia nas experiências da Batalha da Inglaterra e das operações efetuadas pelo Bomber Command sobre a Alemanha. Dois anos de guerra aérea são suficientes para provar que o moral, apesar de breves desfalecimentos, resiste à guerra aérea, pois depende muito mais da evolução da situação geral, das vitórias ou derrotas militares, do que dos bombardeios.[117]

Para Seversky, o objetivo da guerra aérea estratégica é claro. Não se trata de desmantelar a economia alemã, de solapar as bases da máquina de guerra e levar o Reich a capitular, sem que seja necessário proceder a operações em terra. O objetivo é ainda mais ambicioso, na medida da política americana. A guerra aérea deve resultar num enfraquecimento durável do adversário. Durante longos anos, a Alemanha deixará de constar no rol das grandes potências. O mesmo tratamento deve ser imposto ao Japão.

As primeiras operações lançadas pela 8ª Air Force parecem encorajadoras. Durante o verão de 1942, limitam-se à periferia da Europa ocupada. Têm como alvo estações de triagem, fábricas ou bases submarinas do Atlântico. Graças a uma forte proteção dos caças, as perdas são mínimas. Pouco frequentes no momento da operação Torch, que leva a uma forte concentração aérea no Mediterrâneo, os ataques aéreos americanos só voltam à carga, na verdade, ao final da primavera de 1943, com o ataque de 11 de junho sobre Wilhelmshaven. Também nesse caso, graças à proteção de aviões caça, as perdas são suportáveis.

Os desenganos começam no verão. Os ataques efetuados em profundidade sobre o Reich, fora do raio de ação dos aparelhos de escolta, revelam-se terrivelmente dispendiosos. Os ataques de 17 de agosto contra o centro de indústria aeronáutica de Regensburg e contra as fábricas de rolamentos de Schweinfurt resultam na perda de 64 aparelhos, de um total de 315. Um segundo ataque lançado aos 14 de

---

[117] SEVERSKY (Alexander P.), *Victory through air power*, New York, Simon and Schuster, 1942. Boa análise do pensamento de Seversky em MEADE (Earl), *Makers of modern strategy*, p. 501 e ss.

223

A Segunda Guerra Mundial

outubro contra Schweinfurt redunda num verdadeiro desastre. De 288 aparelhos engajados, 62 são abatidos pela DCA ou pelos caças e 138 seriamente avariados. A porcentagem de perda chega a 20%, e mesmo a 30% se o cálculo incluir apenas os aparelhos que realmente atingiram o objetivo.

Os grupos baseados no Mediterrâneo não são mais felizes. Um ataque efetuado a partir da Líbia contra as reservas de petróleo romenas de Ploesti, em 1º de agosto de 1943, conduz a um fiasco. De 178 aparelhos B-24 lançados a mais de 1,5 mil km de sua base, 54 são abatidos pela DCA e 7 são obrigados a pousar na Turquia. Quanto aos estragos causados às instalações petroleiras, foram mínimos.

Depois dessas trágicas experiências, a aviação americana deve interromper seus ataques em profundidade. Contrariando as convicções de seus promotores, os bombardeiros, ainda que fortemente aparelhados com metralhadoras pesadas, não conseguem resistir aos ataques de caças cada vez mais fortemente armados. Em sua nova versão, o FW-190 dispõe de duas metralhadoras, de quatro canhões de 20, e pode lançar salvas de 24 foguetes de 210 mm. No outono, a Luftwaffe alinha uma força impressionante de 964 monomotores e 682 caças-destróieres. Quanto à DCA, revela-se muito mais eficaz do que o previsto.

O balanço é ainda mais sombrio porque os danos, como foi dito, são limitados. Os ataques às indústrias aeronáuticas ou de rolamentos provocam apenas uma diminuição provisória na produção, sem maiores repercussões para a fabricação de armamento e para a marcha da economia. Quanto às perdas reais infligidas à Luftwaffe, não contribuem em nada para adquirir a superioridade aérea. Por ocasião do segundo ataque a Schweinfurt, os bombardeiros divulgam a destruição de 186 aviões de caça alemães, quando o número exato das perdas não chega a 40. Essa ilusão traz, entretanto, uma vantagem: evitar um abatimento do moral das tripulações dos B-17 ou dos B-24.

Os dramáticos fracassos da aviação estratégica americana constituem uma nova contestação às teorias de Douhet sobre a conquista da superioridade aérea e do deslocamento do potencial do adversário por meio de formações isoladas de bombardeiros. Justificam uma reflexão do almirante Castex nos anos 1930:

> A tática de Napoleão de deslocar em alta velocidade por entre as pesadas colunas aliadas que marchavam sobre Paris em 1814, atacando-as e derrotando-as sucessivamente, dá uma imagem do que será a manobra da aviação leve contra as incursões da aviação pesada. O sucesso da aviação leve de defesa sobre a aviação pesada tenderá mais para uma superioridade de manobra e de armamento ofensivo do que para sua superioridade numérica.

224

O bombardeio estratégico

Segundo a fórmula ilustrativa do almirante, trata-se de uma aviação de caça em alerta, associada a um sistema de vigilância convenientemente organizado.[118]

Ao final de 1943, ou no começo do ano seguinte, tanto do lado americano quanto do britânico, o bombardeio estratégico se encontra num impasse. Entretanto, por mais decepcionante que seja, o balanço dessa primeira fase da guerra do ar não é totalmente negativo. A Luftwaffe deve concentrar o grosso de seus meios na defesa do Reich e torna-se cada vez mais uma arma defensiva incapaz de rivalizar com a potência aérea adversa nos teatros exteriores.

No domínio da construção aeronáutica, a prioridade é dada, então, aos caças, em detrimento dos bombardeiros. E a mesma orientação é adotada no domínio da artilharia. A fabricação de canhões antiaéreos tem prioridade sobre os canhões de campanha ou de canhões antitanques. A eletrônica, enfim, dispõe de meios cada vez mais consideráveis.

Paradoxalmente, enfim, os ataques ao Reich incitam os dirigentes alemães a efetuar ataques de represália que vão contribuir para enfraquecer uma força de bombardeios já solicitada em todas as frentes. Por duas vezes, pelo menos, a Luftwaffe efetua "Baby Blitz" sobre a Inglaterra.

A primeira delas acontece em abril-maio de 1942, logo após os ataques devastadores efetuados sobre o centro das velhas cidades de Lübeck e de Rostock. Seguindo a fórmula de Hitler, a Luftflotte III efetua ataques que parecem orientados pelo Baedecker, o célebre guia turístico, concentrando-se sobre as cidades históricas do sul da Inglaterra. Exeter, Bath, Norwich, York, Hull, Grimsby, Canterbury são, assim, duramente atacadas.

Efetuados por grupos de 50 a 250 aviões, esses ataques utilizam os métodos já usados nos bombardeios noturnos: orientação pelo rádio, *pathfinders*, bombas incendiárias, ataques concentrados sobre o centro histórico nas velhas casas de madeira e nas ruas estreitas, a fim de provocar incêndios devastadores. A reação britânica, sobretudo a da aviação de caça noturna muito melhorada e reforçada desde 1940, é considerável (250 bombardeiros abatidos). Desse modo, os ataques cessam em julho de 1942. A Luftwaffe vai então concentrar o grosso de seus bombardeiros na Frente Oriental.

A segunda Baby Blitz acontece no começo de 1944, em reação à ofensiva do Bomber Command sobre Berlim. No âmbito da operação Steinbock, põe em jogo uma força mista de 450 aviões, bimotores Ju-88, Ju-188, Do-217 e quadrimotores He-177, que acabam de ser "curados de suas doenças de infância". Em janeiro,

---

[118] Castex citado por BRAXMEYER, op. cit., p. 55.

225

fevereiro e março, essas formações atacam particularmente Londres, e obtêm êxito. Com a proximidade do desembarque, os ataques efetuam-se sobre os portos nos quais a frota de transporte estaria concentrada. Bristol, Portsmouth, Plymouth, Weymouth e Falmouth são assim objeto de ataques mais ou menos bem-sucedidos.

A Baby Blitz vai até junho de 1944, cessando com o início da operação Overlord. Nenhum resultado decisivo foi obtido, e as perdas alemãs foram severas. Única vantagem: esses bombardeios obrigaram a Inglaterra a manter seu sistema defensivo num nível elevado. A Luftwaffe mobilizou, assim, 1,4 mil caças da RAF, cuja ausência foi duramente sentida em outros locais.

O começo do ano de 1944 é ainda marcado por uma tentativa malograda de bombardeio estratégico contra a União Soviética. Durante os dois primeiros anos da campanha do Leste, a Luftwaffe poucas vezes efetuou operações de envergadura sobre as instalações industriais da URSS. Seguindo a doutrina já praticada na Polônia ou na França, sua atividade foi essencialmente tática. Os ataques lançados sobre Leningrado ou Moscou em 1941, ou sobre Stalingrado no ano seguinte, tiveram por objetivo principal, como as precedentes de Varsóvia ou de Roterdã, dobrar a vontade combativa dos defensores e influenciar no desenrolar da batalha terrestre.

Somente as múltiplas tentativas de "interdição de trilhos" efetuadas na retaguarda do Exército Vermelho por formações reduzidas, visando às vias férreas e às estações, têm um aspecto estratégico. Nas vésperas da ofensiva de Kursk em julho de 1943, entretanto, a Luftwaffe lança alguns ataques maciços sobre os centros industriais do Volga, como Gorki.

É somente ao final de 1943 que o comando da Luftwaffe, em conexão com Speer, planeja operações de envergadura contra as fábricas de armamento e as centrais do Volga ou do Ural. Também nesse caso, uma força mista de 500 bombardeiros é agrupada na Rússia Branca. Mas essa força jamais passará ao ataque. O agravamento da situação terrestre traduz-se, com efeito, em requisições constantes. Logo após as vitoriosas ofensivas soviéticas do inverno e da primavera, a Luftwaffe deverá evacuar seus campos de aviação na Rússia Branca e na Ucrânia ocidental, perdendo, assim, qualquer possibilidade de atingir o potencial econômico do adversário. Será necessário dissolver a força de bombardeio em julho de 1944.[119] A impotência da Luftwaffe em efetuar operações estratégicas de envergadura vai levar os dirigentes do Reich a avançarem para uma etapa tecnológica que conduz às bombas voadoras e aos mísseis balísticos.

---

[119] Sobre as tentativas de bombardeio contra as indústrias estratégicas da URSS, ver MURRAY (W.), *Luftwaffe*, Baltimore, The Nautical and Aviation Publishing Co., 1985, p. 232 e ss.; *The rise and fall of the German air force*, Londres, Arms and Armour, 1983, p. 242; Problema abordado igualmente por SPEER (A.), *Au coeur du III Reich*, Paris, Fayard, 1971, p. 399, sob o ângulo do ataque às centrais térmicas.

O bombardeio estratégico

A vitória alemã sobre a aviação estratégica aliada é de curta duração. No início de 1944, os americanos retomam a ofensiva. É o ponto de partida de uma fase decisiva da guerra aérea que vai continuar até a capitulação do Reich.

Os americanos dispõem de meios consideráveis. A 8ª Air Force alinha 1,8 mil aparelhos em janeiro de 1944, contra 800 no verão anterior. No fim do ano, terá mais de 3,8 mil, entre os quais estão cerca de 2,6 mil B-17. O crescimento da 15ª Air Force é semelhante: 800 aparelhos no começo de 1944, 1,5 mil um ano depois. Os americanos estão em condições, doravante, de efetuar ataques de mil a 1,5 mil aviões.

Entretanto, a mutação mais importante não é essa. As formações de B-17 e de B-24 não mais estarão isoladas. Ao longo de suas missões sobre o Reich, serão escoltadas por grupos de caças dotados de reservatórios de gasolina suplementares. Os Lightning dispõem de um raio de ação de 500 milhas e estão em condições de operar até Berlim. E mais ainda: os Mustang podem agir a 600 milhas das bases britânicas. A proteção de caça cobre toda a Europa Ocidental e o centro da Alemanha até Stettin, Praga ou Munique. Por seu desempenho, o Mustang é comparável com vantagem aos Me-109 e aos FW-190 em suas últimas versões.

Os americanos, nesse momento, estão em condições de conquistar a superioridade aérea. É o que se constata com o início, em 20 de fevereiro, da operação Argument, batizada Big Week pela imprensa, que vai durar bem mais que uma semana e prosseguir até meados de abril. Reunindo pela primeira vez formações de mais de mil bombardeiros, a 8ª Air Force empreende um ataque sistemático a todas as indústrias de construção aeronáutica e de fabricação de motores.

Os resultados não são decisivos. A queda da produção é apenas provisória. Depois de cair de 2,3 mil para 2 mil aviões em março, atingirá o nível recorde de 4 mil aparelhos em julho. Uma vasta política de descentralização explica essa recuperação espetacular. Mas o fenômeno mais importante diz respeito à amplidão respectiva das perdas durante as violentas batalhas aéreas.

De janeiro a abril, a 8ª Air Force é duramente castigada, sofrendo suas perdas mais graves desde o início da guerra. Foram 1.239 aviões destruídos por causas diversas, entre os quais 801 abatidos pela aviação de caça. A 15ª Air Force não é poupada, com a perda de 461 bombardeiros, dos quais 263 são vítimas dos caças. Para a Luftwaffe, o sucesso é alcançado à custa da perda de centenas de Me-109 e FW-190, durante enfrentamentos com Lightnings e Mustangs. Ao fim do mês de abril, o comandante da aviação de caça Adolf Galland deve reconhecer a perda de mil pilotos, entre os quais figura um grande número de homens experimentados.[120]

---

[120] GALLAND (A.), *Les Premiers et les derniers*, Paris, Michelet, 1985, p. 347.

227

A Segunda Guerra Mundial

RAIO DE AÇÃO DOS CAÇAS DE ESCOLTA

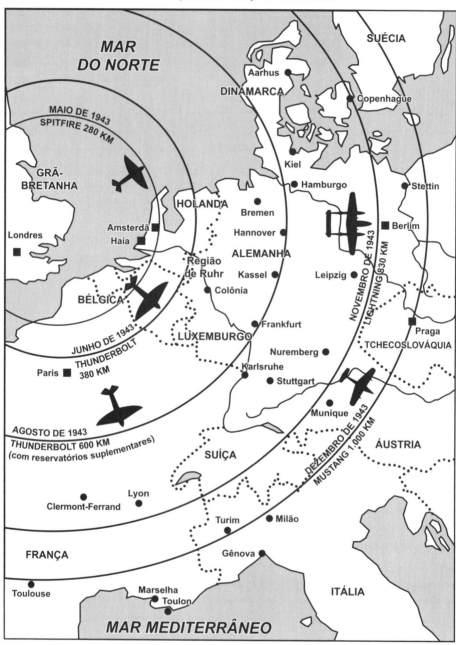

A entrada em serviço de caças de escolta num raio de ação cada vez maior reforça consideravelmente a eficácia da aviação estratégica americana, capaz de operar em profundidade acima da Alemanha.

O bombardeio estratégico

Depois de uma pausa ligada à preparação da operação Overlord e à intervenção direta da aviação estratégica na batalha, a ofensiva contra a Alemanha é retomada a partir de agosto de 1944. Sem desistir, entretanto, ao bombardeio por zonas que vai constituir até o final a metade de sua atividade, o Bomber Command conjuga sua ação com a US Army Air Force, numa ofensiva imponente contra a indústria do petróleo considerada o calcanhar de Aquiles da economia alemã.

As 60 empresas mais importantes, refinarias ou usinas de gasolina sintética, são alvo de ataques repetidos na origem de uma queda dramática da produção e de uma escassez de estoques. Simultaneamente, a 15ª Air Force efetua, a partir da Itália, um ataque bem-sucedido contra o terminal petroleiro de Ploesti, na Romênia. Graças a essas operações, a aviação aliada adquire, enfim, a superioridade aérea.

As perdas do Bomber Command são progressivamente reduzidas. De 11% no começo do verão, caem a menos de 5% no outono. Resultados que têm a ver com a desorganização da defesa alemã. A liberação da Europa Ocidental provoca a perda da cobertura radar. A caça noturna perde sua eficácia, assim como a diurna. A Luftwaffe não sofre da falta de aviões. Entretanto, muitas formações encontram-se imobiliza-das no solo, por falta de combustível. A escassez de combustível acarreta ainda uma redução considerável do treinamento e uma perda catastrófica do mérito dos pilotos.

Durante os ataques diurnos, Lightnings e Mustangs provocam uma heca-tombe nos caças alemães. Ao final de 1944, a porcentagem de sobrevivência das tripulações da 8ª Air Force sobe de 25 para 70%, o que permite ao comando au-mentar o número de "torres operacionais", passando de 25 a 30, e depois a 75%. Ao declínio da caça corresponde, entretanto, um aumento sensível da eficácia da DCA. Dos 1.562 B-17 e B-24 da 8ª Air Force perdidos sobre o Reich, durante o segundo semestre de 1944, apenas 392 são abatidos pela aviação de caça e 977 por uma DCA pesada dotada agora de canhões de 105 e de 128 dirigidos por radares cada vez mais precisos.

A tonelagem de bombas lançadas reflete a amplidão dessa nova fase da guerra aérea: 900 mil toneladas em 1944, contra 500 mil em todos os anos anteriores. Durante os três últimos meses de 1944, o Bomber Command joga 163 mil tone-ladas de bombas (contra 8 mil e 40 mil toneladas durante os últimos trimestres de 1942 e 1943).

No entanto, a queda esperada não acontece. Por ocasião da ofensiva das Ardenas, Arnold, que dispõe de 4 mil bombardeiros pesados e médios, passa por um momento de desânimo. Ele escreve, aos 14 de janeiro de 1945, em Spaatz:

> Dispomos pelo menos de uma superioridade de 5 a 1 sobre a Alemanha e, no en-tanto, apesar das nossas expectativas, de nossas antecipações, de nossos sonhos e de nossos planos, estamos longe dos resultados esperados. Aparentemente não es-

229

tamos em condições de obrigar a Alemanha a capitular utilizando ataques aéreos. Parece-me, entretanto, que graças a essa prodigiosa potência de ataque, deveríamos fazer melhor e obter melhores resultados. Não se trata de críticas, pois, com toda franqueza, não vejo a solução; contento-me em me questionar, na esperança de que você possa talvez conceder-me uma iluminação, um lampejo, uma reflexão ou qualquer outra coisa que nos permita terminar essa guerra mais rapidamente.[121]

Após uma nova pausa em razão do bombardeio efetuado para restabelecer a situação aliada após o episódio das Ardenas, a última fase da batalha começa em fevereiro de 1945. Com uma violência ainda maior, a ofensiva se estende às comunicações. Ataques aéreos intensos atingem a rede rodoviária, o sistema ferroviário e os grandes canais.

As cidades não são deixadas de lado, pelo contrário. Às vésperas da conferência de Yalta, americanos e ingleses lançam, de 3 a 26 de fevereiro, uma série de bombardeios de uma violência sem precedentes sobre Berlim, Magdeburg, Chemnitz e Dresden. O objetivo dessa operação grandiosa, buscado há muito tempo, consiste em aplicar o golpe fatal, no moral da população alemã e em paralisar as comunicações da Wehrmacht às voltas com uma potente ofensiva soviética.

O cúmulo do horror ocorre em Dresden, pouco protegida e poupada até então. Um gigantesco tufão de fogo devasta o centro histórico da cidade. Dezenas de milhares de pessoas desaparecem nesse imenso holocausto. Para piorar o drama, os caças aliados não hesitam em metralhar os refugiados, as viaturas dos bombeiros e as ambulâncias. Uma vez mais, o objetivo principal não é alcançado. Admiravelmente explorada por Goebbels, a destruição de Dresden só faz exacerbar a vontade de resistência de um povo convencido de só ter escolha entre a luta e a destruição.

Após a capitulação do Reich, os "senhores do bombardeio", como acabam sendo chamados, não sem ironia, manifestarão sua certeza de que a guerra aérea constituiu, segundo a expressão de Arnold, "a ponta de lança" da ofensiva dirigida contra o Reich.

Logo haverá um questionamento, que provém da publicação pelo estado-maior da US Army Air Force, a partir de 31 de outubro de 1945, de uma sondagem sobre os efeitos do bombardeio. Para espanto geral, é forçoso constatar que a primeira fase da guerra aérea, de 1940 a 1944, foi totalmente estéril! Os ataques repetidos efetuados sobre as bases e os estaleiros de submarinos não surtiram nenhum efeito. Ao contrário ainda do que se podia pensar, os bombardeios sobre as comunicações não impediram a montagem das peças dos novos submarinos elétricos construídos nas fábricas do interior. O atraso da retomada da guerra submarina prevista para

---

[121] FRANKLAND (Noble), *Bomber offensive, the devastation of Europe*, New York, Ballantine, 1969, p. 140.

O bombardeio estratégico

o outono de 1944 deveu-se essencialmente a dificuldades de treinamento e de fabricação. Os ataques contra as indústrias de armamento só obtiveram resultados provisórios, que não entravaram de modo algum o desenvolvimento de uma produção quatro vezes maior durante a guerra. No outono de 1944, as indústrias alemãs bateram seus recordes de fabricação!

O efeito psicológico dos ataques aéreos, embora não seja desprezível, também não teve consequências determinantes. O moral de um povo em guerra deriva de todo um conjunto de fatores: condições materiais, natureza da causa a defender, evolução da situação de conjunto, manipulação exercida pela propaganda, erros do adversário. Os bombardeios mais violentos provocaram, no máximo – e muitas vezes por períodos limitados –, apatia, abatimento, resignação, mas nunca revolta, nem um verdadeiro desânimo. Foi somente nos últimos meses do conflito que os bombardeios estratégicos sobre o petróleo e as comunicações tiveram um efeito direto sobre a máquina de guerra alemã, mas num momento em que o Reich se achava acuado, com todas as frentes na defensiva, submetido a uma terrível pressão das forças soviéticas e dos exércitos aliados.

O questionamento do bombardeio estratégico não se explica somente pela mediocridade relativa dos resultados. Reside também no mal-estar sentido pelos vencedores diante do espetáculo de cidades semeadas de ruínas, muitas vezes totalmente devastadas. Mal-estar agravado pela amplidão dos sacrifícios humanos: 300 mil mortos, 800 mil gravemente feridos, na maioria mulheres e crianças, milhões de desabrigados. Esse desconforto dos vencedores está na origem de um grave silêncio que não tarda a abater-se sobre a guerra aérea e que alimenta muitas controvérsias.[122]

Pode-se então perguntar se não teria sido preferível reservar para os bombardeios objetivos puramente militares. Não teria sido melhor atribuir uma parte dos consideráveis meios engolidos pela aviação estratégica à guerra antissubmarino ou às forças terrestres, o que teria permitido ganhar mais rapidamente a Batalha do Atlântico e acelerar o retorno dos exércitos aliados à Europa? Há opiniões diversas, que merecem uma reabertura do dossiê. Não se pode negar a terrível eficácia do bombardeio durante os dez últimos meses da guerra. As concentrações efetuadas sobre a indústria do petróleo e sobre os transportes tiveram um efeito considerável. A partir de fevereiro de 1945, a paralisia atinge uma Wehrmacht privada de combustível. Após ataques maciços e repetidos, o vale do Ruhr se encontra progressivamente isolado, a Alemanha dividida em duas. Uma carta leva 15 dias para ir de

---

[122] O silêncio sobre o Bomber Command logo após a guerra e a desgraça de Harris foram abordados por HASTINGS (Max), em *Bomber Command*, Londres, Michael Joseph, 1979, p. 417 e ss.

231

Munique a Hamburgo. A economia do Reich se desloca. Não é um exagero dizer que o bombardeio abreviou a guerra em vários meses. Não se pode negar, também, que o ataque de Peenemünde ou os ataques às rampas de lançamento no âmbito da operação Cross-bow tenham retardado em vários meses a ofensiva das V1 e das V2 contra a Inglaterra. Segundo o testemunho de Eisenhower, o desembarque da Normandia teria sido retardado, ou mesmo anulado, se a ofensiva das bombas voadoras tivesse começado, como previsto, no início de 1944.

A ofensiva estratégica teve também outra vantagem determinante, acuando a Luftwaffe na defensiva. Os Aliados puderam dispor, assim, da superioridade aérea na Itália e na França, condição indispensável para o sucesso das grandes operações anfíbias e das grandes manobras terrestres. Foi o suporte aéreo que permitiu aos anglo-saxões compensar sua dramática inferioridade no domínio dos blindados.

Resta destacar um último elemento. Condicionados pelo bombardeio estratégico, os desembarques também são determinantes dos resultados fundamentais obtidos pela ofensiva aérea ao final da guerra. Basta lembrar que a liberação da Europa Ocidental desmantelou a cobertura radar alemã e permitiu à aviação tática aliada, com seus meios consideráveis, participar da guerra aérea.

Bombardeiros médios e caças-bombardeiros desempenharam um papel capital na batalha dos transportes, metralhando trens e estradas e destruindo obras de arte. Essa aviação contribuiu ainda para a neutralização da Luftwaffe pelo ataque constante a seus campos de pouso e pelo bombardeio das pequenas fábricas de construção aeronáutica dispersas pelo território alemão. As bombas jogadas pela aviação tática ultrapassam 250 mil toneladas.

Levando toda a aviação aliada para as fronteiras do Reich, os desembarques não permitiram à Alemanha jogar suas últimas cartas. Perseguidos em seu campo, na aterrissagem e na decolagem, os aviões a jato Me-262, He-162 ou Ar-234 não puderam atuar plenamente, também em razão dos erros de concepção que haviam retardado sua entrada em serviço. Os ataques táticos também retardaram a aparição dos novos mísseis solo-ar que teriam posto em causa o próprio bombardeio.

No final das contas, a aviação estratégica desempenhou um papel essencial na vitória, mas em estreita conexão com as outras armas. Contrariamente às expectativas dos Trenchard, dos Mitchell ou dos Douhet, a guerra aérea não se revelou mais econômica nem mais humana, tendo causado às populações civis abomináveis sofrimentos e acarretado enormes sacrifícios para as próprias aviações. Durante a ofensiva estratégica sobre a Europa, britânicos e americanos perderam mais de 40 mil aviões e 160 mil homens da tripulação.

Contrariamente ainda às expectativas de seus promotores, a guerra aérea não se apresenta como um instrumento de decisão rápida, na origem de uma nova

O bombardeio estratégico

Blitzkrieg. Em seu livro profético, *La guerre de 19...*, Douhet imagina a queda da Bélgica e da França em menos de 48 horas sob o ataque de uma aviação alemã de 1,7 mil aparelhos...[123]

Algumas pessoas alegaram que resultados decisivos teriam sido obtidos se os ataques contra o petróleo ou as comunicações tivessem começado um ou dois anos antes. Essa objeção não tem fundamento. O sucesso da última fase da ofensiva aérea teve origem essencialmente na fabricação do avião caça de escolta com um longo raio de ação, obtido somente em 1944, e no desmantelamento do sistema defensivo alemão conseguido no outono desse mesmo ano. Sem esses trunfos, o início mais precoce da ofensiva sobre a indústria do combustível e sobre o transporte teria sido prematuro e terminaria num fracasso dispendioso.

É preciso reconhecer, de uma vez por todas, que o bombardeio estratégico não correspondeu aos sonhos de seus promotores e menos ainda de seus praticantes. Os senhores do bombardeio, Harris ou Arnold, deixaram-se levar por muito tempo pela ilusão de que os ataques provocariam uma decisão em 1943, ou no início de 1944. Eles não "acreditavam"; eles "sentiam". Amarga decepção. O Exército Vermelho teve de empreender inúmeras ofensivas dispendiosas para chegar diante das muralhas de Berlim. Os Aliados tiveram de desembarcar na Europa e travar, também eles, duros combates, para atingir o cerne do III Reich.

Graças à Segunda Guerra Mundial, a aviação adquiriu *status*, demonstrou ser uma potência formidável, revelando-se indispensável, sem eliminar ou diminuir as outras forças. Tanto quanto o submarino, ela não se configurou como o *truque* de que falava o almirante Castex. Foi inepta para resolver os conflitos isoladamente e para colocar um impasse à guerra marítima e terrestre.

Sua atuação seria diferente no Pacífico? Os B-29 seriam capazes de levar à decisão atuando isoladamente? De fato, o bombardeio estratégico no Extremo Oriente tem um destino estranho, semeado de muitas vicissitudes. De início, em virtude das teorias de Mitchell e de seus sucessores, o Pacífico parece constituir o teatro privilegiado da guerra aérea. Nas vésperas de Pearl Harbor, vários grupos de B-17 estão estacionados nas Filipinas e no Havaí. Sua missão é dupla: afastar e destruir em alto-mar as forças navais e dissuadir o Japão de se lançar numa aventura no sudeste asiático. Tóquio se encontra, em princípio, no raio das fortalezas voadoras baseadas em Luçon.

O plano desfaz-se em alguns dias. Em 7 e 8 de dezembro, a maior parte dos bombardeiros pesados é destruída no solo em Oahu e em Clark Field. Os poucos aparelhos que escapam ao desastre reagrupam-se em Java, onde se mostram incapazes, senão de impedir, pelo menos de frear a maré japonesa. Durante os meses

---

[123] *La guerra del 19...*, Rivista aeronautica, 1929-1930.

233

A Segunda Guerra Mundial

seguintes, chegam reforços, que atingirão seu ponto culminante em meados de 1942, com doze grupos compostos essencialmente de B-24.

Essas formações são dispersas na extensão do teatro no âmbito dos sete comandos da 20ª Air Force. Dois grupos vão participar da Batalha de Guadalcanal e da reconquista das ilhas Salomão, três outros da contraofensiva do Pacífico Central. Sua atividade é essencialmente tática: ataque a campos de aviação ou a forças no mar, lançamento de minas com resultados duvidosos. Em junho de 1942, um grupo de aviões B-17 participa assim da Batalha de Midway, sem conseguir acertar uma única bomba no alvo, sobre a frota de Nagumo. Ignorando os resultados reais, o comando americano, num admirável esforço de equidade, atribuirá a destruição dos quatro porta-aviões nipônicos metade à aviação estratégica e metade à aeronaval embarcada. A verdade só aparecerá após a guerra, à luz dos arquivos japoneses. A atividade propriamente estratégica dos B-17 ou dos B-24 limita-se a alguns ataques a partir de Port Darwin sobre as minas de níquel das ilhas Célebes e sobre a refinaria de petróleo de Balikpapan, a leste de Bornéu.

É somente na primavera de 1944 que se assistirá ao verdadeiro nascimento do bombardeio estratégico no Pacífico. A US Army Air Force começa, então, a dispor de um aparelho à altura de um gigantesco teatro, a superfortaleza B-29. Com um raio de ação de 5 mil milhas, o dobro do B-17, uma carga de bombas duas vezes mais importante, o B-29 é ainda nitidamente mais rápido (600 km) e muito mais sofisticado, pois conta com compartimentos pressurizados e com um armamento de bordo constituído por metralhadoras pesadas e canhões telecomandados de 20. Dotadas do visor Norden, as superfortalezas devem poder efetuar bombardeios de precisão a uma altitude de 10 mil metros.

Para esses aparelhos, não há dúvida de que participem de operações táticas ou de ataques sobre alvos secundários. Arnold pretende que ele mesmo conduza as operações contra o Japão. Num momento em que a contraofensiva americana não ultrapassa as ilhas Marshall, o XX Bomber Command constituído no início de 1944 instala-se no sudeste asiático. Cinco campos de pouso são construídos no golfo de Bengala, a oeste de Calcutá, e quatro bases avançadas aparelhadas por um exército de *coolies* no sul da China.

É a partir dessas bases chinesas que o XX Bomber Command começa suas operações. Aos 15 de junho de 1944, o primeiro ataque atinge as usinas de aço de Yawata, na ilha de Kyushu. Sob a direção de Curtis Le May, outros ataques são efetuados sobre as usinas de Anchan, na Manchúria, e em outras localidades. As operações estendem-se a Rangum, Palembang, Sumatra e Cingapura.

Os resultados revelam-se medíocres. O sul do Japão acha-se no extremo limite do raio de ação dos B-29, ainda às voltas com "doenças de infância" e que se deparam, durante o inverno, com condições meteorológicas extremamente difíceis.

234

Essas condições explicam por que, então, os ataques orientam-se para a Birmânia ou para a Malásia.

As superfortalezas também enfrentam uma viva reação japonesa. Durante o segundo ataque de Yawata, 18 dos 70 aparelhos B-29 são abatidos pelos caças ou pela DCE. Em doze meses de operações, o XX Bomber Command perde 147 aparelhos em razão de causas diversas.

As principais dificuldades, no entanto, são de natureza logística. Partindo da região do Bengala são os próprios B-29 que devem transportar eles mesmos o combustível, as bombas e as peças de reposição por cima do Himalaia. Essa ponte aérea, a Hump, constitui uma prova severa para as tripulações. A ofensiva japonesa do início de 1945 no sul da China, com a perda de vários campos, põe fim à experiência. O XX Bomber Command deixa o sudeste asiático e reúne-se com o XXI nas Marianas, para constituir a 20ª Air Force.

A tomada do arquipélago em junho-julho de 1944 vai permitir que o bombardeio estratégico ganhe em eficácia. Em novembro, já há campos de aviação em Saipan; outros estarão disponíveis em Guam e em Tinian, permitindo que o XXI Bomber Command, sob as ordens do general Hansell, proceda a suas primeiras operações. Arnold espera que, enfim, possa demonstrar a eficácia da guerra aérea. Para ele, os ataques maciços dos B-29 devem provocar a derrota do Japão e tornar inútil um desembarque no arquipélago nipônico. O Pacífico proporcionará uma espécie de revanche ao teatro europeu.

Durante uma primeira fase, de novembro de 1944 a janeiro de 1945, Hansell aplica a tática praticada na Alemanha, de bombardeios de precisão efetuados durante o dia a uma altitude elevada. Trata-se de adquirir a superioridade aérea detendo as reações da aviação de caça japonesa e atacando as indústrias aeronáuticas. As fábricas da região de Tóquio, Nagoya e Nagasaki são alvo de sucessivos ataques.

Os resultados não tardam em mostrar-se decepcionantes. Sem termo de comparação com a do Reich, a defesa japonesa, entretanto, é temível. Os B-29 enfrentam formações agressivas de novos aviões de caça tipo George e Jack. Até então desconhecidos no teatro do Pacífico, esses aparelhos que podem ser comparados aos Wildcat ou aos Corsair da força aeronaval, são fortemente armados de canhões de 20, ou mesmo de 57. Os pilotos compensam sua falta de formação com uma extrema agressividade, e alguns não hesitam em abordar as superfortalezas.

As perdas tornam-se logo preocupantes. Poucos aparelhos são diretamente abatidos acima do Japão, mas muitos aviões são vítimas dos voos de retorno intermináveis sobre o oceano. As tripulações provenientes das Marianas encontram as mesmas condições meteorológicas daquelas que vêm da China: nebulosidade intensa, granizo, nevoeiros, ventos violentos que prejudicam a precisão dos ataques. Problemas de motor atingem um terço dos aparelhos. Quando Curtis Le May assume o comando do XXI Bomber Command em janeiro de 1945, a situação é sombria. A porcentagem de perdas ultrapassa o limite fatídico de 5%, o que é ainda mais proibitivo pelo fato de que o B-29 é um aparelho caro, de mais de 400 mil dólares, de maneira que não pode ser "consumido" tão facilmente quanto o B-17 ou o B-24. Como destaca Le May, a guerra aérea acaba equiparando-se à guerra naval. Os resultados são desproporcionais à tonelagem de bombas atiradas. O moral das tripulações está abalado.

A tomada de Iwojima, realizada à custa de perdas sangrentas pela marinha, representa uma primeira melhora. Acaba com os ataques eficazes da aviação nipônica contra os campos de pouso dos B-29 nas Marianas e elimina uma estação de radar, o que representa um duro golpe no sistema de alerta nipônico. Centenas de B-29 avariados poderão ainda pousar nos campos da ilha, situada a meio caminho de Guam e do Japão; Iwojima vai servir ainda de base para os caças Mustang. Como seus predecessores B-17 ou B-24, os B-29 não podem, de maneira alguma, operar à luz do dia sem uma escolta potente. Isso é mais uma contestação às teorias de Douhet.

Com base nos efeitos de um ataque particularmente bem-sucedido do XX Bomber Command sobre Hankow, ao final de 1944, Curtis Le May decide mudar de tática. Ele adota a doutrina do Bomber Command britânico sobre a Alemanha: ataques noturnos em altitude média jogam bombas explosivas e principalmente bombas incendiárias. Despojados de uma parte de seu armamento usual em razão da deficiência nipônica em sua aviação de caça noturna, os B-29 podem transportar cinco toneladas de bombas em vez de três.

Um estudo dedicado à economia japonesa contribui para essa virada inesperada. As indústrias de armamento acham-se concentradas nas quatro grandes aglomerações, de Tóquio, Osaka, Kobe e Nagoya. Em conexão com centenas de pequenas empresas terceirizadas, as grandes firmas estão intimamente entrelaçadas em bairros residenciais altamente vulneráveis ao incêndio, com suas casas de madeira e papel.

Após vários ensaios, Tóquio torna-se objeto de um ataque maciço na noite de 9 a 10 de março de 1945. São 300 as superfortalezas que despejam 1.667 toneladas de bombas incendiárias. As destruições atingem um nível inimaginável. Cerca de 40 km^2 são devastados por terríveis incêndios. Repete-se aí o drama de Hamburgo ou de Rostock. Mais de 85 mil pessoas morrem carbonizadas e os feridos graves são mais de 100 mil. Nos 10 dias que se seguem, o holocausto continua. Nagoya, Osaka e Kobe são vítimas de ataques aéreos devastadores, assim como as cidades da baía de Tóquio. Ao longo dessa ofensiva de uma violência sem precedentes, as perdas são mínimas; 1,4% apenas dos aviões engajados. Com isso, o moral das tripulações vai às alturas.

O bombardeio estratégico

Começa o martírio do Japão. Ao longo dos meses seguintes, os ataques continuam, com meios cada vez mais potentes. Se em dezembro de 1944 as bases das Marianas contavam apenas com 350 aparelhos, em abril de 1945 contam com 700, com a chegada do XX Bomber Command, e com 1,05 mil em agosto. Uma após a outra, as cidades japonesas são palco de ataques devastadores. Nessa última fase, Curtis Le May muda mais uma vez sua tática. Os ataques noturnos continuam, mas os B-29 retomam ataques diurnos de precisão em altitude média, da ordem dos 4 mil a 6 mil metros. As perdas são relativamente moderadas em razão da baixa potência da DCA, da proteção assegurada pelos Mustang e pelos novos Thunderbolt, e por causa da política do comando nipônico que procura poupar a aviação de caça para o caso de um desembarque. Durante esses ataques, a precisão melhora cada vez mais: 20% das bombas caem num raio de 700 metros em torno do alvo, contra 15% num momento anterior. Durante as últimas semanas, os ataques visam essencialmente às construções aeronáuticas e à indústria do petróleo.

Por ocasião da capitulação, o balanço obtido pela 20ª Air Force é altamente positivo: 40 cidades sofreram danos consideráveis. Contam-se 300 mil mortos, 450 mil feridos, mais de 10 milhões de desabrigados. A capacidade de produção da economia do Japão acha-se reduzida de 60 a 85%. O moral da população é duramente atingido. Os americanos perderam apenas 441 aparelhos...

Qual foi, afinal, o resultado do bombardeio estratégico no Pacífico? Trata-se de um problema ainda mais difícil de resolver se comparado ao caso da Alemanha, e bastante falseado pelo emprego da bomba atômica que precipitou a capitulação do Japão. Apesar desse desfecho, não se pode deixar de indagar: a guerra aérea teria sido suficiente para provocar essa rendição?

Pode-se, também nesse caso, duvidar dessa possibilidade. No começo do verão de 1945, a situação do Japão é catastrófica. Mas essa situação desesperada resulta tanto da destruição da marinha imperial, da ruptura do "perímetro defensivo", da queda de Okinawa, do isolamento em relação ao resto do mundo, quanto dos ataques devastadores. Entretanto, a vontade de resistência persiste ou, pelo menos, o exército parece estar decidido a travar a última batalha em solo japonês. Assim, logo após a destruição de Hiroshima e de Nagasaki, será necessária toda a autoridade do imperador para levar o corpo dos oficiais a "suportar o insuportável".

Quanto ao comando americano, ele havia chegado à conclusão de que um desembarque era inevitável. A resistência obstinada de Okinawa e os camicases haviam mostrado que, embora o Japão estivesse vencido, a América ainda não era vitoriosa. A operação devia efetuar-se em dois tempos: Kyushu no outono de 1945 e a região de Tóquio na primavera do ano seguinte.

A decisão ia finalmente acontecer em terra, segundo o que parece determinado pelas regras da guerra. A potência marítima e a potência aérea estavam no limite

237

de suas forças. O próprio Curtis Le May reconhecia, em agosto, que, à exceção de quatro centros, Kyoto, Hiroshima, Nagasaki e Kokura, tendo sido o primeiro poupado por motivos culturais e os outros para servir de tubo de ensaio para a bomba atômica, quase não havia alvos a atacar.

De qualquer modo, como se pôde constatar na Alemanha, o bombardeio estratégico foi apenas um dos elementos da situação catastrófica do arquipélago. Muitas fábricas destruídas pelos ataques aéreos já haviam cessado de funcionar por falta de abastecimento. A queda impressionante da produção devia-se muito mais à guerra submarina e à ação da aviação embarcada da US Navy, que haviam dizimado a frota de comércio nipônica, do que ao bombardeio estratégico. Nesse sentido, o próprio Curtis Le May havia completado o bloqueio do Japão pela colocação sistemática de minas pelos B-29 ao longo de todas as baías e no mar interior. Último fato capital, enfim, foi que a intervenção da 20ª Air Force só pôde efetuar-se em virtude do domínio do mar conquistado pela US Navy e pelo sucesso dos desembarques das ilhas Marianas e de Iwojima.

Tal como no caso da Alemanha, a aviação tática e a aeronáutica naval haviam contribuído para a ação do bombardeio estratégico e até mesmo facilitado sua execução. Era a partir de Okinawa que grupos de bombardeiros médios multiplicavam os ataques contra a indústria nipônica. A partir de fevereiro, a aviação embarcada da 3ª e da 5ª frota associava-se a essa tarefa com formações de 800 a mil aparelhos que atacavam as fábricas, as comunicações e os aeródromos, contribuindo para reforçar o imobilismo da aviação nipônica. Durante os últimos três meses da guerra, é toda a potência aérea americana que participa do assalto ao arquipélago nipônico.

Concluindo, pode-se afirmar, sem grande risco de engano, que o bombardeio estratégico não poderia, por si só, ter arrancado a decisão, tendo contribuído – e apenas contribuído – para levar o Japão à derrota. Sem a bomba atômica, isto é, no âmbito de uma guerra clássica, o desfecho teria sido clássico. Teria terminado por uma invasão terrestre.

A guerrilha

A guerrilha figura entre as grandes controvérsias da Segunda Guerra Mundial. A visão, entretanto, é totalmente diferente daquela do bombardeio estratégico. Em 1945, já existe uma convicção consolidada. No que concerne às resistências, os maquis* e os *partisans*** teriam um papel determinante na derrota da Alemanha. Essa convicção se tornará cada vez mais forte nos anos seguintes; a vitória de Mao na China e as guerras de descolonização serão uma demonstração da potência da guerrilha, da eficácia da luta popular contra as os exércitos convencionais. Mas há um questionamento que se impõe.

Primeiramente, a guerrilha, apesar de sua extensão durante o conflito, não constitui um fenômeno novo. Desde a Antiguidade, a guerra pequena sempre esteve associada à grande. Basta lembrar Fábio Cunctator, Vercingetorix, Du Guesclin. Na época moderna, a guerrilha se faz presente durante as guerras dos Trinta Anos ou na Guerra de Sucessão Espanhola, e mais ainda durante o interminável conflito da Revolução e do Império. Basta evocar a Vendeia e a Chouannerie, os guerrilheiros espanhóis, a resistência de Andreas Hofer no Tirol e a ação dos partisans russos nas retaguardas do Grande Exército de 1812.

A guerrilha pontua a maior parte dos conflitos do século XIX. Franceses e russos passam por essa experiência nas conquistas da Argélia e do Cáucaso. O mesmo fenômeno ocorre durante as outras guerras coloniais. Os americanos enfrentam essa forma de luta na expansão para o Oeste, contra os índios. Guerrilha, ainda, por ocasião das revoltas na Polônia, da insurreição helênica contra a dominação otomana ou da luta dos países da América latina pela independência.

---

* N. R. T.: Grupos de soldados da Resistência Francesa que aplicavam técnicas de guerrilha e atuavam em áreas rurais.

Durante a Guerra de Secessão, os sulistas efetuam operações de guerrilha na retaguarda de seus adversários; trata-se, principalmente, de ataques de cavalaria como os do general Morgan. Durante a guerra de 1870-1871, o Governo da Defesa Nacional incentiva o desenvolvimento de uma resistência popular. Grupos de franco-atiradores operando entre o Sena e o Loire na retaguarda das tropas alemãs imobilizam cerca de 120 mil homens. É preciso ainda lembrar que a guerrilha constitui um dos aspectos dominantes da Guerra dos Boers?

Desses exemplos, há dois tipos de lutas que se destacam. A pequena guerra ou guerra dos partisans chamou a atenção de Sharnhorst e principalmente de Clausewitz. Integra-se ao quadro da guerra convencional com *destacamentos* ligados a exércitos regulares que operam na retaguarda do adversário. Compostos de unidades leves, infantaria ou cavalaria, esses destacamentos colhem informações, interrompem as comunicações e empreendem ataques surpresa.[124]

Como descreve Clausewitz, essas tropas, quanto mais não fosse pelo abastecimento, devem manter boas relações com a população, evitando que estas denunciem sua presença. Por ocasião da campanha da Rússia, o autor de *Vom Kriege* fica impressionado pela ação dos grupos de cavaleiros de Davydov que, com a colaboração dos camponeses, atacam as comunicações do Grande Exército, massacram os retardatários e assaltam os destacamentos isolados.

A essa luta de partisans, no sentido próprio, opõe-se a guerra popular cujos exemplos são abundantes no século XIX. Essa guerra está na origem de um excelente tratado, o de Mière de Corvey, testemunha e ator das guerras do oeste e da guerrilha espanhola sob Napoleão. Compositor de libretos de ópera, esse homem soube analisar perfeitamente as implicações profundas dessa luta popular.[125]

O sucesso reside na alternância de ações ofensivas e de dispersões. O resistente deve viver em estreita simbiose com a população que o sustenta e o acolhe em abrigos seguros. Encontra-se, bem antes de Mao, o tema do "peixe dentro d'água"! Essa guerra supõe ainda um impulso passional, uma "forte dose de fanatismo", sendo, por natureza, atroz: execução de prisioneiros e de reféns, torturas, represálias, pilhagens, incêndios de aldeia. Essa luta tem um caráter nacional, popular; não é obrigatoriamente revolucionária, ao contrário. Os habitantes da Vendeia ou os espanhóis, por exemplo, lutam pela manutenção de suas estruturas políticas e religiosas.

O historiador Le Mière de Corvey destaca também as forças e as deficiências dessa guerrilha. Embora ainda sem nome, a eficácia da luta supõe a existência de

---

[124] CLAUSEWITZ (Karl von), *De la guerre*, Paris, Éditions de Minuit, 1955, cap. XXVI, *L'Armement du peuple*, p. 551.

[125] LE MIÈRE DE CORVEY (Jean-Frédéric), *Des partisans et des corps irréguliers*, Paris, 1823.

A guerrilha

uma base por detrás, como prova o exemplo da Inglaterra sustentando com dinheiro, armas e munições os rebeldes da Vendeia, os *chouans** e os espanhóis. Além disso, a guerrilha só encontra uma eficácia plena em conexão com as operações efetuadas por exércitos regulares. Isso é constatado na Espanha com o notável desempenho da resistência na retaguarda das tropas francesas engajadas contra Wellington. A cada derrota dos "casacas vermelhas", entretanto, o desânimo se apodera dos guerrilheiros.

A cooperação com a população tem seus limites. Os franco-atiradores de 1870-1871 tiveram essa experiência. Ao contrário das cidades, o campo se mostra hostil ao prosseguimento da guerra e aspira à paz. A repressão é determinante e parece uma faca de dois gumes que tanto pode atiçar a vontade de lutar quanto resultar em desânimo. As execuções de reféns, as expedições punitivas ou os incêndios acabam por provocar o cansaço das populações e o isolamento dos resistentes.

Ao final do século XIX e no começo do século XX, o interesse pela guerrilha está em eclipse. Com a generalização dos exércitos de massa e o aperfeiçoamento dos materiais, a atenção se volta essencialmente para a grande guerra. O primeiro conflito mundial parece justificar essa orientação. Na Europa verifica-se apenas uma única tentativa efêmera de guerrilha, a dos sérvios em 1916.

Notam-se dois outros exemplos de maior alcance e de longa duração, mas em teatros exteriores, marginais: a epopeia de Lawrence e dos árabes contra a dominação otomana no Oriente Próximo e a resistência do sudeste africano alemão, a futura Tanganica. Durante todo o conflito, o general Lettow-Vorbeck, no comando de algumas centenas de europeus sustentados por alguns milhares de habitantes locais, os ascaris, trava uma guerra extraordinariamente hábil contra os britânicos, sem receber o menor auxílio do exterior. Trata-se de um exemplo clássico de guerrilha militar. Apesar de um esforço considerável de seus adversários, a resistência de Lettow-Vorbeck prossegue ainda aos 11 de novembro de 1918.

Após o conflito, a guerrilha é retomada. Reaparece com os grupos franco-alemães na Silésia e nos países bálticos por ocasião da guerra civil na Rússia. Grupos de partisans operam nas retaguardas dos exércitos de russos brancos ou das tropas bolcheviques. Em ambos os casos ocorrem ataques de cossacos. A guerrilha também é praticada por Abd el-Krim no Marrocos e pelos drusos no Líbano. Também surge na Irlanda e na Palestina com as rebeliões árabes contra a dominação

---

* N. R. T.: Termo empregado para designar os membros de um movimento de resistência à Revolução Francesa que ganhou força na parte ocidental do país a partir de 1791. O movimento ficou conhecido como *Chouannerie* e difere-se fundamentalmente da Vendeia pelo caráter de guerrilha.

britânica e as implantações judias. Conservando ainda as características clássicas, de luta popular e rural, a guerrilha orienta-se então para o terrorismo e pressupõe o apoio da população urbana.

Esse despertar da guerrilha atrai o interesse de alguns setores. Diretamente envolvidos com os episódios da Palestina e da Irlanda, os ingleses se preocupam com as possibilidades de uma guerrilha em regiões fortemente povoadas, beneficiando-se de meios modernos: armas automáticas, explosivos, ligações por rádio...

O interesse, entretanto, é mínimo. A guerrilha não figura nos programas das escolas de guerra nem suscita nenhum estudo sério na França. Na Alemanha, um único autor, Ehrhadt, concede ao assunto alguma atenção. Os debates da época concentram-se essencialmente nas possibilidades do tanque e do avião, na dialética ofensiva-defensiva.[126]

Surpreendentemente, os marxistas também não dão muita atenção à guerrilha. Durante a guerra civil, algumas ações mostraram-se eficazes nas retaguardas dos Brancos. Entretanto, o Exército Vermelho enfrentou na maioria das vezes formações totalmente independentes dos contrarrevolucionários, principalmente no sul da Rússia.

Em 1919, vê-se assim operar "o exército" de Grigorjev, um antigo oficial czarista, que desafia os senhores da guerra e estabelece um verdadeiro principado a oeste do Dnieper. Bem equipadas, combatendo à moda alemã, essas tropas obrigam os Aliados a evacuar Kherson, Nikolaiev e Odessa. Fato ainda mais pitoresco, o anarquista Makhno opera a leste do rio Dnieper e sonha criar uma república libertária nessa parte da Ucrânia.

De qualquer modo, Lenin, Trotsky e Stalin só manifestam desconfiança e ceticismo para com a guerra popular, cujo espírito, geralmente, nada tem de revolucionário, parecendo ser inspirada mais pelo conservadorismo ou pelo nacionalismo. Durante a guerra civil, os partisans de origem rural lutam contra os Brancos mais por medo do restabelecimento dos grandes domínios, e contra os bolcheviques por medo de uma coletivização. Na Ucrânia, e em várias regiões "alógenas", a vontade de autonomia ou de independência é um fator de rebelião.

Na luta revolucionária, o papel dominante pertence aos proletários, os únicos que possuem um verdadeiro espírito de classe. Os bolcheviques estão convencidos, assim, de que a vitória foi obtida sobre os Brancos e sobre os "intervencionistas" unicamente por um Exército Vermelho solidamente treinado e bem equipado.

Após a guerra civil, o pensamento militar soviético é essencialmente orientado para a criação de um exército de massa fortemente doutrinado, que se beneficiou do ardor dos soldados franceses do Ano II, bem dotado de material pesado, tanques

---

[126] EHRARDT, *Kleinkrieg*, Berlin, 1935.

242

A guerrilha

e aviões. O problema da guerrilha parece, então, totalmente negligenciado. Nesse período, apenas um livro de inspiração marxista aborda o assunto, o de um jovem revolucionário vietnamita, Ho Chi Minh.[127]

Reconhece-se nos bolcheviques o ceticismo de Marx e Engels quanto ao tema da insurreição urbana preconizada por Blanqui e fadada ao fracasso por falta de trabalho revolucionário em profundidade. Ambos estão convictos de que as guerrilhas populares, como as da Vendeia ou da Espanha, tiveram apenas, no fim das contas, um papel marginal, e que a decisão foi obtida pelos exércitos regulares. E o que é pior, esses movimentos nada tinham de progressistas. Na época de Stalin, enfim, o poder soviético nutre uma desconfiança doentia com relação à perspectiva de constituir antecipadamente depósitos de armas e de munições e de iniciar os civis na guerra subversiva.

Apesar de um ceticismo quase geral, a Segunda Guerra Mundial vai singularizar-se pelo renascimento inesperado da guerrilha, no âmbito das resistências, sob formas e denominações diversas: redes, maquis, partisans. As razões desse renascimento são simples. O desenvolvimento da guerrilha deve-se, de início, à amplidão da dominação alemã na Europa. Em seu apogeu, em 1942, essa dominação acaba por envolver mais de 200 milhões de pessoas. É, então, comparável à do Império de Napoleão e suscita inevitáveis reações nacionais.

A Segunda Guerra Mundial revela um caráter ideológico muito mais nítido do que o conflito de 1914-1918. Diferentes sistemas políticos se enfrentam: nazismo ou fascismo contra democracia ou socialismo de tipo soviético.

Essas resistências beneficiam-se, desde o início, de estímulos ou de apoios vindos do exterior. Logo após a queda da França, Churchill, no âmbito de uma estratégia periférica, conta com o bombardeio estratégico e com a guerrilha para vencer a Alemanha. A Europa deve ser "posta a fogo e sangue". A partir de 1940, o SOE (Special Operations Executive) é encarregado de estabelecer contatos, levar agentes, material e diretrizes aos diferentes movimentos de resistência europeia. A ação clandestina deve ser paralela às operações de comandos na tradição da guerra de partisans. Trata-se de multiplicar as "Vendeias".

Um outro elemento joga em favor dessa guerra paralela. Com o desenvolvimento dos exércitos modernos, o campo de ação da luta é muito mais vasto do que nos séculos XVIII ou XIX. A guerrilha se aplica, então, a uma rede complexa de comunicações e de transmissões, estradas, vias férreas, campos de aviação, linhas telegráficas ou telefônicas, estações de TSF* etc. Ela pode atingir postos de gasolina

---

[127] Ho Chi Minh redigiu um dos capítulos de um trabalho coletivo de autores comunistas e soviéticos publicado sob o pseudônimo de NEUBERG (A.), sob o título *Der bewaffnete Aufstand*. Trad. ingl. *Armed insurrection*, Londres, 1970.

* N. T.: Iniciais de "Télégraphie sans fil", ou telegrafia sem fio.

243

e parques de material, independentemente das operações clássicas contra destacamentos isolados. Os alvos se multiplicaram.

Os meios de ação diversificam-se continuamente. Os resistentes dispõem de armas leves e eficazes fornecidas pelo SOE ou tomadas do adversário: pistolas automáticas tipo Stern, bazucas, explosivos plásticos muito maleáveis e cuja explosão pode ser acionada a distância por meio de um dispositivo elétrico.

Diretrizes e informações são transmitidas pelo rádio. Os resistentes dispõem de códigos e de aparelhos miniaturizados para a época, que cabem numa maleta. O avião leve tipo Lysander pode ainda executar conexões noturnas e pousar em campos improvisados. Os resistentes beneficiam-se também do fornecimento de caixas cheias de munições e de armas leves, que lhes chegam de paraquedas. Nas vésperas do desembarque, os Aliados enviarão à França as equipes Jedburgh, compostas de dois oficiais (um inglês e um americano) e de um operador de rádio, encarregadas de coordenar a ação da resistência em conexão com as instruções do alto-comando.[128]

Se os objetivos almejados e os meios utilizados são, em toda parte, similares, as resistências da Europa Ocidental e da Europa do Leste mostram-se, entretanto, diferentes. Na França, o surgimento da luta armada constitui um fenômeno tardio, na medida do desenvolvimento relativamente lento da própria resistência.

As primeiras redes limitam sua ação à informação. Sabotagens e atentados só começam, realmente, com a entrada dos comunistas na luta clandestina, logo após o ataque alemão contra a União Soviética. Quanto aos primeiros maquis, só aparecem a partir de 1943, com a recusa de milhares de jovens "refratários" a responder às convocações do STO. Os efetivos, entretanto, são em pequeno número: 50 mil às vésperas do desembarque, de 100 a 120 mil no momento da Liberação. Apenas uma minoria dispõe de um armamento leve.

Ao longo da ocupação, diferentes concepções opõem as grandes tendências da resistência. Se, a partir de 1942, a unificação é realizada progressivamente pelo general De Gaulle nos planos político e militar no âmbito do CNR (Comitê Nacional da resistência) e das FFI (Forças Francesas do Interior), os comunistas pretendem praticar uma estratégia independente. Empreendem ações "imediatas", atentados, sabotagens, quaisquer que sejam a amplidão e a brutalidade das represálias alemãs. Contam com execuções de reféns e de partisans para provocar a indignação da opinião e assim trazê-la para o lado da resistência. Preferem também, sob a influência de Charles Tillon, a ação armada de pequenos maquis e principalmente de grupos reduzidos de FTP (Franco-Atiradores Partisans) capazes de se dispersar com rapidez e de misturar-se à população.

---

[128] Sobre as equipes *Jedburgh*, ver o *Dictionnaire de la Seconde Guerre Mondiale*, op. cit.

Por outro lado, os elementos moderados reprovam os atentados, pouco eficazes no plano militar, na origem de reações brutais por parte do ocupante. Dão preferência à sabotagem e principalmente à informação. Quer se trate da ORA (Organização de Resistência do Exército), constituída de quadros do exército do armistício partidários de Pétain ou do exército secreto, de tendência republicana, a luta armada, a partir de grupos clandestinos ou de maquis, deve ser mantida em reserva. Essa luta só terá início após o desembarque, no momento da ruptura da frente pelos Aliados. A resistência deverá então consumar a derrocada do dispositivo militar do adversário. Trata-se do tema da insurreição propagado pelo general De Gaulle.

Esse choque de concepções estará em plena evidência às vésperas da liberação de Paris. Os representantes do general De Gaulle, Chaban-Delmas e Parodi, manifestarão, sem sucesso, uma veemente oposição à intenção dos comunistas de desencadear uma rebelião na capital, julgada prematura do ponto de vista militar, independentemente de suas repercussões políticas. O choque das concepções aplica-se ainda aos maquis. Em oposição aos comunistas, os resistentes partidários do imobilismo são favoráveis à organização de grandes maquis militarizados, disciplinados, capazes de constituir bases operacionais contra os ocupantes.

A concepção moderada se manifesta também na Noruega, mesmo que o SOE tenha obtido, não sem dificuldades, a execução da sabotagem de um cargueiro que transportava água pesada com destino à Alemanha. Manifesta-se ainda, se não na Holanda, onde a resistência se acha em parte sob o controle alemão, pelo menos na Bélgica, onde as condições naturais não se prestam à implantação de maquis e onde a luta clandestina concerne essencialmente à propaganda e à informação.

A Itália é um problema específico. A resistência se constitui somente após a capitulação. Manifesta-se sob a forma de maquis implantados no norte do país, dirigidos contra o ocupante e mais ainda contra a República social-fascista de Salò. Submetidos a violentas reações alemãs, esses maquis se dispersarão, em grande parte, durante o ano de 1944, para retomar uma intensa atividade no momento da derrocada alemã e da progressão dos exércitos aliados em direção aos Alpes.

No geral, a luta armada na Europa Ocidental aparece tardiamente. De início, apresenta-se relativamente reduzida e só dá toda a sua força nas vésperas do desembarque e no momento da ruptura da frente alemã.

No Leste Europeu, a situação é totalmente diferente. É logo após o ataque alemão que o poder soviético, profundamente desorientado e desejoso de atirar em todas as direções, decide, depois de muitas polêmicas, organizar uma luta de partisans no âmbito da guerra patriótica. O apelo de Stalin, em 3 de julho de 1941, é eloquente, na medida de uma profunda reviravolta ideológica:

A Segunda Guerra Mundial

> Nas regiões ocupadas, é preciso formar destacamentos de partisans a pé ou a cavalo, e grupos de sabotagem para lutar contra as unidades do adversário, para desenvolver a guerrilha em toda parte, para explodir as pontes e as estradas, para cortar as comunicações telefônicas e telegráficas, incendiar as florestas, as garagens e os comboios. Nas regiões invadidas, é preciso criar condições insuportáveis para o inimigo e seus auxiliares, persegui-los e destruí-los a cada passo, fazer fracassar tudo o que ele empreende.*

A guerra de partisans não tem, pois, nada de espontâneo. Não tem a ver com nenhum brio patriótico da população; procede antes da vontade do poder, no âmbito de uma enorme improvisação. Em 18 de julho, o comitê central do partido traça as grandes linhas da organização. Os destacamentos de partisans serão constituídos pelo Exército Vermelho, em estreita ligação com órgãos dos ministérios do Comissariado Popular de Assuntos Internos (NKVD), ambos sob a direção de Beria. O enquadramento será assegurado por membros do partido e pelos Komsomols (membros da União da Juventude Comunista).[129]

Em todas as regiões ocupadas, grupos de combate de 75 a 100 homens e equipes de sabotagem de 30 a 50 voluntários deverão sabotar as colunas adversas, atacar as vias férreas, os aeródromos, os depósitos de munições e de combustível, assim como os destacamentos isolados. Os partisans desenvolverão ações pontuais seguidas de dispersão. Agirão segundo as condições locais, sem obedecer a um comando centralizado. Procurarão, no próprio local, armas, munições, reabastecimento. Ao avançar, o comando do Exército Vermelho constituirá, ainda, destacamentos deixados na retaguarda das linhas durante o recuo.

Apesar do esforço do partido – 33 mil comunistas ucranianos são encarregados de estruturar os destacamentos –, a progressão é lenta. Em 31 de dezembro de 1941, apesar da amplidão da penetração alemã, conta-se somente com 30 mil partisans, mais preocupados com sua segurança do que com operações ofensivas. Durante o verão seguinte, em virtude da recuperação patriótica e após as exações alemãs nos territórios ocupados, os efetivos acabam por atingir 80 mil homens. Mas os resultados continuam baixos, e, em 31 de agosto, Stalin deve reconhecer publicamente que "apesar de indiscutíveis sucessos, o movimento dos partisans ainda não tomou o caráter de massa que deveria ter".

Para remediar essa deficiência, o poder efetua um enorme esforço de organização. A partir de 30 de maio de 1942, o movimento dos partisans dispõe de um

---

* N. E.: Sem referência bibliográfica no original.

[129] BARITZ (J.), *The phantom war*, Purnell and Sons, vol. 4, n. 4.

246

A guerrilha

estado-maior geral situado em Moscou, sob as ordens de Ponomarenko, o primeiro-secretário do Partido Comunista da Rússia Branca. Esse estado-maior, em conexão através de rádio com os postos de comando estabelecidos nas zonas invadidas, está encarregado de coordenar as operações. Por meio de conexões aéreas, os partisans recebem armas, munições, aparelhos de rádio e manuais de instrução, principalmente o famoso livro de Davydov de 1812. Sanções severas, que podem ir até a liquidação física pura e simples, são tomadas em relação aos destacamentos tidos como imobilistas demais. O recrutamento efetua-se somente após um rigoroso controle e um longo período de "verificação" para eliminar os agentes infiltrados pelo inimigo. Progressivamente, a missão atribuída aos partisans se amplia. À luta contra o invasor acrescenta-se o combate contra os destacamentos de partisans "burgueses" nacionalistas, poloneses ou ucranianos, e a eliminação dos traidores ao serviço dos alemães. O controle sobre a população constitui a tarefa mais importante.

A partir de 1943, com 145 mil homens, o movimento dos partisans assume sua fisionomia definitiva. Nas unidades, contam-se geralmente 50% de camponeses originários da região, desejosos de escapar às demandas de mão de obra, e 40% de soldados cortados de suas retaguardas, vítimas dos grandes cercos do começo da guerra. O restante, 10%, é composto de membros do partido e de Komsomols encarregados do enquadramento. Contudo, as deficiências continuam importantes. As conexões aéreas são aleatórias. Os partisans têm falta de armas, munições e explosivos, apesar do material tomado do inimigo. No verão de 1943, sem 1,05 mil destacamentos, apenas 600 possuem aparelhos de rádio. As deficiências mais sérias concernem, entretanto, aos medicamentos, aos víveres e às roupas, na origem de requisições que os indispõem com as populações. É esse o ponto nevrálgico clássico da guerrilha. De qualquer maneira, a eficácia dos partisans aumentará até a liberação dos territórios ocupados em 1943-1944.

O fenômeno dos partisans também se manifesta nos Bálcãs. Logo após a queda da Iugoslávia, o general Mihailovitch recusa a capitulação. Com um punhado de oficiais e de soldados, ganha as montanhas da velha Sérvia e decide prosseguir a luta contra as forças do Eixo. Com o apoio da população, estabelece unidades de *tchetniks*, retomando o nome histórico dos resistentes sérvios à ocupação otomana.

Algumas semanas depois, após o ataque alemão contra a URSS, um segundo movimento aparece, sob a direção do secretário geral do Partido Comunista então condenado à clandestinidade, Josip Broz, conhecido como Tito. Estabelecendo seu quartel-general em Jajce, como Mihailovitch, Tito busca estender sua ação até a Bósnia, a Dalmácia e a Croácia.

Movimentos de resistência armada também surgem na Albânia, sob a direção dos comunistas, e principalmente na Grécia. Ao final de 1942, várias formações

247

helênicas de partisans são reagrupadas nas regiões montanhosas do Épiro e da Tessália. À margem das pequenas tropas do general Sarafis ou do coronel Psaros, as formações mais importantes são a ELAS, o braço militar do EAM comunista (Frente Nacional de Libertação) e do EDES (Exército Nacional Democrático Grego), sob as ordens do general Napoleão Zervas. Essa formação reúne republicanos e monarquistas constitucionais. Mobilizando cerca de 15 mil homens, esses grupos de partisans efetuam operações de ataques surpresa dirigidos principalmente contra as tropas de ocupação italianas.

Essas resistências balcânicas passam por uma etapa decisiva, no outono de 1943, por ocasião da capitulação da Itália, pelo fato de que os alemães não podem substituir imediatamente o aliado enfraquecido. Os partisans conseguem, então, ocupar novas zonas e apoderar-se de um armamento importante, que se acrescenta ao que é atirado de paraquedas ou fornecido pelos britânicos. Em 1944, no momento da evacuação dos Bálcãs pelos alemães, os movimentos de resistência ocupam, tanto na Iugoslávia quanto na Grécia e na Albânia, um lugar determinante no plano militar e político.

Um quadro completo deve comportar casos específicos. Na Tchecoslováquia, a resistência propriamente dita é tardia e limitada. Como muitos dirigentes ocidentais, Benes, em Londres, prefere privilegiar a informação em detrimento das sabotagens, na origem de represálias brutais. O assassinato de Heydrich, em maio de 1942, por um grupo de agentes vindos da Inglaterra, provoca a destruição de aldeias de Lidice e de Lezaky, o que só reforça essa tendência. Essas redes de informações não tardam em adquirir uma eficácia notável e em fornecer aos Aliados informações capitais sobre as atividades alemãs, não somente na Tchecoslováquia, mas também na Áustria e nos Bálcãs.

Como na França, ainda, essa orientação suscita as críticas mais severas dos comunistas que acusam os líderes "burgueses" de passividade. Com a ajuda de Moscou, os comunistas constituem, em 1942, pequenos grupos de partisans armados na Eslováquia, assim como comitês nacionais encarregados de preparar rebeliões e de controlar o conjunto da atividade clandestina. Esses comitês estarão na origem da rebelião eslovaca do outono de 1944, que será esmagada pelos alemães antes da chegada do Exército Vermelho e da insurreição de Praga em maio de 1945. A despeito de tentativas de coordenação de Benes, à frente de um Conselho Nacional eslovaco sediado em Londres, os dois movimentos, comunista e democrático, agirão de maneira totalmente independente até o final da guerra.

A Polônia também apresenta uma situação específica. Surgida logo após o desastre de 1939, a resistência recebe o apoio de toda a população. De início, opõe-se a todos os ocupantes do território nacional, antes de orientar-se unicamente contra a Alemanha, após 22 de junho de 1941. Durante os seis últimos meses do ano, a ação se concentra essencialmente nas linhas de comunicações da Wehrmacht.

A resistência consegue fazer descarrilar uma centena de trens e derrubar três pontes. Entretanto, ante a violência das reações alemãs, abandona as sabotagens e orienta-se para a atividade de informação, obtendo muito sucesso.

A partir de 1942, cerca de cem aparelhos de rádio, dispersos por todo o território, emitem para o governo polonês de Londres, que, com uma grande liberdade de manobra, coordena a ação clandestina. Essa resistência sofre, entretanto, com a distância da Grã-Bretanha, que impede praticamente qualquer conexão aérea.

O problema mais grave, no entanto, diz respeito às relações com os comunistas. Desde o ataque alemão, o Kremlin funda, em Moscou, uma União dos patriotas poloneses, em competição aberta com o governo de Londres. Em 1942, agentes comunistas são lançados de paraquedas na Polônia para fundar um partido dos trabalhadores, na origem de unidades de partisans integradas à guarda do povo. Para evitar uma divergência militar e política no seio da resistência, o chefe do estado-maior do exército polonês, o general Sikorski, esforça-se por integrar todas as formações clandestinas do Armia Krajowa (AK – Exército Doméstico), sob as ordens do general Rowecki. Entretanto, em março de 1943, logo após a ruptura entre Moscou e o governo de Londres ligada ao caso de Katyn, a resistência comunista, no âmbito do Exército Popular, reassume uma total liberdade de ação.

A partida decisiva dá-se em 1944. Os poloneses sabem, nesse momento, que a liberação de seu país se efetuará pelo Exército Vermelho. O general Bor-Komorowski, que sucedeu a Rowecki, preso em junho de 1943, elabora um plano de ação em três fases. De início, o Exército Doméstico limitará sua atividade à sabotagem e principalmente à informação. Em seguida, virá a fase "Tempestade", com as primeiras operações de guerrilha. Depois será a vez da operação Insurreição, quando a resistência das tropas alemãs na Polônia estará a ponto de desfazer-se. Ao executar esse plano, o Exército Doméstico começa a beneficiar-se de uma ajuda material do SOE. Os aviões com base no sul da Itália estão em condições de alcançar a Polônia.[130]

Após a execução da primeira fase, a segunda, Tempestade, tem início em 1944, com a ação de grupos de partisans na Volínia, e depois nas regiões de Ternopil e de Bialystok. Entretanto, desde os primeiros contatos com o Exército Vermelho, as formações do AK são desarmadas, os chefes presos, fuzilados ou deportados. A URSS não pretende suportar nenhuma ação polonesa em territórios considerados soviéticos desde a assinatura do pacto de agosto de 1939! Alguns meses mais tarde, o Exército Vermelho, mesmo tendo chegado às margens do Vístula, deixa que os alemães esmaguem a insurreição de Varsóvia praticamente sem intervir.

---

[130] MOND (G.), "La Fin de la Deuxième Guerre Mondiale en Pologne", *Guerres mondiales et conflits contemporains*, PUF, n. 143, janeiro 1988.

Nenhum país europeu ficou, na realidade, à margem da resistência e da luta armada. A *priori*, o balanço parece impressionante. A guerrilha, sob todas as suas formas teria causado a baixa de várias centenas de milhares de soldados do Eixo, imobilizado de 200 a 250 divisões, provocado inumeráveis sabotagens, destruído 15 mil locomotivas, explodido uma quantidade semelhante de pontes. Teria ainda provocado a destruição de mais de 4 mil tanques.

Chegando a 2 milhões, os partisans soviéticos teriam conseguido paralisar as retaguardas das tropas alemãs e contribuído de maneira determinante para o sucesso das grandes ofensivas do Exército Vermelho em 1943-1944. Nos Bálcãs, as forças de Mihailovitch e de Tito teriam retido mais de 25 divisões alemãs, contribuindo de maneira capital para o sucesso da ofensiva soviética do outono de 1944 na Romênia e na Bulgária. A resistência grega, sem dúvida, obteve resultados dessa mesma ordem. A destruição do viaduto de Gorgopotamos na linha férrea Salônica-Atenas, em 25 de outubro de 1942, que paralisou o abastecimento das tropas do Eixo no Egito, estaria na origem da derrota de Rommel em El Alamein. Na França, as sabotagens das vias de comunicação provavelmente retardaram de maneira decisiva a chegada das tropas alemãs à Normandia, por ocasião do desembarque, enquanto os maquis imobilizavam efetivos importantes.

Esse é um quadro exageradamente positivo, que exige importantes retoques. Nas vésperas do desembarque, a quase totalidade das grandes unidades da Wehrmacht estabelecidas na França estão estacionadas ao longo das costas. O dispositivo alemão no interior está singularmente reduzido, limitado a formações de segunda classe compostas de reservistas, de homens maduros, e privadas de material pesado. No Limousin, uma região nevrálgica na qual a resistência é particularmente ativa, o comando dispõe, num território com uma superfície equivalente à da Bélgica e da Holanda, apenas de um grupamento de 5 mil homens constituído por um regimento de segurança, por um batalhão de georgianos e algumas centenas de policiais.[131]

Sem negar o mérito e a coragem dos resistentes franceses, é forçoso constatar a deficiência de seus efetivos: 50 mil homens relativamente bem armados, na primavera de 1944. O fornecimento de material pelos Aliados não ultrapassou as 9 mil toneladas, ao longo da ocupação, das quais 100 mil eram armas leves, fuzis automáticos, bazucas, entre os quais apenas um terço chegou às mãos dos interessados... Notemos, além disso, que os principais maquis, Glières, Mont Mouchet,

---

[131] JACKEL (E.), *La France dans l'Europe de Hitler*, op. cit., p. 456.

A guerrilha

Saint-Marcet e Vercors, reduziram-se antes ou depois da operação Overlord num prazo rápido e com poucos meios.

No total, somente 2% das perdas sofridas pelo exército alemão a oeste, entre 6 de junho e 15 de setembro de 1944, podem ser atribuídas à resistência. Segundo diz um responsável, não passaram de "alfinetadas".

A resistência mostrou-se eficaz sobretudo no momento da ruptura da frente da Normandia, facilitando a progressão dos exércitos aliados e fornecendo informações e apoio de infantaria para as unidades blindadas. Eisenhower avaliará que essa participação vai a uma dúzia de divisões. Pelo "amálgama" de várias dezenas de milhares de homens, o exército francês se beneficiará de uma contribuição que se revelará preciosa. O papel mais importante das resistências ocidentais inclui igualmente as sabotagens das vias de comunicações, eficazes e muito menos onerosas para as populações do que os bombardeios. E também diz respeito à informação. Durante a guerra, as redes tchecas, polonesas, belgas e francesas fizeram chegar aos Aliados uma massa de informações de uma importância capital, sobre o dispositivo da Wehrmacht, a marcha da economia de guerra do Reich ou a fabricação de armas novas.

Sem que isso represente um questionamento, a leste, o movimento dos partisans deve ser colocado em seu devido lugar. Ao contrário do que defendem algumas alegações, a luta não mobiliza milhões de homens. Os efetivos são infinitamente mais modestos. Segundo as próprias fontes soviéticas, os partisans perfazem de 200 a 250 mil homens, durante o verão de 1944, quando o movimento atinge seu apogeu.

No plano geográfico, a implantação dos partisans está sujeita a profundas variações. Diz respeito essencialmente às florestas e às zonas pantanosas do sul de Leningrado, em torno de Pskov e do lago Peipus, da Rússia Branca, no quadrilátero Vitebsk, Minsk, Gomel, Briansk, ou ainda em torno do Pripet. Por motivos de ordem física ou em consequência da indiferença ou da hostilidade das populações, as implantações são muito mais esparsas, e mesmo inexistentes, nos países bálticos, na Crimeia ou na Ucrânia. Nessa região, os alemães enfrentam, sobretudo, os combatentes da UPA, exército insurreto ucraniano de tendência nacionalista, cuja atividade se concentra essencialmente nas zonas acidentadas e de florestas, situadas a oeste do Dnieper.

As perdas alemãs reivindicadas pelos partisans não podem ser levadas a sério. Os próprios soviéticos reconhecem que o levantamento apresentado por Ponomarenko é extremamente fantasioso. Durante os dois primeiros anos da guerra, somente na Rússia Branca, os partisans teriam liquidado 300 mil alemães, provocado 3 mil descarrilamentos, explodido 3,623 mil pontes, destruído 1.191 tanques, 4.097 caminhões e 825 depósitos diversos! A realidade para a totalidade do conflito é muito menos impressionante: 35 mil mortos, entre os quais metade era de alemães. O restante aparentemente eram soldados convocados na própria Rússia ou de unida-

251

des de polícia ou de voluntários estrangeiros como a LVF, consideradas impróprias à Grande Guerra.[132]

A atividade dos partisans, entretanto, foi de uma temível eficácia num domínio específico: o ataque às comunicações, quer se trate de emboscadas ao longo das estradas ou de interrupções de vias férreas. Essas operações ensejam, por vezes, movimentos de grande amplitude. Por ocasião do cerco de Stalingrado e da ruptura da parte sul da frente alemã, as brigadas de Kovpak e de Saburov, constituídas de dois mil homens, efetuam um ataque a partir da região de Briansk até a margem ocidental do Dnieper, a fim de atacar as principais linhas de comunicação da Wehrmacht. Acompanhado de um suporte aéreo, esse ataque obtém sucesso contra o entroncamento ferroviário de Sarny.

Segundo as próprias fontes alemãs, da direção das estradas de ferro do leste, esses ataques contra a comunicação ferroviária são cada vez mais intensos. Contam-se assim 80 sabotagens em janeiro de 1942, mais de 350 ao final do ano, e de 1 a 1,5 mil no começo do verão de 1943, nas vésperas da ofensiva de Kursk. Essas sabotagens levam o comando da Wehrmacht a lançar grandes operações de desbastamento nas retaguardas da frente.

Os meios utilizados são, no entanto, modestos; não mais de 40 mil homens nas vésperas do episódio de Kursk. De todo modo, é surpreendente a rapidez com que a Wehrmacht, por ocasião das crises, consegue transferir grandes unidades do teatro ocidental para a Frente Oriental.

Ao final de 1943, por ocasião de uma conferência proferida diante dos *gauleiter*, Himmler pode ainda afirmar, com razão, que a guerrilha soviética não tem influência notável sobre o abastecimento das tropas engajadas no leste. Alguns meses depois, a situação não é mais a mesma. Graças a uma ação minuciosamente preparada (rupturas de trilhos e sabotagem de locomotivas), os partisans da Rússia Branca conseguem paralisar completamente, durante 48 horas, as comunicações nas retaguardas da Frente Central, no momento da execução da operação Bagration. No entanto, essas sabotagens só fizeram facilitar o sucesso de uma ofensiva, que, de todo modo, seria vitoriosa, tendo em vista a surpresa, a desproporção de forças e o papel determinante da aviação soviética. Depois de Bagration e da liberação quase completa do território da URSS, os partisans serão integrados no Exército Vermelho, contribuindo para compensar suas perdas.

A situação dos Bálcãs requer igualmente sérias correções. Na Grécia, os partisans, em número de 15 a 20 mil em 1943-1944, contentam-se na maioria das vezes em "liberar" regiões de acesso difícil que jamais haviam sido ocupadas. Os oficiais

---

[132] BARITZ, *The phantom war*, op. cit.

A guerrilha

de ligação aliados testemunharam intermináveis períodos de total inatividade. A célebre destruição do viaduto Gorgopotamos, por exemplo, foi executada, na realidade, por um comando de paraquedistas britânicos, não tendo havido nenhuma repercussão sobre a Batalha de El Alamein, já resolvida havia vários dias. Esse ato ocorre num momento em que Rommel está em plena retirada na direção da Tunísia.

A situação é a mesma na Albânia, e pouco diferente na Iugoslávia. Mihailovitch limita sua atividade à velha Sérvia e não parece ter contado com mais de 25 mil homens. A fim de poupar suas forças, ele não hesita em negociar tréguas com os italianos ou com os alemães.

Tito se mostra mais ativo, o que não o impede, por sua vez, de negociar com os alemães em março de 1943, como o revelará Djilas, em 1964. As "brigadas" e "divisões proletárias" operam essencialmente numa zona isolada, reduzida, no centro da Bósnia. Limitam-se a breves incursões na Dalmácia ou na Croácia, onde mantêm implantações esparsas. O crescimento regular e espetacular dos efetivos, 180 mil homens ao final de 1943, 350 mil durante o verão seguinte, não é confirmado por nenhuma prova efetiva.[133]

É também altamente fantasioso pretender que os partisans iugoslavos, em conexão com os gregos, pudessem imobilizar 25 divisões da Wehrmacht, entre as quais muitas grandes unidades blindadas. Essas tropas, em posição nos Bálcãs no outono de 1943, tinham como objetivo principal rechaçar um eventual desembarque anglo-americano. Tão fantasioso quanto isso é o número de 600 mil alemães mortos, enquanto os efetivos da Wehrmacht nessa região jamais ultrapassaram os 350 mil homens!

Durante as grandes operações antiguerrilha da primavera de 1943 e 1944, as forças do Eixo nunca engajaram mais do que 100 mil homens, saídos das tropas italianas, das formações de *ustashas* de Ante Pavelich, de batalhões de polícia alemã ou de unidades de formação local como a Divisão SS Skanderbeg, composta de croato-albaneses.

Durante essas operações, os partisans sofreram verdadeiros desastres, como o de Stupeska em maio de 1943. Após a batalha, o grosso das forças de Tito na Bósnia se acha reduzido a 6 mil homens armados. Um ano depois, a derrota é ainda mais séria. Tito, ferido, escapa por pouco aos paraquedistas alemães. Com a ajuda dos ingleses, ele deve recuar os restos de suas tropas na costa dálmata e instalar seu quartel-general na ilha de Vis.

Para encerrar a questão, notemos que, no outono de 1944 os partisans gregos, albaneses e iugoslavos se revelarão incapazes, logo após a vitoriosa ofensiva soviética

---

[133] DJILAS (M.), *La Guerre dans la guerre*. Paris, R. Laffont, 1980, p. 445.

253

na Romênia, de impedir o recuo do grupo de exércitos Löhr e seu restabelecimento na região de Sarajevo, ponto de partida de uma dura guerra de posições, que se prolongará até abril de 1945.

Durante todo o conflito, os partisans balcânicos ocuparam essencialmente zonas de montanhas isoladas e de difícil acesso, sem grande interesse estratégico. As forças alemãs e italianas puderam controlar os grandes centros, utilizar os principais eixos de circulação e explorar as bacias de minérios. Muitas operações, cuja amplidão foi cuidadosamente exagerada, tinham por objetivo central impressionar os Aliados e incitá-los a multiplicar o fornecimento de armas por meio dos paraquedas. Mas, no conjunto, tanto na Grécia quanto na Iugoslávia, os partisans buscavam basicamente poupar suas forças na perspectiva do inevitável confronto após o término do conflito.

A resistência armada na Europa assumiu um duplo caráter. Para começar, o aspecto militar clássico, conforme a teoria de Clausewitz. Os partisans soviéticos, por exemplo, agindo em conexão com o Exército Vermelho, constituem o modelo mais acabado. Aspecto popular, em seguida, particularmente nítido na Grécia, na Albânia e na Iugoslávia, e, de maneira mais fragmentária, a oeste, com os maquis e os FTP franceses.

Qualquer que seja sua origem, a técnica operacional quase não difere de um tipo para outro. A guerrilha obedece sempre a restrições geográficas. Nasce e se desenvolve em zonas de acesso difícil. As montanhas selvagens e mal exploradas dos Bálcãs ou as regiões florestais e pantanosas da Rússia Branca constituem suas mais perfeitas ilustrações.

Essa implantação constitui ao mesmo tempo uma vantagem e um inconveniente. Nessas regiões afastadas, os partisans estão em condições de estabelecer verdadeiros santuários, muitas vezes invioláveis. Mas, por sua distância e isolamento, esses bastiões são medíocres enquanto bases ofensivas contra as zonas nevrálgicas dominadas pelos ocupantes.

Um outro *handicap* é que os partisans dependem de um armamento leve, inerente a um tipo de guerra baseado na mobilidade e na dispersão. Apesar do esforço que empreendem, o fornecimento de material por paraquedas efetuado pelos Aliados revela-se não somente tardio, mas também limitado: 100 mil armas portáteis na França (fuzis, pistolas automáticas, bazucas) e o mesmo na Iugoslávia. Só em casos excepcionais os partisans puderam utilizar ocasionalmente um material pesado, tanques ou canhões.

A guerrilha da Segunda Guerra Mundial coloca uma vez mais o problema das bases na retaguarda. A esse respeito, a resistência polonesa é penalizada durante quase toda a guerra por se encontrar no limite do raio de ação da aviação aliada. Aparelhos baseados na Itália conseguirão, entretanto, efetuar descidas de paraquedas durante a insurreição de Varsóvia, mas em quantidade limitada.

A guerrilha

Os partisans se depararam ainda com um fenômeno clássico, o do suporte das populações circunvizinhas. Foi nas montanhas dos Bálcãs que a simbiose, em seu conjunto, realizou-se melhor, com comunidades que viviam afastadas da vida moderna, animadas de um sólido espírito de clã e de uma tradição de resistência à opressão herdada da luta contra os turcos.

Na Europa Ocidental, esse suporte mostrou-se, por vezes, mais reticente. Na falta de uma ajuda espontânea, maquis e franco-atiradores tiveram muitas vezes de montar verdadeiras expedições para obter o dinheiro e os víveres de que necessitavam. Nos campos, os maquis foram frequentemente assimilados às grandes companhias. O medo de represálias explica as reticências dos vizinhos. O massacre de Kragujevac, na Sérvia, justifica em parte a inércia de Mihailovitch, obrigado a conservar o apoio da população e desejoso de poupar terríveis sofrimentos. Logo após o drama de Oradour, os resistentes do Limousin enfrentarão as reticências cada vez mais acentuadas da população e renunciarão a um ataque projetado contra Limoges.[134]

As expedições punitivas, os incêndios, as execuções de reféns, todos esses atos constituem um dos aspectos habituais da luta antiguerrilha. Surpreendidos de início, os alemães utilizaram contra os maquis técnicas tradicionais – como grupos de caça dotados de um armamento leve – ou meios modernos, como aviões e unidades de paraquedistas. Além do ataque contra o posto de comando de Tito, em maio de 1944, uma das operações aerotransportadas mais célebres e mais bem-sucedidas foi a do ataque ao planalto de Vercors efetuado por planadores pertencentes a uma formação SS baseada em Estrasburgo.

Sem dúvida alguma, a guerra dos partisans raramente revelou-se decisiva em si mesma. As operações que obtiveram êxito foram excepcionais, como a rendição da coluna Elster no Nivernais por ocasião da Liberação ou a paralisia dos transportes ferroviários alemães na Rússia Branca. Para o Reich, a resistência armada constituiu, no máximo, um incômodo, um desconforto, jamais uma ameaça fundamental.

Também dessa vez, essa forma de luta revelou-se particularmente atroz, com massacre e tortura recíprocos de prisioneiros e sofrimentos infligidos às populações. Também dessa vez, resultou num banditismo paralelo capaz das piores exações.

Marginal no plano militar, a resistência armada desempenhou, em compensação, um papel determinante no plano político. Na França, contribui de maneira decisiva para o ressurgimento de um sentimento de dignidade nacional e

---

[134] HASTINGS (Max), *Das Reich. The March of the 2nd SS Panzer Division through France, June 1944*, London, Pan Books, 1981, p. 204.

de descrédito do Estado francês. A partir de 1943, sua ação acaba por orientar-se numa dupla direção: contra o ocupante, naturalmente, e também contra o regime de Vichy, levado pelas coerções da manutenção da ordem a comprometer-se com a ação repressiva do inimigo. Com a entrada da milícia em cena, a luta contra os "terroristas" toma ares de guerra civil.

No momento da Liberação, essa resistência, no âmbito do tema da insurreição definido pelo general De Gaulle, reforça a audiência do governo provisório e assegura a substituição da administração de Vichy preparada pelos comissários da República. A luta armada permite, ainda, ao Partido Comunista reabilitar-se, sair do gueto a que tinha sido relegado pela conclusão do pacto germano-soviético de agosto de 1939. Na liberação, aparece como uma formação altamente patriótica e progressista. Reivindicando seus 75 mil fuzilados, quando se contarão 27 mil para toda a França, ele se afirma como o elemento mais importante da resistência. Em muitas regiões, como no sudoeste, o comportamento do partido está na origem de uma situação tumultuada.

O espectro de uma revolução, temido por alguns, afasta-se, no entanto. Sob a injunção dos chefes do partido, como Thorez, Duclos ou Tillon, os militantes, não sem dificuldade, resignam-se a abandonar ou a aprovar a perspectiva de uma revolução social e a entrar no jogo da democracia liberal. A dissolução das milícias patrióticas obtida pelo general De Gaulle constitui o sinal tangível e doloroso de um retorno à legalidade e marca o fim de uma esperança. O enfrentamento entre resistência comunista e resistência moderada é, assim, evitado. A mesma situação se verifica na Bélgica e na Itália. Não há dúvida de que o comportamento dos comunistas nos países ocidentais obedece às diretrizes de Stalin, preocupado em não entrar em choque prematuramente com os ocidentais e mostrando-se cético quanto ao sucesso de uma revolução numa zona que escapa à ação do Exército Vermelho.

A situação é bem diferente na Europa Oriental, onde lutas internas impiedosas desencadeiam-se após ou mesmo antes do fim da guerra. Isso é constatado na própria Rússia. Desde a liberação, o Exército Vermelho e as unidades do NKVD se chocam com a ação de partisans nacionalistas nos países bálticos, nos territórios poloneses anexados ou na Ucrânia ocidental. O atentado mortal, que vitima o general Vatutin em junho de 1944, perto de Rovno, constitui o sinal precursor de uma luta atroz que fará dezenas de milhares de vítimas nas regiões ocidentais da União Soviética e que só terminará ao final dos anos 1950.[135]

Situação ainda mais trágica na Polônia. No começo de 1945, no momento da vitoriosa ofensiva a oeste do Vístula, a resistência moderada enfrenta um ter-

---

[135] Kosyk (W.), *L'Allemagne nationale-socialiste et l'Ukraine*, Paris, P.E.E., 1986, p. 438.

rível dilema. Enquanto o exército popular comunista não chega a alinhar 25 mil homens, o AK, o exército secreto, conta com 400 mil militantes, entre os quais, na verdade, poucos dispõem de um armamento embrionário.

Apesar das sombrias experiências de Varsóvia e de Volínia, os poloneses desistem de iniciar uma luta contra um novo adversário e resignam-se a acolher o Exército Vermelho como libertador. A esperança do restabelecimento de uma vida democrática autêntica subsiste, apesar da constituição, em Varsóvia, do comitê comunista de Lublin, que se tornou um governo provisório. Assim, em 19 de janeiro de 1945, o general Okulicki, o último comandante do AK, dá a ordem para a dissolução de suas tropas.

A formação, em 28 de junho, de um novo governo com ministros vindos de Londres, entre os quais Mikolajczyk, e que anuncia eleições livres e democráticas, parece justificar a esperança dos dirigentes do exército secreto. Essa formação provoca a dissolução do Conselho da Unidade Nacional que permanecera na clandestinidade, após um apelo em favor de um enfrentamento democrático entre todas as tendências políticas.

A esperança é rapidamente dissipada. O Exército Vermelho não tarda em conduzir-se como uma verdadeira potência ocupante e em impor um regime de tipo socialista. Apesar de um compromisso solene de garantia, o general Okulicki, o delegado do governo de Londres Jankowsky e 14 membros da resistência moderada já tinham sido presos em março, assim que chegaram a Moscou, antes de serem julgados três meses depois e condenados por traição a pesadas penas de prisão. Era o ponto de partida de uma repressão intensa contra os antigos quadros do AK que vai agravar-se cada vez mais até 1948.

Desanimada, esgotada por cinco anos de luta, a população opõe apenas uma resistência passiva à dominação comunista. Alguns, entretanto vão mais longe. A Associação Militar Nacional (NZW), dissidente do AK desde novembro de 1944 e que agrupa elementos de direita, retoma a luta. De início, essa organização havia decidido não combater os russos, ao cessar a luta contra a Wehrmacht. Havia acalentado a esperança de "ganhar" o Ocidente negociando com os alemães. Esperança vã, mais uma vez. Uma única brigada de mil homens, a de Sainte-Croix, havia conseguido alcançar a Boêmia, em maio de 1945.

Após um curto período de hesitação, as formações da NZW que reúnem de 50 a 70 mil homens, com o apoio de algumas unidades do AK reconstituídas, decidem combater os soviéticos e seus aliados comunistas.

A Polônia se envolve, assim, numa terrível guerra civil que prosseguirá até 1948 e fará mais de 100 mil vítimas. Céticos quanto ao resultado desse combate, mais de 200 mil poloneses, em sua maioria antigos resistentes, escolhem a fuga para os países ocidentais.

Nos Bálcãs, a guerra civil se inicia bem antes de maio de 1945. Sem grande dificuldade, os comunistas albaneses liquidam seus adversários no próprio seio da resistência e não têm nenhuma dificuldade em dominar integralmente o poder

A Segunda Guerra Mundial

em 1944. Na Grécia, ao contrário, violentos embates vão pôr em choque, constantemente, os partisans comunistas de ELAS e os resistentes moderados de EDES.

Em várias ocasiões, os ingleses conseguem impor tréguas. Esses armistícios são provisórios. Ambos os grupos aspiram a tomar o poder após a liberação. O único ponto comum é a recusa ao restabelecimento da monarquia sem consulta popular. Aproveitando-se dessas lutas, os comunistas conseguem eliminar totalmente os pequenos grupos de resistentes de Sarafis e de Psaros.

No momento da evacuação da Grécia pelos alemães, os ingleses desembarcam no Pireu e ocupam Atenas em outubro de 1944. A situação política não tarda a tornar-se explosiva. Enfrentamentos violentos opõem militantes de direita e de esquerda. Elementos de ELAS que ingressam na capital tentam dominar a vida política antes de chocar-se violentamente com as tropas britânicas que, após várias semanas de combate, conseguem retomar o controle de Atenas. Quando da visita de Churchill, na véspera do Natal, um acordo é concluído entre as diferentes facções. Entretanto, trata-se de uma simples trégua. A Grécia logo será o teatro de uma guerra civil atroz que se prolongará até 1948.

A Iugoslávia segue o mesmo exemplo de enfrentamento entre resistentes bem antes do fim do conflito. No outono de 1941, Mihailovitch e Tito parecem dispostos a entrar em acordo, mas por diversas vezes, partisans e tchetniks se enfrentam com ferocidade. Essa luta impiedosa continuará até a eliminação completa de Mihailovitch.

Como explicar a derrota do chefe dos tchetniks que, no entanto, dispõe, de início, de sérias vantagens – sua autoridade, sua posição privilegiada junto ao governo exilado em Londres, do qual é o ministro da Guerra, e a ajuda exclusiva dos britânicos? Até 1943, a imprensa anglo-americana identifica a resistência iugoslava à luta dos tchetniks.

Várias razões, estão, de fato, na origem da eliminação trágica de Mihailovitch. O homem não tem a envergadura de Tito, temível estrategista e tático consumado infinitamente mais à vontade no plano político e militar que seu adversário, sendo este de uma inteligência limitada representante do modelo quase caricatural do bravo militar. A rigor, seria como traçar um paralelo entre De Gaulle e Giraud.[136]

Tito se mostra mais ativo que seu rival. Com uma habilidade superior, ele tira partido da capitulação italiana para conseguir armas e estender sua influência sobre o Montenegro, a Croácia e principalmente às montanhas da Dalmácia. Com um sentido agudo de relações públicas, por várias vezes denuncia a "traição" de Mihailovitch, que não hesita em tratar com o adversário, sem, naturalmente revelar

---

[136] KRULIC (J.), "La Fin de la Deuxième Guerre Mondiale en Yougoslavie (25 mai 1944-15 mai 1945)", *Guerres mondiales et conflits contemporains*, PUF, n. 149, janvier 1988.

258

A guerrilha

as negociações que faz com os alemães sobre trocas de prisioneiros e a conclusão de uma trégua sobre as posições conquistadas.

E ainda uma última vantagem. Pondo em ação uma infraestrutura de tipo coletivista, Tito se afirma como o representante de todos os iugoslavos. Ele assegura a proteção das minorias sérvias na Bósnia e na Croácia, submetidas às odiosas perseguições dos *ustashas*. Ele preconiza a criação de um Estado independente de tipo federal.

A mudança de rumo dos ingleses acontece no outono de 1943, nas vésperas do desembarque na Itália. O relatório endereçado ao Cairo pela missão Mac Lean-Deakin junto a Tito parece ter tido um papel determinante, sem excluir a intervenção sombria de alguns agentes de SOE criptocomunistas. De todo modo, o estado-maior do general Alexander está convencido de que os partisans representam uma força militar bem mais eficaz do que a dos tchetniks.

Os britânicos, então, praticamente interrompem sua ajuda a Mihailovitch e concedem o máximo de apoio a Tito. Por ocasião da última grande ofensiva alemã de maio-junho de 1944, eles intervêm energicamente em favor dos partisans em plena derrota e asseguram o recuo de Tito e de seu estado-maior à cidade de Vis.

Negociador hábil, Tito seduz Churchill e Alexander. Ele é reconhecido como o verdadeiro chefe político da Iugoslávia. O retorno do rei não está totalmente descartado, mas subordinado a um referendo popular. Esse acordo não impede Tito de efetuar uma viagem a Moscou sem prevenir os ingleses de sua partida.

Na Rússia, ele quebra as prevenções de Stalin, obtendo o apoio militar do Exército Vermelho e sua presença "temporária" no solo iugoslavo. Os soviéticos ajudarão, assim, os partisans a liberar Belgrado. A aliança entre os dois países será confirmada durante uma segunda viagem em abril de 1945. Em menos de um ano, Tito obteve o reconhecimento dos três grandes.

Ao longo desse período capital, conseguiu estabelecer progressivamente seu domínio sobre a totalidade do país ao preço de terríveis massacres. A Iugoslávia é dilacerada por violentas guerras civis, entre os grupos que formam seu mosaico étnico e religioso. Ao duelo impiedoso que opõe partisans e tchetniks, acrescenta-se a luta dos dois grupos contra os croato-albaneses de Ante Pavelich e, num domínio completamente diferente, o combate triangular que é travado em Montenegro entre Brancos, Verdes e Vermelhos.*

---

* N. R. T.: Os verdes eram camponeses, integrantes do Movimento Verde, organizado num Exército Verde. Lutaram contra os brancos e os vermelhos durante a Guerra Civil Russa.

Os brancos eram os integrantes do Movimento Branco, declaradamente antibolchevique e cujo braço armado era conhecido por Exército Branco ou Guarda Branca.

Os vermelhos eram os integrantes do Exército Vermelho dos Trabalhadores e dos Camponeses, organizado por Leon Trotsky durante a Guerra Civil Russa. Após a constituição da URSS, o Exército Vermelho torna-se o Exército Soviético.

A Segunda Guerra Mundial

Lutas acompanhadas de abomináveis massacres na boa tradição balcânica. Na Dalmácia e na Bósnia, mais de 300 mil sérvios são selvagemente assassinados, na maioria das vezes a golpes de picareta. Os massacres são acompanhados de um festival de torturas, de estupros e de incêndios. Partisans e tchetniks recorrem aos mesmos métodos.

Reconhecido na cena internacional, Tito vê sua situação melhorar considerravelmente no outono de 1944, com o recuo do exército Löhr. Reunindo seus partisans, estabelece sua autoridade sobre a Macedônia, Montenegro, uma parte da Dalmácia e principalmente na Sérvia. Ele persegue sem piedade tchetniks, condenados a refugiar-se na clandestinidade. Perseguido, reduzido a um pequeno grupo de fiéis, Mihailovitch acabará sendo preso no começo de 1946; julgado e condenado à morte como traidor, ele será fuzilado.

Nessas regiões liberadas, Tito prepara a estrutura de uma democracia socialista, com um partido comunista que domine largamente uma "frente popular", uma polícia política, a OZNA (Departamento para Proteção do Povo), de temível eficácia. Tito empreende também a nacionalização de vastos setores da economia. Com a ajuda material dos Aliados e dos soviéticos, ele inicia uma vasta mobilização e logo dispõe de um exército de 500 homens.

Entretanto, o inverno de 1944-1945 mostra-se difícil. Os combates contra os alemães traduzem-se em perdas severas (mais de 70 mil homens) e na desmoralização do contingente sérvio, e um motim dos recrutas albaneses motivado pela rebelião do Kosovo – é impiedosamente reprimido em março de 1945.

Com a queda do Reich, o triunfo de Tito é completo. Suas tropas ocupam todo o norte da Iugoslávia e efetuam uma nova depuração. Os massacres de oponentes ou de adversários políticos eliminam mais de 100 mil pessoas. Senhor do país ao preço desse terrível banho de sangue, Tito pode dar-se ao luxo de romper definitivamente com a monarquia, acelerar o estabelecimento de um regime totalitário e adotar uma posição nitidamente antiocidental.

No momento, esse homem escolhe a aliança com Moscou. Apesar de seus compromissos com o general Alexander, ele ocupa Trieste, que só abandonará após um ultimato em regra dos anglo-americanos. A Iugoslávia integra então o campo socialista.

A vitória completa de Tito, independentemente de suas qualidades pessoais e de sua ausência total de escrúpulos, deve-se a considerações estratégicas. A Grã-Bretanha optou por Tito em detrimento de Mihailovitch em razão de sua aptidão militar, na esperança de que ele se mostrasse complacente sobre o futuro político da Iugoslávia e que aceitasse a manutenção da monarquia, ainda que de fachada.

Churchill e Alexander, entretanto, não souberam discernir as intenções secretas desse homem. Eles ignoravam que Tito estava decidido a tornar-se dono

A guerrilha

da situação e que tinha resolvido, no caso de desembarque aliado na Iugoslávia, a fazer uma oposição armada, até mesmo com a ajuda dos alemães.

Tito soube, também, quebrar a resistência de um Stalin mais reservado, mais lúcido e que provavelmente já adivinhava em 1944 os riscos de uma atitude desafiadora e independente que devia levar a uma ruptura em 1948. Tito conseguiu, enfim, explorar o vazio político da região com o apagamento provisório ou definitivo da Grécia, da Romênia, da Hungria e da Áustria, assim como das ambiguidades da Grande Aliança. Em 1945, ele sai vitorioso da prova. Mas o país está sem forças, coberto de ruínas. Contam-se mais de 1,7 milhão de vítimas, das quais dois terços foram massacradas pelos próprios iugoslavos.

Assim, as lutas armadas deixam sua marca em toda a Europa do pós-guerra. Nos países do oeste, as resistências vão inspirar uma grande parte da vida política e assegurar a substituição de uma parte notável das antigas elites. A leste, a situação é mais confusa. Na Albânia e na Iugoslávia, sem a presença do Exército Vermelho, os partisans, depois de eliminar seus adversários, conseguem estabelecer regimes de democracia popular, naquele momento estreitamente ligados a Moscou.

Na Grécia, a situação é ainda indecisa. Contrariamente ao que acaba de acontecer na Iugoslávia, Stalin parece respeitar o acordo de Moscou de setembro de 1944 que coloca o país na órbita britânica. Na realidade, pelo apoio maciço dado ao ELAS, por intermédio da Bulgária e da Iugoslávia, ele espera fazer triunfar o socialismo num momento posterior. Esse cálculo será anulado pela intervenção britânica e depois americana e pelo "cisma" de Tito em 1948.

A Polônia constitui, em compensação, um caso praticamente inverso e singularmente trágico. Pela presença do Exército Vermelho apoiando um partido comunista minoritário, Stalin vai conseguir integrar o país à órbita socialista, em desprezo aos sentimentos profundos do conjunto da população e eliminando uma resistência que, durante cinco anos, travara uma luta encarniçada contra os alemães. Pela segunda vez desde 1939, a Polônia tem o triste privilégio de ser a "terra do sofrimento" da Europa.

Não se pode falar da Europa sem evocar as resistências que não existiram. Alcançando as fronteiras do Reich, em meados de setembro de 1944, os anglo-americanos deviam sentir-se bastante apreensivos. Impressionantes cartazes em inglês dominam os postos de fronteira abandonados: "Alemanha – você está em território inimigo –, fique em guarda!" Pelo rádio, a propaganda de Goebbels não para de insistir na existência de uma força clandestina, o Werewolf, treinado em todas as formas de luta subversiva.[137]

---

[137] KENNETT (Lee), G.I., *The American Soldier in World War II*, New York, Charles Scribner's sons, 1987, p. 211 e ss.

Essa ameaça está na origem das advertências dirigidas aos soldados americanos por meio do comando ou dos jornais do exército, *Yanks* e *Stars and Stripes*. A guerrilha pode ser mais perigosa do que o combate aberto. O Werewolf pode mobilizar mais de 500 mil membros da Gestapo ou mesmo soldados que trocaram o traje militar pelo civil.

Explica-se assim o comportamento duro, por vezes brutal, dos soldados americanos durante as primeiras semanas de ocupação na Renânia. A população é convidada a entregar armas e munições. As visitas domiciliares se multiplicam. O toque de recolher é instaurado. Qualquer ajuntamento de mais de cinco pessoas é proibido. As ruas das grandes cidades, como Colônia, são iluminadas por projetores durante a noite. Os deslocamentos viários são feitos em comboios protegidos por veículos blindados. Qualquer ato de aproximação é naturalmente proibido.

Na realidade, para espanto do ocupante, não ocorre nenhuma manifestação hostil. Nenhum maqui nenhum atentado, nenhuma sabotagem. Nenhuma ruptura de linha telefônica intervém ao longo das estradas ou dos caminhos de campanha. O Werewolf não passa de um enorme blefe. Nenhuma resistência foi preparada com antecedência. A amplidão do desastre, a ausência total de encorajamento exterior, a fadiga provocada por cinco anos de guerra opõem-se, no final das contas, a qualquer reação individual ou coletiva.

Há uma tendência frequente em identificar a luta contra o ocupante na Europa e negligenciar as lutas clandestinas que tiveram origem na Guerra do Pacífico. Entretanto, encontram-se no Extremo Oriente as duas formas de combate clássico, a pequena guerra – a dos *partisans*, com base em tropas regulares – e a guerrilha popular, mais ou menos espontânea.

A primeira fórmula foi praticada de maneira quase esquemática pelos Chindits (dragões) na Birmânia, por iniciativa do major-general britânico Orde C. Wingate, um personagem estranho que tinha adquirido a experiência da guerra subversiva na Palestina durante o período entreguerras e na Etiópia, quando da reconquista aos italianos em 1940-1941. À frente de três mil homens, britânicos, *gurkhas* e birmaneses, seguidos de mil animais de carga, Wingate atravessa o riacho Chidwin e penetra na alta Birmânia.[138]

Em contato pelo rádio com a base de retaguarda de Assam, recebendo víveres e munições de paraquedas, ele consegue fazer operar durante três meses seus Chindits divididos em pequenos grupos nas retaguardas dos exércitos japoneses. Empreende assim ataques de surpresa e efetua sabotagens ao longo da via férrea

---

[138] Sobre os Chindits, ver *Dictionnaire de la Seconde Guerre Mondiale*, op. cit.

262

Mandalay-Myitkyina. A retirada revela-se, entretanto, extremamente penosa e difícil, em razão das reações nipônicas e das dificuldades da floresta e do clima. Apenas dois mil homens conseguem retornar à Índia ou ao sul da China. Muitos doentes e feridos tiveram de ser abandonados no local. A maioria dos sobreviventes está esgotada, roída pela disenteria e pela malária, e a saúde de alguns fica definitivamente abalada.

No plano tático, o episódio pode ser considerado um fracasso oneroso, como destaca então o general Slim:

> O ataque trouxe apenas resultados medíocres, tendo em vista as perdas e as despesas. Os danos infligidos às comunicações nipônicas foram reparados em alguns dias, as perdas japonesas negligenciáveis e o ataque não teve nenhum efeito sobre o dispositivo do adversário. Se foi possível tirar ensinamentos do apoio aéreo e do combate na floresta, foi pago um preço exorbitante por isso.[*]

Em compensação, o efeito psicológico é considerável. A epopeia dos Chindits contribui para recuperar o moral das forças aliadas da Índia ou do sul da China, terrivelmente afetado pela conquista relâmpago da Birmânia em 1942 pelos japoneses e pelo fracasso da ofensiva de Arakan. A imprensa quer fazer de Wingate o "Clive[**] da Birmânia", e Churchill não dissimula seu entusiasmo para com "um homem de gênio de audácia". Ele o convida a participar da conferência de Quebec de agosto de 1943, onde Wingate, com a bênção do primeiro-ministro, expõe um plano de penetração grandioso nas retaguardas das forças nipônicas na Birmânia.

Esse segundo ataque dos Chindits só se inicia no começo de 1944 com a estação seca, em conexão com o exército sino-americano de Stilwell, que se esforça para liberar a rota da Birmânia. Cinco brigadas divididas em duas colunas participam do episódio. Graças ao apoio aéreo americano, os Chindits são levados por planadores e depois por aviões para as retaguardas japonesas. Duas bases de ataques surpresa são instaladas de início em "Broadway" e "Chowringhee", enquanto o grosso das forças instala uma terceira base chamada de "White City" em Mawlu, junto à via férrea de Mandalay.

Na verdade, a situação dos Chindits logo se torna difícil. Wingate desaparece num acidente de avião aos 25 de março. Seu sucessor Lentaigne não tem o seu prestígio e suas relações com Stilwell são difíceis. As reações japonesas são cada

---

[*] N. E.: Sem referência bibliográfica no original.

[**] N. R. T.: Referência a Robert Clive (1725-1774), I Barão Clive, também conhecido como "Clive da Índia" e "Clive de Plassey", graças à vitória na Batalha de Plassey (1757). Foi governador e comandante em chefe de Bengala.

A Segunda Guerra Mundial

vez mais violentas, e a retirada se efetua em condições extremamente penosas, ao preço de graves perdas. As brigadas engajadas na Birmânia vão para a Índia, dizimadas, enfraquecidas, privadas de qualquer capacidade ofensiva. Se contribuíram para ajudar Stilwell a apoderar-se de Myitkyina, não conseguiram impedir a última ofensiva japonesa em direção a Assam.

O teatro chinês apresenta outro exemplo da guerra pequena com o SACO, uma unidade sino-americana de informação e de guerrilha comandada pelo capitão de corveta Miles, em colaboração com o general Tai Li, à frente do "bureau de pesquisas e estatísticas", de Chiang Kai-shek. Ao final da guerra, em conexão com o OSS criado por Donovan, o SACO dispõe, no sul da China, de uma dezena de campos de treinamento e acha-se em condições de enviar para a retaguarda das linhas japonesas "colunas" formadas por centenas de chineses treinados por americanos e formados para a guerrilha e a sabotagem. Segundo as *Memórias* de Miles publicadas após a guerra, mas em grande parte de autenticidade duvidosa, esses grupos teriam operado ao longo da costa e mesmo no interior até a Mongólia, infligindo aos japoneses perdas severas em homens e em material.[139]

Um episódio mais sério diz respeito ao destacamento 101 do coronel americano Carl Eifler, que opera no norte da Birmânia com o apoio dos membros da tribo dos Kachin. Vivendo no vale do Irrauadi, esses temíveis guerreiros nutrem um ódio imemorial contra os birmaneses e não perdoam sua aliança com os japoneses. Já em 1942, os Rangers Kachin treinados por americanos procedem a operações de sabotagem e de ataques surpresa nas retaguardas das tropas nipônicas. Ao final de 1944, o destacamento 101 contaria com 566 americanos e cerca de 10 mil autóctones. Teria liquidado, no total, cerca de 5,5 mil japoneses e salvado mais de 200 pilotos aliados. As perdas do destacamento não teriam sido mais do que 15 americanos e 200 Kachin.

As tentativas aliadas de criar maquis e centros de resistência em outras regiões do sudeste asiático revelam-se, entretanto, muito menos felizes. Sem aceitar a nova ordem nipônica, os malaios e os indonésios não mostram nenhum ardor em servir aos antigos colonizadores ou aos americanos. Por falta do apoio das populações, as tentativas de infiltração de agentes em Java, em Sumatra ou em Bornéu terminam em fracasso. A captura em Timor, em setembro de 1943, de uma equipe australo-portuguesa de 34 homens permite aos japoneses utilizar o rádio dessa unidade e transmitir falsas informações para a Austrália. Na ignorância do destino dessa

---

[139] Boa análise da atividade dos serviços secretos no Extremo Oriente em SPECTOR (R.), *La Guerre du Pacifique*, op. cit., p. 408 e ss.

264

A guerrilha

unidade, os Aliados continuarão a enviar, até o fim da guerra, destacamentos a Timor que são regularmente interceptados desde sua chegada.

Melhores resultados são obtidos na Tailândia e principalmente nas Filipinas, que logo se tornam o grande centro da guerrilha no Extremo Oriente. Duas razões principais estão na origem do fenômeno. De início, os equívocos do ocupante que acabam por indispor a maioria da população; em seguida, o prosseguimento da luta por unidades regulares em regiões isoladas, apesar da convenção de Corregidor, que prevê uma capitulação completa.

Grupos de partisans treinados por oficiais americanos ou filipinos conseguem assim manter-se ao norte de Luçon, em Panay, em Leyte, ou ainda em Mindanao, onde opera a unidade do coronel Fertig, que acabará por contar 40 mil homens em 1944. A esses indivíduos acrescentam-se os guerrilheiros do partido comunista Hukbalahap, os Huks, muito ativos no centro de Luçon. Progressivamente, essas unidades recebem indivíduos isolados e voluntários desejosos de escapar a uma ocupação cada vez mais dura. De certo modo, a guerrilha das Filipinas, em seu começo, evoca o movimento dos partisans soviéticos.

No verão de 1942, o comando americano se esforça por entrar em contato com esses grupos. Agentes, aparelhos de rádio e códigos, são trazidos por submarinos. A partir da primavera de 1943, uma seção regional especial do quartel-general de MacArthur encarrega-se de reforçar as conexões que acabam por incluir armas, explosivos, jornais, panfletos e mesmo toda uma gama de artigos, pacotes de cigarros, caixas de fósforos, crachás com a foto de MacArthur e a célebre frase: "Eu voltarei".

Essa resistência singularmente ativa teria contado com o apoio de 250 mil homens, beneficiando-se do apoio da população. Por sua eficácia, aproxima-se de muitas que atuaram nos países europeus. Por falta de armamento pesado e mesmo leve, assim como de meios de transporte, os resultados militares são, em seu conjunto, inexpressivos. Os partisans filipinos operam ainda a partir de zonas-refúgios que constituem, por sua própria natureza e pelo seu afastamento, plataformas operacionais medíocres. Até o final, os japoneses puderam dominar, sem muita dificuldade, os grandes centros, os portos principais e os eixos de circulação mais importantes.

Na verdade, até o desembarque de Leyte, em outubro de 1944, a atividade essencial dessa resistência consiste em transmitir informações pelo rádio sobre as implantações das tropas nipônicas, dos campos de pouso, dos depósitos de materiais e da atividade marítima no dédalo do arquipélago. Contam com mais de 150 postos de observação dotados de rádio, instalados ao longo das costas. Essas informações facilitarão consideravelmente a tarefa dos submarinos e da aviação de bombardeio.

Ao longo desse período, os responsáveis são convidados a renunciar às operações ativas que têm todas as chances de levar a represálias extremamente brutais,

265

A Segunda Guerra Mundial

suscetíveis de desencorajar tanto os partisans quanto as populações. Seguindo um procedimento aplicado também na Europa, é somente por ocasião dos desembarques que os resistentes deverão desencadear operações de sabotagem e de ataques surpresa contra os ocupantes "com o máximo de violência". Retoma-se, assim, o tema da insurreição praticado tanto na França quanto na Polônia.

Assim, a guerrilha no Extremo Oriente tomou formas extremamente variáveis. Além das ações militares da última fase do conflito, ela afirmou sua eficácia, sobretudo, no domínio da informação. Assim como na Europa, sua influência política revelou-se considerável. Violentamente antijaponeses, os movimentos de resistência afirmaram-se como ultranacionalistas e ferozmente opostos ao restabelecimento das dominações anteriores. Nesse particular, os franceses manifestam seu desagrado com relação ao acordo entre Ho Chi Minh e os serviços americanos. Em troca do fornecimento de material de transmissão, armas individuais e produtos médicos, e mesmo de instrutores, o Vietminh* se comprometera em fornecer informações e em socorrer os pilotos aliados abatidos acima da Indochina. Esse acordo foi integralmente respeitado e contribuiu para o reforço do Vietminh e para as dificuldades encontradas em seu retorno a Tonquim em 1946.

A guerrilha esteve igualmente na origem de sangrentos acertos de contas entre etnias ou grupos políticos opostos. Ao lutar contra os japoneses, os Kachin do destacamento 101 aproveitaram-se da ajuda americana para eliminar os membros da tribo vizinha, os Shan. Na China, as "colunas" SACO, sob a aparência de operações de ataques surpresa contra as tropas nipônicas, não hesitaram, por iniciativa do general Tai Li, o "Himmler chinês", em liquidar adversários de Chiang Kai-shek e empreender violentas operações contra os comunistas do Yenan.

Nas Filipinas, os maquis comunistas Huks dedicaram uma grande parte de sua atividade ao estabelecimento de uma reforma agrária – assassinando os grandes proprietários – e de instituições "democráticas". Meio século após o fim do conflito, esse movimento comunista constitui ainda um dos problemas mais espinhosos das Filipinas. As resistências, encorajadas pelos Aliados, contribuíram assim de uma maneira bastante determinante para a mutação política do pós-guerra.

---

* N. R.T.: Liga para a Independência do Vietnã.

A informação

Medíocres no plano militar, as resistências, sem dúvida, tiveram um papel capital no plano político e mais ainda no domínio da informação, a qual ocupa um lugar relativamente restrito na história militar, em que só aparece de maneira ocasional. É uma discrição estranha, quando se sabe que a informação constitui a base da política exterior dos Estados, da gênese e do desenvolvimento das operações.

Várias razões explicam essa discrição. Por motivos evidentes – manutenção das redes de informantes e de agentes, por longos anos após o final da guerra, utilização de inovações técnicas, de codificação ou de decifração –, a documentação relativa aos "serviços especiais" é, por muito tempo, preservada após um conflito. Foi somente em 1976 que os britânicos levantaram uma parte do véu do Ultra-Secret em torno da máquina alemã Enigma. Não se deve ter ilusões quanto a essa revelação. Numerosos dossiês ainda são mantidos no silêncio dos arquivos.

Muitos políticos ou generais, por outro lado, manifestam uma evidente repugnância em revelar o segredo de suas ações políticas ou de suas operações. Muitas vezes é penoso confessar o que se lia abertamente no jogo do adversário. Revelações desse tipo parecem pôr em causa a própria aura do chefe de guerra e projetar sombra nas qualidades fundamentais que são atribuídas aos generais vitoriosos: a intuição, o golpe de vista, a arte de captar o "acontecimento" da batalha. Último elemento, por fim: toda uma parte da atividade dos serviços especiais escapa ao arquivamento e é objeto apenas de instruções verbais ou notas destruídas após consulta.

A obscuridade em torno da informação, entretanto, está na origem de singulares deformações. Regularmente, artigos ou obras sensacionalistas trazem revelações inéditas sobre o papel de espiões que teriam mudado o andamento da guerra. Com a abertura de alguns arquivos aliados, a decifração das mensagens Enigma parece ter sido a chave da vitória anglo-americana na Europa. Na verdade, as coisas são, a um só tempo, menos espetaculares e muito mais complexas.

A Segunda Guerra Mundial

Não deixa de ser verdade que uma batalha de códigos desenrolou-se ao longo de toda a guerra, ligada ao extraordinário desenvolvimento da eletrônica dos anos 1930, que revolucionou totalmente a ação dos serviços de informações. Às vésperas do conflito, a maior parte dos grandes países, quer se trate de atividades militares ou diplomáticas, elaborou sistemas de código cada vez mais sofisticados, ou mesmo máquinas destinadas a operar a cifragem e a decifragem das mensagens.

Em regra geral, essas mensagens são transmitidas por telefone e, com mais frequência, pelo rádio. Essa prática incita o inimigo, e mesmo o amigo, a multiplicar as estações de escuta e os centros de decifração com equipes de matemáticos utilizando calculadoras mecânicas, ou eletrônicas a partir dos anos 1940. Não se deve esquecer de que o computador, ainda não miniaturizado, aparece durante a Segunda Guerra Mundial.

Resultados notáveis já tinham sido obtidos logo no início do conflito. O mais espetacular vem da equipe de N. Friedman, do Signal Intelligence Service, do exército americano, que consegue, já em 1940, fabricar uma réplica da máquina de codificar utilizada pela diplomacia nipônica, permitindo assim ao Departamento de Estado tomar conhecimento quase instantaneamente das mensagens do código Violet.[140]

Esse resultado irá além do cenário do Pacífico. Os americanos estarão, assim, em condições de seguir a evolução das relações entre Tóquio e Moscou. Os Aliados poderão decifrar as mensagens endereçadas ao Japão pelo embaixador Oshima, a serviço em Berlim, e beneficiar-se de relatórios extremamente precisos sobre os novos sistemas de armas alemães ou as defesas de alguns setores da Muralha do Atlântico, em particular na região de Cherbourg.

Ao contrário do que se diz frequentemente, a ruptura do código Violet não teve implicações militares diretas sobre o desenrolar da Guerra do Pacífico. Por ocasião do ataque a Pearl Harbor, os americanos são ainda incapazes de decifrar os códigos da marinha e do exército japoneses. As mensagens, aliás, não são codificadas por meio de máquinas, em razão do número considerável de destinatários, mas a partir de manuais mudados regularmente e transmitidos na maioria das vezes pelo rádio.

Durante o conflito, o serviço de informações da US Navy, o OP-20-G*, ou a Fleet Radio Unit jamais conseguirão descobrir o código da marinha nipônica, reservado às comunicações estratégicas e por isso mesmo relativamente pouco

---

[140] RUSSEL (F.), "The secret war", in World War II, Time-Life, Alexandria, Virginia, 1981, p. 80 e ss.

* N. R. T.: Sigla para Office of Chief of Naval Operations, 20th Division of the Office of Naval Communications, G Section.

268

A informação

utilizado. Em compensação, a partir de março de 1942, eles começarão a penetrar no JN-25, o código operacional da frota combinada, num curto espaço de tempo, e numa proporção de 60% logo após a Batalha do mar de Coral, marcada por um intenso tráfego de rádio nipônico. Tarefa facilitada pelo erro da marinha japonesa em só renovar seus códigos depois de muito tempo, após vários meses.

Esse trabalho preliminar estará na origem de uma das vitórias de maior repercussão da história da informação. No começo de junho, o OP-20-G e a Fleet Radio Unit são capazes de apresentar a Nimitz não somente o dispositivo nipô-nico, nas vésperas do ataque a Midway, mas também as grandes linhas do plano de operações, inclusive a operação de despistamento das Aleutas e a data de seu início. Esse sucesso está na origem de uma das maiores reviravoltas da Guerra do Pacífico e permite à US Navy, como já foi dito, ganhar a batalha que, segundo a lógica, deveria ter perdido.[141]

Essa vitória da informação não se repetirá. Logo após Midway, os japoneses compreendem perfeitamente que sua derrota resulta de uma falha em seu sistema de transmissões. Com a ajuda dos alemães, que lhes fornecem máquinas Enigma, eles efetuam uma mudança em seus códigos e tomam a decisão de substituí-los com mais frequência do que antes.

Durante toda a Batalha de Guadalcanal, os americanos acham-se num ble-caute total ou, de certa forma, parcial. O Signal Intelligence Service consegue, com efeito, descobrir códigos simples como o da meteorologia ou o que é utilizado nos arquipélagos e, principalmente, decifrar o código de transporte da marinha mercante nipônica em grande proporção, isso num tempo suficientemente rápido no plano operacional. Os americanos beneficiam-se, assim, de uma série de in-formações extremamente preciosas sobre a importância das guarnições japonesas espalhadas no Pacífico e mesmo sobre o desenvolvimento das operações previstas ou em andamento. Essa ruptura facilita ainda a guerra ao comércio praticada pelos submarinos da US Navy.

Na mesma época, a Grã-Bretanha, em alguns casos, obtém êxitos consideráveis na decodificação das mensagens da máquina Enigma utilizada pela Wehrmacht. Muito antes de 1939, os poloneses se aplicaram em reproduzir a máquina. Por intermédio de calculadoras manejadas por matemáticos de alto nível, eles se esfor-çavam por decifrar as mensagens alemãs. Após o desastre de 1939, esse trabalho é retomado pelos franceses com resultados encorajadores, antes de ter prosseguimento

---

[141] Ver LEWIN (R.), *The American magic*, New York, Penguin Books, 1983; SPECTOR (R.), *La Guerre du Pacifique*, op. cit., cap. XX, "Les coulisses de la guerre".

269

A Segunda Guerra Mundial

na Inglaterra pela equipe de Bletchley Park, munida por sua vez de "bombas", isto é, calculadoras inicialmente mecânicas e, posteriormente, eletrônicas.

Os primeiros resultados concretos verificam-se desde o final de maio de 1940, pela ruptura do código da Luftwaffe, menos sofisticado que o do exército ou da marinha, e utilizado com muito menos prudência. Essa ruptura prossegue até o final da guerra e estará na origem de uma coleta considerável de informações. Entre elas, as que contribuirão para que, no dia 25 de maio, seja dada a ordem de evacuação ao corpo expedicionário de Gort, que se dirigia para Dunquerque.

Ao contrário do que se acredita, Ultra tem um papel bastante secundário na Batalha da Inglaterra. A vitória da RAF deve-se, essencialmente, a uma defesa integrada, que associou radar, caça e DCA. Ao contrário ainda do que se pensa, Enigma não estará, em absoluto, na origem do ataque aéreo sobre Coventry, que Churchill teria deixado acontecer para manter a Luftwaffe na ignorância da ruptura de seus códigos.[142]

De todo modo, aos 14 de novembro de 1940, os ingleses não têm nenhuma certeza sobre o objetivo da aviação alemã. Sabem que um ataque importante está em preparação, definido por um conjunto de letras de cuja chave não dispõem. Desse modo, as hipóteses apontam para Londres ou Birmingham, tanto quanto para Coventry. Com uma aviação de caça noturna ainda embrionária, os britânicos não têm como reagir, e é impossível proceder à evacuação da cidade em pleno inverno e em algumas horas.

Por outro lado, o Ultra contribui para êxitos espetaculares no Mediterrâneo, como a vitória naval de Matapan. Também é responsável, em grande parte, pela vitória de El Alamein. Um dia antes da batalha, Montgomery está bem informado sobre o dispositivo e as forças do Eixo. Melhor ainda, o Ultra permite às forças aeronavais de Malta efetuar ataques de grande precisão contra os comboios de abastecimento do Eixo, cujas partidas e rotas são perfeitamente conhecidas com antecedência.

Ao longo da campanha da Sicília e da Itália, o comando anglo-americano receberá cotidianamente informações de primeira qualidade sobre as forças e os movimentos das grandes unidades do marechal Kesselring. Durante esse período, Churchill também tem acesso, dia a dia, às informações fornecidas por Enigma. Logo após o ataque alemão contra a União Soviética, por insistência de Churchill, os britânicos transmitirão aos soviéticos uma torrente constante de informações a respeito da composição e das intenções da Wehrmacht a leste. Essas informações serão fornecidas até a Batalha de Kursk, em julho de 1943.

---

[142] O episódio de Coventry é objeto de um estudo publicado em *Témoignages de guerre*, n. 3, *Villes en flammes*, A.L.P., 1989.

270

A informação

Em 1944, os Aliados dispõem ainda de uma massa considerável de informações sobre o dispositivo alemão a oeste, particularmente na Normandia. Enigma está, em grande parte, na origem do fracasso da contraofensiva de Mortain. A reação americana se manifesta pelo reforço das tropas, em posição ao longo do corredor dos Avranches, e principalmente pela intervenção maciça da aviação tática que detém a investida das Panzers. A informação permite, ainda, durante o recuo precipitado dos alemães na fronteira do leste, o cerco e a destruição de um grupo de 20 mil homens na região de Tournai.

Lembremos ainda o papel preponderante de Bletchley Park na Batalha do Atlântico. De 1940 a 1943, os ingleses souberam explorar ao máximo a falha da tática das alcateias, com a utilização intensiva das comunicações pelo rádio. A ruptura da cifragem da Kriegsmarine acontece por duas vezes. De início, durante o segundo semestre de 1941. A quebra é seguida de um blecaute total durante a maior parte do ano seguinte, por causa de uma modificação da máquina Enigma no âmbito do código Triton. A segunda ruptura ocorre em novembro de 1942. Ruptura praticamente definitiva, com exceção de um breve blecaute de algumas semanas em março de 1943. A captura de máquinas Enigma intactas a bordo de dois submarinos avariados contribui para o sucesso dos especialistas de Bletchley Park.[143]

O serviço de informações da Wehrmacht, o Abwehr, registra igualmente sucessos importantes. Desde meados dos anos 1930, consegue decifrar as informações trocadas entre o ministério da Guerra francês e as regiões militares, com exceção da zona limítrofe da Itália, objeto de uma cifragem especial. A partir do verão de 1939, o Abwehr também consegue decifrar esse código. Essa é uma vantagem ainda mais preciosa a partir de 3 de setembro de 1939, quando o comando francês decide estender esse código específico a todas as outras regiões. Durante toda a *drôle de guerre* e a campanha de maio-junho de 1940, os alemães contam, assim, com uma fonte de informações de interesse capital. Esse sucesso deve-se a um erro grosseiro do comando francês: utilizar numa zona extensa um procedimento já usado por muito tempo num setor limitado. Outro grande sucesso do Abwehr relaciona-se à decifração do código diplomático dos Estados Unidos efetuado regularmente de 1942 a setembro de 1944.[144]

No começo de 1940, o serviço de cifragem da Kriegsmarine, o xB-Dienst, acha-se ainda em condições de romper o código da marinha francesa e efetuar sérias

---

[143] ROHWER (J.), "The intelligence revolution, a historical perspective", *Du Dreadnought au Nucléaire*, Service historique de la marine, 1989; GARDNER W. J. R., "Resources or intelligence", *Du Dreadnought au Nucléaire*, op. cit.

[144] HUTTENHAIM (P.), "Succès et échecs des services allemands du chiffre", *Revue Histoire Deuxième Guerre Mondiale*, n. 133, 1/1984.

271

brechas no Naval Cypher e no Naval Code do almirantado britânico, baseados ambos, como os japoneses, em manuais associados a tabelas de subtração. Em abril de 1940, no momento da campanha da Noruega, os alemães decifram de 30 a 50% das mensagens inglesas e dispõem de indicações satisfatórias sobre a localização e os movimentos das principais unidades da Home Fleet.

Entretanto, a partir do verão de 1940, com a adoção de novos códigos britânicos chamados pelos alemães de Köln Naval Cypher ou Frankfurt, o xB-Dienst registra uma queda sensível em seus resultados, que caem para cerca de 19 a 26%. Do final de 1943 em diante, com a adoção de máquinas de codificar derivadas da Enigma pelas marinhas americana, canadense e britânica, a Kriegsmarine mergulha num blecaute total até o final da guerra. Mas isso não impede que a ruptura de um terceiro código, o Merchant Navy Code, realizada a partir de março de 1940, constitua um dos maiores trunfos para o sucesso da tática das alcateias. É somente em junho de 1943, com a adoção do Naval Cypher 5 pelas marinhas aliadas, que o comando alemão se vê na incapacidade de seguir os comboios e atacá-los. Por outro lado, os alemães só conseguem rupturas episódicas dos códigos utilizados pela RAF ou pelo exército britânico, que são baseados numa "super-Enigma", a máquina Typex.

Logo após o início de Barbarossa, os alemães estão ainda em condições de decifrar a maioria dos códigos operacionais do Exército Vermelho. Não há nenhuma dúvida de que as grandes vitórias de 1941-1942 ou, ainda, o sucesso da brilhante contraofensiva de Manstein no Donetz em fevereiro-março de 1943 provêm dessa possibilidade. Apesar dos numerosos avisos dos ingleses, os soviéticos demorarão a admitir essa falha em seu sistema de transmissões. Na dúvida, recorrerão progressivamente a medidas de segurança cada vez mais draconianas. Durante a preparação da contraofensiva de Stalingrado e mais ainda durante as grandes operações dos anos seguintes, os soviéticos limitarão ao máximo o uso do rádio.

O Abwehr registra, ainda, um sucesso marcante no norte da África, ao decifrar, a partir de 1941, as mensagens transmitidas a Washington pelo adido militar americano no Cairo, na origem de informações precisas sobre os acontecimentos de cada dia e sobre os planos britânicos para o dia seguinte. Por uma ironia da história, os Aliados tomam ciência desses "vazamentos" por intermédio do oficial de ligação italiano junto ao quartel-general alemão que revela, em Roma, num código conhecido dos Aliados, a origem mais importante dos sucessos do Afrikakorps. Os americanos apressam-se, então, em julho de 1942, a adotar novos procedimentos que os alemães não mais conseguirão decifrar.[145]

Sem dúvida, é a partir de 1942-1943 que a Wehrmacht perde a batalha dos códigos importantes tanto no mar quanto em terra. Os alemães conservarão, en-

---

[145] HUTTENHAIM, op. cit.

A informação

tretanto, até o fim, uma notável capacidade de decifragem dos códigos menores, de ordem tática, principalmente os do exército britânico.

Assim, no norte da África, a 3ª companhia de escuta pelo rádio do Afrikakorps consegue, de abril de 1941 a julho de 1942, estabelecer a curto prazo a ordem de batalha inimiga e decifrar mensagens de relatórios e de ordens. Essa fonte de informações cessa brutalmente em 10 de julho de 1942, pela captura da 3ª companhia com toda a sua documentação, em consequência do ataque inesperado de um batalhão australiano. Alertados, os britânicos reforçam sua disciplina e adotam novos procedimentos muito mais difíceis de decifrar. Isso ocorreu após o episódio do adido militar americano no Cairo e explica, em grande parte, os fracassos de Rommel em Alam el-Halfa, ao final de agosto de 1942. O blecaute, entretanto, não é definitivo. Na Itália ou na Normandia, os alemães conseguem ainda importantes informações no plano operacional, aproveitando-se de negligências e utilizando as fontes mais variadas. Por diversas vezes, a decifragem das mensagens da polícia militar permite aos alemães conhecer a ordem de batalha americana.

A Wehrmacht mostra-se também muito eficaz na análise das comunicações radioelétricas, quer se trate de frequências, do volume das emissões, ou mesmo do estilo dos operadores. O Funkabwehr capta, assim, o deslocamento, na Inglaterra, da 82ª divisão aerotransportada americana do Mediterrâneo, às vésperas do desembarque da Normandia.

A mesma habilidade está presente entre os japoneses. A análise das comunicações americanas permite ao comando da marinha imperial reagir ao desembarque das Marianas e desencadear a batalha preparada há dois anos. Em outubro de 1944, o sistema de transmissões nipônico prevê o desembarque de Leyte nas Filipinas. A operação de Iwojima também não constitui uma surpresa. Durante o verão de 1945, o serviço de informações japonês decifra o desembarque de Kyushu, previsto para o outono no âmbito do Olympic. Durante esse período, os japoneses aproveitam-se das negligências crescentes dos americanos no domínio das transmissões, principalmente no nível do estado-maior de MacArthur.

A informação não se limita à batalha dos códigos. Os interrogatórios de prisioneiros constituem uma fonte preciosa de indicações. Em princípio, os prisioneiros devem limitar as declarações a seu número de matrícula e ao número de sua unidade. Mas diferentes métodos – intimidação e tortura, amplamente praticadas pelos soviéticos – permitem saber mais. Americanos e soviéticos usam, por vezes, procedimentos mais refinados, instalando microfones nos quartos ou nas salas de reuniões dos acampamentos de prisioneiros. Após a capitulação de Bizerte, o general Thomas, graças a uma conversa com um companheiro de prisão, fornece aos Aliados informações precisas sobre a gênese das armas de represálias.

273

A Segunda Guerra Mundial

A informação apela ainda para as escutas telefônicas, bastante utilizadas pelos resistentes dos países ocupados – técnica que obtém, por vezes, resultados surpreendentes. É assim que, durante vários meses, até março de 1944, os alemães, a partir de uma estação situada na Holanda, estão em condições de interceptar as comunicações entre Churchill e Roosevelt. As indicações colhidas mostram-se relativamente irrelevantes, pela prudência dos dois homens de Estado. Entretanto, graças a esse sistema, os alemães obtêm, em agosto de 1943, a prova da duplicidade de Badoglio. A destruição da estação de escuta e novas medidas de segurança acabam com essas indiscrições.[146]

A informação comporta ainda um outro aspecto considerado mais clássico, com os agentes ou mais simplesmente os espiões, populares entre o grande público. Mas, o que é decepcionante, a Segunda Guerra Mundial, diferentemente da Primeira, não teve nenhuma Mata-Hari. Nesse aspecto, o rádio, por intermédio de aparelhos relativamente miniaturizados, dá uma dimensão inteiramente nova ao sistema.

O mais célebre desses agentes é provavelmente Sorge. Recrutado de início pelos serviços soviéticos, o homem consegue fazer-se nomear em Tóquio como correspondente do *Berliner Zeitung*. Em alguns anos, ele consegue a proeza de transmitir a Moscou cerca de 30 mil mensagens entre as quais há algumas revestidas de uma importância capital.

Em junho de 1941, Sorge parece realmente ter tido condições, após contatos com membros da embaixada da Alemanha em Tóquio, de precisar não somente a iminência de Barbarossa, mas a data do ataque alemão. Alguns meses depois, ele pode ainda fornecer aos serviços soviéticos uma informação capital: a desistência dos japoneses quanto a um ataque contra a Sibéria, voltando-se para uma ofensiva em direção ao sudeste asiático. Essa informação permite ao comando do Exército Vermelho transferir para oeste as divisões que participariam da vitoriosa contraofensiva de Moscou.[147]

O fim de Sorge compreende uma parte de mistério. Preso em outubro de 1941 pela polícia japonesa, ele é executado dois anos depois. Parece ter sido "dado" por Ritsu Ito, membro do Partido Comunista nipônico. Ignorado durante longos anos pela historiografia soviética, Sorge só saiu do esquecimento em 1964, quando foi promovido à categoria de "herói da União Soviética".

O segundo espião é o famoso Cícero. De origem albanesa, cujo nome verdadeiro era Elyeza Bazna, Cícero conseguiu, sem dúvida alguma, fornecer aos alemães,

---

[146] Brown (A.), *La Guerre secrète*, Paris, Pygmalion, 1981, t. II, p. 141.
[147] Deakin (F.W.) e Storry (G. R.), *The case of Richard Sorge*, Harper and Row, 1966.

A informação

de outubro de 1943 a junho de 1944, uma massa de documentos microfilmados retirados do armário do embaixador da Grã-Bretanha em Ancara, de quem era camareiro. Os alemães puderam assim obter um relatório detalhado das conferências de Teerã e do Cairo, assim como indicações gerais sobre o desembarque previsto para oeste em 1944. Na verdade, a importância dessas revelações parece ser relativamente reduzida; elas só fizeram confirmar para os alemães a ideia de que eles nada tinham a esperar dos Aliados em caso de derrota. Os microfilmes também não traziam nenhuma precisão sobre o local do desembarque a oeste. Sem dúvida alguma, Cícero não parece ter nenhuma influência sobre o desenrolar da guerra.[148]

Notemos, de passagem, que os alemães não podiam deixar de ser céticos quanto ao valor dos documentos transmitidos por Cícero associados a métodos artesanais: uma Leica e uma simples lâmpada de 100 watts. Desse modo, eles lhe pagaram em libras esterlinas, em sua maior parte falsas. E Cícero devia morrer na pobreza, na Turquia após a guerra.

A história registra, ainda, a existência de agentes mais ou menos duvidosos. Sob o nome de Joséphine, o alemão Krämer, instalado em Estocolmo, transmite ao Abwehr indicações precisas sobre a RAF e a indústria aeronáutica britânica. Mas diante de sua recusa em comunicar suas fontes, e após algumas notas falsas, o Abwehr, assim como os serviços britânicos do pós-guerra, acabará por indagar se Krämer não era um mitômano ou um agente duplo.

Se Krämer realmente existiu, talvez o mesmo não possa ser dito de um certo Max que teria tido suas entradas no Kremlin, passando suas informações pelo rádio ao agente Kauders estabelecido em Sofia. Muitas dessas informações são perturbadoras, mas de uma qualidade muito desigual. Assim é que, em novembro de 1942, Max anuncia vários contra-ataques reais do Exército Vermelho, sem revelar o mais importante, o que conduziria ao cerco de Stalingrado. Max, provavelmente, não era um agente das transmissões soviéticas, menos ainda o médico pessoal de Stalin, mas simplesmente, talvez, um puro produto da imaginação de Kauders que cobrava caro por seus serviços aos alemães e cujas fontes permanecem misteriosas.[149]

Além das grandes estrelas da espionagem, verdadeiras ou inventadas, é essencialmente por intermédio de redes de resistência no continente, francesas, belgas, polonesas ou tchecas, que os Aliados se beneficiam, a partir de 1942, de uma mina de informações consideráveis. Recebem, assim, indicações extremamente precisas sobre o deslocamento das grandes unidades da Wehrmacht, bem como sobre o desenvolvimento das indústrias de armamentos ou das armas secretas.

---

[148] Sobre Cícero, ver, entre outros, RUSSELL (F.), *The secret war*, op. cit., p. 187 e ss.

[149] Ver RUSSELL, *Secret war*, op. cit., p. 189.

275

Em consequência de informações cada vez mais precisas confirmadas por fontes suecas, e apesar do ceticismo inicial de lorde Cherwell, o conselheiro científico de Churchill, o Bomber Command decide finalmente executar, aos 17 de agosto de 1943, um ataque aéreo sobre o centro de provas das V1 e das V2 em Peenemünde. Tendo obtido um sucesso relativo, o ataque obriga os alemães a descentralizar essas bases de pesquisa e de fabricação, e a retardar em vários meses a conclusão das armas de represálias.

No mesmo domínio, a instalação, nas costas da Mancha, de rampas de lançamento de V1 "em forma de esqui", assinalada pelas redes e confirmada por reconhecimentos aéreos, dá origem à operação Crossbow, bombardeios maciços efetuados durante três meses, até fevereiro de 1944. No final, esses ataques parecem não ter um alvo, perseguindo ilusões. No lugar das rampas fixas iniciais, os alemães prepararam rampas desmontáveis fáceis de camuflar e invisíveis quando vistas do céu.

As redes de resistência permitem, ainda, aos Aliados, ter uma ideia relativamente precisa das pesquisas alemãs sobre os aviões a jato e os submarinos "elétricos", de tipo XXI ou XXIII – revelações que estão na origem de bombardeios intensos sobre os estaleiros, as fábricas de construção de carrocerias e as vias de comunicação, ou que levam a uma campanha de lançamento de minas magnéticas pela RAF no Báltico. Independentemente de dificuldades de execução, essa campanha se revela eficaz e contribui para retardar a entrada em serviço dos novos U-Boote.

A informação também se acha no centro da batalha dos sistemas de radionavegação que permitem o bombardeio noturno. Desde 1940, os ingleses se esforçam freneticamente, por intermédio de seu serviço de transmissões, para encontrar o meio de interferir nos sistemas alemães X e Y Gerät. A Luftwaffe faz um esforço semelhante a partir de 1942, com diversas oportunidades. Uma batalha do mesmo tipo tem a ver com os radares. No âmbito dessa luta e para demonstrar a eficácia do sistema de detecção Kamhuber, os ingleses executam, na costa francesa, o ataque aéreo de Bruneval, em 27 de março de 1943, que lhes permite apossar-se de peças de um radar tipo Wurzburg.

Embora tenha sido um sucesso, a operação tem poucos resultados, pois só faz confirmar o atraso dos alemães, ainda longe dos radares centimétricos, mostrando assim que o Wurzburg pode emitir numa frequência relativamente larga, o que torna a interferência praticamente impossível. Essa descoberta leva o Bomber Command a recorrer aos Windows, as bandeirolas metálicas que "cegam" os radares por ocasião dos ataques à cidade de Hamburgo em agosto de 1943. Esse procedimento, conhecido dos alemães, que tinham recusado utilizá-lo por temer medidas de represálias, só traz à RAF uma vantagem tática temporária.

O sistema de agentes de informações revela-se, entretanto, uma faca de dois gumes. Durante o verão de 1940, após a vitória sobre a França, o Abwehr esforça-se

A informação

para infiltrar na Inglaterra agentes dotados de aparelhos de rádio. A maioria deles vem de paraquedas, à noite. A experiência, aparentemente conclusiva, traduz-se, na realidade, num monumental fracasso. A maioria dos agentes, em razão de uma preparação insuficiente, ou da vigilância da população, são rapidamente desmascarados. Seguindo um método clássico e eficaz, são convidados a escolher entre a corda ou a traição. Muitos agentes então são cooptados e obrigados a trabalhar para os ingleses, sem que o Abwehr saiba, naturalmente. Fato estranho é que o procedimento revela-se eficaz até 1944, apesar de um funcionamento extremamente delicado.

Batizado como Double Cross, esse procedimento ilustra a dificuldade de todo serviço de informações em não deixar transparecer para o adversário que está ciente da quebra de um código ou de uma defecção. Durante quatro anos, os ingleses se veem obrigados a continuar a transmitir ao Abwehr informações exatas, mas de menor importância, que o Reich, na verdade, pode conseguir por outros meios. Por outro lado, o sistema apresenta vantagens reais. Os agentes de Double Cross incitam a Luftwaffe, durante o verão e o outono de 1940, a atacar objetivos considerados pouco defendidos, levando-a, na realidade, a sofrer severas perdas.

Double Cross permite aos serviços britânicos, sobretudo, seguir a evolução das preocupações alemãs e assistir à passagem de uma estratégia ofensiva a uma estratégia defensiva. As demandas do Abwehr, que de início se concentram sobre os resultados dos ataques sobre a Grã-Bretanha ou sobre a extensão da ajuda dos Estados Unidos, acabam voltando-se para a implantação das forças americanas na Inglaterra e para os preparativos de Overlord.

Enigma coloca problemas semelhantes. Sem utilizar a totalidade das informações, tudo é planejado, até 1944, para que os alemães não suspeitem da quebra de seu código. Na medida do possível, uma precisão acompanha as diretrizes endereçadas aos comboios e aos grupos de escolta a partir de códigos simples suscetíveis de serem decifrados pela Kriegsmarine: "Após contato pelo radar, após reconhecimento aéreo...". A mesma precaução ocorre com relação às informações transmitidas à URSS. Todas as mensagens são acompanhadas de uma justificativa.

O grupo de agentes infiltrados na Inglaterra foi neutralizado ou cooptado? A dúvida persiste com relação a alguns casos complicados. O caso mais interessante diz respeito ao famoso ataque aéreo do Bomber Command sobre Nuremberg, em março de 1944, marcado por um fracasso total e número de perdas acima do normal: de 795 aviões, 94 são abatidos e 59 gravemente avariados. Ao longo dessa noite trágica, a RAF perdeu mais tripulantes do que durante toda a Batalha da Inglaterra.

Ao retornar do ataque, os pilotos afirmarão ter certeza de que os alemães conheciam o objetivo do ataque, que eles haviam concentrado toda a esquadrilha de caça noturna no itinerário dos bombardeiros, deixando totalmente de lado os voos

277

A Segunda Guerra Mundial

de diversão. Somente um "vazamento" importante explicaria uma tal demonstração. Essa versão será confirmada após a guerra pelos pilotos que tinham sido feitos prisioneiros na véspera, e que tinham constatado, no momento do interrogatório, que oficiais da Luftwaffe trabalhavam com um mapa mural em que figurava uma trajetória que conduzia a Nuremberg.[150]

Essa versão choca-se com o ceticismo dos historiadores do Bomber Command e da informação. A derrota de março de 1944 é explicada por considerações naturais e técnicas: um céu anormalmente claro, a utilização pelos alemães de novos radares de bordo e de canhões inclinados em 45% permitindo atacar os bombardeiros no ângulo morto situado sob a fuselagem. Nada prova, assim, a existência de uma informação mais importante transmitida por um agente operando a partir da Inglaterra.

Quanto aos soviéticos, não há nenhuma dúvida de que, bem antes da guerra, o GRU (Diretório de Informação do Exército Vermelho) havia conseguido criar, por intermédio de um judeu polonês, Léopold Trepper, sob a aparência de uma sociedade de importação/exportação, uma rede de agentes particularmente numerosa em Paris, Bruxelas e Amsterdã, que os alemães chamarão de Rote Kapelle. Ao final de 1940, essa "orquestra vermelha" se enriquece com uma rede suplementar, criada por um oficial da Luftwaffe profundamente antinazista, Harro Schulze-Boysen, lotado no ministério do Ar em Berlim.

A partir do final de 1941, o Abwehr se aplica em neutralizar progressivamente essa rede. Vários postos emissores são descobertos em Maisons-Laffitte, Montmartre, Marselha, Amsterdã e Haia. Harro Schulze-Boysen é preso aos 31 de maio de 1942, Trepper em 19 de novembro. No total, 800 agentes são neutralizados, entre os quais alguns são cooptados. Não há dúvida de que essas redes tenham transmitido aos soviéticos informações extremamente importantes sobre a organização militar do Reich e sobre os planos ofensivos de 1942.[151]

Uma rede do GRU, entretanto, parece ter funcionado durante toda a guerra: a de Sando Rado em conexão com o agente Rössler (Lucy). Instalado na Suíça, essa rede fornece à *Stavka*, a prazos espantosamente curtos, informações operacionais de primeira mão. Essas informações teriam sido fornecidas a Rössler pela própria rede de rádio do OKW, graças a uma dezena de oficiais superiores da Wehrmacht totalmente hostis ao nazismo. O OKH está bem ciente desses vazamentos, assim como os serviços especiais. Schellenberg, à frente do SD, o Sicherheitsdienst da

---

[150] A convicção das tripulações do Bomber Command sobre a existência de um "vazamento" é contestada pelos historiadores britânicos, principalmente por Hinsley (F. H.), *British intelligence in the Second World War*, 4 vol., Londres, Her Majesty Stationery's Office, 1979, vol. 3, parte 1, p. 565 e ss.

[151] Perrault (Gilles), *L'Orchestre rouge*, Paris, 2. ed. 1989.

A informação

SS, declara: "Há um homem que lê por trás dos ombros do Führer e que informa os russos."[152]

A eficácia de Lucy coloca o problema da oposição no seio do III Reich e da Wehrmacht, assim como o do papel do almirante Canaris, o chefe do Abwehr. Personagem enigmático e inatingível, Canaris teria fornecido aos Aliados, segundo algumas versões e por intermédio de um de seus grandes subordinados, o general Oster, informações destinadas a abortar algumas operações, com o objetivo de frear a megalomania de Hitler. Canaris teria igualmente agido por ódio ao SD. Apesar do apoio do marechal Keitel, o almirante será preso logo após o complô de 20 de julho e executado em abril de 1945. Um fato é inquietante. Depois da repressão ligada ao fracasso da tentativa de assassinato de Hitler, os serviços de informações aliados parecem ter sido vítimas de uma queda considerável no volume de suas informações.

Quanto ao Japão, é certo que, na véspera da ofensiva do sudeste asiático, uma notável rede de informantes teria sido estabelecida em Cingapura e, em particular, em Pearl Harbor. O cônsul nipônico em Honolulu está então em condições de enviar, com uma espantosa regularidade, uma massa considerável de informações a respeito da enseada de Pearl Harbor e da localização dos navios de guerra americanos. Todos os pilotos nipônicos abatidos aos 7 de dezembro têm em seu poder mapas extremamente precisos sobre o casco e a ancoragem dos encouraçados. O cônsul japonês, entretanto, estava sob a vigilância dos serviços americanos. Mas essa vigilância limitava-se a suas comunicações telefônicas, totalmente desprovidas de interesse por não irem além da conversação mais banal.[153]

Durante a Batalha de Guadalcanal, os americanos puderam igualmente beneficiar-se do sistema de vigilância das costas, elaborado no período do entre-guerras pelo governo australiano, nas ilhas Salomão e em Nova Guiné. Muitos funcionários, proprietários de plantações e mesmo missionários dispõem de aparelhos de rádio com um alcance de 600 km em fonia e 1,2 mil km em morse. Estão em condições de transmitir ao comando americano informações sobre os movimentos das forças adversas na origem de interceptações do famoso Express of Tokyo, navios rápidos que faziam a ligação noturna entre a base de Rabaul e Guadalcanal. Do mesmo modo, estão em condições de salvar pilotos ou náufragos aliados, como os membros da tripulação da lancha de J.F. Kennedy abordada e afundada no meio da noite por um destróier japonês.

---

[152] VADER (Jones), *The Lucy Spy Ring*, Purnell and Sons, vol. 4, n. 5; ACCOCE (P.) e QUET (P.), *La Guerre a été gagnée en Suisse*, Paris, Librairie Acad. Perrin, 1966.

[153] ALLEN (Louis), "Japan's spy network", *Second World War*, Purnell and Sons, vol. 8, n. 3.

Além dos códigos e dos agentes, também não se pode deixar de lado o enorme trabalho efetuado pela aviação de reconhecimento. A partir de 1941-1942, as forças beligerantes, em lugar de aparelhos lentos e vulneráveis, utilizam cada vez mais aviões-caça dotados de câmeras de alta definição. Nesse particular, os Aliados levam vantagem, em razão da progressiva superioridade aérea que limita as possibilidades de penetração da aviação nipônica ou alemã a incursões noturnas. Para superar esse inconveniente, a Luftwaffe desenvolve máquinas fotográficas que utilizam filmes de alta sensibilidade associadas a holofotes. No Pacífico, os submarinos americanos, em emboscada na entrada ou na saída de passagens obrigatórias, desempenham um papel capital de observação. Apesar do silêncio do rádio observado pela frota nipônica, eles assinalam movimentos mais intensos na véspera da Batalha das Marianas ou da Batalha de Leyte.

Não há dúvida de que a informação teve um papel fundamental em certos momentos decisivos da guerra. Os alemães se beneficiam, de início, de uma posição favorável que, no entanto, deteriora-se progressivamente a partir de 1942. Há muitas razões na origem dessa deterioração.

Paradoxalmente, os alemães são vítimas da extensão de suas vitórias, e os Aliados, como já foi dito, puderam explorar ao máximo os recursos das resistências que se formaram continuamente nos territórios ocupados. Ingleses e americanos também progrediram muito mais rapidamente que seus adversários no domínio da decifragem e das calculadoras. Essa vantagem lhes permitiu compensar muitas deficiências no plano tático ou no comando. Midway e El Alamein, de certa maneira, são vitórias da informação. É mesmo de espantar que os Aliados não tenham aproveitado melhor uma vantagem tão importante.

Na realidade, a informação constitui apenas um dos elementos da condução da guerra. É preciso dispor de meios que possam tirar partido desses elementos. Isso pode ser constatado no início da Guerra do Leste. Em muitas ocasiões, em 1941 ou em 1942, os alemães tiveram a desagradável surpresa, logo após suas grandes vitórias, de descobrir, nos arquivos do estado-maior do Exército Vermelho, a cópia da ordem das operações que acabavam de ser executadas. Nessa ocasião, as forças soviéticas ainda não dispõem de qualidade operacional para explorar indicações desse tipo. Nos anos seguintes, já não é assim.

Nas Marianas, os japoneses, avisados da manobra americana, acreditam poder travar e ganhar a batalha pensada, amadurecida, preparada desde os anos 1930. O episódio termina numa indiscutível derrota, ligada a toda uma série de fatores não só operacionais, mas também técnicos, e principalmente aos progressos alcançados pelos americanos no domínio da detecção por radar e da aviação embarcada, além daqueles da DCA pesada e de repetição.

A informação

Ao longo da Batalha do Atlântico, a informação tem um papel capital, mas de caráter muito diferente segundo as épocas e o desenvolvimento dos meios aliados. Em 1941, a quebra do código Enigma tem uma função preventiva, pois permite que os ingleses derrotem os comboios, evitem as emboscadas das alcateias e frustrem os alemães com êxitos expressivos, da ordem de 2 milhões e 500 mil toneladas. Em 1943, a informação intervém num plano ofensivo, em virtude da abundância dos meios, de uma cobertura aérea completa e da utilização de aparelhos de detecção como o *huff-duff* e o radar centimétrico.

Com raras exceções, como Midway, a informação raramente é completa. O desembarque de 6 de junho de 1944 na Normandia é um bom exemplo disso, apesar de uma coleta colossal de informações provenientes de fontes extremamente diversificadas: Enigma, reconhecimento aéreo, ataques de comandos, relatórios fornecidos pelas redes de resistência. Mesmo assim, as tropas aliadas deparam-se, no Dia D, com sérios imprevistos ligados a deficiências ou erros dos serviços especiais.

Os Rangers americanos efetuam um assalto difícil na ponta do Hoc, a fim de constatar que a bateria que eles devem neutralizar foi retirada muitos dias antes para o interior e que ela só comporta canhões franceses de 155, do final da Primeira Guerra Mundial. O assalto aerotransportado britânico contra a bateria de Merville só atinge, contrariando todas as expectativas, simples canhões de 75 incapazes de alcançar as praias do desembarque, como temia o comando aliado.

Em Omaha, os americanos têm a desagradável surpresa de ter de enfrentar a resistência feroz de dois regimentos da 352ª divisão de infantaria, uma excelente unidade de capacidade combativa bem superior à da 716ª, que esperavam encontrar no local. O desastre só foi evitado por volta de meio-dia, pelos tiros de destróieres próximos à costa, pela intervenção da aviação tática e pelo heroísmo de um punhado de oficiais que conseguem resgatar seus homens.

Igual desventura ocorre no percurso de duas divisões americanas aerotransportadas. Apesar das operações de reconhecimento aéreo e apesar de uma série de outras indicações, centenas de infelizes paraquedistas encontram uma morte horrível nas pradarias inundadas da região de Carentan. A informação aliada revelou-se ainda incapaz de situar com exatidão o lugar onde se encontravam duas divisões blindadas, a 21ª Panzer, nas proximidades de Caen, e a Panzer Lehr, ao sul de Chartres. Se o comando alemão tivesse sido mais rápido em recuperar-se do susto, essas duas divisões poderiam ter agido nas primeiras horas da manhã do Dia D.

A informação pode também deparar-se com uma muralha de ceticismo, com ideias preconcebidas ou associar-se a uma manobra de desinformação do adversário. De fato, um comando pode, com razão, ter dúvidas com relação a uma fonte espetacular de informações. A *posteriori*, pode-se estranhar a inconsciência dos

281

estados-maiores aliados que desprezaram, no início de abril de 1940, indicações preocupantes que previam uma operação alemã na Noruega. Para o almirantado britânico, essas informações dão conta apenas de um ataque de grande envergadura desencadeado no Atlântico por um grupo de grandes navios de superfície da Kriegsmarine.[154]

Também é desconcertante o ceticismo do alto-comando francês, na mesma época, sobre a possibilidade de um ataque alemão mais concentrado no centro, no eixo Sedan-Abbeville, em virtude de informações inquietantes obtidas pelo 1º Bureau e provenientes de fontes variadas na Bélgica e na Suíça. Essa perspectiva choca-se com a convicção solidamente estabelecida de que as Ardenas são "impermeáveis" aos blindados, e que o rio Meuse constitui um fosso antitanque intransponível.[155]

Através de uma literatura abundante, descobre-se que o ceticismo também tem a ver com a surpresa do Kremlin aos 22 de junho de 1941 ou com a dos Estados Unidos por ocasião de Pearl Harbor e do ataque brutal às Filipinas. Indícios não faltaram, até mesmo nos últimos momentos, mas os dirigentes soviéticos ou americanos, uma vez mais, ficaram presos a ideias preconcebidas. Para Moscou, o clima não é propício e a tensão se relaxa após 15 de junho. Em Washington, o desprezo manifesto com relação ao Japão explica a falta de vigilância. Tanto de um lado quanto de outro, o despertar é mais uma vez brutal.

A opacidade de um sistema também tem sua importância. Um segredo rigoroso particularmente impermeável às investigações dos ocidentais envolve as estruturas industriais e militares do Japão. Durante a Guerra da China, a marinha e o exército nipônicos só utilizam materiais antigos. As grandes manobras efetuam-se fora do alcance de qualquer observação estrangeira. É com grande espanto que os americanos descobrem, por ocasião dos ataques de Pearl Harbor ou das Filipinas, a existência de novos materiais, como o avião de caça embarcado Zero ou os aviões de assalto Kate e Aichi Val, cuja existência eles se recusaram a admitir.

A surpresa alemã na Rússia é do mesmo teor, quer se trate da abundância dos materiais ou da existência de tanques revolucionários como o KV1 e, principalmente, o T34. Por ocasião do encontro com Mussolini em Rastenburg, aos 25 de agosto de 1941, num momento em que a vitória da Wehrmacht no leste ainda é uma certeza, Hitler não consegue disfarçar uma surda inquietação, motivada pelas carências de seu serviço de informações.

> Pela primeira vez desde o início do conflito, o Abwehr não funcionou. Não me foi revelado que a Rússia dispõe de um exército perfeitamente equipado

---

[154] KERSAUDY (F.), *1940, La Guerre du fer*, op. cit., p. 81 e ss.

[155] BAUER (Ed.), *Histoire controversée de la Seconde Guerre Mondiale*, Rombaldi, 1966. t. II, p. 232 e ss.

em todos os sentidos, formado em sua maior parte por homens fanáticos que, apesar de sua heterogeneidade, empenham-se ferozmente numa luta às cegas. Em seu conjunto, o exército bolchevique pode ser considerado formado por duas grandes massas: uma, predominante, de camponeses que combatem com uma inconsciência obstinada, outra formada por uma maioria de operários que acreditam no veneno marxista e lutam com fanatismo. Por razões opostas, todos combatem até o último homem, os primeiros por uma ignorância bárbara, os segundos levados pelo fanatismo místico do comunismo.[156]

Quanto aos soviéticos, ainda se mostram céticos na primavera de 1942. Apesar dos avisos ingleses extremamente precisos, a Stavka continua convencida de que a nova ofensiva alemã visa somente à região de Moscou, onde se acha concentrado o grosso do Exército Vermelho. O ataque da Wehrmacht em direção a Voronej ainda não afasta essa hipótese. É somente ao final de julho, quando a ofensiva alemã avança na direção da curva do Volga e do Kuban, que o comando soviético e Stalin, naturalmente, admitem que o centro de gravidade do esforço inimigo localiza-se ao sul da frente de batalha. Os agentes soviéticos operando no oeste e principalmente na Suíça parecem ter falhado a esse respeito, a menos que suas informações, também nesse caso, tenham enfrentado um profundo ceticismo.

Uma derrota pode proceder ainda de um tratamento errôneo da informação ou de uma confiança excessiva num sistema de informações. O episódio de Arnhem ilustra com perfeição esse primeiro ponto. O fracasso não parece estar ligado a uma falha em si dos serviços aliados. Esses serviços assinalam corretamente a presença, nas vizinhanças de Arnhem, bem antes do início da operação Market Garden, das 9ª e 10ª Panzers SS e do posto de comando do marechal Model. Mas os estados-maiores aliados, ainda prisioneiros da euforia da vitória na Normandia, não acreditam no valor operacional de duas unidades severamente desfalcadas no cerco de Falaise. Grave erro. As duas unidades SS foram muito menos afetadas do que o previsto. Elas recebem reforços em homens e em material, e demonstram uma combatividade e uma agressividade praticamente intactas. Outros fatores explicam ainda esse fracasso, como a espantosa capacidade de improvisação de Model, as dificuldades dos britânicos na transmissão por rádio ou a piora das condições atmosféricas.

A confiança excessiva na informação pode dar origem a fracassos de outra ordem. Em fevereiro de 1943, em Kasserine, uma ofensiva de Rommel surpreende

---

[156] BRISSAUD (A.), *Mussolini*, Paris, Perrin, 1983, t. II, p. 193.

A Segunda Guerra Mundial

as tropas americanas, e Eisenhower escapa por pouco de um desastre na Tunísia. Essa confusão se deve a vários fatores: um comando ainda incipiente, tropas pouco aguerridas em confronto com formações de veteranos e, principalmente, o silêncio de Enigma. Agindo com prudência após as derrotas de Alam el-Halfa e de El Ala- mein, Rommel multiplicou os procedimentos de segurança e reduziu ao máximo o uso do rádio. Essas precauções esgotaram uma fonte de informações essencial e amorteceram a vigilância do comando americano.

Depois de quase 2 anos, em 16 de dezembro de 1944, o mesmo roteiro se renova. A ofensiva de von Rundstedt pega no contrapé os americanos e coloca os exércitos aliados, por cerca de 15 dias, numa situação mais do que desconfortável. A surpresa, ainda nesse caso, deve-se a vários fatores, entre os quais o cansaço das tropas americanas, a qualidade tática dos alemães e, principalmente, uma confiança excessiva do comando americano. Como em Kasserine, a ofensiva para a "salvação da pátria" é objeto de uma preparação minuciosa e de medidas de segurança dra- conianas, associadas a um uso extremamente reduzido do rádio.

Ao longo do mês de novembro e ainda em dezembro, o comando americano só recebe informações fragmentadas, contraditórias e sem grande significação. Certamente a retirada das divisões blindadas da frente de batalha não passa des- percebida, mas é interpretada como uma prova adicional da fadiga do exército alemão. Algumas interceptações poderiam ter sido objeto de uma análise melhor, como as mensagens a respeito do tráfego ferroviário ou a ordem de 12 de dezem- bro, em que todos os oficiais da zona do Eifel foram convidados a suspender as emissões de rádio. Mas o tema do esgotamento da Wehrmacht continua a obcecar os estados-maiores aliados.[157]

Um comando pode ainda ser vítima de informações errôneas provenientes de seus próprios serviços. O fracasso de muitas operações lançadas por Hitler na Frente Oriental a partir de 1943 deve-se a esse fator. Por razões diversas e princi- palmente pelo cuidado em dissimular os fracassos e as perdas excessivas, muitos comandantes de grandes unidades aumentam artificialmente o número de efetivos e transmitem dados muito distantes da realidade. É uma situação que explica o cuidado constante de Hitler em se informar de maneira precisa, recebendo e in- terrogando longamente jovens oficiais vindos da frente de batalha.

Não se pode deixar de abordar, no âmbito da informação, os problemas da desinformação. Nesse ponto, os ingleses aparecem como verdadeiros artistas. Uma

---

[157] BUTTON (Robert E.), "Ultra sur le théâtre européen", *Revue de la Seconde Guerre Mondiale*, op. cit., n. 133, 1986/1, p. 50.

284

A informação

primeira tentativa se manifesta em julho de 1943, num momento em que o comando alemão, convencido da iminência de desembarques aliados no Mediterrâneo, reforça constantemente suas tropas na Itália e nos Bálcãs. Para tentar bloquear esse movimento, os ingleses efetuam uma manobra de desinformação em grande estilo, a fim de incitar o OKW a acreditar numa outra operação anfíbia iminente na França e levar a Luftwaffe a uma batalha decisiva sobre a Mancha.

A manobra põe em jogo uma quantidade de meios: reunião de chalanas de desembarque nas costas britânicas, concentração de tropas no litoral sudeste da Inglaterra, recrudescência da atividade dos movimentos de resistência, quer se trate de mensagens, de sabotagens ou de atentados. Por fim, a aviação aliada manifesta uma atividade intensa no norte da França. Mas esse sistema não atingiu o alvo. O comando alemão não se deixa enganar por tais subterfúgios, como destacará von Rundstedt. Hitler deixa apenas 37 divisões na França, das quais uma grande proporção é de qualidade duvidosa.

Por outro lado, a operação Mincemeat desencadeada algumas semanas antes consegue um sucesso completo. O submarino britânico Seraph põe ao mar, aos 30 de abril de 1943, ao longo de Huelva, na Espanha, o corpo de um oficial britânico, o capitão W. Martin, usando um colete salva-vida; segundo todas as evidências, ele foi vítima de um acidente de avião ao longo das Baleares, a caminho de Argel. A tiracolo, o cadáver traz uma pasta cheia de documentos relacionados aos preparativos de um desembarque na Grécia.[158]

O corpo é recolhido pelos espanhóis, e os documentos transmitidos aos alemães que caem na armadilha montada pelos serviços britânicos. Após identificar o que não passa de um cadáver anônimo congelado, dotado de uma identificação militar fictícia, o OKW envia reforços para a Grécia, principalmente uma divisão blindada para o Peloponeso, e deixa de lado a Sicília, objeto da ofensiva aliada.

Um sucesso total também para a manobra diversionária Bodyguard, ligada ao desembarque da Normandia, que põe em ação uma equipe especial, a LCS (London Controlling Section), dirigida por dois oficiais, o coronel J. Bevan e o tenente-coronel R. Wingate. Em função dos reforços consideráveis proporcionados pelo OKW ao final de 1943, os quais incluem cerca de 60 unidades no oeste, entre as quais 10 Panzers, o objetivo da LCS é duplo.

Primeiramente, deixar pairar uma incerteza sobre o desembarque, ou antes, fazer crer aos alemães que esse desembarque será associado a operações de despis-

---

[158] Sobre a operação "Mincemeat", ver DEAKIN, L'Axe brisé, op. cit., p. 367 e ss.; e RUSSELL (F.), The secret war, op. cit., p. 184 e ss.

285

tamento ao norte da Noruega (Fortitude nord), dos Bálcãs (Zeppelin), em conexão com uma última operação iminente no sul da França. Em seguida, fazer crer que o desembarque na França ocorrerá ao norte do Sena, ou pelo menos que a operação da Normandia será seguida de um segundo desembarque de ambos os lados do estuário do Somme ou mesmo em Pas-de-Calais (Fortitude sud).

Diferentemente da manobra do ano anterior, o sucesso, dessa vez, é total, e põe em cena, uma vez mais, todo um conjunto de meios, como os agentes duplos do Double Cross ou os recursos da resistência.

Numerosos aquartelamentos são instalados a leste da bacia de Londres, enquanto falsas embarcações são atracadas a leste da ilha de Wight. Os reconhecimentos aéreos ao norte do Sena ou na Bélgica são duas vezes mais numerosos do que na Normandia. As baterias costeiras a oeste do porto de Le Havre são particularmente visadas. A destruição sistemática das pontes do Sena, com exceção daquelas de Paris, e o bombardeio das estações de trem do norte tem, naturalmente, o objetivo de isolar a Normandia, podendo ser interpretados como o prelúdio a um desembarque ao norte de Le Havre. Em razão dos subterfúgios no domínio das transmissões, Rommel acaba chegando à conclusão, em 21 de maio, de que "a localização do QG de Montgomery, ao sul de Londres, confirma que o centro de gravidade das forças aliadas encontra-se no sul e no sudeste da Inglaterra".

Há um elemento importante que facilita o sucesso nesse caso: o erro cometido pelo Abwehr e pelo SD sobre a extensão dos efetivos aliados no Mediterrâneo e na Inglaterra, avaliados em 71 e 90 divisões, e não 38 e 40. Erro ligado a uma falsa apreciação não das possibilidades das tropas americanas, mas do exército britânico.[159]

De todo modo, o êxito de Bodyguard é total. Às vésperas do Dia D, na incerteza das intenções aliadas, o OKW mantém 17 divisões na Escandinávia e 26 no sudeste da Europa, entre as quais muitas são de excelente qualidade. Pouco antes de Overlord, Rundstedt e Rommel estão convencidos de que o ataque aliado ocorrerá ao norte do Sena. Convicção esta sustentada por diferentes razões aparentemente sólidas. O Pas-de-Calais constitui a rota mais curta em direção à Alemanha; é nesse setor que são edificadas as rampas de lançamento de V1. São muitos os generais que acreditam que um desembarque se assemelha à transposição de um grande rio, no lugar mais estreito, onde o apoio aéreo poderá exercer-se com o máximo de intensidade. O comando da marinha no oeste manifesta reservas expressas

---

[159] Bom resumo da operação Bodyguard, prelúdio ao desembarque da Normandia, em RUSSELL (F.), *The secret war*, op. cit., pp. 195-201; e WILMOT (Chester), *Victoire en Europe*, Paris, Perrin, 1964, t. II, p. 269 e ss.

A informação

quanto à possibilidade de uma operação ao longo do estuário do Sena, em razão das correntes e dos recifes.

Alguns indícios, entretanto, vão de encontro a essa tese. Reconhecimentos aéreos noturnos associados a holofotes revelam a amplidão do dispositivo aliado no lado oeste da ilha de Wight. Após uma análise detalhada do sistema de transmissões aliadas, o Funkabwehr chega à conclusão de que o centro de gravidade da operação anglo-americana abrange o setor Plymouth-Portsmouth e que o desembarque se efetuará na zona Cherbourg-Caen.[160]

Essas informações recebem a atenção de Hitler. Logo após o conflito, todos os chefes alemães reconhecerão que o Führer fora o único a ter uma visão correta. Se Rundstedt não está convencido, Rommel está abalado e, a partir do mês de maio, dá uma atenção maior ao melhoramento das defesas da costa da Normandia, até então negligenciadas. Ainda em abril, 7 divisões, entre as quais apenas uma é blindada, encarregam-se da defesa do setor compreendido entre o Sena e Avranches. Durante o mês de maio, o 84º batalhão do general Marcks é reforçado pela 91ª DI no Cotentin, por um regimento de paraquedistas em Carentan e por uma brigada móvel em Saint-Lô. A excelente 352ª DI, empurrada para a costa do Calvados a oeste de Bayeux, assume uma parte do setor da 716ª. Enfim, a 21ª Panzer se estabelece ao sul de Caen, enquanto a Panzer Lehr, a melhor divisão blindada do exército alemão, se instala na região de Chartres. Os temores dos Aliados são vãos; os alemães não conseguiram descobrir o segredo de Overlord. A tarefa do Dia D, no entanto, será complicada por esses reforços de última hora.

Depois de 6 de junho, diante da importância dos efetivos atribuídos aos Aliados, Hitler, assim como todos os seus generais, viverá durante semanas a expectativa de um desembarque ao norte do Sena. Assim é que, aos 26 de junho, enquanto 25 grandes unidades desembarcaram na França, apenas 21 divisões permanecem na Grã-Bretanha, entre as quais 6 ainda estão em treinamento, o que leva o 2º Bureau do grupo do exército B a considerar que "o inimigo utiliza entre 27 e 31 divisões na cabeça de ponte e uma grande quantidade de tropas de GQG... Existem na Inglaterra 67 outras grandes unidades, das quais 57, no mínimo, podem ser utilizadas para uma operação de grande envergadura". Por outro lado, sobre as indicações fornecidas pela marinha, o comando alemão tem uma ideia falsa da capacidade dos navios de desembarque aliados, avaliada em 15 ou 20 divisões. Os Aliados têm ainda a possibilidade, segundo ele, de desembarcar de 9 a 14 divisões, enquanto a totalidade da frota de transporte é utilizada para o abastecimento da cabeça de ponte.

---

[160] Sobre esse êxito notável do Funkabwehr, ver BROWN (Anth), *La Guerre secrète*, op. cit., t. II, p. 152 e ss.

A Segunda Guerra Mundial

É por isso que Rommel escreve a Rundsted aos 19 de junho:

> A julgar pelo grupamento das forças inimigas e de acordo com as possibilidades táticas e técnicas, é preciso preparar-se para um desembarque de grande envergadura em ambos os lados do cabo Gris-Nez ou então entre o rio Somme e Le Havre. Esse novo desembarque poderia ser montado de modo a coincidir com a ofensiva geral partindo da cabeça de ponte normanda, com a região de Paris como objetivo comum.*

Em 26 de junho, o marechal ainda mantém a mesma opinião: "É preciso preparar-se", diz ele, "para uma investida na direção de Paris partindo do norte e do noroeste de Caen, em conexão com um desembarque em grande estilo entre o Somme e Le Havre". A convicção de Rommel é então compartilhada por Keitel, Jodl e o almirante Dönitz, que acelera o lançamento de minas entre Le Havre e Ostende. O desembarque ao norte do Sena chega a ser esperado com impaciência. O OKW, tanto quanto Rommel, acredita que o lançamento das bombas voadoras, que teve início na noite de 12 para 13 de junho, "incitará o adversário a empreender um segundo desembarque no norte da França". Uma vez impedido o desembarque, será possível utilizar as divisões do 15º Exército para fazer os Aliados voltarem para o mar entre o rio Orne e o Cotentin.[161]

Todas as divisões de infantaria enviadas à Normandia como reforço são oriundas da Bretanha, do sul da França e mesmo da Noruega. É somente no início de agosto que o comando alemão deixará de acreditar na possibilidade de uma segunda operação anfíbia.

Sem dúvida alguma, Overlord demonstra com perfeição a extraordinária capacidade de ação dos serviços especiais cuja extensão ampliou-se progressivamente durante a guerra. O caso dos Estados Unidos, a esse respeito, é revelador. Ao final do conflito, o OP-20-G da marinha, instalado desde fevereiro de 1943 no Mount Vernon Seminary, um antigo liceu particular localizado perto de Washington, emprega 5 mil pessoas, em vez de uma centena, como em dezembro de 1941. Esses efetivos não incluem as unidades de Pearl Harbor e de Melbourne.

Instalado próximo a Washington, em Arlington Hall, na outra margem do Potomac, o Signal Intelligence Service do exército também passa pelo mesmo tipo de aumento no número de efetivos. Igualmente encarregado da decifração dos códigos do exército e da marinha japoneses, também tem a inteira responsabili-

---

* N. E.: Sem referência bibliográfica no original.
[161] WILMOT (Ch.), *Victoire en Europe*, op. cit., t. II, pp. 154-155.

dade do tráfego diplomático nipônico (operação Magic). Ainda no domínio das cifragens, o FBI, em conexão com a marinha, é encarregado da interceptação das emissões de rádio clandestinas.

No mesmo domínio, MacArthur acaba desenvolvendo, por seu turno, um centro de escuta de rádio, o Bureau Central, que atinge mil pessoas ao final de 1943 e 4 mil durante o verão de 1945. Vigiado pelo general Sutherland, o chefe de estado-maior de MacArthur, esse setor consegue decifrar códigos cada vez mais importantes, sem alcançar, entretanto, a eficácia dos serviços do exército e da marinha em Washington e no Havaí.

Além da escuta pelo rádio e da decifração, outros serviços surgem durante a guerra. No Pacífico Central, feudo de Nimitz, o Joint Intelligence Center constitui um polo de informações para todas as forças armadas. Esse JIC é responsável pela interpretação das fotografias aéreas, pelo interrogatório dos prisioneiros e pela documentação tomada do inimigo. Só a campanha de Saipan fornece 50 toneladas de documentos. No sudoeste do Pacífico, área de MacArthur, o Allied Intelligence Bureau tem essa mesma função. Ao mesmo tempo que dá suporte às atividades clandestinas nos territórios ocupados pelos japoneses, coordena a ação do sistema de vigilância costeira australiano.

Além desses serviços, há o Office of Strategic Services, dirigido pelo coronel Donovan a partir de junho de 1942, colocado sob a tutela dos estados-maiores reunidos. Apesar de críticas severas por engajar universitários ou membros do *establishment*, assim como por abranger um conjunto de atividades considerado muito vasto e contraditório – espionagem, sabotagem, guerrilha e guerra psicológica –, o OSS tem sucesso no norte da África, às vésperas da operação Torch, e no Extremo Oriente, na China, na Birmânia ou na Tailândia.

Todos esses serviços, como já foi dito, devem lidar constantemente com a questão irritante da proteção das informações obtidas e lutar contra a negligência de alguns setores, principalmente com o estado-maior de MacArthur. A exemplo do que ocorre na Inglaterra, a imprensa é incentivada a dar o máximo de publicidade à eficácia do reconhecimento aéreo e naval.

A intromissão de jornalistas nos estados-maiores tem, entretanto, efeitos negativos. Logo após Midway, o *Chicago Tribune*, que não se caracteriza pela discrição, revela a seus leitores que a US Navy sabia com antecedência, e em detalhes, da importância e do dispositivo das forças japonesas. O artigo é assinado por um correspondente de guerra que pôde consultar, graças à amizade de um oficial de marinha, uma cópia do plano de operações de Yamamoto, tal como havia sido decifrado pelos serviços americanos. Em duas ocasiões, ainda, um comentarista político bastante conhecido revela pelo rádio que a marinha está informada de

289

A Segunda Guerra Mundial

todos os movimentos da frota japonesa. Apesar da ira dos analistas da Navy, não há evidências de que a modificação radical efetuada nos códigos japoneses após Midway tenha tido origem nessas indiscrições.[162]

De todo modo, a inflação dos serviços de informações é a mesma em todos os países, quer se trate do MI5 (informações) ou do MI6 (contraespionagem) britânicos, do NKVD e do GRU soviéticos, ou do SD alemão, que acaba por absorver o Abwehr após o atentado do 20 de julho.

A informação não se limita ao adversário. Abarca também os Aliados, por diferentes razões. Antes mesmo de Pearl Harbor, trocas de informações entre ingleses e americanos são constantes. Após o ataque japonês, essas informações são compartilhadas, havendo uma espécie de distribuição de tarefas. Os americanos concentram o essencial de seus esforços no Pacífico e no Extremo Oriente, enquanto os ingleses dominam o teatro europeu. A informação tem ainda um papel capital durante os debates estratégicos entre os dois Aliados.

Os dossiês de Alan Brooke a favor de uma estratégia periférica e da primazia do Mediterrâneo são mais temíveis pelo fato de serem respaldados por sólidas informações. Essas informações demonstram que a ação aliada no sul da Europa resulta em reforços constantes das tropas alemãs no sul da França, na Itália e nos Bálcãs, em detrimento da Frente Oriental.

Demonstração que é uma faca de dois gumes, pois estaria na origem – fato intrigante – do primeiro plano Bodyguard de julho de 1943. Além disso, se o dispositivo da Wehrmacht na França mantém-se constante em valor absoluto, ele se enfraquece no plano qualitativo. Paradoxalmente, essa situação segue a estratégia de Marshall, que se baseia num desembarque na França em 1943.

Com a URSS, ao contrário, a informação é em sentido único. Depois de Kursk, uma vez assegurados da recuperação do Exército Vermelho, os ingleses não mais fornecem informações à Stavka, por falta de reciprocidade, apesar da insistência em obtê-la. No mesmo sentido, os britânicos nunca revelam a natureza de suas fontes e guardam um silêncio total sobre Ultra. Recusarão, ainda, alegando ignorância, revelar o modo de funcionamento de uma máquina Enigma de que os soviéticos haviam conseguido apoderar-se.

Por outro lado, em virtude das numerosas missões militares e econômicas enviadas para a Grã-Bretanha e para os Estados Unidos, graças ao empréstimo que lhe foi concedido, a URSS não terá dificuldades em estabelecer ou mesmo reforçar seus serviços de informações nas grandes democracias. Essas redes contarão com

---

[162] SPECTOR (R.), *La Guerre du Pacifique*, op. cit., p. 339.

A informação

agentes como Fuchs e vários outros no âmbito do plano Manhattan, ligado à pesquisa e à elaboração da bomba atômica, infiltrando-se no Departamento de Estado com Algier Hiss, em particular, assim como no MI6 britânico ou no SIS (Secret Intelligence Service) através do célebre Philby. Fato pouco conhecido, os ingleses, para enriquecer sua documentação sobre a URSS, não hesitarão em recorrer aos alemães. O general Gehlen, encarregado das relações com os exércitos aliados no leste, transmitirá, assim, indicações aos britânicos sobre o Exército Vermelho via Ancara.

Finalmente, a informação mudou o curso da guerra? Essa é uma indagação que está na origem de comentários intermináveis. De todo modo, qualquer que seja seu valor, a informação não é mais do que um elemento da manobra ou da batalha, que se integra à relação de forças, à qualidade do comando, à capacidade comunicativa das tropas, ou mesmo ao acaso. Mas uma coisa é certa: a informação foi um fator favorável aos Aliados e acelerou a conclusão da guerra. Desempenhou um papel capital em várias ocasiões, como em Moscou ou Midway. Enfim, revelou-se um fator decisivo para duas operações que determinaram a conclusão do conflito.

Basta lembrar que, durante a Batalha do Atlântico, a persistência de uma porcentagem elevada de perdas, em 1942, teria bloqueado o desenvolvimento da estratégia aliada, que teve seus recursos em tonelagem usados ao extremo até o final do conflito. Sem o êxito da segunda versão de Bodyguard, o desembarque da Normandia teria resultado, muito provavelmente, senão num fracasso total, na melhor das hipóteses num marasmo, ou mesmo teria sido pura e simplesmente anulado, se as forças reunidas pela Wehrmacht na França tivessem atingido um nível proibitivo. Levando-se em conta esses dois fatores essenciais, a resposta à indagação acima, afinal, só pode ser positiva.

QUARTA PARTE

ECONOMIA, MORAL E COMANDO

Das armas e dos exércitos

O êxito das operações deve-se naturalmente às estratégias e às táticas adotadas. Decorre, do mesmo modo, da quantidade de efetivos, da importância e da qualidade dos materiais. Constatação que é uma banalidade, mas que coloca o enorme problema das economias de guerra. Estas procedem do potencial demográfico e industrial, da extensão dos recursos naturais, mas também, o que costuma ser negligenciado, da orientação dada ao esforço militar. Ninguém ignora que, durante a Segunda Guerra Mundial, alemães e soviéticos privilegiavam o exército, enquanto os anglo-americanos privilegiavam a marinha e a aviação. Considerações estratégicas estão na origem dessas escolhas.

A implementação das economias de guerra traz uma dificuldade a ser enfrentada: promover um equilíbrio satisfatório entre as armas e os exércitos. Há dois obstáculos a evitar: uma mobilização excessiva associada a um armamento insuficiente, ou então, inversamente, uma produção intensa de armas que ultrapassa as capacidades de absorção das forças armadas.

Trata-se de um problema novo, específico dos grandes conflitos do século XIX e mais ainda do século XX. Na época moderna, com efeito, os exércitos, associados em sua maioria a corpos profissionais, dispõem de efetivos reduzidos. Os grandes Estados ignoram as mobilizações que perturbam a vida econômica. Quanto ao armamento, continua relativamente sumário, tendo uma evolução lenta.

Apenas a marinha apresenta problemas sérios. Qualquer que seja o modo de recrutamento adotado, as marinhas em tempo de guerra mobilizam a quase totalidade dos homens do mar, arriscando, senão paralisar, pelo menos perturbar a pesca, a cabotagem ou a grande navegação.

A construção e o armamento dos navios colocam ainda o problema, sempre difícil, das provisões em "munições navais": madeira, betume, cânhamo e linho. Por ocasião dos grandes conflitos europeus dos séculos XVII e XVIII, esses recursos vêm essencialmente dos países escandinavos e estão na origem de lutas acirradas

A guerra marítima vem acompanhada do bloqueio que pode paralisar gravemente as trocas e trazer consequências desastrosas para a atividade dos portos, para as indústrias e mesmo para a vida cotidiana. A pirataria desregrada que agia até meados do século XIX permitia, geralmente, compensações substanciais e a manutenção indireta das trocas tradicionais.

pela liberdade das comunicações no mar do Norte e no Báltico. Os arsenais com suas diferentes oficinas, que empregam milhares de operários, identificam-se como as grandes empresas da época.

A guerra marítima vem acompanhada do bloqueio que pode paralisar gravemente as trocas e trazer consequências desastrosas para a atividade dos portos, para as indústrias e mesmo para a vida cotidiana. A pirataria desregrada que agia até meados do século XIX permitia, geralmente, compensações substanciais e a manutenção indireta das trocas tradicionais.

Uma primeira economia de guerra só aparece a partir dos conflitos da Revolução e do Império. A convocação em massa praticada na França em 1793-1794 perturba a vida econômica e acarreta déficits de mão de obra. As fábricas de armas, canhões e fuzis assumem uma magnitude nunca vista e vêm acompanhadas de uma busca de salitre, de metal (pela fundição de sinos, por exemplo) etc.

As conquistas também provocam perturbações com as pilhagens e as requisições. Para financiar a guerra, a França revolucionária dá origem a uma inovação que acaba por contaminar todos os países europeus, inclusive a Inglaterra: uma inflação maciça. Em 1815, as grandes potências estão com as finanças em más condições.

Durante a segunda metade do século XIX, a guerra franco-alemã de 1870-1871 é muito breve para ter repercussões econômicas mais sérias. A Guerra de Secessão, no entanto, anuncia os grandes conflitos do século XX, por sua duração, pela amplidão dos efetivos mobilizados, pelo desenvolvimento das indústrias de armamentos e pela permanente preocupação quanto à melhoria técnica.

A derrota do sul provém, no final das contas, de sua inferioridade demográfica, da insuficiência de sua base industrial e de seu isolamento em relação ao exterior, com a imposição do bloqueio dos confederados. A decisão não deixa de ser longa e penosa. A ruptura do equilíbrio só ocorre no último ano da guerra, o que prova até que ponto a superioridade em efetivos e em material pode ser compensada pela qualidade do comando e pelo ardor dos combatentes.

Entretanto, é só a partir da Primeira Guerra Mundial que se implementa uma verdadeira economia de guerra. O desenvolvimento das indústrias de armamento efetua-se em detrimento da produção de bens de consumo e causa problemas de abastecimento em energia e em matérias-primas, bem como na distribuição da mão de obra.

Pela primeira vez, todos os beligerantes recorrem a um apelo maciço à mão de obra feminina, única solução para manter efetivos militares suficientes, que as perdas consideráveis levam a uma reconstituição constante. Ao final do conflito, alemães e franceses são obrigados a reduzir o número de suas grandes unidades e a aceitar uma redução de sua capacidade ofensiva, apesar do aumento da quantidade de armamento.

Das armas e dos exércitos

As economias de guerra colocam, ainda, o problema dos contatos com o exterior. Enquanto as potências centrais estão cortadas do mar, obrigadas a importar víveres e materiais estratégicos por intermédio de países neutros limítrofes, a Grã-Bretanha e a França dispõem da liberdade das comunicações exteriores, podendo explorar os recursos de seus impérios e tirar partido da enorme "retaguarda" americana.

A guerra traz, enfim, a questão do financiamento. Diante da insuficiência do imposto, é forçoso recorrer ao empréstimo e à inflação. Ao final da Primeira Guerra Mundial, os Estados europeus encontram-se diante de dívidas internas enormes que, no caso da França, representam metade do orçamento. A essa carga acrescentam-se as dívidas externas. Ao longo do conflito, ingleses e franceses multiplicaram os empréstimos adquiridos dos Estados Unidos, após terem sacrificado uma grande parte de suas reservas em divisas. Trata-se de uma política que leva, a partir de 1919, a uma desorganização geral do sistema monetário internacional.

Essa situação pouco difere daquela observada na Segunda Guerra Mundial, apesar de algumas diferenças. Em função de rearmamentos mais ou menos tardios, a implementação das economias de guerra não foi simultânea. A importância do esforço militar e econômico apresenta intensidades variáveis de um país a outro.

De maneira mais acentuada do que em 1914-1918, a parte atribuída a cada arma, terra, mar, ar, apresenta profundas diferenças, em função da extensão da ameaça, da posição geográfica e da estratégia adotada. Potências marítimas, a Grã-Bretanha e os Estados Unidos devem, *a priori*, dedicar uma parte considerável de seus recursos à defesa e ao controle das rotas oceânicas. Protegidos do risco de uma invasão, padecem da tentação de querer decidir o conflito pelo bombardeio estratégico, reduzindo assim, necessariamente, o lugar dos exércitos. Em contraste, confrontados com uma luta inexpiável, alemães e soviéticos estão condenados a dar prioridade às forças terrestres.

No âmbito de uma estratégia global, alguns beligerantes são levados, por diversas razões, a dedicar uma parte notável de sua produção à ajuda de Aliados em posição difícil. De 1940 a 1943, a Itália se vê na dependência econômica do Reich, enquanto os anglo-americanos devem conceder uma ajuda maciça à URSS, submetida a uma formidável pressão militar, com a invasão de uma parte de seu território.

No que tange à produção de armamento, o abastecimento em energia e em matérias-primas pode causar sérias dificuldades em países deficitários que não têm acesso às rotas marítimas. Em muitos domínios, a Alemanha deve orientar-se para materiais sucedâneos e desenvolver uma imponente indústria de síntese. Nesse plano, as potências marítimas desfrutam de uma situação muito mais vantajosa.

Mas o problema mais sério que não poupa nenhum dos beligerantes diz respeito à repartição da mão de obra entre as forças armadas e a produção – equilíbrio sempre instável, tendo em vista a dimensão variável das perdas e o remanejamento

297

das prioridades no domínio das fabricações. Todos recorrerão, assim, aos mesmos métodos: mão de obra feminina, prisioneiros de guerra, jovens ainda adolescentes ou trabalhadores idosos.

Fato aparentemente paradoxal, o financiamento não constitui, em nenhum momento, o ponto de estrangulamento. Esse problema não se manifesta de imediato. Nenhum país foi obrigado a interromper, nem mesmo a diminuir, seu esforço por falta de meios de pagamento. Também nesse caso, os métodos, em diferentes graus, são os mesmos: impostos, empréstimos, recurso à inflação. É no período posterior ao conflito que surgirão as consequências de políticas financeiras em choque com a ortodoxia. Em diferentes graus, os beligerantes enfrentarão problemas das dívidas e da alta dos preços, agravados por dificuldades da reconversão e das perdas de mercados de exportação e por um endividamento externo.

Todos esses problemas atingem, naturalmente, a Alemanha, embora a implementação de uma economia de guerra dê origem a muitas ideias preconcebidas. O Reich se beneficia de um rearmamento precoce, iniciado em 1934-1935 e preparado de longa data. Bem antes da tomada do poder por Hitler, a Reichswehr e a Kriegsmarine mandaram pesquisar materiais no exterior, tanques na Rússia, aviões na Holanda ou na Suécia, e submarinos na Finlândia. Em 1934, os protótipos estão prontos, com os acessórios em funcionamento.

Essa preparação explica o rápido avanço do rearmamento após o restabelecimento do serviço militar obrigatório e a criação da Luftwaffe. Num período de três anos, a Alemanha dispõe de um grande exército (cuja ponta de lança é constituída por divisões blindadas e uma forte aviação de apoio tático) e lança as bases de uma marinha potente. Em 1935, após o acordo naval com a Inglaterra, o rearmamento visa a uma frota de 400 mil toneladas, um terço da Royal Navy. Depois da denúncia do tratado em 1939, o objetivo é infinitamente mais grandioso. O Plano Z prevê no horizonte de 1946 uma frota de 12 navios de linha, 4 porta-aviões, 25 cruzadores, 80 destróieres e 220 submarinos.

Em 1939, entretanto, o rearmamento está longe de ser concluído. No ataque contra a Polônia, a Wehrmacht só pode dispor de 2,5 mil aviões e 1,8 mil tanques, em sua maioria leves. O início das hostilidades e uma mobilização que acaba por envolver 5 milhões de homens põem fim a alguns projetos, principalmente para a marinha. Por falta de mão de obra qualificada e de matérias-primas, só serão concluídas embarcações cuja construção já está muito avançada. A prioridade é dada aos submarinos. Além do mais, a perspectiva de criar uma aviação de bombardeio estratégico está definitivamente afastada.

Em maio de 1940, durante a pausa da *drôle de guerre*, um novo esforço é levado a cabo. Mas, ao contrário do que diz uma lenda muito difundida, a Wehrmacht não se mostra de modo algum superequipada. Ela se acha em inferioridade no domínio da artilharia e dos tanques, e em igualdade no plano da aviação de caça; sua única superioridade está na aviação de bombardeio. Não é necessário assinalar que a vitória retumbante do Reich se deve à surpresa estratégica e tática, à coesão do conjunto e à combatividade da tropa?

Sem dúvida, o rearmamento da Alemanha, embora minuciosamente preparado, não teve a amplidão colossal que, muitas vezes, lhe é atribuída; teve de enfrentar com frequência toda uma série de problemas restritivos: falta de matérias-primas, escassez de trabalhadores qualificados, cuidado em não reduzir o nível de vida da população. Ao contrário de uma afirmação de Göring, a Alemanha esforçou-se para conciliar a manteiga e os canhões.

Outra constatação, ainda mais inesperada: a implementação de uma verdadeira economia de guerra é singularmente tardia e só começa, verdadeiramente, em 1942-1943, após três ou quatro anos de luta. Atraso surpreendente tendo em vista a expansão do conflito. Mas o fenômeno se explica pelo sentimento de superioridade dos dirigentes do Reich, convencidos do caráter invencível da Wehrmacht e seguros, mesmo depois da derrota de Moscou, das possibilidades da Blitzkrieg.

A insignificância das perdas desde 1939 também contribui para esse otimismo. Foram 100 tanques definitivamente destruídos na Polônia e 300 na França. De maio de 1940 a junho de 1941, as perdas da Luftwaffe não passam de 3,7 mil aparelhos. Em todos os domínios, as destruições são nitidamente inferiores à produção, e os estoques se acumulam: contam-se assim 4 mil blindados em julho de 1940.

Desse modo, a fabricação no domínio aéreo tende a estagnar-se ou a aumentar só um pouco. O Reich contenta-se, então, em elevar o número de blindados em proporções limitadas, e principalmente em substituir as máquinas ligeiras por tanques de porte médio tipo Mark III ou Mark IV. A Luftwaffe mantém o mesmo número de grupamentos e também se contenta em substituir aparelhos ultrapassados, como o Domier 17, por Junkers 88, ou mandar construir novas versões de modelos existentes. Apenas o Focke Wulf é um avião novo.

Foi em outubro de 1941, após os cercos de Vitebsk e de Briansk, quando a rota de Moscou parecia estar aberta, que a confiança dos dirigentes alemães atingiu seu ponto culminante. Convencido de que o problema militar está praticamente resolvido no leste, Hitler decide reduzir a fabricação de armas destinadas ao exército e orientar o esforço na direção da marinha e da aviação.

O despertar acontece após Moscou e principalmente após Stalingrado. É somente nesse momento que o Reich, comprometido numa luta incerta em duas frentes, implementa uma verdadeira economia de guerra. Apesar de hesitações indiscutíveis, de sobreposições e de rivalidades de competência, o esforço realizado é considerável. Alguns homens são responsáveis por sua direção: Milch pela aviação, Sauckel pela mão de obra e, principalmente, Speer, que acaba por controlar 80% da produção de armamento.

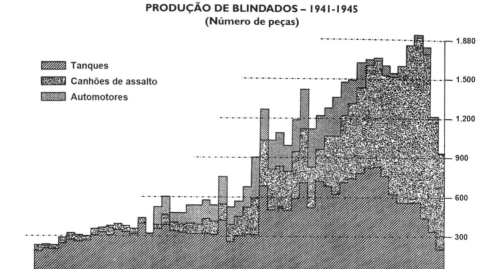

PRODUÇÃO DE BLINDADOS – 1941-1945
(Número de peças)

Os resultados são espetaculares. A produção de aviões passa de 15 mil, em 1942, para 25 mil em 1943, e atinge cerca de 40 mil no ano seguinte. Nesse conjunto, na medida da evolução da conjuntura militar, a produção de bombardeiros aumenta apenas em 50%, enquanto a de caças é praticamente multiplicada por 10. O mesmo acontece com os blindados: 3,8 mil em 1941, 6,2 mil em 1942, 12 mil em 1943 e 19 mil em 1944. Resultados comparáveis são obtidos na fabricação de armas portáteis, de artilharia e de material de transmissão. Em 1943, de 20 a 23 submarinos saem dos estaleiros a cada mês.

Esse desenvolvimento notável é acompanhado pelo aperfeiçoamento constante dos materiais, principalmente nos domínios da artilharia e dos blindados, com a entrada em serviço, a partir do final de 1942, de caçadores de tanques e de máquinas pesadas tipo Tigre ou Panther. Também é acompanhado da fabricação de armas novas, tipo V1 ou V2, de aviões a jato e de mísseis. A Kriegsmarine prevê a entrada em serviço de uma nova geração de submarinos cuja fabricação se efetua por partes em usinas do interior, cabendo aos estaleiros a montagem das peças.

Os resultados obtidos em curto prazo devem-se a um enorme esforço de investimento e a um aumento considerável do parque de máquinas-ferramentas. Devem-se também a um grande empenho no domínio das indústrias de síntese, da gasolina e da borracha.

Essa recuperação também está ligada a uma possibilidade que não existia em 1914-1918. O III Reich está em condições de explorar os recursos da quase totalidade

Das armas e dos exércitos

da Europa, inclusive dos países neutros, submetidos a uma forte pressão política e militar. As requisições de produtos alimentares, associadas a um notável esforço da própria agricultura alemã, permitem evitar que a população sofra restrições comparáveis às da Primeira Guerra Mundial.

No domínio da energia e das matérias-primas, as indústrias do Reich recebem o minério de ferro da Suécia e da França, a bauxita também da França e dos Bálcãs, o petróleo da Hungria e da Romênia, e os metais não ferrosos da Espanha, dos Bálcãs e da Turquia.

Progressivamente, toda a indústria da Europa Ocidental acha-se integrada à economia de guerra do Reich. A França direciona para o Reich 100% de sua produção aeronáutica, 80% de sua produção automotiva, 60% da têxtil... As proporções são praticamente as mesmas para a Bélgica, a Holanda e a Dinamarca. A Alemanha também absorve o essencial dos produtos manufaturados da Suécia e da Suíça.

Em contraste, a contribuição da Rússia é fraca, em consequência das enormes destruições operadas pelas tropas soviéticas em retirada e do deslocamento para o leste de uma grande parte da mão de obra qualificada. A Alemanha será até obrigada a fornecer à Rússia material agrícola e industrial. Os fornecimentos da Rússia limitam-se, finalmente, a produtos alimentares destinados quase exclusivamente ao exército que consegue viver no país conquistado, ao carvão e, principalmente, ao manganês, com a retomada da produção da jazida de Nikopol.[163] Graças à exploração do Velho Continente, a Alemanha consegue, assim, escapar às consequências do bloqueio. Ela pôde evitar severas restrições alimentares e mesmo manter uma produção substancial de bens de consumo durante os primeiros anos do conflito. Até 1943, o Reich conheceu uma economia mista, meio guerra, meio paz.

A exploração da Europa permite, ainda, resolver o problema da mão de obra. Apesar das perdas crescentes – 800 mil homens postos fora de combate (mortos, gravemente feridos, desaparecidos ou prisioneiros) em setembro de 1942, o dobro um ano depois e 3,8 milhões no outono de 1944 –, a Wehrmacht consegue ampliar e manter seus efetivos, que atingem 9,5 milhões de homens em 1943, aumentando, paralelamente, sua produção de armamento.

Diferentemente da solução adotada pelos anglo-americanos, o problema não se resolveu pelo apelo à mão de obra feminina. As jovens auxiliares do exército ou da aviação não pesam na balança. O número de mulheres engajadas na produção ou nos serviços permanece surpreendentemente estável de 1939 a 1945. Aliás, a maioria das mulheres manifesta uma forte reserva em deixar o seu lar, e o próprio Hitler procura não desorganizar a vida familiar alemã.

---

[163] Boa análise do balanço da contribuição russa à economia alemã em DALLIN (A.), *La Russie sous la botte nazie*, Paris, Fayard, 1970, p. 275 e ss.

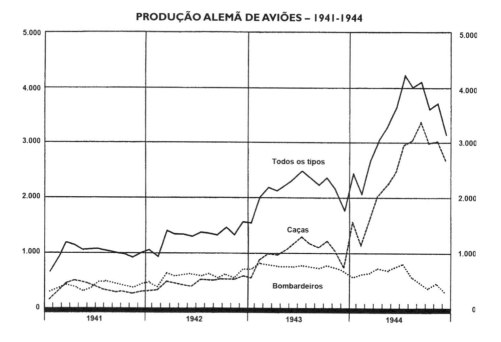

As necessidades de mão de obra são resolvidas pela melhoria da produtividade e por uma utilização maciça de estrangeiros: prisioneiros de guerra, voluntários e convocados do STO, o serviço de trabalho obrigatório dirigido por Sauckel. Setenta e cinco mil franceses são levados para trabalhar na Alemanha. Ao final de 1944, 7,5 milhões de estrangeiros estão integrados à economia do Reich.

Em suma, até 1944, a Alemanha pôde manter suas forças militares enquanto desenvolvia suas produções de armamento. A Wehrmacht não sofreu falta de homens nem de material. Quanto aos efeitos dos bombardeios, foram desprezíveis até o início de 1944. Revelaram-se praticamente infrutíferos nos estaleiros de construção de submarinos. Segundo o Strategic Bombing Survey, o crescimento geral da produção de armamento teria diminuído de 5 a 10%, de acordo com os setores. Teria havido, no máximo, um descuido na produção. Foi assim que os ataques aéreos maciços sobre as indústrias aeronáuticas durante o verão de 1943 e no começo do ano seguinte causaram apenas atrasos provisórios na produção, seguidos de recuperações espetaculares, ligadas em grande parte à dispersão das oficinas de montagem. São também inócuos os ataques às fábricas de rolamentos de Schweinfurt. A queda da produção é compensada pelos estoques e pelas importações suplementares vindas da Suíça e da Suécia. Speer chega a constatar que os Aliados cometeram um grande erro ao atacar as indústrias terminais e ao deixar de lado, pelo menos no começo, os produtos de base e os transportes.

Erro que foi corrigido durante o ano de 1944. Os ataques maciços contra o sistema de comunicações do Reich resultam numa desorganização completa no início de 1945. O vale do Ruhr vai sendo progressivamente isolado. O carvão acumula-se no depósito das minas. Em março, a Alemanha está praticamente dividida em duas. Um grande número de empresas deve cessar sua produção por falta de insumos.

São também decisivos os ataques maciços à indústria de petróleo. Os ataques aéreos americanos e britânicos atingem tanto as refinarias de petróleo quanto as indústrias de síntese, principalmente as que fornecem o combustível para a aviação, com um índice elevado de octano. A produção que havia atingido seu ponto culminante em março-abril de 1944, de quase 200 mil toneladas, despenca em outubro, com menos de 50 mil toneladas. Dá-se uma breve recuperação durante o inverno, seguida de uma nova queda catastrófica a partir de fevereiro de 1945. Assiste-se simultaneamente ao esgotamento dos estoques. Da ordem de 600 mil toneladas no início de 1944, estes não perfazem mais do que 100 mil no final do ano. A Luftwaffe, que não sofre falta de aparelhos, vê-se imobilizada em solo.

É forçoso constatar que o petróleo é o ponto fraco e mesmo o calcanhar de aquiles da economia de guerra do Reich. Essa fraqueza mostra que o bloqueio não foi completamente inútil. Ao longo do conflito, a Alemanha se esforça para superar essa deficiência, desenvolvendo a extração nacional, que acaba por alcançar 2 milhões de toneladas. Além disso, apela para importações da Hungria e da Romênia, que não passam de 2,5 milhões de toneladas. O país também procura desenvolver produtos de origem sintética, num total de 5 milhões de toneladas em lugar dos 10 milhões de toneladas previstos.

No início de 1944, os recursos do Reich em produtos petroleiros não ultrapassam 10 milhões de toneladas (duas vezes mais do que em 1939). São recursos medíocres se comparados aos dos Estados Unidos, 245 milhões, ou mesmo da URSS, de 15 a 20 milhões. Quanto à Grã-Bretanha, ela tem livre acesso à produção dos Estados Unidos, das Caraíbas ou do Oriente Próximo.

A fraca produção alemã é ainda mais grave porque os estoques do início da guerra estão singularmente reduzidos e limitam-se a algumas semanas de operações: três meses para a Luftwaffe. A propaganda aliada durante a *drôle de guerre* não estava de todo errada ao afirmar que o Reich, por falta de produtos petroleiros, era incapaz de travar uma guerra intensiva de longa duração. E é preciso admitir que a Alemanha foi salva pela rapidez de suas campanhas.

Apesar do desenvolvimento da produção de combustíveis sintéticos, a situação continuou difícil. A reserva de combustível da Luftwaffe nunca pôde ultrapassar

A Segunda Guerra Mundial

200 mil toneladas, correspondente a uma força máxima de 6 mil aviões de combate. A partir de 1942, foi necessário reduzir estritamente os lotes de combustível destinado ao treinamento. A crítica constante feita aos dirigentes do Reich por não terem sabido desenvolver a Luftwaffe e por não terem criado uma aviação de bombardeio não é pertinente. Essa expansão era, simplesmente, impossível.

A Wehrmacht precisou também frear a motorização, que não ultrapassou os 800 mil veículos, limitada às divisões blindadas, às unidades de ss ou de granadeiros Panzer. Para grande surpresa dos anglo-americanos, três quartos do exército alemão de 1944 têm ainda uma característica pedestre e hipomóvel. Na marinha, os estoques de óleo combustível puderam atender a partidas limitadas às grandes embarcações e à atividade dos submarinos. Por outro lado, o Reich sempre teve as maiores dificuldades em suprir as necessidades da marinha italiana.

Origem dos combustíveis alemães (1938-1943)

(em milhares de toneladas)

Ano	Importação	Extração nacional	Produção sintética	Saque de guerra	Produção de territórios ocupados	Origem não especificada	Estimativas totais
1938	4.957	552	1.600				7.100
1939	5.165	888	2.200				8.200
1940	2.075	1.465	3.348	745			7.600
1941	2.807	1.562	4.116	112	332	1.140	10.000
1942	2.359	1.686	4.920		370	134	9.500
1943	2.766	1.883	5.748	140		139	11.300

Do ângulo dos ataques ao petróleo e às comunicações, compreende-se melhor a paralisia crescente das forças armadas alemãs nos primeiros meses de 1945. Não faltam efetivos e, menos ainda, material. A Luftwaffe dispõe de 4 mil aviões de combate e de imponentes reservas. Os estoques de material blindado chegam ainda a 11 mil máquinas em novembro de 1944. Mas em todos os setores, a Wehrmacht acha-se imobilizada pela escassez de combustível.

Diferentemente do que ocorre na Primeira Guerra Mundial, o bloqueio revelou-se ineficaz em quase todos os domínios. O abastecimento da população continuou satisfatório. As matérias-primas não faltaram. Segundo Speer, a única carência ameaçadora é a de cobalto, às vésperas de 1946. A situação é relativamente satisfatória, ligada ao domínio sobre a maior parte da Europa, que atingiu tanto as matérias-primas e os produtos fabricados, quanto a mão de obra. O bloqueio foi eficaz num único setor-chave, o do petróleo. A insuficiência de combustível limitou em muito a mobilidade e o desenvolvimento do exército e da aviação, o que deve ser sempre destacado.

304

Das armas e dos exércitos

Resta um último fato a assinalar. Por conta da guerra, a Alemanha aumentou consideravelmente seu potencial industrial. A quantidade de máquinas-ferramentas, no espaço de cinco anos, passou de 1,3 a 2,3 milhões. Apesar das destruições e dos confiscos, a Alemanha do pós-guerra é o único país beligerante contra os Estados Unidos que tem uma capacidade de produção superior à de 1939. O "milagre" do pós-guerra é explicado em parte por esse fato.

A Grã-Bretanha apresenta uma situação totalmente diferente. Para começar, o rearmamento é tardio; tem início em 1937, mas é entravado pela falta de operários qualificados, pelo envelhecimento de algumas instalações e pela desativação das fábricas de armamento, em virtude da política de restrição militar praticada logo após a Primeira Guerra Mundial. Por ocasião da conferência de Washington, o almirante Beatty havia protestado em vão contra uma política de abandono de construções novas, que só podia levar à desativação de estaleiros e de numerosas indústrias de equipamento.

Esse primeiro rearmamento limitado destina-se à marinha e à aviação. A Royal Navy não dispõe de porta-aviões nem de encouraçados rápidos. A recuperação da aviação concentra-se nos aviões de caça. O bombardeio é, nesse momento, colocado em segundo plano. Quanto ao exército, não deve ultrapassar 50 divisões. Após as experiências frustrantes das batalhas do Somme e de Flandres, a Inglaterra não pensa mais num engajamento terrestre comparável ao de 1914-1918.

Por ocasião da declaração de guerra, o rearmamento mal começa a fazer sentir seus efeitos. A Grã-Bretanha possui apenas uma marinha envelhecida e com uma aeronáutica naval embrionária. A Royal Air Force só dispõe de 500 aparelhos, entre os quais a maioria é de aviões antigos. Os novos caças Hurricane mal começam a entrar em formação. Quanto ao exército, só conta com 4 divisões, em 3 de setembro de 1939, ampliadas para 12, seis meses depois.

A recuperação das forças britânicas começa desde o início das hostilidades. Com o torpedeamento do Athenia, que prenuncia uma nova guerra submarina sem restrições, a Royal Navy faz uma importante encomenda de embarcações de escolta, correndo o risco de retardar a construção de porta-aviões e mais ainda a dos encouraçados. A revelação da potência da Luftwaffe na Polônia reforça a prioridade a ser dada à caça e a um sistema de detecção por radar que cubra o sudeste da Grã-Bretanha. O rearmamento do exército é finalmente limitado a 35 divisões.

Apesar de o avanço ser lento, resultados expressivos são obtidos em 1941-1942. Os mais espetaculares estão ligados à produção aeronáutica orientada para o bombardeio e para equipamentos eletrônicos após a vitoriosa Batalha da Inglaterra. O desenvolvimento da motorização e dos blindados não é esquecido. Nesses setores, a Grã-Bretanha alcança e ultrapassa a Alemanha. Produz 13,5 mil aviões em 1941 e 17,7 mil no ano seguinte, contra 11 mil e 14 mil para o Reich. Diferença

305

semelhante ocorre no domínio dos blindados: 4,8 mil e 8,6 mil em 1941 e 1942, respectivamente, contra 3,8 mil e 6,2 mil.

Esses resultados estão ligados a um esforço importante de mobilização, proporcionalmente superior ao do Reich. Além da contribuição dos países da Commonwealth, 4,5 milhões de homens são engajados nas forças armadas em 1943. A queda sofrida pelo setor produtivo é compensada pela eliminação do desemprego (um milhão de desempregados no início de 1940) e por um apelo à mão de obra feminina. Em 1944, 7 milhões de mulheres (eram 5 milhões em 1939) estão engajadas nos serviços, na agricultura, na indústria e nos transportes.

Ao mesmo tempo, registra-se uma queda sensível na produção de bens de consumo, de 25 a 50% para os calçados ou as roupas, a mais de 90% para os meios de transporte individuais. Para limitar as importações, severas restrições alimentares são impostas à população. Todos os produtos são controlados, exceto o pão, o leite e as batatas. Simultaneamente, uma mutação intervém na agricultura, com uma redução considerável dos pastos em proveito da cultura de cereais.

Entretanto, a partir de 1942, surge uma crise. A produção de armas atinge o grau máximo, mas regride, por vezes, no domínio da artilharia e dos blindados. A crise obedece a vários fatores: fadiga do pessoal, arcaísmo de numerosas instalações e principalmente escassez de trabalhadores qualificados. Dezenas de milhares de operários e de técnicos devem ser orientados, em detrimento de outros produtos, para a indústria aeronáutica. Orientação que se deve à necessidade de aumentar a potência da aviação, a arma ofensiva fundamental da Grã-Bretanha, e também de efetuar reparos num número crescente de aparelhos avariados.

O governo se acha, então, diante de escolhas dramáticas. Enfrenta o problema fundamental das armas e dos exércitos, com a perspectiva de reduzir as forças armadas a fim de transferir efetivos para o setor produtivo ou de aceitar o subequipamento das forças militares, embora o exército esteja finalmente reduzido a 35 divisões.

De qualquer modo, há decisões drásticas a tomar. A Royal Navy desiste de seus programas de encouraçados rápidos e porta-aviões pesados, para não sacrificar a construção de porta-aviões leves, de cargueiros, de navios de escolta e de chalanas de desembarque. No próprio domínio aeronáutico, mesmo sendo prioritário, alguns planos são abandonados, como os aparelhos de transporte ou da aeronáutica naval, assim como alguns tipos de motores.

A crise é conjurada em parte graças à ajuda dos Estados Unidos. A ajuda, aliás, não é nova, tendo sido iniciada em 1939 com fornecimento de aviões e mais ainda após a queda da França. As encomendas britânicas de armas de todos os tipos tornam-se então imponentes, a ponto de suscitar as reservas do general Marshall, que julga necessário priorizar o rearmamento americano.

306

A ajuda dos Estados Unidos também se faz pelo fornecimento de aviões, de 50 velhos destróieres, ou pelo reparo, em estaleiros americanos, dos navios de guerra britânicos avariados. Manifesta-se ainda pelo fornecimento de produtos petroleiros, de matérias-primas e de ferramentas. Revela-se decisiva, enfim, no plano financeiro. Apesar de reduções maciças em seus investimentos, a Grã-Bretanha deve admitir o esgotamento de suas reservas de divisas em março de 1941. Com uma habilidade consumada, Roosevelt consegue obter do congresso o voto da lei do empréstimo que abre à Inglaterra um crédito ilimitado até o final da guerra.

A partir de 1943, com o aumento espetacular da produção americana, a ajuda se amplia e preenche com largueza as lacunas britânicas em todos os domínios: aviões, tanques, artilharia, motores, chalanas de desembarque. Durante os dois últimos anos da guerra, esse fornecimento representa um terço do material utilizado pelas forças armadas.

A ajuda não permite, entretanto, a manutenção do potencial britânico em todos os setores, não impedindo o declínio da Royal Navy no domínio dos porta-aviões de combate e dos encouraçados rápidos. Na prova da guerra, a marinha britânica se acha inexoravelmente conduzida a um papel de "segundo lugar brilhante". A ajuda também não permite à Royal Air Force conservar uma frota importante de transporte logístico. Com um grupo de porta-aviões mal equipado no plano logístico e com a reconquista laboriosa da Birmânia, as forças armadas britânicas terão um papel apenas marginal na conclusão da guerra no Extremo Oriente. Na própria Europa, tanto em terra quanto nos ares, suas forças ficarão reduzidas a uma posição subalterna, a partir do outono de 1944, em comparação com as forças americanas.[164]

No fim das contas, a Grã-Bretanha, durante toda a guerra, teve um papel considerável, mas com um alcance senão limitado, pelo menos seletivo, voltando-se prioritariamente para a aviação, em menor grau para a marinha e por último para o exército.

Diferentemente do que aconteceu em 1914-1918, a Segunda Guerra Mundial revelou pela primeira vez os limites da potência britânica. Ela confirmou esse declínio constatado por André Siegfried no período entreguerras. Apesar de setores brilhantes – aeronáutica, automóvel, eletrônica –, a indústria achava-se numa situação difícil em muitos setores desde os anos 1920, e não pôde atender às necessidades das forças armadas.

Embora a Inglaterra tenha produzido aviões ou aparelhos eletrônicos do mais alto nível, os materiais fornecidos ao exército sofrem com frequência de uma con-

---

[164] KENNEDY (Paul), *The rise and fall of British Naval Mastery*, New York, Vintage Books, 1987, cap. XI.

cepção duvidosa. É somente em 1944 que são produzidos tanques como o Crusader ou o Churchill, capazes de enfrentar os blindados alemães. Deficiências desse tipo também se verificam nos canhões ou nas armas portáteis. Durante grande parte da guerra, as tropas britânicas devem lutar com um material nitidamente inferior ao do adversário.

No plano financeiro, a situação não é mais brilhante. Um esforço fiscal excepcional não permite que o imposto cubra mais do que a metade das despesas de guerra. O governo deve recorrer ao empréstimo e à inflação, estando, em 1945, com uma enorme dívida interna.

Entretanto, a situação mais dramática é a das finanças externas. A era em que a Grã-Bretanha aparecia como o banqueiro do mundo está acabada. Esse lugar foi ocupado pelos Estados Unidos. Sem o empréstimo, a Inglaterra teria sido levada a capitular desde o começo do ano de 1941.

A crise surge em toda a sua extensão em 1945, embora, na aparência, a Grã-Bretanha seja considerada a terceira grande potência. A retirada brutal do empréstimo tem uma função reveladora. No momento em que Londres pensava que a guerra no Extremo Oriente prosseguiria ainda por 18 meses, a capitulação do Japão acarreta uma suspensão imediata da ajuda americana. A Grã-Bretanha se vê, assim, privada do suporte financeiro que lhe teria permitido passar pela difícil transição entre uma economia de guerra e uma economia de paz.[165]

A suspensão do empréstimo tem consequências dramáticas. Durante a guerra, as exportações diminuíram em dois terços e as perdas de mercado foram consideráveis. As vendas de objetos manufaturados cuja produção começa a ser retomada não têm condições de cobrir as importações de energia e de matérias-primas indispensáveis à reconversão da economia. E o que é ainda mais grave: diferentemente das regras dominantes desde o final do século XIX, o déficit comercial não pode mais ser compensado pelos excedentes da balança das contas.

A era das exportações "invisíveis" está acabada. De 1939 a 1945, a Grã-Bretanha teve de proceder a reduções maciças de investimentos, paralelamente ao declínio de sua marinha mercante. Também contraiu débitos para com países da Commonwealth, as famosas *balance-sterling*. Assim sendo, deve solicitar a ajuda americana. O empréstimo concluído pelo economista Keynes constitui uma virada na história britânica. A era da grandeza está acabada, ainda mais porque o país só aspira à segurança, ao Welfare State.

---

[165] Ibid., p. 367 e ss.

Em comparação com a Grã-Bretanha, o esforço de guerra dos Estados Unidos mostra-se impressionante. Com uma admirável desenvoltura, visou a um duplo objetivo: equipar as forças americanas e atender às exigências do arsenal das democracias. Esforço que exigiu várias etapas para que fosse levado a cabo.

Para começar, o rearmamento dos Estados Unidos parece singularmente tardio. Até 1940, aplica-se sobretudo à aviação considerada a arma do futuro. A marinha também recebe créditos suplementares para renovar seu corpo de batalha. O exército, de início, é sacrificado. Em 1939, com 150 mil homens, ocupa apenas o 16º lugar no mundo. Em 1940, seus efetivos só perfazem 250 mil homens, associados a 328 tanques e 1,8 mil aviões.

A expansão do rearmamento só ocorre realmente após a queda da França. Diante da ruptura da principal linha de defesa americana, o Congresso concede créditos maciços para uma "marinha dos dois oceanos" e uma potente aviação tática e estratégica. O exército não fica esquecido. Beneficia-se de um contingente de 500 mil em sua circunscrição, e seus efetivos devem chegar a 1,5 milhão de homens. A realização desse vasto programa está prevista somente para 1946, e isso não parece preocupar ninguém.

Esse rearmamento tem um caráter eminentemente conjectural. Atende a um caráter unicamente defensivo. Trata-se de pôr os Estados Unidos ao abrigo de uma ameaça exterior, no caso de a Grã-Bretanha ser levada a depor as armas. O caráter limitado do rearmamento não decorre apenas da preocupação de Roosevelt em controlar os isolacionistas sempre poderosos, mas de sua convicção profunda de que uma intervenção eventual no conflito estará limitada à ação de forças aéreas e navais e a simples corpos expedicionários. Não parece necessário montar um grande exército. Não se assistirá à reedição de 1917.

No mesmo sentido, a ajuda aos Aliados deve beneficiar-se da mesma prioridade que o rearmamento americano. É o que Roosevelt destaca em seu célebre discurso de 10 de junho de 1940, pronunciado em Charlottesville:

> Concederemos aos adversários da força o uso dos recursos materiais de nossa nação; ao mesmo tempo, ordenaremos o emprego acelerado desses recursos a fim de que nós mesmos, nas Américas, possamos ter um equipamento e um treinamento à altura de qualquer perigo e de qualquer espírito de defesa.[166]

Nessa perspectiva, o presidente concede uma ajuda crescente à Grã-Bretanha. Ele obtém do Congresso a anulação das leis de neutralidade e o voto, em março de

---

[166] Discurso de Charlottesville em LEIGHTON (R.), "Armes e armées", *Revue Histoire Seconde Guerre Mondiale*, n. 65, p. 12.

A Segunda Guerra Mundial

1941, do empréstimo a ser concedido. A Inglaterra é a primeira a ser beneficiada, antes da União Soviética, a partir do mês de agosto. Ainda nessa perspectiva, em novembro de 1941, algumas semanas antes de Pearl Harbor, dá-se a implantação do Victory Program pelo general Wedemeyer, que fixa para a indústria americana objetivos impressionantes de produção de armamentos.

O Victory Program obedece ao princípio defendido por Roosevelt, em virtude do qual "a reserva de material de guerra à disposição dos Estados Unidos e de seus aliados ultrapassaria suficientemente o do Eixo para assegurar a derrota deste último". Trata-se de um princípio que suscita as mais vivas objeções de Marshall e de seus assistentes:

> De acordo com uma regra quase invariável, destaca o general Gerow, as guerras não podem ser ganhas sem o emprego de armas terrestres. Não seria sensato admitir que podemos vencer a Alemanha simplesmente ultrapassando sua produção. Cem mil aviões não serviriam para muita coisa, se esses aviões não pudessem ser utilizados por falta de pessoal treinado, falta de aeródromos utilizáveis no terreno de operações e falta de barcos para reabastecer as esquadrilhas. Não se pode ganhar as guerras fixando níveis de produção, mas com uma estratégia razoável aplicada por forças treinadas, suficiente e convenientemente equipadas.[167]

Após Pearl Harbor, todas as ambiguidades e todos os obstáculos políticos e financeiros são removidos. O Victory Program é revisto, ampliando-se as metas, ainda mais ambiciosas:

	1942	1943
Aviões	60.000	125.000
Tanques	45.000	75.000
Canhões antiaéreos	20.000	35.000
Navios mercantes	6.000.000 toneladas	10.000.000 toneladas

O princípio de um grande exército está mais do que estabelecido. Deve comportar 212 divisões, das quais 61 blindadas, num total de 8,5 milhões de homens. Marshall conseguiu ganho de causa. Um equilíbrio de princípio acha-se estabelecido entre as armas e os exércitos.

Ao contrário de uma crença arraigada, a expansão da produção é penosa. A passagem de uma economia de paz para uma economia de guerra revela-se infini-

---

[167] Ibid., p. 16.

310

Das armas e dos exércitos

tamente mais difícil do que Roosevelt imaginava, muito inclinado ao otimismo sobre as capacidades de adaptação do mundo americano. O ano de 1942 aparece marcado com um ponto negro, tanto na frente da produção quanto na frente dos combates. É dominado pela *Feasability dispute*, abundantemente explorada pela imprensa. A implementação da economia de guerra acarreta uma tal desorganização da produção que leva a crer na incapacidade dos Estados Unidos em realizar o programa de fabricação de armamento.

A crise é provocada, de início, pela ausência de um organismo de direção da produção de guerra. Desprezando os conselhos de Bernard Baruch, Roosevelt opôs-se, com efeito, ao estabelecimento de qualquer dirigismo desde os tempos de paz. Para além de qualquer questão de princípio, ao presidente repugna descartar uma parte importante de sua autoridade em favor de um "czar" ou de um "ditador" para a produção.

Ele se contenta em criar, em 1940, a National Advisory Commission, seguida no ano seguinte de dois outros organismos cuja direção reflete uma dosagem equilibrada entre os grandes interesses do país. O Office of Production Management, assim, é dirigido por Knudsen, o representante do patronato, e pelo dirigente sindicalista Hillmann. Quanto ao Office of Price Administration and Civilian Supply, é confiado a um "New Dealer": Henderson.

Dois outros organismos também são criados: o Supply Priorities and Allocation Board, em agosto de 1941, e o War Production Board, logo após Pearl Harbor. Todos esses organismos com atribuições mal determinadas revelam-se incapazes de frear convenientemente a produção de bens de consumo e de efetuar uma repartição adequada das matérias-primas e dos produtos de base.

O War Production Board (WPB) atribui, assim, às agências militares, encarregadas das encomendas junto à indústria, um sistema de prioridade elástico demais, que provoca uma série de impedimentos para as matérias estratégicas essenciais: aço, cobre, manganês, alumínio. Somas consideráveis são investidas para encontrar, na maior parte das vezes sem sucesso, produtos de substituição. A desordem, finalmente, é controlada no final do ano, pela criação de novos organismos, principalmente o Controlled Material Plan, encarregado de lutar contra a anarquia das prioridades, e o Productive Executive Committee, destinado a controlar o volume das encomendas militares, que havia tomado proporções torrenciais.

Surgem outros gargalos. A queda da Malásia acarreta uma séria escassez de borracha, que obriga a administração a proceder a uma coleta de pneus velhos e de "defesas" de barcos de passeio, que resulta em cerca de 300 mil toneladas. A crise só será superada ao final de 1943, após a criação de uma imponente indústria de síntese.

Um outro gargalo se manifesta com relação ao petróleo. A ofensiva submarina alemã na costa atlântica paralisa as exportações das zonas produtivas, nas Caraíbas

311

e no golfo do México, com destino às regiões de forte consumo do nordeste. A escassez será superada no fim do ano, com a adoção de um sistema de comboios eficaz. Acarretará, além disso, a construção de dois enormes oleodutos, *big inch* e *little big inch*, destinados a abreviar a via marítima ligando a região do golfo à zona industrial do nordeste. O ano de 1942 é também marcado por outras deficiências, como a sobrecarga dos transportes ferroviários de passageiros, o que ocorre pela primeira vez após 25 anos, e a falta de tonelagem marítima que impede a locomoção das tropas americanas nos teatros de operações.

Uma tensão inquietante se manifesta ainda no plano monetário, com a corrida clássica entre preços e salários. Com a realização do pleno emprego, a queda da produção civil, o excedente da demanda sobre a oferta atinge 17 bilhões de dólares. Em 1941, a subida dos preços já havia chegado a 10%, ultrapassando 15% no ano seguinte, o que está na origem de violentas reivindicações salariais. Para deter o espectro da inflação, o presidente aceita a criação de um comitê suplementar, o Office of Economic Stabilisation, dirigido por Byrnes. Os resultados são satisfatórios. Os preços não aumentarão mais do que 6 a 7% até o final da guerra, e as reivindicações dos assalariados, com exceção de uma violenta greve dos mineiros lançada por J. Lewis, serão moderadas.

Após um ano de incerteza, a produção se desenvolve em 1943 num ritmo impressionante. No ano seguinte, a máquina tem mesmo a tendência de disparar em diversos setores, e a produção de armamento torna-se abundante, ultrapassando largamente as capacidades de utilização.

É certo que nenhum dos objetivos fixados pelo Victory Program foi atingido, exceto nas construções navais. Em 1942, a América só produz 18 mil aviões em vez de 60 mil, e em 1943, 86 mil, em vez dos 125 mil previstos. Para toda a guerra, a fabricação de tanques mal ultrapassa o nível estabelecido para 1943.

Os resultados gerais, entretanto, são notáveis, em sua maioria superiores aos dos demais beligerantes. No espaço de 5 anos, os Estados Unidos produziram cerca de 300 mil aviões, 86 mil tanques, 320 mil peças de artilharia, 15 milhões de armas portáteis, mais de 4 milhões de toneladas de munições, sem esquecer 2,5 milhões de caminhões e 122 mil tratores. Os estaleiros lançaram mais de 8 milhões de toneladas de navios de guerra, sendo 2 milhões destinados ao desembarque. Também foram produzidos 38 milhões de toneladas de embarcações mercantes, mais de 5 mil navios... No domínio da indústria farmacêutica, ou da eletrônica, principalmente, os resultados são da mesma ordem. Ao mesmo tempo, os Estados Unidos conseguem realizar o enorme projeto Manhattan de pesquisa e elaboração da bomba atômica, a partir de três abordagens. Duas se revelarão rentáveis, conduzindo, em julho de 1945, à produção de três bombas, duas de urânio e uma de plutônio.

Das armas e dos exércitos

Esses resultados foram obtidos à custa de uma redução considerável das indústrias de consumo, por um enorme esforço de investimento e de produtividade, particularmente sensível no domínio das construções navais; os estaleiros Kayser, a partir de elementos pré-fabricados em usinas do interior, puderam literalmente construir em cadeia cargueiros do tipo Liberty-Ship.

A implementação de uma economia de guerra foi acompanhada de uma modificação da geografia econômica dos Estados Unidos. As regiões do nordeste perdem o monopólio industrial, com o surgimento de numerosas fábricas, principalmente no domínio aeronáutico, nas regiões do sul ou do oeste. Para atender a uma nova demanda, usinas de aço são implantadas próximas à costa do Pacífico, como as de Geneva e de Fontana.

Independentemente da repartição das matérias-primas ou da ameaça inflacionista, o problema-chave, mais uma vez, é a repartição da mão de obra. Os problemas ligados à mobilização de 12,5 milhões de homens e ao aumento dos efetivos da indústria, que passam de 38 a 44 milhões, puderam ser resolvidos de várias maneiras. Por exemplo: graças a uma sensível melhora da produtividade, a agricultura, mesmo aumentando sua produção, pôde liberar um milhão de pessoas.

A implementação da economia de guerra permitiu eliminar o desemprego que, ainda no início de 1942, atingiria 8 milhões de trabalhadores, e que havia praticamente desaparecido dois anos mais tarde. Sete milhões de mulheres entraram no sistema administrativo ou produtivo. Além desses, 500 mil prisioneiros de guerra foram postos para trabalhar, a maior parte deles na agricultura.

Não há dúvida de que um equilíbrio acaba por se estabelecer entre as armas e os exércitos, mesmo tendo sido necessário reduzir, a partir de 1943, os efetivos da agricultura e da indústria, respectivamente em 500 mil e em 1 milhão de pessoas. Redução largamente compensada por uma melhoria na produtividade.

Essa repartição provoca, entretanto, novas polêmicas em 1942. Se ninguém contesta a necessidade de uma marinha potente e de uma forte aviação, a formação de um grande exército ainda suscita muitas reservas. Para o senador B. K. Wheeler, "a melhor maneira de ganhar a guerra é dar aos Aliados armas em abundância para lutar em nosso lugar". Com menos cinismo, o ex-presidente Hoover manifesta-se contra uma "supermobilização" que só pode levar, a longo prazo, à desorganização da produção e não apresenta um maior interesse num momento em que o inimigo se enfraquece, no período que se segue à Batalha de Stalingrado e ao desembarque no norte da África. De todo modo, a falta de tonelagem não permitirá o transporte de tais efetivos para os teatros exteriores.

Hoover recebe a aprovação maciça dos isolacionistas irredutíveis, dos representantes das regiões agrícolas e dos defensores dos pais de família que estão no bom

313

A Segunda Guerra Mundial

combate pela "santidade do lar". Marshall deve intervir mais uma vez. Diante da Associação das Indústrias, ele se mostra categórico, em dezembro de 1942: "Não se poderia cometer erro mais trágico do que ignorar a grande massa de divisões inimigas e esperar que ganhemos a guerra na ponta de um alfinete."

Durante uma emissão radiofônica, em março de 1943, o secretário de Estado da Guerra, Stimson, faz uma advertência contra "o perigo sutil, a tentação de ganhar a guerra de uma maneira cômoda, sem muito trabalho nem sacrifício... Os chefes do exército tentam, ao encurtar a guerra, salvar a vida de milhares de americanos... Os que se opõem ao programa do exército procuram somente evitar um incômodo imediato".[168]

Segundo o costume americano, o problema é abordado por um comitê especial composto de altas personalidades: Baruch, o almirante Leahy, Byrnes, Hopkins etc. Numa conclusão que se manteve confidencial, o comitê avalia que as forças militares podem superar 11 milhões de homens. Os efetivos do exército são fixados em 7,7 milhões – decisão influenciada pelo resultado da Batalha de Stalingrado que prenuncia um aumento da potência soviética. Assim, a mobilização será, em 1944, de 12,5 milhões de homens, sendo 8,3 milhões no exército. Entretanto, até o final da guerra, o problema de seus efetivos será constantemente posto em causa.

Tendo atingido o nível previsto pelo general Wedemeyer desde 1940, Marshall não poderá, com 8,3 milhões de homens, pôr em atividade as 212 divisões previstas. A extensão dos serviços não permitirá. A esse respeito, a existência de companhias dedicadas à lavanderia será alvo de sarcasmo dos franceses em 1943. Não passam de 90 as divisões que, finalmente, serão constituídas, entre as quais 16 blindadas. Ao final de 1944, as unidades engajadas na Europa passarão por uma severa crise de efetivos, após os duros combates travados na fronteira do Reich. Para completar as forças da infantaria, será necessário dissolver serviços, formações de DCA e incorporar negros às unidades combatentes.

O esforço americano não deixa de apresentar alguns desequilíbrios. A produção foi largamente excedente em aviões, tanques e peças de artilharia. Cessado o conflito, os Estados Unidos terão estoques superabundantes de materiais que não puderam ser utilizados. Terão igualmente uma marinha imponente, pletórica.

Em contraste, notam-se insuficiências na produção de munições. No outono de 1944, Eisenhower se queixará da falta de obuses. Apesar do enorme esforço dos estaleiros, os Aliados enfrentarão uma escassez constante de tonelagem. Ao final de 1944, será necessário ainda reduzir as importações britânicas. Escassez também presente no domínio das máquinas de desembarque, principalmente de

---

[168] Polêmicas sobre a "supermobilização" em LEIGHTON (R.), "Armes et armées", op. cit., p. 29 e ss.

LST (Landing Ship Tanks), que explica a diferença entre as operações da Normandia e da Provença.

A qualidade do material também é extremamente variável. A indústria estará em condições de produzir navios de combate ou aviões de excelente qualidade, ainda que os americanos tenham registrado atraso de 18 meses sobre os alemães na fabricação de aviões a jato, atraso que poderia ter tido consequências funestas se a guerra tivesse sido prolongada na Europa.

As deficiências atingem essencialmente o material fornecido ao exército. Em seu relatório de final das operações, Marshall dará conta da surpresa e mesmo da incompreensão dos GI (soldados rasos) diante da superioridade das armas alemãs: metralhadoras MG-42, morteiros de 80, canhões de 88, Panzerfaust, explosivos e, naturalmente, os blindados. De fato, o Sherman, mesmo dotado do canhão de 76, não se compara com os Tigre ou os Panther. O tanque pesado Pershing só será utilizado na fase final da guerra, sem ainda igualar o Königstiger.[169]

Finalmente, os Estados Unidos tiveram condições de pôr em funcionamento uma marinha e uma aviação imponentes. Entretanto, só puderam alinhar um "pequeno grande exército" de 90 divisões, com uma proporção de combatentes inferior a 50%, nitidamente ultrapassada pelas 285 divisões alemãs e pelas 500 grandes unidades soviéticas. Os americanos também tiveram condições de atender às exigências de seus aliados. De 1941 a 1945, os fornecimentos efetuados a título de empréstimo ultrapassam os 40 bilhões de dólares.

Ao final do conflito, os Estados Unidos ocupam uma posição econômica dominante, com 60% da capacidade de produção mundial. Protegido contra desembarques, sem correr o menor risco de bombardeio, puderam, com a implementação da economia de guerra, aumentar consideravelmente seu potencial de produção, numa proporção de 66%. Alguns números permitem compreender melhor esse formidável desenvolvimento.

O consumo de energia aumentou de 30 a 40%. Foram extraídas 685 milhões de toneladas de carvão, contra 400 milhões em 1941. A produção de petróleo passou de 169 a 245 milhões de toneladas. O aumento da produção de minério de ferro é da mesma ordem: 100 milhões de toneladas em 1943, contra 27 milhões em 1939. A dos metais não ferrosos cresceu na mesma proporção.

Resultados tão espetaculares também nos grandes ramos da indústria, que atingem o índice 208 em 1944, em relação a 1937. A produção de aço ultrapassa assim os 90 milhões de toneladas, contra 47 milhões; a de alumínio atinge 1 milhão de

---

[169] MARSHALL (G.), *Biennal Report to the Secretary of War. 1st july 1943-30th june 1945*. Washington, p. 95 e ss.

toneladas, em vez de 190 mil. A capacidade de produção das máquinas-ferramentas aumentou em 650%; a da aparelhagem elétrica, em 550%. Quanto à capacidade da indústria automotiva, multiplicou-se por dois e meio. Destaque-se ainda o surgimento de ramos inteiramente novos, como o do magnésio ou da borracha sintética.

A guerra constitui, no fim das contas, uma etapa decisiva na história econômica dos Estados Unidos. Os americanos recuperam sua confiança nas possibilidades da sociedade liberal. O que o *New Deal* não pudera obter totalmente, o conflito realizou. A prosperidade foi retomada. O demônio do desemprego, exorcizado.

Eclipsando a libra, o dólar tornou-se a moeda dominante. Graças à guerra, os Estados Unidos conquistaram novos mercados na América Latina ou na África. Sobrepujaram seus rivais europeus, solaparam as posições britânicas e, na esteira da dificuldade financeira da Grã-Bretanha, esperam obter a abolição da preferência imperial.

Entretanto, surgem ainda inquietações. A América descobre que suas riquezas não são ilimitadas. Em sequência à exploração intensa do conflito, algumas jazidas – de petróleo, minério de ferro, cobre – dão sinais de esgotamento. Uma necessidade nova, inesperada, se manifesta: administrar os recursos naturais. E ainda outra inquietação, a da reconversão. O retorno a uma economia de paz não vai relançar uma crise provisoriamente afastada?

É necessário salientar que a União Soviética representa um caso totalmente diferente? A economia de guerra desenvolveu-se na URSS em condições específicas, sem nenhuma relação com as dos outros beligerantes.

Para começar, essa economia já está bastante implementada antes de 1941 e mesmo em 1939. Começa a desenvolver-se no âmbito dos planos quinquenais a partir de 1928. A primazia é então dada às indústrias pesadas, de equipamento e de armamento. As indústrias de consumo são sacrificadas, e em 1941 o nível de vida da população é um dos mais baixos do mundo. Simultaneamente, o centro de gravidade da economia se desloca para o leste, em direção ao Ural e à Sibéria ocidental. A Ucrânia e as regiões de Leningrado e de Moscou perdem seu monopólio. Essa política está ligada a vários fatores: valorização homogênea do território; exploração de novas jazidas, de energia ou de matérias-primas; e preservação de indústrias de armamento, em caso de invasão.

Os resultados já são consideráveis às vésperas da guerra. Todos os anos, as grandes paradas da Praça Vermelha, por ocasião do 1º de Maio ou do aniversário da Revolução de Outubro, revelam a extensão do esforço militar. Após suas primeiras vitórias de 1941, os alemães descobrirão com espanto a abundância praticamente ilimitada das reservas do Exército Vermelho em aviões, tanques e peças de artilharia, mesmo em se tratando de materiais ultrapassados ou de qualidade duvidosa.

Por ocasião do ataque alemão, o governo soviético não precisa implementar uma economia de guerra, mas acelerar o ritmo de produção. Visão teórica, na realidade. Essa aceleração do início do conflito efetua-se em condições totalmente ignoradas pelos demais beligerantes. Ela se dá sob o signo da invasão e, durante mais de um ano, a União Soviética beira a catástrofe.

A perda da Ucrânia em 1941, seguida daquela do Kuan no ano seguinte, priva-a de 55% de sua produção agrícola. A evacuação do Donetz e a ameaça sobre a bacia de Moscou privam-na ainda de 65% de sua produção de carvão, de quase 60% de sua produção de aço, de um terço de seu minério de ferro, da totalidade de seu manganês e de sua única jazida de bauxita situada perto de Leningrado. Em novembro de 1941, a infraestrutura da URSS se acha reduzida à metade e em 68% um ano depois, quando a ocupação alemã se estende sobre 1,7 milhão de km^2.

O avanço da Wehrmacht em 1942 é catastrófico para a indústria do petróleo, com a destruição das refinarias de Krasnodar e de Grosnyi. A ocupação das jazidas de Maikop, acompanhada do bombardeio aos poços de Grosnyi, acarreta uma queda na produção na ordem de 50%. Situação ainda mais grave porque a chegada dos alemães às margens do Volga, subindo para Stalingrado, paralisa a grande via de escoamento do petróleo do Cáucaso.

O desastre só é evitado por medidas de descentralização previstas antes de 1941 e pela aplicação de um plano de evacuação para o leste das principais usinas, previsto de longa data. Ocupando trens inteiros, a ferramentaria de 1.360 grandes empresas é transferida para o Ural ou para a Sibéria ocidental. A enorme usina de automóveis Stalin, próxima a Moscou, empregando 35 mil pessoas, também é deslocada para o Ural e tem suas oficinas dispersas em quatro cidades diferentes.

No Donetz, essas mudanças efetuadas num tempo recorde são consideráveis e serão objeto da admiração de Speer durante uma visita em 1942. Em outubro de 1941, Guderian, fazendo irrupção à frente de seus tanques na cidade de Orel, testemunha a extensão dessas transferências. Os caixotes que acondicionam máquinas-ferramentas estendem-se ao longo de todas as ruas que levam à estação.[170]

Para o Ural, são transferidas 445 empresas importantes. Outras 220 vão para a Sibéria ocidental e 250 para a Ásia Central. Somente as instalações pesadas, altos fornos ou laminadores continuam no local, tendo sido sabotadas. A tais deslocamentos acrescentam-se as transferências de mão de obra: 17 milhões de pessoas em 1941, e um total de 25 milhões ao final de 1942.

Apesar desse êxodo gigantesco, uma grave crise se manifesta ao final de 1941 e durante uma parte do ano seguinte. É necessário um intervalo de cinco ou seis

---

[170] GUDERIAN (H.), *Souvenirs d'un soldat*, op. cit., p. 215 e ss.

A Segunda Guerra Mundial

meses entre a mudança de uma empresa e sua reinstalação. A retomada da produção choca-se com a falta de energia e de matéria-prima. A evacuação revela-se incompleta. Os soviéticos reconhecem ter deixado para trás 175 mil máquinas-ferramentas. Registra-se assim uma queda geral da produção da ordem de 50% em relação a 1940.

O problema mais grave, entretanto, é o da mão de obra. Na precipitação dos primeiros meses, centenas de milhares de operários são mobilizados, com repercussões críticas para a produção. Apenas uma parte da mão de obra pode deslocar-se para as regiões do leste. É o caso de 26 a 40% somente dos operários da aeronáutica. Nas 29 usinas de metalurgia pesada, a proporção atinge apenas 8%. Ao final de 1942, faltam aproximadamente 140 mil operários especializados nas indústrias de armamento.

A crise atinge seu ponto culminante ao final de 1942, no momento em que o extremo avanço alemão desencadeia uma nova onda de mobilização. Em três meses, o número de operários-empregados cai de 9,4 milhões para 7,2 milhões, não atingindo mais do que 65% dos efetivos de 1940 (11 milhões de trabalhadores). Essa redução expressiva ilustra uma vez mais a extrema dificuldade de uma repartição equitativa de efetivos entre a produção e os exércitos. Dificuldade esta agravada no caso da URSS pelo nível muito elevado das perdas em combate.

Uma recuperação se manifesta a partir de 1943. O número de trabalhadores da indústria acabará por atingir 9,5 milhões em 1945, na ordem de 86,5% do nível de antes da guerra. Toda uma série de medidas draconianas está na origem dessa recuperação. Não sem dificuldade, vários milhares de especialistas são retirados da frente de batalha para constituírem os quadros de centros de formação profissional acelerada.

A partir de então, o esforço de mobilização atinge essencialmente os camponeses. Nos *colcozes*, a substituição é assegurada pelas mulheres, pelas crianças e pelos idosos. As mulheres são também maciçamente recrutadas para os serviços, a indústria e os transportes, juntamente com adolescentes e velhos trabalhadores. Elas acabam por representar perto de 60% da mão de obra ativa, em contraste com os 35% de 1941. Na agricultura, sua parte chega a 70%. A vida industrial é praticamente militarizada. As férias e os dias de repouso são suprimidos. A semana de trabalho é elevada para 72 horas. A "frente" de produção não é uma palavra vazia.

Não deixa de ser um paradoxo que a recuperação econômica tenha início no segundo semestre de 1942, quando a crise de mão de obra atinge seu ponto culminante. Vários fatores explicam essa recuperação. A produção de bens de consumo, já notoriamente insuficiente em 1940, é sacrificada por completo. Assiste-se à retomada da produção das usinas transferidas e a um desenvolvimento espetacular das produções de base do Ural e da Sibéria ocidental. A exploração das jazidas de

318

Das armas e dos exércitos

carvão do Kuzba e do Karaganda é intensificada. O mesmo ocorre com as jazidas de petróleo do Emba e do "segundo Baku", entre o Volga e o Ural.

Em seu conjunto, a produção de energia da zona oriental parece ter triplicado em relação a 1940. Com 115 milhões de toneladas de carvão em 1944, a União Soviética não retoma, entretanto, seu nível de produção de 160 milhões do início do conflito. A de petróleo se estagnará em torno de 15 milhões de toneladas, duas vezes menos do que ao final dos anos 1930.

O desenvolvimento das indústrias de armamento dá um novo impulso à siderurgia. Dez novos altos fornos são construídos no leste, dos quais dois em Magnitogorsk. Para compensar a perda de algumas jazidas, são abertas minas de bauxita e de manganês no norte do Ural. A fim de atender à queda catastrófica da produção agrícola, são impostas restrições draconianas à população civil. Novas regiões são destinadas ao cultivo, e 16 milhões de citadinos convidados a cultivar legumes em seus jardins.

Apesar das condições excepcionalmente difíceis, o nível da produção acabará por atingir o índice 58 em 1945. Até o final do conflito, o Exército Vermelho poderá manter efetivos da ordem de 6 a 7 milhões de homens e beneficiar-se de um armamento abundante e de boa qualidade. Mas esses resultados não devem deixar de lado as perdas consideráveis.

Em quatro anos, a União Soviética teria fabricado 120 mil aviões, 100 mil tanques, 360 mil peças de artilharia, 1,2 milhões de metralhadoras, 15 milhões de armas individuais. Trata-se, em seu conjunto, de materiais confiáveis, de uma excelente eficácia, embora com um acabamento tosco. Basta evocar os tanques KV-1, T-34 ou Stalin, os aviões de caça ou de assalto Lag e Stormovik, a padronização das armas de infantaria, os lança-foguetes Katiucha.

Esse esforço sem precedentes coloca dois problemas. O Ural, segundo a expressão de um economista soviético, teria vencido o Ruhr, e a ajuda material dos Aliados teria representado apenas um elemento acessório na economia de guerra da URSS?

É certo que em 1942 a produção soviética de aviões, de tanques ou de canhões parece bastante superior à da Alemanha. É uma diferença que não se deve, na realidade, à superioridade do sistema socialista, mas ao atraso do Reich em desenvolver uma verdadeira economia de guerra. De fato, a partir de 1944, a produção alemã ultrapassa sensivelmente a da URSS.

Convém ainda notar que o Reich não sacrificou totalmente as indústrias de bens de consumo e que sua produção de armamento foi muito mais diversificada do que a da União Soviética, englobando fabricações desconhecidas por seu adversário: bombardeiros bimotores, submarinos, canhões, veículos variados e equipamentos eletrônicos. A partir do final de 1943, a produção de armas novas absorve uma parte crescente da capacidade de produção.

319

A Segunda Guerra Mundial

Constatação que leva a colocar o problema da ajuda anglo-americana. Após a guerra, essa ajuda foi objeto de contestações; os historiadores e os economistas soviéticos tenderam a fixá-la num nível muito baixo, inferior a 15% do esforço da URSS. Em seu livro *L'Économie de guerre soviétique*, Vosnesensky, o chefe do Gosplan,* chega a reduzi-la a 4%. Baseadas em dados quantitativos incontroláveis, essas estimativas não correspondem, de maneira alguma, à realidade. Vosnesensky descarta assim os fornecimentos de 1944, sem dúvida os mais importantes.

Na realidade, a União Soviética recebeu mais de 17 milhões de toneladas de mercadorias dos Estados Unidos, da Grã-Bretanha e do Canadá. Metade desses fornecimentos transitou pelo Extremo Oriente. A rota de Murmansk utilizada desde 1941 e a do golfo Pérsico completamente renovada a partir de 1943 serviram para a passagem do restante. A parte americana, por si só, ultrapassa os 15 milhões de toneladas.[171]

Entre as mercadorias entregues, é certo que os tanques e os aviões não representam mais do que uma parte mínima da produção da União Soviética. Esta recebeu, no entanto, cerca de 10 mil blindados e 20 mil aviões, ou seja, o dobro do que os alemães dispunham em 20 de junho de 1941... Entretanto, nesse domínio, a fabricação russa foi muito superior em quantidade e em qualidade. De fato, as mercadorias aliadas, obedecendo aos pedidos dos responsáveis soviéticos, serviram para preencher lacunas da economia russa, particularmente gritantes no domínio das matérias-primas, dos transportes, das transmissões, do equipamento e do abastecimento.

Foi assim que a União Soviética recebeu mais de 700 mil caminhões, dos quais 427 mil provenientes dos Estados Unidos. Esse fornecimento representava mais de seis vezes a produção soviética de 1940. Os jipes deram ao Exército Vermelho uma mobilidade que jamais poderia possuir. Os Aliados forneceram também mais de 3,8 milhões de pneus, cuja produção era dramaticamente insuficiente, e 103 mil toneladas de borracha. Uma fábrica de pneus chegou a ser inteiramente montada pelos Estados Unidos. A chegada de 2 mil locomotivas e de mais de 10 mil vagões na bitola russa permitiu evitar o desmantelamento dos transportes ferroviários, sobrecarregados, privados de uma parte de seu material e já insuficientes em 1940. Os americanos chegaram mesmo a equipar vários milhares de quilômetros de vias com uma sinalização automática, o que permitiu aumentar enormemente o fluxo.

A ajuda aliada manifestou-se da mesma forma no domínio da eletrônica. Foram fornecidos 1,2 milhão de quilômetros de fios telefônicos e 245 mil telefones de campanha pelos americanos, sem falar de 5 mil aparelhos de radar e estações de radiocomunicação.

---

* N. R. T.: Comitê Estatal de Planejamento.
[171] "Prêt-Bail. Aide alliée à l'Union soviétique", em *Dictionnaire de la Seconde Guerre Mondiale*, op. cit.

O fornecimento de produtos petroleiros também teve uma influência capital, após a queda da produção e a perda das refinarias mais importantes. Os russos receberam assim mais de 2,5 milhões de toneladas de produtos refinados, entre os quais cerca de 500 mil toneladas de combustível com um alto grau de octano, de que estavam completamente necessitados.

A dramática escassez de alimentos, que poderia ter constituído um obstáculo determinante, foi em grande parte superada pelo fornecimento de 5,5 milhões de toneladas de produtos, como o *corned-beef*, os ovos em pó e a farinha. A partir de 1943, os 12 milhões de combatentes soviéticos puderam receber uma excelente ração concentrada de 500 gramas por homem a cada dia. A América se encarregará ainda de vestir e calçar os combatentes soviéticos, expedindo 23 milhões de metros de tecido e mandando fabricar em suas manufaturas 18 milhões de pares de botas que a indústria russa, por falta de couro, não poderia ter produzido.

Os Aliados também efetuaram o fornecimento de vários milhões de toneladas de matérias-primas que, apesar da exploração de novas minas, faltavam à indústria. É assim que foram fornecidas:

1.200.000 toneladas	de aços especiais
220.000 toneladas	de cobre
170.000 toneladas	de alumínio
48.000 toneladas	de chumbo
29.000 toneladas	de zinco
29.000 toneladas	de estanho
26.600 toneladas	de níquel

Enfim, a partir de 1944, as encomendas incluem cada vez mais máquinas-ferramentas (num total de 26 mil), instrumentos de precisão, instalações industriais inteiras de alta tecnicidade, cujo interesse só podia visar o pós-guerra. Os russos conseguiram, assim, as bases de uma indústria do átomo. Na mesma ocasião, os agentes soviéticos, numerosos nos Estados Unidos, puderam obter uma documentação considerável sobre todas as indústrias de ponta.

A própria natureza dos fornecimentos aliados, seguindo as demandas soviéticas, é reveladora das deficiências da indústria russa. Esta reflete carências ocasionais devidas à invasão, como o déficit de aço, de metais não ferrosos e de produtos alimentícios. Mas também traduz as deficiências de estrutura infinitamente mais graves quanto à indústria química com os derivados do petróleo, os explosivos, os produtos farmacêuticos importados maciçamente, ou ainda a indústria de transformação (automotiva) ou da eletrônica.

A Segunda Guerra Mundial

Sem dúvida, os soviéticos combateram geralmente com armas forjadas no Ural; os tanques T-34 ou KV-1 revelaram-se aliás bem superiores aos Matilda, assim como os Yak e os La-5 superaram os caças Hurricane britânicos. A artilharia foi também de fabricação nacional. Mas a mobilidade, as transmissões, o equipamento e a alimentação foram conseguidos com a ajuda ocidental. Sem esse suporte, o Exército Vermelho não poderia ter chegado em 1943-1944 com o nível de um exército moderno. Enfim, as importações maciças de metais não ferrosos permitiram que o arsenal do Ural funcionasse em sua capacidade plena.

O fornecimento de mercadorias pelos Aliados é que sustentou as indústrias de ponta particularmente desfavorecidas. A ausência dessa ajuda teria levado os soviéticos à tarefa quase impossível de criar novas empresas de alta tecnicidade e de formar uma mão de obra altamente qualificada. Os arsenais do Exército Vermelho, por conseguinte, achavam-se tanto no Ural quanto nas Midlands e no nordeste dos Estados Unidos. De todo modo, a ajuda aliada permitiu à URSS uma substancial economia de mão de obra em proveito das forças armadas. Entregue a si mesma, a União Soviética, ainda retardatária no plano técnico, não poderia produzir toda a gama de material moderno e teria sido obrigada a diminuir seu esforço militar.

Uma conclusão, talvez inesperada, sobressai do esforço de guerra dos três Grandes: este esforço demonstra uma estreita interdependência no plano econômico, na origem de estratégias específicas.

Apesar do plano de evacuação para o leste de centenas de fábricas e de milhões de trabalhadores, a União Soviética não poderia ter enfrentado o choque prolongado da Wehrmacht sem o suporte material dos anglo-americanos. Em Teerã, Stalin não hesitou em reconhecer, em particular, que essa ajuda havia sido determinante para a sobrevivência da URSS. A própria Grã-Bretanha, por falta de recursos financeiros, teria abandonado a luta já em 1941 sem o suporte americano, não podendo manter, depois, seu esforço terrestre, marítimo e principalmente aéreo.

Seguindo a vontade de Roosevelt, os Estados Unidos constituíram realmente o "arsenal das democracias". Seu enorme esforço econômico, entretanto, não está isento de estranhas contradições. Foi tardio e lento, o que quase provocou uma catástrofe. A América só pôde intervir no conflito de maneira determinante por conta de um adiamento concedido pela proteção de dois oceanos e pela resistência obstinada e mesmo desesperada dos adversários do Eixo. A lição foi meditada desde 1943. Marshall, King e muitos outros chegaram à conclusão de que, no futuro, os Estados Unidos não poderiam se dar ao luxo de uma postergação desse tipo.

A implementação cuidadosa de uma economia de guerra também pôs fim ao mito, senão da potência ilimitada da América, pelo menos de suas capacidades de recuperação quase instantânea. Sua ajuda material só começou a se fazer sentir ao final de 1942 e principalmente em 1943. Até Pearl Harbor, a ajuda não passa de 3,6 bilhões de dólares, dos 31 bilhões concedidos para todo o período da guerra.

Essa ajuda econômica está vinculada a estratégias complementares. De 1941 a 1945, a URSS reteve os dois terços dos efetivos da Wehrmacht, assegurando assim as condições necessárias para a volta dos anglo-americanos ao teatro europeu. Esse enorme esforço permitiu aos ocidentais assegurar a liberdade de suas comunicações marítimas, obter a superioridade aérea e desencadear contra a Alemanha uma ofensiva grandiosa pelo bombardeio estratégico, antes de utilizar forças terrestres complementares.

Ainda nesse caso, o esforço americano revelou-se decisivo, mas tardio. Sua eficácia deveu-se à resistência britânica e soviética. Sua existência decorreu da argumentação de Marshall, que conseguiu convencer não somente a opinião, mas também Roosevelt, da necessidade de um grande exército. Não deixa de ser verdade que este só atingiu um nível elevado a partir de 1944. Na Europa, pelo menos, sua intervenção desempenhou um papel complementar, mas determinante, fazendo pender a balança, inexoravelmente, a favor dos adversários do Reich.

Essa é uma constatação que coloca o problema da desigualdade dos sacrifícios. Em várias ocasiões, o congresso chega a deplorar a falta de "reconhecimento" soviético à ajuda aliada, e o embaixador Stanley pôde queixar-se de uma "atitude pouco elegante". O reconhecimento acaba por manifestar-se, mas na esfera privada. O sentimento mais corrente entre os soviéticos era o do chefe da Censura que declarava a um jornalista americano: "Perdemos milhões de pessoas, mas eles querem que a gente se rebaixe diante deles porque nos enviam boi em lata." Com certa amargura, os soldados soviéticos chamavam a carne em conserva de "segunda frente".

Na realidade, os Estados Unidos puderam conquistar uma parte decisiva na vitória com perdas que chegam apenas a 300 mil homens em todas as frentes, 3 vezes menos do que as do Império Britânico, 15 vezes menos do que as da Alemanha e 30 a 40 vezes menos do que as da União Soviética. As perdas americanas, comparativamente pouco numerosas, estão na medida de uma civilização que poupa os homens e é pródiga no material. Na medida igualmente de uma posição geoestratégica que prioriza a guerra aeronaval e que subordina o engajamento terrestre à capacidade de resistência e aos sacrifícios do aliado continental. No fundo, algo muito banal.

Por seu isolamento, por sua falta de comunicação com as potências do Eixo, o Japão constitui um caso particular. Em 1941, o Império do Sol Nascente, com 76 milhões de habitantes (100 milhões levando-se em conta as dependências externas), é, sem dúvida, o país mais desenvolvido de toda a Ásia Oriental. Ainda

A Segunda Guerra Mundial

não se beneficia, no entanto, dos atributos de uma grande potência industrial. A agricultura ocupa 50% da população ativa. As indústrias de consumo limitam-se essencialmente ao têxtil. Desde a era Meiji, a prioridade foi dada às indústrias pesadas e às fábricas de armamento: siderurgia, refinarias de petróleo, construções navais e aeronáuticas.[172]

Às vésperas de Pearl Harbor, o Japão sofre, entretanto, de um certo número de *handicaps*. O rearmamento começou em 1936 e, no âmbito do pleno emprego, a economia não dispõe de reservas de mão de obra qualificada. Mesmo ocupando o terceiro lugar no mundo, a marinha mercante não atende à grande demanda, e 30% do tráfego é efetuado sob bandeira estrangeira. Situação ainda mais grave porque o país se encontra numa estreita dependência do exterior quanto ao abastecimento em alimentos e em matérias-primas. Essa dependência, quase total quanto ao petróleo, o minério de ferro, o algodão e a maior parte dos metais não ferrosos, está na origem da expansão em direção à Coreia, à Manchúria, à China e logo ao sudeste da Ásia, por causa das medidas de embargo americanas.

Depois das vitórias conseguidas com uma facilidade irrisória, o Japão parece ter adquirido, no início de 1942, uma base autossuficiente no âmbito da "esfera de coprosperidade". Dispõe do arroz e do petróleo da Birmânia, do estanho e da borracha da Malásia, e ainda do petróleo da Indonésia e do Bornéu. O Império do Sol Nascente, entretanto, enfrenta uma série de dificuldades.

A expansão do conflito traduz-se numa intensificação da produção, mas o afastamento em relação à produção americana só faz aumentar. Após três anos de conflito, o Japão não representa mais do que 15% do peso econômico americano, em vez dos 30% às vésperas da guerra.

A produtividade de armamento é ainda desigual. O material entregue ao exército é, na maioria das vezes, de concepção antiga. É verdade que os combates na selva não exigem material pesado e não se prestam ao avanço de grandes unidades blindadas ou motorizadas. Por outro lado, os efetivos engajados no Pacífico são relativamente fracos: o equivalente a uma dezena de divisões em cinquenta. O grosso do exército nipônico fica concentrado no arquipélago, na China e principalmente na Manchúria.

O balanço geral, entretanto, está longe de ser negativo. Em quatro anos, o Japão consegue construir 80 mil aviões, uma produção pouco inferior à do Reich. Se a primeira geração de aparelhos é superada pelos americanos a partir de 1943, uma segunda geração que surge ao final de 1944 sustenta a comparação com a produção americana.

---

[172] MUTEL (J.), "Économie japonaise", *Dictionnaire de la Seconde Guerre Mondiale*, op. cit.

324

Das armas e dos exércitos

Os estaleiros lançam cerca de 15 porta-aviões, 3,5 milhões de toneladas de navios mercantes. Entretanto, não podem rivalizar com os dos Estados Unidos. O Japão não consegue aumentar sua frota de encouraçados rápidos, de cruzadores pesados e de destróieres. A partir de 1944, também não pode atender à ameaça submarina pela construção de navios cargueiros e de escolta. No domínio da detecção, radar, sonar ou de artilharia antiaérea, as realizações nipônicas não podem ser comparadas às dos Estados Unidos. Os trabalhos sobre a bomba atômica não vão além do estágio da pesquisa fundamental.

Já em 1943 manifestam-se gargalos de estrangulamento. De início, no domínio da mão de obra, com o aumento dos efetivos do exército e da marinha. De 2 milhões em 1941, chegam a 5,5 milhões em 1944, dos quais 1,6 milhão nas forças navais. Para atender às exigências das indústrias de armamento, o governo deve proceder a uma verdadeira requisição de mão de obra entre os homens empregados em profissões ditas de "tempos de paz", entre as mulheres, os estudantes e mesmo os adolescentes. Requisição que atinge também os direitos comuns, dos prisioneiros de guerra e dos contingentes de chineses e sobretudo de coreanos. Subsistem tensões permanentes, principalmente entre os técnicos e os operários qualificados.

A falta de matérias-primas também se faz sentir. Ao contrário de uma ideia muito difundida, essa escassez surge antes que a guerra submarina desfalque a frota mercante. A queda da produção da siderurgia manifesta-se desde 1943, com o esgotamento dos estoques de minério de ferro e a insuficiência das importações.

A situação é a mesma para os produtos petroleiros. Também nesse setor os estoques esgotam-se rapidamente, passando de 49 milhões de barris em 1941 a 25 milhões três anos depois. O Japão mostra-se incapaz de aproveitar a recuperação das refinarias e dos poços de petróleo da Indonésia. A escassez de produtos petroleiros acarreta uma redução desastrosa na formação dos pilotos, limitada a 50 horas, em vez das 500 dos americanos. Também limita a atividade da marinha e obriga a frota a ir até Bornéu, onde se abastece com um óleo bruto leve utilizável diretamente nas caldeiras sem refino.

Essas dificuldades estão ligadas a uma subavaliação das necessidades logísticas das guarnições do Pacífico e da capacidade da marinha mercante, apesar de uma expansão considerável. Em meados de 1943, a frota mercante chega a seu apogeu com 7 milhões de toneladas, sem poder atender, entretanto, às necessidades de um Império dependente de linhas de comunicação intermináveis. Já em dificuldades, a situação econômica se deteriora brutalmente ao final de 1944. Com uma rapidez muito maior do que na Alemanha, os bombardeios estratégicos têm efeitos devastadores na produção. As indústrias, já concentradas em algumas grandes cidades, e estreitamente imbricadas em bairros residenciais repletos de pequenas oficinas de terceirização, são devastadas pelo fogo.

325

TABELA COMPARATIVA DAS FORÇAS EM CONFLITO

	ALEMANHA	JAPÃO	GRÃ-BRETANHA	ESTADOS UNIDOS	UNIÃO SOVIÉTICA
	Tanques, canhões de assalto e automotores	Tanques leves e médios			
1940	1.600	Não especificado	1.400	300	2.800
1941	3.800	1.000	4.800	4.100	6.400
1942	6.300	1.200	8.600	25.000	24.700
1943	12.100	800	7.500	29.500	24.000
1944	19.000	300	4.600	17.600	29.000
1945	3.900 (1)	100 (2)	Não especificado	12.000	15.400 (3)
	Submarinos apenas*				Não especificado
1940	23.800 toneladas	94.700	263.200	52.600 (6)	
1941	147.800	225.200	457.200	219.300	
1942	193.000	254.000	481.400	859.500	
1943	211.400	230.100	609.600	2.667.400	
1944	275.300	468.400	583.400	3.176.800	
1945	54.900 (4)	66.700 (2)	312.800 (5)	1.190.000 (3)	
	Não especificado Produção provavelmente desprezível	+ de 500 toneladas	+ de 100 toneladas	+ de 2.000 toneladas	Não especificado
1940		293.600	810.000	444.700	
1941		210.400	1.156.000	749.100	
1942		260.100	1.201.000	5.392.800	
1943		769.100	1.204.000	12.485.600	
1944		1.699.200	1.014.000	11.403.200	
1945		559.600 (7)	856.000 (5)	7.614.900	
1940	10.200	4.800	15.000	6.100	7.000
1941	11.000	5.100	20.100	19.400	12.500
1942	14.200	8.900	23.600	47.800	26.000
1943	25.200	16.700	26.200	85.900	37.000
1944	39.600	28.200	26.500	96.300	40.000
1945	Não especificado	11.100	12.100	46.000 (7)	35.000

* A maior parte dos grandes navios de superfície foi construída durante a guerra.

(1) janeiro a março – (2) abril a julho – (3) janeiro a junho – (4) janeiro a maio – (5) janeiro a setembro – (6) julho a dezembro – (7) janeiro a agosto

	Em 31 de maio de cada ano			Em 30 de junho de cada ano	
1940	5.600.000	1.723.200	2.212.000	458.300	2.500.000
1941	7.200.000	2.411.400	3.278.000	1.795.000	4.207.000
1942	8.600.000	2.829.400	3.784.000	3.844.500	9.000.000
1943	9.500.000	3.808.200	4.300.000	8.918.600	10.000.000
1944	9.100.000	5.365.000	4.500.000	11.241.200	12.400.000
1945	Não especificado	7.193.200 (agosto de 1945)	4.653.000	11.858.500	10.800.000

Às destruições maciças acrescenta-se o absenteísmo dos trabalhadores, que oscila de 15 a 40%.

Com a intervenção da aviação embarcada no início de 1944, as destruições estendem-se às indústrias litorâneas, aos portos, aos transportes rodoviários e ferroviários. Os resultados são mais importantes porque o Japão de 1945 só dispõe de uma rede viária arcaica e não recapeada, cortada por inumeráveis passagens através de balsas ao longo das costas, e de um sistema ferroviário limitado a duas vias litorâneas separadas pelo espaço de um metro. Na primavera de 1945, a queda do tráfego rodoviário é de 60%, e a do tráfego ferroviário de 40%.

As consequências da guerra para o comércio são talvez ainda mais dramáticas. Depois de uma progressão difícil, os submarinos americanos obtêm, a partir do início de 1943, resultados espetaculares contra a marinha mercante nipônica, completados por ataques da aviação embarcada. Em 19 meses, a tonelagem nipônica disponível cai de 7 para 1,5 milhão de toneladas. No início de 1945, o arquipélago se encontra em estado de asfixia, incapaz de comunicar-se com o sudeste asiático e dificilmente com a Manchúria e a Coreia após a campanha sistemática de lançamento de minas nas águas litorâneas e no mar interior por bombardeiros B-29.

A situação do Japão é, então, catastrófica. A população é submetida a terríveis restrições. As rações alimentares mal atingem o nível de sobrevivência, oscilando de mil a 1,5 mil calorias. A escassez de petróleo é completa. Os estoques de hidrocarbonetos que eram de 2,3 milhões de toneladas em 1942 não passam de 95 mil toneladas ao final de 1944 e de 45 mil em abril de 1945. A falta de minério de ferro provoca a paralisia da siderurgia e das construções navais. A escassez de bauxita leva à coleta de todos os objetos de alumínio.

A dispersão de oficinas de montagem e uma série de expedientes não impedem, entretanto, que a produção de material de guerra tenha uma queda de 50% por ocasião da Batalha de Okinawa. É o caso de indagar se o bloqueio e a interrupção das comunicações marítimas não foram finalmente mais eficazes do

A Segunda Guerra Mundial

que os bombardeios estratégicos. Por várias vezes, os ataques não atingem fábricas que já deixaram de funcionar por falta de matéria-prima?

A desorganização, contudo, não é total, mesmo que os B-29 acabem por não ter objetivos. No início do verão de 1945, o Japão possui ainda um exército de 5,5 milhões de homens, sendo 3 milhões no arquipélago. A aviação alinha 10 mil aparelhos de combate, entre os quais 5 mil camicases, cuidadosamente reservados. Com a desativação da frota de superfície, a marinha dispõe, entretanto, de 3 mil máquinas suicidas. Os próprios japoneses acreditam ser ainda capazes de resistir até o verão de 1946. Não há dúvida de que na ausência de bombas atômicas, um desembarque no arquipélago se revelaria terrivelmente dispendioso.

Para concluir, é claro que todos os beligerantes enfrentaram os mesmos problemas. O aspecto financeiro parece, em toda parte, secundário. Todos os grandes atores do conflito conseguiram financiar sua economia de guerra, prontos a multiplicar as dívidas, a recorrer à inflação e a sacrificar a evolução de sua economia. O problema mais sério tem a ver com a repartição da mão de obra entre a produção e as forças armadas. Apesar das perdas consideráveis e da ocupação de uma parte de seu território, a URSS só pôde resolver o problema com a mobilização intensa, um esforço enorme exigido da mão de obra e com a ajuda aliada que permitiu superar as insuficiências ou mesmo a ausência de alguns setores em uma economia de desenvolvimento ainda extremamente desigual.

Em virtude do papel determinante do Exército Vermelho na Europa e da fraqueza das guarnições japonesas do Pacífico, os ingleses e também os americanos puderam contentar-se com forças terrestres relativamente reduzidas. Confrontada com o mesmo problema, a Alemanha pôde manter o nível de seus exércitos e desenvolver sua produção graças a um esforço de produtividade e principalmente ao recurso maciço à mão de obra estrangeira. O Japão, por outro lado, viu-se obrigado a uma perpétua política de improvisação.

O outro problema-chave diz respeito ao aspecto logístico; numa palavra, os transportes. A Grã-Bretanha e os Estados Unidos só puderam expandir suas forças, sustentar maciçamente a União Soviética e a China, pela vitória obtida no Atlântico, associada a um planejamento draconiano dos produtos transportados e a uma política de construção maciça de navios cargueiros. Em contraste, a falta de tonelagem constituiu para o Japão, desde 1943, um freio considerável ao reforço de suas guarnições e ao desenvolvimento de sua economia de guerra. Essa situação só podia tomar um aspecto dramático com o desenvolvimento da luta contra o comércio desenvolvida pelos submarinos e pelos aviões americanos.[173]

---

[173] KENNEDY (P.), *Rise and fall of the great powers*, op. cit., c. VI e VII.

328

Das armas e dos exércitos

Uma última constatação se impõe. Não há correlação matemática entre a superioridade demográfica e econômica e a eficácia militar. Até 1942, alemães e japoneses conseguem êxitos espetaculares, apesar de uma inferioridade geral em meios. A partir de 1943, confrontados com uma enorme coalizão, acham-se superados em todos os domínios na proporção de 4 a 5. Dois anos de combates cruentos vão ser necessários, entretanto, para quebrar sua resistência. A superioridade do número não deve eclipsar a qualidade das armas, a superioridade das táticas e principalmente a determinação, a coesão moral, o espírito de sacrifício dos combatentes.

Os homens

Segundo Napoleão, "a guerra é uma arte simples e essencialmente prática". Reflexão que parece ser, de fato, uma brincadeira. A concepção de manobras estratégicas ou o aperfeiçoamento de táticas que asseguram o melhor rendimento dos sistemas de armas deparam-se com uma série de problemas complexos. Mais ainda, a arte da guerra vai além do âmbito estritamente operacional. É preciso também levar os homens a combater com o máximo de eficácia, e nas condições menos problemáticas possíveis.

Esse aspecto se relaciona ao enorme problema da combatividade, ou seja, do moral. Segundo a expressão do teórico do século XVIII, Ramatuelle, o moral depende das "forças relativas". Dificilmente quantificável, está submetido, com efeito, a variações consideráveis, podendo valorizar, dinamizar ou mesmo reduzir "forças absolutas", isto é, os efetivos ou os materiais, cuja quantidade pode ser apreciada com rigor.[174]

Fato estranho, esse aspecto psicológico só atraiu a atenção de um número restrito de pensadores militares. Na França, até a Segunda Guerra Mundial pelo menos, há apenas um, o general Ardant du Picq, morto em 1870 e cuja obra *Les Études sur le combat* figura entre os tratados abundantemente citados, mas raramente lidos.

O moral se manifesta sob dois aspectos. Diz respeito, em primeiro lugar, ao próprio combate. É preciso levar os homens a dominar sua angústia, seu medo, a ter o reflexo de utilizar suas armas, a resistir à pressão do inimigo ou a partir para o assalto. É preciso evitar as "deserções temporárias" como a da coluna de assalto de Wagram ou os ataques de pânico, sendo um dos mais célebres a fuga das tropas de Napoleão em Waterloo.

---

[174] RAMATUELLE (A.), *Cours élémentaire de tactique navale*, Paris, 1802, c. III.

A Segunda Guerra Mundial

Problema singularmente delicado. A agressividade é excepcional no homem. Apenas uma pequena minoria manifesta um empenho combativo regular. Logo após a capitulação alemã, Patton, ao examinar uma sondagem efetuada junto às unidades que serviram sob suas ordens, constatará com espanto que apenas 10% dos homens tinham lutado em todas as circunstâncias, 20% episodicamente e que 70% não haviam dado um tiro sequer.

O moral se manifesta também na retaguarda, durante os longos períodos de pausa que caracterizam todos os tipos de conflito. Trata-se então de evitar o desânimo cujas causas são múltiplas: saudades de casa, falta dos afetos habituais, preocupação com o futuro profissional. Todos esses elementos, particularmente sensíveis nos exércitos formados por recrutas do serviço obrigatório e por reservistas mobilizados, podem levar à "nostalgia", segundo a expressão do século XIX. Atualmente, esse mal se chama depressão.

O cansaço também domina se o conflito se eterniza, se é pontuado de derrotas, se nenhuma solução vitoriosa é vislumbrada, apesar de árduos sacrifícios. Todas essas causas podem levar a fugas ou a motins, como os do exército francês após o fracasso sangrento da ofensiva de abril de 1917.

Para evitar essas crises no moral, os exércitos recorrem a diversos procedimentos. Em primeiro lugar, o peso da disciplina militar. Os homens devem saber que qualquer abandono e mais ainda qualquer tentativa de insubordinação serão impiedosamente reprimidos e poderão conduzir à corte marcial, e mesmo ao pelotão de fuzilamento.

Para manter o espírito corporativo, deve-se recorrer aos uniformes, às ordens do dia, às menções, às condecorações. Os oficiais devem velar pelo bem-estar da tropa, o conforto dos alojamentos, a qualidade dos alimentos, a distribuição de tabaco ou de álcool, a regularidade das permissões e da correspondência. Outro elemento capital é o companheirismo, a coesão no âmbito das unidades. Deve-se estabelecer uma solidariedade entre os graduados e os comandados. A combatividade decorre ainda da qualidade das armas. Nada de mais deprimente para a tropa do que utilizar um material gasto, antiquado, ultrapassado pelo adversário.

A disposição das tropas tem seu papel. Especialistas na matéria, os romanos colocavam na primeira fileira os soldados jovens inexperientes; na segunda, homens mais aguerridos; e na última, os veteranos. Em caso de fuga das duas primeiras fileiras, estes últimos estavam em condições de avançar e de tomar o lugar de seus companheiros. O mesmo era praticado por Aníbal. Ele sempre colocava suas velhas tropas na retaguarda para compensar uma eventual fuga dos elementos avançados.

Na Idade Média, constata-se que as melhores unidades são aquelas constituídas por homens ligados por relações de linhagem, isto é, de parentesco. Nos

Os homens

séculos XVI ou XVII, por ocasião de conflitos de caráter ideológico, homens como Gustavo Adolfo ou Cromwell apelam para o sentimento religioso para reforçar a coesão e o espírito combativo de suas tropas. Com o surgimento de exércitos formados por profissionais, desenvolve-se a noção de treinamento, de criação de reflexos condicionados, levada a um ponto de perfeição por Frederico II e seus sucessores.

Entretanto, essa noção não é mais válida quando se dá a formação dos exércitos constituídos pela massa, nos séculos XIX e XX. Em compensação, a mística do chefe e o ardor patriótico explicam a força dos exércitos franceses da Revolução. Este é um tema que não deixará de ser explorado. Dirigentes e generais, desde então, insistirão na defesa do solo natal, na preservação dos bens e das famílias, na necessidade de conter e de rechaçar o invasor – motivações que resultam num outro sentimento: o ódio ao adversário.

Apesar dessas características constantes, o moral reveste-se aspectos diversos, segundo os exércitos e os períodos, como demonstra a Segunda Guerra Mundial. Tanto quanto as surpresas estratégicas ou táticas, ou ainda as deficiências registradas em alguns sistemas de armas, o moral constitui uma das causas determinantes do desmantelamento do exército francês de 1940.

É certo que a infeliz campanha de maio-junho não se identifica a um pânico generalizado, a uma fuga desabalada. Em seis semanas, 100 mil homens são mortos; as taxas de perdas são então comparáveis aos piores momentos de 1914-1918. Em diferentes ocasiões, houve unidades que constituíram admiráveis exemplos de resistência: a 68ª divisão diante de Dunquerque, os cadetes de Saumur, a 10ª divisão colonial em Lyon, as tropas do general Olry na fronteira dos Alpes. Também não se pode esquecer do sacrifício das tripulações de bombardeiros por ocasião do ataque às pontes do Meuse ou das forças aeronavais nas retaguardas das Panzers.

Em regra geral, as tropas francesas se mantiveram em posições defensivas, aplicando regulamentos herdados do final da Primeira Guerra Mundial, resistindo a assaltos de infantaria preparados por tiros de artilharia.

Por outro lado, os exércitos franceses mostraram um extremo "nervosismo" diante de ataques de tanques ou de aviões, em particular de bombardeiros de mergulho. Algumas unidades, literalmente, se decompuseram sem terem sido engajadas. Isso pode ser constatado por ocasião da travessia do Meuse. Na noite de 13 de maio, a retaguarda de duas divisões do exército Huntziger, diante de Sedan, estava em pânico. Acontecem fugas aos gritos de "os tanques estão chegando", quando nenhum blindado tinha atravessado o rio ainda.

333

A Segunda Guerra Mundial

Em menos de 48 horas, essas fugas se generalizam, atingindo uma dezena de divisões. O medo, muito mais do que o choque direto com o inimigo, está na origem da enorme brecha aberta no centro dos exércitos aliados. A partir de 16 de maio, elementos que debandaram sem armas afluem para a região de Compiègne. A derrota denota uma extrema fragilidade, uma ausência total de coesão.

A tropa também se revela incapaz de reação, de iniciativa. É claro que não se pode negar a indiferença, a espantosa inércia do alto-comando, literalmente petrificado pelo desenvolvimento da manobra alemã. Mas também é verdade que, nos escalões subalternos, os executantes revelam-se incapazes de desenvolver ações retardadoras, para frear o avanço adverso e montar contra-ataques locais. As exceções são raríssimas. Ninguém toma a iniciativa de montar grupos de combate a partir de elementos perdidos, separados de suas formações. Em seis semanas, são registrados apenas dois contra-ataques limitados, efetuados em Montcomet e em Abbeville pela 4ª DCR do coronel De Gaulle.

Note-se, ainda, que as tropas francesas, durante seu recuo, procedem a destruições reduzidas. Praticamente nunca utilizam as possibilidades de combate em meio urbano, com exceção dos pontos de resistência fortificados imaginados por Weygand junto ao Somme e ao Aisne. Nenhum chefe procura associar a população à resistência, não a utilizando para construírem barreiras ou cavarem fossos antitanques. Em todos os escalões, uma ausência completa de imaginação e de iniciativa. A partir da ruptura do Somme e do Aisne, um consenso parece estabelecer-se em todos os níveis. A guerra está perdida. Não se pensa em combater fora da zona dos campos de batalha clássicos do norte ou do leste. A demissão é total.

As causas dessa decomposição generalizada são múltiplas. A tentação é de invocar o pacifismo, que, desde o início dos anos 1930, acabou por infectar o conjunto do corpo social francês. Pacifismo agravado desde setembro de 1939 pelo desencanto dos militantes comunistas, desorientados pela reviravolta do partido por ocasião do pacto germano-soviético e pela falta de habilidade da mobilização. Algumas semanas depois, centenas de milhares de operários e de técnicos são chamados para a retaguarda para servir como "especialmente convocados" nas indústrias de armamento. Os camponeses, os membros da classe média, nutrem então o sentimento de serem condenados a suportar, mais uma vez, todos os sacrifícios.

Também não se pode negar os efeitos da propaganda alemã. Antes mesmo do início do conflito, ela se exerce por intermédio de publicações, de programas de rádio, de filmes da atualidade, trazendo a imagem de um Reich seguro de si, cheio de vigor, pronto para a ação. Depois de setembro de 1939, prossegue em seu efeito pernicioso até mesmo no fronte. Seu impacto é indiscutível. A França combate pela Inglaterra, os financiadores da City,* no âmbito de uma guerra imperialista. Não há nenhum contencioso entre a Alemanha e a França. O problema da Polônia, Estado artificial, está resolvido. Que cada um volte para sua casa. Se o conflito prosseguir apesar de tudo, a Wehrmacht atacará. Os alemães conhecem o valor dos soldados franceses, que combaterão sozinhos e contarão uma vez mais centenas de milhares de mortos. Com precisões em diversos domínios – número de unidades, deficiências materiais –, a propaganda alemã assevera, reforça a tese da 5ª coluna e lança a dúvida no espírito de muitos franceses, que sentem soprar um vento de traição.[175]

Há ainda as responsabilidades do alto-comando. Cego diante das lições da campanha da Polônia, mantém a tropa numa inação dissolvente durante toda a *drôle de guerre*. Os exercícios são raros, as manobras de conjunto excepcionais. Não se procura em nenhum momento familiarizar os homens com a ameaça do avião e do tanque. Num relaxamento sem explicação, muitos oficiais descuidam do uniforme e do estado de espírito de suas unidades, não dão importância suficiente aos estragos preocupantes do alcoolismo. Pode-se indagar se essa preguiça deliberadamente cultivada não é causada por uma falta de autoridade. Muitos superiores parecem temer que um treinamento muito intensivo, muito exigente, provoque reações de humor e mesmo de recusas à obediência. Esse relaxamento de um grande número de chefes parece decorrer das ambiguidades de uma propaganda que difunde a ideia perniciosa de que a França trava uma guerra que não deveria, e que diante da proteção da linha Maginot, o bloqueio e as dissensões internas desencadearão a queda do Reich.

Uma indagação se impõe. A apatia e a falta de iniciativa não têm origem na crise do moral do exército, após o fracasso da ofensiva de abril de 1917 que provocou uma série de rebeliões? Crise que está na origem de uma profunda mutação. O soldado recusa-se a efetuar os ataques penosos e estéreis dos anos anteriores. Aceita continuar na luta, mas numa óptica bem diferente: defender-se em caso de ataque. Pétain devia compreender perfeitamente essa mutação. Essa mudança de mentalidade atinge tanto a tropa quanto os quadros subalternos destinados, vinte anos mais tarde, a exercer altas responsabilidades e definir uma doutrina.

O exército alemão de 1940 apresenta um quadro que, aparentemente, é muito diferente. Desde a campanha da Noruega, os Aliados constatam a coesão, a

---

* N. R. T.: City se refere ao centro da cidade de Londres e, por metonímia, ao "centro financeiro"da Inglaterra.
[175] MASSON (Ph.), "Moral et propagande", em *Français et Britanniques dans la drôle de guerre*, Paris, C.N.R.S., 1979, p. 133 e ss.

335

energia da tropa. A imaginação, a audácia, a iniciativa reinam em todos os níveis. A Luftwaffe, para espanto dos franco-britânicos, utiliza os lagos gelados como campos de pouso. Os blindados se deslocam em estradas consideradas "impraticáveis". Desde o início da Batalha da França, os portos assinalam a combatividade da infantaria, o espírito de sacrifício dos canhoneiros antitanques que são encontrados mortos ao lado de suas peças. O exército alemão revela-se eficaz e coerente, tanto na ofensiva quanto na defensiva.

Essa visão tem sua dose de exagero. A Wehrmacht de 1939 não tem a coesão que aparenta. A mobilização se efetua sem entusiasmo. Nada de comparável com 1914. Ou antes, a determinação, o ardor combativo são essencialmente características dos jovens, dos que cumpriram o "serviço de honra" restabelecido desde 1935 e que constituem os efetivos das divisões blindadas e motorizadas ou das formações de paraquedistas.

Entretanto, os "antigos", os que têm 40 anos e que assistiram ao fim da Primeira Guerra Mundial e tiveram de ser mobilizados por não ser possível incorporar os homens das "classes brancas" isentas de serviço militar de 1919 a 1935, demonstram um estado de espírito bem diferente. Aceitam com dificuldade a perspectiva de uma nova provação, de uma guerra que só pode ser a repetição da precedente. Logo após a campanha da Polônia, Brauchitsch comunicará a Hitler as fugas ocorridas na tropa. Tomado de cólera, o Führer ordena que o comandante em chefe do exército tome todas as medidas necessárias para que incidentes desse tipo não se repitam.

Diferentemente do que ocorre na França, todo o período da *drôle de guerre* é aproveitado pela Wehrmacht para efetuar uma retomada do controle sobre as tropas. Todas as unidades são submetidas a marchas, a exercícios em série, a manobras de conjunto nos campos de treinamento do norte da Alemanha. Em maio de 1940, a melhoria é sensível. Mesmo assim, subsistem dois exércitos. À ponta de lança de 10 Panzers, de 7 unidades motorizadas e 35 divisões de infantaria bem formadas, opõem-se ainda o "grosso", composto de unidades que amalgamam jovens e velhos, de uma combatividade nitidamente mais fraca.

Durante a investida dos blindados em direção ao mar e a Dunquerque, as divisões estabelecidas nos flancos, ao longo do Aisne e do Somme, terão dificuldades em enfrentar os tiros da artilharia francesa. A correspondência encontrada com prisioneiros ou em cadáveres revelará sinais evidentes de fadiga, de tédio, e mesmo de desencanto.[176]

---

[176] Goutard (A.), *La Guerre des occasions perdues*, Paris, Hachette, 1956, p. 228.

Os homens

A vitória total e rápida conseguida sobre a França reforça a coesão, resultando num enorme sentimento de confiança e exorcizando as apreensões do início do conflito. Isso facilita a continuidade do condicionamento que se benefica de uma pausa de um ano, com exceção do breve episódio dos Bálcãs que só põe em jogo uma pequena parte do exército. Com essa pausa, muitos homens das velhas classes são liberados, substituídos pelos jovens convocados dos contingentes de 1920 e 1921.

Entretanto, com o prosseguimento do conflito, a divisão persiste. Dois exércitos coexistem de algum modo. Um exército ofensivo, jovem, dinâmico, transbordando confiança, afirmando sua fé nas virtudes do nacional-socialismo, comungando com o culto da pátria, e um exército composto de unidades estáticas, destinadas a setores de ocupação ou de defesa, de homens maduros de um entusiasmo moderado. Distinguem-se cerca de 16 categorias de divisões de infantaria. A esse exército acrescenta-se um terceiro a partir de 1943, formado de auxiliares estrangeiros como os Hiwis* soviéticos, que servem na Frente Oriental, ou voluntários das divisões da Waffen SS. É um conjunto não desprezível, que acabará por totalizar 1,5 milhão de homens em 1944.

Apesar dessa composição diversificada, a Wehrmacht teve uma performance notável de 1939 a 1945. Combateu em campos tão diferentes quanto a Rússia ou o norte da África, enfrentando os fortes calores do verão colonial, as temperaturas tórridas do deserto ou os frios intensos. Se as perdas foram muito superiores às de 1914-1918, com 3,7 milhões de homens fora de combate no outono de 1944, esse exército manteve sua eficácia até o fim e soube adaptar-se a duas formas de guerra.

De 1939 a 1941, a Wehrmacht acumula os sucessos em campanhas curtas e vitoriosas, cortadas por longas pausas: seis meses entre a Polônia e a França, quase um ano, dia a dia, entre o armistício de Rethondes e o desencadeamento da operação Barbarossa. As perdas são mínimas: 10 mil mortos e desaparecidos na Polônia, 27 mil na França, 151 na Iugoslávia, 2,5 mil na Grécia e em Creta.

Durante essa Blitzkrieg, a maior parte do esforço fica a cargo das Panzers, das unidades motorizadas e da Luftwaffe, cujas tripulações efetuam de 4 a 6 missões por dia. Para a infantaria, esse período brilhante identifica-se como constituído de marchas intermináveis, de breves embates, seguidos de rendições maciças. Por ocasião da campanha da França, a metade das grandes unidades praticamente não está engajada.

A situação é praticamente a mesma na marinha. Para os U-Boote, os anos de 1940-1942 correspondem aos "tempos felizes". As perdas mantêm-se suportáveis,

---

* N. R. T.: Redução de *Hilfswilliger* (literalmente 'voluntário'), designação aplicada aos que, à força ou não, colaboravam com o exército alemão.

337

os sucessos muitas vezes retumbantes, tendo em vista a deficiência relativa das escoltas aliadas. Após Pearl Harbor, os submarinos descobrem um verdadeiro "paraíso" na costa leste dos Estados Unidos, onde operam impunemente durante cerca de seis meses.

Somente a Luftwaffe, solicitada sem cessar em todos os teatros, não goza de nenhum descanso durante os dois primeiros anos da guerra, registrando, assim, as perdas relativas mais pesadas. Um quarto das tripulações desaparecido durante a campanha da França, um terço durante a Batalha da Inglaterra. Pode-se estranhar a fadiga constatada entre as tripulações de bombardeiros em setembro de 1940, depois de quatro meses de atividade praticamente ininterrupta. O abandono dos ataques diurnos em proveito de ataques noturnos muito menos dispendiosos constitui, para os homens da Luftwaffe, uma pausa salutar.

Com o começo da guerra no leste, o mesmo processo parece renovar-se. As perdas são mínimas e os infantes (soldados de infantaria) esforçam-se por agir em conexão com os blindados que efetuam manobras de cerco. Segundo Blumentritt:

> A infantaria passava por horríveis dificuldades para acompanhar o avanço. Marchas de 35 km por dia nada tinham de excepcional, e isso em estradas horríveis. Dessas semanas, guardo uma lembrança bem viva de imensas nuvens de poeira amarela, levantadas pelas colunas russas que tentavam recuar e por nossa infantaria lançada em sua perseguição. O calor era sufocante, cortado por temporais súbitos que transformavam as estradas em lamaçais antes que o sol reaparecesse e os transformasse rapidamente em uma argila fina e poeirenta.[177]

A grande virada da história do exército alemão acontece no outono, no momento da Batalha de Moscou e da chegada brutal de um horrível inverno para o qual o soldado não está equipado. "A morte chegou com suas asas de gelo e estacionou ao nosso lado", diria Heinrich Haape.

> Num frio desumano, em que a respiração congela, em que agulhas de gelo pendem das narinas e dos cílios ao longo do dia, em que pensar é um esforço, os soldados alemães não combatiam mais por um ideal, por uma ideologia, ou mesmo pela pátria; eles combatiam cegamente, sem perguntas, sem mesmo saber o que os esperava mais adiante.*

Todas as batalhas transcorrerão sob um frio siberiano, em meio a tempestades de neve e de sofrimentos abomináveis. A esse respeito escreveu Léon Degrelle, antigo chefe da divisão Wallonie:

---

[177] *Historia*, n. 165, p. 1.912.

* N. E.: Sem referência bibliográfica no original.

Por toda parte o vento uivante, em toda parte inimigos uivantes. As posições eram escavadas diretamente nos blocos de gelo. As ordens eram formais: não recuar. Os sofrimentos eram indizíveis, indescritíveis. Os pequenos cavalos que nos traziam ovos gelados, cinzentos, e munições tão frias que nos queimavam os dedos, coloriam a neve com o sangue que gotejava de suas ventas. Os feridos congelavam assim que caíam... Ninguém se arriscava a urinar do lado de fora. Às vezes, o próprio jato era convertido numa vara amarela recurvada. Milhares de soldados tiveram os órgãos sexuais ou o ânus atrofiados para sempre. Nosso nariz e nossas orelhas estavam inchados como abricós de onde escorria um suco avermelhado e viscoso.[178]

O espectro da derrota, entretanto, é conjurado. O soldado alemão adquire a leste seus títulos de nobreza e demonstra que ele vale, com vantagem, tanto quanto o de 1914-1918. Após campanhas fáceis do começo da guerra, o balanço dos primeiros meses da luta a leste chega ao nível daqueles da Primeira Guerra Mundial, com um milhão de homens fora de combate.

A Wehrmacht recobra pela última vez a euforia da vitória em 1942, com os êxitos espetaculares de Rommel na Líbia e com as vitórias conseguidas a leste, no Donetz, em Kertch, em Sebastopol, seguidas da marcha atordoante em direção ao Volga e ao Kuban.

A euforia tem curta duração, terminando no outono, nas vizinhanças do Cáucaso e principalmente nas ruínas de Stalingrado. Num cenário lunar, trava-se uma batalha impiedosa de homem por homem, como salienta uma testemunha, o general Doer:

Para cada casa, cada loja, cada torre de caixa-d'água, cada plataforma de trem, cada parede, cada porão, cada pedaço de ruína, era preciso travar uma batalha feroz que ultrapassava em violência todas aquelas da Primeira Guerra Mundial. As linhas se tocavam e apesar da intervenção da artilharia e da aviação, era impossível evitar os combates diretos.[179]

Lentamente, metodicamente, à custa de perdas sangrentas, os alemães conseguem progredir nas ruínas, nas usinas, em meio às máquinas-ferramentas silenciosas, em meio aos pátios de montagem. Alguns deixam explodir um grito de desespero, como este tenente da 24ª Panzer:

Meu Deus, por que nos abandonastes? Nós combatemos durante 15 dias por um único imóvel, com morteiro, granada, metralhadora, baioneta. Ao final de três dias, já tínhamos deixado 54 cadáveres nos porões ou na escada. A frente passa por um corredor entre dois cômodos calcinados ou um teto. O socorro

---

[178] DEGRELLE (L.), *Hitler pour 1000 ans*, Paris, La Table Ronde, 1969, p. 127; et *Historia*, n. 165, p. 1912.

[179] *Historia*, n. 165, p. 1923.

A Segunda Guerra Mundial

> vem das casas vizinhas por escadas de incêndio e pelas chaminés. A luta não se interrompe, da aurora ao anoitecer. De andar em andar, o rosto molhado de suor, estamos recheados de granadas, em meio a explosões, a nuvens de poeira e de fumaça, ao assobio dos morteiros, a poças de sangue, a explosões de todo tipo e restos humanos. Perguntai a qualquer soldado o que significa uma hora de corpo a corpo e imaginai Stalingrado: 18 dias e 18 noites de combates corpo a corpo! Não se medem mais as ruas a metro, mas pelo número de cadáveres estendidos...
>
> Stalingrado não é mais uma cidade. Durante o dia, fica recoberta com uma imensa nuvem de fumaça; não é mais do que um gigantesco braseiro. Quando cai a noite, uma dessas noites pontuadas de incêndios, urros e sangue, os cães se jogam nas águas do Volga e tentam desesperadamente alcançar a outra margem. As noites de Stalingrado são um terror. Os animais fogem desse inferno; as pedras mais sólidas não resistem aí por muito tempo. Apenas os homens conseguem adaptar-se a isso.[180]

Stalingrado constitui o ponto de partida de uma nova fase da guerra. Em todas as frentes, o combatente alemão deve travar uma luta defensiva terrivelmente dura e cada vez mais sangrenta. De 1939 a setembro de 1942, em três anos, o exército alemão conta 800 mil mortos ou desaparecidos; ao longo dos dois anos seguintes são 2,8 milhões. Há homens que, feridos várias vezes, voltam para a frente de batalha. O caso do soldado Sticker, que em 1944 tinha 25 anos, nada tem de excepcional. Convocado em março de 1939, numa unidade de infantaria, ele combate na França e na Grécia antes de ser engajado na frente russa, onde é ferido por duas vezes, em setembro de 1942 e em julho do ano seguinte. Transferido para a 2ª Panzer, combate na Normandia a partir de 10 de junho.

Durante essa fase, o soldado alemão trava, de fato, duas guerras diferentes. A oeste, as provações não faltam. Basta evocar Cassino, o cerco de Falaise, a floresta de Hurgen, as Ardenas... Desses embates, os homens da Wehrmacht guardam a lembrança de uma *Materialschacht*, uma guerra de material. Na Normandia, a superioridade aliada é esmagadora no plano da artilharia de marinha ou de campanha. Os aviões aliados são os senhores do céu. Durante sua marcha em direção à frente de batalha, a divisão blindada Panzer é submetida a constantes ataques durante dois dias, como conta seu comandante Bayerlein:

> No dia 7, ao meio-dia, meus homens davam à estrada de Vire, em Bény-Bocage, o nome de *Jabo-Rennestrecke*, campo de passagem dos caças-bombardeiros da RAF. Todos os veículos tinham sido recobertos com folhagens, avançando ao longo

---

[180] Ibid.

340

das alamedas por entre os bosques... Mas, ao final do dia, eu tinha perdido 40 caminhões-tanques e mais 90 caminhões de outros tipos. Cinco de meus tanques estavam fora de combate, assim como 84 *half-tracks*, tratores e automotores. Eram perdas importantes para uma divisão não engajada.[181]

Por ocasião da operação Goodwood, em 17 de julho diante de Caen, posições alemãs são submetidas a um terrificante tapete de bombas lançado por dois mil quadrimotores, acompanhado do ataque de centenas de caças-bombardeiros. A provação é horrenda:

No zumbido contínuo das bombas, no estrondo das explosões, os homens ouviam a morte se aproximar, depois uma pausa, ouviam de novo a morte se aproximar, depois mais uma pausa e isso indefinidamente. Os nervos de muitos ficavam em frangalhos; houve casos de suicídio e de loucura temporária ou definitiva. Fazendas e campos desapareciam, como se fossem apagados; uma paisagem lunar de crateras, exalando um odor ácido tomava o seu lugar. Tanques pegavam fogo, outros tanques e homens ficavam enterrados; um tanque Tigre de 60 toneladas foi tombado com as rodas para cima. E os bombardeiros pesados pintados de preto continuavam a desfilar, voando baixo, para serem mais precisos.[182]

Esse furacão de fogo, entretanto, não impede que os alemães se recuperem. Os tanques britânicos são visados pelos Tiger, pelos Panther que resistiram ao bombardeio, e pelos canhões de 88. Mais de 500 blindados britânicos são destruídos, e a ofensiva de Montgomery expira na noite de 20 de julho, ao pé da falésia de Bourguébus.

Durante a fase de imobilização da Normandia, a resistência alemã, apesar da inferioridade considerável de seus meios, suscita o espanto do adversário. Adapta-se maravilhosamente ao terreno, como declarou um deles:

Nós nos sentíamos em casa, nessa paisagem de alamedas entre as árvores, de altas muralhas, de caminhos escavados, onde a vista não ia além dos cem metros. Nós pegávamos automaticamente nossas pás, e cavávamos o máximo possível para desaparecer no seio da terra protetora. Campo de tiro, cobertura, camuflagem eram hábitos para nós e tínhamos nos tornado mestres nesse particular. Muitas vezes deixamos avançar as patrulhas, os tanques blindados do inimigo, tão perto que os aniquilávamos à primeira salva. Os infantes caíam e os tanques incendiavam-se antes de poderem reagir.

---

[181] Wilmot (Ch.), *La Lutte pour l'Europe*, op. cit., t. II, p. 107.

[182] Masson (Ph.), *La Participation de la marine française aux débarquements de Normandie et de Provence*, Service historique de la marine, 1969, p. 83.

A Segunda Guerra Mundial

> [...] Nossos adversários haviam combatido no deserto e comportavam-se com muita prudência nos embates a pouca distância. Para nós, era diferente. Na Rússia, tínhamos lutado tantas vezes no corpo a corpo, rechaçando os infantes na base da pistola, das granadas e até das pás. Estávamos acostumados com esses caldeirões de feiticeira, essas batalhas nos bosques de vegetação espessa. Assim, no começo, a experiência do combate e o sangue frio contaram mais do que a superioridade do armamento.*

No momento da ruptura da frente, enfim, as tropas alemãs lutarão com a energia do desespero. Os casos de rendições serão raros. À custa de combates cruentos, dois terços dos efetivos conseguirão escapar do "caldeirão" de Falaise. Apesar da violência dos combates, a guerra no oeste respeita algumas regras. Fazem-se tréguas para a troca de feridos. Os prisioneiros, em geral, são tratados corretamente.

A leste não é o que acontece. O combatente alemão trava uma guerra que não é como as outras. Os prisioneiros são frequentemente torturados para que se arranquem informações, ou massacrados com requintes de crueldade. A decisão de Hitler de executar os enviados políticos e os membros do partido não é estranha a esse comportamento. Mas não há nenhuma dúvida de que unidades do NKVD procederam desde o começo da campanha a atrocidades sistemáticas, como já se podia constatar na Finlândia. Logo de início, Stalin quis dar à guerra um caráter inexpiável. Certo de provocar represálias alemãs aterrorizantes, ele se esforçou por tirar do combatente soviético a tentação da rendição. O cálculo revela-se eficaz. Durante a investida de 1941, os alemães descobrem, por várias vezes, os corpos de jovens soldados ou de pilotos da Luftwaffe abominavelmente torturados. A reação é automática, imediata: ela se traduz, nos dias subsequentes, na execução de todos os soldados soviéticos que têm a infeliz ideia de depor as armas. As unidades SS distinguem-se particularmente nesse tipo de represálias.

Na melhor das hipóteses, os prisioneiros são condenados a morrer de fome ou a passar pela morte lenta dos trabalhadores forçados. Destino horrível que está ligado à recusa dos soviéticos, apesar de vários apelos anglo-americanos, em reconhecer as convenções de Genebra.

Os combates do leste caracterizam-se ainda por uma fúria, uma ferocidade sem precedentes, num ambiente hostil. Do cerco de Tcherkassy, Degrelle deixou um relato alucinante da tentativa de escapada da noite de 18 para 19 de fevereiro de 1944:

> Centenas de gritos lúgubres dos moribundos esparsos na estepe vinham sempre de longe. De todo o planalto fechado pelos tanques soviéticos, do fundo dos valões pisoteados por nós pela manhã, elevavam-se súplicas pungentes intermináveis que a noite de neve nos trazia com uma nitidez trágica [...] "Camaradas! Cama-

---

* N. E.: Sem referência bibliográfica no original.

342

Os homens

radas!..." Quanta agonia horrível, ali! Centenas de manchas negras foram apagadas, inexoravelmente, pela neve que caía sem cessar. Centenas de corpos sofriam. Centenas de almas gemiam naquela invasão gelada, naquele abandono total. Cerrando o coração a esses horríveis lamentos, avançávamos para a libertação. A noite tornava-se mais clara. A coluna se calava, com uma potência de silêncio espantosa. Daquela massa de três mil homens, nem uma voz, mesmo velada, se fazia ouvir.

No entanto, à nossa direita, outros gritos alucinantes nos chamavam naquele fim de crepúsculo. O valão assassino que nos tinha separado dos tanques soviéticos prolongava-se em direção a extensos pântanos. Numa primeira tentativa, várias carroças alemãs se precipitaram por cima de tudo, em direção a essas escavações, engolfando-se em lamaçais profundos que pareciam cola. Os cavalos eram completamente engolidos pela lama. Só se viam, sob os pálidos clarões da lua, a cabeça e o pescoço dos pobres animais. Eles ainda relinchavam. Seus relinchos macabros alternavam-se com os apelos aflitos dos condutores que se viam, eles também, cair no lodo. Eles se esticavam no alto das rodas das carroças, já quase completamente submersos. Na fúria do instinto de conservação, nós os amaldiçoávamos por gritar tão alto e chamar a atenção dos russos [...]. Tivemos de deixar esses infelizes descer lentamente na lama noturna em que se afogariam, como havíamos deixado atrás de nós as vozes dilacerantes dos feridos da estepe [...], agonizando uns e outros numa solidão mais cruel ainda do que o ferro que os havia dilacerado, do que o lodo que os sorvia, do que a neve que os recobria, impiedosa.[183]

No pavor do cerco e no temor da captura soviética, o soldado alemão luta com a energia do desespero. Na expressão do marechal Antonesco, ele dá a impressão de lutar sob o efeito da droga.

Sua extraordinária capacidade de resistência não exclui fugas, entretanto. Isso é constatado por ocasião da ruptura da Frente Central em junho de 1944, no âmbito da operação Bagration. Verdadeiros ataques de pânico irrompem em vários setores. O desânimo se apodera de numerosas unidades. Apesar do medo da prisão, as rendições se multiplicam. Os russos capturam mais de 50 mil prisioneiros, entre os quais uma dezena de oficiais generais. O desânimo também se mostrará após a Batalha da Normandia e do recuo da Wehrmacht nas fronteiras do Reich.

Desânimo de curta duração, na realidade. Desde o mês de outubro de 1944, os oficiais suíços constatam uma recuperação espetacular do moral das tropas alemãs engajadas no setor de Montbéliard. No episódio de Arnhem, soldados britânicos lançados de paraquedas enfrentam duas divisões SS, Hohenstaufen e Frundsberg,

---

[183] DEGRELLE (L.), *La Campagne de Russie*, Paris, Diffusion du Livre, 1949, p.320.

343

A Segunda Guerra Mundial

severamente desfalcadas na Normandia, em vias de reconstituição, e que retomaram, em um mês, sua disposição combativa. Toda a história dos recuos alemães de 1943-1945 é tecida de *Kampfgruppen*, de grupos de combate improvisados, sob a direção de oficiais determinados que reúnem os isolados, as unidades que perderam contato com as formações de origem. A fusão se efetua quase instantaneamente.

Apesar das terríveis perdas, de uma instrução cada vez mais apressada e da esmagadora superioridade das aviações anglo-americana ou soviética, as tripulações da Luftwaffe conservarão seu ardor combativo até o fim. No entanto, em maio de 1945, subsistem apenas 5% dos pilotos do início da guerra.

Mesma constatação, tão surpreendente quanto essa, diz respeito às tripulações de submarinos. Entretanto, a partir de maio de 1943, as perdas são impressionantes para resultados ínfimos. Com a proliferação dos meios aliados, os U-Boote são perseguidos por toda a superfície do Atlântico. A era dos "tempos felizes" já passou. É "o inferno por cima da cabeça". Ao serem surpreendidos na superfície por um navio de escolta ou um avião, só resta aos submarinos mergulhar de qualquer jeito, para o fundo, onde são alvo de intensos lançamentos de granadas, de perseguições até a morte, que podem continuar durante dois dias. A média de sobrevivência de um submarino não vai além de seis ou sete cruzeiros. A carreira do U107 é reveladora da mudança dramática da guerra submarina. Trata-se de uma embarcação excepcional: pertencendo à classe IX B, o U107, que entrou em serviço no início de 1941, deterá o recorde de longevidade da U-Bootwaffe, antes de desaparecer em agosto de 1944, durante a décima terceira patrulha. Com 38 navios enviados para o fundo, totalizando 217 mil toneladas, esse modelo se revelará uma das embarcações mais "felizes" da guerra, colocando-se no quinto lugar entre todos os submarinos. Esse desempenho exigirá 750 dias de patrulha, com uma embarcação posta a pique a cada período de 20 dias no mar, e os maiores sucessos serão registrados nas primeiras saídas, principalmente na segunda, quando o U107 afundará 14 navios, ou seja, mais de 80 mil toneladas. Entretanto, de abril a agosto de 1944, durante as quatro últimas patrulhas, isto é, em quase 200 dias, o submarino não conseguirá mais ter sucesso e sofrerá vários ataques com granadas e ataques aéreos, dos quais o último será fatal.

No total, de 40,9 mil homens que entraram para a U-Bootwaffe, 28 mil desaparecerão, vítimas de um fim na maioria das vezes atroz. No entanto, não haverá falta de voluntários. Não haverá praticamente deserção. De 1939 a 1945, registra-se apenas uma rendição de submarino.

Naturalmente, muitas têm sido as indagações sobre a qualidade do moral dos homens da Wehrmacht, sobre suas possibilidades praticamente ininterruptas de recuperação, após quedas de ânimo passageiras. Todo mundo foi tomado de espanto pela extraordinária solidez das células de base, seção, companhia, pela qualidade

344

dos instrutores, dos oficiais subalternos, dos suboficiais, pelo companheirismo que não deixou de unir os homens e pela capacidade impressionante de absorção dessas células com relação aos recém-chegados para reforçar a frente de batalha. Nos interrogatórios dos prisioneiros, os anglo-americanos, em particular, são surpreendidos pela facilidade com que os alemães se profissionalizam, tornam-se rapidamente verdadeiros soldados de carreira.

O combatente alemão foi também servido pela qualidade de seu armamento, que se aperfeiçoou continuamente ao longo do conflito. A partir de 1943, os tanques Tigre, Panther, Mark IV e os canhões de assalto são comparáveis com as máquinas soviéticas e superam os blindados aliados. A infantaria alemã recebe em grande quantidade a Spandau, a nova metralhadora MG-42, pistolas automáticas, morteiros de 80 e de 100, máquinas de abordagem antitanque como o Panzerfaust. Como o dos soviéticos, o exército alemão é dotado de lançador de foguetes, os temíveis Nebelwerfer, terror dos soldados britânicos ou americanos, sem falar do terrível canhão de 88, com uma dupla vocação, antiaérea e antitanque.

Sem conseguir fabricar aviões novos até 1943, com exceção do Focke Wulf 190, a Luftwaffe não cessará de criar versões melhoradas dos modelos existentes, equipados com novos motores e com um armamento mais potente. A partir de 1944, a entrada em serviço de aparelhos a jato dá aos pilotos da Luftwaffe a segurança de recuperar a superioridade sobre o adversário.

Após a derrota de 1943, o comando da marinha também lança mão de inovações técnicas para tentar retomar a iniciativa no Atlântico. Os submarinos são dotados de detectores de radar, de revestimentos antissonar, de torpedos acústicos, do Schnorchel. Todas as tripulações de U-Boote estão a par da construção de novas embarcações tipo XXI ou XXII com desempenhos bastante aperfeiçoados e capazes de relançar a batalha.

O aspecto político também não deve ser negligenciado. Até o fim, milhões de homens têm uma confiança absoluta na pessoa do Führer. Eles nutrem a convicção de que Hitler conseguirá mais uma vez superar a crise. Nas unidades, uma pequena minoria da ordem de 15 a 20% impregnada da ideologia nacional-socialista tem um papel catalisador e contribui, sem dúvida alguma, para a manutenção do moral, para a confiança na vitória final.

Esse fermento é particularmente sensível nas tropas de choque, nas divisões da Waffen ss, Panzers, paraquedistas, ou no Afrikakorps, composto, em parte, de voluntários. Também é capital nas tripulações dos submarinos ou nos membros de uma Luftwaffe, que tem a reputação de ser nacional-socialista. Não se pode esquecer ainda que, desde 1935, todos os jovens, por intermédio da Juventude Hitlerista e do Serviço do trabalho obrigatório, foram fortemente marcados pela mística hitleriana.

A Segunda Guerra Mundial

Não se pode negar, entretanto, a severidade da disciplina, o terror inspirado pela temível *Militar Polizeï* para com qualquer homem em situação irregular. A Wehrmacht mostra-se impiedosa com relação à fuga. Mais de dez mil homens teriam sido executados, em virtude de condenações pronunciadas por cortes marciais. A maioria dessas execuções interveio ao final da guerra. Alguns chefes de batalhão, como o general Rendulic, mostram-se então sem piedade e não hesitam em mandar enforcar jovens soldados por recuos injustificados.

Rigidez temperada por diferentes estímulos. O uniforme – preto para os homens dos blindados, macacões camuflados para os Waffen SS – contribui para manter o espírito corporativo das unidades de elite. Menções, condecorações são generosamente prodigalizadas, ainda que sempre merecidas: à Cruz de Ferro acrescentam-se a medalha dos feridos, a medalha de inverno da Frente Oriental de 1941-1942.

Após violentos embates e perdas severas, as unidades gozam de longos períodos de descanso e de recuperação, podendo estender-se até seis meses. Às vésperas do desembarque, a divisão SS *Das Reich* vinha de uma pausa de seis meses, depois de ter sido duramente atingida na Ucrânia.

O mesmo acontece com os grupos da Luftwaffe ou com as tripulações de submarinos. Os homens dos U-Boote, ao retornar à terra, são alojados em aldeias afastadas dos portos sujeitos a bombardeios. São beneficiados com facilidades oferecidas por jovens auxiliares femininas e com temporadas de descanso na montanha.

Nos acampamentos da retaguarda, o comando se esforça para assegurar um mínimo de conforto. No período que precede os desembarques na França, efetua-se uma rotatividade das unidades entre a Frente Oriental e os países da Europa Ocidental. Uma visita a Paris constitui uma recompensa muito prezada. A correspondência é distribuída com uma regularidade e uma rapidez surpreendentes em todos os teatros, em prazos de cinco ou seis dias.

Na frente ou na retaguarda, a comida é a mesma para todos, do oficial general ao simples soldado. De vez em quando, distribuem-se cigarros ou *Schnaps*, espécie de aguardente alemã. Para as relações com mulheres, o exército alemão não mantém nenhum estabelecimento específico e deixa que os homens recorram às possibilidades locais. Qualquer doença venérea, entretanto, é considerada uma automutilação, passível do conselho de guerra. Durante os momentos de descontração, os soldados são brindados com espetáculos teatrais e principalmente com sessões de cinema e emissões de rádio que difundem comunicados e canções, em particular a inevitável "Lili Marlene". Em certas ocasiões, essas emissões se esforçam para reforçar a solidariedade de todas as formações da Wehrmacht dispersadas pelos quatro cantos da Europa. As do Natal de 1942 são reveladoras:

346

> Atenção, atenção, chamando Stalingrado, Biscaia, Leningrado, a Frente do Cáucaso, os submarinos do Atlântico [...] Companheiros, nós lhes pedimos uma vez mais para entoar o velho e belo canto de Natal: *Noite feliz. Noite de amor.* Todas as estações associam-se agora ao voto espontâneo de nossos companheiros, lá no Sul, no mar Negro. E eis que cantam no mar gelado na Finlândia. E agora, nos ligamos com as outras estações: Leningrado, Stalingrado, França, Catânia, África [...]. Neste minuto todos cantam em uníssono "Dorme em paz lá no céu".[184]

A partir do final de 1944, o soldado alemão não tem mais ilusões sobre o resultado do conflito. Uma história conhecida demonstra isso: "O que você vai fazer depois da guerra? Eu faria a volta da Alemanha de bicicleta. E à tarde?" A política aliada contribui para explicar, tanto quanto a ação do regime, a resistência obstinada que se mantém até as últimas semanas. Nenhum soldado ignora a sorte reservada à Alemanha: deslocamento do Reich, plano Morgenthau reduzindo a economia a um nível agrícola. Ninguém aceita, ainda, o princípio da rendição sem condições.

É somente após a travessia do Reno pelos Aliados, na segunda quinzena de março de 1945, que o exército alemão se dobra diante do destino. A resistência torna-se esporádica, as rendições se multiplicam, mas unicamente na Frente Ocidental. No leste, entretanto, a luta continuará cruenta e prosseguirá até nas ruínas de Berlim.

Resistência feroz ligada à vontade de defender velhas províncias orientais, de preservar as populações, reagir à orgia dos estupros e dos assassinatos do Exército Vermelho. Os homens seguem ao pé da letra uma das últimas ordens do dia de Hitler, que é no mínimo estranha, incitando-os a combater, não por "ideias vazias como a de pátria", mas por seu lar e sua família. A verdadeira desintegração só começará com o anúncio da morte do Führer. Os alemães se sentirão, então, brutalmente desiludidos.

O soldado soviético também conheceu uma epopeia aterrorizante, caindo de desgraça em desgraça. Também ele se sacrificou nas duas diferentes fases da guerra, mas numa ordem inversa, com a vitória sucedendo-se à derrota. Em 1941-1942, durante dois anos, os pobres soldados do Exército Vermelho sofrem na pele o choque de um exército pronto para o combate, galvanizado por vitórias sucessivas. Lidam com recuos constantes, ataques assassinos e ameaças de cerco, em confronto com a invasão.

---

[184] FRIEDLANDER (S.), *Reflets du nazisme*, Paris, Éditions du Seuil, 1982, p. 34. Ver também LUTTICHAK (Charles von), "The German soldier", em *The soldier*, Purnell and Sons, vol. 7, n. 16.

O comportamento da tropa é, então, extremamente variável. Durante os primeiros meses, apesar da surpresa e da potência da Wehrmacht, os exemplos de resistência acirrada não faltam. A pequena guarnição da cidadela de Brest rechaça durante mais de 15 dias os ataques de uma divisão alemã. Os sobreviventes, com falta de água e de abastecimento, travam uma luta épica nos subterrâneos e nas galerias. Exemplos comparáveis de resistência são encontrados em Liepäja, na Letônia, ou em Przemysl, a oeste de Lvov.[185]

Esses atos de heroísmo, entretanto, não podem apagar as rendições maciças, espetaculares, pondo em jogo centenas de milhares de homens em Bialystok, Minsk, Smolensk, Kiev, que caracterizam os primeiros meses da Barbarossa. Por várias vezes, há unidades que debandam, tomadas de pânico.

As causas dessas fugas são múltiplas. O ataque alemão é desferido, sem dúvida, contra um país traumatizado, nervoso no sentido próprio, mal recuperado dos "expurgos" que afetaram todos os efetivos do Estado, da coletivização que se traduziu em milhões de vítimas e num terror erigido em sistema. Milhões de homens vivem sob o medo, a obsessão da denúncia, da prisão e da deportação nesse "arquipélago de Gulag" que conta com pelo menos 10 milhões de deportados. As rendições são ainda agravadas pelo desânimo de um exército mal treinado, privado de milhares de oficiais experimentados, surpreendido em plena reorganização.

A propaganda alemã contribui ainda para agravar o ceticismo com relação ao regime. A Luftwaffe inunda com panfletos as zonas de reunião das tropas ou as colunas do Exército Vermelho, incitando os soldados soviéticos a depor as armas. A Wehrmacht não vem como inimiga, mas como libertadora do povo russo da tirania stalinista:

> Os exércitos alemães receberam a ordem de caçar os comunistas que torturam e exploram os povos da URSS. Eles fizeram de vocês os escravos de Stalin, de seus comunistas judeus. Oficiais e soldados do Exército Vermelho, voltem suas armas e suas baionetas contra esse poder e liberem o mundo dos inimigos da humanidade – Hitler expulsou os parasitas de seu país. Sigam seu exemplo! Ao diabo os judeus e os comunistas. Iremos juntos a Moscou e a Kiev. Com nossos esforços comuns vamos liberar os povos da URSS do jugo comunista e dos judeus malditos.[186]

O moral da tropa é ainda abalado pelo comportamento das populações recémanexadas, que ardem de impaciência à espera da chegada dos alemães. Nos países

---

[185] BEN ARIÉ (Katrieb), "La Chute de Brest-Litovsk", *Guerres et conflits contemporains*, n. 146, 1987/4.
[186] KOSYK (W.), *L'Allemagne nationale-socialiste et l'Ukraine*, Paris, Publications de l'Est européen, 1986, p. 103.

Os homens

bálticos, na Polônia oriental, na própria Ucrânia. As tropas da Wehrmacht são acolhidas com manifestações de entusiasmo. O Exército Vermelho, assim, retira-se às pressas dos países bálticos e só estaciona quando chega próximo a Leningrado. Sua resistência se fortalece na região de Smolensk, nos limites da velha Rússia, o que não impede, entretanto, as rendições maciças de Briansk e de Vitebsk.

A verdadeira recuperação ocorre durante a Batalha de Moscou. Não somente as tropas soviéticas bloqueiam o avanço alemão, como também desencadeiam uma contraofensiva que vai continuar durante todo o inverno. No entanto, mesmo dispondo de um equipamento previsto para o frio intenso, os sofrimentos do soldado soviético são ainda horríveis. A um inverno de rigor anormal, acrescem-se a fome, a falta frequente de munições e as perdas causadas por uma epidemia de tifo. Situação ainda mais penosa porque o Exército Vermelho é vítima da tática alemã em pontos de resistência fortificados. Na maioria das vezes, os combatentes acham-se sem abrigo, expostos à violência dos militares, condenados a lançar-se em ataques assassinos contra as posições inimigas. As perdas são horrivelmente pesadas. São muitas as fotografias que mostram, nas vizinhanças das aldeias, a neve semeada de filas de soldados caídos, mortos pelos disparos de armas automáticas, em torno de carcaças de tanques incendiados.

O Exército Vermelho atravessa uma segunda crise de desânimo durante o verão de 1942. Apesar dos exemplos de resistência acirrada, como a espantosa defesa de Sebastopol, as fugas continuam numerosas, com novas ondas de rendições na península de Kertch, no Donetz, a curva do rio Don. Chega-se a temer uma decomposição durante o avanço alemão em direção ao Volga e ao Cáucaso. Felizmente dá-se uma recuperação no Terek e nas ruínas de Stalingrado.

A partir de então, a recuperação é crescente. Depois de Kursk, o Exército Vermelho retoma a iniciativa e multiplica os ataques que vão conduzi-lo a Viena, a Praga e a Berlim, após uma progressão de 1,5 mil km. Ao longo de dois anos, o soldado soviético torna-se um temível combatente, capaz de uma surpreendente abnegação.

Como explicar essa metamorfose? Não se pode negar o peso das decisões do regime e da disciplina militar. O combatente é devidamente advertido de que qualquer fuga ou qualquer rendição é assimilada a traição e passível de pena de morte ou de deportação. As sanções podem estender-se à família, privada de rações alimentares ou enviada para um campo de trabalho.

Unidades do NKVD agem permanentemente nas retaguardas. Durante os recuos de 1941-1942, grupos de soldados debandados são presos e fuzilados no local. Essas execuções atingem inclusive unidades que conseguiram romper os cercos. Centenas de oficiais e de generais são sumariamente julgados e executados.

349

A Segunda Guerra Mundial

Por intermédio dos comissários políticos, o partido exerce sua vigilância sobre os estados-maiores. Em várias ocasiões, os serviços de escuta da Wehrmacht interceptam mensagens cominatórias lembrando aos efetivos que eles arriscam sua cabeça no sucesso da operação em curso.

Em compensação, o soldado médio torna-se sensível à mudança espetacular do regime. Uma semana depois do ataque alemão, depois de ter superado um profundo desânimo, Stalin dirige-se à população. Não se trata mais de defesa do socialismo, mas do solo natal, da pátria. Simultaneamente, uma condescendência se manifesta no plano religioso, com a libertação de sacerdotes e a reabertura de igrejas.[187]

Mudança perceptível no exército. Desde 1941, as unidades que se distinguiram recebem, segundo uma tradição anterior à Revolução, o título de Regimentos da Guarda. A partir de 1943, oficiais recuperam as dragonas e os uniformes que não têm nada de proletário. Restabelecem-se igualmente, para os efetivos, as antigas condecorações da época czarista, como a Ordem de Kutusov ou de Alexandre Nevski, que se acrescentam à da Bandeira Vermelha ou da Estrela Vermelha.

A qualidade do armamento fornecido em abundância a partir de 1942 e o provimento de material aliado contribuem para reforçar a confiança da tropa, sempre submetida a uma disciplina severa. Um fosso separa os homens dos oficiais. Soljenitsin não hesita em reconhecer isso. Todas as unidades comportam ainda um sólido núcleo de comunistas convictos encarregados de manter o nível ideológico e uma vigilância sobre seus companheiros.

Segundo as sondagens efetuadas pelos finlandeses e pelos alemães junto a milhares de prisioneiros, é possível traçar um perfil do combatente soviético de base, chamado de "Ivan" pelos alemães. Esse homem, na maioria das vezes de origem rural, é de uma ignorância abissal sobre o mundo exterior e mesmo sobre a União Soviética. Seu horizonte, por falta de informações, reduz-se à de seu cantão.[188]

A coletivização agrícola, considerada uma sangrenta espoliação, continua a obcecar a todos e foi vivida como um pesadelo. Apesar de vinte anos de ateísmo, a influência religiosa continua forte, mesmo com a fé misturada a numerosas superstições. Nenhum dos homens interessados vê a possibilidade de livrar-se um dia da tutela de um regime sufocante. A resignação e a apatia são gerais. Por outro lado, o orgulho nacional continua vivo. A derrota e a rendição são sentidas como humilhações. Todos estão conscientes da sorte que os aguarda após sua liberação.

---

[187] Testemunhos soviéticos sobre a recuperação do Exército Vermelho em Kosyk (W.), *L'Allemagne nationale-socialiste et l'Ukraine*, op. cit., p. 217.

[188] Tolstoy (N.), *Stalin's secret war*, op. cit., p. 159.

Coerção, fatalismo, orgulho nacional, familiaridade com o sofrimento constituem os motivos que levam, finalmente, o soldado do Exército Vermelho a combater-se com uma extraordinária obstinação. A esses motivos se acrescentará progressivamente o ódio ao adversário, quando os soviéticos descobrirem a vontade de dominação do Reich, as ruínas acumuladas pelo adversário e o destino reservado a seus companheiros prisioneiros.

Nenhum soldado da Segunda Guerra Mundial, com a exceção talvez do soldado japonês, bateu-se em condições tão difíceis e com uma tal abnegação. Apesar do desenvolvimento das indústrias de armamento e da ajuda aliada, as deficiências materiais são constantes: capacetes, arame farpado, granadas. A retirada das minas efetua-se geralmente à custa de homens com unidades sacrificadas ou de seções disciplinares.

A alimentação é espartana. O soldado deve viver tanto quanto possível da região. Levada numa sacola carregada às costas, a refeição básica é composta, geralmente, de pedaços de pão e de batatas. A prioridade é dada às munições e ao álcool. A insuficiência da motorização traduz-se em marchas intermináveis e exaustivas.

O serviço de saúde é quase sempre indigente. Faltam curativos e medicamentos. Muitas operações se efetuam sem anestesia. Os cirurgiões, em número insuficiente, ficam sobrecarregados com a quantidade de feridos. As baixas são raríssimas, o correio se destaca por sua irregularidade.

Apesar de sua servidão, o soldado soviético – corajoso, mas medíocre de início – torna-se rapidamente um notável combatente. Ele leva ao máximo a arte da camuflagem. Armado com uma simples pá, enterra-se no solo e abre fogo no último momento sobre a infantaria inimiga. Por várias vezes, os alemães acreditam penetrar em aldeias desertas, abandonadas, para cair em emboscadas sangrentas.

Entretanto, os métodos de ataque continuam a ser de uma outra era, abominavelmente dispendiosos. O comandante não hesita em desperdiçar homens, em lançar sobre posições sólidas, após uma preparação de artilharia mais ou menos intensa, ondas de infantes, de acordo com os piores métodos de 1914-1918. O assalto é renovado até que o inimigo fique sem munições. Os tanques, as unidades motorizadas, intrometem-se então na brecha, passando à exploração. A infeliz infantaria esforça-se, então, para seguir, à custa de marchas extenuantes.

Os alemães observarão desde o início, com horror e inquietação, esses ataques de saturação. O testemunho de um soldado da divisão Grossdeutschland é eloquente:

> Não esquecerei jamais o primeiro ataque maciço da infantaria soviética que enfrentamos desde nossa chegada à frente de batalha em agosto de 1941. [...] Os primeiros sinais de um ataque iminente começaram por uma curta preparação de artilharia que se abateu à distância por trás de nossas linhas. [...] A uma grande distância de nossas posições apareceram em seguida linhas de homens

A Segunda Guerra Mundial

com uniformes marrons. A primeira atravessou um pequeno riacho, seguida a 200 metros por uma segunda. Uma terceira, uma quarta e enfim uma quinta onda saíram literalmente da terra. [...]

A 600 metros de distância, abrimos fogo e todos os grupos da primeira onda foram liquidados, à exceção de alguns sobreviventes que continuavam a avançar. [...] A segunda onda conseguiu aproximar-se mais de nosso centro, não sem sofrer perdas importantes; os homens avançavam penosamente, saltando por cima dos corpos daqueles que tinham caído antes. A uma ordem, eles se lançaram correndo, dando um grito sombrio, cavernoso, que pareceu interminável. [...] As três primeiras ondas foram finalmente abatidas pelo nosso fogo. Mas os sobreviventes continuaram a avançar rastejando, procurando atingir oficiais ou metralhadores.

A progressão da quarta vaga foi ainda mais lenta, atrapalhada por cadáveres que recobriam o terreno. Inconscientes do perigo, alguns de nossos homens atiravam de pé sobre os assaltantes. As metralhadoras esquentavam terrivelmente e era preciso trocar os tubos. [...] Uma hora depois, sofremos um novo assalto de cinco ondas sucessivas. Elas também foram eliminadas. O mesmo aconteceu num terceiro e num quarto ataques. O número de nossos adversários parecia interminável. Os russos renovaram esses assaltos durante três dias e mesmo durante a noite. Eles acabaram parando e recuaram, deixando-nos avançar durante dois dias sem a menor oposição.

Essa série de ataques nos havia esgotado. Para dizer a verdade, estávamos assustados. Durante esses dias de outono, vários dentre nós começaram a compreender que a guerra contra a União Soviética seria bem mais imponente do que o previsto, e um sentimento de desânimo, ligado ao medo do desconhecido, tomou conta de nós. Estávamos ainda convencidos de ganhar, mas já sabíamos que essa guerra seria longa, difícil e cruenta.[189]

Se a morte sobrevém, o combatente soviético não tem direito a um túmulo individual. O Exército Vermelho só conhece a vala comum. A família só será avisada se o desaparecido pertencer ao Partido Comunista. Após a guerra, será pungente o espetáculo de mulheres, crianças, idosos, em toda a União Soviética, a esperarem nas estações o retorno cada vez mais improvável do marido, do pai ou do filho que partiu para a frente de batalha.

Ao final do conflito, o soldado soviético usará e abusará daqueles direitos do vencedor que se acreditava terem acabado. Haverá uma orgia de pilhagens e de estupros. Essas violências se espalharão por todos os países da Europa Oriental e mesmo nas regiões libertadas da Rússia. Tomarão uma dimensão ainda mais forte na Alemanha. Violências encorajadas pelos responsáveis, pelas alocuções

---

[189] Lucas (J.), *War on the Eastern front, 1941-1945, The German soldier in Russia*, Londres Jane's Publishing, 1979, p. 31.

inflamadas de um Ilia Ehrenburg no rádio: "Quebrem o orgulho racial da mulher alemã." Vontade de vingança, sem dúvida. Estimulante considerado necessário. Já na época czarista, admite-se que o soldado russo só combate bem pela defesa do solo natal. A guerra em território estrangeiro deve acompanhar-se das satisfações habituais do guerreiro...

O balanço humano mostra-se terrivelmente pesado. Em quatro anos, o Exército Vermelho parece ter perdido de 10 a 12 milhões de homens, dos quais de 7 a 9 em combate. Em 5 milhões de prisioneiros, de 2,5 a 3 milhões morreram na prisão. Sob o pretexto da recusa soviética em aderir à Cruz Vermelha, os alemães, em desprezo aos eslavos e por dificuldades logísticas, deixaram morrer milhares de cativos, em particular ao longo do primeiro inverno, de fome e de doenças nos acampamentos improvisados.

Esse espetáculo ficará gravado na memória das testemunhas. Um soldado alemão assistirá, assim, à passagem de uma coluna de cativos:

> De repente, vimos uma imensa serpente cor de terra escura que ondulava lentamente na estrada em nossa direção. Uma espécie de zumbido chegou até nós, como o de um enxame de abelhas. Eram prisioneiros russos marchando em fileiras de seis. Quando eles se aproximavam, um odor nauseabundo entrou por nossas narinas, nos dando vontade de vomitar...
>
> Apressamo-nos para nos afastar da nuvem podre que os rodeava e o que vimos nos petrificou, fazendo esquecer nossa náusea. Eram mesmo seres humanos, essas silhuetas cinza de terra, essas sombras trôpegas, vacilantes, essas formas móveis que respiravam com dificuldade, essas criaturas a quem apenas a vontade de viver dava uma última força para obedecer à ordem de marcha?[190]

Na Ucrânia, um cirurgião húngaro descreve, por sua vez, o drama dos acampamentos de prisioneiros:

> Numa manhã, ao me levantar, ouvi milhares de cães uivar ao longe. Chamei meu ordenança e perguntei: "Sandor, que significam esses uivos e esses gemidos?". "Não longe daqui", respondeu-me ele, "há uma massa considerável de prisioneiros russos acampados ao ar livre. Devem ser cerca de 80 mil. Eles estão gemendo porque estão morrendo de fome." Fui dar uma olhada. Por trás do arame farpado, vi milhares de prisioneiros de pé. Seus rostos estavam embaçados, com os olhos profundamente enterrados em suas órbitas. A cada dia, morriam centenas; os que ainda tinham força os amontoavam numa fossa imensa.

---

[190] *Historia*, n. 165, p. 1912.

A partir de 1942-1943, por necessidade de mão de obra e de ajudantes, os alemães empreenderão uma melhoria no tratamento aos prisioneiros. Ao serem liberados, entretanto, os sobreviventes encontrarão um destino ainda mais trágico. Considerados traidores da pátria, serão executados ou expedidos por trens inteiros aos acampamentos do *Gulag*, onde encontrarão prisioneiros alemães ou vlassovianos,* isto é, todos aqueles que tinham aceitado, de algum modo, participar da ação da Wehrmacht.

É por sua abnegação, por seu senso espantoso de sacrifício, que o soldado soviético pôde resistir à *furia germanica*. Constatação que levará o dissidente Alexandre Zinoviev a escrever: "Durante a última guerra, os dois melhores exércitos eram o alemão e o nosso. O exército alemão era o mais bem preparado para matar; o nosso, o mais bem preparado para morrer. Nós ultrapassamos os alemães em capacidade. É por isso que vencemos."[191]

É necessário salientar que o combatente britânico travou uma guerra bem diferente? Os oficiais e as tripulações da Royal Navy lutaram em todos os mares de acordo com suas tradições. Souberam tirar o melhor partido de um material gasto, que padecia de muitas lacunas. A resposta do almirante Cunningham a uma proposta de Churchill de abandonar a evacuação de Creta, em razão da quantidade de perdas, dá a medida desse comportamento: "São necessários dois anos para construir um navio, duzentos anos para refazer uma tradição".

Sem ter o mesmo passado de prestígio, a Royal Air Force mostra-se igualmente um belo exemplo de tenacidade e abnegação. A Batalha da Inglaterra constitui a melhor ilustração desse fato. Como disse Churchill, com razão, a salvação da Grã-Bretanha foi assegurada por um punhado de homens, algumas centenas de pilotos cujas perdas foram extremamente graves. Em julho e agosto de 1940, o Fighter Command perde 250 homens, um terço de seus efetivos. Em começo de setembro, suas tripulações estão no limite do esgotamento. A suspensão dos bombardeios diurnos pela Luftwaffe trará a esses homens estafados uma pausa salutar. A luta é então retomada pelas tripulações do Bomber Command que preparam, desde 1940, uma campanha de bombardeio sobre a Europa, que só se encerrará com a capitulação do Reich.

Seja no mar ou nos ares, o peso da luta é assumido, pelo menos no início, enquanto não ocorre uma expansão das forças, por uma minoria de jovens oriunda

---

* N. R. T.: Os vlassovianos eram os membros do Exército de Libertação Russo, formado pelo general do Exército Vermelho Andrey Vlasov, após sua captura pelos nazistas. Vlasov acreditava que, através de uma aliança com os alemães, poderia reunir russos anti-stalinistas contra o governo comunista.

[191] ZINOVIEV (A.), *Vivre, la confession d'un robot*, Paris, L'Âge d'homme, 1989, p. 211.

em sua maioria da velha aristocracia britânica habituada a derramar seu sangue nos campos de batalha. Esses homens constituem ainda uma parte notável dos efetivos do exército britânico. Também eles trarão o espírito esportivo caracteristicamente britânico, nas primeiras batalhas, seja na França ou mais ainda na Líbia, na brilhante ofensiva efetuada por O'Connor contra o exército Graziani.

Entretanto, manifesta-se uma mudança no estado de espírito dos combatentes britânicos. Se a marinha parece preservada, há sinais de fadiga ou de desânimo no seio da aviação e do exército. Paradoxalmente, esses sintomas aparecem no momento em que a RAF e as forças terrestres estão a ponto de atingir sua potência máxima. Isso se explica, de fato, pela dureza dos combates, pela extensão das perdas e pela falta de perspectiva quanto à conclusão do conflito.

Sinais de esgotamento manifestam-se no âmbito do Bomber Command no início de 1944, num momento em que, no entanto, tem a capacidade de efetuar ataques com 500 a 750 aparelhos. Ocorre que, logo depois da Batalha de Berlim, que resultou na perda de mil quadrimotores, ou do ataque de Nuremberg marcado pela destruição de uma centena de aviões, as tripulações estão à beira da exaustão.

Os casos de crise nervosa se multiplicam. Numerosos indícios são reveladores dessa queda do moral: a proporção mais ou menos alta de aparelhos que realmente sobrevoaram e atacaram o objetivo. Nota-se a frequência cada vez maior de outras formas de deserções temporárias. Depois de deixar a Inglaterra, algumas tripulações efetuam um giro acima do mar do Norte, onde soltam suas bombas antes de retornar à base. O comando acaba dando um nome a essas tripulações: os "contrabandistas".[192]

De todo modo, a extensão das perdas explica, por si só, o terrível estresse ao qual estão submetidos os homens do Bomber Command. Foram 8 mil aparelhos perdidos acima da Alemanha, com o desaparecimento de 80 mil membros das tripulações. Dos homens incorporados ao Bomber Command de 1939 a 1945, 60% foram mortos, 13% foram feitos prisioneiros, 3% gravemente feridos, e somente 26% escaparam ilesos.

Esmorecimentos desse mesmo teor observam-se na aviação de caça ou na aviação de apoio tático. Basta reler os escritos de Closterman para constatar a terrível tensão à qual foram submetidos os aviadores britânicos até o final da guerra, apesar de uma superioridade aérea dominante, em princípio.

Vários fatores estão na origem de casos de neurose psiquiátrica: o mau tempo, missões repetidas, a ameaça crescente da Flak, a ameaça da caça alemã que conta

---

[192] IRVING (D.), *Bomber command*, op. cit., p. 311 e ss.; CLOSTERMANN (P.), *Le Grand cirque*, Paris, Flammarion, 1948.

com um grande número de velhas raposas experientes que conhecem todos os segredos da profissão. Em maio de 1945, a maior parte dos pilotos está à beira do esgotamento nervoso.

O exército não escapa às ondas de desânimo. Diante da extensão das deserções – 1% dos efetivos –, o general Auchinleck chega a propor, em 1942, o restabelecimento da pena de morte. De junho de 1944 ao final da guerra, registram-se mais de 13 mil casos de distúrbios psiquiátricos, representando 16% das perdas. A capacidade operacional das tropas sofre um declínio generalizado.

Também nesse ponto, muitas explicações foram propostas para justificar esse mal-estar. O grande exército de 1943-1945 não se caracteriza, segundo uma tradição bem estabelecida, por um caráter homogêneo. Associam-se a divisões propriamente britânicas, unidades canadenses, australianas, neozelandesas, sul-africanas, indianas...

E principalmente, esse exército não tem o empenho daquele da Primeira Guerra Mundial. Constituiu-se a partir de uma base profissional ainda mais reduzida, quatro divisões em 1939, e lhe falta o sólido núcleo entusiasta dos voluntários de Kitchener que tinham deixado sua marca nos recrutas do final do conflito. O exército da Segunda Guerra Mundial conta com poucos engajados, mas com uma forte maioria de convocados.

Os alemães denunciaram repetidas vezes a mediocridade desse exército. Na África, Rommel inflige derrotas severas ao 8º Exército com meios bem inferiores. Na Sicília, na Itália, as tropas britânicas só efetuam avanços compassados ou resignam-se a uma guerra de posições. A falta do tônus é ainda mais sensível na Normandia e persiste até o final das operações. Ocasiões de exploração são perdidas. O general Bayerlein, comandante da Panzer Lehr, constatará que "o inimigo jamais explora uma ruptura com uma perseguição... A disposição dos infantes britânicos não é muito forte. Eles se apoiam principalmente na aviação e na artilharia. O inimigo procura ocupar o terreno mais do que combater por ele". Encontra-se o mesmo teor nas declarações do chefe da 3ª divisão de paraquedistas:

> À menor resistência, a infantaria estaca e recua, e um novo bombardeio de artilharia é desencadeado. Na defesa, o inimigo só se revela um combatente forte se estiver bem resguardado pela artilharia e pelos morteiros. Até aqui suas forças não demonstraram muito entusiasmo pelas batalhas antitanques.[193]

Com efeito, a tropa britânica, forte na defensiva, aparece hesitante e desajeitada na ofensiva. Diferentemente do alemão, o soldado inglês da Segunda Guerra

---

[193] MASSON (Ph.), *Participation de la Marine française aux débarquements de Normandie et de Provence*, op. cit., p. 83.

Mundial não manifesta nenhuma tendência a se profissionalizar. Não demonstra nenhum entusiasmo, nenhum prazer em guerrear. Ele sofre ainda com o trauma de uma série de derrotas, na Noruega, na França, na Líbia, nos Bálcãs, na Malásia, na Birmânia. Durante o conflito, o exército britânico terá apenas uma vitória, a de El Alamein, obtida sem brio, por uma esmagadora superioridade de meios.

O exército é também tributário de um comando medíocre, além de sofrer com o *handicap* de um material inferior, principalmente quanto aos blindados e às armas individuais. Na África, o 8º Exército perderá sete tanques, contra a destruição de apenas um blindado alemão. Fraqueza compensada, felizmente, pela eficácia da artilharia e da aviação tática.

Essa inferioridade explica a extrema circunspecção dos infantes e dos tanques em explorar uma vantagem e em passar à exploração. Os combatentes vivem no temor das minas, dos tiros de metralhadoras, de morteiro, do fogo preciso dos canhões de 88 ou dos artefatos dos Tigre e dos Panther. Na Normandia, um soldado não esconde o mal-estar sentido por todos os seus companheiros:

> Era uma guerra de caminhos escavados com milhares de cercas de vegetação, campos de trigo que se moviam, cidades, vilas, aldeias sucedendo-se sem parar, combates rua por rua, casa por casa. Uma guerra suja. Granadas nas árvores, armadilhas nos buracos individuais, minas sob a pavimentação das ruas, onde eram menos esperadas. Uma guerra onde se achava quase que perpetuamente em contato com o inimigo, com o sentimento de combater no seu quintal, estando a Inglaterra ao alcance de uma pedra.*

Por ocasião do episódio de Arnhem, os blindados britânicos avançarão em direção ao Reno com uma lentidão exasperante, em razão de operações de ataque surpresa na lateral realizadas por algumas unidades alemãs. Nos últimos meses, a ameaça do Panzerfaust tomará ares de obsessão. Após a travessia do Reno, Eisenhower manifestará seu espanto diante do avanço cauteloso de Montgomery em direção ao mar do Norte e ao Báltico.

Um último elemento explica esse comportamento: o cuidado constante, em todos os escalões, em evitar os ataques desvairados de 1914-1918, como o do primeiro dia da Batalha do Somme, ou ainda o "banho de sangue" de Passchendaele. Cuidado ainda mais vivo porque o exército britânico tem falta de reservas e não pode permitir-se sofrer perdas elevadas. É uma política que se revelará vantajosa. Enquanto a Grã-Bretanha, sozinha, contara 750 mil mortos durante a Primeira Guerra Mundial, ela só registrará 250 mil na Segunda.

---

* N. E.: Sem referência bibliográfica no original.

A Segunda Guerra Mundial

Sob muitos aspectos, o combatente americano tem pontos em comum com seu companheiro britânico. Logo após Pearl Harbor, os engajamentos aumentam na marinha e na aviação. Reação normal para jovens habituados a viver numa sociedade dominada pela máquina e pelo motor, convencidos de poder dar o melhor de si nas armas de dominância técnica.

O crescimento dos efetivos da US Navy durante o conflito é impressionante. De 350 mil ao final de 1941, chegam a 3,4 milhões em setembro de 1945, entre os quais 325 mil são oficiais. Para a formação desse novo pessoal, é preciso multiplicar as escolas e os centros de treinamento e recorrer a métodos de ensino mais modernos.

Ao longo do conflito, o americano revela-se um excelente marinheiro, com espírito ofensivo e que sabe dar provas de abnegação. Em várias ocasiões, os homens da US Navy escreveram páginas de glória. Basta lembrar o sacrifício dos pilotos dos aviões-torpedeiros em Midway, os combates cruentos de Guadalcanal, o heroico comportamento dos destróieres e dos aviões de Kinkaid na Batalha de Leyte. Em Okinawa, enfim, a US Navy pôde responder ao assalto maciço e desesperado da aviação nipônica.

As perdas que estavam estabilizadas até então em cerca de 0,6 a 0,67% por ano aumentam então bruscamente e ultrapassam a taxa de 1,4%. Se 98% dos feridos atendidos pelo serviço de saúde podem ser salvos, os médicos não deixam de ficar surpresos pelo aumento dos traumas psíquicos que passam de 11% em 1942 para 14,2% em 1944, no momento das batalhas de Iwojima e de Okinawa.

O desenvolvimento da aviação é ainda mais espetacular. Por ocasião do ataque a Pearl Harbor, só dispõe de 3 mil aviões e de 35 mil homens, passando respectivamente a 80 mil e 2,4 milhões em seu apogeu, em julho de 1944. Ainda nesse particular, escolas e centros de treinamento efetuaram um trabalho prodigioso ao formar cerca de 200 mil pilotos, 45 mil bombardeiros e 50 mil navegadores. Por outro lado, as perdas foram proporcionalmente mais severas do que na marinha; no total, mais de 120 mil homens, entre os quais 40 mil mortos.

Para evitar as tensões ligadas a missões muitas vezes estafantes, o comando da Air Force aplica o sistema de turno, que permite, em princípio, que as tripulações não passem mais de um ano nos teatros exteriores. Para os bombardeiros estratégicos que operam acima da Europa Ocidental, o número de turnos é fixado em 30, chegando a 50 ou 60 para os bombardeiros leves ou os aparelhos baseados no Mediterrâneo. Para os pilotos de caça, o repatriamento intervém a cada período de 300 horas de voo operacional.

Esse sistema não impede que haja, por várias vezes, crises severas. Ao final de 1943, em sequência a missões particularmente desgastantes acima da Alemanha, registra-se uma queda acentuada no moral das tripulações dos bombardeiros pesados. Uma melhora ocorre durante o ano seguinte, quando há caças em condições

358

Os homens

de escoltar os aparelhos de bombardeio em todo o seu percurso. Diante da redução das perdas, o comando julga positivo aumentar o número de turnos, decisão que é muito mal recebida pelas tripulações.

Se o número de casos de neuroses psicóticas não ultrapassa a taxa de 1,9%, em vez de 32 para o exército, 60 a 65% das tripulações de bombardeiros que voltaram da Europa para os Estados Unidos em novembro de 1944 apresentam sintomas de distúrbios psicológicos. No início de 1945, por ocasião de ataques diurnos sobre o Japão, as tripulações de B-29 sofrem, por sua vez, uma severa crise de moral. É uma queda que confirma uma regra observada na maior parte das aviações. Uma taxa de perdas superior a 5% por missão acarreta automaticamente o desânimo.

Os problemas encontrados pelo exército parecem, por outro lado, bem diferentes dos que se apresentaram para a marinha ou a aviação, aproximando-se do caso britânico. Os Estados Unidos tiveram também de formar um grande exército a partir de um pequeno núcleo de profissionais limitado a 150 mil homens em setembro de 1939. Uma primeira etapa intervém após a queda da França com o estabelecimento de uma convocação seletiva, o *draft*. Apesar de um número surpreendente de reformados, esse contingente, reconduzido um ano depois, permite a criação de um exército de 1,5 milhão de homens às vésperas de Pearl Harbor.

Uma vez em guerra, a convocação, associada aos recursos da guarda nacional, assegura um desenvolvimento espetacular das forças terrestres, cujos efetivos abrangem em seu apogeu 8,3 milhões de homens. A instrução é feita em campos de treinamento, situados geralmente no sul dos Estados Unidos, segundo os métodos ditados por Marshall: projeção de filmes de guerra, "percurso do combatente",* tiro real, exercícios interarmas. Graças a uma abundante disponibilidade de material moderno, os resultados são, em seu conjunto, satisfatórios a partir de 1942.

A Segunda Guerra Mundial viu surgir assim o soldado raso, o GI.[194] A *priori*, ele surge como um privilegiado. Os serviços do exército repetem sem parar que ele é o mais bem equipado, o mais bem nutrido e o mais bem pago de todos os soldados do mundo, o que, de maneira geral, é exato. O material é abundante, a alimentação rica e variada, o soldo do combatente vai de 60 a 100 dólares, com acréscimos de 10% para os paraquedistas e os *rangers*.

No exterior, o GI será objeto de impressões diversas, nem sempre elogiosas. Acolhido com alívio na Grã-Bretanha, com manifestações de entusiasmo na maior

---

* N. T.: A expressão militar brasileira equivalente seria "Operação Boina". Trata-se de percurso cheio de obstáculos (muros, arame farpado, escadas de corda, toras de madeira etc.) que um soldado deve cumprir num tempo determinado; conjunto desses obstáculos, dessa prova, que faz parte do treinamento do soldado de infantaria.

[194] GI: Iniciais de *government issue*.

A Segunda Guerra Mundial

parte dos países europeus ou do sudeste asiático, o soldado acaba por surpreender. Os ingleses o julgam "bem pago demais, empolgado demais, muito seguro de si". De fato, o soldo do GI não é muito inferior ao de um capitão do exército britânico.

O americano aparece muitas vezes em desalinho, sem o menor culto ao uniforme. Para o terror de alguns meios puritanos, na Inglaterra e na Austrália, tem a fama de ser libidinoso. Parece por vezes brutal e mostra uma inclinação marcada para o álcool. É verdade que será frequentemente vítima do acolhimento atencioso das populações e que experimentará de maneira nem sempre feliz a maior parte das poções da velha Europa, do chianti ao champanhe, passando pelo *calvados*. Na realidade, o GI causará sérios problemas de disciplina, adquirindo a reputação justificada de soldado mais punido do mundo. Na Europa, 101 soldados serão condenados à morte e executados por pilhagem ou por estupro.

O estrangeiro ficará também espantado com o fosso entre oficiais e homens da tropa e mais ainda entre brancos e negros. Em princípio, as forças armadas americanas ignoram a segregação. A realidade parece, de fato, bem diferente. A marinha só aceitará com uma extrema repugnância recrutas de cor* e os confinará em tarefas subalternas em terra.

O exército formará unidades combatentes de negros, mas essas formações só serão engajadas excepcionalmente. O negro tem, com efeito, a reputação de falta de coragem, de ardor, de iniciativa, enfim, de todas as qualidades necessárias ao soldado. No Pacífico, as unidades de cor serão submetidas a trabalhos penosos: descarga, construção de estradas ou tarefas domésticas. A situação não será muito diferente na Europa. Os negros serão utilizados em serviços ou como serventes ou motoristas. Ao final de 1944, a crise de efetivos levará Eisenhower, entretanto, a engajar na primeira linha formações compostas de homens de cor.

O destino do soldado americano será, de fato, extremamente variável, em função dos teatros de operações. O GI guardará uma lembrança negativa de sua estada no Pacífico, embora 45% das tropas engajadas nesse teatro tenham passado pela guarnição nas Aleutas, no Havaí, na Austrália ou em diferentes atóis, sem disparar um só tiro de fuzil.

A guerra do Pacífico deixa a lembrança de combates de uma rara violência, contra um adversário feroz, impiedoso, num ambiente pouco acolhedor. Combates

---

* N. T.: No texto original temos: "des recrues en couleur" (recrutas de cor), numa clara alusão à maneira de falar da época. A utilização dessa forma de expressão, em desuso em francês tanto quanto as suas correspondentes em português, contrasta com outras maneiras de expressão utilizadas pelo autor, como "unités combattantes de Noirs" (unidades combatentes de negros). Por esse motivo, essas expressões foram traduzidas por suas formas equivalentes em português, a fim de contrastar com as demais formas de expressão presentes no texto.

Os homens

seguidos de longos períodos de pausa nos acampamentos, onde dominam condições penosas, a despeito dos esforços da engenharia: calor úmido, sufocante, falta de eletricidade, de água corrente, mosquitos, serpentes etc. Centenas de milhares de homens serão atingidos pela malária ou pela disenteria. A falta de mulheres é muito premente. As distrações limitam-se à leitura, aos jogos de cartas, aos discos e principalmente ao cinema. Em todos os setores, o exército se esforçará por multiplicar as projeções de filmes.

Dois sentimentos dominam o espírito dos combatentes do Pacífico. De início, um ódio doentio, mórbido, com relação aos japoneses considerados indivíduos fanáticos, cruéis, que mal merecem a denominação de ser humano. Segundo um veterano de Guadalcanal, "o japonês é sem nenhuma dúvida muito esperto, mas não pode ser considerado um intelectual. De fato, é mais um animal. Um punhado de arroz é suficiente para ele viver." Para um general da marinha, "matar um japonês era como matar uma víbora. Quando eu estava na Europa, eu não tinha essa impressão diante de um pai de família alemão, mas quando era um *jap*, era realmente a mesma coisa que matar uma serpente venenosa". Numa sondagem feita por psicólogos do exército, 38 a 48% dos soldados respondem afirmativamente à pergunta "Você gostaria realmente de matar um soldado japonês?", contra somente 8 a 9% se a pergunta fosse relacionada a um soldado alemão.[195]

No início de 1945, depois das batalhas sangrentas de Iwojima ou Okinawa, um desânimo preocupante acabará por apoderar-se dos homens engajados no Pacífico. Diferentemente da situação dos aviadores, quase não há pausas. Algumas unidades estacionam nesse teatro por dois anos ou até mesmo três. Alguns preconizam a instituição de turnos operacionais de 18 meses no máximo. Desânimo também ligado ao sentimento de uma guerra que não acaba ou que corre o risco de terminar por um epílogo horrivelmente sangrento, em caso de desembarque no Japão.

Em contrapartida, os soldados americanos guardarão uma lembrança bem diferente de suas experiências na Europa. Não serão incomodados pelas condições climáticas mesmo que os invernos italianos venham a constituir uma surpresa desagradável. Eles terão igualmente a satisfação de serem recebidos quase sempre como libertadores e de se beneficiarem dos favores femininos nem sempre desinteressados.

Na Europa, o GI não nutre ainda nenhum ódio particular ao alemão, considerado um cara legal, digno de uma causa melhor e, em todo caso, um combatente temível. Impressão que está longe de ser compartilhada pelo adversário. Os alemães tenderão a considerar o GI, como o britânico, com uma certa condescendência,

---

[195] Spector (R.), *La Guerre du Pacifique*, op. cit., p. 366.

361

A Segunda Guerra Mundial

como soldados incapazes de uma guerra que não seja de material. Na Normandia, principalmente, os alemães estarão convictos de que sem o suporte da artilharia, da marinha e da aviação os americanos teriam rapidamente dado meia volta e partido pelo mar.

De fato, e muitos oficiais americanos não deixarão de deplorar isto, falta ao GI o espírito ofensivo e ele não sabe explorar os sucessos táticos. À menor dificuldade, suspende o avanço, espera a intervenção da artilharia ou da aviação. É um comportamento que se prende, em grande parte, como já foi dito, à inferioridade do material americano em relação ao do adversário, e também a uma certa mediocridade do comando. Muitos oficiais generais têm dificuldade para se liberar dos procedimentos de 1918.

Em compensação, sob a direção de homens audaciosos como Patton, o soldado americano saberá encontrar em alguns momentos o ritmo da guerra-relâmpago. Seja em Salerno, em Cassino, na Normandia ou na Renânia, o GI soube demonstrar que podia ser um magnífico soldado. Tanto quanto a intervenção da aviação, a resistência acirrada de uma série de pequenas unidades, muitas vezes isoladas, quase cercadas, constitui uma das razões mais importantes do fracasso da ofensiva das Ardenas. Degrelle é testemunha desse espírito de sacrifício:

> Chego a uma trincheira na crista oeste de Saint-Vith. Uma fileira de jovens americanos mortos se achava ali. Estavam ainda exatamente alinhados. Eles haviam conservado seu belo tom de pele de rapazes bem alimentados e bafejados pelo vento. Tinham sido atingidos por rajadas de tanques. Dois deles tinham ficado com o rosto achatado como um envelope. Mas esses rostos privados de relevo tinham conservado uma nobreza impressionante. Na trincheira, não havia vazio. Cada um desses rapazes tinha permanecido sem fraquejar em seu posto, apesar da onda de cinquenta ou cem tanques que havia subido em sua direção e cujas correntes deixaram marcas que podiam ser vistas na neve espessa.[196]

Depois das Ardenas, os alemães não deviam mais considerar os americanos com tanta irreverência.

De fato, a imagem por vezes pouco favorável do GI deve-se, em grande parte, a seu comportamento no imediato pós-guerra. Terminadas as hostilidades, os soldados americanos manifestam uma impaciência febril em voltar para casa. A desmobilização obedece, então, a um sistema complexo de pontos que leva em conta a idade, a situação de família e a duração da presença nos teatros exteriores. O processo só terminará em 1948, não sem ter suscitado violentas manifestações tanto em Manilha

---

[196] Degrelle (L.), *La Campagne de Russie*, op. cit., p. 386.

362

Os homens

quanto em Paris. Ao contrário do alemão, o americano não se profissionaliza. Ele continua um civil de uniforme, condenado a fazer um *business* num trabalho de que ele não gosta. Terminado o serviço, ele entende que deve voltar para casa.[197]

Resta o soldado nipônico. De todos os grandes atores da Segunda Guerra Mundial, o combatente japonês é o que foi objeto do maior número de ideias falsas. Foi caricaturado à vontade pela propaganda ocidental. As mídias não deixavam de denunciar sua crueldade, seu fanatismo que podia ir até o suicídio.

Mas esse é um retrato que exige sérias correções. O soldado japonês combateu também em climas extremamente diversos, desde as Aleutas até a Nova Guiné e as ilhas Salomão, passando pela China e pela Manchúria. Também combateu contra adversários extremamente variados: americanos, britânicos, holandeses, chineses, franceses e mesmo soviéticos.

Alistado por convocação, é na maior parte das vezes de origem rural, pertencente a um exército solidamente treinado onde reina uma disciplina de ferro e os castigos corporais são moeda corrente. Por várias vezes, prisioneiros aliados serão surpreendidos e mesmo escandalizados ao assistir ao espetáculo de oficiais batendo com força em seus homens a golpes de bastão de beisebol.

Na retaguarda, a alimentação é monótona e frugal. A ração diária limita-se a 650 gramas de arroz, enriquecido com alguns pedaços de peixe, de carne de boi ou de porco, de legumes e frutas. Os soldados dormem numa simples esteira. Quanto às distrações, elas se limitam ao beisebol, ao cinema e às "unidades de consolação", os bordéis regimentares. O correio transportado por avião é irregular e leva geralmente um mês para chegar às guarnições mais afastadas. Apesar da mediocridade do soldo, os soldados nipônicos do sudeste asiático frequentam restaurantes chineses e, por vezes, estabelecem relações com as famílias locais, principalmente na Birmânia.

Os exercícios são particularmente pesados e frequentes, as marchas estafantes. Num exército que ignora a motorização e que autoriza, a rigor, a bicicleta, a bagagem do infante é impressionante: fuzil, baioneta, 240 cartuchos, seis granadas, pá, 20 kg de arroz, água em tubos de bambu, copo, gamela, duas cobertas e uma muda de roupa. O material é, em sua maioria, medíocre, e mesmo ultrapassado: tanques leves demais, canhões, armas automáticas do final da Primeira Guerra Mundial.

Em contraste, a força da tropa é excepcional e constitui um motivo permanente de espanto para os Aliados. Força que se deve à qualidade do treinamento, ao peso da disciplina militar e a um certo número de fatores psicológicos. Ao contrário da lenda, o soldado japonês é tão emotivo e tão sensível ao medo quanto seus adversários.

---

[197] CLAUSE (G.), "Reims, autour de", em *8 mai 1945: la victoire en Europe*, Lyon, La Manufacture, 1985, p. 383.

A Segunda Guerra Mundial

O sistema de educação e todo um conjunto de crenças lhe permitem dominar suas impressões e desenvolver no mais alto grau seu ardor combativo. Oficiais e soldados são submetidos às regras do código do *Bushido*, que assimila a rendição a uma desonra. Num esforço constante, numa ascese permanente, o guerreiro deve adquirir o *hara*, a virtude que lhe permite enfrentar a morte e penetrar no mundo das divindades. O espírito deve dominar o corpo. Todos os soldados japoneses estão convencidos de serem seguidos pelas sombras de seus companheiros caídos em combate. Em alguns momentos, essas sombras aparecem para desvanecer-se se o inimigo abre o fogo. Após a queda de Iwojima, alguns terão a certeza de que os mortos tinham-se reunido nas encostas do vulcão Suribachi, palco de combates cruentos, e que ali agitavam suas bandeiras.

O soldado nipônico tem, ainda, o sentimento de combater em estreita simbiose com o conjunto da população. Durante a Batalha de Iwojima, os defensores poderão escutar pelo rádio as mensagens de encorajamento da população e o canto composto em sua honra por uma pequena estudante. O soldado tem também uma devoção profunda para com o Imperador. É um dever e um privilégio combater os adversários do *mikado*.

Essa mística traz, em parte, a chave da brutalidade e mesmo da crueldade dos japoneses para com os prisioneiros. O caso mais célebre é o dos massacres das Filipinas após a capitulação de Bataan ou a marcha para a morte infligida a muitos dos sobreviventes. Para o japonês, o prisioneiro é um covarde, um homem desacreditado que se pode, sem desonra, maltratar e despojar. Esse comportamento explica o regime extremamente rigoroso dos campos de prisioneiros confiados geralmente à guarda de inadaptados, de desequilibrados ou de doentes mentais. Conhecidos a partir de 1943 nos Estados Unidos, esses rigores contribuirão para agravar o ódio dos americanos com relação a seus adversários.

O recrutamento e as motivações dos camicases também explicam a origem de muitos contrassensos. Esses voluntários não são, de modo algum, fanáticos, autômatos. Contam-se entre eles estudantes dos liceus, das universidades, profissionais, pilotos experimentados. As origens da escolha são variáveis. Pressão indireta do meio familiar ou da tradição patriótica. Convicção de que os ataques suicidas constituem o único meio de salvar o Japão e de evitar a vergonha e a derrota. Lassidão também. Muitos pilotos formados se engajam no batalhão dos camicases porque estão no limite da exaustão, porque têm vontade de acabar com tudo, sabendo com razão que cedo ou tarde serão abatidos por um obscuro aviador do Texas.

Ao contrário, ainda, de uma crença tenaz, o combatente nipônico também foi suscetível a debandadas. Na Batalha de Santa Cruz, em outubro de 1942, os pilotos de uma das esquadrilhas de um porta-aviões recusam-se a decolar para uma

Os homens

terceira missão, visto que as duas primeiras terminaram em tensão e em perdas consideráveis. É à custa de toda a insistência do chefe de esquadra e do comandante do navio que os pilotos lançam-se num último ataque. Em fevereiro de 1943, a resistência de Kwajalein está longe de igualar a de Tarawa; o número de prisioneiros é anormalmente elevado. Logo após Okinawa, as tripulações de bombardeiros estão à beira da crise nervosa e da deserção. Pode-se sempre indagar o porquê das estranhas meias-voltas do almirante Kurita, por ocasião da Batalha de Leyte.

Entretanto, de modo geral, o soldado japonês foi um admirável combatente. Cada vez mais ultrapassada pela US Navy, a marinha imperial combateu até seu último navio. Em abril de 1944, o encouraçado Yamato se apronta para atacar as praias de Okinawa sem ter óleo suficiente para retornar à sua base. As perdas da aviação foram consideráveis, ligadas à qualidade dos aparelhos americanos, à fragilidade dos aviões nipônicos e à recusa dos pilotos japoneses em levar um paraquedas nas missões acima do território inimigo, para evitar a tentação de saltar e a desonra de ser feito prisioneiro.

Apesar da mediocridade de seu material, o soldado nipônico revelou-se notável na ofensiva, dominando os obstáculos da floresta, praticando constantemente manobras de cerco. Também foi admirável na defensiva, demonstrando maleabilidade no plano tático. Os contra-ataques noturnos lançados aos gritos de "Banzai" cedem lugar a uma defesa em profundidade. Muito habilidoso com a pá, o soldado japonês se enterra, cava verdadeiros formigueiros. Em Iwojima ou em Okinawa, os americanos, apesar de uma potência de fogo enorme e uma abundância de meios, só poderão destruir essas fortificações subterrâneas à custa de perdas sangrentas.

O ponto alto da abnegação japonesa diz respeito talvez ao horrível calvário do exército de Honda, obrigado a uma retirada aterrorizante na Birmânia, do verão de 1944 a setembro de 1945. Cortado de seu suporte logístico, dizimado pela fome e pela doença, esse exército, mesmo perdendo três quartos de seus efetivos, conserva a coesão até o fim. Um simples número ilustra a combatividade japonesa. A quantidade de prisioneiros nunca ultrapassou 5%, situando-se quase sempre em torno de 1 a 2%. E conta-se, entre estes, uma forte proporção de auxiliares coreanos.

Assim, não é difícil compreender o drama da capitulação. Apesar da ordem do imperador, centenas de oficiais preferem o suicídio à vergonha de entregar o sabre ao inimigo. Houve inúmeras recusas. Durante anos, homens isolados ou pequenos grupos se negaram a render-se e tentaram sobreviver na floresta. Quarenta anos depois do final da guerra, um oficial só aceitou voltar para o Japão diante de uma ordem escrita pelo imperador. Ele teve a surpresa de ser recebido em triunfo e de encontrar um país totalmente transformado, submetido a outros valores.

O comportamento do combatente da Segunda Guerra Mundial coloca uma vez mais o eterno problema da lei do número. É espantoso constatar que este se

365

mostra singularmente relativo. Ao longo do conflito, quer se trate da Blitzkrieg ou da fase defensiva, a Wehrmacht se acha quase sempre em estado de inferioridade numérica, em relação a seus adversários. Chega-se à mesma constatação para o exército japonês. Constatação esta que não exclui absolutamente o princípio napoleônico: "A vitória pertence aos batalhões numerosos." O comando alemão, no período ofensivo, sempre soube associar a superioridade numérica à manobra.

Parece ainda duvidoso o princípio americano de uma superioridade de 3 a 1 para conseguir sucesso. Esse princípio, herdado da Primeira Guerra Mundial, na base do Victory Program de Wedemeyer, parece confirmar-se na Normandia. Em compensação, parece superado na Itália tanto quanto durante a batalha das fronteiras ocidentais do Reich de setembro de 1944 a março de 1945, a despeito de uma superioridade aérea quase absoluta. Mesma constatação na Frente Oriental, onde o sucesso das grandes ofensivas soviéticas exige uma superioridade de 1 a 5 ou a 10 – sucesso que confirma o adágio napoleônico. Ao longo da última fase da guerra, quando os efetivos alemães, inclusive os satélites, caem de 3 a 2,5 milhões de homens, o nível das forças soviéticas se mantém por volta de 5 milhões de combatentes, deixando disponível, assim, uma impressionante massa de manobra no âmbito das grandes ofensivas.

Para julgar sobre a qualidade operacional da Wehrmacht, basta notar que no outono de 1944, o exército alemão não alinha mais do que 3,5 milhões de combatentes, os quais, apesar de tudo, mantêm a distância 8,5 milhões de adversários. De 1939 a 1945, o Reich perde 3 milhões de homens em combate contra 10 no conjunto da coalizão aliada.

A qualidade da tropa constitui, no final das contas, uma das grandes incógnitas da guerra, impossível de quantificar. A feroz resistência das tropas soviéticas em Sebastopol ou em Stalingrado apresenta um efeito estratégico desproporcional com o seu número. Mesmo resultado em Cassino, onde alguns batalhões de paraquedistas e de tropas de montanha mantêm em alerta durante mais de seis meses os exércitos aliados. Mais ainda talvez que nos outros exércitos, a eficácia surpreendente da Wehrmacht deve-se não somente ao valor operacional de certas unidades, mas também à combatividade excepcional de indivíduos que poderiam ser qualificados como "máquinas de matar".

Durante a Batalha da Inglaterra, o capitão Galland e um punhado de pilotos estão na origem do grosso das perdas do Fighter Command. Na Frente Oriental, Hartmann abate, sozinho, mais de 300 aviões soviéticos. Essa distinção lhe valerá, logo após sua captura, uma pesada condenação, por "degradação da propriedade socialista". Ao piloto de Stuka Hans Rudel será atribuída a destruição de 500

366

Os homens

blindados, um balanço que não é contestado pelo Exército Vermelho. A bordo de seu Tigre, Wittman destrói cerca de 180 tanques soviéticos ou anglo-americanos, antes de encontrar a morte no cerco de Falaise. Durante a Batalha do Atlântico, enfim, 45 a 50% da tonelagem mandada para o fundo é atribuída somente a 10% dos comandantes de U-Boote.

Esse efeito multiplicador de grupos ou de homens isolados manifesta-se na frente ocidental durante o último inverno da guerra. Após a travessia do Reno, os ocidentais deparam-se ainda com uma resistência muitas vezes acirrada, ainda que desorganizada, associada a contra-ataques constantes. São necessários vários dias de combates violentos e a intervenção maciça da aviação tática para que os britânicos consigam dominar as vilas de Ibbenbüren, de Verben ou de Longen defendidas por batalhões de marinheiros ou por alunos de escolas de suboficiais. No setor americano, os defensores do Harz resistem durante dez dias, e um contra-ataque lançado em meados de abril perto de Heilbronn em Wurtemberg provoca o isolamento de uma divisão blindada, que é preciso abastecer pelo ar e que só consegue livrar-se ao sair pela retaguarda.

Os historiadores militares reconhecem que a surpreendente resistência alemã ao avanço do Exército Vermelho, durante os últimos meses da guerra, é um mistério. Nunca antes a combatividade e a determinação do exército alemão foram tão fortes. Como assinala J. Keegan:

> À medida que aqueles silesianos, aqueles franconianos, aqueles bávaros, aqueles brandemburgueses se sentiam inexoravelmente rechaçados para o interior da Alemanha em direção à pequena pátria que amavam, sua determinação e sua resistência aumentavam. Eles sabiam que somente a tenacidade poderia barrar aquela grande *Volkswanderung* que a guerra nas fronteiras orientais do Reich havia desencadeado. Como os guerreiros teutônicos dos tempos idos, eles se mostraram decididos a morrer no local, se fosse necessário, para proteger aquelas populações em fuga, desavoradas, contra o invasor vindo, uma vez mais, do leste.[198]

De fato, o exército alemão continuou a combater até que lhe faltasse espaço. No Pacífico, à luz dos combates de Tarawa, de Iwojima ou de Okinawa, é fácil imaginar o que poderia ter sido a resistência de um exército japonês de 3,5 milhões de homens no caso de um desembarque no arquipélago.

Por várias vezes, a guerra deu lugar a fenômenos de desilusão, de decomposição, como a derrota francesa de 1940, as rendições soviéticas maciças de 1941

---

[198] KEEGAN (J.), *Six années en Normandie*, op. cit., p. 355.

367

ou ainda, em 1942, os recuos precipitados e as capitulações dos britânicos, dos holandeses, e mesmo dos americanos por ocasião da Blitzkrieg nipônica da Malásia, da Indonésia ou das Filipinas. Fenômenos ligados a fatores variados: crise de regime, pacifismo, desinformação, demissão do comando. De todo modo, apesar das perdas e da fadiga, nunca se assistiu a crises de indisciplina ou a rebeliões como a do exército francês de 1917 ou de certas unidades alemãs do ano seguinte, sem mencionar o exército russo. Nenhum sintoma que pudesse conduzir a um processo revolucionário se manifestou.

A solidez dos exércitos da Segunda Guerra Mundial é também o reflexo de estruturas sociais mais ou menos tradicionais. A base essencial do recrutamento dos exércitos alemão, soviético ou nipônico é ainda de origem rural. Esses exércitos mobilizam homens que ficaram em contato com a natureza, habituados a uma existência ainda rude, tendo conservado por atavismo o sentido do sofrimento e do sacrifício. A esse respeito, os anglo-americanos, com sociedades largamente urbanizadas, parecem, de certa maneira, menos favorecidos.

Por outro lado, as armas que necessitam das qualidades técnicas, marinha, aviação ou blindados, recrutam entre os filhos das classes dirigentes, entre os jovens que se beneficiaram de um nível de instrução superior ou pelo menos secundário, ou ainda entre os citadinos. No Exército Vermelho, os tanquistas são oriundos da aristocracia rural dos condutores de tratores ou então do meio operário. Nos Estados Unidos, desde 1943 os serviços de recrutamento encerram o alistamento voluntário, para estancar o fluxo em direção à marinha ou à aviação em detrimento do exército. De todo modo, pelo viés dos testes de seleção, que dividem os recrutas em cinco categorias, os homens mais instruídos e os mais dotados são direcionados para as armas técnicas, em último caso para os blindados e para a infantaria. Os serviços partem do princípio de que é preciso ser mais inteligente para pilotar um avião do que para dirigir um tanque.

Outra característica dos exércitos da Segunda Guerra Mundial, particularmente acentuada nos países anglo-saxões, em razão do peso das economias e da importância dos efetivos exigidos pelas marinhas e pelas aviações: a deficiência relativa das unidades combatentes. O caso americano é sintomático. De 8,8 milhões de homens em 1945, quase 3 milhões estão nos Estados Unidos, confinados em sua maior parte em tarefas administrativas. Nas 90 divisões constituídas no final da guerra, contam-se apenas 2 milhões de combatentes, em razão da inflação dos serviços, material, trem, saúde... O número dos soldados de combate, infantes e tripulações de tanques não vai além, no fim das contas, de 700 mil homens. Capital precioso a preservar. Nem o exército alemão nem o exército nipônico e

Os homens

menos ainda o Exército Vermelho, estão diante de tais restrições, na origem do ritmo extremamente prudente das operações.

Essa deficiência relativa das unidades combatentes provém de sociedades altamente industrializadas, com forte produtividade, onde a máquina está a serviço do homem. Fortalecidos com as experiências da Segunda Guerra Mundial, britânicos e americanos se esforçarão constantemente para economizar os homens, prodigalizando material. A estrutura dos exércitos impõe, assim, uma guerra lenta, metódica – sem brilho, numa palavra, industrial. Tendência acentuada pelas opiniões públicas. Nos Estados Unidos, as perdas elevadas de Cassino, Iwojima ou de Okinawa suscitam vivas campanhas de imprensa e acarretam, com frequência, o questionamento de alguns chefes militares.

Generais e chefes de guerra

Não haveria necessidade de assinalar o papel determinante do alto-comando para o valor de um exército. Entretanto, a esse respeito, a guerra apresenta singulares diversidades. Diferentemente dos alemães, dos japoneses ou dos soviéticos, as grandes figuras militares parecem mais raras no campo anglo-americano. Durante todo o conflito, as tropas britânicas são comandadas por homens competentes, honestos, mas sem originalidade nem gênio, quer se trate dos Gort, dos Wavell, dos Ritchie, dos Auchinleck ou dos Alexander. Várias causas estão na origem dessa relativa mediocridade.

Do conflito precedente, que vivenciaram como jovens oficiais, esses generais herdaram uma profunda aversão às sangrentas carnificinas de 1914-1918, que vai, em alguns, até ao ódio à guerra. Eles herdaram ainda um sentimento de inferioridade irremediável em relação aos alemães, surgido em Flandres por ocasião das ofensivas Ludendorff, confirmado mais tarde pelos fiascos da Noruega, de Dunquerque, dos Bálcãs ou do norte da África. A esses sentimentos acrescentam-se a deficiência relativa dos meios em infantaria e em blindados, bem como as deficiências do material, apesar de sua abundância. Esses chefes, em sua imensa maioria, revelam-se incapazes de assimilar plenamente os métodos da Wehrmacht – deficiência que contribui para o reforço de uma estratégia prudente, compassada, descartando qualquer ideia de manobra arriscada.

Alguns homens se distinguem do grupo, entretanto. O'Connor, que venceu Graziani na Líbia, aparece como a grande esperança dos blindados. Esperança efêmera, o homem é feito prisioneiro já em março de 1941, por ocasião de um dos primeiros embates com o Afrikakorps. Slim, o vencedor da campanha da Birmânia de 1944-1945, passa a imagem de um chefe muito bem dotado, confinado infelizmente num teatro secundário, sem influência sobre a evolução do conflito em seu todo, nem mesmo na Batalha do Pacífico. Quanto a Montgomery, ele teve o privilégio com El Alamein de inscrever em seu ativo a única grande vitória britânica conquistada no teatro ocidental. Ele soube, igualmente, forjar-se um personagem, adquirir uma popularidade junto à tropa e à opinião com um uniforme cuidadosamente estudado, que se tornou "legendário" – boina ornamentada de medalhas e pulôver – associado a um regime ascético, puritano, imposto ao seu estado-maior, excluindo tabaco, álcool e presenças femininas.

"Monty", como acabou sendo chamado familiarmente, não pode pretender, entretanto, figurar no elenco dos grandes especialistas em tática. El Alamein aparece como uma vitória "inevitável", como se ousaria dizer, em razão de uma esmagadora superioridade de meios utilizados com método e tenacidade. Essa conduta lenta e laboriosa da batalha se repete na Sicília, na Itália e mais ainda na Normandia, com as operações difíceis de Epson, de Goodwood ou de Totalize. Em nenhum momento esse homem consegue libertar-se dos métodos do final da Primeira Guerra Mundial. É de espantar que Montgomery, encarregado de coordenar as operações aliadas, não tenha conseguido, apesar da mobilidade de suas forças, consumar o cerco dos exércitos alemães na Normandia.

Pode-se, assim, pôr em dúvida sua capacidade em conduzir, após a libertação do norte da França e da Bélgica, a grande ofensiva que ele preconizava num eixo estreito, em direção ao vale do Ruhr e a Berlim. Ele só dispunha de tropas cansadas e, com falta de efetivos, não tinha conseguido conquistar em Arnhem a cabeça de ponte sobre o Reno, que lhe permitiria aceder à grande planície do norte da Europa. A acusação feita a Eisenhower parece, em grande parte, artificial, ditada por considerações de amor-próprio, que chegaram mesmo a exasperar-se ao final do conflito. Outros elementos revelam-se importantes. Na ofensiva das Ardenas, Montgomery demonstra uma total inação, quando Eisenhower lhe confia o comando das forças aliadas ao norte do Meuse. Essa passividade não o impede de fazer observações inoportunas a respeito dos generais americanos, ao mesmo tempo que facilita o recuo dos alemães em boa ordem e a evacuação do bolsão. Após a travessia do Reno, em março de 1945, seu avanço em direção ao mar do Norte e ao mar Báltico efetua-se, apesar da falta de coordenação das reações alemãs, num ritmo de uma lentidão exasperante.

O comando americano aparece também como honesto e nada mais, com homens como Patch, Bradley, Clark, Lucas, que conhecem bem a sua profissão, mas são incapazes de libertar-se das regras herdadas de 1918, e mesmo de aproveitar-se dos erros do adversário. Pode-se, ainda, estranhar que Clark, após a ruptura da Linha de Inverno, em maio de 1944, não tenha conseguido, em conexão com as tropas de Truscott, que saíam da cabeça de ponte de Anzio, pegar numa armadilha uma parte das forças alemãs que refluía para Roma.

372

Generais e chefes de guerra

Ainda aí, alguns homens se distinguem particularmente. De humor truculento, irritante em muitos aspectos, Patton faz pensar de alguma maneira em Montgomery por seu orgulho, seu gosto pelas atitudes, sua preocupação em cuidar da popularidade com seus botões de cobre, suas pistolas com cabo de nácar e com a presença permanente a seu lado de um cão de excepcional feiura. Em compensação, diferentemente de Montgomery e de muitos de seus companheiros, Patton ama a guerra, revela-se agressivo e aparece como o único chefe aliado que conseguiu, em alguns momentos, encontrar o ritmo da guerra-relâmpago – sem ter, entretanto, a felicidade, quer seja na Tunísia, na Sicília, na Normandia ou na Alemanha, de associar seu nome ao êxito de uma operação decisiva. De fato, o destino de Patton teria sido provavelmente diferente se a infeliz bofetada dada num soldado traumatizado numa ambulância na Sicília – o que causou indignação da imprensa americana –, não tivesse perturbado profundamente o desenrolar de sua carreira.

Eisenhower parece de uma natureza diversa. Ele não se revela um grande capitão no plano estratégico ou tático, mesmo tendo sabido dar provas de muito bom-senso no plano da condução das operações, e economiza o sangue de seus homens. Assim como Montgomery, ele pertence à categoria dos chefes que tiveram a felicidade de compensar sua mediocridade profissional pela abundância de meios e de poder ganhar, assim, de adversários de uma qualidade nitidamente superior. Não se pode, entretanto, negar a Eisenhower um imenso mérito, o de ter sabido com habilidade e diplomacia conduzir um exército de coalizão. A partir do verão de 1944, quando assume a direção efetiva das operações no local, ele se acha à frente de um conjunto heteróclito composto de tropas americanas, inglesas, canadenses, francesas, polonesas...

Os planos de operações devem levar em conta suscetibilidades e reações nacionais. Independentemente de considerações puramente militares, é difícil que Eisenhower concorde com a frente estreita preconizada por Montgomery. Tendo em vista a relação de forças e o lugar preponderante assumido pelos Estados Unidos na coalizão, não é possível conceder o papel principal da vitória na Europa a exércitos britânicos e imobilizar as forças americanas, num momento em que a imprensa dos Estados Unidos, despida de suas prevenções, se entusiasma, com espírito esportivo, pela investida de Patton, que "domina a bola" e avança em direção à fronteira alemã.

Alguns meses depois, Eisenhower deverá enfrentar a ira do general De Gaulle, que ameaça, caso haja a evacuação de Estrasburgo, privar os Aliados da utilização dos portos e das estradas de ferro franceses. O comandante em chefe cede de bom grado, mas o episódio revela-se suficientemente sério para incitar Churchill a ir a Paris para conferenciar com Eisenhower e De Gaulle. Ao final do conflito, Ike poderia fazer sua a declaração de Foch em 1918: "Admiro muito menos Napoleão desde que comandei um exército de coalizão".

373

MacArthur é uma das grandes figuras da guerra. Herói de Bataan e de Corregidor, ídolo da imprensa americana, o homem, depois de sua brilhante campanha das ilhas Salomão e das Filipinas, passa como grande vencedor do Pacífico, a ponto de eclipsar o almirante Nimitz. É ele que tem o privilégio, em 2 de setembro de 1945, de presidir a capitulação japonesa, na baía de Tóquio, a bordo do encouraçado Missouri.

Mas esse quadro elogioso merece sérias correções. Como muitos americanos, MacArthur foi surpreendido pela violência do ataque japonês contra as Filipinas. Ele não pôde evitar um Pearl Harbor aéreo. Ao contrário de suas afirmações, não conseguiu empurrar os japoneses para o mar e teve como único recurso recuar e encerrar-se na fortaleza de Corregidor, que acaba deixando sob a ordem pessoal de Roosevelt. Durante a contraofensiva da barreira norte da Austrália, teve a chance de enfrentar guarnições japonesas reduzidas e beneficiar-se da ajuda de um excelente marinheiro, o almirante Halsey. Pode-se ainda indagar sobre a utilidade da libertação das Filipinas, que resultou em terríveis sofrimentos para a população e em impressionantes destruições.

Várias razões não militares explicam a extraordinária reputação de MacArthur. De início, o caráter. O homem tem charme, imponência. Tem o senso do fausto. Não é desprovido de cultura. Prodigiosamente egocêntrico, ele também sabe, de maneira admirável, atrair para si os favores da imprensa, a ponto de receber em 1942 o título de homem do ano pela revista *Life*. Ao retornar às Filipinas, ele manda um exército de operadores de câmeras filmar e fotografar, por diversas vezes, nas praias de Leyte, a si mesmo em companhia de todo o seu estado-maior.

Mais do que um especialista em estratégia ou em tática, MacArthur apresenta-se sobretudo como um político. Sua missão nas Filipinas em 1935, depois de ter deixado o posto de chefe de estado-maior do exército, parece uma bela vitória, no âmbito de uma preparação para a independência. Ao retornar a Manilha em julho de 1941, MacArthur reforça suas relações de amizade com o presidente Quezon e a afeição da população. Seu maior sucesso é o proconsulado no Japão, onde implementa, em ligação com o imperador Hiroito, um programa de democratização julgado, de início, impossível.

Segundo a tradição das grandes nações marítimas, os Estados Unidos e a Grã-Bretanha dispuseram, uma vez mais, de uma plêiade de grandes comandantes. A marinha britânica beneficiou-se de excelentes marinheiros, como Tovey, Vian, Horton e, principalmente, Cunningham, que soube conduzir, com uma incomparável maestria, de 1940 a 1943, uma campanha difícil no Mediterrâneo antes de tornar-se primeiro lorde do mar.

No Pacífico, o almirante Nimitz revelou qualidades de um excelente comandante de teatro, servido por notáveis chefes de esquadra. Dois chegaram à celebridade, Halsey e Spruance. Dois homens fundamentalmente diferentes. O primeiro, ardente, irascível, impulsivo, não despreza o vinho. O segundo, calmo, reflexivo, prudente, ignora o tabaco e o álcool.

À frente da mesma força naval que levava simplesmente o nome de 3ª e de 5ª frotas segundo a vontade de seus comandantes, Spruance e Halsey ganharam duas batalhas decisivas que trazem a marca de temperamentos diferentes. Nas Marianas, ao adotar um dispositivo de observação, Spruance soube prevenir o assalto das forças baseadas em terra e quebrar o ataque da aviação embarcada nipônica, antes de passar à contraofensiva e de infligir sérias perdas à frota imperial. Em Leyte, o agitado Halsey, depois de cair na armadilha japonesa, soube superar uma situação difícil com muita sorte e conseguir uma vitória decisiva, dando à marinha americana o domínio definitivo do Pacífico.

Sob alguns aspectos, o quadro dos chefes militares soviéticos parece ser, de algum modo, clássico. O início do conflito reflete uma mediocridade geral ligada em grande parte aos terríveis expurgos de 1937-1938, que tinham decapitado o estado-maior do Exército Vermelho. À margem da surpresa, das deficiências materiais, da crise inicial do moral, é forçoso reconhecer que os Budienny ou os Timochenko não sustentam a comparação com seus homólogos alemães.

Uma substituição ocorre a partir de 1942. Os chefes da primeira geração são eliminados ou confinados em teatros secundários. Eles são substituídos por uma plêiade de jovens generais, como Tchuikov, Rokossovski, Vassiliev ou Vatutin. Dois homens são de uma envergadura excepcional: Koniev e, talvez, mais ainda, Jukov. Beneficiando-se da confiança de Stalin, este apresenta-se desde o início como o homem das situações delicadas, seja diante de Leningrado, Moscou ou Stalingrado. Até o fim, antes de desempenhar um papel determinante na Batalha de Berlim, em conexão com Koniev, Jukov aparece como um dos inspiradores da estratégia soviética.

Com o III Reich, o problema é inteiramente diferente. Os primeiros anos de guerra revelam a qualidade excepcional do corpo de oficiais generais, quer se trate do comandante em chefe von Brauchitsch, dos comandantes de grupos de exércitos como von Bock, von Rundstedt ou von Leeb, de corpos blindados tais como Guderian, Hoth, Hoeppner, Manstein ou simples divisionários, à maneira de Rommel.

Entretanto, a partir das primeiras derrotas de 1941-1942, acontece uma substituição. As destituições se sucedem. Depois de ter eliminado Brauchitsch, Hitler toma ele próprio o comando do exército por ocasião da contraofensiva soviética diante de Moscou. Ele conserva temporariamente Halder como chefe de estado-maior, antes de substituí-lo por Zeitzler. Aos homens da Blitzkrieg sucede uma nova

375

geração de chefes como Model, Hube, Schorner, Heinrici, Manteuffel. Trata-se, antes de mais nada, de improvisadores, capazes de "aproveitar os restos". A declaração de Hitler por ocasião da destituição de Manstein é reveladora. O marechal não tem mais condições de enfrentar uma situação nova: "a época das operações em grande estilo encerrou-se na Frente Oriental. Só pode haver agora uma defesa pé contra pé. Essa nova forma de guerra exige um novo nome e novas palavras de ordem". Nessa conjuntura, alguns realizam maravilhas, como Model que, por duas vezes, no Vístula em julho de 1944 e logo após o desastre da Normandia algumas semanas mais tarde, restabelece situações aparentemente comprometidas para sempre.

Há, entretanto, exceções. A substituição não é total e alguns chefes conseguem servir durante a maior parte da guerra. Brilhante comandante da 7ª Panzer, Rommel cobre-se de glória na Líbia e no Egito com o Afrikakorps. Depois de um breve comando na Itália, ele recebe, no início de 1944, uma responsabilidade considerável com a inspeção da Muralha do Atlântico e o comando do grupo dos exércitos B. Muito mais do que o ferimento sofrido na Normandia, é a "participação" no atentado de 20 de julho contra Hitler que acaba de maneira trágica com uma carreira excepcionalmente brilhante.

Decano dos oficiais generais em atividade, von Rundstedt comanda grupos de exércitos na Polônia, na França e na Rússia, antes de exercer de março de 1942 a março de 1945 a direção suprema a oeste, com exceção de uma breve interrupção durante o verão de 1944. Quanto a Guderian, sua destituição em janeiro de 1942 diante de Moscou, após uma desavença com von Kluge, não interrompe sua carreira. No ano seguinte, Hitler confia-lhe a inspeção geral da arma blindada, antes de designá-lo em junho de 1944 como chefe de estado-maior do exército. É um posto que ele conservará até março de 1945. Uma das mais admiráveis carreiras é a do marechal Kesselring. Da artilharia, tendo entrado na Luftwaffe em 1936, Kesselring comanda a 2ª frota aérea na França e na Rússia antes de receber, em 1943, a direção do teatro mediterrâneo. Durante 18 meses, conduz uma brilhante campanha de longo prazo na Itália. A queda do Reich não lhe permite exercer uma nova responsabilidade atribuída em abril de 1945: a de comandar uma parte da frente ocidental associada à Itália e aos Bálcãs.

No plano marítimo, além de bons comandantes, como Lutjens desaparecido a bordo do Bismarck, dois homens desempenharam um papel considerável. Restaurador da marinha alemã, o almirante Raeder aparece como um espírito profundamente clássico apegado à embarcação de superfície para a batalha das comunicações sem perceber por completo as possibilidades novas do porta-aviões e sobretudo do submarino no âmbito da tática das alcateias. Por outro lado, Raeder tinha visões originais em estratégia, que ele não pôde, no entanto, fazer triunfar em razão da evolução desastrosa da campanha da Rússia. Seu desejo seria orientar o esforço do Reich em direção ao Mediterrâneo e ao Oriente Próximo, além de efetuar operações conjuntas com os japoneses.

Promovido ao comando da Kriegsmarine em fevereiro de 1943, após o lamentável engajamento do cabo Nord que acaba de desacreditar o emprego dos navios de superfície no ataque aos comboios, Dönitz continua o que vinha fazendo desde 1939: empregar sua energia na batalha submarina do Atlântico. Após a derrota do verão de 1943, ele prepara um relançamento da batalha com uma nova geração de U-Boote. Convencido de que essa retomada da ofensiva deve obter resultados estratégicos consideráveis, Dönitz não se deixa dominar pelo pessimismo de muitos dos chefes militares. Esse otimismo quanto à decisão da guerra lhe vale a confiança crescente de Hitler, que o designa como seu sucessor em 30 de abril de 1945.

Em relação ao da Wehrmacht, o comando italiano apresenta uma pálida figura. Já na Grécia, o comportamento de Badoglio e de Cavallero mostra-se abaixo do medíocre, mesmo levando em conta as circunstâncias atenuantes, como as dificuldades naturais, a falta de munição e a habilidade tática do adversário. Mesmo dispondo, pelo menos no início, de forças nitidamente superiores, Graziani e Bastico demonstram, no norte da África, as mesmas insuficiências antes de serem totalmente eclipsados por Rommel.

Um único chefe emerge da mediocridade geral: Messe. De fevereiro a maio de 1943, ele assume, sob a direção de von Arnim, a sucessão de Rommel à frente do exército italiano e do Afrikakorps, conduzindo uma notável batalha defensiva até a capitulação final e demonstrando que o soldado italiano bem comandado pode ser um combatente perfeitamente válido.

Muito mais do que a deficiências materiais como a ausência de radar ou a falta de conexão com a aviação, os fracassos da marinha italiana devem-se em grande parte à deficiência do comando, quer se trate de Campioni ou de Iachino. Com falta de entusiasmo, de ardor e de caráter, esses almirantes, responsáveis por uma doutrina temerosa ao extremo, deixam-se constantemente manobrar pelo adversário e veem-se reduzidos a derrotas humilhantes como Matapan, ou a oportunidades desperdiçadas como os ataques mal-sucedidos contra os comboios de Malta. Nenhum chefe italiano soube, finalmente, tirar partido das qualidades potenciais de uma marinha, qualidades que só puderam manifestar-se em embates entre pequenas unidades ou com as façanhas dos artefatos de assalto do príncipe Borghese.

Com as forças japonesas, chega-se a uma demonstração quase perfeita do papel capital do comando. Os sucessos ofensivos ou defensivos do exército nipônico não se devem em absoluto a alguma superioridade material, mas sim ao rigor do

A Segunda Guerra Mundial

treinamento, ao espírito de sacrifício da tropa e à qualidade dos oficiais em todos os níveis. Na vitória ou na derrota, homens como Homma nas Filipinas, ou Honda, o "tigre da Birmânia", sempre souberam utilizar seus meios com o máximo de determinação e até seus mais extremos limites.

Entre os chefes de maior prestígio, deve-se citar Yamashita. Apesar da inferioridade de suas forças, esse homem consegue, em manobras de cerco constantes, apoderar-se da Malásia, antes de obter a rendição de Cingapura atacando num ponto considerado "intransponível" e explorando ao máximo os erros e o desânimo de seu adversário, o general Percival. Ao final da guerra, Yamashita distingue-se novamente por uma defesa acirrada das Filipinas, apesar da superioridade considerável das forças americanas. Na capitulação, Yamashita prossegue na luta em Luçon sob a forma de uma guerrilha extremamente hábil.

A mesma constatação se dá com a marinha. Muito mais do que a superioridade técnica, é a qualidade do treinamento e do comando que explica as grandes vitórias navais do começo da guerra. Seja em Pearl Harbor ou durante o ataque no oceano Índico, o almirante Nagano exibe um notável domínio no emprego dos grupos de porta-aviões. A derrota de Midway, ligada a toda uma série de circunstâncias pelas quais ele é só em parte responsável, não invalida esse julgamento.

Independentemente do notável espírito de organização do chefe de estado-maior, o almirante Nagano, há um homem que domina essa primeira fase da guerra naval. À frente da frota combinada, o almirante Yamamoto beneficia-se de um enorme ascendente e apresenta-se como um verdadeiro gênio militar inspirado pelos deuses. Ele parece ter manifestado dons excepcionais desde o berço. Seu pai, após alguns anos, não o chamou de Isokoru (cinquenta e seis) para celebrar a felicidade de ter gerado aos 56 anos um tal pequeno prodígio?

Tendo ingressado na marinha, Yamamoto faz uma carreira extremamente rápida e parece destinado às mais altas funções. É um dos raros oficiais a se beneficiarem de um bom conhecimento do estrangeiro. Após uma temporada em Harvard, foi adido naval em Washington antes de representar o Japão na conferência de Londres de 1936. Sem desprezar o encouraçado, é também um dos primeiros oficiais a vislumbrar a capacidade ofensiva das formações de porta-aviões. Ele consegue, assim, persuadir o almirante Nagano a desistir do plano operacional previsto de longa data, em proveito do ataque surpresa de Pearl Harbor que deve dar ao Japão, de imediato, o domínio do mar. O êxito da operação confere a Yamamoto um imenso prestígio. Ele se torna o oráculo da marinha imperial.

Sua vida privada não é conformista. Ele adora o jogo e nutre uma paixão violenta por três gueixas com quem mantém uma abundante correspondência até sua morte. E o que é mais surpreendente, seu caráter desconcertante manifesta-se no plano operacional. Yamamoto é tido como o grande responsável pela derrota de Midway, onde acumula, como se fosse de propósito, uma espantosa série de erros. O que é também estranho é sua recusa nas batalhas de Guadalcanal e das ilhas Salomão em engajar o grosso da frota combinada, num momento em que ainda dispõe de uma forte superioridade sobre a marinha americana. Apesar de tudo, sua morte, em 17 de abril de 1943, a bordo de seu avião abatido por caças americanos, constitui um dia de luto para a marinha imperial. Não somente sua perda parece irreparável, mas também sua morte é considerada um sinal de mau agouro.

Após o breve intermédio de Koga, também abatido a bordo de seu avião, o verdadeiro sucessor de Yamamoto é o almirante Toyoda. Esse homem teve azar na história. Seu nome se associa às duas grandes derrotas da segunda parte da Guerra do Pacífico: as Marianas e Leyte. Entretanto, Toyoda é considerado um especialista de alto nível na estratégia e na tática, cujas combinações, extremamente originais, esforçam-se por tirar partido das intenções do adversário e de todos os recursos nipônicos. Mas Toyoda foi traído pela sorte e pela desproporção cada vez mais esmagadora dos meios. O responsável pelo desaparecimento da marinha imperial era digno de um destino melhor.

Em relação a 1914, as novas técnicas influenciam de maneira natural os métodos de comando. O rádio oferece conexões infinitamente mais seguras e mais rápidas do que as linhas telefônicas constantemente cortadas pelos bombardeios de artilharia. A maior parte dos chefes continua, entretanto, fiel a quartéis-generais fixos, do tipo "castelo", herdados da Primeira Guerra Mundial. É o método adotado por vários alemães e pela maior parte dos soviéticos e dos anglo-americanos. Ainda que Montgomery opte por um estado-maior relativamente móvel, composto de caminhões-rádio e de veículos de trabalho e de repouso, este é associado, na verdade, ao castelo de Creuilly durante a Batalha da Normandia.

As novas transmissões permitem, entretanto, a homens como Rommel, Guderian ou Patton, dirigir as operações a partir de postos de comando "avançados" e motorizados, instalados em viaturas ou em autometralhadoras dotadas de rádio, avançando ao ritmo dos elementos de ponta. Por essa fórmula, reaparece um tipo de homem de guerra que se acreditava desaparecido: o do "esgrimista" dos conflitos da época clássica, à frente da batalha, que não hesita em se expor e em compartilhar as fadigas e os riscos de seus soldados. Essa fórmula se encontra ainda no emprego das tropas aerotransportadas cujos generais participam diretamente da ação, como o provam os exemplos de Student em Creta ou dos americanos Gavin e Taylor no Cotentin, nas primeiras horas do desembarque da Normandia.

Essa diferença de comando é muito menos sensível no mar. O desenvolvimento das transmissões modernas só faz reforçar a eficácia dos centros de comando

A Segunda Guerra Mundial

em terra, como o que o almirantado britânico instituiu desde o século XVII com uma rede de fragatas assegurando a ligação com as esquadras e as bases afastadas. Nimitz dirige as operações do Pacífico a partir de Pearl Harbor; Dönitz coordena a ação dos U-Boote a partir de Lorient ou de Paris. Uma regra continua válida. O chefe no mar é o único responsável pela operação em curso. As intervenções do primeiro lorde Dudley Pound por ocasião da perseguição ao Bismarck ou do episódio do PQ-17, ou do caso de Nimitz com relação a Halsey durante a Batalha de Leyte, foram finalmente julgadas intempestivas e nefastas.

Qualquer que seja o modo de comando adotado, persistem as qualidades tradicionais do homem de guerra: sangue frio, tenacidade, golpe de vista, audácia. Mas, no conjunto, o conservadorismo prevalece. A exemplo da maior parte dos generais anglo-americanos, os próprios soviéticos, a partir de 1943, esforçam-se por assimilar as regras da Blitzkrieg sem, no entanto, renunciar às fórmulas tradicionais.

Fato inesperado, o fenômeno não poupa a Alemanha. Em várias ocasiões, Guderian se torna o detrator de chefes de batalhões engolfados no conservadorismo e que brilham por seu desconhecimento do emprego das unidades de tanques. Ele traça um retrato cruel do marechal von Kluge durante a Batalha da Normandia:

> Von Kluge era um soldado assíduo, um bom conhecedor de tática em pequena escala, mas nada sabia sobre o emprego das unidades blindadas. Todas as vezes que presenciei sua atuação, sua influência sobre o comando das formações blindadas revelou-se paralisante. Ele era mestre no estraçalhamento das grandes unidades. Não é de espantar, então, que o comando do oeste continuasse a ater-se às aparências, em vez de cortar o mal pela raiz e passar para a guerra de movimento com o que restava de unidades móveis ainda capazes de se deslocar. Nosso resíduo de forças móveis foi posto em farrapos nos contra-ataques frontais com objetivos limitados, executados ao alcance da artilharia naval inimiga.[199]

Esse é um julgamento severo e talvez exagerado, reflexo de uma polêmica em meio ao comando alemão às vésperas de Overlord. Rundstedt e Geyr von Schweppenberg preconizam, então, a constituição de fortes grupamentos blindados destinados a empurrar os Aliados para o mar num contra-ataque maciço. Essa doutrina se choca com o ceticismo do próprio Rommel. Na falta da superioridade aérea, o antigo chefe do Afrikakorps, um dos virtuoses da guerra de movimento, aconselha o emprego direto das Panzers ao longo da costa, de maneira a rechaçar um desembarque nas praias.

De fato, como já se observou, o tanque da segunda parte da guerra enfrenta restrições cada vez mais severas que os chefes mais audaciosos nem sempre conse-

---

[199] GUDERIAN (H.), *Souvenirs d'un soldat*, op. cit., p. 322.

380

Generais e chefes de guerra

guem superar. O próprio Patton, depois de sua brilhante cavalgada da Bretanha até Lorena, deve confessar no outono de 1944: "É preciso retornar a Foch." Por ocasião da exploração além do Reno, em abril de 1945, ele demonstrará, para espanto geral e grande satisfação dos tradicionalistas, uma circunspecção comparável à de um Montgomery.

À margem dos generais, dos chefes de batalhões, a Segunda Guerra Mundial coloca naturalmente o problema do chefe de guerra, capaz de conduzir um conflito, tanto no plano político quanto no militar, de inspirar confiança tanto à tropa quanto à retaguarda e de mobilizar as forças vivas da nação. Durante a Primeira Guerra Mundial, o fenômeno é raro ou então só se manifesta ao final do conflito, com Lloyd George, com o par Hindenburg-Ludendorff, e mais ainda com Clemenceau. Já a Segunda Guerra Mundial se identifica com alguns chefes de guerra, no sentido forte, apesar de notáveis exceções.

O chefe de guerra não aparece na França durante a *drôle de guerre* e menos ainda durante os meses dramáticos de maio e junho de 1940. A partir de 15 de março, Daladier, atacado tanto pelos partidários da paz quanto pelos ativistas, apresenta sua demissão, conservando, entretanto, a pasta da guerra. Paul Reynaud, o cabeça do partido do movimento, o substitui. A decepção não se faz esperar. A campanha da Noruega, em grande parte obra sua, torna-se, em alguns dias, uma confusão para os Aliados, apesar da frase célebre: "A rota do ferro está cortada".

Após o ataque de 10 de maio, esse homem se mostra ansioso, hesitante, terrivelmente influenciável, procurando sempre se abrigar, se resguardar, segundo a boa tradição republicana, por trás de um bode expiatório. Com uma notável má-fé, faz que o infeliz Corap se torne o responsável pela ruptura do Meuse, que Gamelin seja destituído em plena batalha, que o rei dos belgas, acusado da derrocada dos exércitos do nordeste, seja riscado da ordem da Legião de honra.

Reynaud remaneja constantemente seu ministério, apelando para militares ou para civis, como Pétain, De Gaulle, Mandel, sem conseguir atender ao exército ou à opinião, nem insuflar uma direção firme. Em 16 de junho, esgotado, incapaz de dominar as tendências que se enfrentam no governo, Reynaud pede demissão, com a satisfação evidente do homem que "põe a sacola no chão", segundo a fórmula do general De Gaulle.

Palavras cruéis que suscitam inevitavelmente uma indagação. O general De Gaulle pode figurar na categoria dos chefes de guerra? É uma proposta que alguns acharão surpreendente, tendo em vista a deficiência dos meios e de uma base territorial reduzida e situada fora do território nacional. Ao final de 1940, em virtude do "golpe de machado" de Mers el-Kébir e do fiasco de Dacar, a base da França livre se limita a 20 mil homens, aos territórios do Pacífico e à África equatorial com o Gabão, os Camarões e o Chade. O resto do Império se encontra sob a obediência de Vichy. Um ano depois, os ganhos não vão além do Levante e do arquipélago de Saint-Pierre-et-Miquelon.

É somente no final de 1943, com o êxito da operação Torch e com a eliminação de Giraud, que o domínio da França combatente se identifica com um conjunto geoestratégico de envergadura, incluindo um primeiro departamento metropolitano liberado, a Córsega, associado ao essencial do Império com o Magrebe, a África Ocidental e equatorial, as Antilhas e Madagascar. De Gaulle dispõe, enfim, de uma força militar real, embora reduzida, com uma dezena de divisões, 300 mil toneladas de navios de guerra e alguns grupos aéreos. Ainda que o rearmamento dessa força tenha sido obtido pelo general Giraud, seu infeliz rival. Simultaneamente, um conjunto institucional organiza-se em Argel, com uma assembleia consultiva e um comitê destinado a tornar-se, em junho de 1944, o governo provisório da República francesa.

Aparentemente positiva, a situação de De Gaulle é paradoxal. Nem os ingleses, nem os americanos, nem os soviéticos reconhecem o comitê de Argel como a futura autoridade da França livre. Se, por um lado, eles não cogitam em tratar com o regime de Vichy, por outro, De Gaulle não é considerado o depositário da legitimidade francesa. Ele permanece confinado num isolamento relativo.

Essa atitude é particularmente nítida nos Estados Unidos, onde o homem de 18 de junho é considerado um simples componente da opinião francesa, sem prejulgar de maneira alguma o futuro político do país que só poderá ser determinado após o término do conflito, com o resultado de eleições democráticas. Enquanto isso, após a liberação, a França será submetida ao controle de uma administração militar, a exemplo da Itália. Esse ostracismo com relação à França livre surge essencialmente como o resultado da antipatia visceral que o presidente Roosevelt tem por De Gaulle, considerado um "ditador aprendiz". Há nisso, certamente, uma grande parte de exagero que não leva em conta o comportamento do chefe da França livre. Por seu orgulho, sua recusa em transigir, seu messianismo político, De Gaulle consegue, com uma arte consumada, suscitar animosidades. O caso é particularmente nítido com Churchill. A amizade entre os dois homens, nascida de uma estima recíproca, não resiste à crise do verão de 1941. Durante essa crise, ligada ao episódio do Levante, De Gaulle manifesta uma intransigência absoluta que conduz a uma semirruptura com os britânicos cujos efeitos se farão sentir até o final da guerra.

Quanto a Roosevelt, não se pode negar uma antipatia instintiva confirmada na ocasião do primeiro encontro entre os dois homens em Anfa, quando De Gaulle, por suas pretensões à legitimidade, suas alusões a Joana d'Arc e a Clemenceau, pro-

382

voca uma impressão desastrosa no presidente. Como muitos de seus compatriotas, Roosevelt dificilmente admite a ingerência de militares na política, e a perspectiva de um general à frente de um governo francês leva à aproximação imediata e desagradável com alguns regimes da América Latina. O comportamento da administração gaullista no Levante, diante das aspirações nacionalistas, só faz acentuar em Roosevelt sua convicção de que De Gaulle aspira à ditadura e constitui um risco de guerra civil num país em que só dispõe do apoio de uma parte da população.[200]

Essa dúvida sobre a representatividade de De Gaulle e o risco de uma subversão parece ligada à influência extremamente reduzida do gaullismo na colônia francesa nos Estados Unidos. As adesões não vão além de 5%. A maior parte das personalidades refugiadas na América manifesta uma viva antipatia com relação ao general, cujos representantes, Adrien Tixier ou André Philip, multiplicam as gafes e demonstram uma falta total de educação numa entrevista com o presidente. Além disso, a administração e o secretário de Estado Cordell Hull em particular viram com maus olhos a adesão de Saint-Pierre-et-Miquelon logo após o ataque de Pearl Harbor, num momento em que Washington conduz uma negociação delicada com Vichy sobre a neutralidade das Antilhas.

Por fim, as alusões de De Gaulle à grandiosidade e ao Império têm o poder de exasperar Roosevelt, que espera, em detrimento de Churchill, que o conflito provoque o deslocamento dos sistemas coloniais geradores de embates. Nessa perspectiva, Roosevelt não hesita em encorajar o sultão de Marrocos e parece bem decidido em não deixar, após o ataque japonês de abril de 1945, que os franceses retomem a Indochina.

A atitude de Roosevelt está longe de ser rígida, no entanto. Ele cede diante de De Gaulle a partir da liberação da França. Sob a insistência de Eisenhower, o presidente concede a De Gaulle o poder administrativo. O reconhecimento político é concedido em 23 de outubro. Ao contrário ainda de uma crença bastante difundida alimentada pelo silêncio de muitos historiadores, Roosevelt toma a iniciativa capital, em janeiro de 1945, por intermédio de Harry Hopkins, que estava de passagem em Paris, de convidar De Gaulle para a segunda parte da conferência de Yalta, que tratará dos problemas políticos.

A participação militar francesa, tendo sido inexpressiva no conflito e estando em seu nível mais baixo pela incapacidade das tropas de De Lattre em reduzir o "bolsão" de Colmar, implica uma não participação nas discussões estratégicas. Essa reserva justifica a recusa altiva de De Gaulle. Justifica, ainda, a recusa em encontrar o presidente, em seu retorno da Crimeia, em Argel, a bordo do cruzador

---

[200] Sobre Roosevelt e De Gaulle, ver ROSSI (Mario), *Roosevelt et la France* (no prelo).

Quincy. A razão evocada, de que um chefe de governo não pode ser convidado em seu próprio território por um homem de Estado estrangeiro, parece pelo menos surpreendente. De Gaulle deveria saber que um navio de guerra constitui uma parcela do território nacional de um país e que Roosevelt se dispunha a acolhê-lo em solo americano.

Entretanto, em Yalta, apesar da ausência de De Gaulle, a França obtém vantagens importantes: uma zona de ocupação na Alemanha, um lugar no Conselho de segurança da futura Organização das Nações Unidas. Vantagens obtidas pelas instâncias de Roosevelt e de Churchill, apesar da indiferença de Stalin, autor de observações pouco elogiosas sobre De Gaulle, e apesar da visita do general a Moscou em dezembro de 1944, seguida da assinatura de um tratado de assistência militar.

A posição americana sobre a Indochina torna-se menos rígida. Contudo, há um ponto sobre o qual Roosevelt permanece inflexível. Ele se recusa a qualquer rearmamento suplementar. Pode-se finalmente indagar se uma atitude menos altiva, menos brusca, menos intransigente não teria permitido que De Gaulle adquirisse vantagens mais importantes e, principalmente, que ele as obtivesse mais cedo. De todo modo, em vários aspectos – determinação, clareza do objetivo a atingir, sujeição do militar ao político –, não se pode negar a De Gaulle o estofo do chefe de guerra que ele não pôde ser verdadeiramente, por falta de meios. Com uma reserva, entretanto. Só se pode lamentar senão um desprezo, pelo menos uma desconfiança profunda para com os homens, condenando-o a um isolamento nefasto para a condução das questões.

O caso do Japão parece desconcertante para um ocidental. A falta de um verdadeiro chefe de guerra não se deve à falta de meios; pelo contrário, procede de um sistema singular que tem a ver primeiramente com o papel do imperador. Em 1926, quando assume o trono, Hiroito põe seu reinado sob o signo da *Showa*, a "paz iluminada", que desemboca alguns anos mais tarde numa política de expansão que vai inflamar a China e todo o sudeste asiático.

Em princípio, o imperador dispõe de poderes extensos: chefe do executivo, compartilha o legislativo com o Congresso e assume como comandante em chefe das forças militares. Segundo a imagem adotada após o término do conflito, difundida não sem segundas intenções pelos americanos, Hiroito não teria sido mais do que um farol apagado, prisioneiro de um cerimonial arcaico, passando a maior parte de seu tempo junto a sua família ou em seu laboratório de zoologia marinha. Espécie de Luís XVI asiático, ele só teria assistido ao acontecimento e não teria sido mais do que um fantoche da casta militar. Após Hiroshima e Nagasaki, um sobressalto inesperado o teria levado a impor a capitulação e a evitar que mais sofrimentos atingissem seu povo.

Sem dúvida, o verdadeiro responsável pelo conflito teria sido o general Tojo, chefe do governo a partir de 19 de outubro de 1941. Desempenhando as funções de ministro da Guerra e de ministro do Interior, assume a condução das operações até que a derrota das Marianas confirme o fracasso de sua política e o leve a pedir demissão. Seus sucessores, o general Koiso e o almirante Suzuki, não teriam sido mais do que instrumentos dóceis do exército e da marinha. Em suma, o Japão teria conhecido, com Tojo, um chefe de guerra, mas de maneira simplesmente temporária.

Essa versão exige sérios retoques e não leva suficientemente em conta a enorme mutação do Japão a partir dos anos 1930. Para um país com colônias reduzidas e sem uma verdadeira zona de influência, a crise econômica provocada pelo fechamento dos mercados exteriores tem efeitos devastadores, pondo fim ao parlamentarismo, ao liberalismo e ao respeito às limitações de armamento, o que acarreta o advento da casta militar. A partir de então, a política do Japão é determinada pelos estados-maiores do exército e da marinha, cujos respectivos ministros não são mais do que intérpretes. O corpo dos jovens oficiais desempenha um papel determinante nessa orientação, que se traduz no assassinato de políticos julgados moderados e hesitantes demais com relação a uma expansão que deve dar ao Japão uma posição privilegiada na China.

Assim, o imperador e seus diferentes chefes de governo tornam-se agentes dessa política hegemônica. De 1937 a 1941, não há dúvida de que Hiroito estava perfeitamente informado das intenções do exército e da marinha, por ocasião das conferências de ligação que reuniam os chefes do governo, o ministro de Relações Exteriores, os ministros da Defesa e os chefes de estado-maior. Durante essas reuniões, realizadas com um protocolo imutável, o imperador aprova as orientações, emitindo por vezes suas reservas e, de maneira velada, advertências. Embora com apreensão, recomendando o prosseguimento das negociações, Hiroito parece ter sido seduzido pela ideia de associar a seu reino o estabelecimento de uma "esfera da coprosperidade". No fim das contas, o imperador acaba apoiando uma política que ele não elaborou, mas à qual ele se aliou, uma vez seguro das grandes chances de sucesso.[201]

A situação de Tojo não é muito diferente. Esse homem não é o esgrimista, o militar caricatural que se pode imaginar. Tojo é íntegro, trabalhador, lúcido, e não é sem muitas hesitações que ele decide dar a ordem para executar um plano do qual algumas partes lhe escapam, em virtude da impressionante barreira que separa o exército da marinha. Ao longo do conflito, até sua demissão em julho

---

[201] Questionamento do papel de Hiroito por BEHR (Ed.), *Hirohito, l'Empereur ambigu*, Paris, R. Laffont, 1987.

A Segunda Guerra Mundial

de 1944, sua tarefa, que se revela estafante, consiste essencialmente em fornecer os meios exigidos pelas duas armas e em desenvolver uma economia de guerra.

Não há dúvida de que o Japão não teve um chefe de guerra propriamente dito. O imperador e o presidente do Conselho deram carta branca ao exército e à marinha para que executassem seus planos. Hiroito confinou-se a um papel de observador e de juiz, enquanto Tojo era essencialmente um agente de execução.

O destino desses dois homens será bem diferente. Hiroito, após o fracasso dos sucessivos planos de defesa, terá a coragem indiscutível de pôr fim a um conflito que só pode desembocar na pior das catástrofes. Ele rejeita, assim, o último plano do chefe de estado-maior do exército que se esforça em convencê-lo de que uma defesa acirrada no próprio arquipélago desencorajará os americanos e os levará a mostrar-se conciliadores.

Um elemento permite ao imperador, entretanto, pedir à população para suportar o insuportável: o desejo dos americanos em terminar a guerra nos prazos mais rápidos pelo emprego da bomba atômica e manutenção da dinastia imperial. Por outro lado, o infeliz Tojo terá o triste privilégio de servir de bode expiatório. Culpado por ter desenvolvido uma política de agressão, por ocasião dos processos de Tóquio, será condenado à morte e enforcado.

A Itália parece apresentar um quadro comparável, mas, na realidade, sua situação é bem diferente. É certo que o rei Victor-Emmanuel, chefe dos exércitos, aprova a entrada em guerra em junho de 1940. À maneira de Hiroito, ele também segue a marcha das operações sem intervir. Mas a comparação só vai até aí. O problema italiano identifica-se à perda de uma enorme ilusão.

Desde os primeiros meses, o Duce, apesar de seus modos marciais e da coloração militar dada ao sistema desde os anos 1930, revela-se incapaz de conduzir uma "guerra paralela", de aplicar uma estratégia coerente, de se impor aos diferentes elementos do regime, a monarquia, os estados-maiores, o partido fascista e mesmo a Igreja Católica. Ele também não consegue associar o povo italiano a seu sonho de hegemonia no Mediterrâneo. Seus apelos não encontram mais do que a dúvida e o ceticismo. O desmantelamento só é evitado pela intervenção humilhante do Reich, e até 1942 as "vitórias do Eixo" identificam-se com as do Afrikakorps e da Luftwaffe.

Depois de El Alamein e da capitulação de Bizerte, Mussolini doente, esgotado física e moralmente, não passa da sombra de si mesmo, assistindo com uma terrível lucidez ao desmanche de um sonho e à decomposição do regime: "Eu acreditava trabalhar com mármore, só encontrei argila. [...] Espero o ano de 1943 com muita impaciência. Veremos, então, se a Itália saberá manter-se como uma grande potência, ou cairá para a posição de uma super-Suíça [...]." Vítima de uma dupla conjuração, a do rei e a do grande conselho fascista, o Duce cai em 25 de julho de 1943, arrastando o regime em sua queda.[202]

A liberação pelos paraquedistas alemães e a criação de uma república social-fascista não devem iludir. O Mussolini do final da guerra não é mais do que um instrumento, um peão a serviço do III Reich. O Duce foi vítima da ilusão que ele tinha contribuído para criar. A Itália da Segunda Guerra Mundial não era ainda uma grande potência industrial, e suas forças militares, que se mostravam garbosas em tempos de paz, não representavam, de fato, mais do que um cenário enganador.

Com Churchill, Roosevelt, Stalin e Hitler, o quadro é bem diferente. Winston Churchill no poder, a partir de 10 de maio de 1940, depois da demissão de Chamberlain, surge, entretanto, como uma enorme aposta. Sob muitos aspectos, esse homem parece inquietante. Em virtude de uma carreira tumultuada, acabou por adquirir a reputação de ser instável, e mesmo caprichoso. Arrasta atrás de si fracassos retumbantes, como o episódio de Dardanelos.

Na realidade, para espanto dos próprios ingleses e do partido conservador, Churchill logo se mostra na medida das circunstâncias. Preocupado em conseguir uma revanche, o novo primeiro-ministro vê em sua designação um apelo do destino, sentindo em si o estofo de um Marlborough ou de um William Pitt. Ele sente, enfim, a satisfação de poder desempenhar um papel à sua altura. Chefe de guerra, ele pretende ser e manter-se como tal, descartando qualquer oferta de paz e de acordo, para conduzir a velha Inglaterra à vitória, em virtude de uma longa tradição.

Para começar, descarta toda demagogia, todo disfarce. Ele encarna o chefe carismático. Em 13 de maio, afirma: "Só tenho a oferecer sangue, trabalho, suor e lágrimas." Parafraseando Clemenceau, acrescenta:

> Vocês me perguntam qual é a nossa política? Eu respondo: fazer a guerra no mar, na terra e nos ares, com toda a nossa potência e com toda a força que Deus pode nos dar [...]. Vocês me perguntam qual é o nosso objetivo? Eu respondo em duas palavras: a vitória, a vitória a qualquer preço, a vitória apesar de todos os terrores, a vitória por mais longa e dura que possa ser a estrada, pois, fora da vitória, não há sobrevivência.

À frente de uma pequena equipe formada pelo general Ismay, por Brendan Bracken, por lorde Beaverbrook, ministro do Armamento, e pelo cientista Lindemann, o futuro lorde Cherwell, Churchill estabelece os grandes eixos de uma estratégia. À margem da defesa das Ilhas Britânicas e da proteção das linhas de

---

[202] DEAKIN (F.W.), *L'Axe brisé*, op. cit., p. 148.

comunicação, ele aceita, desde o verão de 1940, o desafio italiano no Mediterrâneo. Para vencer a Alemanha, rejeita a ideia de um confronto direto e retoma o velho tema da estratégia indireta adaptada às técnicas modernas, com operações periféricas, ajuda às resistências e principalmente bombardeios estratégicos.

Perfeitamente consciente das deficiências de seu país e mesmo dos seus territórios, Churchill sabe que a Grã-Bretanha não pode chegar à vitória sozinha. A ajuda dos Estados Unidos é indispensável. Assim, com uma habilidade consumada, desde sua chegada ao poder, ele não deixa de estabelecer e de reforçar relações estreitas com Roosevelt. Mais de mil cartas e centenas de telefonemas contribuem para estreitar os laços de uma verdadeira amizade entre os dois chefes de guerra.

Ao longo do conflito, Churchill mostra-se, entretanto, por várias vezes, inquietante e mesmo exasperante. Especialista em matéria marítima, primeiro lorde naval por duas vezes, ele continua profundamente conservador e obstina-se em dar ao encouraçado uma importância que já não tem. Embora tenha tido o pressentimento do tanque em 1915, não parece ter compreendido bem as vantagens secretas da Blitzkrieg. Apesar das lições da Batalha da Inglaterra e de confiar nos relatórios otimistas de Marshall Harris, estará sempre na expectativa de uma queda do Reich, sob os ataques do Bomber Command.

Muitas de suas iniciativas estratégicas, ligadas a momentos de entusiasmo incontrolado, estão longe de serem bem-sucedidas, quer se trate do episódio de Dacar ou do envio de um corpo expedicionário à Grécia, no início de 1941. Essa iniciativa não leva à derrota do exército de Graziani e desencadeia o ataque aos Bálcãs. Churchill, apesar de avisos numerosos, não manifesta um grande interesse pelo Extremo Oriente e acredita manter o Japão a distância pelo envio de dois navios de linha a Cingapura, o Repulse e o Prince of Wales, que serão afundados pela aeronáutica naval nipônica em 10 de dezembro de 1941.

Na realidade, ao longo do conflito, Churchill tem um verdadeiro fascínio pelo Mediterrâneo, que comanda a rota das Índias. Até o final, ele continuará convicto de que uma decisão poderia ter sido obtida pela continuidade da ofensiva na Itália ou pelo início de uma grande operação nos Bálcãs, em conexão com a Turquia. Em sua correspondência com o marechal Smuts, a passagem de Ljubljana ou a planície panoniana retornam como Leitmotiv, desprezando toda consideração logística e geográfica. A vontade de conseguir uma revanche ao fiasco de Dardanelos aparece constantemente como uma razão subjacente.

Apesar da tenacidade do premier britânico e de um enorme esforço militar, os anos de 1940 a 1942 são semeados de derrotas militares. Por várias vezes, em Dacar, ou no momento da queda de Cingapura ou do desastre de El Gazala e da perda de Tobruk, Churchill deve enfrentar debates agitados na Câmara dos Co-

Generais e chefes de guerra

muns. Ao longo do conflito, sua situação parece muitas vezes paradoxal. Se, por um lado, conta com o apoio dos trabalhistas, por outro depara-se com a reserva dos conservadores. Sua posição está longe de ser tão sólida quanto a de um Stalin ou de um Hitler, ou mesmo de um Roosevelt, que tem garantidos pelo menos quatro anos de estabilidade entre duas reeleições.

Churchill teve, entretanto, a sorte de contar com os conselhos de um chefe militar de primeira ordem, o general Alan Brooke, chefe do estado-maior imperial a partir de novembro de 1941, depois de ser o grande mestre da artilharia britânica durante a Primeira Guerra Mundial. Durante mais de três anos, esse homem ponderado, culto e que conhecia a fundo os problemas militares, teve a temível tarefa de temperar os ardores imaginativos de Churchill e de traduzir suas diretrizes no plano operacional.[203]

Em suas lembranças, Alan Brooke não dissimulará a dificuldade de trabalhar com um chefe de governo "convicto de ter herdado todo o gênio militar de seu grande ancestral, Marlborough". Também não dissimulará a paciência necessária para demover Churchill "de suas ideias mais loucas e mais perigosas". Não é de admirar que a publicação de suas memórias tenha provocado um rompimento definitivo entre esses dois homens.

Alan Brooke teve ainda uma tarefa penosa. Ele teve de dedicar o melhor de sua energia "ao processo lento e fastidioso" de tratar com os chefes de estado-maior americanos a quem "era necessário explicar todos os assuntos lenta e cuidadosamente, e reexplicá-los a fim de que pudessem assimilá-los". Esforço louvável para um homem de talento, mas convencido de sua brilhante superioridade intelectual sobre o resto da humanidade. Com tudo isso, o chefe de estado-maior imperial conseguiu fazer triunfar, até 1943, o tema da estratégia periférica e das operações combinadas no Mediterrâneo, em detrimento de um desembarque na França considerado prematuro.

Totalmente de acordo com Churchill nesse ponto, Brooke estava convencido de que a eliminação da Itália obrigaria os alemães a dispersar suas forças não somente na península, mas nos Bálcãs e no mar Egeu. Disso resultaria um enfraquecimento que incitaria a Turquia a entrar em guerra e facilitaria uma operação aliada de envergadura pelo sudeste da Europa.

Na realidade, por ocasião das conferências de Teerã e do Cairo, ao final de 1943, a estrela de Churchill, como a de Alan Brooke, começa a empalidecer. Apesar das exposições brilhantes e das análises luminosas do chefe de estado-maior imperial,

---

[203] Excelente retrato de Alan Brooke em KEEGAN (J.), *Six armées en Normandie*, op. cit., p. 58 e ss.

A Segunda Guerra Mundial

a iniciativa estratégica passa para as mãos dos americanos. As grandes operações de 1944 intervirão na França e, apesar das garantias britânicas, os bombardeios não desencadeiam a queda da Alemanha e o intermédio mediterrâneo não provoca o esgotamento da Wehrmacht. Para Alan Brooke, a decepção é amarga, ainda mais porque, ao contrário de suas expectativas, ele não integra o comando de Overlord.

A decepção é ainda maior para Churchill. Diante do crescimento da potência dos dois Grandes, o primeiro-ministro britânico se acha relegado a um papel de "segundo lugar brilhante", tanto no plano político quanto no plano estratégico. Em julho de 1945, ele terá ainda o infortúnio de ser rejeitado pelo eleitorado britânico, cansado de sua grandeza imperial e convertido ao *Welfare State*. Churchill aparece, assim, como a derradeira encarnação de uma Grã-Bretanha fiel, pela última vez, à sua imagem de potência mundial e já entrando em declínio.

O presidente Roosevelt merece também figurar na primeira fila dos grandes chefes de guerra, o que pode surpreender, pois esse homem parece mal preparado para a sua tarefa. Desde a sua primeira eleição em 1932, ele não dedicou todas as suas energias, no âmbito do *New Deal*, à luta contra a crise, à implementação de vastas reformas sociais e à defesa das instituições democráticas?

É claro que, até Pearl Harbor, suas iniciativas em política estrangeira prendem-se a um estilo de governo inimitável, com uma mistura de seriedade e de amadorismo, de cautela e de ingenuidade, temperado de afabilidade para com a imprensa e alguns meios políticos. Roosevelt trabalha com uma ausência total de método, seguindo seu humor e sua inspiração. Diferentemente de um Churchill ou de um Hitler, não mantém nenhum registro de suas conversas telefônicas. Recorre a eminências pardas como Morgenthau e, principalmente, Harry Hopkins, e mantém afastados de algumas de suas decisões membros de sua administração, como o secretário de Estado Cordell Hull.

Para consternação de seus chefes de estado-maior, o almirante Stark e o general Marshall, Roosevelt espera 1940 para proceder a um verdadeiro rearmamento, limitado até então ao setor aéreo, e a um plano de renovação para a marinha. Ele dá uma importância exagerada, quase obsessiva, a uma eventual penetração alemã na América Latina. Em 1940 e 1941, toma decisões que se opõem ao plano Dog, que dá prioridade militar ao hemisfério ocidental.

A intervenção crescente da US Navy na Batalha do Atlântico e as medidas de represálias econômicas contra o Japão correm o risco de envolver os Estados Unidos num conflito generalizado para o qual estão mal preparados. Um ano depois da queda da França, e apesar da adoção do *draft*, os efetivos do exército não são mais de 1,5 milhão de homens. Não há dúvida de que Pearl Harbor e as vitórias japonesas tenham constituído, para Roosevelt, assim como para muitos americanos, uma surpresa desagradável.

390

Na realidade, essa imagem de diletantismo, de atividade confusa e de inconsequência deve ser seriamente corrigida. Não se pode, antes de mais nada, esquecer que, durante a Primeira Guerra Mundial, Roosevelt ocupou o posto de subsecretário de Estado na marinha. O presidente tinha um bom conhecimento dos problemas geoestratégicos e havia constituído no Hyde Park uma belíssima biblioteca a respeito das questões marítimas. Em sua juventude, havia mantido correspondência com Mahan, o grande mestre da estratégia naval, de reputação internacional. Roosevelt era apaixonado pelo mar e adorava os cruzeiros e a navegação a bordo de seu iate. Para grande irritação de Marshall, tinha o mau hábito de usar a expressão "eles" para designar o exército e "nós" para se referir à marinha.

O presidente era, de fato, convicto de que a conclusão do conflito dependeria do domínio do mar. Esse domínio, como declarava a Churchill em junho de 1940, "permitiria preservar a democracia e salvar os povos provisoriamente abatidos".[204] Essa visão apresenta, contudo, uma falha. Roosevelt pensava que a participação dos Estados Unidos no conflito, mesmo sendo direta, poderia limitar-se à proteção das linhas de comunicação, a bombardeios estratégicos, a uma ajuda material maciça levada aos adversários do Eixo e, a rigor, ao engajamento de pequenos corpos expedicionários. De certa maneira, Roosevelt era sincero quando afirmava, durante sua campanha eleitoral de 1940, que jamais enviaria *boys* (convocados) para lutar em ultramar.

O presidente teve a chance de ser servido por homens excepcionais, que conseguiram modificar ou desviar suas concepções. Se a América não teve grandes especialistas em tática, teve grandes estrategistas. Pode-se citar, de início, o nome do general Wedemeyer, ligado ao centro de operações. Esse homem apresenta a particularidade admirável de ter seguido cursos na Kriegsakademie do III Reich, no período de 1936-1938. Na Alemanha, Wedemeyer familiarizou-se com o tema do Schwerpunkt, do ponto de aplicação, nos antípodas da estratégia periférica britânica. Ele também se familiarizou, por intermédio de Haushofer, com a teoria do geoestrategista inglês Mackinder, convencido de que os meios de transporte modernos apresentam novas vantagens para um "império militar continental capaz de contornar os oceanos" e de colocar num impasse as potências marítimas.

Na guerra contra o Reich que está às vésperas de dominar "a ilha do mundo" por suas conquistas na Rússia, uma luta aeronaval não é suficiente. Um desembarque no continente deve intervir para um embate direto, com meios potentes. Encarregado por Roosevelt, em julho de 1941, de fazer um relatório sobre o "conceito estratégico" necessário à destruição dos "inimigos potenciais" dos Estados Unidos,

---

[204] SHERWOOD (R.E.), *Le Memorial de Roosevelt*, t. I, p. 57.

A Segunda Guerra Mundial

Wedemeyer lança as bases do Victory Program secreto do mês de setembro. Em combinação com uma aceleração imponente da fabricação de armamento, esse programa prevê, para o 1º de julho de 1943, a formação de um grande exército de 8,8 milhões de homens, compatíveis com os efetivos necessários à economia. Essa força de 212 divisões, entre as quais são 61 blindadas, apoia-se na regra de 3 por 2 e exige, para sua transferência para a Europa, a construção de 10 milhões de toneladas de navios.

O estudo de Wedemeyer nada tira ao mérito do general Marshall. Ao contrário da opinião de Alan Brooke, esse homem nada tem de medíocre. O chefe do estado-maior do exército americano se revelará um organizador e um estrategista de primeira ordem e merecerá o epíteto de "Carnot americano". Marshall tem o mérito de implementar um grande exército de mais de 8 milhões de homens, muito próximo daquele previsto por Wedemeyer, mas comportando somente, em razão da inflação dos serviços, 90 divisões, entre as quais 16 blindadas.

De acordo ainda com a tese de Wedemeyer, vinda paradoxalmente da Kriegsakademie do exército alemão, Marshall tem o mérito de convencer progressivamente Roosevelt de que a decisão não poderia ser alcançada por objetivos de produção, de forças aéreas e navais, e de operações de despistamento, mas pelo engajamento direto, na França, de um grande exército formado com base na famosa superioridade de 3 a 1, enquanto a Wehrmacht estivesse engajada no leste.

Por seu turno, o chefe das operações navais, o almirante King, que sucedeu a Stark após Pearl Harbor, consegue convencer Marshall e o presidente de que os Estados Unidos, como já se assinalou, não podem permitir-se travar duas guerras sucessivas, sob pena de cansar a opinião pública, e de que as operações no Pacífico e na Europa devem ser conduzidas no mesmo ritmo, apesar do princípio *Germany First*. Roosevelt acaba por acatar as concepções de Marshall e de King porque o comitê dos chefes de estado-maior criado em fevereiro de 1942 é presidido pelo almirante Leahy, um homem em quem confia e que já estava à frente de seu estado-maior pessoal.

Ao contrário do que pensa Alan Brooke, a falta de saber militar de Roosevelt não deixa a Marshall ou a King, de maneira alguma, uma liberdade de ação completa. É certo que, diferentemente de um Churchill, o presidente nunca intervém no detalhe das operações. Ele concede uma grande margem para os executantes, mas sem deixar de decidir sobre as diretrizes fundamentais, demonstrando, então, um instinto geralmente muito seguro, sem jamais descuidar das considerações políticas.

Já em junho de 1940, ele é um dos únicos a acreditar na capacidade da resistência britânica e convida Marshall a enviar para a Grã-Bretanha o máximo de material compatível com o rearmamento americano. Tem ainda o mérito de cultivar a *paideia*, encaminhando lenta e progressivamente o povo americano à ideia de

392

Generais e chefes de guerra

uma intervenção crescente no conflito, quanto mais não fosse para assegurar sua segurança. Essa intervenção se manifesta pela troca de 50 velhos destróieres por bases, pelo conserto de navios britânicos em estaleiros americanos, pelo voto do empréstimo e pela participação crescente da US Navy na Batalha do Atlântico.

Em julho de 1942, lembremos que Roosevelt salva a aliança anglo-americana de uma crise grave, num momento em que Marshall e King estão irritados com as hesitações britânicas quanto à abertura de uma segunda frente na França. Num memorando, eles advertem o presidente de que "na falta de uma adesão rigorosa, inabalável ao plano Bolero", eles consideram que os Estados Unidos devem "assumir uma atitude defensiva em relação à Alemanha, exceto nas operações aéreas e empregar todos os meios disponíveis no Pacífico". Roosevelt intervém e impõe a seus chefes de estado-maior o princípio da operação Torch no norte da África. Uma ação ofensiva se impõe ainda mais porque as eleições para o Congresso estão previstas para 4 de novembro.[205]

No ano seguinte, em Casablanca, contra a opinião de Marshall e de King, ele adere ainda ao ponto de vista britânico e admite o prosseguimento das operações no Mediterrâneo. Ao final de 1943, entretanto, por ocasião das conferências de Teerã e do Cairo, adota, enfim,o ponto de vista de seus chefes de estado-maior e impõe aos ingleses o princípio dos desembarques na França. As considerações políticas tiveram seu papel. Como declara a Churchill, o presidente sabe muito bem que não "resistiria" ao menor fracasso nos Bálcãs. Para a opinião americana, a derrota da Alemanha passa pela liberação da França, seguida de uma ofensiva em direção ao vale do Ruhr e de Berlim. Ele também não pretende pôr a mão no vespeiro da Europa danubiana.

O aspecto político se manifesta igualmente em caso de conflito entre comandantes de teatro. Em julho de 1944, em Pearl Harbor, o presidente decide o debate entre a marinha e o exército por um julgamento salomônico. Nimitz recebe carta branca para avançar no Pacífico Central em direção ao Japão, enquanto MacArthur desfruta de uma inteira liberdade de ação para conduzir sua ofensiva pela barreira norte da Austrália em direção às Filipinas – arbitragem que não procede de razões puramente militares. Roosevelt não pretende provocar um escândalo por parte de MacArthur, então a coqueluche das mídias americanas. O homem é capaz de pedir demissão e constituir-se num temível rival por ocasião das eleições de novembro para a presidência. Sem jamais ter pretendido atuar como estrategista, diferentemente de Churchill, Roosevelt por fim soube corresponder à imagem do chefe de guerra completo capaz de integrar em suas decisões considerações militares e políticas.

---

[205] KEEGAN (J.), *Six armées en Normandie*, op. cit., p. 55.

393

A Segunda Guerra Mundial

Stalin merece o título de chefe de guerra? Logo após o conflito, a questão poderia parecer bizarra. Desde o XX Congresso, e mais ainda desde a Perestroika, não é mais assim. Kruchev e muitos outros não deixaram de denunciar a incompetência daquele que não havia hesitado em acumular as funções de comissário da guerra e de comandante em chefe, antes de se atribuir a dignidade de marechal da União Soviética e de tomar o título de generalíssimo. Na nova versão, "o genial Stalin" teria multiplicado os erros exageradamente. Apesar de múltiplos avisos, não quis acreditar na iminência do ataque alemão. Os resultados desastrosos da campanha de 1941 ou dos primeiros meses do ano seguinte estariam ligados à sua recusa em autorizar recuos; teimosia que deu origem a cercos dramáticos. Para assinalar a imperícia de Stalin, Kruchev não dizia que ele dirigia as operações sobre um mapa-múndi?

Que Stalin tenha cometido erros graves, é evidente. Como tantos outros, tinha subestimado terrivelmente a extraordinária potência da Wehrmacht, tanto quanto sua notável capacidade de recuperação. Assim como Hitler, foi vítima, por várias vezes, de um temperamento ofensivo demais, que levou a recuos tardios ou a ataques mal preparados. Foi ainda prejudicado por inúmeras falhas do Exército Vermelho e pela incompetência de muitos oficiais-generais, deficiência de que era, em grande parte, responsável em razão dos expurgos de 1937.

Entretanto, Stalin soube aprender. Ele conta, de início, com os conselhos do marechal Chapochnikov, um dos grandes teóricos da arte militar e autor do *Cerveau de l'armée*. Ele só toma suas decisões depois de consultar a Stavka, o grande quartel-general restabelecido desde o verão de 1941, que procede da herança czarista e onde se estabelece em companhia de Molotov, Vorochilov, Timochenko, Budienny, Jukov e Chapochnikov. Durante o verão de 1942, cede às instâncias de seus generais e ordena uma retirada geral em direção ao Volga e ao Kuban, evitando a reedição dos cercos dos meses precedentes. Apesar da desconfiança instintiva, tem o mérito de distinguir uma nova geração de generais e dar-lhes importantes responsabilidades. Jukov beneficia-se, assim, de um favor totalmente especial. Stalin estabelece, entretanto, uma emulação constante, pondo em competição os comandantes de "frentes" durante grandes operações: Tchuikov e Eremenko, em Stalingrado; Koniev e Jukov, durante as ofensivas da Ucrânia de 1943 ou durante a Batalha de Berlim. Essa competição obedece a razões políticas mais do que militares, suscitando a rivalidade, o zelo, a eficácia. E principalmente, o êxito de uma operação não cabe mais a um único chefe capaz de fazer sombra ao generalíssimo.

Os ocidentais que estiveram em contato com Stalin, seja Alan Brooke ou Marshall, ficaram espantados com sua notável competência em matéria militar e com seu sentido agudo da estratégia. Por muitos indícios, tiveram rapidamente a certeza de que Stalin assegura a direção do conjunto das operações e que segue com

394

precisão seu desenvolvimento. Nas grandes conferências interaliadas, diferentemente de um Churchill ou de um Roosevelt, é forçoso constatar que Stalin domina o conjunto dos problemas e não precisa estar rodeado de um exército de especialistas.

Como já se assinalou, suas decisões não obedecem apenas a considerações puramente militares. Em 1944, uma ofensiva importante visa à Frente Central, mas Stalin, por motivos fáceis de adivinhar, desenvolve um esforço considerável na direção da Finlândia e dos países bálticos. Após a ruptura na Rússia Branca, ele observa uma pausa surpreendente de seis meses no Vístula. Os ataques lançados contra a Prússia oriental ou a cabeça de ponte de Courlande aparecem principalmente como despistamentos.

O Schwerpunkt do Exército Vermelho diz respeito então aos Bálcãs, onde o objetivo é claro. Stalin busca adquirir uma posição dominante na Bulgária, na Romênia e logo na Hungria. Ao longo do inverno de 1944-1945, o Exército Vermelho, por motivos políticos, como assinala o próprio Stalin a Malinovski, consente em esforços extremamente dispendiosos para cercar e tomar Budapeste, ocupar toda a Hungria e desembocar em Viena e na Áustria, um dos grandes objetivos políticos do generalíssimo. Nos últimos dias do conflito, Stalin se aproveita da inação americana para penetrar na Boêmia, "liberar" Praga, pronto para prolongar a guerra em 48 horas. Note-se que a Batalha de Berlim, tão dispendiosa para o Exército Vermelho, obedece a razões tanto políticas quanto militares. Ao contrário de Eisenhower, Marshall ou Truman, desorientados pelo desaparecimento brutal de Roosevelt, Stalin sabe que aquele que tomar a capital do Reich aparecerá como o grande vencedor do conflito, tendo compreendido que a guerra não é mais do que um instrumento a serviço da política. Como se viu, suas constantes propostas de paz à Alemanha de 1941 a 1945 também o demonstram.

O destino de Stalin parece, sem dúvida, espantoso. Sua trajetória obedece a uma curva inversa à de Hitler. Um e outro, o georgiano e o austríaco, pertencem como Napoleão à categoria dos "homens do exterior", segundo a fórmula do filósofo G. Tarde. Eles parecem destinados a arrastar povos para os quais se sentem sempre um pouco estrangeiros em aterrorizantes aventuras na medida de suas ambições.

Em todo caso, em Teerã, Stalin escapa de um perigo. Em agosto de 1939, acredita dominar a situação. Conseguindo vantagens expressivas, obtém um prazo e imagina poder intervir na hora certa no conflito que se prepara. A queda da França arruína esse cálculo. Um ano depois e durante dois anos, Stalin se encontra à beira do abismo e do desastre, sem controle sobre nada. Sua tenacidade, os sacrifícios extraordinários do povo russo, o engajamento anglo-saxão estão na origem do restabelecimento de 1942-1943 que se confirma no ano seguinte.

Manipulando com virtuosismo as inquietações dos anglo-americanos, que temem uma derrocada ou uma defecção, e o aumento da potência do Exército

A Segunda Guerra Mundial

Vermelho, Stalin recupera os territórios adquiridos em 1939-1941 e lança as bases de uma sólida zona de influência que recobre a metade do Velho Continente. Ele se acha, a partir de então, à frente de um Estado que se tornou uma superpotência, e somente a América está em condições de atuar como contrapeso.

O papel de Hitler como chefe de guerra está, evidentemente, na origem de sérias controvérsias. Logo após o conflito, muitos especialistas puseram em dúvida as capacidades militares do "cabo estrategista", quer se trate de Liddell Hart ou do professor Gert Buchheit em sua obra cujo subtítulo é revelador: *Hitler, der Feldherr – Die Zerstörung einer Legende.**

Um questionamento se impõe a esse respeito. Por ocasião do processo de Nuremberg, todos os generais interrogados, com exceção de Brauchitsch, "destituído de maneira ignominiosa diante de Moscou", reconhecem os dons excepcionais de Hitler. No dizer de Keitel:

> O Führer não recebera nenhuma instrução militar, mas tinha as intuições de um gênio. Ele formou a si mesmo e havia estudado sozinho a tática e a estratégia. Nós, os generais, éramos, diante dele, não mestres, mas alunos.
> Todos os oficiais que o conheceram poderão atestar que ele era tão bem informado da organização, do armamento, do equipamento e do comando de todos os exércitos e – o que é ainda mais extraordinário – de todas as marinhas, que era absolutamente impossível surpreendê-lo em falta em algum ponto. Durante os anos que passei no seu quartel-general, pude constatar que ele dedicava suas noites a estudar os grossos volumes da doutrina militar de Clausewitz, de Moltke, de Schlieffen. Era neles que buscara os conhecimentos e as ideias que causavam nossa estupefação.[206]

Göring confirma seu notável conhecimento no domínio das técnicas, com exceção da aviação, pela qual começou a se interessar realmente só a partir de 1944. Ele diz:

> Sua maneira de comandar era a seguinte: ele dava diretrizes gerais, recebia os planos dos diferentes comandantes em chefe, coordenava-os, fazia um apanhado de todos eles e o comentava diante dos principais generais. Ele consultava, cercava-se de opiniões, mas devo reconhecer que todas as ideias estratégicas essenciais eram dele. Ele tinha muito talento para a estratégia.[207]

Quanto a Jodl, um dos melhores generais da Segunda Guerra Mundial, apesar do que se disse a seu respeito, afirma: "Estou convencido de que ele era um grande

---

[206] CARTIER (R.), *Hitler et ses généraux*, Paris, Fayard, 1962, p. 36.

[207] CARTIER (R.), *Hitler et ses généraux*, op. cit., p. 35.

396

chefe militar". Por várias vezes, o almirante Dönitz salientará os talentos estratégicos excepcionais do Führer. Pouco indulgente em algumas ocasiões, Guderian também admite em suas memórias que Hitler dominava largamente os que o cercavam. Conhecia perfeitamente seus dossiês, e não se podia abordar um problema diante dele sem dispor de uma argumentação bem fundamentada. Para Guderian, faltava a Hitler, no entanto, a formação de um bom oficial de estado-maior, além de ter a tendência de se interessar excessivamente por problemas de material.

Com efeito, o ativo parece impressionante. Hitler acha-se na origem de uma nova guerra, tendo compreendido perfeitamente as possibilidades do tanque, do avião, do rádio. Logo após uma demonstração no campo de Tempelhof, ele dá carta branca a Guderian para forjar a ponta de lança do novo exército. Ele impõe a guerra do futuro a um corpo de oficiais reticentes muito próximos das concepções francesas. Revolucionando as regras de ataque, coloca nos postos de comando os homens capazes de aplicar a Blitzkrieg.

Hitler está na origem da reformulação do plano de ataque a oeste, com o deslocamento do Schwerpunkt em direção às Ardenas, ao Meuse e ao mar, com o beneplácito de Manstein e de Guderian. É também ele quem fixa as diretrizes gerais da campanha dos Bálcãs e de Barbarossa. Suas iniciativas no plano operacional permanecem, entretanto, limitadas. Ele não pode passar como único responsável pela parada das Panzers diante de Dunquerque, limitando-se a aprovar uma decisão de von Rundstedt. Embora imponha, em 1941, o cerco dos exércitos soviéticos da Ucrânia, é de pleno acordo com o OKH que desencadeia, no final de setembro, a última ofensiva contra Moscou.

Trata-se uma estratégia eminentemente continental, segundo dizem alguns, mas essa é uma afirmação que precisa ser corrigida. Hitler não ignora, de modo algum, os problemas marítimos, mas a falta de uma frota de combate o condena a uma relativa impotência, embora se encontre na base da campanha da Noruega. A operação Weser, iniciada aos 9 de abril de 1940, permite não somente adiantar-se aos aliados, mas também dar à Alemanha uma posição geoestratégica bem superior à de 1914, antes da ocupação das costas francesas. É certo que, no verão de 1940, Hitler manifesta um interesse secundário pela Batalha da Inglaterra e não sai de sua residência de Berchtesgaden. Não se trata de uma incompreensão, mas de um ceticismo. Ele não acredita na possibilidade de um desembarque sem superioridade aérea, principalmente sem domínio do mar. A esse respeito, mostra-se muito mais lúcido do que um Manstein. No outono, enfim, se descarta as vastas perspectivas de Raeder e de Jodl no Mediterrâneo e no Oriente Próximo, isso também não é por incompreensão, mas por temer a ameaça soviética sobre suas retaguardas. Hitler está, na realidade, decidido a levar uma luta vigorosa contra a Grã-Bretanha,

A Segunda Guerra Mundial

mas a partir da base continental adquirida em detrimento da URSS. Também não subestima as possibilidades americanas, não seguindo Raeder e Dönitz e agindo com prudência na Batalha do Atlântico para não provocar uma intervenção prematura dos Estados Unidos.

Ao longo do conflito, Hitler não descuida do apoio aos almirantes no que diz respeito ao desenvolvimento da arma submarina e à construção de bases de concreto. Por outro lado, sempre se mostrou cético com relação ao emprego de grandes embarcações no Atlântico sem o apoio da cobertura aérea. Sua conversa com o almirante Lutjens às vésperas da partida do Bismarck de Gothenhaven, em 18 de maio de 1941, parece, de certa maneira, tragicamente profética.

A grande virada da carreira militar de Hitler ocorre durante a contraofensiva soviética. Diante de um estado-maior desamparado, o Führer revela, então, qualidades fundamentais de chefe de guerra: determinação, sangue frio, clareza das diretrizes, recusa em apiedar-se do destino do combatente, assumindo o comando direto do exército alemão e procedendo a uma hecatombe de generais. Proibindo qualquer recuo, dando a ordem de lutar no local a partir de pontos de resistência fortificados, evitou, sem dúvida alguma, um desastre e a reedição de uma catástrofe comparável à do Grande Exército de 1812.

Após Moscou e mais ainda após Stalingrado, Hitler dedica o essencial de sua atividade aos problemas militares, não se contentando mais em inspirar ou ditar diretrizes. Como provam os relatórios de suas conferências, ele segue a marcha das operações em detalhe – tarefa singularmente árdua, que vai além da Frente Oriental a partir de 1943, estendendo-se à Itália, depois à Europa Ocidental, após o desembarque da Normandia.

É durante essa fase crítica que o papel de Hitler como chefe de guerra foi objeto dos julgamentos mais severos por parte de muitos antigos generais. Muitos anos depois da capitulação, esses oficiais parecem ter combinado uma argumentação comum, da qual um Liddell Hart se fez, não sem ingenuidade, o porta-voz. "Nós não queríamos essa guerra, mas se pudéssemos conduzi-la de modo livre, provavelmente a teríamos perdido, mas de maneira muito menos desastrosa." A teimosia do Führer, suas recusas constantes em consentir a recuos teriam causado cercos e perdas inúteis. Em seu livro *Victoires perdues*, Manstein se coloca como acusador nesse processo.

O certo é que não se pode negar que Hitler tenha cometido graves erros ao se iludir sobre Stalingrado, ao reforçar em excesso a cabeça de ponte da Tunísia, mesmo ciente da falta de meios e de combatividade das forças italianas, ao aceitar deslanchar a Batalha de Kursk ou ainda ao lançar, em agosto de 1944, a contraofensiva de Mortain, que contribuiu para agravar de maneira dramática a derrota

398

do exército alemão na Normandia. Ao mesmo tempo, na Rússia Branca, a ordem de defesa a qualquer preço dos bastiões de Vitebsk, de Orcha ou de Minsk só faz acelerar a destruição do grupo de exércitos do centro.

Como Stalin, Hitler tem o espírito resolutamente ofensivo. Ele está convencido de que as crises devem ser superadas por uma combatividade maior, por uma resistência acirrada no local. Durante a última fase da guerra, ele não consegue deixar de lado o seu gosto pela ofensiva. É verdade que, de início, uma extrema audácia mostrou-se vantajosa, quer seja na Noruega, na França, nos Bálcãs ou durante os primeiros meses da campanha da Rússia ou ainda na Itália, em 1943. Em novembro de 1942, no desencadeamento da operação Torch, Hitler manifestará sua surpresa com uma operação tão arriscada, limitada ao Marrocos e à Argélia. Se estivesse no lugar do comando aliado, teria tentado um desembarque diretamente no coração da península italiana, na região de Roma, que teria desorganizado totalmente o sistema político e militar italiano e obrigado o Reich a improvisar uma reação ao norte da Itália.[208]

A acusação não é inteiramente falsa, mas muito exagerada. No outono de 1943, o recuo sobre o Dnieper não permite o restabelecimento esperado por Manstein e constitui o ponto de partida de novas retiradas. Além disso, a obstinação de Hitler está longe de constituir uma regra. Na Itália, Kesselring dispõe de uma liberdade de manobra praticamente completa. Em outubro de 1943, consegue convencer Hitler da possibilidade de uma resistência na altura de Cassino, enquanto o Führer planeja um recuo para o norte da península. Após a ruptura de maio de 1944, Kesselring conduzirá sua retirada com toda a liberdade até a linha Gótica.

Se o contra-ataque de Mortain permitiu aos Aliados obter sua única grande vitória na frente ocidental, ainda que imperfeita, a ofensiva das Ardenas, tão criticada por alguns, parece sensata. Era então a única chance de tirar o máximo de proveito de uma última reserva estratégica e conseguir um sucesso que poderia ter consequências militares e políticas importantes a oeste. O fracasso, certamente, acelerou o desenlace. Mas uma abstenção não conseguiria mais do que retardar a conclusão.

De todo modo, Hitler assume sempre a responsabilidade dessas derrotas que não diminuem seu talento operacional. Como destaca Jodl em Nuremberg, não é porque Cartago tenha finalmente sido destruída que Aníbal deve passar por um mau general. Pode-se dizer a mesma coisa de Napoleão. Acrescentemos, com toda a prudência necessária, que há circunstâncias atenuantes no caso do Führer. A partir de 1943, a Wehrmacht trava uma luta cada vez mais desigual, e sobretudo as críticas à condução das operações se fizeram muito raras a partir desse momento.

---

[208] SPEER (A.), *Au coeur du III Reich*, op. cit., p. 359.

399

A Segunda Guerra Mundial

Na ocasião do cerco de Stalingrado, Zeitzler, Manstein e os chefes da Luftwaffe não manifestam nenhum pessimismo. Todos estão convencidos de que o 6º Exército poderá ser abastecido pelo ar e liberado por um contra-ataque de blindados.

Ao contrário de uma lenda persistente, Hitler não está na origem da Batalha de Kursk, cujo nome suscita, para ele, as mais vivas apreensões. A ideia de manobra pertence a Zeitzler, Manstein e Model, que estão convencidos do êxito da operação e aceitam muito bem os adiamentos sucessivos que têm a vantagem de reforçar suas formações blindadas com novos materiais. Após o fracasso, Hitler não poderá deixar de dizer: "Nunca mais seguirei as opiniões de meu estado-maior". Quanto ao resultado desastroso da Batalha da Ucrânia nos meses seguintes, não é devido a recuos muito tardios, mas à desproporção crescente dos meios.

A eventualidade de recuos choca-se frequentemente, aliás, com uma verdadeira revolta dos generais. Isso é visível em agosto de 1943, quando Hitler, preocupado com a evolução da situação na Itália, planeja um recuo geral na Frente Oriental a partir do lago Onega até o Dnieper e no istmo de Kertch – recuo que acarretaria o abandono da região de Leningrado, de uma parte da Rússia Branca e da cabeça de ponte de Kuban.[209]

Essa perspectiva suscita as críticas mais severas. O comandante da frente norte, o general Küchler, vem pessoalmente a Rastenburg para pedir a manutenção do sítio de Leningrado. Um recuo poderia desmoralizar suas tropas. Dönitz também intervém. Um abandono do golfo da Finlândia permitiria o retorno da marinha soviética para o Báltico e comprometeria o treinamento dos novos submarinos. Do mesmo modo, a evacuação de Kuban e de Novorossisk pode desestabilizar o mar Negro e incitar a Turquia a entrar na guerra contra o Reich. A Luftwaffe destaca, por sua vez, todos os inconvenientes de um recuo na Rússia Branca, que fará desaparecer a plataforma necessária à ofensiva de bombardeio em preparação contra as indústrias do Ural. Speer e seu adjunto Saur reclamam ainda a manutenção de uma forte cabeça de ponte na margem oriental da Dnieper em torno de Zaporoje, para assegurar o funcionamento da barragem da Dnieprogues* que alimenta em eletricidade as minas de ferro de Krivoi Rog, de manganês de Nikopol e o centro siderúrgico de Dniepropetrovsk. Diante dessa onda de protestos, Hitler adia finalmente sua decisão.

Ao final de 1943, uma evacuação da Crimeia provoca as mesmas reações. O comandante do 17º Exército garante a solidez das posições do istmo de Perekop.

---

[209] Sobre o problema dos recuos na Rússia e a revolta dos generais, ver IRVING (D.), *Hitler's war*, t. II, p. 565 e ss.

* N. R. T.: A Dnieprogues é a maior central hidrelétrica da Ucrânia, situada no rio Dnieper, e foi construída pelo governo soviético como parte de sua estratégia de guerra.

Dönitz destaca novamente a importância da península sobre o comportamento da Romênia, da Bulgária e da Turquia. Em caso de ataque soviético, a marinha poderá assegurar o abastecimento necessário e proceder eventualmente a uma evacuação. A evolução da situação vai contra esses prognósticos. Não somente o Exército Vermelho penetra na Crimeia, mas também, em razão das condições meteorológicas e dos ataques aéreos, a evacuação fica limitada. No total, mais de 70 mil homens desaparecem numa das derrotas mais graves da Frente Oriental.

Sem dúvida, ao desencadear o contra-ataque de Mortain, Hitler comete um grave erro. A hostilidade a uma retirada e a estreiteza do corredor não são suficientes para explicar uma manobra audaciosa, mas terrivelmente arriscada. Por falta de mobilidade e de cobertura aérea, Hitler, desde a investida de Avranches, não acredita na eficácia de um recuo ordenado além do Sena. Na realidade, o Führer exagera a capacidade operacional de Montgomery e de Bradley, que, apesar da motorização de suas forças, não conseguirão explorar a situação incerta dos exércitos alemães.

Em resumo, a demonstração dos generais da Wehrmacht, após a guerra, está longe de ser convincente. Muitas derrotas configuram-se como faltas coletivas, pondo em jogo não somente o Führer, mas também o OKH e muitos comandantes de exércitos e de grupos de exércitos. Elas se devem, como reconhece o próprio Manstein em várias ocasiões, a uma estimativa errônea dos meios soviéticos e à impossibilidade de correr riscos enormes em outras partes da frente de batalha.

É verdade que, a partir de 1943, Hitler se esforça por assumir uma tarefa pesada demais para um só homem. Todas as decisões políticas, diplomáticas ou militares cabem a ele. Ao mesmo tempo em que está à frente da direção do Reich, deve coordenar a ação de dois estados-maiores: o OKW - responsável pela Itália e pelo oeste - e o OKH, responsável pelas operações a leste.

A existência do Führer se passa entre os quartéis-generais de Vinnitsa, na Ucrânia, em 1942-1943, de Berchtesgaden e principalmente de Rastenburg. Perdido nas florestas da Prússia oriental, esse quartel-general, a "toca do lobo", assemelha-se ao mesmo tempo, segundo Keitel, ao campo de concentração e ao monastério. Ao abrigo de um bombardeio aéreo ou de um ataque aerotransportado, o conjunto, cercado de arame farpado e guardado pela SS, compreende barracas e abrigos de concreto. Hitler vive, aí, uma vida de reclusão, passando dias inteiros com luz artificial, sem romper seus hábitos vegetarianos. Raros passeios em companhia de sua cadela Blondi são a sua única distração. A atmosfera não é mais alegre em Berchtesgaden, onde os cômodos do ninho da águia só recebem uma luz crepuscular, em razão das enormes redes de camuflagem que recobrem as construções para evitar um ataque aéreo.

A partir do final de 1943, as pessoas que convivem com ele ficam espantadas com o envelhecimento do Führer. Os cabelos e o célebre bigode embranqueceram, o rosto parece inchado, o olhar velado. Ele tem dificuldade em controlar um tremor do braço esquerdo. Seriam os primeiros sintomas da doença de Parkinson, de uma arteriosclerose ou os efeitos do tratamento do doutor Morell destinado a acalmar dores de estômago? Difícil dizer. Pode-se também pensar na tensão dos últimos meses e principalmente na derrota de Stalingrado, que vai obcecar Hitler durante meses. Sem parar, ele rumina as origens do desastre; as posições das unidades ficam gravadas, como ele mesmo declara, em sua memória.

Em todo caso, ele se isola cada vez mais. Não assiste mais a projeções de filmes, não escuta mais música, deixa de lado a companhia feminina. Proíbe que abordem diante dele os assuntos militares, a não ser nas duas conferências da manhã e da tarde. Só se anima ao fazer projetos de arquitetura, principalmente em Salzburgo. Sua companhia, além dos oficiais do estado-maior, limita-se a seus secretários, seus ordenanças e, episodicamente, a sua amante, Eva Braun. Ao completar 54 anos, em 20 de abril de 1943, a cerimônia de aniversário limita-se a um encontro com alguns responsáveis ao longo de uma estrada, no campo de Luneburg, e à apresentação de novos materiais.

Entretanto, apesar da fadiga física e intelectual e do isolamento, todas as testemunhas constatam que Hitler nada perdeu de sua enorme força de vontade, de sua lucidez, de seu estranho poder de fascinação. É tempo, aliás, de corrigir a imagem difundida após a guerra, de um homem desequilibrado, incapaz de se controlar e vítima de verdadeiros acessos de raiva. Dönitz, cujas relações com o Führer são frequentes, nunca os presenciou. Manstein, uma única vez. Guderian constata simplesmente que essas crises serão mais frequentes depois do trauma de 20 de julho. Todos os atores do drama da Alemanha de 1943-1944 reconhecem a solidez de seu julgamento e seus conhecimentos.

Após a conclusão do caso da Itália, Dönitz chega a dizer:

> A enorme força irradiada pelo Führer, suas previsões de longo prazo relativas aos acontecimentos da Itália, puseram em evidência a que ponto somos insignificantes comparados a ele e quanto nosso conhecimento da situação é fragmentário. Todo homem que acredita poder fazer melhor do que ele não passa de um imbecil.[210]

Por que, então, um mal-estar crescente opõe Hitler ao corpo de oficiais? Essa questão tem origens antigas. Há, de início, uma diferença social. De origem po-

---

[210] Vulliez (A.), *Analyse des conférences navales du Führer*, Paris, 1949, p. 102.

402

pular, autodidata, Hitler nada tem em comum com esses oficiais saídos da velha aristocracia ou da burguesia, vindos das escolas de cadetes. Com relação aos generais, Hitler não se liberta da desconfiança do ex-combatente de 1914-1918 que não perdoou os sacrifícios inúteis e a indiferença dos estados-maiores pelos sofrimentos do soldado. Em suas conversas, ele dirá um dia: "Deveriam ter passado todos os generais de 1914 pelo torniquete". Durante o segundo conflito, ele praticamente não concederá condecorações aos oficiais de estado-maior da retaguarda, o que atrairá rancores persistentes. As condecorações serão reservadas aos combatentes da frente de batalha e será mesmo difícil obter a Cruz de Ferro na artilharia.

Convencido de que a guerra é, antes de mais nada, uma questão de vontade, Hitler não deixará de queixar-se a seus generais, ao longo do conflito, por sua tendência excessiva ao desânimo e mesmo por sua falta de caráter. Esse desprezo atingirá o ponto máximo por ocasião da crise de Moscou, e o antigo cabo de 1914-1918 experimentará uma indiscutível satisfação em destituir cerca de 70 generais e assumir, ele mesmo, o comando do exército. Logo após a Batalha de Stalingrado, ele não admitirá a "capitulação" vinda de um homem que acaba de ser promovido a marechal. Por diversas vezes, em particular no momento da desaparição com a bandeira desfraldada do Bismarck ou do Schamhorst, ele não se furta em convidar o exército a meditar sobre o exemplo da marinha, onde as palavras capitulação e rendição não existem. Esse desprezo mal disfarçado está na origem de destituições constantes e na preferência cada vez maior por homens a toda prova, de origem plebeia, como Model, Schorner, Rendulic, Heinrici ou Wenck.

De fato, as relações entre Hitler e o exército são as de um amor contrariado. O Führer acreditara que o grande estado-maior, uma vez liberado dos entraves de Versalhes e da democracia, aceitaria com entusiasmo a realização de um plano de hegemonia europeia. Ele pensava estar lidando com um dogue que precisava deixar preso na coleira. Na realidade, esse estado-maior, composto de homens honestos, experimentados em suas funções, não é tomado por nenhum sentimento de aventura. Se deseja o restabelecimento da dignidade alemã ferida em Versalhes, não aceita de maneira alguma uma guerra generalizada e permanece apegado ao equilíbrio europeu. Mas os generais alemães não procurarão opor-se aos projetos de Hitler. Como Guderian assinala com razão, durante as conferências do Führer, ninguém ousa jamais fazer a menor objeção.

Vários fatores agravam esse mal-estar latente, ao final de 1943. Os oficiais generais estão cada vez mais convencidos da responsabilidade de Hitler nas derrotas que se acumulam. Estão igualmente persuadidos de que a teimosia ou a própria presença do Führer à frente do país constituem obstáculos a um acordo com as democracias ocidentais. Uma suspensão de armas a oeste permitiria conter a ameaça soviética e evitar a bolchevização da Europa.

403

A Segunda Guerra Mundial

Nesse teatro de operações, é forçoso reconhecer que Hitler cometeu pelo menos dois erros. Ao contrário das opiniões de Guderian ou de Manstein, ele sempre se recusou a nomear um comandante em chefe no leste, beneficiado com prerrogativas e responsabilidades de um Kesselring na Itália. Essa nomeação lhe teria evitado endossar a responsabilidade de todas as derrotas. Por outro lado, Hitler manteve um sistema fechado demais, impedindo qualquer comunicação entre o exército e a diplomacia. Os generais ficam isolados em seus setores, com responsabilidades puramente operacionais. Em nenhum momento, Hitler procura adverti-los do impasse político e justificar o enfraquecimento da Frente Oriental em proveito do teatro ocidental, quando tudo deve ser feito para rechaçar um desembarque. Se o resultado é alcançado, então será possível retomar a iniciativa a leste ou chegar a uma solução negociada com Stalin. Apenas alguns homens, como Keitel, Jodl ou Dönitz, estão a par da situação geral. Todos os outros são rebaixados ao nível de simples executantes e vítimas dos excessos do *Führerprinzip*.

O complô fracassado de 20 de julho de 1944 reflete um mal-estar que se transformou em oposição declarada. O episódio não se limita a um punhado de generais da reserva, como Beck, Witzleben ou Hoeppner. Também não se limita a alguns jovens oficiais como Stauffenberg ou Tresckow, decididos a eliminar Hitler a fim de salvar a honra do exército e evitar, para a Alemanha, uma catástrofe inevitável.*

Esse complô, que não envolve nem a marinha nem a Luftwaffe, tem ramificações importantes no conjunto do exército, estendendo-se a quase todos os serviços do estado-maior geral, principalmente à informação e às transmissões, ao exército do interior do general Fromm, cujo chefe de estado-maior é Stauffenberg, assim como a uma parte importante do comando do oeste. Por intermédio de Stauffenberg e de Tresckow, acham-se implicados von Stulpnagel, governador-geral do Gross-Paris, Rommel e, de uma certa maneira, von Kluge, assim como Speidel, o chefe de estado-maior do grupo de exércitos B e os comandantes de unidades como Hausser ou os chefes da 2ª e da 116ª Panzers.

Não há dúvida de que a conjuração só teve repercussões sobre a condução das operações no oeste. No início da contraofensiva de Mortain, o chefe da 116ª Panzer sabota abertamente a operação e deve ser afastado de seu comando. Alguns responsáveis teriam mesmo pensado em "abrir" a frente ocidental para os exércitos aliados, de maneira a encaminhá-los rapidamente para as fronteiras do Reich, facilitando assim a realização de um golpe de Estado e a conclusão de um acerto a oeste. De todo esse episódio, o trabalho de Speidel, *Invasion 1944*, contém interessantes perspectivas.[211] Por outro lado, o "desaparecimento" de von Kluge

---

* Sobre o complô de 20 de julho, consultar na Bibliografia: *Résistance allemande*.

[211] SPEIDEL (H.), *Invasion 1944*, Paris, Berger-Levrault, 1954, p. 135 e ss.

Generais e chefes de guerra

em 15 de agosto e sua incapacidade em se comunicar com Berchtesgaden nunca foram suficientemente esclarecidos. Teria sido vítima de um ataque aéreo ou de uma tentativa malograda de concluir, com o comando americano, uma suspensão de armas na Normandia?

Também é perturbador o papel do exército do interior de Fromm. No começo do verão de 1944, seu rendimento na formação de novas unidades ou na recuperação de divisões atingidas mostra-se singularmente medíocre: 60 mil homens por mês, atingindo 250 mil no outono, depois que Himmler assume o controle. Do mesmo modo, a ação aérea aliada não pode explicar o fato de que Rommel tenha recebido durante as seis primeiras semanas da Batalha da Normandia apenas 16 blindados de reposição. Como explicar ainda que as tropas da frente oeste tenham sido curiosamente desfavorecidas nas atribuições de Panzerfaust, cuja eficácia era, no entanto, própria para atuar naquele terreno?

A confusão não poupa a Frente Oriental. A desproporção das forças, a superioridade aérea soviética, a ação dos partisans dificilmente explicam o desmantelamento do grupo de exércitos do centro, em que todas as unidades acabam capitulando, umas após as outras. Como não invocar a ação dos oficiais do Comitê da Alemanha livre, ao qual vários quadros do 6º Exército, a exemplo do general Seydlitz, haviam dado sua adesão após a derrota de Stalingrado? De 17 generais feitos prisioneiros no momento da ruptura da Frente Central, 16 aderem imediatamente ao comitê e convidam seus companheiros a pôr fim a um "massacre inútil" e a não mais obedecer às "ordens assassinas" de Hitler. Esse apelo é largamente difundido pela rádio de Moscou, e reproduzido por milhões de panfletos lançados sobre as linhas alemãs.

Uma atmosfera de traição domina o Reich de 1944. É certo que nem os conjurados de 20 de julho nem os membros do Comitê da Alemanha livre agiram em profundidade para o acontecimento. Eles puderam ou poderiam, no máximo, acelerar uma derrota que era inelutável. Esses complôs, cuja história completa está por fazer, trazem uma nova luz para alguns setores da Alemanha nazista e evocam a onda de "defecções" que caracterizou os últimos anos da aventura napoleônica.

Em todo caso, é uma boa ocasião para Hitler proceder, enfim, ao enquadramento de um exército, que até então tinha sido objeto de uma mansidão excessiva. "Sempre fui bom demais", suspira então o Führer, sem a menor dose de ironia. A mágoa de Hitler é ainda maior porque, entre os conjurados, encontra-se a fina flor daquela velha aristocracia militar do norte, com seus acólitos bálticos. Para conferir: von Stauffenberg, von Haeften, Mertz von Quirnheim, von Tresckow, von Freytag-Loringhoven, Yorck von Wartenburg, von Schwerin, von Kleist, von der Schulenberg, von Trott zu Solz, von Schack, von Oertzen. O desprezo de Hitler é ainda mais vivo porque o complô ocorre no momento em que uma investigação

405

A Segunda Guerra Mundial

acaba de descobrir as festas sofisticadas carregadas de erotismo, às quais se entregavam os membros dos estados-maiores de Paris e de Bruxelas.

É certo que uma diretriz de Hitler proíbe qualquer "ataque ao corpo de oficiais, de generais, da nobreza ou das forças armadas enquanto tais", mas é o exército que se encarrega de sua própria depuração. Um júri de honra elimina os indesejáveis, num momento em que os detentores dos graus mais elevados dirigem ao Führer declarações de devotamento e propõem adotar a saudação nazista em vez da saudação militar tradicional. Von Brauchitsch, que tinha sido visto de uniforme, por acaso, em 20 de julho, faz-se notar por seu servilismo. O cúmulo da ignomínia caracteriza o comportamento do próprio Fromm. Para tentar isentar-se de culpa, o comandante do exército do interior obriga, literalmente, Beck a se suicidar. Na noite de 20 de julho, uma corte marcial condena à morte aqueles que, de uma certa maneira, são seu cúmplices, sendo imediatamente fuzilados à luz dos faróis de um carro. Entre as vítimas se acha Stauffenberg.

Esse expurgo, provavelmente, não é estranho à recuperação do outono de 1944 e à resistência acirrada do exército alemão até a capitulação final. Bastante abatido e doente, em outubro Hitler se recupera e adquire energia para lançar a ofensiva das Ardenas. Pela última vez o mundo prende a respiração. Após o fracasso, Hitler assiste ao desvanecimento de suas últimas esperanças. O uso tardio e fragmentário das armas secretas não permite conjurar o destino. A ruptura leste-oeste não influencia a situação. O Führer acredita, entretanto, ver uma analogia com a situação de Frederico II, que escreve em 1761: "Entrei em guerra com o mais belo exército que a Europa jamais vira. Estou hoje à frente de uma turba. Não tenho mais comando, meus generais são incompetentes, os oficiais não têm mais autoridade, os soldados estão desmoralizados."[212]

Apesar do desaparecimento brutal de Roosevelt, "o milagre da Casa de Brandeburgo" não se reproduz. Contudo, Hitler continua a luta. No *bunker*, ele espera ainda livrar Berlim com exércitos cada vez mais fantasmas, os de Wenck e de Schorner. Até o último momento, o suicídio em 30 de abril, perdido num mundo surrealista, ele continua chefe de guerra.

---

[212] IRVING (D.), *Hitler's war*, op. cit., t. II, p. 746.

406

QUINTA PARTE

AS FRENTES INTERNAS

As retaguardas

Um célebre desenho de Forain publicado em 1915, no qual são representados dois soldados numa trincheira e a legenda: "Contanto que eles aguentem. Quem? Os civis!", pode parecer de uma ironia cruel. Os sofrimentos da frente de batalha parecem, com efeito, sem comparação com os da retaguarda. Na realidade, por várias vezes na história, as populações civis passaram por terríveis "sofrimentos" cujo repertório não deixou de aumentar ao longo dos grandes conflitos contemporâneos. Mais do que nunca, o moral da retaguarda constitui uma das preocupações mais importantes dos governos. Qualquer crise grave ou qualquer desordem só pode ter repercussões das mais sérias sobre o estado de espírito dos combatentes.

Às "misérias" tradicionais – pilhagens, assassinatos, estupros ligados aos excessos da soldadesca – acrescentam-se a angústia das famílias dos mobilizados, as restrições mais ou menos severas, a desorganização da vida familiar causadas pela mobilização econômica com o trabalho das mulheres e dos adolescentes. As populações podem, ainda, passar por invasões que levam a êxodos e a lamentáveis bandos de refugiados. Com os bombardeios estratégicos, esses sofrimentos atingem ainda uma outra dimensão e pode-se falar de uma verdadeira "frente interna".

Uma tensão considerável afeta todos os setores da vida cotidiana e traduz-se necessariamente num reforço do poder e numa estatização crescente, ligada à mobilização, ao dirigismo econômico e ao controle dos meios de expressão. Essa estatização, apesar das exigências dos exércitos e da produção, traduz-se num aumento muitas vezes imponente do número de funcionários. Nos Estados Unidos, os efetivos da administração federal se multiplicam por três. Na Grã-Bretanha, o número de funcionários aumenta em 30%. Uma tendência comparável é observada na Alemanha, na União Soviética e no Japão.

Nessa batalha pela coesão, os países totalitários parecem favorecidos no começo pela existência de partidos únicos, organismos de decisão e de controle.

Na União Soviética, a invasão alemã reforça o papel do partido levado a intervir em todos os setores políticos, econômicos e militares. Assiste-se a um aumento espetacular do número de "agitadores" destinados a estimular os operários, a melhorar a produtividade e a lutar contra o desânimo da população. No auge, um novo organismo de direção é criado em 30 de junho de 1941: o Comitê de Defesa do Estado (GKO); encarregado de coordenar todas as atividades do país é composto das personalidades mais representativas: Stalin, Molotov, Vorochilov, Malenkov, Beria, Kaganovitch e Mikoyan. Para o desenvolvimento das produções de armamento, o GKO age por intermédio do Gosplan, ou Comitê Estatal de Planejamento. Para a elaboração da estratégia e da conduta dos exércitos, apoia-se na Stavka. Em síntese, o Comitê de Defesa do Estado constitui, em sentido lato, um verdadeiro governo de guerra.

De certo modo, a Alemanha apresenta uma situação comparável. Por intermédio dos Reichsleiter e dos Gauleiter, o controle do partido se reforça em todos os escalões da administração. O conflito favorece, entretanto, uma dispersão dos organismos de decisão, uma multiplicação de autoridades rivais, com competências muitas vezes mal definidas, fonte de superposições nocivas ao funcionamento da economia e da própria condução que é incumbência de dois estados-maiores, o OKH e o OKW.

Entre as personalidades que mantêm uma rivalidade velada, notam-se: Lammers, o chefe da chancelaria do Reich; Bonnann, secretário do Führer; Goebbels ao mesmo tempo ministro da Propaganda e chefe de distrito de Berlim; Speer, à frente da economia de guerra; Göring, comandante em chefe da Luftwaffe e responsável pelo plano de quatro anos; Himmler, o mestre de uma SS cada vez mais tentacular que se estende a todas as polícias, à informação, ao sistema concentracionário, à economia com a fabricação das armas secretas e à Waffen SS, verdadeiro exército no seio da Wehrmacht.

Entretanto, a diferença parece profunda entre os dois sistemas. O princípio da direção por um colegiado parece dominar na URSS, enquanto na Alemanha todas as decisões políticas e militares são tomadas apenas por Hitler, não havendo nenhuma comissão de defesa nem mesmo gabinete de guerra, tendo o governo deixado de se reunir desde 1939. A autoridade do Führer é absoluta no domínio do executivo, do legislativo e mesmo do judiciário, a partir de 26 de abril de 1942. Contudo, isso é mais uma aparência do que uma realidade. Os dois Estados são dirigidos por chefes cuja autoridade não se discute.

Apesar de um profundo desalento de cerca de dez dias no momento do ataque alemão e de uma nova onda de desânimo em outubro de 1941, quando o inimigo não está mais do que a uma centena de quilômetros de Moscou, Stalin é sem nenhuma dúvida o chefe supremo da URSS. Seu consentimento é a base de toda decisão

410

importante. Sua influência reforça-se cada vez mais, ou pelo menos manifesta-se cada vez mais à medida que o conflito evolui. Assim é que seu papel de generalíssimo só é assumido em 1943, uma vez superado o grande período de derrotas.

Stalin tem uma vantagem sobre seu rival: o de estar à frente de uma equipe, enquanto o isolamento de Hitler só faz acentuar-se a partir de Stalingrado. Goebbels é o primeiro a reconhecer que o método de comando do Führer é ruim. Ele praticamente não vai mais a Berlim; sua última aparição em público deu-se em outubro de 1943. Seus pronunciamentos pelo rádio são cada vez mais raros. Concentrado no comando das operações, Hitler praticamente não deixa mais seus quartéis-generais e controla cada vez menos a ação dos grandes organismos do Reich em luta surda uns contra os outros.

A vantagem atribuída aos sistemas totalitários nem de longe é regra geral, como prova o exemplo da Itália fascista. É verdade que Mussolini não detém um poder absoluto comparável ao de um Stalin ou de um Hitler. Ele deve levar em conta a monarquia, a Igreja e o Vaticano, que, apesar da neutralidade de um Estado soberano, exerce uma influência profunda na população, quanto mais não fosse por sua estação de rádio e seu jornal *L'Osservatore Romano*. Assim sendo, o Duce não consegue conter as desavenças entre as forças armadas, os ministérios e as lutas de influência no interior de um partido cujos efetivos acabam por ultrapassar três milhões de membros, mas que não é mais do que uma confraria desprovida de qualquer conteúdo ideológico.

Por outro lado, e ao contrário do que alguns poderiam pensar, a maior parte das democracias se adapta perfeitamente às condições específicas do conflito. Um equilíbrio é instaurado entre a liberdade política, o funcionamento normal das instituições e as exigências do dirigismo. A única exceção notável diz respeito à França, onde nem Daladier nem Reynaud conseguem adquirir uma sólida base parlamentar e constituir um gabinete de guerra homogêneo e eficaz. Durante o trágico mês de junho de 1940, Reynaud, em seus pronunciamentos pelo rádio, revela-se incapaz de encontrar o tom necessário. Ele só consegue parafrasear Churchill.

A Grã-Bretanha oferece, com efeito, um quadro totalmente diferente. Sob a direção de Churchill, após o fraco desempenho de Chamberlain, o poder se identifica com um gabinete de guerra reduzido, mas eficaz, associando conservadores e trabalhistas, na medida de uma coalizão sólida. Se as eleições são adiadas para o final do conflito, se as greves são proibidas, a vida parlamentar continua, semeada de sessões tumultuadas, e, por várias vezes, Churchill deve defender a existência de seu governo.

Os Estados Unidos não escapam ao reforço do executivo e ao dirigismo já largamente iniciado durante o *New Deal*. No plano econômico, assiste-se à prolife-

A Segunda Guerra Mundial

ração de comitês cuja utilidade nem sempre parece evidente. Roosevelt esforça-se por associar membros da oposição ao governo. É assim que os republicanos Knox e Stimson tornam-se secretários na Marinha e na Guerra. Diferentemente da Inglaterra, o presidente não cria um gabinete de guerra.

Com o apoio de alguns conselheiros, por vezes informais, como Harry Hopkins, que tinha domicílio na Casa Branca em 10 de maio de 1940, Roosevelt, com seu estilo por vezes desconcertante, continua a tomar sozinho as grandes decisões, deixando na ignorância alguns membros notórios de sua administração, como o secretário de Estado Cordell Hull. Ao contrário da Grã-Bretanha, a vida política segue o seu curso. Ocorrem greves importantes, como a dos mineiros, dirigida pelo sindicalista John Lewis. A vida eleitoral, principalmente, se mantém. Assim, o ano de 1942 é marcado pelas eleições para o Congresso, e, em 1944, Roosevelt deve conduzir uma campanha presidencial contra Dewey, que põe em causa uma administração composta de "velhos cansados e enfraquecidos". A campanha se conclui com uma quarta reeleição menos triunfal que as precedentes.

Ao longo do conflito, as duas grandes nações liberais têm a chance de ser dirigidas por homens carismáticos, no sentido de Max Weber. Churchill e Roosevelt beneficiam-se, um e outro, de um prestígio indiscutível, da audiência e do respeito das massas. Eles souberam encarnar quase perfeitamente o papel do grande líder exigido pelas circunstâncias.

Quanto ao Japão, representa um caso à parte. O país dispõe, em princípio, de uma constituição, de um congresso, de um regime parlamentar. Entretanto, desde os anos 1930, entrou na via totalitária com a instituição de gabinetes que não passam da expressão da vontade dos estados-maiores. O exército e a marinha determinam as orientações políticas, uma vez obtida a aquiescência do imperador. O Japão se acha em guerra desde 1937, o que só faz reforçar o poder do executivo. Desde março de 1938, a lei de mobilização geral põe à disposição do governo uma gama de meios muito extensos. Em 1940, os partidos políticos aceitam dissolver-se "voluntariamente" e dão lugar a uma "Associação de assistência ao governo imperial".

Simultaneamente, o poder continua a reforçar a coesão do país, em virtude de uma ideologia surgida após a abertura do Japão para o mundo. O Estado Meiji tem por objetivo proteger o país contra o imperialismo ocidental. O animismo do *shinto* não parece inconciliável com o desenvolvimento de um país moderno altamente industrializado. Nessa perspectiva, o exército esforça-se por difundir a mística do samurai na população em seu conjunto. O culto cívico do imperador torna-se o do imperador-Deus, com a obrigação de obedecer a toda autoridade política ou administrativa que só pode emanar do *mikado*.

Essa vontade de integração espiritual diz respeito sobretudo à economia e rejeita a noção de luta de classes. Segundo o exército, "o capital e o trabalho devem unir-se estreitamente e contribuir juntos para a melhoria da indústria, o maior amando o menor e o mais fraco respeitando o mais poderoso". Às vésperas de Pearl Harbor, a maior parte dos chefes sindicalistas está na prisão, e as 11 centrais que subsistem contam menos de mil componentes, em vez dos 35 mil de 1939.

Esse nacionalismo se estende também, ou mais ainda, ao controle dos espíritos. Esse controle se exerce por intermédio de toda uma rede de associações que cobre o conjunto do país e deve constituir, segundo o ministério do Interior, "a organização de base para a instrução cívica e a unidade espiritual da população". Durante toda a guerra, essas associações cooperarão com a administração em domínios tão variados quanto a defesa passiva, a saúde, o nível de vida, a poupança e o racionamento. Muito mais do que a Alemanha de Hitler ou a Rússia de Stalin, o Japão de 1937-1945 dispõe de uma armadura não somente política, mas também espiritual, capaz de associar a população a uma luta total e de longa duração.

Independentemente da condução geral da guerra e da mobilização econômica, a batalha do moral na frente interna constitui, com efeito, uma das principais preocupações do poder. Trata-se de manter por tudo e contra tudo a coesão do país. A esse respeito, diante da importância dos meios disponíveis, a maior parte dos países beligerantes sentem a necessidade de criar um ministério da propaganda ou da informação encarregado de controlar todos os meios de expressão.

O controle da imprensa é naturalmente absoluto nos países totalitários, na Alemanha e mais ainda na União Soviética. Nenhuma polêmica e nenhuma crítica são autorizadas pela condução das operações ou pela marcha da economia. Nas democracias anglo-americanas, a ação do poder é infinitamente mais maleável. Surgem críticas e questionamentos. Os grandes jornais cotidianos britânicos publicam os comunicados alemães e japoneses. Apesar das circunstâncias, as derrotas não são silenciadas, são simplesmente minimizadas.

Uma maleabilidade maior domina ainda nos Estados Unidos, onde os jornais são submetidos a simples diretrizes. Exércitos de repórteres seguem os grandes chefes como MacArthur e Eisenhower e dobram-se facilmente a algumas ordens de silêncio. Os jornalistas não deixam de exercer uma vigilância severa sobre a marcha das operações e promovem verdadeiras campanhas como aquela cuja vítima é Patton, após a infeliz bofetada que aplicou num soldado traumatizado pelos combates na Sicília.

Tanto na Inglaterra quanto nos Estados Unidos, o esforço de objetividade, tendo em vista as circunstâncias, é notável. Não há ruptura entre o tempo de paz

A Segunda Guerra Mundial

e o tempo de guerra. O público, em seu todo, é bem informado. Quanto a isso, a conclusão de uma brochura dedicada ao primeiro ano de atividade da 8ª Air Force americana na Europa é reveladora:

> Em 17 de agosto (1943), um ano após sua primeira intervenção, o VIII Bomber Command perdeu num único dia mais aviões do que durante os seis meses anteriores. O preço pago não é maior do que o previsto e é largamente justificado pelos resultados obtidos. Mas isso mostra claramente que a batalha pela superioridade aérea ainda não está ganha. A DCA alemã continua a desenvolver-se. Os novos caças da Luftwaffe têm um armamento reforçado. A guerra aérea no teatro europeu toma ares de uma partida acirrada entre o ataque e a defesa. Aquele que tiver a maior determinação é que acabará vencendo por nocaute.[213]

A imprensa repercute ainda as divergências estratégicas entre ingleses e americanos, também não hesitando em destacar as deficiências e os fracassos de alguns chefes e em pedir explicações. Durante a contraofensiva do Pacífico, o método Nimitz, após os sangrentos assaltos de Tarawa, de Kwajalein ou das Marianas, é posto em questão e julgado muito mais dispendioso do que a progressão de MacArthur nas ilhas Salomão e em Nova Guiné. Apesar de sua aversão pelas coletivas de imprensa, Nimitz deve dar explicações. A imprensa pode ainda influenciar os acontecimentos, como se constatou após a Batalha da Normandia. A paixão que os jornais manifestaram com relação à investida realizada por Patton na direção da fronteira alemã só fez incitar Eisenhower à "frente ampla", em detrimento do avanço reclamado por Montgomery em direção ao norte da Alemanha.

A propaganda se exerce ainda por intermédio do teatro e principalmente do cinema, cujo sucesso é considerável, numa época em que a televisão ainda se encontra no estágio experimental. Sob a batuta de Goebbels, a produção alemã no começo da guerra se dedica a grandes produções centradas em determinados temas: a anglofobia com *Ohm Krüger* (*O presidente Krüge*), o antissemitismo – com *Der Ewige Jude* (*O eterno judeu*), rodado no gueto de Lódz, ou *Jud Süss* (*O judeu Süss*), difundido em toda a Europa ocupada –, as perseguições sofridas pela minoria alemã na Polônia com *Heimkehr* (*Regresso à pátria*), ou a tentação de justificar a eutanásia com *Ich klage an!* (*Eu acuso*). A produção se volta igualmente para o culto dos grandes homens considerados modelos para a juventude e para os simples cidadãos. Frederico II, Bismarck, Rembrandt, Schiller, Mozart, o doutor Koch ou o engenheiro Diesel são levados para a tela.

---

[213] *Target Germany*, Londres, His Majesty's stationery office, 1944.

As retaguardas

À margem das películas da atualidade, o cinema concede naturalmente um lugar importante para os filmes de guerra de montanha como *Feldzug in Polen* (*Campanha da Polônia*) ou os longas-metragens de ficção, *Stuka*, *U-Boote Weswarts*. Associados a intrigas sentimentais mais ou menos insípidas, esses filmes têm como objetivo, essencialmente, pela brutalidade das imagens, mostrar a coragem do combatente e a potência irresistível da Wehrmacht.

A partir de Stalingrado, a produção de guerra ou de propaganda se apaga em grande parte diante do filme leve, adaptação literária, opereta ou comédia vienense. Em virtude de novas diretrizes, o cinema deve ter um papel de divertimento para um público confrontado todos os dias com as duras realidades do conflito. A realização de um grande espetáculo, como o *Titanic*, com dominância antibritânica, não é, finalmente, difundida na Alemanha, mas estará em lugar de honra nas telas parisienses. Goebbels julga então inoportuno apresentar a uma população que convive com a desgraça cenas de naufrágio e de evacuação de um violento realismo. Uma reação delineia-se, entretanto, ao final do conflito, com a difusão de *Kolberg* no momento da chegada das tropas soviéticas às fronteiras orientais. O filme explora um episódio da heroica resistência de uma pequena guarnição prussiana diante dos exércitos franceses na Guerra dos Sete Anos.

Sob muitos aspectos, o nível britânico, apesar de uma produção relativamente fraca, não escapa a essa oposição. *Target for tonight* ou *Western approaches* inscrevem-se na categoria dos documentários de propaganda. Uma outra fórmula associa o documentário a uma ficção romanesca e a análises psicológicas mais ou menos bem-sucedidas. *One of our aircrafts is missing, in which we serve* (*Nosso barco, nossa alma*), *Millions like us*, seguidos de *The way ahead* ou *The way to stars* (*O caminho das estrelas*) inserem-se nessa linhagem. Quanto ao filme de evasão, também está presente, basta lembrar *The life and death of Colonel Blimp* (*Coronel Blimp, vida e morte*) ou *Kipps*, que evoca os anos 1900.

De 1940 a 1945, a produção de Hollywood é imponente, e as grandes companhias, Metro Goldwyn Mayer, Paramount ou Fox dobram ou triplicam seus lucros. A frequência às salas atinge um nível recorde. O cinema não escapa, naturalmente, ao filme de guerra, de ficção ou ao documentário. *Bataan* (*A patrulha de Bataan*) ou *Air Force* (*Forja de heróis*) dão ares de epopeia às primeiras derrotas e insistem sobre a perfídia ou a crueldade do guerreiro nipônico. Com *Why we fight: Prelude to war* (*Por que nós lutamos: prelúdio da guerra*), Capra, Litvak, Ivens, a partir de documentários, esforçam-se, com o apoio do Pentágono, em dar uma explicação e uma justificativa para a luta contra o totalitarismo e o racismo.

Por outro lado, com raras exceções, como *Rosa de esperança*, associado à Batalha da Inglaterra, os americanos revelam-se incapazes de restituir a atmosfera dos países

415

A Segunda Guerra Mundial

europeus em guerra ou ocupados. Eles só produzem filmes de uma ingenuidade desconcertante. Mostram-se, entretanto, mais felizes na sátira do nazismo, com *O grande ditador*, de Chaplin, ou *Ser ou não ser*, de Lubitsch.

O cinema como diversão também faz um sucesso considerável, quer se trate de filmes policiais, de comédias, de operetas ou de desenhos animados. Alguns grandes filmes emergem de um conjunto medíocre: *Fantasia* e *Bambi*, de Walt Disney, ou *Casei-me com uma feiticeira*, de René Clair. Dessa enorme produção subsistem autênticas obras-primas: *Cidadão Kane* ou *Soberba*, de Orson Welles, *Perfídia*, de William Wyler, *Por quem os sinos dobram*, de Sam Wood, ou *Este mundo é um hospício*, de Capra. Uma última tendência se manifesta ao final do conflito, com o sucesso de filmes de inspiração religiosa ou moralizadora: *As chaves do Reino, A canção de Bernadette, O bom pastor*.

Já o cinema soviético, integralmente controlado pelo poder, constitui uma arma ideológica e patriótica. Uma das maiores realizações, que pôs em cena um exército de *cameramen* foi *Um dia de guerra na* URSS. O cinema se interessa igualmente pelos grandes vultos do passado, como *Ivan, o terrível*, de Eisenstein, *Kutuzov* ou *Almirante Nakhimov*. Outros filmes, como o *Terceiro golpe*, com a retomada da Criméia, anunciam *A Batalha de Berlim*. Além de cenas de um notável realismo, esses filmes têm como objetivo principal celebrar o gênio militar do marechal Stalin. Além dessas grandes produções, o cinema como diversão, como nos outros lugares, tem um lugar importante.

Além do cinema, o meio de comunicação e de propaganda sem dúvida mais eficaz é o rádio, cuja difusão foi extremamente rápida desde os anos 1930 nos países que dispunham pelo menos de eletricidade doméstica. Além de seu papel de distração, o rádio, ou a TSF*, segundo era chamado na época, torna-se um meio de informação de massa e de doutrinação. Os políticos são conscientes disso. A exemplo de Roosevelt, o tema da "conversa à beira do fogo" se generaliza. Assim como as paradas e as manifestações de massa, o rádio constitui um dos melhores meios de ação dos totalitarismos. Toda a Europa repercute as falas de Mussolini e de Hitler. Já a partir de 1935, os nazistas lançam a produção de aparelhos de rádio a preço baixo.

A guerra só faz ampliar o fenômeno. A TSF aparece não somente como um meio de informação interno, mas como um agente de ação exterior. Isso se constata desde a *drôle de guerre* com as emissões de Ferdonnet, o "traidor de Stuttgart", bastante escutadas na França e que, com fatos precisos, destacam as deficiências

---

* N. T.: Iniciais de "Télégraphie sans fil", ou telegrafia sem fio.

416

do sistema militar francês. Na Inglaterra, William Joyce, apelidado de "lorde Haw Haw", esforça-se, com relativa felicidade, em desempenhar o mesmo papel. Todos os beligerantes multiplicam as emissões de grande alcance capazes de cobrir a totalidade da Europa. A BBC difunde programas em 29 línguas diferentes. As horas dedicadas ao estrangeiro aumentam cada vez mais. Os Estados Unidos fazem um esforço semelhante, direcionado essencialmente para a América Latina e para o Extremo Oriente. Os neutros participam dessa guerra das ondas. As estações suíças, Zurique ou Sottens, ou ainda a Rádio Vaticano, consideradas imparciais, detêm uma audiência considerável.

É pelo rádio muito mais do que pela imprensa que as opiniões públicas seguem a marcha dos acontecimentos. Durante a campanha de maio-junho de 1940, toda a Europa está na escuta dos "comunicados especiais do grande quartel-general do Führer". Mais do que as informações militares, são as falas de Churchill ou de Reynaud que permitem tomar consciência da gravidade da situação. O problema do armistício, por seu efeito psicológico, é ligado aos discursos de Pétain. Alguns acontecimentos, como a recusa do general De Gaulle, a continuidade da luta pela França livre, não poderiam ter tomado toda a sua ressonância, nem mesmo teriam acontecido, sem as emissões da BBC. Sem a TSF, não teria havido o apelo de 18 de junho.

Essa guerra das ondas, ao contrário do que aconteceu em 1914-1918, complica singularmente a tarefa dos serviços de informação ou de propaganda, pois não liga para a censura. Nenhum acontecimento pode ser dissimulado e deve ser revelado, pelo menos parcialmente, para atenuar ou amplificar seu alcance. A esse respeito, os países de tradição democrática como a Grã-Bretanha e os Estados Unidos, onde a liberdade de informação continua bastante grande, não sentem necessidade de interceptar as emissões adversas ou de proibir sua escuta.

Os responsáveis pelo rádio como pela imprensa devem fazer um esforço de dialética para justificar algumas derrotas fragorosas. Após a trágica derrota de Dieppe, a propaganda britânica se esforça por limitar a amplidão da operação ao nível modesto de um "reconhecimento de forças". Em virtude da transparência do sistema, esses procedimentos, muito mais do que os serviços de informações, põem em causa os erros de avaliação dos próprios estados-maiores.

E o que é mais grave, a imprensa e o rádio dos países anglo-saxões não podem silenciar a respeito de alguns fatos suscetíveis de chocar profundamente a opinião pública ou de prejudicar uma orientação política geral. Assim, não podem ser evitados assuntos delicados como o episódio de Katyn – bastante explorado por Goebbels e cuja repercussão foi considerável –, o papel dúbio do Exército Vermelho por ocasião da insurreição de Varsóvia ou da prisão e julgamento em março de 1945 de resistentes poloneses desde sua chegada a Moscou. De fato, tendo em vista o

A Segunda Guerra Mundial

entusiasmo suscitado pela resistência soviética, essas revelações deparam-se, senão com um ceticismo, pelo menos com uma indiferença quase geral, ou aparecem como maquinações da propaganda alemã. Um ano depois de Katyn, *Stars and Stripes*, o jornal das forças armadas americanas, publica a caricatura de um oficial polonês com a seguinte legenda: "Um dos 15 mil que o governo soviético, segundo dizem, teria mandado assassinar".[214]

A situação parece profundamente diferente nos países totalitários. Habituada de longa data a uma informação censurada, a opinião cai no ceticismo ou perde todo espírito crítico. Principalmente os erros políticos ou militares não devem entravar a imagem do chefe onisciente e considerado infalível. A partir das primeiras derrotas, os alemães reforçam a interferência nas estações estrangeiras, mesmo as neutras. Os soviéticos vão muito mais longe. Desde o ataque alemão, as autoridades, sob pena de morte, exigem a entrega de todos os aparelhos de rádio individuais. As notícias só serão divulgadas por alto-falantes instalados nas fábricas, nos colcozes ou em alguns cruzamentos. A população acaba, entretanto, por tornar-se mestre na arte de decifrar o sentido profundo de expressões estereotipadas. Os comunicados do Exército Vermelho são eloquentes: "combates violentos" identifica-se à ofensiva alemã, "situação confusa" à ameaça de derrota, "combates encarniçados" à derrota consumada. Do mesmo modo, a partir de 1943, os alemães não têm mais ilusões sobre a expressão "defesa elástica", que confirma a retomada da iniciativa pelo exército soviético.

Entretanto, ao contrário do que se pode pensar, não é sempre que a propaganda soviética dissimula a gravidade da situação, como se constata por ocasião da progressão alemã em 1942 em direção ao Volga e ao Don. Durante a Batalha de Kursk, um comunicado do Exército Vermelho acentua a crise que se desenrola quando os blindados de Manstein, depois de atravessar as posições defensivas, penetram em terreno livre.

Por várias vezes, o comando alemão ou Goebbels observam a mesma atitude. A propaganda não procura dissimular a extensão da Batalha de Stalingrado. Quando da ofensiva soviética da Rússia Branca em junho-julho de 1944, os comunicados do OKH não escondem o aspecto crítico da situação e acentuam que "combates violentos são travados num calor sufocante com perdas sangrentas de ambas as partes". Em compensação, o OKH não faz nenhuma alusão ao desencadeamento da ofensiva de Kursk para não ter de camuflar uma derrota logo depois. No dia seguinte ao ataque aéreo terrorista de Dresden, Goebbels não hesita em inchar o número de vítimas e fala em 250 mil mortos e desaparecidos. Num caso como

---

[214] CZAPSKI, *Terre inhumaine*, Paris, L' Âge d'homme, 1978, p. 229.

As retaguardas

no outro, o objetivo buscado é o mesmo: provocar um sobressalto, um arrebatamento nacional, apelando para os sentimentos mais profundos da dignidade e do patriotismo, e mesmo do ódio.

A batalha da informação não se limita ao enfrentamento simplista entre dois campos antagonistas. Ela se manifesta no próprio interior dos sistemas de aliança complicados por antagonismos ideológicos. Desde junho de 1941, apenas alguns dias depois do ataque alemão à URSS, as mídias britânicas expressam um entusiasmo delirante quanto à resistência e ao heroísmo da população soviética. O aparecimento de Stalin nas telas de cinema, quando da projeção das fitas de atualidade, provoca aplausos calorosos.

Contudo, o humor não perde seu espaço, como a história da visita de um marinheiro a Moscou – seu guia enumera os grandes monumentos da capital: "O hotel Eden, ex-hotel Ribbentrop, a rua Churchill, ex-rua Hitler, a estação Beaverbrook, ex-estação Göring. Um cigarro, camarada?" E o inglês responde: "Obrigado, camarada, ex-sacana!" A mulher de Churchill se faz de intérprete da grande maioria de seus concidadãos ao afirmar que "não existe ninguém neste país cujo coração não esteja profundamente tocado pelo drama terrível que se desenrola na Rússia".[215]

As manifestações de solidariedade se multiplicam. Os operários participam com entusiasmo da "semana dos tanques para a Rússia". À saída da fábrica, os blindados enfeitados com a *Union Jack* e com a bandeira vermelha são cercados de trabalhadores dando socos no ar. Esse apoio manifesta-se também no mundo do espetáculo. O Coliseum de Londres monta uma ópera-balé, intitulada *Moscou Bells*, com a primeira bailarina Dela Lijinskaïa. A moda contribui com echarpes enfeitadas com a foice e o martelo. O entusiasmo se estende à aprendizagem do russo, lançada com enorme sucesso pelo método Linguaphone.

Esse entusiasmo não se deve às demonstrações organizadas pelos membros da Embaixada Soviética dirigida por Maïski diante da casa de Lenin em Londres. Também não se deve ao zelo dos serviços britânicos, mas provém de um imenso alívio. A Inglaterra não está mais sozinha na luta e, vantagem inestimável, a Wehrmacht orientou-se para o leste.

Entusiasmo comparável ao dos Estados Unidos ainda neutros. Imponentes manifestações de solidariedade acontecem em Boston ou em Nova York no Madison Square Garden, na presença do encarregado de negócios da Embaixada Soviética Andrei Gromyko. Em Hollywood, atores usam barbas postiças à moda russa e organizam festas folclóricas russas. Diretores cinematográficos rodam filmes dedicados à

---

[215] BETHELL (Nicolas), *Le Front russe*, Time-Life, Alexandria, 1980, p. 146 e ss.

União Soviética. O escritor Erskine Caldwell escreve o roteiro de *Mission to Moscou*, tirado do livro dúbio do embaixador Joseph E. Davies. Em 1943, a revista *Life* publica um número especial sobre a URSS, particularmente elogioso. A sovietomania, também aí, ganha a moda, os restaurantes e o bar do Ritz, rebatizado de "O Volga".

Esse entusiasmo ultrapassa o estágio de sentimento de piedade e de solidariedade para com um povo submetido aos horrores da guerra, tocando o próprio regime, que, no entanto, era execrado alguns meses ou mesmo alguns dias antes. Reportagens e depoimentos apresentam a existência na URSS com cores idílicas. Celebra-se sem ironia a liberdade religiosa ou a liberdade econômica. Voltando de Moscou, uma autêntica conservadora americana afirma que a URSS resolveu o problema do desenvolvimento, da igualdade social e conseguiu acabar com o desemprego.

Registram-se, entretanto, algumas dissonâncias, como a do jornalista Max Eastmann, autor de uma importante advertência publicada no número de agosto de 1943 do *Reader's Digest*:

> As necessidades militares justificam nossa aliança com a Rússia soviética. É uma aliança, mas devemos ficar de olhos bem abertos para evitar os riscos que ela nos traz...
>
> Uma quantidade espantosa de nossos homens, de nossas revistas e jornais influentes elogiam servilmente a Rússia. Descobrir virtudes no regime tirânico de Stalin tornou-se a principal preocupação de numerosos intelectuais e de personalidades oficiais. O presidente Roosevelt deu o aviso, quando observou, talvez com um sorriso, que a constituição russa "garante" a liberdade religiosa. A constituição russa não garante nenhuma liberdade. Ela garante a ditadura do Partido Comunista russo... Chamar de "democracia econômica" as condições atuais existentes na Rússia é pura idiotice. Não há igualdade nas fábricas, não há liberdade, não há direito de formar sindicatos independentes, não há direito de greve, não há nem mesmo direito de mudar de emprego. Os operários são acorrentados a suas máquinas e atados à escala dos salários como em nenhum país do mundo, nem mesmo na Alemanha nazista. A escala dos salários é inferior em relação aos preços, e ao que eram no tempo dos czares. E todo o sistema é aplicado por um exército de polícia secreta que causaria inveja aos faraós do Egito ou ao próprio Himmler... Os próprios ministros do Culto fazem todo o possível para convencer a América de que a Rússia goza de liberdade religiosa, enquanto a instrução religiosa das crianças russas abaixo de dezoito anos é proibida.
>
> Para mim, é desconcertante que personalidades oficiais americanas queiram minimizar ou ignorar os assassinatos judiciários, as deportações em massa e a fome promovida pelo Estado, graças à qual o totalitarismo soviético se estabeleceu e se manteve. Há atualmente, segundo a avaliação das pessoas mais bem qualificadas para emitir uma opinião, pelo menos dez milhões de pessoas vivendo, ou antes, morrendo nos trabalhos forçados nos campos de concentração da

União Soviética, dez milhões de escravos... Eis a camada profunda sobre a qual repousa todo o edifício da pretensa "Democracia econômica".

Stalin jamais se retratou de nenhuma de suas palavras. Cada um de seus discursos fundamentais sobre a política mundial tomou-as por base. Todos os comunistas compreendem claramente que esses princípios estão ainda em vigor. É preciso que os autores de nossa política estrangeira estudem os atos de Stalin e leiam seus livros e seus discursos dirigidos aos iniciados, em vez de engolir, como linguados esfomeados, todas as iscas brilhantes da propaganda que os comunistas lhes atiram.

Essas advertências não suscitam praticamente nenhum eco. O entusiasmo para com a URSS segue uma verdadeira corrente profunda amplificada naturalmente pelas mídias, mas que decorre de uma convicção ligada a uma evidência. A resistência soviética constitui a chave da vitória aliada. Essa corrente profunda provém, ainda, do sentimento de culpabilidade tão frequente nas sociedades ocidentais. Os ingleses, e mais ainda os americanos, sentem um verdadeiro mal-estar no que se refere à ideia de que o povo russo assuma o peso essencial da luta contra o nazismo. Entusiasmo que desemboca na intolerância, como observa Joseph Czapski, um soldado do exército polonês do general Anders: "Se alguém não compartilha desse entusiasmo, ou, pior ainda, faz críticas, é imediatamente suspeito de germanofilia e corre mesmo o risco de ser preso".[216]

A recíproca, entretanto, não é verdadeira. Não sem despeito, os representantes das missões anglo-americanas em Moscou constatam que a imprensa e o rádio nada divulgam sobre os sucessos aliados no Pacífico, em Midway ou em Guadalcanal, tanto quanto no norte da África e na Itália, ou então se limitam a breves alusões para acentuar a mediocridade das forças engajadas, sem comparação com os efetivos consideráveis do Exército Vermelho. Os correspondentes estrangeiros agrupados no hotel Metrópole vivem reclusos, submetidos à vontade da propaganda oficial.

A ajuda anglo-americana nunca é mencionada publicamente. E o que é mais desconcertante: livrarias e bancas de jornais continuam repletas de livros que destacam a superioridade do sistema socialista e as falhas do mundo capitalista, gerador de desigualdades sociais, de desemprego, de miséria e de segregação. Ao longo do conflito, a sociedade britânica ou americana é pintada sob as cores mais sombrias.

Durante toda a guerra, em função de uma conjuntura em mudança, os serviços de propaganda buscam constantemente temas mobilizadores. Na França, o fracasso é patente desde o início da *drôle de guerre*, apesar dos esforços de Jean Giraudoux, colo-

---

[216] CZAPSKI, *Terre inhumaine*, op. cit., p. 229.

A Segunda Guerra Mundial

cado à frente da informação. A propaganda se revela ambígua, inábil, incapaz de dar uma imagem clara da luta contra o nazismo ou contra "a eterna Alemanha", acalentando a opinião com ideias perniciosas: com a existência da linha Maginot, a França não terá de combater; o bloqueio e a discórdia esgotarão a Alemanha. As agressões soviéticas contra a Polônia e a Finlândia, que não causam nenhuma reação, deixam planar uma dúvida sobre o tema da resposta à agressão e só fazem agravar o mal-estar. Após o desastre, alguns *slogans* ganharão uma dolorosa ressonância: "Venceremos porque somos os mais fortes." "Com vosso ferro, forjaremos o aço vitorioso."[217]

Entretanto, essa propaganda é incapaz de causar impacto, de estabelecer um mínimo de consenso, de lutar contra um pacifismo e um derrotismo que corroem todos os partidos, todas as classes sociais. Muitos parlamentares, Laval, Déat, Flandin, pregam discretamente a abertura de negociações de paz. O partido socialista, dividido em duas tendências, as de Léon Blum e as de Paul Faure, está às vésperas de um cisma. Ao final de setembro, o sindicato nacional dos professores primários reclama uma paz imediata.

A reação britânica é bem diferente. Em virtude da reviravolta da opinião pública após o golpe de Praga, a guerra é aceita sem entusiasmo, mas com determinação. Habituada à lenta constituição de uma potência de base marítima, a opinião não manifesta nenhuma impaciência durante a *drôle de guerre*. A ruptura do Meuse e o avanço das Panzers em direção ao mar provocam, no entanto, uma evidente inquietação. Mas essa vacilação dura pouco. A recuperação se manifesta com o desembarque de Dunquerque e mais ainda com a vitória da RAF sobre a Luftwaffe durante a Batalha da Inglaterra. Os sucessos obtidos no Mediterrâneo contra a Itália também contribuem para reforçar o moral da população num momento em que a Grã-Bretanha, sozinha contra o Eixo, acha-se incapaz de voltar a pôr pé no continente. Com o ataque alemão contra a URSS, e, seis meses depois, com a intervenção dos Estados Unidos, toda a crise parece definitivamente conjurada e o moral atinge seu nível mais elevado.

Estranhamente, um abatimento se manifesta a partir de 1943, para agravar-se em seguida, quando a vitória parece certa. A duração do conflito, contudo, não é estranha a essa situação. A propaganda orienta-se, então, numa outra direção. Sem abandonar os temas habituais – a barbárie nazista, as derrotas alemãs, os sucessos aliados –, acentua a situação do pós-guerra. O povo britânico deverá receber a recompensa por seu esforço, beneficiar-se de uma sociedade mais justa, de uma proteção melhor. À luz do plano Beveridge, a Inglaterra orienta-se para o *Welfare*

---

[217] MASSON (Ph.), *Moral et propagande*, op. cit., p. 163.

422

State. O efeito é indiscutível. Em 1945, a maioria da população está cansada da grandeza e da potência, aspirando ao bem-estar e à segurança. Isso explica a derrota surpreendente de Churchill nas eleições de julho de 1945.

A situação dos Estados Unidos é totalmente diferente. O país se lança no conflito com mais de dois anos de atraso sobre a Grã-Bretanha. O ataque pérfido de Pearl Harbor e as declarações de guerra das potências do Eixo são tomados como agressões, varrendo todo isolacionismo. De maneira unânime, o povo americano pretende castigar seus adversários e levar a guerra até a vitória total.

Essa adesão maciça não é posta em causa pelos insucessos de 1942, com as espantosas vitórias japonesas e a ofensiva dos U-Boote na costa leste. São insucessos compensados pela heroica defesa de MacArthur em Corregidor, contrastando com a capitulação pouco reluzente dos ingleses em Cingapura, pelos ataques dos porta-aviões de Halsey às ilhas Gilbert e às Marshall, pelo bombardeio sobre Tóquio e mais ainda pela vitória de Midway.

Entretanto, inquietações se manifestam, agravadas por algumas restrições, pelas dificuldades de transporte ou pela marcha lenta da produção de armamentos. A eficácia da administração é posta em causa. As mídias acentuam o atraso na abertura de uma segunda frente no momento em que os alemães se aproximam do Volga e do Cáucaso. Essas dificuldades estão na origem da impaciência de Roosevelt em "fazer alguma coisa" a qualquer preço e, enquanto não se dá o desembarque na França, em alinhar-se à ideia britânica de uma operação no norte da África. Acontecendo alguns dias antes de Torch, as eleições para o Congresso traduzem a extensão do mal-estar, o mais sério da guerra. Os republicanos ganham 10 vagas no Senado e 47 na Câmara dos representantes. Os democratas só conservam uma estreita maioria. Roosevelt escapa por pouco a uma derrota comparável à de Wilson em 1918.

A partir de 1943, a retomada da ofensiva em todas as frentes e o desenvolvimento impressionante da economia relegam ao segundo plano o problema da manutenção do moral. A administração Roosevelt deve simplesmente acalmar as impaciências e reconhecer alguns erros de apreciação sobre a capacidade de resistência dos alemães e dos japoneses. Entretanto, no outono de 1944, apesar de suas pesadas responsabilidades e da piora de seu estado de saúde, Roosevelt deve conduzir uma campanha eleitoral extenuante através do país. O sucesso relativo da reeleição demonstra que a opinião pública, assim como na Inglaterra, exige garantias sobre a vida econômica e social do pós-guerra, principalmente para a manutenção do pleno emprego.

Apesar de também entrar na guerra tardiamente, a União Soviética apresenta uma situação específica. Ao longo do verão de 1941, o poder soviético vacila. Exasperada por dez anos de ditadura, pelos excessos da coletivização, por um terror erigido em sistema, a população parece estar à beira, senão da revolta, pelo menos da dissolução.

São bastante evidentes os sintomas de um profundo mal-estar. Os alemães são acolhidos como libertadores nos países bálticos, na Polônia oriental e mesmo na Ucrânia. Rendições maciças são de tal ordem que parecem estar a ponto de causar uma decomposição do Exército Vermelho. A partir de 15 de julho, por ocasião da queda de Smolensk, o embaixador da Turquia nota a atmosfera lúgubre de Moscou. Dois meses depois, um verdadeiro pânico se propaga na capital no momento da partida do governo para Kuibyshev, no Volga. Os trens são tomados de assalto, lojas são saqueadas e incendiadas. Inscrições hostis ao regime aparecem nos muros dos subúrbios. A milícia se esconde.

A situação não é melhor na província. O polonês Gustave Herling testemunha isso em Vologda em janeiro de 1942: "nas filas, as pessoas se queixavam das carências do abastecimento e do sistema aberrante de recrutamento que havia deixado muitas famílias sem ninguém para sustentá-las; por duas vezes, ouvi murmurarem a pergunta: 'Quando é que os alemães vão chegar?'".[218]

Entretanto, dá-se uma recuperação por ocasião da Batalha de Moscou. As causas são várias. A principal parece ligada à extraordinária reviravolta do regime. Após uma ausência de cerca de dez dias, Stalin, em seu discurso de 3 de julho, adota um tom inabitual: "Camaradas, cidadãos, irmãos e irmãs, combatentes de nosso exército e de nossa frota, é a vós, meus amigos, que me dirijo. O inimigo procura apropriar-se de nossas terras regadas com o suor de nosso rosto, levar nossas colheitas, fruto de nossa dura labuta."

A Rússia não está, então, engajada na defesa do socialismo, mas numa "guerra nacional e patriótica, num combate pela liberdade da pátria". Ao contrário do que parece, esse tema nada tem de novo. O apelo ao sentimento nacional remonta a vários anos. Em 1937 e 1939, as vitórias de Borodino (Batalha do rio Moscou) e de Poltava são objeto de grandiosas comemorações. A revista oficial do exército, *A estrela vermelha*, multiplica os estudos históricos sobre os grandes fatos da história russa. A mesma tendência se encontra no cinema com *Pedro, o grande*, de Petrov, ou *Alexandre Nevski*, de Eisenstein.

O que surpreende os ouvintes de 3 de julho é o tom caloroso, quase súplice, de Stalin. Esse homem parece tornar-se acessível. E a mesma impressão é dada aos 8 de novembro, quando o senhor do Kremlin se dirige à população, numa estação de metrô, no momento em que os alemães aproximam-se de Moscou. Stalin insiste

---

[218] HERLING (G.), *Un monde à part*, Paris, Denoel, 1985, p. 283.

424

novamente no tema da luta pela pátria, antes de denunciar a selvageria dos alemães e seu desprezo pelos eslavos. "Se eles querem uma guerra de extermínio, eles a terão. Nossa causa é justa. A vitória será nossa." Em contraste, no dia seguinte, na Praça Vermelha, sob um frio glacial, é com uma voz seca, cortante, imperativa, que Stalin evoca as figuras heroicas dos grandes antepassados: Alexandre Nevski, Dmitri Donskoï, Alexandre Suvorov e Mikhaïl Kutuzov. Aí se encontram os fundadores do Império, os que souberam encarnar os valores do povo russo, que, desde a Revolução, tornou-se o elemento dirigente da União Soviética.

A mudança de tom de Stalin e o reforço do sentimento nacional acompanham-se de uma outra orientação anunciada timidamente já havia alguns anos, mas que toma uma extensão inesperada. A distensão religiosa vem à luz, acolhida com um imenso alívio por uma população que se manteve profundamente crente apesar de vinte anos de ateísmo.

Desde 22 de junho de 1941, o metropolita Serge, de Moscou, de quem não se havia mais ouvido falar desde sua nomeação em 1927, dirige aos fiéis da Igreja ortodoxa uma carta pastoral de um vigor surpreendente: "A pátria será defendida com as armas na mão, pelos esforços do povo e por sua disponibilidade geral para vir em sua ajuda num momento de provação." Ele também invoca os grandes vultos da história.[219]

Nova carta em 11 de novembro, de uma violência excepcional:

> O patriotismo russo elevou-se diante do inimigo como uma onda ameaçadora. Aproxima-se a hora em que apagará a sujeira marrom da face da terra. Cada russo, todos os que amam a pátria, só têm um objetivo: vencer o inimigo a qualquer preço. A mão de um verdadeiro patriota não vacilará diante da exterminação dos invasores fascistas. O coração dos cristãos está fechado para as bestas ferozes fascistas; ele só sente um ódio destruidor e mortal pelo inimigo.

Sinal da distensão, centenas de sacerdotes são libertados e numerosas igrejas reabertas. Em 8 de setembro de 1943, após uma entrevista com Stalin, o metropolita Serge é eleito patriarca de Moscou e autorizado a reunir um Santo Sínodo. Um instituto de teologia é criado em Moscou. Durante a guerra, pelo menos, a Igreja ortodoxa retoma seu papel tradicional de auxiliar do poder. Uma distensão também se manifesta no plano econômico. O regime fecha os olhos para as inumeráveis escapadas à coletivização, e os colcozes apressam-se em estender seus pedaços de terra. A restrição não deixa de existir, entretanto. O partido não descuida da vigilância,

---

[219] Kosyk (W.), *L'Allemagne nationale-socialiste et l'Ukraine*, op. cit., p. 216 e ss.

A Segunda Guerra Mundial

pelo contrário. Os efetivos do NKVD aumentam sensivelmente. O sistema concentracionário guarda toda a sua rigidez e acolhe um bando de desertores, de derrotistas, e mesmo de simples pacifistas e de populações inteiras, como os alemães do Volga. Após a Batalha de Moscou, milhares de habitantes que não deixaram a capital são deportados, suspeitos de terem a intenção de acolher os alemães como libertadores.

A exaltação nacional, a liberalização religiosa e a restrição não são suficientes para explicar a recuperação do outono. Rumores a respeito da atitude do invasor para com prisioneiros ou habitantes dos territórios invadidos fazem que a população compreenda que não tem nada a esperar dos alemães. O orgulho natural do russo retoma seu lugar.

Há outras razões que intervêm. O stalinismo não se limita à coletivização e ao terror, e menos ainda ao *gulag*, estando na origem de um enorme esforço de industrialização e de promoção social que suscita o entusiasmo de toda uma parte da população – não somente os privilegiados do regime e os membros do partido, mas também os operários qualificados, os técnicos e os jovens do Komsomol. Todos estão convencidos de que os sacrifícios suportados conduzirão ao renascimento da Rússia e a um futuro melhor.

No trem Moscou-Sverdlovsk, Gustav Herling testemunha o entusiasmo de jovens operárias cuja fábrica está em processo de transferência para o Ural:

> Nem no exército polonês na Rússia eu encontrei um patriotismo tão tocante e tão sincero. Essas mulheres rivalizavam entre si para me contar histórias que valorizavam a coragem e o sentido de sacrifício da população de Moscou sitiada, assim como a prontidão com que elas tinham aceitado abandonar sua casa e sua família para lançar-se no Ural ao apelo do "Governo e do partido". Pelo lampejo de ódio e de entusiasmo que brilhava em seu olhar, eu soube que elas diziam a verdade quando me afirmaram estar prontas a dar sua vida, sem hesitar, para defender a pátria contra o invasor alemão.[220]

Entretanto, trata-se de uma frágil recuperação, visto que uma nova crise de desmoralização sobrevém durante o verão de 1942. O poder não pode mais invocar a surpresa, a agressão pérfida para explicar a queda de Sebastopol, a derrota de Timochenko no Donetz ou o avanço alemão em direção ao Volga. Novas defecções se manifestam. Os tártaros, os cossacos, os povos do Cáucaso alinham-se aos alemães com entusiasmo.

A crise só é superada com novas repreensões de Stalin, pela ação do partido e do NKVD, que conservam sua coesão. Um outro elemento intervém. Apesar do silêncio oficial, os russos, seja na frente de batalha ou na retaguarda, tomam cons-

---

[220] HERLING (G.), *Un monde à part*, op. cit., p. 286.

426

ciência da extensão da ajuda aliada. O desembarque no norte da África provoca um imenso alívio. A Rússia não está mais sozinha. De um dia para outro, os alemães constatam um novo comportamento nas zonas ocupadas e na frente de batalha. Eles não fazem mais prisioneiros.

A partir da Batalha de Stalingrado e ainda mais de Kursk, a disputa está ganha para o regime. As vitórias se sucedem associadas a comunicados triunfantes e a salvas de artilharia do Kremlin. Doravante, a União Soviética combate pela libertação de seu território e pela liberdade da Europa. Um novo incentivo aparece: a vingança. Todos os dias, pelo rádio, ressoa o grito sinistro: "Morte aos invasores alemães." À margem da propaganda, um motivo mais poderoso que os temas oficiais anima os soviéticos. Em troca de sacrifícios enormes, a população acalenta a esperança de que o regime poderá, enfim, confiar nela e que haverá distensão ao final da guerra.

Na Alemanha, o início da guerra provoca uma reação, *a priori*, surpreendente. Nenhum entusiasmo, nada de comparável a agosto de 1914. A notícia do ataque contra a Polônia e as declarações de guerra da Grã-Bretanha e da França são acolhidas com surpresa e resignação. Para decepção de Hitler, o desfile de uma divisão através de Berlim não provoca nenhuma aclamação. Os espectadores exibem rostos inexpressivos. As lembranças de 1914-1918 estão ainda muito recentes. A população se espanta porque o Führer não pôde evitar o conflito. Apenas os jovens moldados por vários anos de nazismo manifestam um real ardor.

Apesar da rápida conclusão da campanha da Polônia, uma atmosfera morosa domina, entretanto, um primeiro inverno marcado por restrições de produtos alimentares e de aquecimento. É preciso esperar a espantosa vitória sobre a França para assistir a uma explosão de alegria. A conclusão da guerra parece decidida. Hitler surge novamente como o homem milagre. Em 17 de julho, por ocasião da jornada de gratidão para com a Wehrmacht, o entusiasmo da multidão berlinense, embora considerada fria e cética, é indescritível e o Führer é objeto de ovações desmedidas.

A euforia persiste durante os anos seguintes, apesar da resistência britânica. Ela é alimentada pela vitoriosa campanha dos Bálcãs e pelos primeiros sucessos espetaculares na Rússia. A derrota de Moscou lança apenas uma sombra passageira, apagada no ano seguinte, pela marcha em direção ao Volga e ao Cáucaso. Durante dois anos, embalada pelos comunicados especiais do grande quartel-general do Führer, a Alemanha vive numa atmosfera heroica, wagneriana.

Uma mudança importante ocorre a partir de 1943, após Stalingrado e Kursk, e mais ainda com os grandes bombardeios terroristas. Mais do que em Colônia, Lübeck ou Rostock, os 50 mil mortos de Hamburgo provocam uma comoção intensa em toda a Alemanha, percorrida por um arrepio de terror. Ao mesmo tem-

A Segunda Guerra Mundial

po, as perdas sobem vertiginosamente, e a Wehrmacht está, de maneira evidente, encurralada na defensiva em todas as frentes.

Com um sentido agudo dos mecanismos profundos da alma popular, Goebbels compreende que é tempo de reagir. A população e mesmo muitos dirigentes devem sair da inconsciência em que mergulharam há mais de dois anos. A Alemanha pode perder a guerra. Com o acordo de Speer e de Himmler, o ministro da Propaganda julga necessário acordar a alma alemã.

Por sua insistência, um serviço fúnebre é celebrado no início de fevereiro de 1943 em todas as igrejas e templos do Reich, em honra dos desaparecidos do 6º Exército de Stalingrado. Os jornais aparecem com molduras pretas. Dando um passo a mais, Goebbels lança o tema da guerra total. Em 18 de fevereiro, diante da imensa sala cheia do Sport Palace de Berlim, ele faz dez perguntas a um auditório incentivado ao máximo: "Vocês acreditam na vitória final? Estão prontos para suportar os mais pesados sacrifícios? Aceitam a pena de morte para os emboscados?" A resposta, a cada vez, é positiva. À última pergunta – "Vocês querem uma guerra total?" – desencadeia-se uma manifestação de entusiasmo, uma explosão de "Heil Hitler"...

Em todo o país, o apelo é, em grande parte, ouvido. A Alemanha aceita o desafio, une suas forças na esperança da vitória final. A partir de então, até o fim, Goebbels se esforça por combater qualquer fraqueza, por lutar contra as ondas de desânimo que se apoderam da opinião pública. Os temas mobilizadores mais frequentes dizem respeito às armas secretas, à Muralha do Atlântico que faz fracassar qualquer tentativa de desembarque. Os alemães acabam por esperar com impaciência o Dia D, que permitirá lançar os Aliados no mar.

A propaganda explora ainda o avanço ridiculamente lento dos exércitos aliados na Itália, o fiasco do desembarque de Anzio, com o slogan "cabeça de ponte, cabeça de morto". Apesar dos malogros alemães do ano de 1944, com o sucesso de Overlord ou as grandes ofensivas soviéticas da Rússia Branca e dos Bálcãs, nunca faltam argumentos a Goebbels. Os bombardeios de Londres pelos V1 e V2 mostram que as armas secretas não são um mito. Novos meios como os aviões a jato intervêm graças ao restabelecimento do outono. O episódio das Ardenas de 16 de dezembro é apresentado como uma "pequena ofensiva", prelúdio à grande operação final.

Goebbels, entretanto, mostra-se objetivo. Em seu diário, ele não esconde que os Aliados lhe facilitam sobremaneira a tarefa. O princípio da rendição sem condições, o plano Morgenthau – de reduzir a Alemanha a um estado agrícola – que veio a público, a ausência de qualquer projeto que se assemelhe aos 14 pontos de Wilson, alimentam sua propaganda. Para ele é fácil insistir no "complô judeu-bolchevique", na origem dessa coalizão contra a natureza que associa o único país socialista às grandes nações capitalistas. Muito mais que o regime, é a própria existência

As retaguardas

do povo alemão que está em jogo, como demonstram os bombardeios terroristas e os massacres sistemáticos efetuados pelo Exército Vermelho nas províncias orientais.

Fato estranho é que somente ao final de março de 1945, com a travessia do Reno pelos Aliados, os alemães, em sua maioria, deixam de acreditar na vitória final. De fato, muito mais do que a propaganda, é a fé mística em Hitler, em sua espantosa capacidade de encantamento, que contribui para a manutenção do moral. Durante suas raras aparições em público a partir de 1942, o Führer é sempre objeto de efusivas demonstrações de fidelidade. Segundo a fórmula de Jung, Hitler se revela um xamã, o intérprete de um imenso inconsciente coletivo. Após o suicídio no *bunker*, milhões de homens cairão brutalmente na desilusão.[221]

No final das contas, houve um esforço constante de todas as equipes dirigentes para manter e galvanizar o moral, em condições totalmente diferentes do que é necessário para resolver os problemas da vida cotidiana. A guerra foi vivida pelas populações de diferentes países beligerantes de maneira extraordinariamente diversa.

Para os ingleses, a provação só começa de fato com a queda da França. É o "milagre de Dunquerque" que faz que a população tome consciência, de maneira brutal, da extensão da ameaça. Até então, as condições de vida estão ainda próximas dos tempos de paz. A mobilização de 1,5 milhão de combatentes só atinge uma parte reduzida dos homens saudáveis. As praias da Mancha têm uma frequência quase normal. Os banhistas aplaudem os navios carregados de fugitivos.

Em alguns dias, esse quadro se modifica radicalmente. As costas ficam cheias de arame farpado, de fortificações construídas às pressas. Todos os homens estão na Home Guard e dedicam-se, sob a direção de velhos suboficiais, a exercícios de academia com uma aplicação tocante. São retiradas as placas de orientação, para dificultar a ação dos alemães em caso de desembarque; as estradas são cortadas por barricadas ridículas etc.

Graças à Batalha da Inglaterra, o espectro da invasão é conjurado e, a partir de setembro, com os ataques aéreos diurnos e depois noturnos contra Londres, e depois nas Midlands, a Grã-Bretanha passa pela experiência da guerra em seu território. Durante dois meses, os londrinos passam as noites em abrigos ou em estações de metrô. Em geral, a prova é valorosamente suportada. Entretanto, não se deve exagerar em nada, pois há aqueles que cedem.

Nos primeiros bombardeios sobre a capital, a Luftwaffe concentra sua ação sobre os bairros populares do leste, onde os casebres da era vitoriana estão estreitamente imbricados nas docas, nas fábricas de armamentos e no arsenal de Woolwich. As famílias de operários são duramente atingidas. Cresce uma cólera surda.

---

[221] Diagnóstico dos ditadores em JUNG (C. C.), *Rencontres et interviews*, Paris, Buchet-Chastel, 1985, p. 112 e ss.

429

Por imprevidência das autoridades, a falta de abrigos é gritante. A irritação é ainda mais viva pelo fato de que a aviação alemã parece poupar os bairros residenciais do oeste ou os subúrbios da classe média. Alguns temem uma explosão social. Demagogos atiçam a cólera popular, tentando organizar uma ocupação dos porões do Savoy, onde os ricos sonâmbulos se abrigam em caso de alerta. Um rosário de bombas que atinge uma das alas do palácio de Buckingham diminui a tensão. Churchill, contente com o fato, ordena que se dê o máximo de publicidade a um episódio que, de início, é dissimulado pela censura. "Todo mundo é visado", ele pode então dizer.

Mesmo tendo demonstrado uma grande abnegação durante a *blitz*, os britânicos acolhem com imenso alívio o fim dos bombardeios, em maio de 1941. O ataque alemão contra a URSS, após a campanha dos Bálcãs, confirma a pausa e justifica o entusiasmo para com a União Soviética, ligado a um impulso de reconhecimento. "Obrigado pelas noites calmas!" O alívio da população se confirma ainda ao final de 1941, com a entrada dos Estados Unidos na guerra. Doravante, a vitória parece não suscitar dúvidas.

A queda do moral, ou antes, do humor, a partir de 1943 e mais ainda durante o ano seguinte parece difícil de explicar. Diferentes elementos parecem contribuir para isso: a duração do conflito, considerada excessiva, o agravamento das restrições, ligado à escassez de tonelagem, embora as rações continuem aceitáveis e alguns produtos como o pão, os cereais e as batatas estejam sempre disponíveis.

A retomada dos bombardeios com os ataques ao Baedeker em 1942 e, principalmente, a Baby Blitz de 1944 repercutem mal. Os ataques mais arrasadores, entretanto, são os das bombas voadoras V1 e V2. Embora uma forte proporção desses artefatos caia fora de Londres, a ameaça é constante, irritante, nervosamente estafante e as perdas são graves: de 60 mil mortes por bombardeio durante a guerra, 5 mil são imputáveis às bombas voadoras. Um milhão de pessoas devem ser evacuadas da capital. A fadiga ligada ao conflito traduz-se ainda numa diminuição do rendimento e num aumento sensível do absenteísmo nas fábricas e nos serviços. Um último elemento explica o cansaço: as incertezas econômicas do pós-guerra, quando cessará a ajuda americana.

Numa carta endereçada a Harry Hopkins em outubro de 1944, lorde Beaverbrook faz eco ao mal-estar da população e dos meios políticos:

> Aqui, na Grã-Bretanha, vivemos um estranho período de nossa vida política. Pela primeira vez, os ingleses não estão absolutamente seguros de si. Seu futuro os preocupa. E esse sentimento tem origem, de certa maneira, no fato de que foi necessário contar amplamente com a ajuda exterior durante a guerra. Essa ajuda, jamais teríamos obtido sem o socorro de sua amizade. Sabemos que,

quando o senhor chegou a nosso país, soube fazer uma avaliação clara. Avaliando a perspectiva da derrota e as chances da resistência, o senhor decidiu apoiar a resistência. Entretanto, tendo sido beneficiados, até o presente momento, da ajuda pela qual o senhor é o principal responsável, os britânicos serão logo obrigados a prosseguir na estrada com seus próprios meios. E essa é uma perspectiva que traz, no presente momento, algumas inquietações...

Aqui, estamos um tanto apreensivos. Em Londres, os foguetes nos atingem na cadência de seis por dia. No último sábado, pela manhã, aconteceu uma catástrofe: um foguete caiu no subúrbio, e até então uma bomba isolada não havia feito tantas vítimas. Não sei quantas perdas temos ainda de sofrer antes do final do inverno. O *slogan* "Londres pode aguentar" continua atual. E com certeza teremos ainda muito que aguentar. O primeiro-ministro está perfeitamente consciente da situação. Ele sabe muito bem o que as pessoas são capazes de suportar antes de começar a protestar e como apaziguar esses protestos quando se fizerem ouvir. Seu método consiste em criar, no espírito do público, um sentimento de irmandade com os homens que estão na frente de combate. Até agora, ele nunca se pronunciou antes da hora.

De todo modo, o foguete é preferível à bomba voadora e ao alerta em dois tempos que a acompanha: primeiro a sirene e depois o barulho do artefato que se aproxima. A impressão era realmente estranha, pois, enquanto o barulho se fazia ouvir, estava-se em segurança. Era somente quando o artefato "cortava os ares" e que o silêncio dominava que se fazia uma prece.

Os partidos políticos se preparam para o combate tendo em vista as eleições. Em minha opinião, não se deveria retardar muito a data, pois o governo é agora incapaz de enfrentar os problemas do pós-guerra: a capacidade de transigência chegou ao limite.[222]

Mal-estar que se deve a uma profunda mutação. Por conta das evacuações de crianças, em particular, ou dos ataques aéreos, a *gentry* se conscientiza de abismos sociais que se acreditava pertencer a um passado remoto. Essa conscientização leva à implementação de um sistema de proteção social eficaz e põe em causa a manutenção de uma política de grandiosidade. Sem que Churchill esteja plenamente consciente, o debate se inicia antes mesmo do final das hostilidades. No fim das contas, o espírito de Dunquerque e o entusiasmo esportivo das batalhas aéreas de 1940 não existem mais. A Inglaterra vitoriana desaparece durante a Segunda Guerra Mundial.

Se a Grã-Bretanha passa pela primeira vez pela experiência da guerra em seu território, as provações sofridas parecem bem fracas se comparadas às da população soviética. Desde o começo do ataque alemão, milhões de trabalhadores e de empre-

---

[222] SHERWOOD (R. E.), *Le Memorial de Roosevelt*, op. cit., t. II, p. 375.

A Segunda Guerra Mundial

gados são transferidos para as regiões orientais, nas piores condições, amontoados em vagões de carga, com pouco ou nenhum aquecimento durante o inverno. Na chegada, depois de viagens intermináveis, muitos ocupantes estão mortos de frio ou sofrem de profundos congelamentos.

A provação não está terminada. Os refugiados amontoam-se em locais já superpovoados das cidades lúgubres do Ural ou da Sibéria, onde tudo vinha sendo sacrificado há mais de dez anos em favor da edificação das indústrias pesadas. Independentemente dos homens enviados para a frente de batalha, toda a população saudável de 16 a 65 anos é arregimentada, submetida a jornadas de trabalho intensivo de 12 a 15 horas, associadas frequentemente a deslocamentos intermináveis. As férias são suprimidas. Apenas um único dia de descanso por semana, também não obrigatório. Um "trabalho forçado", dirá um deles. Em Sverdlovsk, Herling conserva uma lembrança indelével:

> Aqueles operários que, à noite, ao sair da fábrica, se reuniam sob os alto-falantes instalados nas ruas a fim de escutar as últimas notícias da guerra. Seus rostos eram sinistros, mal barbeados, com um olhar sem a menor chama de vida. Escutavam em silêncio, depois se separavam em grupos de dois ou três para receber sua dose habitual de discussão e de propaganda. Suas silhuetas curvadas afundavam na bruma prateada da neve como as de ratos que tivessem saído de seus buracos de gelo, no crepúsculo.[223]

Terríveis restrições pesam sobre o conjunto da população. Os bens de consumo, já tão raros, desaparecem completamente. As rações alimentares, apenas suficientes para os operários, caem para um nível de falta total para os improdutivos. Os jardins coletivos instalados às portas das fábricas ou nas praças fornecem um magro suplemento de frutas ou de legumes. Durante toda a guerra ou mesmo depois, os citadinos vivem nos imóveis onde reina uma temperatura polar por falta de meios de aquecimento. A eletricidade e o petróleo são distribuídos com parcimônia e só servem para a preparação das refeições.

A vida no campo não é melhor. Com a mobilização da totalidade dos homens em estado de portar as armas e a requisição de tratores e de cavalos, o trabalho se efetua unicamente à mão. As mulheres, as crianças e os velhos são obrigados a puxar arados. De maneira geral, a provação é aceita com resignação, por vezes mesmo com fatalismo, por um povo habituado de longa data ao sofrimento e à miséria. Não se pode negar, no entanto, o entusiasmo de muitos operários, dos jovens bem decididos a arrancar a vitória a qualquer preço.

---

[223] HERLING (G.), *Un monde à part*, op. cit., p. 288.

432

As retaguardas

A tensão policial continua forte. Centenas de milhares de "agitadores" egressos do partido prestam assistência ao NKVD e não hesitam em denunciar todos os que parecem suscetíveis de derrotismo ou de sabotagem. Um toque de recolher particularmente rígido atinge a cidade e seus arredores.

As desigualdades sociais persistem. Os privilegiados da *nomenklatura* recebem rações especiais e meios de aquecimento. Salários elevados permitem ter acesso aos mercados colcozianos, que praticam preços astronômicos. Na outra extremidade da escala, os dez milhões de detentos do "arquipélago *gulag*" prosseguem em sua existência miserável atrelados a trabalhos de interesse econômico ou estratégico: construção de cidades, de vias férreas, de campos de aviação, de fortificações. O sistema não manifesta nenhum sinal de flexibilidade. Se os detentos são libertados, é para serem incorporados a batalhões disciplinares ou a unidades de retirada de minas.

Tendo em vista essa soma de sofrimentos, pode-se compreender o orgulho soviético, após a vitória, o desejo de vingança com relação à Alemanha, assim como a esperança de uma vida melhor e de uma distensão no plano político. Apenas os deportados não têm ilusões. Com um realismo pungente, G. Herling descreveu a reação de seus companheiros de miséria ao anúncio da vitória do Exército Vermelho diante de Moscou: desespero e impotência.

Assim como o soldado da Wehrmacht, o civil alemão conheceu uma trajetória inversa à dos soviéticos, passando da euforia ao desespero. De 1940 a 1943, da queda da França às primeiras derrotas, a Alemanha vive em condições que não estão muito afastadas daquelas do tempo de paz. A mobilização, tendo em vista uma população de quase cem milhões de habitantes com as últimas anexações, está longe de ser total. A proporção de mulheres no trabalho quase não sofre mudanças com relação a 1939. Registram-se ainda mais de um milhão e meio de criados domésticos. A maior parte das mulheres manifesta, é bom lembrar, muito pouco empenho em ingressar nos serviços ou na produção. Como dissemos, Hitler não pretende, de maneira alguma, desorganizar a vida familiar alemã, considerada um fator essencial de equilíbrio numa nação em guerra.

Embora haja restrições desde o primeiro inverno, elas são moderadas. Exceto nos últimos meses, a Alemanha não sofrerá nada de comparável às terríveis privações causadas pelo bloqueio de 1914-1918. As rações, no geral, continuam do mesmo teor que as dos ingleses. Até 1942, a produção de bens de consumo permite atender às necessidades. As restrições mais importantes dizem respeito ao aquecimento, ainda que suportáveis, e, sobretudo, à gasolina, o que causa um desaparecimento quase completo do tráfego das viaturas particulares. Após a campanha de 1940, graças a uma taxa de câmbio particularmente vantajosa, milhões de soldados abastecerão suas famílias com produtos comprados na França.

433

As tensões surgem a partir de 1943, após Stalingrado, com a implementação de uma verdadeira economia de guerra. Os jornais publicam listas impressionantes de combatentes "caídos pelo Führer e pela Pátria". Todas as famílias são progressivamente atingidas. A produção de alguns bens de consumo – como os brinquedos, os perfumes e as máquinas fotográficas – cessa totalmente. Os cabeleireiros limitam seu serviço aos cortes e às lavagens. Roupas e móveis são reservados aos que perdem seus pertences em sinistros. Os bombardeios tomam uma amplidão trágica após a destruição de Hamburgo.

Contra as expectativas dos anglo-americanos, a população resiste, embora se note, como na Inglaterra, algumas reações. Após os grandes ataques terroristas, as autoridades registram fenômenos inquietantes: os sobreviventes parecem abobalhados, traumatizados, em estado de choque. Esse abalo persiste durante várias semanas, às vezes durante vários meses. Críticas são feitas com relação ao regime, em particular a Göring, incapaz, apesar de suas afirmações grandiloquentes do começo da guerra, de interditar o céu da Alemanha à aviação aliada.

Outros fenômenos se manifestam, como, por exemplo, um intenso sentimento de solidariedade, principalmente em Berlim, alvo de ataques incessantes do Bomber Command e da aviação americana a partir de novembro de 1943. Os ataques, enfim, estão na origem de um feroz desejo de vingança que incita Hitler a relançar, em 1942 e em 1944, bombardeios dispendiosos sobre os centros urbanos britânicos e a ativar a fabricação de armas de represálias, tipo V1 e V2. Ele também insiste em reforçar a DCA nas zonas ameaçadas. A vítima do sinistro deve poder assistir à destruição do bombardeiro que demoliu sua casa.

Convém, no entanto, notar que, pelo menos nos primeiros anos, os bombardeios só atingem uma minoria da população, visando, em princípio, apenas aos grandes complexos habitacionais que representam 40% da população, proporção que cai a 20% com as evacuações das mulheres, das crianças e dos velhos. É verdade que, a essa população, devem acrescentar-se, a partir de 1943, os 7 milhões de trabalhadores estrangeiros instalados, em geral, nas cidades importantes e cujo estatuto é bastante variável. Os ocidentais, franceses, belgas e holandeses desfrutam de uma liberdade relativa, enquanto os poloneses, os russos e os iugoslavos acham-se confinados em alojamentos semiconcentracionários de algumas fábricas.

A partir do outono de 1944, os bombardeios revestem-se de uma importância maior, graças aos novos meios da aviação aliada. Por falta de um propósito, os ataques acabam por visar, com um efeito devastador, às cidades de médio porte e mesmo as pequenas povoações. Simultaneamente, a aviação tática intervém. Centenas de caças-bombardeiros sobrevoam a Alemanha, atacando tudo o que tem uma vaga aparência de objetivo militar ou econômico, metralhando estradas e vias férreas, sem distinguir os comboios militares dos civis.

434

As retaguardas

Os bombardeios não são suficientes para explicar as quedas do moral, de duração cada vez mais longa, notadas pelas autoridades. Aos ataques aéreos acrescentam-se os reveses militares, as perdas de familiares, as restrições mais severas. Todos esses elementos explicam a inércia de uma parte da população, o ceticismo, o número de membros do partido que não trazem mais sua insígnia, o aspecto morno das reuniões em que os "Sieg Heil"* denotam falta de convicção.

Uma ideia começa então a se difundir nos meios dirigentes que, na realidade, nunca se alinharam ao nazismo. O próprio Führer não constitui por si só um obstáculo a uma paz entre potências ocidentais, permitindo ao Reich dedicar todas as suas forças à ameaça principal, a União Soviética? A partir de 16 de dezembro de 1942, Bormann é consciente desse mal-estar. Menos de um ano depois, em 7 de novembro de 1943, durante uma conferência ultrassecreta diante dos Reichsleiter e dos Gauleiter, o general Jodl denuncia "o demônio da subversão que chega passo a passo":

> Todos os fracos procuram uma saída no que eles chamam de solução política. Aconselham negociar em vez de combater. Uma capitulação seria o fim da Alemanha. Contra essa onda de propaganda inimiga e de covardia que se difunde em seus corações, a força não é suficiente. É por isso que vou dar-lhes uma ideia absolutamente verídica e objetiva do estado de nossos negócios, a fim de que os senhores encontrem os elementos necessários para reerguer o moral da nação.[224]

Ao longo desse período difícil, algumas camadas da população continuam a ter fé na vitória, em particular os jovens de 14 a 17 anos. Com uma escolaridade reduzida a meia jornada, desenvolvem uma atividade considerável: ajuda aos sinistrados, participação na defesa passiva, bombeiros, serventes de DCA. No momento da invasão, principalmente a soviética, milhares da Juventude Hitlerista armados de pistolas e de Panzerfaust combaterão acirradamente e infligirão, em particular em Berlim, perdas sangrentas ao Exército Vermelho. Apesar de algumas deficiências, a nação persiste e a adesão das massas populares ao regime resiste às provas. De acordo com a propaganda de Goebbels, os alemães têm o sentimento de travar uma luta de morte e que, em caso de derrota, deve-se temer o pior.

Essa coesão contribui para explicar a fraqueza da resistência ao regime. Em virtude do princípio de que a pátria é eterna e de que um regime é sempre transitório, toda oposição num país engajado numa luta impiedosa identifica-se com

---

* N. R. T.: *Sieg Heil*, expressão cuja tradução literal é "Salve, vitória!", era frequentemente usada em reuniões nazistas.

[224] O quadro da situação militar do Reich em novembro de 1943 descrito por Jodl é encontrado em CARTIER (R.), *Hitler et ses généraux*, op. cit., p. 244 e ss.

a traição. Antes de passar à ação aos 20 de julho, Stauffenberg não tem ilusões: "É chegado o momento de agir. Mas aquele que tem a coragem de agir deve saber que ocupará um lugar na história alemã entre os traidores. Por outro lado, se não agir, será um traidor diante de sua própria consciência."

E há outro entrave: a adesão maciça da população ao regime. Independentemente do respeito à ordem sensível estabelecida na Alemanha, a grande maioria da população não pode esquecer que o nazismo realizou milagres. Exorcizou o espectro da crise econômica e recolocou o país no trabalho, estando na origem de uma vasta política social. Apagou os estigmas de Versalhes, devolveu ao Reich sua força e sua dignidade. E alcançou ainda outros milagres: os sucessos espetaculares do exército alemão até 1942 e, em particular, a vitória fulgurante contra a França. Numa larga medida, Hitler continua a fazer figura de mágico e, quase até o fim, uma forte maioria de alemães permanece convencida de que ele conseguirá reverter a situação. A notícia do atentado de 20 de julho provoca a indignação sincera de uma grande parte da população.

Essa adesão se manifesta essencialmente, com efeito, nas classes populares. Não sem paradoxo, como assinala Degrelle em sua *Campagne de Russie*, a guerra no leste também contribuiu para reforçar a adesão ao regime:

> Ficamos de início muito impressionados, à aproximação dos arredores da cidade (Dnepropetrovsk), quando vimos desenhar-se os grandes cubos dos imóveis proletários edificados pelos soviéticos. Suas linhas eram modernas. Os prédios, enormes e numerosos. Inegavelmente, o comunismo havia realizado alguma coisa para o povo. Se a miséria dos camponeses era grande, pelo menos o operário parecia ter aproveitado dos novos tempos.
>
> Vivemos seis meses na bacia carbonífera do Donetz. Tivemos a oportunidade de verificar as constatações que havíamos feito quando chegamos a Dnepropetrovsk. Aquelas construções, tão impressionantes de longe, não passavam de uma gigantesca farsa, destinada a mistificar os viajantes da Intourist e os espectadores das atualidades do cinema.
>
> Logo que nos aproximávamos desses blocos de imóveis, ficávamos enjoados pelo odor fétido de lama e de excrementos, subindo do lodo que cercava cada um dos edifícios. Não havia ao redor deles nem pavimentação, nem grade, nem barragem. A lama russa dominava ali, como em toda parte. A evacuação das águas da chuva se fazia diretamente no chão... As paredes estavam descascadas e rachadas em todos os sentidos. Os materiais eram da pior qualidade. Por toda parte, as grades estavam arrancadas. As escadas de cimento estavam gastas e escavadas. Ora, essas construções datavam de apenas alguns anos. Cada andar possuía um certo número de apartamentos caiados de branco, providos de uma cozinha minúscula de uso de várias famílias. Os fios elétricos corriam em girândolas. As paredes eram de argila, e desabavam quando se arriscava a bater um prego em uma delas.

Geralmente, o fornecimento de água não funcionava. A população proletária, não conseguindo utilizar as instalações sanitárias, fazia tudo ao redor dos imóveis, convertendo seu entorno numa vasta fossa de necessidades...

Setenta e cinco por cento de nossos soldados eram trabalhadores manuais. Muitos deles tinham sido sensíveis, no passado, à propaganda dos sovietes. Ficavam de boca aberta agora quando viam em que estado de decadência e prostração se achava o proletariado russo.

Hitler tinha tentado uma experiência perigosa. As centenas de milhares de trabalhadores alemães mobilizados e enviados para a Frente Oriental poderiam fazer perigosas comparações se os sovietes tivessem realmente realizado alguma coisa de vulto em favor da classe operária... Nunca uma massa de trabalhadores havia feito uma tal viagem de estudos. Quatro anos depois, a comparação se faria em sentido inverso.[225]

Acessoriamente, mas apenas acessoriamente, toda tentativa de oposição se choca com a onipotência da Gestapo. Às vésperas da guerra, o social-democrata Wilhelm Leuschner confia com tristeza a um amigo inglês: "Estamos encerrados numa vasta prisão. A rebelião seria um suicídio, estamos como prisioneiros que não podem amotinar-se contra os guardas armados".

Há ainda mais que isso. Os oponentes acham-se presos a uma trama de ambiguidades. Com exceção de alguns homens de esquerda, a maior parte é originária de meios dirigentes da alta burguesia ou da aristocracia. A maior parte, de início, deixou-se fascinar pela mística do nazismo. Em meio à guerra, continuam profundamente nacionalistas, anticomunistas, e muitos deles consideram a guerra no leste como uma cruzada. É o último fator, enfim: como lamentará Allen Dulles, após a guerra, esses oponentes não receberão o mínimo encorajamento por parte dos ocidentais, pelo contrário. Resultado de um enorme contrassenso, ingleses e americanos estão convencidos de que o imperialismo do III Reich provém tanto do fanatismo dos nazistas quanto da vontade de poder da casta militar oriunda da classe dos Junkers.

De todo modo, embora haja controvérsias, já que na Alemanha não houve sabotagens, nem atentados (apenas um), e menos ainda *maquis*, e também se conteste a existência de um *Widerstand* (resistência), havia, pelo menos, oposições. Houve alemães que se levantaram contra Hitler. Esses, como o pequeno grupo de estudantes da Rosa Branca fuzilados em fevereiro de 1943, saem do meio universitário. Outros, como o pastor Niemoller, detido por várias vezes, ou o Monsenhor Galen, bispo de Munster, violentamente hostil à eliminação dos doentes mentais, são oriundos das igrejas.

---

[225] DEGRELLE (L.), *La Campagne de Russie*, op. cit., p. 28.

O grupo mais importante continua a ser, entretanto, o dos membros da conjuração de 20 de julho de 1944, oriundos da Schwarze Kapelle com civis, Gördeler ou Leuschner, diplomatas, von Hassel e von der Schulenburg, e militares, Beck, Witzleben, von Stauffenberg, Oster e Canaris, em associação com os membros do círculo de Kreisau: von Moltke, Yorck von Wartenburg ou von Trott zu Solz. Lembremos que, a partir de 1942, esses conjurados obtêm adesões no comando do oeste, no estado-maior do exército do interior e no próprio quartel-general de Hitler.

Essa conjuração se apoia numa trágica ilusão. Os anglo-americanos jamais teriam aceitado negociar um armistício e menos ainda concluir uma paz separada com homens considerados representantes típicos do militarismo prussiano. É certo que os serviços secretos americanos e principalmente britânicos multiplicarão em Berna, Lisboa ou Estocolmo os contatos com os oponentes ao regime. Entretanto, com exceção de algumas incertezas perceptíveis em Attlee ou em Eisenhower às vésperas do desembarque da Normandia, os Aliados jamais aceitarão mudar sua política. Esses contatos terão essencialmente por objetivo tomar a temperatura do regime, na esperança de uma derrocada suscetível de abreviar a duração do conflito. Churchill e, principalmente, Roosevelt serão intratáveis quanto ao princípio da rendição incondicional do Reich.

Às vésperas do atentado, Stauffenberg está, aliás, perfeitamente consciente desse impasse. Ao tentar assassinar Hitler, procura apenas salvar a honra do exército alemão. Por uma dessas trágicas ironias que permeiam a história, ele cairá, como muitos de seus companheiros, sob as balas do próprio exército, antes de qualquer intervenção da Gestapo ou de Hitler.

A situação privilegiada dos Estados Unidos durante a Segunda Guerra Mundial é bastante conhecida. Os americanos, diferentemente de todos os outros beligerantes, não sofreram a menor ameaça de invasão. Ignoraram os bombardeios e travaram uma guerra de caráter colonial conduzida a milhares de quilômetros de suas costas, com o mínimo de perdas. Diferentemente ainda dos outros países, a guerra traduziu-se no retorno a uma prosperidade sem precedentes.

Após Pearl Harbor, as autoridades julgaram conveniente, entretanto, adotar medidas destinadas a criar uma atmosfera de guerra e conscientizar o povo americano de que se achava realmente engajado num conflito. Para grande surpresa dos britânicos de passagem, alguns prefeitos, como La Guardia em Nova York ou o de Chicago, impõem um toque de recolher e incitam a população a dedicar-se a exercícios de defesa passiva.

Canhões antiaéreos aparecem sobre alguns imóveis de Washington. Sacos de areia protegem os edifícios históricos ou edifícios de caráter estratégico, como o hotel dos Correios. E essas medidas se chocam com um evidente ceticismo. Todo o mundo sabe, com pertinência, e a imprensa se apressa em confirmar, que o território americano está fora do alcance dos bombardeiros alemães ou japoneses, mesmo na hipótese de missões suicidas, sem esperança de retorno. Outras manifestações coletivas visam, durante o ano de 1942, no âmbito da batalha da produção, ao aproveitamento de objetos de alumínio, chaleiras, caçarolas, ou ainda de pneus velhos para responder a algumas carências.

Também são impostas restrições à população tanto para sensibilizá-la ao estado de guerra quanto por motivo de deficiências reais. No domínio alimentar, essas restrições dizem respeito a cerca de vinte produtos, entre os quais carne, conservas etc. Os consumidores são munidos de um sistema de cartelas com 67 cupons – um sistema bem complicado que constitui um verdadeiro quebra-cabeças para os comerciantes. Por várias vezes, acontecem interrupções de abastecimento, em particular de cigarros.

As necessidades militares – os torpedeamentos dos U-Boote na costa leste – provocam, em 1942, restrições de produtos petroleiros que causam carências locais e temporárias. Institui-se um sistema de racionamento. Os usuários são divididos em quatro categorias. A primeira compreende os médicos, os policiais e os pastores. A última inclui os viajantes de domingo, aos quais se atribuem 12 litros de gasolina por semana. Restrições menores atingem igualmente o óleo doméstico. Para reduzir o consumo e o desgaste dos pneus, os motoristas são convidados a respeitar a *Victory Speed*, a velocidade da vitória fixada em 35 milhas, ou seja, 50 km/h.

Outros problemas surgem ainda na vida dos americanos por ocasião das férias mais longas. Os deslocamentos são limitados pela carência de gasolina ou pela lotação dos trens reservados para os movimentos das tropas. Pela primeira vez depois de muitos anos, o tráfego de viajantes das companhias da estrada de ferro torna-se lucrativo. Os infelizes veranistas só podem escolher entre o campo ou a montanha. As praias da Califórnia estão cobertas de arame farpado, por temor aos ataques de comandos nipônicos, e as da costa leste estão em grande parte poluídas pelas marés negras dos petroleiros afundados. Dificuldades de moradia manifestam-se ainda em regiões como a Califórnia ou o sul, onde se desenvolvem indústrias de armamento. Assiste-se a uma elevação importante dos aluguéis e do preço de venda das casas.

Em suma, dificuldades singularmente menores. As consequências da guerra se fazem sentir, sobretudo, no plano sociológico. A mobilização dos homens e o trabalho das mulheres acarretam um desequilíbrio na vida familiar. Os adolescentes ganham uma independência nova, o que acarreta relações sexuais precoces e um agravamento do alcoolismo e da delinquência, mais marcante entre as moças (30%) do que entre os rapazes (10%). O número de divórcios também aumenta de maneira preocupante.

A Segunda Guerra Mundial

O conflito também agrava os antagonismos étnicos. No oeste, na Califórnia, os jovens latino-americanos se marginalizam ou adotam trajes excêntricos, os *zoot suits*, que lembram as vestimentas dos amantes de jazz dos países da Europa Ocidental. Esse comportamento dá origem a reações xenófobas e a conflitos com a polícia, mas os incidentes raciais mais sérios envolvem os negros. Vindos dos estados do sul, milhões de negros encontram trabalho nas fábricas do nordeste ou da Califórnia, suportando com dificuldade uma segregação em princípio proibida, mas que existe de fato nos escritórios, nas fábricas e nos bairros residenciais. Choques violentos opõem brancos e homens de cor. Os conflitos mais graves acontecem em 1943 em Detroit e causam 45 mortes. Vários líderes negros destacam uma situação pouco compatível com a guerra travada contra a Alemanha em nome do antirracismo. A segregação que conserva todo o seu vigor no sul está, por vezes, na origem de situações paradoxais. Prisioneiros alemães beneficiam-se de uma grande liberdade nos campos e frequentam bares proibidos para os *"colour people"*.

O episódio mais penoso atinge os membros da colônia japonesa, mesmo os de nacionalidade americana, confinados em sua maior parte na Califórnia. Após Pearl Harbor, em virtude de um plano elaborado de longa data e temendo uma "quinta coluna", eles são obrigados a abandonar, em 48 horas, suas casas, suas atividades, antes de serem transferidos para campos de grupamento vigiados pelo exército e instalados nas Montanhas Rochosas. Cenas de violência e de vandalismo acompanham esse êxodo, que atinge mais de 180 mil pessoas, entre as quais 55 mil serão reintegradas à sociedade em 1945.

A América oferece, afinal, a imagem algo paradoxal de um país em guerra, mas que retoma a prosperidade após doze anos de crise e o semifracasso do New Deal. De 1941 a 1945, com o desaparecimento quase completo do desemprego e aumentos de salário superiores aos dos preços, a melhoria do poder de compra chega a 25%. Apesar das restrições, o volume dos negócios aumenta em 12%. De fato, todos os indicadores estão em alta. A população passa de 132 a 140 milhões de habitantes, os lucros das empresas de 2 a 8,5 bilhões de dólares, o produto interno bruto de 90 a 213 bilhões. A melhoria mais espetacular é a do rendimento rural com um aumento de 250%.

A única sombra no quadro é a falta de brilho da vida intelectual. Apesar do aumento da produção de filmes, peças de teatro, operetas ou romances, a América sofre pela perda da fonte de inspiração europeia – inconveniente que, na realidade, é provisório e limitado. O balanço geral é bastante positivo. Uma sondagem revela que 70% dos americanos reconhecem que a guerra reverteu numa melhoria sensível de seu destino e numa confiança nova nas possibilidades do país.

Não é necessário dizer que a situação do Japão é totalmente diferente. Num país tão coerente, as primeiras vitórias se traduzem num entusiasmo delirante e só fazem reforçar a união sagrada. Exceto alguns velhos escritores, a *intelligentsia* se alinha ao esforço de guerra e repudia qualquer sentimento pró-ocidental. A maioria aceita filiar-se a grupos como a associação dos poetas *tanka* do grande Japão, que ataca a arte pela arte, a liberdade, o comunismo e o individualismo. Em abril de 1943, a Associação patriótica de literatura japonesa discute com a maior seriedade a criação de "uma literatura de aniquilamento da América e da Inglaterra".

Essa euforia continua até 1943. Totalmente senhor dos meios de comunicação, o poder dissimula cuidadosamente os primeiros fracassos, como a derrota de Midway. Em 8 de dezembro de 1942, dia de aniversário de Pearl Harbor, um jornal escreve: "Em milhares de quilômetros, do Ártico aos Trópicos, nos sete mares e nos cinco continentes, a terra tremeu sob o passo das legiões nipônicas e o céu repercutiu o ronco dos cavaleiros do ar japoneses." O ardor patriótico não poupa a religião. Muitas seitas se reúnem para dar a suas crenças um ar nacionalista. Uma revista não hesita em afirmar que o Cristo nasceu no norte do Japão!

Por causa do blecaute total da informação, é indiretamente que os japoneses tomam consciência das dificuldades de produção e do agravamento da situação militar. O desenvolvimento da economia de guerra causa o desaparecimento dos bens de consumo correntes a partir de 1943, quer se trate de tecidos, de roupas, de calçados, de sabão ou de fósforos. Esses produtos só podem ser encontrados no mercado negro, a preços astronômicos, levando-se em conta a inflação.

Mas as restrições mais severas provêm da crise dos transportes marítimos com a redução das importações dos produtos alimentícios. De 2.265 calorias, a ração média cai para 1.900 e logo para 1.700 calorias no início de 1945. As diferenças são, na realidade, consideráveis: 2.000 calorias para os trabalhadores braçais, pouco mais de 1.000 para os sedentários. Redução que é acompanhada por uma queda qualitativa. O arroz branco é substituído pelo arroz escuro, pelos cereais ou pelas batatas. O mercado negro se revela logo indispensável, e todos os domingos quase um milhão de habitantes de Tóquio efetuam buscas nos campos para conseguir comida em troca de objetos e de roupas usadas.

A grande virada acontece em novembro de 1944, com os primeiros bombardeios estratégicos dos B-29. Diante dos resultados medíocres dos primeiros ataques de precisão, esses ataques que logo serão efetuados à noite, com bombas incendiárias, tomam uma feição apocalíptica. Os povoados japoneses com casas de madeira e de papel oleado são vítimas de incêndios devastadores. Por falta de abrigos, é necessário contentar-se com trincheiras abertas, e as perdas na população são aterrorizantes. São cerca de 100 mil os mortos e desaparecidos durante o ataque aéreo sobre Tóquio em 10 de março de 1945. Esses bombardeios causam pânico, um agravamento do absenteísmo e evacuações maciças. A esses ataques

A Segunda Guerra Mundial

acrescentam-se, a partir da primavera de 1945, os ataques da aviação tática e da aeronáutica naval que visam aos portos e aos transportes rodoviários e ferroviários, provocando a desorganização da economia.

Ao longo desse período dramático, o moral da população resiste. A propaganda não dissimula mais a gravidade da situação, incitando os civis a permanecer com o pensamento voltado para os combatentes de Iwojima ou de Okinawa e a participar do movimento dos camicases. As associações recrutam centenas de milhares de voluntários para rechaçar uma invasão do Japão.

Quando o imperador, em 15 de agosto, pede à população para "suportar o insuportável", não se trata de uma simples frase de estilo. Para milhões de japoneses, o anúncio da capitulação se identifica a uma horrível humilhação. A manutenção da monarquia permite, entretanto, preservar a coesão do país. Uma página decisiva é virada. O exército e a marinha saem desacreditados do conflito. Os militares, e só eles, são apontados como responsáveis pela derrota, pela guerra que não souberam ganhar e por todos os seus excessos. O Japão procurará uma revanche por outras vias, não experimentando jamais a crise de consciência da Alemanha após 1945.

As retaguardas não se limitam aos grandes beligerantes, mas se estendem aos países ocupados ou avassalados – situação que, sob a condição de ser explorada com habilidade, poderia ter trazido grandes vantagens, tanto ao Japão quanto à Alemanha.

É forçoso reconhecer o fracasso da "esfera da coprosperidade" nipônica, ou antes, da "nova ordem" (Toa Shin Chitsujo) calcada no conceito alemão. A ideia corresponde a três objetivos: assegurar a segurança militar e econômica do Japão, responder aos sentimentos de fraternidade asiática oriundos da comunidade das civilizações e travar a luta dos Estados "proletários" contra o "imperialismo branco". O início parece promissor. Por ocasião da conquista relâmpago do sudeste asiático, os japoneses são, na maioria das vezes, recebidos como libertadores.[226]

Eles sabem mostrar-se hábeis em algumas ocasiões. Na Birmânia e na Tailândia, exibem sua fé budista. Na Indonésia, apoiam o islã contra os infiéis holandeses e os comerciantes chineses profundamente detestados. Os japoneses concluem acordos com os líderes nacionalistas. Em 1943, concedem a independência às Filipinas e à Birmânia, dando seu apoio ao movimento da Índia livre de Subhas Chandra Bose, o antigo rival de Nehru no partido do Congresso. Em novembro de 1943, Tojo convida os principais dirigentes asiáticos para serem recebidos em Tóquio. Estes se comprometem em lutar pela libertação da Ásia dos não asiáticos e juram "destruir as barreiras artificiais que os intrusos asiáticos erigiram entre nós".

---

[226] MUTEL (J.), "Sphère de coprospérité", *Dictionnaire de la Seconde Guerre Mondiale*, op. cit.

442

As retaguardas

Nessa data, o fracasso não deixa de ser patente em diferentes graus e por motivos variados. Primeiramente, pela falta de habilidade da administração japonesa, que reduz ao nível de satélites regimes em princípio aliados. E também pela desorganização dos intercâmbios habituais. O Japão não consegue assegurar a substituição dos produtos ocidentais manufaturados e a diminuição constante de sua marinha mercante traduz-se em reduções maciças das exportações de matérias-primas. Os países do sudeste da Ásia são, enfim, submetidos a pesadas requisições em proveito da manutenção das tropas de ocupação. Essa situação causa resistências crescentes, que constituirão a base dos movimentos de independência do pós-guerra. Em resumo, a conquista nipônica provoca um abalo profundo que não serviu nem aos japoneses nem às antigas potências coloniais, mas que se exerceu em favor da emancipação.

O fracasso da "nova ordem" alemã é do mesmo teor. A dominação alemã, em seu apogeu ao final de 1942, cobre a maior parte do Velho Continente, uma parte notável da Rússia ocidental, ou seja, um conjunto com mais de 250 milhões de habitantes. Até mesmo os países neutros, como a Suécia, a Suíça, a Espanha e mesmo Portugal, se acham envolvidos economicamente na esfera de atração do III Reich.

Dominação que se exerce, entretanto, em diferentes graus. A Itália e a Finlândia, engajadas em princípio em "guerras paralelas", aparecem teoricamente como aliados em todos os aspectos: as tropas alemãs estacionam nesses territórios e a Itália depende dos fornecimentos do Reich em carvão, produtos petrolíferos, gêneros alimentícios e material de guerra, e suas forças militares se encontram cada vez mais submetidas à autoridade da Wehrmacht.

A Hungria, a Romênia, a Eslováquia ou a Bulgária têm uma margem de ação muito mais reduzida, e seus dirigentes respondem com presteza cada vez maior às convocações de Hitler em Berchtesgaden ou em Klessheim. De fato, trata-se apenas de satélites. A Boêmia e a Morávia, a Croácia ou a Sérvia constituem protetorados integralmente submetidos à autoridade de governadores ou de chefes sujeitados à vontade alemã, como Ante Pavelitch em Zagreb.

Entre os Estados vencidos e os territórios ocupados, um abismo separa os países ocidentais e as regiões do leste. A oeste, o poderio alemão permanece relativamente leve até 1942. Por intermédio de um governo militar, o Reich vigia a ação da administração que ficou no local na Noruega, na Bélgica ou na Holanda. A Dinamarca goza ainda de uma grande autonomia. Em princípio, apenas garante o trânsito de tropas alemãs em seu território. Na França, o governo de Vichy conserva elementos de soberania importantes: uma zona livre, a autoridade sobre o império, forças militares entre as quais há uma frota que manterá, até novembro de 1942, um real valor operacional. Sob controle político e militar do Reich, o Estado francês conserva uma responsabilidade administrativa na zona ocupada.

443

Nessa parte do Velho Continente, o Reich dispõe de vantagens sólidas, pelo menos na aparência, que poderiam ter constituído até 1941-1942 os elementos dessa nova Europa cujos méritos não cansa de exaltar. Primeiramente, de um indiscutível ressentimento para com a Grã-Bretanha, sensível na Noruega, na Bélgica e particularmente na França, ligado a uma atitude considerada como de duplicidade, à fraqueza da participação militar ou a casos específicos como Mers el-Kébir.

A vitória alemã a oeste só fez reforçar o descrédito do regime parlamentar esboçado pela crise econômica e pelo sucesso repetido dos países totalitários. As opiniões ocidentais almejam um executivo forte e o fim do regime de assembleia. O caso é ainda mais nítido na França. A queda da III República, em 10 de julho, a formação de um Estado francês, o anúncio de uma revolução nacional são bem aceitos pela opinião em seu conjunto. Pétain dispõe de poderes regulares, o Parlamento é posto na reserva, e autoridade da administração se acha consideravelmente reforçada.

Esse sistema é acompanhado de um retorno às tradições, com a exaltação dos valores camponeses ou do corporativismo, sem deixar de lado um aspecto tecnocrático com a planificação e os favores concedidos à grande empresa. Da mesma forma, medidas discriminatórias com relação aos franco-maçons e aos judeus, com exceção dos antigos combatentes, não provocam emoções particulares na população. Com o ataque contra a União Soviética, o Reich dispõe ainda de um novo tema: a cruzada contra o bolchevismo, suscetível de encontrar eco entre os habitantes rurais e as classes médias.

O fracasso da nova Europa é, no entanto, consumado em 1942 e mais ainda em 1943. Entre as razões, aparece primeiramente a degradação constante das condições de vida material, atribuída aos alemães, mesmo que essas condições nada tenham a ver com as dos japoneses, dos russos ou dos europeus do leste. Num país como a França, as restrições alimentares ou de aquecimento são, de fato, extremamente diversas segundo as regiões e ainda mais segundo os meios sociais. Os camponeses escapam com mais frequência dessas condições e os citadinos encontram compensações variáveis em função de relações familiares de tipo rural ou de sua possibilidade de ter acesso ao mercado negro. Por outro lado, a moda não perde seus direitos. Paris e Nice constituem polos de elegância. A vida intelectual continua brilhante, apesar de dificuldades de todo tipo, como a falta de papel.

Acontece que as dificuldades cotidianas da Europa Ocidental são abundantemente exploradas pela rádio de Londres sob o tema "os alemães tomam tudo", embora haja aí uma singular deformação que não leva em conta a desorganização da produção agrícola por falta de mão de obra e de adubos nem a redução das importações ligada ao bloqueio britânico iniciado em julho de 1940. É com surpresa que os franceses constatarão que a liberação não traz nenhuma melhoria, pelo contrário. As restrições muitas vezes mais graves persistirão até 1948-1949.

A EUROPA ALEMÃ: novembro de 1942

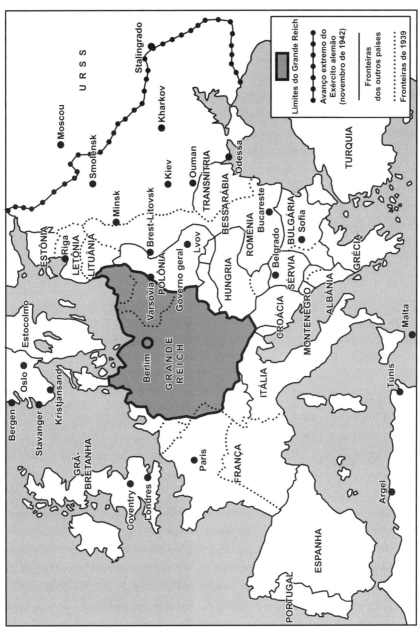

Em seu apogeu, com a anexação da Alsácia-Lorena e da Polônia ocidental, o grande Reich conta com quase cem milhões de habitantes. Todo o mapa do sudeste da Europa foi remanejado com a anexação da Transilvânia pela Hungria, o desmembramento da Iugoslávia e a extensão da Bulgária em direção à Macedônia e ao mar Egeu.

A Segunda Guerra Mundial

As requisições de mão de obra com destino ao Reich, a partir de 1943 – no âmbito do STO abarcando toda a Europa e atingindo essencialmente os operários e os técnicos – provocam a indignação das opiniões em geral e constituem um poderoso fator de hostilidade para com a Alemanha. Hostilidade que é reforçada pela manutenção da grande maioria dos prisioneiros na Alemanha e pelas primeiras prisões maciças exploradas pela propaganda aliada, contribuindo de maneira decisiva para o desenvolvimento das resistências e dos *maquis*.

Do mesmo modo, essa propaganda contribui para torpedear o tema da cruzada contra o bolchevismo, embora vários milhares de jovens se engajem no LVF ou em unidades de Waffen SS. Assim como nos países anglo-saxões, uma convicção acaba por dominar as opiniões: a de uma modificação em profundidade do regime soviético, de uma libertação que não omite a vida religiosa. A resistência do povo russo suscita também uma admiração quase geral.

O fracasso da nova Europa deve-se enfim a um erro político de Hitler. O Führer se recusa a determinar o *status* do futuro continente e a precisar o grau de autonomia dos principais países e mesmo o traçado de algumas fronteiras. É certo que uma hiperbalcanização despedaça o sudeste da Europa, com a detonação da Iugoslávia dividida em dois Estados, a Sérvia e a Croácia, acompanhada de expansões em benefício do Reich, da Itália, da Albânia, da Hungria e da Bulgária. Após Barbarossa, a Romênia recupera a Bessarábia e a Bucovina, esperando receber a Transnitria com o porto de Odessa.

Por outro lado, com relação à França, Hitler se mostra evasivo. Em junho de 1940, recusa-se a especificar suas condições de paz, que, aliás, ainda não havia estudado seriamente. Com as aberturas de Darlan em Berchtesgaden e em Saint-Florentin, em maio e dezembro de 1941, ele se recusa, em troca de uma participação reduzida da França na luta contra a Inglaterra, a uma reformulação do estatuto do armistício, que incluísse o retorno dos prisioneiros, a supressão da linha de demarcação ou a redução das despesas de ocupação.

O Führer é sempre vago quanto às questões territoriais. A cessão de algumas colônias se acompanharia de compensações, em detrimento do Império Britânico, ao que parece. Em troca da anexação da Alsácia-Lorena pelo Reich, a França poderia receber a Wallonie ou a Suíça românica. Ao contrário, a aplicação do armistício se acompanha de condições que não trazem bons agouros para o futuro. Os departamentos do norte e do Pas-de-Calais são submetidos à administração militar da Bélgica. À zona ocupada se superpõe uma "zona proibida" que compreende uma parte da Picardia e principalmente a Lorena e o Franco-Condado. Essa situação

446

As retaguardas

constituiria o prelúdio ao restabelecimento de uma Lotharíngia ou à criação de um Estado ss modelo?[227]

Essas contradições, na realidade, têm a ver com uma política bem estabelecida pelo próprio Hitler. A sorte dos países vencidos dependerá do momento da conclusão da paz, de sua atitude durante o conflito. Em Montoire, o Führer afirma que a Alemanha não pode perder a guerra, mas que a França pode ajudar a ganhá-la mais rapidamente. *Do ut des,** é o que repete a Darlan em várias ocasiões.

Com os primeiros reveses, alguns dirigentes como Goebbels, Göring ou Fritsche preocupam-se com essa atitude ambígua. Eles pensam que a Alemanha deveria expressar claramente seus objetivos de guerra e expor, de uma maneira clara, o que entende por "nova ordem". É o único meio de alinhar, num destino comum, os Estados europeus ou pelo menos as classes médias decepcionadas com o sistema democrático e preocupadas com o perigo comunista. As ideias de Goebbels, entretanto, permanecem obscuras, e se ele pensa numa "carta magna" europeia, contenta-se em responder, em 1943, a um enviado do *Nouveau Journal*, que "cada país será inteiramente livre no âmbito da nova Europa".[228]

Göring tenta ir mais longe. Diante de Farinacci, ele declara em 1943:

> Nós realizaremos a unidade do continente no âmbito de um organismo supranacional único, em que cada um dos membros conserve uma inteira autonomia e em que as fronteiras aduaneiras sejam suprimidas uma vez que a condição de uma síntese política europeia é, antes de mais nada, a unidade econômica da Europa. Desse modo, os europeus compreenderão que trabalham para toda a Europa.

Sete federações são previstas: península ibérica – França e Bélgica – Alemanha, Dinamarca, Polônia, Estados bálticos, Boêmia, Eslováquia – Suíça e Itália – ilhas Britânicas (sic) – Suécia, Noruega, Finlândia, Islândia – Hungria, Romênia, Bulgária, Ucrânia, Crimeia, Rússia Branca... Num futuro mais ou menos longínquo, essas federações poderiam fundir-se em conjuntos mais vastos. Um grupo latino, um grupo germânico e um grupo eslavo e oriental...

Muitos chefes nazistas não compreendem a necessidade de uma organização europeia. Incompreensão que leva Ribbentrop a dizer a Goebbels: "Não precisamos disso." Ao que ele responde: "Você descobrirá em breve que precisamos muito

---

[227] JACKEL (E.), *La France dans l'Europe de Hitler*, op. cit., p. 132 e ss.

* N. T.: Expressão latina que significa "Dou para que tu dês".

[228] Sobre as ambiguidades da nova Europa: LAUNAY (J. de), *Dossiers de la Seconde Guerre Mondiale*, Verviers, Ed. Gerard, 1964, p. 199 e ss.

447

A Segunda Guerra Mundial

disso!" Quanto a Hitler, sem negar a necessidade de uma fusão continental, evita sempre a questão. Ele não vê claramente, de início, qual poderá ser o estatuto político de alguns Estados. Sobretudo a partir de 1943, está totalmente ocupado com o andamento do conflito. Toda a Europa deve participar por bem ou por mal do esforço de guerra do Reich.

A associação, assim, dá lugar à vassalagem. Após a ocupação da zona livre, o governo de Vichy se encontra estreitamente controlado pela Alemanha. Na Noruega e na Holanda, homens como Quisling e Mussert, fundamentalmente pró-nazismo, são colocados à frente do governo. Por ocasião da conferência de Kleissheim, em abril de 1943, Hitler convoca todos os chefes políticos europeus: Mussolini, Horthy, Antonesco e mesmo Laval,para exigir novas contribuições. Progressivamente ainda, a economia dos países da Europa Ocidental se integra ao esforço de guerra do Reich. Quase 80% das exportações desses países tomam a direção da Alemanha. As demandas de mão de obra aumentam sem cessar. Em suma, o tempo de uma associação voluntária dos Estados europeus está muito distante em 1943. A uma adesão eventual, sucedem-se recusas e resistência.

Em compensação, o estatuto do leste da Europa parece bem diferente, dando lugar a situações variadas. Na Iugoslávia e na Grécia, teatros de uma guerra civil atroz, os alemães, em aliança com os italianos, contentam-se em ocupar os principais eixos de comunicação e em explorar os centros de mineração. Seu domínio, entretanto, é total na Polônia, no governo geral de Varsóvia. Nessa região, os alemães manifestam, desde o começo, sua vontade de dissolver a identidade nacional polonesa e reduzir os habitantes ao estado de servos. O clero acha-se confinado num papel puramente espiritual. A *intelligentsia* é dizimada, reduzida ao silêncio. No ensino, só o conteúdo técnico é tolerado no secundário e no superior. Submetida a uma intensa exploração econômica, a Polônia deve ser amputada de sua cultura, cortada de suas raízes.

Com o desencadeamento de Barbarossa, a Alemanha se estende mais a leste, à frente de um imenso território que atinge seu apogeu, no final de 1942, com mais de 2 milhões de quilômetros quadrados e povoado por 85 milhões de habitantes antes do conflito. Essas zonas ocupadas estão, em princípio, sob a direção de Rosenberg, o teórico do partido nazista, autor do *Mito do século XX*, posto à frente do Ostministerium*. A realidade é de fato mais complexa. O domínio alemão se afirma, de início, por dois comissariados. Ostland engloba os países bálticos, uma

---

* N. R. T.: Ostministerium ("Ministério do Leste"), forma reduzida para indicar *Reichsministerium für die besetzten Ostgebiete* (literalmente "Ministério do Reich para os territórios ocupados do Leste").

448

parte da Rússia Branca e a Ucrânia até Kharkov. O resto está sob a administração direta do exército. É uma divisão que não exclui em nada a influência de outros serviços, como as Relações Exteriores ou a ss.

A atitude alemã a leste deu origem a muitas polêmicas. Por sua brutalidade, sua vontade de dominação e de exploração, sua recusa em levar em conta a questão das nacionalidades, os alemães teriam ficado alienados das populações que os haviam acolhido como libertadores e que estariam prontas a combater a seu lado para libertar a Rússia da tirania stalinista.

Essa visão precisa ser seriamente examinada. É inegável que, em virtude das instruções de Hitler, o exército procedeu, desde que chegou à Rússia, à execução dos comissários políticos e dos quadros do partido. Muito rapidamente, também os sinistros Einsatzkommandos ss procederam a execuções coletivas de judeus. Entretanto, não se deve prejulgar as reações da população diante dessa política. Muitos depoimentos mostram que essas execuções e massacres só suscitaram indiferença e mesmo satisfação.

Bem antes da criação de organismos ss, a Lituânia e a Ucrânia foram teatro de horrendos *pogroms*,* que fizeram milhares de vítimas, assim como de execuções espontâneas de membros do Partido Comunista, após massacres de detentos nas prisões efetuados pelo NKVD, notadamente em Lvov.

Também é verdade que os alemães, nos países bálticos e na Ucrânia, principalmente, recusaram-se a levar em conta o nacionalismo, privando-se assim do apoio que poderia ter sido determinante. A reflexão de Manstein a esse respeito é expressiva: "Perdemos a guerra no dia de nossa entrada em Kiev, ao recusar desfraldar a bandeira ucraniana sobre o Lavra." De fato, profundamente decepcionado, o partido nacionalista ucraniano rompe de imediato com Berlim, e sua organização militar, como se sabe, começa em seguida a luta contra os alemães.

No entanto, essa questão do separatismo havia sido seriamente estudada pelos dirigentes do Reich. Rosenberg mostra-se favorável a ela. Mas, depois de vinte anos de comunismo, Hitler não acredita na solidez nem mesmo na existência de um profundo sentimento nacional ucraniano. Por outro lado, os alemães constatam rapidamente que qualquer tentativa de jogar com os separatismos tem como resultado reavivar o nacionalismo da grande Rússia e reforçar a resistência soviética. Reação a ser levada em consideração numa época em que os russos propriamente ditos representam mais da metade da população da URSS. Vinte anos antes, quan-

---

* N. R. T.: *Pogroms*: série de massacres visando a certas comunidades minoritárias, principalmente aos judeus.

A Segunda Guerra Mundial

do da intervenção no sul da Rússia, os franceses e os gregos teriam enfrentado a mesma reação.[229]

No mesmo domínio, é com repugnância e, em todo caso, muito tardiamente, que os alemães se decidem a levar em consideração esse nacionalismo russo ou grande-eslavo. As condições iniciais parecem extremamente favoráveis. No final de 1941, entre os três milhões de prisioneiros, centenas de milhares de voluntários declaram-se prontos a combater o stalinismo, em ligação com a Wehrmacht. Embora muitos desses dissidentes procurem simplesmente sobreviver e escapar dos campos de prisioneiros onde grassam a doença e a fome, o fenômeno ganha uma tal dimensão que mereceu um estudo particularmente detalhado de Soljenitsyn.[230]

Um primeiro recrutamento é feito, mas de maneira quase secreta, de cerca de um milhão de soldados suplentes. Esses *Hiwis*, de início simples auxiliares, serão progressivamente integrados em pequenas unidades, sempre sob comando alemão, destinados à luta contra os partisans. Apesar de seu desprezo inicial para com os eslavos e das reservas de Hitler, Himmler acabará, a partir de 1943, por recrutar voluntários que constituirão duas divisões. A primeira e a mais célebre, a 29ª divisão Galizien, comporta um sólido núcleo inicial constituído pelo engenheiro Kaminski chamado de RONA, Exército Popular Libertador Russo. Após abusos cometidos durante a repressão à rebelião de Varsóvia, essa unidade será dissolvida e seu chefe fuzilado. A essas unidades se acrescentarão batalhões de georgianos, de armênios, de azerbaijanos e duas divisões de cossacos.

O mais importante é a adesão de várias centenas de oficiais soviéticos, entre os quais o mais célebre é Vlassov. Capturado em julho de 1942, esse homem é um dos melhores chefes do Exército Vermelho e teve um papel capital na defesa de Moscou. Com sete generais e sessenta coronéis, funda o Comitê Nacional Russo e se propõe a tirar dos campos de prisioneiros e dentre os *Hiwis*, aqueles que integrarão o ROA, o Exército Libertador Russo, formado por cerca de trinta divisões.[231]

Apoiada por alguns generais alemães, como Reinhard Gehlen, a tentativa enfrenta as mais veementes reservas de Hitler, por constituir, com efeito, uma negação de toda a sua política. O Führer pretende estabelecer a dominação alemã sobre os espaços do leste, fazer da Ucrânia uma terra de colonização e abater definitivamente o poderio russo, qualquer que seja seu regime, socialista ou conservador.

---

[229] MASSON (Ph.), *La Marine française et la mer Noire*, Paris, Publications de la Sorbonne, 1982, cap. VI et VII.

[230] Sobre a política alemã na Rússia: DALLIN, *La Russie sous la botte nazie*, Paris, Fayard, 1970; KOSYK (W.), *L'Allemagne nationale-socialiste et l'Ukraine*, op. cit.

[231] MABIRE (J.), "Vlassov (général), armée (Vlassov)", *Dictionnaire de la Seconde Guerre Mondiale*, op. cit.

450

As retaguardas

Desse modo, o ROA limita-se a restos de batalhões cuja maioria é, então, dirigida para o teatro ocidental.

É somente em novembro de 1944, quando a situação no leste chega a um nível crítico, que se faz um acordo entre Himmler e Vlassov para a criação do KONR, o Comitê de Libertação dos Povos da Rússia. O comitê deve empreender a luta contra o comunismo e o capitalismo, pelo socialismo europeu. Vlassov é então autorizado a constituir um exército homogêneo e, no início de 1945, comanda duas divisões na Frente Oriental. Após um recuo na Boêmia, o infeliz esperou, não sem ingenuidade, obter o perdão de Stalin ao participar da insurreição de Praga.

Quando da criação do KONR, o problema do nacionalismo da Grande Rússia ou das nacionalidades foi colocado com cuidado. Nesse plano, Vlassov parece ter demonstrado uma moderação surpreendente. Ele teria vislumbrado que um império russo "constituiria sempre um perigo para a Europa". Desse modo, ele parece disposto a dar preferência aos "Estados nacionais do espaço russo, no âmbito da família europeia dos povos, dirigida pela Alemanha...". Alguns membros do KONR parecem ter tido uma opinião diametralmente oposta. Igor Sakharov esforça-se assim por convencer os alemães de que após 25 anos de poder soviético, todos os povos da URSS, ucranianos, caucasianos, "aprenderam mais ou menos voluntariamente a pensar da maneira soviética, isto é, da Grande Rússia".[232]

A política ambígua do Reich com relação aos separatismos ou ao nacionalismo russo não explica, por si só, a reserva e a hostilidade crescente da população. Se o retorno à liberdade religiosa é bem recebido, a supressão dos colcozes em proveito de comunas rurais constitui uma decepção para os camponeses, ainda mais porque aos fornecimentos para o Estado sucedem-se aqueles destinados à Wehrmacht. Os habitantes de regiões ocupadas também não podem ignorar o lamentável destino reservado aos prisioneiros soviéticos, metade dos quais morre de fome e de doenças durante os primeiros meses de prisão.

A desorganização total da economia manifesta seus efeitos já no outono de 1941. Em razão das destruições maciças do Exército Vermelho, o primeiro inverno é dramático. A população citadina, mal abastecida, sofre com o frio, vive na obscuridade e fica sem trabalho. Pela mobilização, com as transferências para o leste, o tecido social se decompõe numa proporção anormalmente forte de mulheres, crianças e idosos. Pelo rádio ou por intermédio de organizações clandestinas do partido, a propaganda soviética se esforça por tornar os alemães responsáveis por essa situação, contribuindo para difundir rumores que são tidos como verdadeiros, como o retorno dos grandes proprietários czaristas e o restabelecimento dos grandes domínios.

---

[232] Sobre Vlassov e o fenômeno nacional, ver KOSYK (W.), *L'Allemagne nationale-socialiste et l'Ukraine*, op. cit., p. 318.

451

A Segunda Guerra Mundial

É necessário, com efeito, levar em conta o papel dos agentes soviéticos e dos membros do partido que permaneceram no local ou que foram reforçados por infiltrações ou por elementos que desceram de paraquedas. Depois de reconstituírem uma organização clandestina, esses agentes monopolizam os postos da administração subalterna criada pelo ocupante; eles se encarregam de difundir palavras de ordem, deixando entrever um futuro melhor após a libertação, esforçando-se, ao mesmo tempo, por identificar e desmascarar os verdadeiros traidores e os nacionalistas.

Mas a mudança do comportamento da população deve-se essencialmente às deportações maciças de mão de obra a partir de 1942. Apenas na Ucrânia, quase dois milhões de trabalhadores, com uma forte proporção de garotas, são transferidos para o oeste em condições extremamente difíceis. Verdadeiras capturas são efetuadas à saída dos cinemas e das igrejas. As aldeias são cercadas pela tropa. Esse é um traço comum a toda a Europa. É o trabalho forçado que está na origem não só da animosidade das populações ocupadas, mas também do desenvolvimento das resistências e das lutas armadas. Ao retorno do Exército Vermelho, essas populações russas tentarão se limpar da pecha de omissão ou de colaboração, participando do combate dos partisans. Iniciativa tardia que não evitará terríveis represálias. Alguns preferiram seguir a retirada alemã, conseguindo apenas retardar o desfecho, pois serão entregues pelos Aliados às autoridades soviéticas após a capitulação do III Reich.

Apesar de seu fracasso, não se pode negar o abalo provocado pela ocupação alemã na União Soviética, principalmente na Ucrânia ou no Cáucaso. Após a Liberação, essas regiões são objeto de uma depuração brutal, que não visa somente aos colaboradores, mas também os nacionalistas, e que se acompanha de prisões maciças e da deportação de populações inteiras. O NKVD progride no mesmo ritmo que o Exército Vermelho, prosseguindo em sua tarefa sinistra, alimentando prisões e campos de prisioneiros. O *gulag* atinge provavelmente seu apogeu ao final do conflito com 10 a 15 milhões de cativos.

Todos os povos em guerra terão, finalmente, conhecido debandadas mais ou menos importantes, beirando a dissolução, como na União Soviética de 1941 ou de 1942. Por outro lado, diferentemente do que ocorreu na Primeira Guerra Mundial, não se registraram greves nas indústrias de armamento ou inícios de movimentos revolucionários. Nada comparável ao "abatimento dos povos" de 1917. Aliás, no desfecho do conflito, todos os beligerantes aspiram a um futuro diferente da fase que precedeu a guerra. Para os ingleses ou os americanos, o retorno da paz deve ser acompanhado pelo fim do desemprego e por mais segurança. Para os soviéticos, espera-se uma distensão maior no plano interior. Somente os vencidos estão sem ilusões. Às vésperas da capitulação, circula na Alemanha esta sinistra piada: "Filhos, alegrem-se com a guerra! A paz será ainda mais terrível!"

Conclusão:
da guerra à paz

"Alegrem-se com a guerra! A paz será ainda mais terrível!" Difícil dizer melhor. Para os alemães como para os japoneses, a capitulação é acompanhada de uma lenta descida aos infernos. Jamais o antigo adágio *uoe victis** foi mais verdadeiro. E 1945, o ano zero, vai durar de fato até 1948. Somente a desunião dos vencedores e a guerra fria constituirão o início de uma distensão.

Durante três anos intermináveis, o quadro é o mesmo em toda parte. A economia está desorganizada. A reconversão não acontece. Os ocupantes, quando não se entregam a confiscos maciços como os soviéticos, contentam-se em restabelecer as comunicações, assegurar um mínimo de produção de energia e relançar a cultura dos produtos alimentares de base. Em sua zona de ocupação na Alemanha, os ingleses proíbem a plantação de pomares e a cultura de aspargos. Só são autorizados os cereais e as batatas.

A derrota vem acompanhada de imponentes migrações. Um milhão e meio de japoneses estabelecidos na Coreia, na Manchúria ou em Formosa são repatriados para o arquipélago. Na Alemanha, 12 milhões de pessoas fugindo do avanço do Exército Vermelho, expulsos das regiões atribuídas à Polônia ou à União Soviética ou ainda do território dos sudetos, afluem para as três zonas de ocupação ocidental, tornando agudos os problemas de habitação e de abastecimento. Durante meses, colunas lamentáveis de refugiados percorrem as estradas, tomam de assalto os raros trens em serviço, acampam nos campos, nas ruínas ou invadem as aldeias.

O retorno a uma economia embrionária é acompanhado de uma miséria sem nome. O desemprego atinge níveis impressionantes, sem comparação com o dos anos 1930. No Japão, somente 25% dos desmobilizados acham trabalho. A fome ataca, com rações que mal ultrapassam as 1.000 calorias. A situação fica trágica

---

* N. R. T.: Expressão que significa "ai dos vencidos".

A Segunda Guerra Mundial

durante o inverno de 1945-1946, excepcionalmente frio, sobretudo na Alemanha. Em Berlim, o termômetro desce a -36°C. Para evitar uma catástrofe sanitária e frear o aumento impressionante da mortalidade infantil e dos idosos, os vencedores foram obrigados a distribuir rações alimentares, roupas e medicamentos.

Nas cidades, a maioria da população vive em porões, em subterrâneos, nos esgotos. Em toda parte, grassam o mercado negro, a prostituição, a bandidagem. De passagem por Hannover, em agosto de 1945, Ernst Jünger testemunha um espetáculo de desolação:

> A miséria, entre fileiras de ruínas, atingiu um tal grau que ultrapassa a das cidades russas que visitei, ainda mais que nossa resistência à dor é menor. O que se sente é que milhões de homens não têm ainda como se abrigar para passar o inverno. Rostos, roupas, coragem para viver, são como um monte de ossos, seres humanos que desceram ao último degrau que os separa da morte em massa.

Em Pforzheim, o quadro é pior: "O caminho passava através de muralhas de escombros. Viam-se por sobre as ruínas cruzes brancas e flores para os mortos enterrados sob elas. De tempos em tempos, uma luz, como a vela de um guarda de cemitério nesse campo de escombros."[233]

A Alemanha parece ainda mais atingida do que o Japão. Nas regiões ocupadas pelos soviéticos, os estupros, os raptos e os assassinatos prosseguem durante meses. Milhares de garotas são deportadas para o leste para desaparecerem em bordéis do Exército Vermelho. Reduzidos a trabalhadores forçados, a escravos, centenas de milhares de homens tomam a mesma direção, por conta dos acordos de Yalta que autorizam a URSS, a título de compensação, a efetuar requisições de mão de obra.

A maioria da população é composta de mulheres, crianças e idosos. Mais de 11 milhões de homens são feitos prisioneiros. Sua libertação pelos ocidentais começará a partir de 1947. Os soviéticos esperarão até 1956. São homens arruinados física e moralmente que retornarão à sua pátria. Mais de 90% revelam-se, então, inaptos para o trabalho e apresentam graves distúrbios psíquicos. A maior parte morrerá prematuramente.[234]

---

[233] JÜNGER (E.), *La Cabane dans la vigne*, Paris, Ch. Bourgois, 1980, pp. 126 e 198.

[234] As perdas se revelam muito desiguais. Elas não ultrapassam, se é que se pode dizer assim, 300 mil mortos para os Estados Unidos, 500 mil para a Grã-Bretanha, 600 mil para a França, para atingir 1,3 milhão na Iugoslávia, 2 milhões no Japão, 5 milhões na Polônia, 7 milhões na Alemanha, 20 milhões na União Soviética, mais ainda talvez na China. Diferentemente da Primeira Guerra Mundial, as populações civis foram maciçamente afetadas pela doença, pela subalimentação, pelos êxodos, por massacres sistemáticos ou por bombardeios. Estes causaram 60 mil vítimas na Grã-Bretanha, 300 mil no Japão, de 500 a 800 mil na Alemanha. Milhões de civis também desapareceram no universo concentracionário nazista ou soviético, e mais de 5 milhões de israelitas foram vítimas de um abominável genocídio.

Conclusão

O Japão é, com relação a isso, mais favorecido. A desmobilização começa antes mesmo da chegada das tropas de ocupação. De comum acordo, americanos e ingleses decidem o repatriamento de todos os soldados nipônicos do sudeste asiático. Uma única exceção, importante, atinge os 600 mil homens do exército de Kwantung na Manchúria, levados para os campos da Sibéria. Alguns milhares de sobreviventes serão libertados ao final de cerca de dez anos, reduzidos à condição de espectros, de robôs comunizados, em consequência de lavagens cerebrais ininterruptas.

É certo que alemães e japoneses estão esmagados, nervosos, literalmente desesperados. Ao contrário do que ainda pensava Clausewitz no começo do século XIX, a guerra absoluta não se encerra com a última batalha, para desembocar em negociações de paz. A *Hybris*, o raio da vingança, se abate sobre os sobreviventes. A descoberta das atrocidades cometidas pelo vencido só faz alimentar a boa consciência do vencedor.

Certamente, o balanço é impressionante. Independentemente dos piores excessos cometidos pela soldadesca nipônica na China, os Aliados descobrem com horror as condições de detenção abjetas reservadas a seus prisioneiros de guerra ou aos presos civis. Eles não ignoram mais nada da dramática "marcha para a morte" dos cativos de Bataan ou das lamentáveis condições de existência nos campos de prisioneiros. A taxa de mortalidade chega a 40%, e a saúde dos sobreviventes fica definitivamente comprometida. Em 1954, um sétimo dos combatentes de Bataan ainda estão vivos. Os americanos ficam cientes do sinistro trabalho da unidade 731 ou do destacamento Tama, que se dedicou na Manchúria a experiências químicas ou biológicas com seres humanos. Na Alemanha, a dissolução do Reich é acompanhada pela descoberta de práticas da Gestapo, do universo concentracionário e do genocídio dos judeus.

O balanço parece justificar amplamente toda uma iniciativa de reeducação, quer se trate de desnazificação ou de democratização, por meio de questionários, de conferências, de filmes, assim como de castigos ligados aos processos de Nuremberg ou de Tóquio, seguidos de outras jurisdições cuja atividade prosseguirá até os anos 1950. Serão condenados à morte ou a penas de prisão os grandes responsáveis e muitos executantes. Somente a insistência de MacArthur impedirá finalmente o processo e, sem dúvida alguma, a execução do imperador Hiroito, reclamados por uma parte da opinião americana, apesar dos compromissos assumidos às vésperas da capitulação.[235] No total, apenas para os ocidentais, excluindo-se os soviéticos e os chineses, esses processos atingirão cerca de 10 mil pessoas, entre as quais 3,5 mil no sudeste da Ásia.

---

[235] BEHR (Ed.), *Hirohito, l'empereur ambigu*, op. cit., p. 431.

A Segunda Guerra Mundial

Desde o início, essa justiça do vencedor não deixa de ser criticada. É certo que os procedimentos que dizem respeito a infrações flagrantes às "leis da guerra" definidas pelas convenções de Haia, de Genebra ou de Londres praticamente não suscitam oposição. Em compensação, os "crimes contra a paz", isto é, as guerras de agressão, de prática corrente na história, não têm nenhum precedente. Aliás, é só em 1975 que a ONU estará em condições de dar uma definição, ainda que discutível, de agressão. O mesmo se dá com os "crimes contra a humanidade", que dizem respeito ao tratamento reservado a populações submetidas à ocupação inimiga ou ao massacre de grupos étnicos, principalmente se estiverem sob jurisdição nacional.

É surpreendente também encontrar a União Soviética entre os acusadores, tendo em vista as agressões cometidas contra a Finlândia e os países bálticos, a denúncia do pacto de não agressão com o Japão, o tratamento reservado às populações alemãs, ou alguns massacres, como o de Katyn, perpetrados contra estrangeiros, sem falar, naturalmente, do *gulag*. Também é duvidoso o privilégio do vencedor em não levar em conta algumas infrações às leis da guerra, como os bombardeios terroristas ou a guerra submarina ao comércio sem restrições, sob o pretexto de que foram praticados pelos Aliados.

Também é contestável o princípio de uma responsabilidade coletiva, que infringe todo o pensamento ocidental e está na origem de uma indagação de Ernst Jünger:

> A tese da falta coletiva percorre dois caminhos paralelos. Para o vencido, ela significa: devo assumir meu irmão e sua culpa. Para o vencedor, serve de incentivo à pilhagem indiferenciada. Se o arco ficar muito esticado, pode levar a perguntar se o irmão tinha realmente tanta culpa assim.[236]

Na realidade, esse desfecho coloca o problema da irresistível progressão do mal que caracteriza a Segunda Guerra Mundial. Marcado por atos extremos no plano militar e ideológico, o conflito se singulariza, com efeito, pelo desencadeamento de uma violência em estado bruto, na origem de um tecido de atrocidades dignas dos mongóis em seu auge.

Desfecho estranho, no fim das contas, em contradição com as surpreendentes cautelas dos primeiros meses do conflito. Após o estrago da Polônia, os beligerantes hesitam diante da explicação suprema. Os adiamentos do plano de campanha alemão e a busca por manobras de alas dos Aliados não justificam a ausência total de combate na frente de batalha, onde se respeita a trégua de Natal, a ausência total também de bombardeios aéreos e as hesitações alemãs quanto à guerra ao comércio

---

[236] JÜNGER (E.), op. cit., p. 126.

456

Conclusão

sem restrições. Durante a campanha da França de maio de 1940, a Wehrmacht demonstra uma surpreendente "correção", bem diferente do comportamento do exército alemão de 1914, que capturou reféns e incendiou aldeias. A Batalha da Inglaterra apresenta ainda um aspecto cavalheiresco.

Entretanto, não se deve generalizar. O demônio do mal já está em ação nos territórios do leste. Após a queda de Varsóvia e a partilha de Brest-Litovsk, as minorias polonesas da Prússia ocidental e da Posnânia são impiedosamente empurradas para o governo geral e os judeus amontoados – e logo massacrados – nos guetos. Na zona anexada, a URSS procede a deportações maciças que se estendem alguns meses depois aos países bálticos, à Bessarábia e à Bucovina. De ambos os lados da fronteira os poloneses são rebaixados à condição de servos.

A partir do verão de 1940, com os primeiros bombardeios terroristas sobre a Alemanha e a Inglaterra, a engrenagem da violência não cessa de acelerar seu ritmo. À margem das manobras estratégicas, das operações militares, da amplificação dos teatros de operações, o crime premeditado, perpetrado a sangue frio, em pleno conhecimento de causa, estende sua ação cada vez mais. Um homem, Hitler, parece presidir a essa sinistra ascensão de uma violência desenfreada.

E o destino é estranho. Aquele simples combatente de 1914-1918 sai da obscuridade nos anos 1920 para afundar no nada, após o suicídio no *bunker* da chancelaria. Como o cavaleiro do Apocalipse, esse homem atravessa o seu tempo deixando atrás de si um espetáculo de desolação pontuado de ruínas, de sangue e de lágrimas. De todos os grandes dirigentes da Segunda Guerra Mundial, ele é o único que não tem sepultura. Na memória coletiva uma imagem acabou por se impor: a do monstro em estado puro.

Para qualificar Hitler, uma época que não tivesse perdido o sentido do trágico ou do religioso teria recorrido a outras expressões. O Führer teria sido visto como um novo Gengis Khan ou um segundo Tamerlão. Ele teria sido chamado de Hitler, o Cruel, ou Hitler, o Terrível. Teria sido visto, ainda, como a pura encarnação do Mal à maneira de um personagem de Dostoievski, ou ainda simplesmente como a manifestação do Anticristo.

Mas o "monstro" parece, em muitos aspectos, desconcertante. Não se pode negar que tivesse preocupações artísticas, mesmo discutíveis, e afetividade. Hitler ama os animais e as crianças. Com frequência, tem momentos de descontração na família Goebbels. Sem ser um sedutor à maneira de Mussolini, não foge da companhia das mulheres, pelo contrário. Uma delas, Eva Braun, aceitará compartilhar de seu destino em toda liberdade e segui-lo até a morte. Ao longo do conflito, se ele raramente visita hospitais ou cidades bombardeadas, é para preservar, como muitos outros dirigentes, sua liberdade de julgamento. A morte em combate do

457

A Segunda Guerra Mundial

marido de uma de suas secretárias faz que mergulhe numa tristeza real, e ele mesmo faz questão de anunciar a notícia à jovem senhora.

Até a guerra, parece existir um primeiro Hitler, um ser inspirado, um profeta. Como assinalou C. G. Jung, ele se revela então como um xamã, o intérprete do inconsciente de todo um povo. De 1933 a 1939, libera a Alemanha das humilhações e das frustrações da derrota e do *Diktat* de Versalhes, encarnando a vontade de poder e a tentação da aventura, latente no coração de uma jovem nação, cuja unidade é recente e que não encontrou seu equilíbrio.

Homens de temperamento e de formação fundamentalmente diferentes foram testemunhas e vítimas dessa extraordinária capacidade de fascinação. Jünger evoca, assim, seu primeiro encontro com Hitler nos anos 1920:

> Quando fui ouvi-lo, tive a impressão de um homem pálido e entusiasta que propunha menos ideias novas do que o desencadear de forças novas. Dir-se-ia que era menos mestre do verbo do que possuído pelo verbo. É assim que se representa um médium quase consumido pelas forças que afluem nele... Ele absorvia forças tiradas do impreciso, concentrava-as e refletia-as como um espelho côncavo; era um caçador de sonhos... Não dizia nada de novo, nada que não tenha sido dito... Mas tudo isso tinha uma extrema intensidade, um fluido todo-poderoso.[237]

E a mesma impressão em Benoist-Méchin:

> No alto de uma tribuna, enquadrado pela luz dos projetores e levado por um furacão de aclamações, ele se tornava um ser inspirado, sem comparação com o resto de seus semelhantes. E com tudo isso, era de uma ausência de ostentação que destacava ainda a estranheza de sua natureza. Não apresentava nenhum traço de desdobramento da personalidade que se encontra com tanta frequência nos atores e nos políticos. Ele não olhava para si mesmo, não se ouvia ao falar, mas se identificava totalmente com o que dizia ou fazia. A multidão sentia isso instintivamente e é por essa razão que ela lhe trazia uma adesão entusiasta. Quando estava dominado pela inspiração e a "corrente passava", tornava-se irresistível...[238]

Em alguns momentos, como assinala Goebbels, ele parece totalmente ininteligível, escapando às normas da espécie humana:

> Trabalho com ele há muitos anos, vejo-o quase todos os dias e, no entanto, há momentos em que me escapa quase completamente – quem pode se vangloriar de vê-lo como ele é? No mundo de fatalidade em que se move, nada mais tem sentido,

---

[237] JÜNGER (E.), op. cit., p. 241.
[238] BENOIST MÉCHIN, *À l'épreuve du temps*, Paris, Julliard, 1989, t. II, p. 126.

458

Conclusão

> nem o bem, nem o mal, nem mesmo o que os homens chamam de sucesso podem servir de critério... O que ele é, em última análise, eu ignoro. Seria ele realmente um homem? Eu não poderia jurar, há momentos em que me dá arrepios.[239]

Hitler parece, assim, fundamentalmente diferente de um Stalin, ser rude, malicioso, um animal poderoso e instintivo, devorado por uma imensa ambição pessoal e que dirige a Rússia do exterior à maneira de um czar sangrento, de um Ivan, o Terrível, ou de um Pedro, o Grande. Diferente ainda de um Mussolini, que é ao mesmo tempo natural e caloroso, duro e impiedoso em algumas circunstâncias. O Duce se esforça por conduzir a Itália, sendo ao mesmo tempo, pelo menos no começo, o instrumento de um povo satisfeito em ver que o fascismo restabeleceu a ordem na vida cotidiana e devolveu à Itália uma audiência internacional.

Sem grande ambição pessoal, como destaca C. G. Jung, Hitler é o intérprete da alma alemã. Ao longo desse período, como constata aqueles que os cercam, confia num instinto, numa voz interior. Instinto que se revela justo. Para espanto dos oponentes, as operações mais audaciosas, mas aparentemente arriscadas, como a remilitarização da Renânia, a Anschluss ou os sudetos alcançam êxito, sem que tenha necessidade de disparar sequer um tiro de fuzil.

Até 1939, Hitler é prisioneiro de uma força irresistível que vai, por vezes, contra o seu julgamento, o que torna então impossível qualquer negociação com ele, como destaca Jung, após o "golpe de Praga". "Virtualmente ele é a nação, e o problema com uma nação é que ela não cumpre suas promessas, não tem honra, pelo menos no nível do inconsciente coletivo. Uma tal nação – a despeito dos protestos dos Estados totalitários – é uma força cega."[240]

A virada acontece no verão de 1939. Durante as três primeiras semanas de agosto, Hitler manifesta uma estranha moderação que está em ruptura com o comportamento da crise de Munique. É certo que mantém suas reivindicações sobre a Polônia, mas abstém-se de qualquer declaração bombástica e do contato com a multidão. De férias em Berchtesgaden, ele abre o festival de Bayreuth, com *Tristão e Isolda*, e o festival de Salzburg, com o *Rapto no serralho*. Diante do silêncio de Varsóvia, dá a ordem de desencadear o ataque em 26 de agosto, depois adia a operação para 1º de setembro.

No último momento, Hitler hesita. Hesitação que torna ainda mais estranha a atmosfera desse verão de 1939. Como em 1914, os dirigentes parecem impotentes diante dessa escalada irresistível da guerra, com a teimosia da Alemanha e da Polônia, com a determinação britânica, a resignação francesa, o maquiavelismo

---

[239] Ibid., p. 138.
[240] JUNG (C. C.), *Rencontres et interviews*, Paris, 1985, p. 96 e ss.

459

soviético... Situação que parece justificar o tema expresso por Joseph de Maistre nas *Soirées de Saint-Pétersbourg*. A guerra é divina. Ela é enviada por Deus para punir o homem de suas iniquidades.[241]

Essa é uma afirmação que choca o homem moderno, desde que o silêncio de Deus instaurou-se sobre a Terra, e que prefere invocar o irracional... O próprio Hitler se sente arrastado pela força das coisas. Em 21 de agosto, ao anoitecer, no terraço de Berchtesgaden, assiste, em companhia de Speer, ao espetáculo inesperado de uma aurora boreal que inunda com uma luz vermelha o Untersberg, a velha montanha lendária. Não pode então deixar de dizer: "Isso é o presságio de muito sangue. Dessa vez, a coisa não será sem violência."[242]

Um segundo Hitler aparece, então; um Hitler racional que vai tentar conduzir a guerra de maneira fria, lógica, à moda antiga, caberia dizer. Após a campanha da Polônia ou a queda da França, ele propõe a paz. Para surpresa geral, o discurso é moderado. Sem brilhos, sem encantações, menos ainda vociferações. O tom é surpreendentemente médio.

Nos meses seguintes, para surpresa ainda de seu grupo social, ele manifesta uma espantosa reserva para com os Estados Unidos e se recusa a responder às provocações de Roosevelt. A preparação de um ataque contra a URSS identifica-se com uma angústia não habitual, inexistente em 1936 ou 1938. Após Moscou ou mais ainda após Stalingrado, os dados estão lançados. Os deuses estão contra o Reich. "A estratégia está enfeitiçada", constata o Führer. Nada mais pode se opor à sua queda final. O homem se inclina diante do destino.

Diante dessa conduta calculada da guerra, Hitler comete, no entanto, o ato criminoso em si, o genocídio judeu que continua a obcecar milhões de consciências há cerca de cinquenta anos, na origem de intermináveis debates, de novas paixões como o episódio do Carmelo de Auschwitz, cujas origens e desenrolar ultrapassam o entendimento.

É sabido que Hitler não está na origem desse antissemitismo que se encontra em todos os países e em todas as épocas e cujas causas são múltiplas e muito frequentemente contraditórias. Após a Primeira Guerra Mundial, esse antissemitismo está presente na maior parte dos Estados europeus com uma intensidade renovada. Na Europa Oriental e balcânica, tem origem em considerações religiosas que remontam à época medieval.

---

[241] MAISTRE (Joseph de), *Les Soirées de Saint-Pétersbourg*, 7e entretien, Paris, 1821.

[242] SPEER (A.), *Au coeur du III Reich*, op. cit., p. 231.

Conclusão

O judeu aparece como um instrumento satânico, na origem de assassinatos rituais, de crianças, em particular.[243] As perseguições, os *pogroms*, procedem da maldição divina e são considerados o castigo anunciado pelos profetas em virtude das faltas do Povo Eleito. O ódio das populações surge ainda do contato dos Shtetl, as comunidades israelitas miseráveis ao extremo, estritamente hierarquizadas que se esforçam por conciliar as exigências da vida diária com o respeito escrupuloso a um ritual terrivelmente coercitivo.[244]

E esse ódio é ainda mais vivo porque os poloneses, os húngaros ou os romenos se consideram as vítimas dessas comunidades, cuja atividade parece resumir-se ao comércio e à usura*. Animosidade recíproca, afinal.[245]

Nos países liberais cuja emancipação remonta ao século XIX, a aversão aos judeus deve-se, também, a seu êxito nos negócios, em particular nos bancos, e a seu número considerado excessivo nas profissões liberais. E ainda há outra acusação: sua recusa em integrar-se, sua vontade de defender sua judeidade mesmo que sejam agnósticos ou ateus, mesmo que não respeitem as regras do Talmud e não frequentem a sinagoga.

Esses elementos acrescentam-se a outros fatores após a guerra. Na Inglaterra, em particular, a publicação dos *Protocolos dos sábios de Sião*, que revela uma vontade de dominação mundial dos judeus, provoca uma emoção profunda na classe dirigente. Reação relativamente breve, de fato, que se extingue logo que se descobre que os *Protocolos* não são mais do que um texto apócrifo redigido pela polícia czarista no século XIX.

Muito mais importante do que isso, após a Revolução Russa, na crise revolucionária de 1919-1920 na Alemanha, na Hungria ou em outros lugares, o judeu aparece como um dos agentes da subversão mundial. De fato, por seu messianismo, sua

---

[243] A crença no assassinato ritual se manifestará ainda na Polônia após a guerra, por ocasião do *pogrom* de Kielce, em 1947.

[244] Para uma descrição desses Shtetl desaparecidos no genocídio, LEROY BEAULIEU (A.), *L'Antisémitisme*, Paris, 1897 e LONDRES, Albert, *Le Juif errant est arrivé*, Paris, Union générale d'édition, 1975; Ver também: ORGESG KOWA (Eliza), *Meïer Ezofowicz*, Paris, R. Laffont, 1983.

[245] SÉGUR, (Ph. de), *Histoire de Napoléon et de la Grande Armée pendant l'année 1812*, Paris, 1827, p. 415.

* N. E.: A origem dessas atividades deve ser buscada na sociedade medieval, que destinava ao judeu tarefas consideradas marginais pela estrutura de poder dominada pelos nobres e pela Igreja. O ódio antijudaico deve ser creditado ao papel econômico por ele desempenhado e à sua imagem de parasita social, criada e cuidadosamente cultivada pela estrutura de poder. A mesma classe dominante, da qual ele era instrumento (afinal, coletava impostos para os donos do poder) não tinha dúvida alguma em estimular o ódio do camponês e do artesão contra o judeu. Muitas vezes organizavam-se matanças em que as vítimas eram todos os judeus, não só os usurários. Não é por outro motivo que Hitler iria massacrar os judeus, seja por serem "capitalistas", seja por serem "revolucionários", por ficarem isolados, ou por tentarem se misturar. A respeito ler: PINSKY, Jaime, *Origens do nacionalismo judaico*, São Paulo, Editora Ática, 1997, principalmente o capítulo *Nos poros da produção*.

A Segunda Guerra Mundial

paixão revolucionária, os israelitas estão na origem da criação do Bund,* o partido socialista polonês. São particularmente numerosos entre os elementos dirigentes do partido bolchevique. São encontrados em todos os movimentos de extrema esquerda do pós-guerra, quer se trate de Rosa Luxemburgo ou de Liebknecht na Alemanha, de Kurt Eisner na Bavária ou de Béla Kun na Hungria.

Mesmo que o antissemitismo tenha renascido com vigor na Rússia stalinista, mesmo que muitos revolucionários israelitas como Trotsky ou Rosa Luxemburgo se declarem não judeus e estejam até no limite do antissemitismo, o israelita é visto como o promotor da subversão, como um agente destruidor dos valores fundamentais: pátria, família, propriedade e religião. O entusiasmo de muitos judeus para com todas as formas da arte moderna ou dos novos meios de expressão, como o cinema, justifica ainda essa reputação de espírito corrosivo.

O antissemitismo aparece com um extremo vigor na Alemanha. Representando menos de 1% do conjunto da população, a comunidade israelita é solidamente integrada e constitui uma força valorosa no domínio científico, na física e na medicina em particular. É uma comunidade essencialmente citadina, estabelecida na maioria das vezes nas grandes cidades e, sobretudo, em Berlim.

Sob muitos aspectos, o antissemitismo alemão nada tem de original. Suas causas são as habituais: sucesso ostentatório no domínio dos negócios e das finanças, número desproporcional de judeus nas profissões liberais em comparação com a importância reduzida de sua comunidade, fermento revolucionário, corrupção da alma alemã no domínio do pensamento. Relativamente limitada na literatura, a presença judia, com efeito, na época de Weimar, é marcante no cinema e talvez mais ainda no teatro. Mas há um elemento específico. Todos os conservadores, todos os nacionalistas, estão convencidos de que os judeus desempenharam um papel determinante na desmoralização da retaguarda durante a guerra e que são eles os grandes responsáveis pela "punhalada pelas costas" no exército.

O antissemitismo de Hitler é proveniente de todos esses fatores, ainda mais pelo fato de ele ter nascido na Áustria, um dos berços europeus mais virulentos do ódio contra os judeus. Por ocasião da Anschluss, antes mesmo da chegada da Gestapo, Viena e a maioria das cidades austríacas serão objeto de violentas demonstrações de ódio, beirando o *pogrom*.

O antissemitismo do Führer apresenta, entretanto, aspectos específicos. Convencido de que os *Protocolos dos sábios de Sião* são o reflexo de uma realidade,

---

* N. R. T.: Redução para o iídiche "*Algemeyner Yidisher Arbeter Bund in Lite, Poyln un Rusland*", literalmente "Federação Trabalhista Judia Geral na Lituânia, Polônia e Rússia" ou "Federação Geral dos Trabalhadores Judeus da Lituânia, da Polônia e da Rússia".

462

Conclusão

mesmo tendo um caráter apócrifo, Hitler, como declara diante de Rauschning, considera que não pode haver no mundo lugar para dois povos eleitos, o alemão e o israelita, ávidos um e outro de dominação universal.[246] Um movimento político deve ter ainda um adversário nomeado, um "inimigo visível". Por fim, Hitler, sempre fascinado pelos problemas de pureza biológica, considera que o sangue dos judeus é incompatível com o dos alemães.

E há ainda um último elemento a considerar. Como muitos alemães ou austríacos, Hitler adota a tese da responsabilidade dos judeus no desmanche da retaguarda ao final da guerra. Não está escrito em *Mein Kampf* (*Minha luta*) que seria necessário matar pelo gás de 10 a 15 mil judeus para evitar que os sofrimentos dos combatentes das trincheiras submetidos à arma química tenham sido inúteis?[247]

Em razão dessas convicções, os judeus são submetidos, a partir de 1935, a um estatuto discriminatório. As leis de Nuremberg os jogam num verdadeiro gueto interno. Simultaneamente, são pouco a pouco eliminados das universidades e da maioria das profissões liberais. Eles são vítimas de perseguições. O assassinato de um membro da embaixada da Alemanha em Paris, em 1938, por um jovem israelita decidido a vingar seus correligionários, resulta na "noite de cristal". Em todo o Reich, milhares de judeus são vítimas de um verdadeiro *pogrom*, lojas são saqueadas e pilhadas, sinagogas são incendiadas. Essa política de perseguição provoca uma emigração maciça. Nas vésperas da guerra, a Alemanha conta apenas 130 mil judeus, em vez dos 500 mil de 1933.

Há, no entanto, um abismo entre essas perseguições, que lembram, de certa forma, as da Rússia czarista e o massacre que está por vir, uma vez que o genocídio é posterior à fase inicial do conflito. Uma pausa relativa se manifesta em 1939-1941, ainda que ocorram novas perseguições, como a proibição de frequentar os lugares públicos ou utilizar os transportes coletivos ou a obrigação de usar a estrela amarela. Em seu apogeu, o Reich parece contentar-se em reforçar o gueto interior ou em jogar com a emigração: logo após o armistício, Berlim procura levar o governo de Vichy a acolher na França os judeus do Palatinado e de Baden.[248]

A eliminação sistemática só começa a partir do verão de 1941, ao que parece, em duas etapas. Com o ataque contra a Rússia, o genocídio parece limitar-se, de início, às regiões do leste da Europa. É durante o ano seguinte, depois da conferência de Wannse de janeiro de 1942, que o princípio da eliminação estendida à totalidade dos judeus europeus é adotado. Segundo algumas opiniões, o Führer

---

[246] RAUSCHNING, *Hitler m'a dit*, op. cit., p. 321.

[247] JOHNSTONE (Paul), *A History of the Jews*, London, Weidenfeld and Nicholson, 1987, p. 477.

[248] JACKEL (E.), *La France dans l'Europe de Hitler*, op. cit., p. 186.

463

A Segunda Guerra Mundial

só teria buscado uma "solução final territorial" com o agrupamento de todos os judeus europeus no Governo geral e na parte oriental da Polônia anexada pela URSS em 1939. Pretende-se até uma "instalação" em Madagascar. Seguindo as diretrizes de Hitler às vésperas de Barbarossa, as execuções efetuadas pelos Einsatzgruppen deveriam ter atingido apenas os judeus que exercessem funções administrativas na União Soviética, do mesmo modo que os comissários políticos e os membros do Partido Comunista.

Na verdade, a SS, por iniciativa de Himmler e de Heydrich, teria, por meios variados – trabalho intensivo, fome, epidemia, execuções coletivas, câmaras de gás – ultrapassado as instruções iniciais e colocado Hitler diante do fato consumado. Ele só teria ficado ciente da extensão do genocídio em 1944, através de um relatório de Kaltenbrunner, o chefe do RSHA.[*,249]

A tese da culpabilidade restrita de Hitler é objeto, naturalmente, das mais vivas contestações, ainda que alguns historiadores, como Saül Friedlander, não descarte a possibilidade de que Hitler, ao final de 1944, tenha dado a ordem de interromper a eliminação dos judeus sem conseguir ser obedecido. Admitida a culpabilidade total do Führer, dois novos fatores, à margem de seu antissemitismo atávico, parecem explicar o genocídio: a convicção da responsabilidade dos judeus (principalmente nos países anglo-saxões) pelo desencadeamento da guerra e sua recusa em chegar a uma solução negociada a oeste, apesar das aberturas de paz do Reich. Daí a vontade de exterminação total que permitiria evitar, na Alemanha ou nos países danubianos, o retorno de uma decomposição interna comparável à do final da Primeira Guerra Mundial. Numa luta de morte, Hitler só teria visto nos judeus uma quinta coluna. Também são se pode descartar a vingança. A partir do momento em que Hitler compreendeu – e compreendeu bem depressa – que a Alemanha não tinha mais nenhuma chance de ganhar a guerra, os judeus não deveriam sobreviver à queda do Reich.

Ao genocídio se acrescenta um sistema concentracionário sem precedente na história da Europa. Criados pelos ingleses durante a Guerra dos Boers, utilizados pelos franceses contra os republicanos espanhóis e os presos políticos, pelos japoneses com os partidários dos aliados do sudeste asiático, pelos ameri-

---

[*] N. R. T.: Sigla para *Reichssicherheitshauptamt* (Secretaria/Escritório Central de Segurança do Reich).

[249] As origens do genocídio e a tese da dupla decisão foram analisadas com muito rigor por BROWNING (Ch.), *Fateful months, Essays on the emergence of the final solution*, New York, Holmer and Maier, 1985; sobre a responsabilidade restrita de Hitler, cf. IRVING (D.), *The Hitler's war*, op. cit., principalmente p. 717 e ss. Problema abordado por JOHNSTONE (P.), *A History of the Jews*, op. cit., p. 492. Ver também o estudo definitivo de HILBERG (Raul), *La Destruction des Juifs d'Europe*, Fayard, 1988.

464

canos com sua comunidade nipônica, os campos de concentração chegam a seu apogeu na Alemanha hitlerista em 1941-1945. Em quatro anos, o número de detentos passa de 160 mil a mais de 2 milhões pertencentes a categorias variadas: oponentes, resistentes, homossexuais, criminosos, ciganos, prisioneiros de guerra soviéticos.

A mortalidade é extremamente elevada e parece ter atingido a marca de 500 mil prisioneiros. A maioria deles desaparece, pouco antes de sua libertação, em consequência de uma epidemia de tifo ligada à desorganização total do sistema ao final da guerra. O drama concentracionário não se deve unicamente ao regime estabelecido pelos ss. Os campos de concentração constituem universos fechados onde se manifestam as paixões políticas, religiosas, nacionais. Em alguns campos, são os direitos comuns que dominam, em outros são os "políticos".

Tal acúmulo de crimes só pode ser explicado por um monstruoso acidente biológico. Versão que traz a vantagem de acomodar todo mundo. Os alemães, para começar. Pegos na armadilha de um regime totalitário, prisioneiros do Führerprinzip, tomados por um espírito demoníaco, eles estão diante da escolha paradoxal, como acentua Stauffenberg, de trair ou de lutar pela defesa da pátria e dos valores tradicionais, assegurando assim a sobrevivência e a deriva do regime.

O tema do monstro constitui ainda um álibi para os dirigentes e as opiniões dos países ocidentais, trazendo uma desculpa para a sua negligência, sua falta de caráter e de vontade, numa palavra, sua covardia. A vitória final não pode dissimular o fato de que nem os Estados Unidos nem a União Soviética desenvolveram, ao contrário das declarações oficiais, uma verdadeira cruzada da liberdade contra os totalitarismos em ruptura com os valores ocidentais. Foram necessários Barbarossa, Pearl Harbor e uma declaração de guerra de Berlim para tirar a União Soviética e a América de seu imobilismo e envolvê-los no conflito. A esse respeito, o título das memórias de Eisenhower, *Crusade in Europe*, parece um tanto derrisório. Quanto à Grã-Bretanha e à França, entraram na guerra, é preciso que se lembre, em virtude do velho princípio da defesa do equilíbrio europeu e não para libertar a Alemanha e proteger o mundo da "peste parda".

A invocação da cruzada também não elimina a responsabilidade dos adversários do Reich na escalada do mal e no desencadeamento da violência e da crueldade em estado puro. O sistema concentracionário alemão não pode levar a esquecer o *Gulag* soviético. É com espanto que o jovem comunista francês Jorge Semprun descobre nos campos nazistas uma estranha convergência entre os dois sistemas:

465

A Segunda Guerra Mundial

> [...] eles não estavam num planeta estranho aos russos em Buchenwald. Estavam em casa... A sociedade concentracionária nazista não era como você havia pensado, a expressão concentrada e por isso mesmo deformada das relações capitalistas... De fato, os campos nazistas eram um espelho bastante fiel da sociedade stalinista.[250]

Um mundo à parte cujo absurdo é destacado por Gustav Herling:

> É com horror e vergonha que penso nessa Europa dividida em duas pelas águas do Bug, com, de um lado, milhões de escravos soviéticos pedindo para serem libertados pelos exércitos de Hitler, e de outro essas milhões de vítimas dos campos de concentração alemães, pondo sua última esperança na vitória do Exército Vermelho.[251]

Quanto ao genocídio, não se pode esquecer que, apesar de numerosos indícios e advertências, aconteceu na indiferença geral e chegou mesmo a se beneficiar de fortes cumplicidades. Seja na Polônia, na Hungria, na Iugoslávia, na Rússia e mais ainda na Romênia, os alemães encontram adeptos prestimosos. Durante a ação da Wehrmacht nas regiões ocidentais da URSS, os judeus, muitas vezes acusados de cumplicidade com o regime comunista, são vítimas de horrendos *pogroms*, bem antes da chegada das Einsatzgruppen. Toda uma parte da população de Kiev assiste ao massacre dos judeus na ravina de Baby Yar. Na Europa Ocidental, com exceção de algumas vozes isoladas, os traslados não suscitam nenhum protesto. O Vaticano se mantém silencioso, deixando aos bispos uma liberdade de manobra.

Um antissemitismo bastante difundido não explica, por si só, esse silêncio. A probabilidade de um massacre organizado se choca com um ceticismo geral, ainda mais vivo pelo fato de que as opiniões se deixaram levar pelo matraquear da guerra anterior. É somente em janeiro de 1944 que o Consistório de Paris acaba por admitir que as eliminações no Leste Europeu afetam os judeus dos países ocidentais.

A indiferença também tem o seu papel. Nas grandes provações, os indivíduos só se preocupam com as restrições que os afetam pessoalmente, qualquer que seja sua magnitude: restrições, separações, contato permanente com a morte, seja na frente ou sob os bombardeios. Notemos também que as opiniões europeias estão habituadas ao massacre. As hecatombes da Primeira Guerra Mundial estão ainda muito próximas. De 1919 a 1939, confrontos armados se produziram nos quatro cantos do planeta. E o segundo conflito ultrapassa ainda em violência o primeiro.

---

[250] SEMPRUN (Jorge), *Quel beau dimanche*, Paris. Denoël, 1980, pp. 375-376.
[251] HERLING (G.), *Un monde à part*, op. cit., p. 217.

Conclusão

Todos os dias, a imprensa e o rádio não deixam de lançar estatísticas macabras. Ao final da guerra, um bombardeio só chama a atenção se fizer mais de dez mil mortos. Uma batalha, para ser digna de interesse, deve contar pelo menos cem mil mortos ou desaparecidos!

Ao silêncio europeu, acrescenta-se o dos Aliados. Perfeitamente cientes a partir de 1942, nem os ingleses nem os americanos se comovem muito com a sorte dos judeus e recusam-se a incluir a luta contra o genocídio nas finalidades da guerra. A imprensa noticia muitos traslados e massacres, mas essas informações são colocadas na décima segunda ou na décima quinta páginas. O fenômeno é particularmente nítido nos Estados Unidos, onde reina um antissemitismo virulento desde 1919. Aos temas habituais, especulação, monopólio de algumas profissões, subversão, particularmente no momento do *red scare* de 1920, acrescentam-se o papel dos judeus no contrabando no momento da proibição ou a existência de uma quadrilha propriamente israelita. Às vésperas da guerra, 65% dos americanos consideram que os judeus constituem um perigo para o país. As leis de Nuremberg e a "noite de cristal" só suscitam a indignação de meios restritos e de uma parte da imprensa. O grande comentarista político Walter Lippmann, embora de origem judia, considera que não se pode julgar as realizações do III Reich através do antissemitismo, como não se pode fazer um julgamento sobre a Revolução Francesa somente em função do período do Terror. Durante toda a guerra, Lippmann guardará silêncio sobre o problema judeu.

E o mesmo silêncio por parte dos dirigentes. Churchill, mais inclinado ao sionismo, parece afetado pelas informações que revelam o genocídio. Entretanto, não se dispõe a nenhuma intervenção pública. Notoriamente antissemita, A. Eden, durante um encontro com Roosevelt, recusa-se a admitir um acolhimento dos judeus da Bulgária pedido pelo governo de Sofia, submetido às pressões da Alemanha. Seria pôr o dedo numa engrenagem, pensa ele, ceder a uma espécie de chantagem e ver-se obrigado a receber todos os judeus da Europa, com todos os riscos de infiltração de agentes inimigos.[252] A Palestina permanece, então, fechada. A instalação de campos de agrupamento não é admitida em Chipre ou no Egito. Os Aliados também não dão sequência à proposta de Himmler de trocar cem mil judeus húngaros por caminhões e matérias-primas.

---

[252] SHERWOOD (R. E.), *Le Memorial de Roosevelt*, t. II, op. cit., p. 253.

467

A Segunda Guerra Mundial

A ALEMANHA SOB AS BOMBAS (setembro de 1944, maio de 1945)

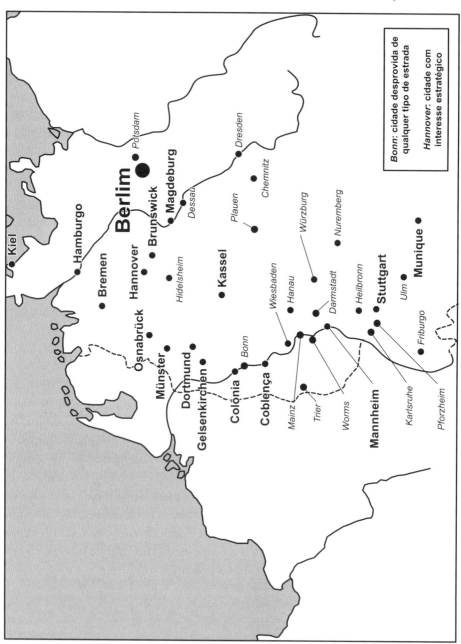

Durante os últimos meses da guerra, os bombardeios britânicos, com o objetivo de solapar o moral da população alemã, atacaram várias cidades desprovidas de qualquer interesse econômico ou estratégico.

Quanto a Roosevelt, também não isento da acusação de antissemitismo, mostra-se indeciso quanto às organizações israelitas americanas, quanto mais não fosse para captar o "voto judeu" que dá preferência aos democratas. Ele parece ter apelado às autoridades húngaras a fim de limitar as deportações para a Alemanha. Entretanto, os Estados Unidos não escancaram suas portas. Durante a guerra, as entradas só favorecem 21 mil pessoas.

Em 1940-1941, os consulados americanos da zona livre concedem com muita parcimônia vistos para crianças judias estrangeiras cujos pais foram deportados, reservando-os para jovens de "boa aparência" suscetíveis de serem adotados por famílias dos Estados Unidos. Depois de negociações laboriosas, um acordo parece estar a ponto de ser concluído com Vichy, envolvendo mil ou talvez 5 mil vistos, quando ocorre o início da operação Torch... Por uma ironia da história, são a Espanha franquista e a Itália de Mussolini, até setembro de 1943, que se mostram mais acolhedoras para com os judeus perseguidos pelos alemães, infinitamente mais do que a Suíça ou a Suécia.

Os crimes alemães ou soviéticos não devem relegar ao esquecimento o fato de que os próprios Aliados foram tomados pelo espírito do mal e adiantaram-se à Alemanha em determinados domínios, em particular nos bombardeios terroristas. Ao decidir lançar, em 25 de agosto de 1940, os primeiros ataques aéreos sobre Berlim, em réplica a um ataque acidental sobre Londres, Churchill toma a pesada responsabilidade de uma terrível regressão moral. Durante cerca de cinco anos, o premier britânico e os comandantes do Bomber Command, em particular Harris, concentram os ataques sobre as cidades alemãs.

Até 1943, apesar dos sofrimentos infligidos à população, os ataques podem ter uma justificativa militar ou econômica visando os grandes portos do norte da Alemanha, o complexo do Ruhr, os centros industriais mais importantes ou mesmo a capital do Reich. Entretanto, a partir do outono de 1944, já não se trata disso. Com uma técnica perfeitamente dominada, o Bomber Command, que dispõe de 1,6 mil aviões e que se depara com uma defesa alemã cada vez mais enfraquecida, empreende o ataque e a destruição sistemática das cidades de porte médio ou mesmo de pequenas povoações sem o menor interesse militar ou econômico.

A história registrou a atroz destruição de Dresden em fevereiro de 1945, com a desculpa estratégica de neutralizar um centro ferroviário importante nas retaguardas da Wehrmacht em luta contra o Exército Vermelho. Na realidade, as perturbações causadas ao tráfego não passarão de 48 horas. Mas nenhuma justificativa se apresenta para a destruição de Ulm, de Bonn, de Würtzburg, de Hidelsheim, dessas cidades medievais, joias artísticas pertencentes ao patrimônio da Europa. Todas essas velhas cidades desaparecem sob os tufões de fogo nos quais a temperatura atinge de 1 a 2 mil graus e que provoca a morte de dezenas de milhares de pessoas em sofrimentos atrozes.

O cúmulo do horror acontece em 11 de setembro de 1944 em Darmstadt. Durante um ataque notavelmente concentrado, todo o centro histórico desaparece num oceano de chamas. Em 51 minutos, a cidade recebe uma tonelagem de bombas superior à de toda a aglomeração londrina durante a guerra. São 14 mil pessoas que morrem. Quanto às indústrias situadas na periferia e que não representam mais do que 0,5% do potencial econômico do Reich, mal são tocadas.[253]

Essa vontade de destruição sistemática, que quase toma ares de genocídio, prossegue até abril de 1945, apesar das objeções crescentes do comandante em chefe da RAF, Marshall Portal, que pretendia orientar os bombardeios para a indústria de petróleo ou para os transportes. Como bom político, o próprio Churchill acaba por inquietar-se, por conta das reações indignadas da imprensa dos países neutros e mesmo de uma parte da opinião pública britânica.

A esses ataques maciços acrescentam-se, durante esse mesmo período, os ataques repetidos da aviação tática, bimotores e caças-bombardeiros. Esses ataques visam a trens, estradas, aldeias, fazendas isoladas, e mesmo a camponeses em seus campos. Os alemães só se dedicam ao labor agrícola ao amanhecer ou ao entardecer. Acontecem ataques de metralhadoras à saída das escolas, e é necessário ensinar as crianças a se protegerem contra os ataques aéreos. Por ocasião do bombardeio de Dresden, os caças aliados atacam as ambulâncias e os carros de bombeiros que se dirigem para a cidade, vindos das localidades vizinhas.

Após a capitulação, é com espanto que os ingleses descobrirão a extensão das destruições. Essa revelação estará na origem de um mal-estar e de uma vontade de esquecer não somente do bombardeio estratégico, mas de seus homens e de seus chefes. Implicitamente renegado, privado de honras, Harris decidirá rapidamente expatriar-se em companhia de sua mulher e de sua filha, e fixar-se na África do Sul.

Durante a Batalha da Alemanha, a aviação americana concentra todos os seus esforços sobre objetivos militares e econômicos, participando apenas ocasionalmente dos bombardeios de zona em Berlim ou em Dresden. Mas não é isso que ocorre no Japão. Após o fracasso dos ataques diurnos de precisão, o 21° Bomber Command encontrará seu Harris em Curtis Le May. Também aí, é com certo sadismo que Curtis Le May, durante os ataques noturnos, arrasará cidades japonesas com bombas explosivas e incendiárias. Como assinalou por várias vezes, ele quer "bombardear e carbonizar os japoneses até que resolvam abandonar a presa". Sua

---

[253] Descrição pungente do bombardeio de Darmstadt em IRVING (D.), *Bomber Command*, op. cit., cap. XIII.

obstinação é mais feroz ainda porque quer mostrar ao exército e à marinha que a aviação pode ganhar a guerra por si só.[254]

No quadro da crueldade da guerra, não se pode deixar de mencionar a entrega pelos Aliados, em virtude dos acordos de Yalta, de 2,2 milhões de pessoas consideradas de nacionalidade soviética. Desprezando os princípios democráticos e os direitos mais elementares, essas entregas se efetuam às cegas, muitas vezes contra a vontade dos interessados. Além de autênticos trabalhadores, encontram-se entre esses infelizes, trabalhadores forçados e prisioneiros de guerra sem ilusão sobre a sorte que os espera num país onde não são mais do que párias. Também são encontrados entre eles nacionalistas, crentes, camponeses que se recusam a retornar à coletivização, e mesmo russos brancos portadores de passaportes estrangeiros.[255]

Por várias vezes, americanos ou britânicos devem empregar a força para obrigar esses homens a retornar a um país que eles reprovam. Chegam a milhares os que preferem suicidar-se a retornar à URSS. Alguns homens chegam a matar mulher e filhos antes de se entregar à morte. Na realidade, as condições do retorno estão na medida de sua angústia. Se 15% são deixados em liberdade, 30% são executados logo que chegam, os outros jogados nos campos de concentração. A opinião pública ocidental prefere refugiar-se na ignorância.

Também não se pode esquecer o horrível calvário das populações alemãs das províncias do leste, por ocasião do avanço do Exército Vermelho. Ao contrário de uma crença arraigada, esse calvário ultrapassa amplamente o quadro das violências habituais da pior soldadesca: estupros, pilhagens, incêndios de aldeias. O soldado soviético torna-se o instrumento de uma vontade fria e deliberada de extermina-ção. As regiões que Stalin faz questão de anexar ou entregar à Polônia devem ser esvaziadas de seus habitantes.

Colunas de refugiados são esmagadas sob as esteiras dos tanques ou sistematicamente metralhadas pela aviação. A população inteira de várias localidades é massacrada com requintes de crueldade. Mulheres nuas são crucificadas sobre as portas das granjas. Crianças são decapitadas ou têm a cabeça esmagada a coronhadas, ou então jogadas ainda vivas no cocho dos porcos. Todos os que não puderam fugir, ou que não puderam ser evacuados pela Kriegsmarine nos portos do Báltico, são pura e simplesmente exterminados. O número de vítimas pode ser

---

[254] A obstinação dos responsáveis pela aviação americana contra as cidades japonesas foi objeto de uma excelente análise em SHERRY (Michael), *The Rise of American Air Power*, Yale Univ. Press, 1987. Ver especialmente os capítulos VIII e IX.

[255] Sobre essa questão, BETHEL (N.), *Le Dernier secret, 1945. Comment les Alliés livrèrent deux millions de Russes à Staline*, Paris, Seuil, 1975.

avaliado em 3 ou 3,5 milhões. Como por acaso, os massacres sistemáticos cessam nas regiões da Alemanha destinadas a constituir a zona de ocupação soviética.[256]

Sem atingir um grau tão elevado, essa loucura assassina se estende a todas as minorias alemãs do sudeste europeu, na Iugoslávia, na Romênia e, na Tchecoslováquia, a milhares de sudetos. A população alemã de Praga, instalada na cidade desde a Idade Média, é massacrada com um raro sadismo. Depois de serem violentadas, as mulheres têm seus tendões de Aquiles cortados e são condenadas a morrer na rua de hemorragia. Crianças são metralhadas na saída das escolas, jogadas pelas janelas dos andares mais altos dos edifícios, afogadas nos lagos ou nas fontes das praças ou dos parques. Pobres desgraçados são emparedados vivos em porões. No total, são mais de trinta mil vítimas.

A violência não poupa as jovens telefonistas da Luftwaffe, jogadas vivas em fogueiras de montes de feno. Durante várias semanas, o rio Vltava (Moldava) carrega milhares de corpos; alguns são famílias inteiras, pregados em jangadas. Para espanto dos que testemunharam tais fatos, toda uma parte da população tcheca manifesta uma selvageria de eras remotas.

Esses massacres são fruto, na realidade, de uma vontade política, de uma intenção de eliminação, sob o influxo das pulsões mais bestiais. Em Yalta, diante da preocupação de Churchill em ver surgir novas minorias junto às futuras fronteiras da URSS ou da Polônia, Stalin não poderá deixar de declarar, com uma certa troça, que não deve mais haver muitos alemães nessas regiões...

Desde o início, esses crimes são objeto de um esquecimento voluntário por parte dos ocidentais. "A humanidade caolha", como constata então Jünger, "é ainda mais repugnante do que a barbárie". Ao saber da repatriação de dois milhões de russos, Raymond Aron confessa que "não soube nem quis saber, por escrúpulo".[257] Progressivamente, a memória coletiva segue seu caminho desempenhando o papel habitual de filtro da história. A lembrança se cristaliza sobre o sistema concentracionário e o genocídio, verdadeiramente um horror. E a reação é absolutamente legítima.

Não é por isso que os esquecimentos deixam de ser surpreendentes. Diferentemente da Primeira Guerra Mundial quando se evoca a todo momento a lama das trincheiras, o medo e as matanças, a sorte do soldado de 1939-1945 praticamente não é evocada. Com exceção de Hiroshima e Nagasaki, os bombardeios terroristas caíram num esquecimento quase completo, e o mesmo ocorre com os massacres

---

[256] LAUNAY (J. de), *La Grande débâcle*, Paris, Albin Michel, 1985; THORWALD (J.), *La Débâcle allemande*, Paris, Stock, 1965.
[257] ARON (Raymond), *Mémoires*, Paris, Julliard, 1983, p. 176.

Conclusão

perpetrados pelo Exército Vermelho ou pelos horríficos acertos de contas do leste da Europa.

Ao final de cinco anos de provações, os vencedores recalcam todo sentimento de culpa e só aspiram à volta ao normal, à ordem antiga. O objetivo parece ter sido alcançado. Com exceção da Polônia, deslocada para oeste em proveito da URSS e em detrimento da Alemanha, a Europa retoma suas fronteiras de 1937. Os impérios coloniais parecem emergir intactos da tormenta. Na realidade, o abalo é profundo.

A Segunda Guerra Mundial vai dar um novo impulso ao fenômeno da descolonização já latente às vésperas do conflito, em virtude do abatimento do descolonizador, cansado de assumir o "fardo do homem branco", segundo a fórmula de Rudyard Kipling. A independência concedida às Filipinas e à Índia anuncia o desencadear de um processo que se encerrará em cerca de trinta anos. A guerra contribui, ainda, em toda evidência, para a instauração do comunismo na China e na Coreia do Norte.

O conflito acaba por fazer surgir duas superpotências: os Estados Unidos e a URSS, além de apagar a velha Europa. Esse apagamento não afeta unicamente os Estados vencidos, como a França ou a Itália, que conseguiram, de uma certa maneira, situar-se no campo dos vencedores, mas atinge o terceiro Grande, a Inglaterra. No entanto, em 1942, Sir Samuel Hoare, em sua resposta ao conde Jordana sobre a ameaça soviética, julgou oportuno entregar-se à difícil arte da predição: "Ouso profetizar que a Inglaterra será a mais forte potência militar do continente. A influência britânica na Europa será tão importante quanto na queda de Napoleão. Com o apoio da nossa força militar, nossa influência se fará sentir em toda a Europa, de cuja edificação participaremos."[258]

Três anos depois, a Grã-Bretanha, com seus recursos esgotados, acha-se encurralada, segundo a fórmula de Keynes, num "Dunquerque financeiro" e deve aceitar a ajuda monetária americana, ponto de partida de um não engajamento progressivo nos negócios do mundo. Enfraquecido, correndo o risco de cair na sombra da história, o Velho Continente está ainda dividido, o oeste submetido à proteção americana, o leste integrado progressivamente ao totalitarismo soviético, pelo viés das "democracias populares".

Com efeito, seria possível acreditar que a queda do Muro e a entrada das ex-democracias populares na União Europeia ou na Otan marcariam o final das represálias da Segunda Guerra Mundial. Muitos acontecimentos levam a duvidar disso.

Na Rússia, a imagem que parecia delinear-se, há cerca de dez anos, de um stalinismo associado a um regime de criminosos, tende a desaparecer. A comemoração

---

[258] BAUER (Ed.), *Histoire controversée de la Seconde Guerre Mondiale*, t. VI, p. 266.

A Segunda Guerra Mundial

da vitória do Volga e da morte de Stalin mostra uma nova orientação. Na massa da população, nas novas pesquisas históricas e em alguns discursos de Vladimir Putin, de um caráter, em princípio, mais objetivo.

A fome, a coletivização, o trabalho forçado, os expurgos e o *Gulag* são cada vez mais apagados. Em compensação, são destacados os progressos realizados de 1930 a 1940 no domínio da educação, da saúde e da melhoria do nível de vida. Devido à eliminação dos traidores e à industrialização forçada, a União Soviética tornara-se uma grande potência econômica e militar.

Graças a essa mutação, a URSS contribuiu de maneira decisiva para a vitória contra a Alemanha hitlerista.

São evacuados o custo proibitivo dessa vitória, com 26 milhões de mortos, dos quais 8 a 9 milhões de combatentes levados, com frequência, a lutar nas piores condições sob a ameaça das metralhadoras do NKVD. Eliminada, igualmente, a condição miserável dos prisioneiros de guerra libertados como párias. Silenciadas, igualmente, as agressões contra a Polônia, a Finlândia, os países bálticos, a Romênia ou a Bulgária, seguidas de deportações maciças. Desse terrível período, de glorioso desfecho, emerge a imagem de um Stalin "severo, mas justo", em quem, sob vários aspectos, V. Putin parece querer inspirar-se.

E ainda outro aspecto deve ser considerado: o extraordinário sucesso de uma publicação recente da Alemanha, *L'Incendie*, de Jorq Friedrich. No plano estritamente histórico, a obra, que aborda os bombardeios de terror dos últimos meses da guerra, nada traz de verdadeiramente novo. Mas o sucesso alcançado junto a todas as classes e mesmo aos mais jovens mostra uma nova orientação da mentalidade alemã. O III Reich não teve o monopólio dos crimes de guerra. Logo após o conflito, muitos dirigentes aliados, encabeçados por Churchill, deveriam ter sido levados ao tribunal de Nuremberg. *L'Incendie* anuncia o final da política de arrependimento, desse sentimento de culpa que ditou, em grande parte, o comportamento da República, de Adenauer a Kohl.

Os atuais dirigentes da Alemanha não conheceram a guerra, nem mesmo em crianças. Disso resulta um novo enfoque da política alemã, como se pôde constatar com a Guerra do Iraque. A Alemanha não é mais o elemento modelo da Otan, o bom aluno da aliança atlântica, o fiel lugar-tenente dos Estados Unidos. Segundo uma nova fórmula, faz questão de resolver seus problemas "à maneira alemã" – uma fórmula que não deixa de inquietar algumas pessoas.

474

SÍNTESE CRONOLÓGICA

Introdução: a marcha para a guerra

1933 *30 de janeiro*. Hitler sobe ao poder. Início do rearmamento clandestino do Reich.

Outubro. Não obtendo a "igualdade de direitos", a Alemanha deixa a conferência de desarmamento e a SDN (Sociedade das Nações).

1934 *Janeiro*. Assinatura de um pacto de não agressão entre a Alemanha e a Polônia.

1935 *16 de março*. O rearmamento do Reich é anunciado oficialmente. Criação da Luftwaffe. Restabelecimento do serviço militar com duração de um ano.

11 de abril. Conferência de Stresa entre a Grã-Bretanha, a França e a Itália, pela garantia da independência da Áustria.

18 de junho. Acordo naval anglo-alemão; a tonelagem da Kriegsmarine pode ser equivalente à terça parte da Royal Navy inglesa.

3 de outubro. Início da guerra da Etiópia; a SDN vota "sanções" econômicas contra a Itália.

1936 *7 de março*. Remilitarização da Renânia. Passividade das potências ocidentais.

5 de maio. Fim da guerra da Etiópia.

17 de julho. Início da Guerra da Espanha, marcada pela intervenção direta ou indireta de Alemanha, Itália, URSS e França.

Outubro. Ciano anuncia a criação do Eixo Roma-Berlim.

25 de novembro. Assinatura do pacto *antikomintern* entre Alemanha e Japão.

1937 *7 de julho*. Início de uma guerra não declarada entre Japão e China.

1938 *12 de março*. Entrada das tropas alemãs na Áustria; é proclamada a Anschluss.

A Segunda Guerra Mundial

12 de setembro. Início da crise tchecoslovaca; Hitler reclama publicamente a reintegração dos Sudetos.

29-30 de setembro. Conferência de Munique entre Hitler, Mussolini, Chamberlain e Daladier. O território dos Sudetos é anexado ao Reich. A Polônia e a Hungria obtêm Teschen e uma parte do território do sul da Eslováquia.

1939 *15 de março.* Entrada de tropas alemãs em Praga. Hitler cria um protetorado de Boêmia-Morávia e garante a independência da Eslováquia. A Hungria anexa a Rutênia subcarpática.

25 de março. Anexação de Memel pela Alemanha.

7 de abril. Mussolini ocupa a Albânia. Hitler coloca o problema polonês, reivindicando o retorno de Dantzig à Alemanha e a criação de uma autoestrada e uma via férrea para beneficiar as relações extraterritoriais através do corredor. Londres e Paris concedem garantias à Polônia, à Romênia e à Grécia, que iniciam discussões políticas e militares com a URSS.

11 de agosto. Uma delegação militar franco-britânica chega a Moscou. As negociações efetuadas paralelamente entre a Alemanha e a União Soviética chegam ao término no dia 23 de agosto, com a assinatura de um pacto de não agressão acompanhada de um protocolo secreto para promover a partilha da Polônia e o estabelecimento de zonas de influência: a Lituânia para a Alemanha, a Finlândia, a Estônia, a Letônia e a Bessarábia para a URSS.

1º de setembro. As tropas alemãs penetram na Polônia sem declaração de guerra.

3 de setembro. A Grã-Bretanha e a França se declaram em estado de guerra contra a Alemanha.

A Blitzkrieg

A campanha da Polônia

Os alemães utilizam 60 divisões, das quais 10 são blindadas e motorizadas, e mais 1,6 mil aviões contra uma tropa polonesa de 50 divisões, surpreendida em plena mobilização.

De 1º a 8 de setembro, dois grupos de exércitos – o de von Bock, agindo a partir da Pomerânia e da Prússia oriental, e o de Rundstedt –, operando a partir da Silésia, realizam uma primeira manobra de cerco a oeste de Varsóvia. Submetido a ataques aéreos constantes, o exército polonês se desloca, e suas divisões, cercadas nos bolsões de Graudez, de Kutno, de Modlin e de Cracóvia, vão capitular uma após outra.

De 8 a 15 de setembro, uma segunda manobra de envolvimento se executa a leste do Vístula e termina com o cerco de Brest-Litovsk e de Lvov. Em 17 de setembro, o Exército Vermelho inicia seu ataque contra a Polônia. A última fase da campanha começa no mesmo dia com a tomada de Varsóvia. Submetida a ataques aéreos intensos, a guarnição, com falta de água, víveres e munição, capitula aos 27 de setembro. As últimas tropas polonesas entregam as armas em 5 de outubro.

A campanha da Polônia constitui uma fragorosa demonstração da nova Blitzkrieg. As perdas polonesas se elevam a 66 mil mortos, 200 mil feridos e 700 mil prisioneiros, enquanto o exército alemão não teve mais que 10,5 mil mortos, 30 mil feridos e 3,5 mil desaparecidos.

28 de setembro. Quarta partilha da Polônia de um lado e outro do Bug. Em troca da Galícia, a Lituânia é integrada à esfera de influência soviética. Enquanto a URSS anexa a parte oriental da Polônia, a Alemanha retoma sua fronteira de 1913 e estabelece seu protetorado sobre o "governo geral de Varsóvia".

Fim de setembro, início de outubro. A URSS impõe à Estônia, à Letônia e à Lituânia a assinatura de pactos de não agressão e a concessão de bases navais e aéreas. Negociações de mesmo teor iniciam-se aos 12 de outubro com a Finlândia.

A guerra no oeste: setembro de 1939-maio de 1940

Durante a campanha da Polônia, o exército francês se entrega a uma simples demonstração na floresta de Warndt, sem sequer chegar às cercanias da linha Siegfried.

6 de outubro. Proposta de paz de Hitler, que afirma, no entanto, que a Polônia não será jamais restaurada de Versalhes. Paris e Londres rejeitam tais propostas. Apesar das reticências de seu estado-maior, Hitler prepara um plano de operações a oeste que deverá ser executado antes do inverno. Mas, em razão das condições meteorológicas e de vazamento do segredo, a ordem de passar à ofensiva é anulada uma dúzia de vezes. Esses adiamentos só fazem prolongar a *drôle de guerre* marcada na "frente de batalha" por uma simples atividade de patrulha.

Só se combate verdadeiramente no mar. Em 3 de setembro, o torpedeamento do paquete britânico Athenia anuncia o início de uma guerra submarina sem restrições. Contrariamente aos prognósticos, os submarinos se revelam um temível instrumento de combate. Em 17 de setembro, o U-29 afunda o porta-aviões Courageous. Em 14 de outubro, o comandante do U-47, Gunther Prien, consegue a proeza de penetrar na enseada de Scapa Flow e torpedear o encouraçado Royal Oak.

Os navios de superfície são menos felizes. Se o Deutschland consegue voltar para a Alemanha após um cruzeiro no Atlântico Norte, o Admiral Graf Spee é interceptado, em 13 de dezembro, ao longo do estuário do Rio da Prata por três cruzadores britânicos. Avariado, o encouraçado de bolso chega a Montevidéu. Convencido, em consequência de uma manobra de desinformação, de que uma saída não é possível a menos que haja um choque com as forças britânicas consideráveis, o comandante do Admiral Graf Spee, o capitão Langsdorff, afunda o próprio navio e se suicida três dias depois.

Em 23 *de dezembro*, os cruzadores de batalha Scharnhorst e Gneisenau afundam o cruzador auxiliar Rawalpindi, mas renunciam a uma saída para o Atlântico.

Nessa data, o centro principal da guerra é a Escandinávia.

A Guerra da Finlândia

Em 30 de novembro de 1939, a URSS ataca a Finlândia, após a recusa de Helsinque em se submeter às exigências de Moscou, interessada em obter vantagens territoriais (local da base de Hanko, cessão das ilhas costeiras e retificações de fronteira) que lhe teriam dado uma preeminência estratégica sobre este pequeno país nórdico. A balança das forças dá vantagem numérica e material aos soviéticos (2 milhões de homens contra 300 mil – dos quais 90 mil eram mulheres voluntárias, as Lottas –, nem tanques nem artilharia pesada e poucos aviões no lado finlandês). Ela é, entretanto, compensada por uma vontade feroz de se defender, por uma adaptação ao clima frio e pelas características peculiares do terreno escandinavo, assim como por um comando bem mais competente que aquele dos estados-maiores soviéticos, ainda sob os efeitos dos expurgos dos anos 1937-1938. O governo finlandês, sob a presidência de Ryti, nomeia o marechal Mannerheim à liderança dos exércitos e pede ajuda à Liga das Nações. Em 14 de dezembro, a URSS é excluída da assembleia internacional, mas os combates já fazem estragos na frente de batalha.

Empregando 28 divisões em 3 zonas principais – a Carélia, o fundo do Golfo de Bothnia e o extremo norte –, os soviéticos são frustrados em toda parte após alguns sucessos iniciais. As condições climáticas, a brevidade dos dias e os obstáculos preparados pelos finlandeses, entre os quais a famosa linha Mannerheim, surpreendem as unidades soviéticas que se aventuraram nas zonas florestais e lacustres. O mês de janeiro de 1940 é usado pelos finlandeses para reduzir os bolsões (*mottis*) onde as divisões russas se instalaram, principalmente em Suomosalmi.

Em 10 de fevereiro, os soviéticos, reorganizados e reforçados, retomam seus ataques contra o Báltico e o lago Lagoda, tendo Viborg como objetivo. Os finlandeses tiveram de recuar gradativamente sob a pressão inimiga. Em 2 de março, os combates se desenrolam nos subúrbios de Viborg. O governo finlandês decide abrir as negociações de paz. O Tratado de Paz de Moscou (12 de março de 1940) entrega definitivamente aos soviéticos o istmo de Carélia (com Viborg), a Carélia oriental e, por arrendamento, a península de Hanko. A Finlândia, apesar disso, mantém sua independência.

Apesar dos apelos da Liga das Nações, as grandes potências não se moveram. A Noruega e a Suécia permitiram, no entanto, a passagem de armamentos e de voluntários, mas sem nenhuma intervenção oficial. A Alemanha, ligada ao pacto germano-soviético, não quis manifestar solidariedade a um país que lhe devia sua independência. A Itália e a Hungria fizeram chegar aviões e material.

A Inglaterra e a França enviaram igualmente armas e material de aviação. Mas a Guerra da Finlândia parece lhes dar a ocasião de tomar iniciativas estratégicas. No mês de fevereiro, um corpo expedicionário aliado é pego de surpresa, com um duplo objetivo: levar ajuda ao porto finlandês Petsmo e ocupar simultaneamente as minas de ferro do norte da Suécia. A Alemanha ficará privada, desse modo, de uma matéria-prima essencial à sua economia de guerra. Mas, o Tratado de Paz de Moscou de 12 de março põe fim ao projeto da operação e não é estranho à queda do Daladier em 22 de março, substituído por Paul Reynaud. Com o apoio de Churchill, primeiro lorde do Almirantado, Paul Reynaud decide relançar a manobra escandinava. Essa iniciativa vai desembocar na campanha da Noruega.

A Segunda Guerra Mundial

A campanha da Noruega

Depois de ter lançado minas no mar da costa norueguesa, os Aliados ocuparão Narvik e Trondheim, cortando, assim, a rota marítima do ferro, indispensável ao abastecimento da Alemanha. A operação começa em 7 de abril de 1940 e é logo marcada pelos engajamentos fugitivos com navios de guerra alemães. Ocasiona, de fato, uma batalha não prevista, com a implementação do plano Weser decidido seis semanas antes por Hitler. O plano mobiliza todos os meios da Kriegsmarine, 1,5 mil aviões e 6 divisões.

Em 9 de abril, o ataque da Wehrmacht revela-se em toda a sua amplidão. A Dinamarca é ocupada e a Noruega tomada de assalto. As tropas transportadas por navios de guerra ou por cargueiros camuflados ocupam Narvik, Trondheim, Kristiansand e Bergen. O único problema é que, em Oslo, o desembarque é prejudicado pelos tiros das baterias da costa que afundam o cruzador Blücher. Uma operação aerotransportada permite, entretanto, a ocupação da capital. A partir dos campos de pouso noruegueses, a Luftwaffe faz recuar as forças navais aliadas para o alto-mar.

A reação franco-britânica parece desordenada e impotente. Depois de uma primeira tentativa infrutífera, o encouraçado Warspite e nove destróieres conseguem, no dia 13 de abril, penetrar no fiorde de Narvik e pôr a pique 8 contratorpedeiros alemães, isolando a guarnição do general Dietl. Nos dias 14 e 15, as tropas são desembarcadas ao longo de Narvik.

Entretanto, a manobra principal, de 14 a 19 de abril, diz respeito aos desembarques de Namsos e de Andalnes para libertar Trondheim. A operação termina em fracasso diante da reação das tropas alemãs e dos ataques constantes da Luftwaffe. Os reembarques ocorrem nos dias 1º e 2 de maio.

O único sucesso, ainda que tardio e efêmero, dá-se em Narvik, enfim ocupada em 28 de maio. Entretanto, diante do desenrolar desastroso da campanha da França, o reembarque ocorre em 8 e 9 de junho, após a destruição das instalações portuárias. É ainda marcado por um ataque audacioso do Scharnhorst e do Gneisenau, que enviam para o fundo porta-aviões Glorious e seus dois destróieres de escolta.

A campanha revela importantes deficiências do lado aliado, que afetam o comando, o moral das tropas e o armamento. Demonstra, ainda, que a força naval franco-britânica não é adaptada à ameaça aérea. Se as perdas alemãs não são desprezíveis – três cruzadores e dez destróieres – são largamente compensadas pela aquisição de uma notável posição estratégica no mar do Norte.

A campanha norueguesa teve importantes repercussões políticas. Aos 10 de maio, Chamberlain pede demissão. É substituído por Churchill. Paul Reynaud também deve retirar-se, mas o desencadear do ataque alemão leva-o a permanecer no poder.

482

A campanha da França

Primeira fase, 10 de maio-3 de junho de 1940.
Investida no centro e cerco das forças aliadas na Bélgica.

Ao amanhecer do dia 10 de maio, a Wehrmacht passa à ofensiva no oeste, violando sem declaração de guerra a neutralidade da Holanda e da Bélgica. A Luftwaffe bombardeia os aeródromos belgas e holandeses, solta paraquedistas perto de Haia e de Leyde, na Holanda, e nas pontes do Meuse, na Bélgica. Persuadido de que os alemães reeditam o plano Schlieffen de 1914, Gamelin exibe uma clara serenidade e às 6h30 ele desencadeia, a mando do rei da Bélgica, a "manobra Dyle", que aperfeiçoou durante a *drôle de guerre*. Única sombra no cenário: a extensão imprevista do ataque aerotransportado alemão.

Em conexão com os belgas recuados para o campo fortificado de Antuérpia, a BEF (British Expeditionary Force) do general Gort deve tomar posição no Dyle enquanto o sétimo exército (general Billotte) deve instalar-se em posição defensiva, de Bruxelas a Namur. Ao mesmo tempo, no âmbito da "variante Breda", o 7º Exército (general Giraud) deve descolocar-se a partir de Lille para o território holandês, de maneira a apoiar as forças holandesas, montar a segurança no estuário do Escalda e permitir o funcionamento do porto de Antuérpia. Assim, desde o começo das operações, Gamelin, persuadido de ter adivinhado o eixo principal do esforço alemão, não dispõe de mais nenhuma tropa de reserva.

Como previsto, o corpo de cavalaria do general Prioux (2º e 3º DLM) (divisão ligeira mecânica) atinge Tirlemont-Huy além do Dyle; as divisões e brigadas de cavalaria do 9º e do 2º Exércitos penetram nas Ardenas belgas. E o primeiro problema é que a 3ª DLC (divisão ligeira de cavalaria) do 3º Exército não pode penetrar em Luxemburgo, já ocupado pelos alemães.

Em 11 de maio, os imprevistos se multiplicam. As forças alemãs neutralizam o forte de Eben-Emael que protege a junção do Meuse com o canal Albert, dois obstáculos-chave da defesa belga. Apoderando-se de Maastricht, estabelecem uma passagem sobre o Meuse e progridem a oeste do rio e do canal Albert, dos quais duas pontes em cada três estão intactas, confundindo assim a "manobra Dyle". As divisões belgas estão desfalcadas, sendo previstos cinco dias para que as unidades franco-britânicas ganhem sua posição. O general Prioux sugere progredir apenas até o Escalda. O general Billotte recusa-se a isso e faz acelerar a progressão dos 1º e 7º Exércitos e da BEF.

Na Holanda, a situação se degrada rapidamente. O 7º Exército fracassa em sua missão de reforço aos holandeses e apoio ao flanco esquerdo belga. Atrasado em relação ao 15º Exército alemão (general Kuchler), seu avanço termina próximo a

A Segunda Guerra Mundial

Breda. No dia seguinte, recebe a ordem de recuar para proteger o flanco esquerdo da linha Dyle perto de Antuérpia. O exército holandês abandona então suas posições avançadas para se refugiar na "fortaleza Holanda" (*Vesting holland*), em direção a Amsterdã e Roterdã, descobrindo o flanco esquerdo dos Belgas no canal Albert, que é transposto pela 9ª PZD. A "fortaleza Holanda" é literalmente submersa pelo assalto do 18º Exército alemão. Em 14 de maio, o bombardeio de Roterdã (três mil vítimas), desencadeado por engano, acelera a derrocada holandesa. A rainha deixa o país a bordo de um destróier britânico. No dia 15 de maio, o alto-comando holandês capitula.

Na Bélgica, um restabelecimento parece ainda possível.

De 12 a 14 de maio, as forças belgas recuam de maneira organizada sobre sua posição de resistência KW (Antuérpia-Lovaina), enquanto a BEF se instala sem dificuldade à sua direita entre Lovaina e Wavre. Em 12 de maio, no entanto, o batalhão de cavalaria é muito visado em sua posição de cobertura Tirlemont-Huy. No dia seguinte, sob a pressão do 14º CB, é obrigado a recuar enquanto o 1º Exército instala às pressas suas primeiras linhas na posição Wavre-Gembloux-Namur. Apesar de reforços que incluem a 1ª DCR (Division Cuirassée), três divisões, e mais a 2ª DCR, o 1º Exército deve recuar em 15 de maio, estando sua direita completamente descoberta pela retirada do 9º Exército que abandonou o Meuse. Torna-se evidente que Gamelin foi vítima de engano. O ataque do grupo de exércitos B de von Bock, em Flandres, era uma isca para atrair as melhores tropas aliadas, enquanto o Schwerpunkt (centro de gravidade) do plano efetuado por Hitler e Manstein incide sobre as Ardenas e visa à ruptura da frente francesa em seu centro.

De 10 a 14 de maio, as sete divisões Panzers (1ª, 2ª, 5ª, 6ª, 7ª, 8ª e 10ª PZD) do grupo do exército A, de von Rundstedt, alinhando 1,8 mil tanques, avançam nos desfiladeiros das Ardenas, tendo como únicos obstáculos a lentidão causada pelo acúmulo de seus próprios veículos. O mito da "impermeabilidade aos tanques" foi vencido. À saída das Ardenas, as PZD encontram o 9º Exército (general Corap), que domina o Meuse de Dinant na confluência com o Bar (oeste de Sedan), e uma parte do 2º Exército (general Huntziger) estendendo-se a leste até Longuyon. As vanguardas alemãs abrem caminho na junção dos dois exércitos, guardada por uma divisão de fortaleza e uma divisão de reservistas.

Em 12 de maio, à tarde, a 7ª PZD (general Rommel) aborda o Meuse e infiltra-se na margem esquerda durante a noite pela barragem da ilha de Houx, ao norte de Dinant, que é transposta à força aos 13 de maio. No mesmo dia, a 102ª DI, no centro do dispositivo do 9º Exército, não logra impedir a travessia das unidades do 60º CB (general Reinhardt) em Monthermé. No setor de Sedan, o 19º CB (general Guderian) empreende igualmente a travessia do Meuse com cobertura aérea; seus elementos de assalto progridem até o bosque de Marfée.

484

A Blitzkrieg

Em 13 de maio, à noite, duas cabeças de ponte estão colocadas nas respectivas alas esquerdas dos 9º e 2º Exércitos franceses. À noite, os tanques alemães começam sua travessia nas pontes lançadas pela Engenharia e são atacados em vão pelas aviações francesa e britânica em 14 de maio. Um segundo mito acaba de se desfazer: a "intransponibilidade" do Meuse. O pânico domina nas fileiras francesas.

O alto-comando tenta cortar o avanço alemão. Em 13 de maio, a 3ª DCR é colocada à disposição do 2º Exército para contra-atacar no dia seguinte na direção de Sedan contra o flanco do batalhão de Guderian sem proteção. Por diversas razões, a 3ª DCR não passa à ação e se dispersa à noite. Em 14 de maio, o bolsão de Sedan constitui uma brecha entre os dois exércitos franceses. O 9º Exército, ameaçado pelo sul, resiste no centro, mas sua frente é rompida ao norte entre Dinant e Ham. A 1ª DCR, imobilizada entre Charleroi e Dinant, por problemas de abastecimento, não pode contribuir para um contra-ataque eficaz. Corap dá a ordem de recuar para a posição fronteiriça, pondo a descoberto assim o 1º Exército que se retira em direção ao Escaut. O 2º Exército é rechaçado ao sul.

O alto-comando francês fica na expectativa sobre as intenções inimigas. O grupo B poderia prosseguir o ataque das forças aliadas do norte, enquanto o grupo A se dirigiria para Paris e tomaria por detrás a linha Maginot. A manobra alemã se revela claramente aos 17 e 18 de maio. As Panzers não se dirigem para Paris e se precipitam em direção ao mar, procedendo a um gigantesco "golpe de foice" (Sichelschnitt) destinado a cercar as forças do norte. Curiosamente, os dirigentes franceses ficam aliviados, a tal ponto que Paul Reynaud acredita ser positivo evocar o erro de von Kluck em 1914.

A retirada dos exércitos do norte em direção ao Escaut se efetua sem sobressaltos, de 15 a 20 de maio, diante de um 4º Exército alemão pouco agressivo, e que deixa acontecer ao sul o movimento de cerco do grupo A. Este, com sua vanguarda blindada, transpõe os obstáculos do Oise e do Sambre. Ao norte, o grupamento Hoth no eixo Philippeville-Landrecies-Cambrai contorna Arras aos 23 de maio. O batalhão Reinhardt, indo por Mézières, Guise e Bapaume, alcança Saint-Omer aos 24. Quanto ao 19º CB, com a marcha interrompida por duas vezes, aos 15 e 17 de maio, pelo alto-comando alemão assustado com sua rapidez e com medo de uma reação francesa, consegue chegar, em 20 de maio, a Amiens, Abbeville e ao mar, criando duas cabeças de ponte na margem sul do Somme. Um vasto corredor de 100 km de largura é constituído, mantido a oeste por 7 PZD isoladas, que avançam com os flancos descobertos, seguidas de longe pela infantaria.

A parede sul do corredor é constituída a oeste pelo 2º Exército, pelo 4º (general Touchon) estabelecido no Aisne e no Ailette, e pelo 10º Exército (general Altmayer) que domina o Somme. Ao norte do corredor, o grupo I deixou o Sambre aos 18

485

A Segunda Guerra Mundial

de maio para se instalar, aos 20 de maio, no Escaut e no Scarpe. Arras constitui um posto avançado que reduz a largura do corredor a 40 km diante de Péronne. Consciente da vulnerabilidade das Panzers, o OKH teme uma interrupção do tipo da Batalha do Marne. Ora, as únicas operações de envergadura contra o "corredor das Panzers" limitam-se aos dois contra-ataques em direção a Montcomet e Crécy, aos 17 e 19 de maio, da 4ª DCR (coronel De Gaulle), em vias de constituição, lançadas com audácia, mas sem sucesso contra os eixos das 1ª e 2ª PZD.

Em 19 de maio, Gamelin, em sua instrução secreta nº 12, preconiza a manobra em pinça destinada a capturar o "corredor das Panzers", temida pelo OKH e completada por uma ofensiva do 2º Exército em direção às pontes de Mézières para neutralizar as passagens do Meuse tomadas pelos alemães. Nesse mesma noite, ele é substituído pelo general Weygand, chamado da Síria. Essa troca de comando acontece no ponto culminante da crise e traz consequências funestas. Por ocasião da reunião de Ypres, em 21 de maio, Weygand acaba por retomar, com alguns retoques, o plano de seu antecessor, mas enquanto isso, a evolução do mapa militar o torna impossível de ser executado. De todo modo, Gort, retardado por engarrafamentos, não pôde participar da reunião. O general Billotte, ao voltar, morre num acidente de automóvel antes de conseguir transmitir suas instruções. O fechamento da brecha continua previsto para o dia 24 de maio.

Gort antecipa a contraofensiva de Weygand e tenta abrir a rota do Somme a partir da saliência de Arras com duas divisões e uma brigada blindada. A 7ª PZD de Rommel é seriamente atingida, mas a tentativa fracassa. A retomada da ofensiva do 19º CB alemão em direção a Boulogne e Calais corta a BEF de suas bases logísticas. Ameaçado de cerco e convencido, após o fracasso de Arras, da ineficiência do plano de Weygand, Gort só procura salvar a BEF e ordena, em 25 de maio, seu recuo geral ao único porto ainda acessível, Dunquerque, condenando com isso, definitivamente a manobra do generalíssimo. Os exércitos do norte giram num bolsão que encolhe como um pergaminho. Weygand resolve ordenar o recuo para Dunquerque e ali organizar uma cabeça de ponte, abastecida por mar. Essa improvisação implica que os belgas assegurem a cobertura. Ora, a frente belga se desmancha sob os ataques inesperados dos 18º e 6º Exércitos alemães.

Em 28 de maio, o exército belga capitula com seu rei. Weygand abandona seu projeto de cabeça de ponte e ordena a evacuação geral por Dunquerque.

A providencial decisão de Hitler em 24 de maio, de deter as Panzers na linha Lens-Aire-Gravelinas, vai permitir o "milagre de Dunquerque". A operação Dínamo, efetuada pela Royal Navy em combinação com a marinha francesa, permite, de 26 de maio ao alvorecer de 3 de junho, a evacuação de 342.618 soldados, dos quais 123.095 franceses, à custa de 8 destróieres e 5 torpedeiros, o que é bastante

486

dispendioso. A ordem de recuo muito tardia sacrifica seis divisões do 1º Exército que não puderam livrar-se a tempo. Cercadas nas proximidades de Lille, travam um combate de retardamento até 1º de junho, assegurando um tempo de repouso às tropas anglo-francesas que escaparam do cerco.

O episódio de Dunquerque pontua uma campanha calamitosa. Churchill, com sua lucidez, lembra que "não se ganham guerras com evacuações." Os alemães se vangloriam da destruição de 61 divisões, isto é, de 50% das grandes unidades aliadas e de seu material e da perda de 1,2 milhão de soldados mortos, feridos ou prisioneiros.

A partir de 29 de maio, Hitler requisita os elementos blindados e motorizados em combate diante de Dunquerque para preparar a segunda fase da campanha da França e desfechar o golpe de misericórdia no exército francês, que nunca se recuperou da surpresa provocada pelo Schwerpunkt ao sair das Ardenas.

Segunda fase, 5-10 de junho de 1940.
Ruptura do Somme e do Aisne.

A redução do bolsão de Dunquerque ainda não está terminada quando o OKH reorienta seu dispositivo de maneira a poder dirigir-se ao sul da França. Diante de Amiens e de Reims, a maior parte de suas divisões blindadas é repartida em dois grupos – os exércitos A e B. Weygand tenta febrilmente deter a Blitzkrieg que se prepara. Ele não sai do esquema esclerosado da frente contínua, preconizando uma defensiva em profundidade na base de pontos de resistência fortificados. Numa frente de mais de 300 km partindo do estuário do Somme, incluindo o canal Crozat, o Ailette e o Aisne até Vouziers, seguindo depois a linha Maginot a partir de Montmédy, aldeias e povoados dominados pela infantaria e cobertos pela artilharia de campanha devem ser transformados em redutos inexpugnáveis. As unidades blindadas que escaparam da tormenta (a 3ª DCR nas cercanias de Vouziers, a 1ª DCR em Pont Sainte-Maxence) deverão eliminar as infiltrações inimigas.

A tentativa de Weygand é comprometida desde o começo em razão da desproporção das forças. O generalíssimo só pode contar com 71 divisões (incluindo as guarnições da linha Maginot) e 1,5 mil tanques, em oposição à Wehrmacht, que dispõe de 139 divisões, sendo 10 PZD. Somente a aviação francesa está num nível comparável ao de 10 de maio, graças à construção aeronáutica e aos aparelhos de segunda linha.

Em 5 de junho, o grupo B (von Bock) lança suas 47 divisões ao assalto das 20 DI do GA III (10º, 7º e 6º Exércitos). Os combates são encarniçados, e a resistência francesa é um bom presságio. Simples miragem. Se o 7º Exército (general Frère) resiste com vigor, na noite de 5 a 6 de junho o 6º Exército (general Touchon), atacado pelo 9º Exército alemão (general Strauss), deve recuar para o Aisne.

A Segunda Guerra Mundial

Em 6 de junho, saindo das cabeças de ponte do Somme, o batalhão blindado Hoth contorna os centros de resistência e irrompe no centro do 10º Exército (general Altmayer). Rommel, com a 7ª PZD alcança em 9 de junho Forges-les Eaux, e depois o baixo Sena na altura de Rouen. Essa ruptura dá lugar a uma espécie de mini-Dunquerque ao contrário. Uma divisão britânica, a única ainda a combater no continente, está cercada junto com diversas unidades francesas em Saint-Valery-en-Caux e deve render-se.

Em 9 de junho, o grupo A (von Rundstedt) passa ao ataque no Aisne. A resistência francesa mostra-se, também aí, encarniçada. O 16º Exército (general von Busch) alemão registra um fracasso sensível; mas ao alvorecer de 10 de junho, é criada uma cabeça de ponte a oeste de Rethel, na qual Guderian introduz suas Panzers. O 9º Exército alemão continua inexoravelmente sua exploração contra o 6º Exército francês, alcançando o Ourcq no dia 9 e o Marne no dia 10, o que obriga o 4º e 2º Exércitos franceses a abandonar o Aisne e a recuar para a linha das colinas de Champagne. No mesmo dia, o governo deixa Paris, para a região de Tours, e Weygand dá uma ordem de retirada geral para um arco imenso que vai de Caen ao médio Loire, ao Morvan, ao planalto de Langres e até as montanhas do Jura. Essa ordem não poderá ser executada; a resistência coerente e organizada do exército francês chega ao fim.

Em 10 de junho, com a derrota da França sendo inelutável, Mussolini aproveita para lhe declarar guerra, atitude estigmatizada pela célebre fórmula "punhalada nas costas". O Duce, consciente das insuficiências do exército italiano, vê a guerra como o meio de participar das negociações de paz. "São necessários mil mortos para que eu me sente à mesa dos vencedores." Ele tem um duplo objetivo: extensão territorial às expensas da França (Córsega, Tunísia, Djibuti) e alargamento da zona de influência italiana nos Bálcãs, para ter condições de travar uma guerra paralela e autônoma na Europa Central e no Mediterrâneo.

Terceira fase, 10-25 de junho de 1940.
A derrocada.

Rompida a frente francesa, a exploração alemã é feita em leque, pondo em função a totalidade dos meios blindados e motorizados repartidos em três grupamentos. O grupamento von Kleist contorna Paris a leste e apodera-se das pontes de Nogent e Romilly-sur-Seine. Em 14 de junho, os alemães entram em Paris, quase deserta e declarada cidade aberta. O grupamento continua, em seguida, sua exploração em direção ao centro da França, penetrando no Maciço Central e atingindo Vichy e Clermont-Ferrand em 25 de junho.

488

O grupo Hoth, depois de forçar as passagens do baixo Sena, lança-se para oeste para apoderar-se dos portos, cortar a França do mar e de seu aliado britânico. Em 19 de junho, Cherburgo e Brest são ocupados, tomando de surpresa a hipotética defesa de um "reduto bretão". A marinha francesa sai às pressas de seus portos, conseguindo *in extremis* salvar Jean Bart, em vias de acabamento, mas deve abandonar, apesar das sabotagens, uma ferramentaria considerável e cerca de 100 mil toneladas de embarcações em construção. Não mais que o Sena, o Loire não é um obstáculo, exceto as pontes de Saumur defendidas com o heroísmo do desespero pelos cadetes da escola de cavalaria (19-20 de junho).

A leste, o grupamento de Guderian, pela Champagne, pelo planalto de Langres e pelo alto Saône, aborda o maciço do Jura e alcança Pontarlier na fronteira suíça aos 17 de junho. Durante esse tempo, o GA C (von Leeb) rompe a linha Maginot próximo a Sarrebruck em 14 de junho, depois na altura de Colmar em 15 de junho. No dia seguinte, o presidente do Conselho pede demissão e é substituído pelo marechal Pétain, que, desde 17 de junho solicita ao adversário as condições do armistício, dando o golpe de misericórdia em qualquer espírito de resistência.

Em 18 de junho, o general De Gaulle, numa mensagem radiofônica pela BBC, conclama os franceses a unir-se a ele em Londres para continuar a luta ao lado dos britânicos.

No mesmo dia, Guderian, depois de tomar a direção nordeste, alcança Belfort e Remiremont, coroando o cerco dos exércitos franceses do leste. Presos na armadilha, incapazes de se desvencilhar, entregam as armas nos Vosges, aos 22 de junho. Os pioneiros da Wehrmacht se aplicam em ataques experimentais contra a linha Maginot sem conseguir neutralizá-la. As guarnições das unidades fortificadas continuam o combate.

Em 20 de junho, o exército italiano, até então confinado numa prudente expectativa, desencadeia uma ofensiva geral nos Alpes, encorajado pela chegada do 16º CB alemão em Lyon, o qual surpreende por trás o exército do general Olry. Este, com três divisões de categoria B, contém as tropas italianas, enquanto o grupamento Cartier lhe assegura, no baixo Isère, uma cobertura que fecha a rota de Grenoble aos alemães. Os italianos conseguem, com muita dificuldade, progredir a leste do alto Maurienne e a leste de Menton, não efetuando a junção prevista com as tropas alemãs a Chambéry.

Em 21 de junho, a delegação francesa recebe em Rethondes o texto das condições de armistício. No dia seguinte, o general Huntziger assina a convenção em presença de Hitler, no vagão em que o marechal Foch havia assinado o armistício de 11 de novembro de 1918. O armistício com os italianos foi assinado no dia 24, e o cessar-fogo se inicia aos 25 de junho à 0h35. No entanto, guarnições da

A Segunda Guerra Mundial

linha Maginot continuam a resistir até o começo de julho e só capitulam à ordem expressa do governo.

A derrota da França é absoluta, a decomposição é militar e política. Para a perda de 40 mil homens, de 300 tanques e 1,2 mil aviões, a Wehrmacht pôs fora de combate em 45 dias 8 divisões holandesas, 22 belgas e 94 francesas. Ela acaba de adquirir uma fachada marítima contínua da Frísia à Espanha. O exército francês, esclerosado pelas lições da Primeira Guerra Mundial sobre a frente contínua e a guerra de posição, foi ultrapassado taticamente pelas receitas da Blitzkrieg, reabilitando a manobra graças ao binômio tanque-avião.

O armistício, 22-25 de junho de 1940

Para o governo francês, as condições do armistício ditadas aos 21 de junho em Rethondes, no vagão de Foch de 1918, parecem inesperadas, tendo em vista a amplidão do desastre. A França conserva uma zona livre, a soberania sobre seu império. Ela conserva igualmente um exército de cem mil homens e forças coloniais. O Reich se compromete ainda solenemente a não exigir a entrega da frota, mesmo no momento da assinatura da paz. Após uma entrevista entre Hitler e Mussolini, aos 18 de junho em Munique, a Itália se alinhou a essas propostas.

Apresentando condições honrosas, bem diferentes das propostas draconianas do OKW e mesmo da Itália, Hitler persegue um duplo objetivo: levar a França a se retirar da luta e obrigar uma Grã-Bretanha isolada a assinar uma paz negociada. Procura, assim, desvencilhar-se desse conflito a oeste, que não havia desejado, em setembro de 1939. Exato quanto ao primeiro ponto, o cálculo vai revelar-se falso quanto ao segundo. Sob o impulso de W. Churchill, a Inglaterra recusa as propostas de paz da Alemanha e continua a luta.

Para o governo de Vichy, o alívio inicial mostra-se efêmero. Em sua aplicação, as condições do armistício se revelam draconianas. Uma linha de demarcação estanque separa as duas zonas. O território da zona norte acha-se ainda amputado da Alsácia-Lorena, submetida a uma anexação de fato, e dos departamentos do Nord e do Pas-de-Calais, dependentes da administração militar de Bruxelas, assim como de uma zona proibida. A França deve ainda pagar uma enorme indenização diária de 400 milhões para as despesas de ocupação. Um milhão e meio de prisioneiros se encontram na Alemanha. Com a continuidade da guerra, a ilusão de um armistício curto se desfaz e a França não vai tardar em se achar numa situação desastrosa.

As repercussões da queda da França no plano internacional

Estados Unidos
10 de junho. Discurso de Roosevelt em Charlottesville anunciando uma aceleração do rearmamento americano.
2 de setembro. Cessão de 50 velhos destróieres à Inglaterra em troca da concessão aos Estados Unidos, por 99 anos, de bases em Terra-Nova, nas Bermudas, nas Bahamas e nas Antilhas.
5 de novembro. Reeleição de Roosevelt à presidência.

União Soviética
26 de junho. Num ultimato, a URSS ordena à Romênia que lhe ceda a Bessarábia e a Bucovina do Norte. Advertências também são dirigidas aos países bálticos para a criação de governos favoráveis à União Soviética (fim de julho-início de agosto). Esses novos governos pedem sua incorporação à URSS, que se apressa em aceitar.

A ruptura franco-britânica
De imediato, a consequência mais grave da derrota da França traduz-se numa ruptura franco-britânica e no desencadear da operação Catapult contra a marinha francesa.
Não confiando de forma nenhuma na palavra dos alemães e dos italianos sobre o destino da frota francesa, e desejoso igualmente de demonstrar a determinação britânica em prosseguir a luta, Churchill decide neutralizar essa frota, no âmbito da operação Catapult.
Em 3 de julho de 1940, às 4h da manhã, comandos tomam de assalto as cerca de 200 embarcações francesas ancoradas nos portos britânicos. Em Alexandria, a força X (encouraçado Lorraine, 3 cruzadores pesados, 3 torpedeiros), na mira dos canhões ingleses, é "convidada" a se desarmar. Resta o grosso da frota francesa (2 Dunquerque, 2 encouraçados Provence, o carregador de hidroaviões Commandant Teste, 6 contratorpedeiros) atracado em Mers el-Kébir. A força H, colocada sob o comando do vice-almirante Somerville, compreendendo os encouraçados Valiant e Resolution, o cruzador de batalha Hood, o porta-aviões Ark Royal, 2 cruzadores e 11 destróieres, apresenta-se às 8h da manhã diante da enseada. Somerville faz chegar ao comandante da força francesa, o almirante Gensoul, um "ultimato" preconizando quatro soluções: unir-se à frota britânica para continuar o combate contra o Eixo; dirigir-se com tripulações reduzidas para um porto britânico; partir para as Antilhas; afundar os navios ali mesmo.
Gensoul recusa o ultimato: "As embarcações francesas responderão à força pela força", e tenta ganhar tempo prolongando as negociações. Somerville, temendo

A Segunda Guerra Mundial

a chegada de reforços, rompe-as brutalmente. Às 17h56, manda abrir fogo. É uma execução. As manobras de desatracação das embarcações francesas são impedidas. Com a proa orientada para terra, estão sem suas torres de comando. O balanço é pesado: o Bretagne emborcou, o Dunquerque, o Provence e o contratorpedeiro Mogador sofreram avarias. Apenas o Strasbourg conseguiu sair com cinco contratorpedeiros. Em 6 de julho, o Dunquerque sofre um novo ataque que eleva o balanço final a 1.297 mortos e 381 feridos.

Dois dias mais tarde, uma Task Force (força-tarefa) formada pelo porta-aviões Hermes e dois cruzadores pesados ataca Dacar, imobilizando o Richelieu. Na véspera, dia 7 de julho, os almirantes Cunningham e Godfroy chegaram, entretanto, a um "acordo de cavalheiros" em Alexandria: a força X permanecerá parcialmente desarmada, com tripulações reduzidas, mas sob pavilhão francês.

A repercussão do "atentado" de Mers el-Kébir é considerável e reaviva na França um antagonismo franco-britânico que se acreditava desaparecido. A reação de Vichy se limita, entretanto, a uma ruptura das relações diplomáticas com a Grã-Bretanha. Quanto a Hitler, satisfeito com esse enfrentamento entre os Aliados da véspera, decide suspender o desarmamento da maior parte da frota.

França livre e regime de Vichy

No plano nacional, a derrota se traduz numa separação que se acentuará progressivamente entre a França livre de De Gaulle e o regime do marechal Pétain.

O apelo de 18 de junho à resistência constitui a certidão de nascimento da França livre.

28 de junho. De Gaulle é reconhecido pelos britânicos como o "Chefe dos franceses livres".

7 de agosto. Acordo entre a França livre e o governo britânico. O acordo especifica o estatuto das forças militares de De Gaulle compostas por uma brigada e uma pequena marinha de 3,3 mil homens sob as ordens do vice-almirante Muselier.

26-28 de agosto. Adesão à França livre pelo Cameroun e pelo AEF, com exceção do Gabão.

2 de setembro. Adesão do Taiti.

Essas primeiras adesões encorajadoras vão levar ao episódio de Dacar, de 23 a 25 de setembro de 1940.

O episódio surge da convergência entre a necessidade, para De Gaulle, de dar uma sede territorial e política à França livre e as preocupações de Churchill em reforçar a segurança da rota do Cabo. A operação, inadequadamente chamada de "Ameaça", deve organizar um corpo expedicionário constituído de 4,27 mil royal marines e da quase totalidade das Forças Francesas livres, 2,4 mil homens sob

492

as ordens do general de Gaulle. As forças de apoio comandadas pelo almirante Cunningham compreendem os encouraçados Barham e Resolution, o porta-aviões Ark Royal, os cruzadores pesados Devonshire, Cumberland e Australia, 6 destróieres e 3 barcos avisos das Forças da França livre (Savorgnan de Brazza, Commandant Dominé, Commandant Duboc). A defesa de Dacar é assegurada por 16 baterias costeiras, o Richelieu – sem condições de aparelhar –, os cruzadores Georges Leygues e Montcalm enviados por acaso por Vichy para pôr ordem no AEF, 2 contratorpedeiros e 3 submarinos. Aos 23 de setembro, a esquadra franco-britânica se apresenta diante de Dacar. De Gaulle embarcado no paquete holandês Westernland tenta obter pacificamente a adesão do governador geral Boisson, mas este manda atirar nos plenipotenciários da França livre. As baterias costeiras, por sua vez, abrem fogo. Os cruzadores Cumberland e Delhi são atingidos, assim como dois destróieres. A reação britânica é rápida. O submarino Persée é afundado, e o torpedeiro Audacieux naufraga, devastado pelos incêndios. Uma tentativa de desembarque dos gaullistas na baía de Rufisque termina em fiasco.

Em 24 de setembro, os britânicos tomam a frente da questão e tentam, em vão, reduzir a defesa de Dacar. O submarino Ajax é posto a pique. De Gaulle preconiza o recuo definitivo, mas Churchill se mantém inabalável e o ataque é retomado no dia seguinte. O encouraçado Resolution é gravemente avariado pelo submarino Béveziers enquanto o Barham é atingido pelas explosões de um 380 do Richelieu. Cunningham ordena a retirada, e é uma "frota vencida" que retorna a Freetown.

A repercussão do episódio de Dacar é considerável no mundo. Churchill deve enfrentar violentos ataques. Nos Estados Unidos, algumas pessoas, e não poucas, põem em dúvida a capacidade da Inglaterra em prosseguir na luta. Em Vichy, há um imenso alívio. Uma adesão de Dacar levaria certamente à tomada do norte da África pelo Eixo. Para De Gaulle, enfim, é um duro golpe. O fracasso põe fim às adesões espontâneas. A do Gabão, obtida aos 9 de novembro, só acontece depois de um duro enfrentamento e um duelo de morte entre dois avisos. O Savorgnan de Brazza dos FNFL manda assim para o fundo o Bougainville da marinha de Vichy.

França, 1940

16 de junho – Demissão do governo Paul Reynaud.

17 de junho – Formação do gabinete do marechal Pétain.

23 de junho – Laval e Marquet integram o governo.

2 de julho – Instalação do governo em Vichy.

10 de julho – O Parlamento concede, com uma forte maioria, plenos poderes constituintes ao marechal Pétain.

11 e 12 de julho – Promulgação dos quatro primeiros atos constitucionais que fundam o Estado francês.

493

30 de julho – Criação dos Canteiros da juventude.

13 de agosto – Dissolução das "Sociedades secretas", em particular da Franco-Maçonaria.

29 de agosto – Criação da Legião francesa dos combatentes.

7 de setembro – Weygand é nomeado delegado geral do governo para a África.

3 de outubro – Promulgação do estatuto dos judeus.

9 de novembro – Dissolução dos organismos profissionais nacionais.

13 de dezembro – Revolução palaciana em Vichy. Laval é eliminado do governo e preso.

14 de dezembro – Flandin, ministro das Relações Exteriores.

25 de dezembro – Entrevista entre Darlan e Hitler próxima a Beauvais.

A Grã-Bretanha sozinha na luta

Primeiras fases da Batalha da Inglaterra: 10 de julho-6 de setembro de 1940

Diante da resistência inesperada da Inglaterra e de sua recusa a uma paz negociada, Hitler decide pela invasão. É a operação Seelöwe (Otarie). Sua diretriz de n° 16 de 16 de julho de 1940 prevê, a partir de meados de agosto, o desembarque numa frente, estendendo-se de Ramsgate a oeste da ilha de Wight, de 25 a 40 divisões transportadas por comboios através de canais semeados de minas sob a proteção da artilharia costeira. A Luftwaffe tem a tripla missão de abater as forças ativas da RAF; de destruir, preparando o desembarque, os portos, as instalações costeiras, as usinas aeronáuticas e as infraestruturas militares do sudeste da Grã-Bretanha; e de neutralizar a Royal Navy, no mar do Norte. Esse plano, concebido como a travessia de um rio, tendo a aviação por artilharia e a marinha por logística, suscita sérias reservas nos estados-maiores da Kriegsmarine e da Luftwaffe, que preconizam um adiamento para a primavera de 1941.

Entretanto, a operação continua a ser preparada com intensidade. Uma força armada heteróclita de chalupas, rebocadores, lanchas e transportes diversos, num total de mais de três mil embarcações, começa a ser reunida nos portos da Mancha, de Antuérpia até Le Havre.

A execução de Seelöwe depende de um pré-requisito: a aquisição da superioridade aérea pela Luftwaffe sobre a Mancha e no sudeste das ilhas britânicas. Hermann Göring chega a esperar que a ofensiva aérea torne inútil a operação Seelöwe. A comparação entre as forças é favorável aos alemães, que alinham 1.030 caças contra 850 dos britânicos, 1,32 mil bombardeiros, e dispõem de uma impressionante reserva de pilotos treinados. A 2ª frota aérea comandada pelo general Kesselring se estende sobre os campos da Holanda, da Bélgica e do norte da França;

A Segunda Guerra Mundial

a 3ª frota comandada pelo general Sperrle recobre os da Normandia, da Bretanha e da bacia parisiense. A 5ª frota estacionada na Noruega é encarregada de missões de despistamento nas costas do nordeste das Ilhas Britânicas.

A fase preliminar começa aos 10 de julho numa total improvisação. O comando da Luftwaffe desenvolve uma série de operações contra o tráfego marítimo e os portos ingleses da Mancha, mas sem muita eficácia. A caça britânica resiste de maneira notável. As perdas alemãs são sensíveis: 180 aparelhos, entre os quais 100 caças contra 70 aviões da RAF. Defeitos e qualidades dos adversários são revelados. Os caças alemães sofrem por causa de um raio de ação insuficiente que reduz sua capacidade de intervenção, e só conseguem atingir uma parte do sul da Inglaterra e por curtos períodos; a capacidade de transporte dos bombardeiros limitada a 2 toneladas de bombas impede qualquer campanha de envergadura. Os britânicos dispõem de vantagens inegáveis: uma rede de radares sem igual no mundo, um sistema de defesa aérea muito flexível. As coordenadas dos aparelhos alemães são captadas pelos radares e pelos observadores, sendo em seguida enviadas para o estado-maior do Fighter Command, que as transmite aos Group Command (incluindo de 13 a 15 esquadrões compostos de 16 aparelhos). Com o Spitfire, a RAF se beneficia ainda de uma inegável superioridade qualitativa pela maneabilidade desse aparelho e por sua potência de fogo.

Hitler fica impaciente. Em 1º de agosto, em sua diretriz nº 17, ordena que a Luftwaffe "esmague a aviação inglesa com todos os meios de que dispõe". Göring, à luz dos relatórios otimistas sobre o sucesso da fase preliminar, busca eliminar a aviação de caça do sudeste da Inglaterra em quatro dias. A operação Adlertag (Dia da Águia), fixada para 7 de agosto, mas adiada para 13 de agosto por razões meteorológicas, consiste em bombardear as indústrias aeronáuticas e a infraestrutura da RAF para obrigar a caça inglesa a entrar em ação. A visibilidade ruim e os pilotos britânicos fazem a operação fracassar. Aos 13 e 14 de agosto, a RAF abate 115 aparelhos alemães, entre os quais 60% são bombardeiros, durante cerca de 2,4 mil excursões, perdendo apenas 45.

Göring deve render-se à evidência: a caça inglesa está longe de ser aniquilada. Aos 24 de agosto, concentra os ataques aéreos, para a terceira fase da batalha, nos aeroportos dos caças da RAF e fixa o prazo de quatro semanas para realizar tal objetivo.

Enquanto isso, a operação Seelöwe foi modificada. A diretriz de 16 de agosto limita o desembarque a uma frente estreita de Beachy Head a Folkestone, com dois desembarques complementares em Brighton e em Ramsgate. Por razões meteorológicas, o prazo é fixado para meados de setembro.

As operações aéreas alcançam sua intensidade máxima. Os caças ingleses efetuam uma média diária de 729 saídas, e 280 aparelhos são abatidos, contra

496

380 alemães. Apesar desses brilhantes resultados, a caça inglesa se encontra numa situação crítica, embora as destruições materiais sejam amplamente compensadas pela indústria aeronáutica, que, mesmo sob bombardeios, continua a produzir e entrega à RAF 475 aparelhos só no mês de agosto de 1940. Mas a infraestrutura (pistas, prédios, redes de comunicação, centros operacionais) está severamente avariada, e sobretudo as perdas em pilotos alcançam um nível preocupante. Do efetivo de um milhar, 230 são postos fora de combate em menos de dois meses.

A batalha de usura inaugurada pela Luftwaffe começa a trazer-lhe vantagens. A RAF está esgotada. Paradoxalmente, sua salvação virá dos dirigentes alemães. Pressionados pelos prazos imperativos para a execução de Seelöwe, decidem modificar o esforço da Luftwaffe e atribuem-lhe um novo objetivo, Londres, que se tornou inevitável em represália ao ataque britânico de 25 de agosto sobre Berlim.

7 setembro de 1940~16 de maio de 1941: *Blitz* sobre Londres, continuação e final da Batalha da Inglaterra

Aos 7 de setembro de 1940 começa a fase mais espetacular da Batalha da Inglaterra, que vai traduzir-se numa diminuição da pressão sobre a RAF em detrimento das populações civis. Esquadrilhas de bombardeiros protegidas por grupos de caças são lançadas contra Londres. Essa nova tática pega desprevenido o Fighter Command. O céu de Londres está vazio. Na tarde de 7 de setembro, aproximadamente 400 bombardeiros atacam as docas e os bairros de forte densidade de população, provocando destruições consideráveis e numerosos incêndios. À noite, 250 bombardeiros retornam sobre os mesmos bairros, iluminados pelos incêndios. Nos dias seguintes, os ataques se sucedem ao mesmo ritmo para atingir seu paroxismo em 14-15 de setembro. Cerca de 650 bombardeiros alemães atacam Londres: a RAF, que reagiu rapidamente, engaja 30 esquadrões e multiplica as excursões. Nos dois dias seguintes, o mau tempo impede toda operação.

De fato, toda esperança de quebrar a resistência britânica durante a estação propícia a um desembarque se dissipou. As concentrações das forças de invasão são, além disso, submetidas a ataques aéreos incessantes da RAF. Em 7 de setembro, Hitler adiou *sine die* a operação Seelöwe.

O ataque dos bombardeiros, entretanto, não cessou. O Führer acredita poder forçar a Grã-Bretanha a uma paz separada, ao intensificar os bombardeios sobre Londres. Os ataques diurnos prosseguem até o final de outubro. Em 12 de outubro, a operação Seelöwe é definitivamente adiada para a primavera de 1941.

497

A Segunda Guerra Mundial

No início de novembro, dá-se uma nova mudança na tática alemã. Diante da amplidão das perdas, Göring decide privilegiar os bombardeios noturnos contra as cidades, os centros industriais e os portos, apesar de sua imprecisão. A cidade de Coventry é destruída na noite de 14 de novembro. Em 29 de dezembro, Londres sofre importantes estragos, em particular no bairro da City. Os ataques da Luftwaffe atenuam-se até o retorno do tempo bom, em março. Depois de um ponto culminante em 10 de maio de 1941, data de aniversário do início da Blitzkrieg na frente ocidental, a Batalha da Inglaterra termina em 16 de maio, quando a Luftwaffe é enviada para o leste.

A Alemanha acaba de registrar sua primeira derrota. A *Blitz* redunda em fracasso, não alcança seu objetivo: enfraquecer a capacidade de resistência da população. O balanço da Batalha da Inglaterra é pesado. A Luftwaffe saiu enfraquecida. De 10 de julho aos 31 de outubro, perdeu 1.773 aparelhos contra 945 caças da RAF. A sobrevivência da Grã-Bretanha foi assegurada pela conjunção de vários fatores: o pragmatismo de Dowding, o comandante do Fighter Command e de seu estado-maior, a tenacidade do povo britânico e dos pilotos, a inovação do radar e a capacidade de produção de sua indústria aeronáutica, assim como os erros alemães, principalmente a mudança de objetivo de 7 de setembro. Hitler vai ter de atacar a leste sem ter eliminado seu adversário a oeste, devendo lutar em duas frentes.

Guerra no Mediterrâneo

Após a queda da França, Mussolini tenciona travar no Mediterrâneo "uma guerra paralela" à da Alemanha. Mas, desde os primeiros combates no mar, a Royal Navy supera a marinha italiana.

5 de julho de 1940. Ataque de Tobruk pelos aviões-torpedeiros do porta-aviões britânico Eagle; um destróier e um cargueiro italianos são afundados.

9 de julho de 1940. Primeira batalha naval anglo-italiana ao sul da Calábria, em Punta Stilo; um encouraçado e um cruzador italianos são avariados. A aviação italiana só intervém após os combates e bombardeia por engano as embarcações italianas.

19 de julho de 1940. No cabo Spada, perto de Creta, novo engajamento naval anglo-italiano no qual o cruzador italiano Bartolomeo Colleoni é afundado. A aviação italiana manifesta-se novamente após a batalha e metralha as embarcações inglesas que procedem ao resgate dos que escaparam ao cruzador.

20 de julho de 1940. Novo ataque a Tobruk pelos aviões-torpedeiros do porta-aviões Eagle, que afundam dois destróieres e um cargueiro.

16 de setembro de 1940. Ataque a Benghazi pelos aparelhos do porta-aviões Illustrious; dois destróieres italianos são afundados.

498

11-12 de outubro de 1940. O cruzador leve britânico *Ajax* encontra uma flotilha italiana de quatro destróieres e três lanchas na costa tunisiana. Sob um forte luar, afunda um destróier e duas lanchas.

As operações envolvem igualmente o norte da África e a África Oriental.

Início da campanha da Líbia: 12-18 de setembro de 1940

Desde a derrota da França, a Itália pode concentrar suas forças contra o Egito e o canal de Suez, ponto estratégico por excelência. O marechal Graziani dispõe de dois exércitos: o 5º na Tripolitânia e o 10º na Cirenaica, no total de 14 divisões, entre as quais 2 líbias. Essas unidades estão subequipadas, com falta de baterias antiaéreas, de meios de comunicação e de veículos de transporte. Mas o general Wavell, comandante em chefe no Oriente Médio, não está em melhor situação, pois só dispõe, para garantir a guarda do Egito, de 36 mil homens. A posição britânica mais avançada encontra-se em Marsa Matrûh, a 250 km no interior das fronteiras.

Graziani recebe a ordem do Comando Supremo para atacar em 15 de julho, mas, por falta de meios de transporte, as operações de concentração eternizam-se e é somente aos 9 de setembro que o 10º Exército deixa suas bases da Cirenaica. Oito dias depois, após um avanço de 90 km, ocupa a cidade egípcia de Sollum, e depois Sidi Barrani aos 18 de setembro, a meio caminho das posições britânicas de Marsa Matrûh. Graziani permanece ali durante três meses para construir uma adutora de água potável e estabelecer uma cadeia de postos fortificados, afastados demais uns dos outros para apoiarem-se mutuamente. Enquanto isso, Wavell recebe novos reforços com três regimentos blindados expedidos com urgência por iniciativa de Churchill.

Guerra na África Oriental: 14 de julho-19 de agosto de 1940

O "chifre da África" constitui a segunda haste da pinça com a qual Mussolini pretende apoderar-se do Egito e do Sudão. A relação de forças lhe é favorável. Os italianos colocados sob o comando do duque de Aosta, vice-rei da Etiópia, alinham cerca de 300 mil homens entre os quais 200 mil indígenas. Esse efetivo considerável não consegue compensar o estado obsoleto do equipamento, a quantidade derrisória de armas antitanques, de DCA e de aviões, um abastecimento incerto e a lealdade sujeita à caução das tropas indígenas. O dispositivo italiano ultrapassa, entretanto, numérica e materialmente, o dos britânicos, que só dispõem de 40 mil

A Segunda Guerra Mundial

soldados, na maior parte indígenas. Desse modo, os italianos lançam-se ao assalto do Sudão (tomada de Kassal e Gallabad, em 4 de julho), do Quênia (tomada de Moyale, em 15 de julho) e da Somália britânica não defendida (3-19 de agosto). Após esse golpe de audácia, a ofensiva italiana se entrava. Cortadas de suas fontes de abastecimento, as tropas italianas recolhem-se à defensiva.

A Alemanha e o Mediterrâneo

No outono, Hitler, sem a perspectiva de uma operação de envergadura em direção ao Oriente Próximo pela Turquia, começa a interessar-se pelo teatro mediterrâneo, quanto mais não fosse pela desistência da operação Seelöwe. Suas ambições limitam-se a um ataque contra Gibraltar (operação Felix) em conexão com a Espanha e com uma participação naval francesa na guerra no Mediterrâneo ocidental. Hitler ficou, com efeito, muito impressionado pelo comportamento dos marinheiros franceses por ocasião dos episódios de Mers-el-Kébir ou de Dacar.

No entanto, aos 23 de outubro em Hendaye, Franco se mostra extremamente reservado e recusa-se a se envolver. Logo depois, em Montoire, Pétain e Laval demonstram igualmente a maior circunspecção, não assumindo nenhum compromisso, apesar das promessas de Hitler – que se mostram vagas – de mudar o estatuto do armistício. Montoire provoca, entretanto, a mais viva inquietação da Grã-Bretanha e dos Estados Unidos. Graças a contatos oficiosos, Churchill se resigna a atenuar o bloqueio, em troca da promessa da França de não se alinhar ao Eixo. Quanto ao presidente Roosevelt, acredita ser positivo estreitar seus laços com Vichy, pelo envio, em dezembro, do almirante Leahy como embaixador e do diplomata Robert Murphy para o norte da África, junto a Weygand. Enquanto isso, uma iniciativa de Mussolini relança a guerra no Mediterrâneo e desfaz o equilíbrio dos Bálcãs.

Início da Guerra Ítalo-grega:
28 de outubro-29 de dezembro de 1940

Obcecado por sua "guerra paralela" e invejoso dos sucessos militares de Hitler, o Duce decide, em 15 de outubro, invadir a Grécia a partir do território albanês. O ataque italiano se inicia em 28 de outubro. As 11 divisões em combate só conseguem criar um bolsão no maciço de Pindus. Os gregos, contra toda expectativa, resistem. Confiantes na atitude da Bulgária neutralizada por uma declaração turca, dirigem as tropas concentradas na Trácia para a frente albanesa. Em 14 de novembro, com

500

o apoio da RAF, passam à contraofensiva e rechaçam os italianos em 80 km na Albânia. Koritza é ocupada aos 22 de novembro e o porto de Valona ameaçado. Assim sendo, o comando italiano deve engajar 15 e posteriormente 23 divisões para tentar deter o avanço das forças do general Papagos. Em 6 de dezembro, Badoglio, bode-expiatório do fiasco italiano, é substituído por Ugo Cavallero como chefe de estado-maior general do exército italiano. A partir de 29 de dezembro, a frente se estabiliza até a primavera, apesar de uma nova ofensiva italiana fracassada (9 de março de 1941).

A iniciativa infeliz de Mussolini reverte a situação estratégica nos Bálcãs. Após a agressão de 28 de outubro, os gregos não requisitaram a ajuda britânica, temerosos de provocar a intervenção alemã. Contudo, os ingleses desembarcam tropas em Creta e ameaçam as comunicações italianas com a Líbia. Em 4 de novembro, unidades da RAF instalam-se no Peloponeso. Os planos de Hitler de satelização dos Bálcãs pela via diplomática, ficam, assim, contrariados. Para salvar seu aliado da humilhação de uma derrota e limitar a intervenção britânica, Hitler ordena, em 12 de novembro, que se prepare a operação Marita, destinada a "apoderar-se do território continental grego ao norte do mar Egeu" a partir da Bulgária. O objetivo principal é privar os britânicos de toda base aérea que possa ameaçar os campos petrolíferos romenos e o flanco sul da Wehrmacht, uma vez desencadeado o ataque contra a Rússia decidido no final do ano.

Ao fiasco grego, acrescentem-se outras derrotas italianas, tanto no mar quanto em terra.

Ataque aeronaval contra Tarento: 11-12 de novembro de 1940

Os ingleses decidem, no mês de outubro, aplicar um duro golpe e atacar o corpo de batalha italiano ancorado na enseada de Tarento. Em 6 de novembro, a Mediterranean Fleet desatraca de Alexandria sob as ordens de Cunningham. No dia 11, na caída da noite, o porta-aviões Illustrious, escoltado por 4 cruzadores e 4 destróieres, ganha sua posição a 170 milhas ao sudeste de Tarento. Os 21 Fairey Swordfish armados de bombas e de torpedos empreendem o ataque em duas ondas com a ajuda de holofotes. Apesar do fogo cerrado da DCA, cinco torpedos chegam a bom termo: três atingem o Littorio, um atinge o Conte Di Cavour e o terceiro o Caio Duilio.

A operação Judgement revela-se um modelo de "economia das forças". Ao preço da perda de dois aparelhos, os britânicos puseram fora de combate a metade do corpo de batalha italiano. O Conte Di Cavour fica tão severamente avariado que

A Segunda Guerra Mundial

jamais será recuperado; os dois outros encouraçados atingidos serão imobilizados por seis meses. Consequência estratégica de tal desastre, os italianos recolhem as embarcações que restaram para Nápoles e La Spezia, limitando sua capacidade de intervenção no Mediterrâneo central e oriental.

Durante as semanas seguintes, a Royal Navy confirma sua vantagem.

27 de novembro de 1940. Batalha do cabo Teulada ao sul da Sardenha. O almirante Campioni tenta interceptar – com 2 encouraçados, 6 cruzadores e 14 destróieres – um comboio britânico escoltado pela força H sob as ordens do vice-almirante Somerville, mas os italianos, castigados por aparelhos do Ark Royal, rompem o combate; um destróier italiano é severamente avariado, assim como o cruzador britânico Berwick.

17 de dezembro de 1940. Ataque a Rhodes pelos aparelhos do porta-aviões Illustrious.

18 de dezembro de 1940. Os encouraçados Warspite e Valiant bombardeiam o porto albanês de Valona.

9 de fevereiro de 1941. Ataque britânico a Gênova e Livorno. Formada pelo encouraçado Malaya, pelo cruzador de batalha Renown, pelo porta-aviões Ark Royal, por um cruzador e 10 destróieres, a força H sai de Gibraltar sob as ordens do vice-almirante Somerville. O Malaya e o Renown bombardeiam Gênova enquanto os aviões do Ark Royal atacam Livorno e põem La Spezia em ruínas. A frota italiana não consegue interceptar a força H.

Guerra na África Oriental: 18 de janeiro-27 de novembro de 1941

Para recuperar o terreno perdido durante o verão de 1940 e expulsar os italianos do Chifre da África, os britânicos jogam a carta do Negus Hailé Selassié, encorajando a formação de batalhões de voluntários etíopes (a Gideon Force sob as ordens de Orde Wingate) e formando dois exércitos, conglomerados de britânicos, indianos, africanos do sul e "franceses livres": um, de 30 mil homens no Quênia (general Cunningham), outro de 40 mil homens no Sudão (general Platt). Em 18 de janeiro, a Sudan Defense Force avança sobre a Eritreia. Depois de violentos combates (3 de fevereiro-27 de março), quebra a resistência italiana em Keren, antes de apoderar-se da capital Asmara (1º de abril) e da base naval de Massawa, eliminando toda ameaça italiana no mar Vermelho. Em 11 de fevereiro, Cunningham abre, ao sul, uma segunda frente. Por falta de resistência, avança sem combate sobre

502

a Somália italiana e sua capital Mogadício (25 de fevereiro); depois, desvia para noroeste em direção a Adis-Abeba, liberada em 6 de abril. A Somália britânica, enquanto isso, é recuperada por forças provenientes do Aden e desembarcadas em Berbera (16 de março). O duque de Aosta, acuado em Amba-Alagi, rende-se com honras militares em 19 de maio, morrendo na prisão em Nairóbi aos 3 de março de 1942. Tropas italianas isoladas continuarão a resistir no noroeste da Etiópia, e a campanha só terminará com a rendição de Gondar aos 27 de novembro de 1942.

A queda do império italiano na África está consumada. O Negus Hailé Selassié é reconduzido a seu trono. Situação avalizada pelo tratado de 31 de janeiro de 1942 concluído com a Grã-Bretanha. Nessa zona, a guerra só se manifestará pelo bloqueio de Djibuti, até a adesão da cidade à França livre em dezembro de 1942.

A ofensiva de Wavell na Líbia: 9 dezembro de 1940-8 de fevereiro de 1941

Em 9 de dezembro, o general Wavell lança a operação Compass, pondo em ação um pequeno exército motorizado de 36 mil homens sob as ordens do general O'Connor, para um ataque de cinco dias. A surpresa dos italianos é tão grande quanto sua debandada. Três de suas divisões são postas fora de combate, e sua aviação desaparece do céu. Os elementos de vanguarda britânicos alcançam Bardia em 16 de dezembro. Diante desse sucesso inesperado, Wavell decide penetrar na Cirenaica. Tobruk, base naval defendida por um duplo cinturão de construções de concreto, cai em 22 de janeiro após oito dias de cerco, e Benghazi em 7 de fevereiro. Enquanto isso, a 7ª divisão blindada contorna o monte el-Akhbar e alcança a costa em Beda Fomm, bloqueando a retirada do 10º Exército italiano cujas retaguardas são seguidas de perto pela 6ª divisão australiana na estrada costeira e, assim, levando-o a se render. El-Agheila é alcançada em 8 de fevereiro. Em dois meses, os britânicos percorreram 850 km, capturaram ou destruíram 900 veículos, 400 tanques, fizeram 130 mil prisioneiros. A ofensiva britânica se deteve na fronteira da Tripolitânia, o que foi exigido por Churchill, que retira da Líbia várias divisões para pô-las em combate na Grécia. Acaba de ser perdida uma oportunidade magnífica de expulsar os italianos do norte da África.

O juramento de Kufra: 2 de março de 1941

No âmbito da participação dos franceses livres na ofensiva britânica contra os italianos na África, o general Leclerc, comandante militar no Chade, efetua, com

503

A Segunda Guerra Mundial

350 homens e um canhão de 75 mm, um ataque ao oásis líbio de Kufra, situado a 1.650 km de Fort-Lamy. Em 1º de março, a guarnição italiana, mais bem armada e mais numerosa, se rende. No dia seguinte, Leclerc pronuncia o juramento: "Só nos deteremos quando a bandeira francesa for hasteada sobre Metz e Estrasburgo." O ataque de Kufra vale principalmente por seu valor simbólico, constituindo o primeiro sucesso militar dos franceses livres contra o Eixo.

Intervenção britânica na Grécia: março de 1941

Após a morte do ditador Metaxas (19 de janeiro), os gregos pedem a ajuda britânica. O gabinete de guerra tergiversa sobre o volume da ajuda a ser concedida, tendo em vista o combate na Líbia. Entretanto, após a vitória de Tobruk, Churchill, obnubilado pela frente balcânica, apesar das objeções de Wavell, decide enviar um corpo expedicionário oriundo do Exército do Deserto. A partir de 4 de março, à razão de dois comboios por semana, 53 mil britânicos desembarcam na Grécia para uma expedição improvisada, sem meios suficientes. De seu lado, os alemães aceleram a transferência de grandes unidades na Romênia, a preparação da passagem do Danúbio e o reforço das redes de comunicação búlgaras. Em 14 de março, o 12º Exército alemão, encarregado da invasão da Grécia, entra na Bulgária, que acaba de aderir ao Pacto Tripartite (1º de março). A única incógnita é a Iugoslávia, que resiste às pressões alemãs desde outubro de 1940. Belgrado acaba cedendo em 25 de março, sob a condição expressa de que seu território não seja utilizado com fins militares. Adesão de curta duração: em 27 de março, um golpe de estado militar derruba o príncipe regente. A reação de Hitler é imediata. O comando alemão é instado a incluir a Iugoslávia na operação Marita.

Nessa data, a marinha italiana acaba de sofrer uma nova derrota.

Batalha de Matapan: 28 de março de 1941

Em 27 de março de 1941, uma esquadra comandada pelo almirante Iachino e compreendendo o encouraçado Vittorio Veneto, 8 cruzadores e 4 destróieres desatraca a pedido dos alemães para atacar os comboios britânicos no mar Egeu. Sua saída é detectada por um avião de reconhecimento da RAF, e logo a Mediterranean Fleet, sob as ordens do almirante Cunningham, deixa Alexandria para unir-se a uma esquadra de cruzadores posicionados nas águas cretenses. Em 28 de março, às 7h35, os cruzadores dos almirantes Sansonetti e Pridham-Wippell avistam-se um

504

A Grã-Bretanha sozinha na luta

ao outro e tentam atrair-se mutuamente para o grosso de suas respectivas forças. Os aparelhos do porta-aviões Formidable vêm oportunamente pôr um termo a essa corrida-perseguição e obrigam os italianos, desprovidos de cobertura aérea, a interromper o combate e a dar meia-volta. Em seguida, esses aparelhos unem-se aos da RAF baseados em Creta, para atrasar a retirada italiana e permitir que os encouraçados britânicos, de maior velocidade, os alcancem. Às 15h15, um avião-torpedeiro atinge o Vittorio Veneto, que estaca durante 15 minutos antes de retomar sua marcha numa velocidade reduzida de 19 nós. Às 19h48, outro avião-torpedeiro atinge o cruzador Pola. O almirante Iachino comete então o erro tático de destacar os cruzadores Zara e Fiume e 4 destróieres, para socorrer a embarcação desamparada. A esquadra de socorro italiana põe-se diretamente na mira dos canhões dos encouraçados britânicos, que, em alguns minutos, a enviam para o fundo com o Pola; apenas 2 destróieres escapam à destruição. A sequência da batalha é uma vã tentativa dos encouraçados britânicos para interceptar o Vittorio Veneto, que consegue voltar para Tarento.

Em desvantagem pela falta de radar e de cobertura aérea, os italianos perderam 3 cruzadores pesados, 2 destróieres, 2,4 mil homens, contra um avião e um piloto do lado britânico. Tirando imediatamente a lição dessa derrota, decidem transformar dois paquetes em porta-aviões. No plano estratégico, a batalha confirma o ascendente da Royal Navy no Mediterrâneo e logra paralisar a frota italiana.

Durante as semanas seguintes, outras operações navais também não terminam bem para os italianos.

15-16 de abril de 1941. Um comboio de 5 cargueiros escoltados por 3 destróieres em rota para o norte da África é detectado por um avião britânico. Vindos de Malta, 4 destróieres interceptam o comboio e, após duros combates, reduzem ao silêncio os destróieres italianos e põem os cargueiros a pique; um destróier britânico é torpedeado.

21 de abril de 1941. A Mediterranean Fleet, sob as ordens do almirante Cunningham, com os encouraçados Warspite, Barham e Malaya, bombardeia o porto de Trípoli durante uma hora. Os estragos são consideráveis. A resposta tardia da artilharia costeira italiana mostrou-se ineficaz.

Em sequência às derrotas italianas no mar, Hitler decide-se por uma intervenção limitada no Mediterrâneo com o envio do 10º Fliegerkorps para a Sicília.

Um comboio de 4 navios mercantes provenientes de Gibraltar, com destino a Malta e ao Pireu, escoltado pelos encouraçados Warspite, Valiant e o porta-aviões Illustrious, é atacado em 10 de janeiro no estreito da Sicília pelos Ju 88 do 10º Fliegerkorps. Atingido por seis bombas, o Illustrious ganha Malta com dificuldade; sua recuperação no arsenal americano de Norfolk demandará dez meses.

505

A Segunda Guerra Mundial

O Warspite também fica avariado. No dia seguinte, os Ju 88 voltam-se para os cruzadores de escolta. O Gloucester e o Southampton são atingidos, este último tão gravemente que é abandonado. Em compensação, os quatro navios mercantes chegam ao destino sem estragos.

Intervenção alemã na Líbia: 24 de março-17 de junho de 1941

Em 11 de janeiro, Hitler, solicitado por Mussolini, aceita ajudar o aliado enfraquecido intervindo no norte da África. O Afrikakorps, formado pela 5ª divisão leve e pela 15ª divisão Panzer, é posto à disposição do Comando Supremo para dar suporte às forças italianas na defesa da Tripolitânia, sendo comandado pelo general Rommel, um especialista em blindados que se tornou ilustre durante a campanha da França.

Desprezando os conselhos de prudência do OKW, Rommel desencadeia, em 24 de março, uma ofensiva relâmpago que surpreende os britânicos. O primeiro ataque expulsa os ingleses de suas fracas posições de El-Agheila. Rommel, em seguida, organiza suas forças em três colunas, uma seguindo a estrada costeira e as duas outras contornando o monte el-Akhbar para cortar os britânicos de suas retaguardas. Estes recuam para a linha Wekili-Wadi e, em 6 de abril, para Gazala, perdendo dois generais, Neame e O'Connor, feitos prisioneiros por uma patrulha alemã. A 9ª DI australiana retira-se para Tobruk e rechaça três assaltos entre 15 e 30 de abril. Na continuidade do cerco a Tobruk, Rommel leva a progressão até a passagem de Halfaya, posição-chave na rota que conduz ao Egito. O general Paulus, vindo de Berlim para supervisionar as decisões de Rommel, recusa a renovação do ataque contra Tobruk e preconiza o estabelecimento de uma linha de defesa em Gazala, à espera de reforços.

Sua mensagem, interceptada por Ultra, faz que Churchill ordene a Wavell, a quem o comboio Tiger acaba de entregar 238 tanques Matilda e Crusader, que empreenda uma contraofensiva. A operação Brevity, em 15 de maio, permite à 7ª DB e à 22ª brigada dos Guardas, apoderar-se das defesas exteriores de Sollum, Halfaya e Fort Capuzzo, que, contra-atacadas, devem se retirar. Em 27 de maio, o Afrikakorps retoma o terreno perdido. Em 14 de junho, Wavell, por iniciativa de Churchill, lança uma nova contra-ofensiva: a operação Battleaxe, destinada a desobstruir Tobruk. Apesar de sucessos iniciais, a operação termina com uma derrota dispendiosa, com os tanques britânicos ultrapassados pelos blindados alemães. Os ingleses, para evitar a ruptura de suas comunicações, recuam para o leste da fronteira egípcia. Churchill, decepcionado, em 21 de junho substitui Wavell pelo

506

general Auchinleck como comandante em chefe no Oriente Médio. Tributário, por sua vez, da lei da guerra do deserto, Rommel não pode explorar seus sucessos. Na verdade, o avanço de tropas vitoriosas torna-se aleatório, com o alongamento das linhas de comunicação, enquanto o vencido torna-se mais forte à medida que se aproxima de suas bases logísticas. A frente se estabiliza. Nessa data, a atualidade volta-se para os Bálcãs.

Campanha dos Bálcãs

Derrota da Iugoslávia, 6-18 de abril de 1941

Em 6 de abril, as operações contra a Iugoslávia começam por um ataque aéreo sobre Belgrado – a operação Chatiment – e subdividem-se em duas manobras. Para começar, três colunas blindadas vindas do noroeste de Sofia (Bulgária), de Temesvar (Romênia) e do sul do lago Balaton (Hungria) convergem para Belgrado, atacada em 12 de abril. Uma segunda manobra põe em ação as outras unidades do 2º Exército que, a partir da Caríntia e da Estíria, atacam Zagreb, defendida pelo 4º Exército iugoslavo, em plena decomposição com as rebeliões dos elementos croatas. Em 10 de abril, Zagreb recebe as tropas alemãs como libertadoras. Os ustachis croatas proclamam sua independência, seguidos pelos eslovenos, enquanto o 2º Exército italiano entra na Eslovênia e na Dalmácia. O comando iugoslavo espera reagrupar na Sérvia os restos de seus exércitos. A progressão convergente das divisões de von Weichs em direção a Sarajevo o impede de fazê-lo. O armistício acontece em 18 de abril. A resistência do exército iugoslavo foi tão fraca que os alemães só perderam 156 homens.

Derrota da Grécia, 6-30 de abril de 1941

O plano Marita consiste em lançar contra a Grécia os três corpos do 12º Exército de von List. Os dois primeiros se dirigirão para a Salônica, depois de ter rompido a linha Metaxas, enquanto o terceiro se apoderará de Skoplje-Veles para isolar os gregos dos iugoslavos e depois avançar para o sul a fim de separar os exércitos gregos da Albânia e da Salônica. Diante dessa ameaça vinda do norte, o comandante do corpo expedicionário britânico, o general Wilson, ocupa com o 1º CA australiano uma posição nos montes Vermion suscetível de impedir o acesso à planície de Tessália.

A campanha evolui seguindo o plano alemão. As tropas de montanha do 18º CA combatem frontalmente a linha Metaxas, enquanto a 2ª divisão Panzer ocupa Strumica na noite de 5 de abril e penetra nas defesas gregas, atingindo Salônica em

A Segunda Guerra Mundial

9 de abril. O 2º Exército grego capitula nessa mesma noite. Os alemães aproveitam esse golpe para uma nova investida através da brecha de Monastir. A exploração desse avanço para a costa ocidental isola as divisões gregas da Albânia, que capitulam em 20 de abril, e surpreende os britânicos por trás. O general Wilson trava, então, uma série de combates de retardamento ao sudeste do Monte Olimpo em Platamon (16 de abril) e nas Termópilas de 22 a 25 de abril, para permitir o reembarque de tropas britânicas e gregas no Pireu. A progressão do 12º Exército é acelerada pela ocupação, em 26 de abril, do istmo de Corinto pelos paraquedistas planadores alemães. Atenas é ocupada em 27 de abril. As hostilidades cessam em 30 de abril. Graças à intervenção da Royal Navy, três quartos do corpo expedicionário são evacuados, mas sem o seu material. A Blitzkrieg acaba de demonstrar, mais uma vez, sua eficácia. Três semanas foram suficientes para a Wehrmacht desfazer as forças iugoslavas e gregas e infligir aos britânicos um novo "Dunquerque".

Batalha de Creta: 20 de maio-1º de junho de 1941

Na esteira da fulgurante campanha dos Bálcãs, Creta, fecho da bacia oriental do Mediterrâneo, impõe-se como objetivo aos estrategistas alemães. A insularidade de Creta, apesar da ausência de qualquer sistema defensivo, parece constituir um obstáculo intransponível, visto que a Alemanha não dispõe de nenhum meio marítimo e não pode esperar nada da Itália traumatizada por Matapan. Em 25 de abril de 1941, Hitler decide desencadear a operação Merkur apenas com meios aéreos. Uma parte dos reforços, entretanto, será encaminhada por mar a bordo de caíques.

De 14 a 19 de maio de 1941, a Luftwaffe bombardeia as defesas britânicas da ilha. Em 20 de maio, os paraquedistas e os planadores alemães procedem ao envolvimento vertical da ilha e tomam de assalto seus três aeródromos: Malème, Rethimno e Heraklion. Pouco falta ao episódio para ser um fiasco. Como o ataque não contou com o efeito surpresa, nenhum dos objetivos foi atingido ao final da jornada. Student deve concentrar seus esforços sobre Malème. A tomada desse aeródromo, ligada a um erro tático britânico, permite estabelecer uma ponte aérea e o encaminhamento de tropas de montanha que varram as forças do general Freyberg. Ao mesmo tempo, o bloqueio marítimo da ilha desanda para o massacre. Os caíques são afundados ou fazem meia-volta, mas a Luftwaffe ataca fortemente os navios britânicos, que cometem o erro de se dispersar e de não dispor de nenhuma cobertura aérea. Manifestamente, as lições da Noruega permaneceram letra morta. A situação se deteriora em terra, a Royal Navy deve, uma vez mais, a partir de 28 de maio, proceder à evacuação das tropas britânicas em condições difíceis. Cerca

508

de 17 mil homens serão assim retirados *in extremis*. As operações se encerram em 31 de maio.

O balanço dos dois lados é muito pesado. Os alemães perderam 220 aparelhos, contaram 6.616 mortos ou feridos, e um quarto dos elementos aerotransportados envolvidos foi posto fora de combate, o que fará com que Student declare que Creta foi o "túmulo dos paraquedistas alemães". Os ingleses contam 17.325 mortos ou prisioneiros, 9 embarcações afundadas, entre as quais 3 cruzadores, 15 navios avariados, sendo 2 encouraçados, o porta-aviões Formidable e 6 cruzadores. Aproveitando-se de um dos feitos mais espantosos da guerra, o III Reich triunfa no centro da zona estratégica tradicional da Grã-Bretanha e contra um dos principais instrumentos de sua potência, a Mediterranean Fleet. Ele coloca ao alcance de seus aviões as possessões britânicas do Oriente Médio. O episódio de Creta permanece, contra todas as expectativas, sem continuidade. A Alemanha vai atacar a leste, trazendo, assim, uma pausa para o Mediterrâneo.

Campanha da Síria: 7 de junho-14 de julho de 1941

As vitórias alemãs constituem um encorajamento para os nacionalismos árabes. No Iraque, aos 2 de abril, um golpe de estado militar põe no poder o general Rachid Ali al-Gailani, ligado ao Mufti de Jerusalém no âmbito de uma conspiração antibritânica e antijudia. Rachid Ali dissolve o parlamento, proclama a independência do Iraque e ataca a guarnição britânica na periferia de Bagdá. Buscando explorar a situação, os alemães têm necessidade de transitar pela Síria para apoiar a rebelião iraquiana. Em 6 de maio, é concluído o acordo Darlan-Abetz; o governo francês aceita fornecer armas ao Iraque e deixar os aviões alemães utilizar os aeródromos do Levant.

Em 11 de maio, os primeiros aparelhos camuflados com cores iraquianas fazem escala nos aeródromos sírios. Sua intervenção não poderá impedir o esmagamento da revolta e o restabelecimento do regente, o emir Abdullah, em 31 de maio, pelo exército britânico.

A atitude equivocada de Vichy faz que Londres tome a decisão de montar uma operação contra o Levant. Intervenção reivindicada de longa data pelo general De Gaulle, persuadido de que obteria a adesão das tropas de Vichy. A operação Exporter tem início em 7 de junho de 1941. Como Wavell não quer enfraquecer seu dispositivo no norte da África, só lhe destina 20 mil homens, aos quais se acrescentam as formações FFL do general Le Gentilhomme. O general Dentz lhes opõe 38 mil homens. Nos ares, a relação de forças é de 2 por 1 em favor de Vichy.

No mar, ao contrário, o vice-almirante King dispõe de 3 cruzadores e de 8 destróieres destinados a dar suporte ao avanço terrestre e a garantir o bloqueio do Líbano e da Síria. Vichy só lhes opõe os contra-tropedeiros Guépard e Valmy e 3 submarinos.

O plano estabelecido pelo general Wilson prevê uma tripla ofensiva na direção de Beirute, Damasco e Rayak; o ataque principal deve ocorrer ao longo da costa. Após alguns sucessos iniciais, como a tomada de Kuneitra e de Cheik-Meskine, a resistência das tropas de Vichy endurece. É preciso render-se à evidência; a adesão esperada não acontece. A ofensiva aliada marca passo até 13 de junho. Os britânicos devem mandar reforços. De 13 a 23 de junho, travam-se duros combates durante os quais os agressores enfrentam violentas contraofensivas francesas. A partir de 23 de junho, o general Wilson, que dispõe de uma nítida superioridade sobre as forças adversas, passa à ofensiva. Em 8 de julho, a ruptura pelos australianos da posição de Damour ameaça diretamente Beirute. O general Dentz é então autorizado a pedir as condições de um armistício.

As negociações são iniciadas em Saint-Jean-d'Acre e terminam com um acordo técnico que reserva os direitos de Vichy sobre o Líbano e a Síria. De Gaulle protesta com veemência e obtém, três dias depois, um "acordo interpretativo", que prevê a livre escolha de aliados e a manutenção da propriedade francesa sobre o material de guerra.

O balanço é muito pesado para uma operação duvidosa no plano estratégico, após ter sido conseguido o esmagamento da rebelião iraquiana. Os britânicos tiveram 3,3 mil mortos ou feridos, os FFL 1,3 mil homens; as forças de Dentz 1,1 mil mortos e mais de 3 mil feridos. Os ingleses reforçam sua posição no Oriente Médio. A campanha da Síria mostra-se uma guerra fratricida de natureza, a cavar um fosso entre duas categorias de franceses. A vitória gaullista é incerta, e as adesões entre as tropas de Dentz não passam de 5.668 homens de um total de 37.736. O episódio provoca, enfim, uma primeira crise séria entre Churchill e De Gaulle.

A crise do Oriente Próximo termina ainda numa tentativa de aproximação franco-alemã.

13 de maio de 1941. Darlan encontra Hitler em Berchtesgaden. O Führer não afasta a ideia de emendas ao armistício em troca de uma participação ativa da França na guerra ao lado do Eixo.

28 de maio de 1941. Nessa perspectiva, entre Abetz e Darlan dá-se a assinatura dos "acordos de Paris". Esses acordos confirmam a ajuda técnica trazida pela França, na Síria, à aviação alemã. As potências do Eixo poderiam utilizar a rota de Bizerte e transportes tunisianos para encaminhar material com destino a suas forças na Líbia. A marinha francesa participaria da proteção desses transportes. Dacar poderia, enfim, constituir uma base aeronaval para os submarinos e os aviões alemães em combate na Batalha do Atlântico. Em troca dessas facilidades, a Alemanha e a Itália concederiam à França compensações políticas.

Tais propostas, retomadas pelos franceses durante o verão, enfrentam uma forte oposição de Weygand e dos governadores das colônias, assim como do próprio Hitler. O Führer teme uma "dissidência" generalizada do império e só pode fazer à França concessões que vão ao encontro dos interesses italianos. Os "acordos de Paris" continuam letra morta.

Por ocasião de um encontro entre Göring, Pétain e Darlan em Saint-Florentin, em 1º de dezembro, uma tentativa de relançar a negociação terminará em novo fracasso.

A Batalha do Atlântico, 1940-1941

Após a derrota da França, a Batalha do Atlântico entra numa fase decisiva. Em dois anos, as perdas britânicas vão atingir cerca de 5 milhões de toneladas de navios mercantes.

Os U-Boote e os navios de superfície da Kriegsmarine agem a partir dos portos franceses de Brest, de Lorient ou de La Pallice. A Luftwaffe participa da batalha pelo ataque a comboios ou aos portos do oeste da Inglaterra. Dispondo de um número crescente de embarcações, o almirante Dönitz inaugura, contra os comboios, a tática das alcateias, isto é, grupos de submarinos atacando os comboios à noite e na superfície. É assim que, em setembro de 1940, 5 U-Boote põem a pique 12 navios pertencentes a um comboio vindo de Halifax. De 17 a 20 de outubro, 9 submarinos atacam os comboios SC-7 e HX-79, afundando 32 embarcações de um total de 79 sem sofrer perdas. Esses ataques prosseguem durante todo o ano de 1941. Entretanto, o reforço das escoltas e a melhoria das técnicas de luta antissubmarina começam a provocar perdas para os submarinos e levam a um balanço levemente inferior ao de 1940.

De outubro de 1940 a março de 1941, os cruzadores de batalha Scharnhorst e Gneisenau, assim como o cruzador pesado Hipper, efetuam ataques no Atlântico Norte, enquanto o encouraçado de bolso Admiral Scheer opera no Atlântico sul e no oceano Índico. No total, 49 navios são capturados e em grande parte destruídos.

O desaparecimento do Bismarck

Por outro lado, a excursão do grande navio de linha Bismarck de 42 mil toneladas é menos feliz e resulta no desaparecimento da embarcação.

18 de maio de 1941. O Bismarck desatraca de Gothenhafen (Gdynia) no Báltico e chega a Bergen, em companhia do cruzador pesado Prinz Eugen.

21 de maio. Os dois navios são localizados por um reconhecimento aéreo no fiorde de Bergen.

511

A Segunda Guerra Mundial

24 de maio. O Bismarck e o Prinz Eugen são interceptados na saída do estreito da Dinamarca pela esquadra do vice-almirante Holland. Durante um breve combate, o cruzador de batalha Hood desaparece numa enorme explosão e o encouraçado Prince of Wales, gravemente avariado, deve retirar-se do combate.

24-25 de maio. Os ingleses perdem a pista do Bismarck, que se dirige para Saint-Nazaire depois de ter dado liberdade de manobra ao Prinz Eugen.

26 de maio. Um Catalina de patrulha marítima encontra o Bismarck a 600 milhas de Brest.

27 de maio. O Bismarck é avariado pelo torpedo de um aparelho do porta-aviões Ark Royal.

28 de maio. O Bismarck, combatido pela Home Fleet, acaba por ser atingido e afunda com a bandeira hasteada. Dos 2,3 mil homens da tripulação restam apenas 110 sobreviventes.

Após esse desfecho trágico, o almirante Raeder renuncia à utilização das grandes embarcações de superfície no Atlântico.

O engajamento crescente dos Estados Unidos

A Batalha do Atlântico também é marcada pelo engajamento crescente dos Estados Unidos. Os americanos impõem, antes de mais nada, uma zona de neutralidade que obriga os alemães a limitar suas operações à parte oriental do oceano.

11 de março de 1941. O voto da "Lei de Empréstimos e Arrendamento" (Lend-Lease) permite à Grã-Bretanha, que esgotou suas reservas de divisas, prosseguir na luta.

10 de abril. O presidente Roosevelt põe a Groenlândia sob a proteção americana.

7 de julho. Tropas americanas asseguram a substituição dos ingleses na Islândia.

9-12 de agosto. Roosevelt e Churchill se encontram a bordo de navios de guerra na baía de Plancentia, na Terra-Nova. Essa conferência resulta na Carta do Atlântico, que determina os objetivos dos países democráticos com relação às potências totalitárias.

16 de setembro. Navios de guerra americanos participam da escolta de comboios no Atlântico Norte. Essa "guerra não declarada" conduz a graves incidentes.

17 de outubro. O destróier americano Kearney é gravemente avariado pelo torpedo de um U-Boote.

31 de outubro. O destróier Reuben James é afundado por um submarino.

24 de dezembro. O almirante Muselier, sob a ordem de De Gaulle, obtém a adesão de Saint-Pierre-et-Miquelon. Essa operação, que acontece num momento em que Washington negocia a neutralização das Antilhas com o governo de Vichy, provoca uma crise grave entre os Estados Unidos e a França livre.

O teatro ocidental também é marcado por ataques aéreos de comandos britânicos

4 de março de 1941. Um ataque de comandos nas ilhas Lofoten na Noruega termina pela destruição de dois navios, de 3 mil toneladas de óleo e pela captura de 360 alemães.

25 de agosto de 1941. Destruição de uma estação alemã de meteorologia em Spitzberg por comandos britânicos.

29 de dezembro de 1941. Um ataque de comandos afunda 10 navios em Vaagsö, na Noruega.

Noite de 27 para 28 de fevereiro de 1942. Em Bruneval, na Normandia, para-quedistas britânicos capturam peças de um radar alemão de um novo tipo (tipo Würzburg "W-110").

Noite de 27 para 28 de março de 1942. Ataque de Saint-Nazaire. A operação Chariot, à custa de pesadas perdas, consegue tornar inutilizável a bacia de reparos de navios de Saint-Nazaire. Entretanto, ao contrário do que pensavam os britânicos, essa bacia não era acessível às grandes embarcações da classe Tirpitz.

O início do bombardeio estratégico

A partir do verão de 1940, com os primeiros ataques aéreos sobre Berlim, o Bomber Command da RAF inicia uma ofensiva contra a economia alemã, dando preferência a ataques noturnos efetuados a baixa altitude. Até o final de 1941, os ataques concentram-se, em princípio, sobre objetivos pontuais, estações de trem, indústrias de armamento e usinas de combustível sintético. Entretanto, no mês de agosto de 1941, o relatório Butt destaca a imprecisão e a total ineficácia desses ataques. Somente 1% das bombas cai dentro de um raio de 8 km ao redor do objetivo. Os meios são ainda insuficientes por falta de quadrimotores. Quanto à tonelagem das bombas despejadas, não ultrapassa 100 mil toneladas em 1941, a comparar com os 2,7 milhões de toneladas lançadas pela aviação estratégica aliada na Europa durante toda a guerra. No total, esse procedimento é posto em causa pelo Bomber Command no final de 1941.

A guerra torna-se mundial

Início do ataque alemão contra a União Soviética. Operação Barbarossa: 22 de junho de 1941

Previsto desde o verão de 1940, o ataque contra a Rússia é confirmado pela visita de Molotov a Berlim, em 12 e 13 de novembro. Visivelmente, Moscou estima que a Finlândia, a Bulgária, a Romênia e até mesmo a Turquia façam parte de sua esfera de influência. Em 18 de dezembro, Hitler fixa as grandes linhas da operação Barbarossa. Atingindo o leste, procura adiantar-se a um ataque soviético, desencorajar a Grã-Bretanha, privando-a de seu último aliado potencial na Europa, e adquirir a base continental, que lhe permita resistir às potências anglo-saxônicas.

A operação envolve 162 divisões, inclusive as da Finlândia e da Romênia. No total, cerca de 3 milhões de homens, 3,3 mil tanques e 1,8 mil aviões. O Exército Vermelho dispõe de um potencial nitidamente superior, com 4,5 milhões de homens, 20 mil tanques e 15 mil aviões.

22 de junho-19 de julho. A superioridade tática da Wehrmacht, associada à surpresa, traduz-se em vitórias espetaculares. Ao norte, o grupo de exércitos de von Leeb libera os países bálticos. No centro, o grupo de exércitos de von Bock, com duas fortes formações blindadas, sob as ordens de Hoepner e de Guderian, efetua vastos cercos: Bialystock, Minsk, Smolensk. Ao sul, o grupo de exércitos de von Rundstedt, em conexão com os romenos, empreende a ocupação da margem direita do Dnieper.

Em 19 de julho, no momento da tomada de Smolensk, os alemães estão apenas a 150 km de Leningrado, 300 km de Moscou e 200 km de Kiev. Aproximadamente 500 mil soviéticos foram feitos prisioneiros, e um material enorme destruído ou capturado.

19 de julho-21 de agosto. Uma pausa de um mês segue esse período de sucessos retumbantes. Essa pausa deve-se às enormes dificuldades logísticas ligadas a uma

A Segunda Guerra Mundial

progressão de 500 a 750 km, bem como ao fortalecimento soviético, cujas capacidades foram grosseiramente subestimadas. Além disso, um desacordo confronta Hitler ao estado-maior do exército. O Führer se mostra hostil a um esforço maciço em direção a Moscou. Ele deseja realizar o cerco de Leningrado e ocupar a Ucrânia, em razão de sua enorme importância econômica.

15 de setembro. O cerco de Leningrado acontece com a tomada de Schusselburg.

21 de agosto-26 de setembro. Desenvolvimento da ofensiva ucraniana, com uma manobra em pinça efetuada pelos grupamentos blindados de Guderian vindos de Roslav e de Kleist, a partir da curva do Dnieper. Em 16 de setembro, as duas formações efetuam sua junção em Lubny.

19 de setembro. Tomada de Kiev. Vítima de uma ordem de recuo tardia, o grupo de exércitos Budienny é pego numa armadilha. Os alemães capturam mais de 660 mil prisioneiros e um imponente material. As tropas de von Rundstedt progridem então em direção a Kharkov, capturam Rostov sobre o Don e penetram na Crimeia, sitiando Sebastopol.

30 de setembro-1º de outubro. Estando descartada qualquer ameaça no flanco sul, o grupo de exércitos de von Bock, com a quase totalidade dos recursos blindados e aéreos, desencadeia a operação Typhon contra Moscou.

15 de outubro. O início da ofensiva é brilhante. O grosso das forças soviéticas é cercado nas regiões de Vyazma e de Gomel. Os alemães se apoderam de Mojaisk a 100 km de Moscou. O governo soviético se recolhe a Kuybichev.

18 de outubro-15 de novembro. O avanço alemão é detido pelas chuvas torrenciais de outono que transformam as estradas em lamaçal. Graças a essa pausa, Jukov, com o apoio de tropas vindas da Ásia Central e da Sibéria, coloca Moscou em estado de defesa.

15 de novembro. Na frente sul, Timochenko contra-ataca e libera Rostov. Von Rundstedt é destituído e substituído por Reichenau.

15 de novembro-5 de dezembro. Retomada da ofensiva em direção a Moscou, graças à geada que solidifica o terreno. Os alemães executam uma manobra em pinça. Dominam Kalinin ao norte e contornam Tula pelo sul.

5 de dezembro. As vanguardas de Hoepner ao norte estão apenas a 20 km de Moscou. Entretanto, a progressão é freada por uma resistência cada vez mais forte, associada a um frio intenso.

6 de dezembro. Início da contra-ofensiva soviética na área de Moscou e na região industrial do Donetz. Surpreendidos, submetidos a um frio siberiano e a imensas dificuldades de abastecimento, os alemães recuam. Kalinin é evacuada em 15 de dezembro, Kaluga no dia 30.

13 de dezembro. Hitler destitui o marechal von Brauchitsch de suas funções e assume ele mesmo o comando do exército. Qualquer recuo é proibido. Vários chefes

516

A guerra torna-se mundial

de grandes unidades são destituídos: von Bock, Hoepner, e inclusive Guderian. Durante todo o inverno, o Exército Vermelho multiplica os ataques violentos na Frente Central e na Ucrânia, sem poder, entretanto, chegar a uma decisão. À custa de sofrimentos assombrosos e perdas consideráveis, o exército alemão resiste em suas posições, e os recuos não ultrapassam de 50 a 200 km. Aguardando serem liberadas pelas unidades blindadas, as tropas cercadas em Kholm e em Demyansk são abastecidas por avião. A Blitzkrieg acaba, contudo, de sofrer sua primeira derrota e o Reich encontra-se às voltas com uma guerra de longa duração no leste.

Campanha da Líbia. Operação Crusader: 18 de novembro de 1941-4 de fevereiro de 1942

Para Churchill, a Líbia torna-se o teatro principal. As forças de Auchinleck são consideravelmente aumentadas ao longo do verão de 1941, a ponto de ultrapassar em quantidade o adversário. Os britânicos dispõem de 680 tanques operacionais e 500 em reserva contra 390 de Rommel, mil aviões contra 320 máquinas do Eixo. Aos 18 de novembro, a operação Crusader, destinada a desobstruir Tobruk e reocupar a Cirenaica, começa sob os melhores auspícios. Beneficia-se do efeito surpresa; entretanto, após o sucesso inicial, a ação principal efetuada pelo 30° batalhão e a saída da guarnição de Tobruk são bloqueadas. Rommel se recupera e contra-ataca em Sidi Rezegh. Cunningham, querendo recuar, é substituído em 26 de novembro pelo general Ritchie, que retoma a ofensiva.

Pego em pinça entre o 13° e o 30° batalhão, Rommel deve, em 12 de dezembro, suspender o sítio de Tobruk abandonando a 55ª DI italiana cercada em Bardia e Sollum, cuja rendição ocorrerá em 17 de janeiro. Os ingleses atingem Gazala em 7 de dezembro, El-Agheila em 30 de dezembro. Fenômeno comum da guerra no deserto, o 8ª Exército britânico, que avançou 500 km em três semanas, está à beira da asfixia. Rommel, aproveitando para se reorganizar, retoma a ofensiva a partir de 21 de janeiro e repele o 8° Exército até Ain el-Gazala a 50 km a oeste de Tobruk, mas, com pouco combustível, não pode insistir com seu trunfo e é obrigado, por sua vez, a parar. A frente se estabiliza novamente por três meses e meio. Durante a operação Crusader, os britânicos perderam 18 mil entre mortos e feridos e 440 tanques; e o exército germano-italiano, 38 mil homens e 340 tanques. O resultado é equilibrado em relação às perdas aéreas, em torno de 300 máquinas para cada lado. O sucesso da Crusader e o restabelecimento de Rommel devem-se, em grande parte, às vicissitudes da batalha das comunicações no Mediterrâneo Central. De junho a novembro de 1941, os ingleses têm vantagem. Os aviões, os submarinos e

517

A Segunda Guerra Mundial

os navios de superfície com base em Malta infligem aos comboios do Eixo perdas que vão além de 240 mil toneladas, sendo 16% de pessoal e próximo a 27 % de material transportado.

Para estancar essa hemorragia, os alemães transferem da Frente Oriental as 500 máquinas do Fliegerkorps para a Sicília e para a Sardenha, sob as ordens de Kesselring, nomeado comandante em exercício do teatro sul. Eles enviam igualmente os U-Boote ao Mediterrâneo. A missão dessas forças é garantir o domínio do ar entre o sul da Itália e o norte da África e paralisar o abastecimento de Tobruk e de Malta.

4 de dezembro de 1941. Retomada dos bombardeios da Luftwaffe contra Malta. Os ataques aéreos crescem até atingir seu ponto culminante em abril de 1942, não apenas impedindo o abastecimento da ilha, mas também preparando sua conquista para a primavera, em meio a uma operação aerotransportada seguida de um desembarque: operação Hercules.

A intervenção alemã retarda o projeto da Royal Navy, que vai conhecer uma série de catástrofes no final de 1941, conservando, entretanto, a supremacia sobre a marinha italiana.

O Ark Royal que serve de retransmissor de aviões entre Gibraltar e Malta, é torpedeado em 13 de novembro de 1941 pelo U-81. E afunda no dia seguinte. Primeiro desastre de uma longa série para a Mediterranean Fleet.

Em 25 de novembro de 1941, o U-331 (Tiesenhausen) afunda o encouraçado Barham perto das costas da Cirenaica. É o segundo encouraçado britânico perdido desde o início da guerra.

12-13 de dezembro de 1941. Encontro do Cabo Bon.

Os cruzadores leves Alberico da Barbiano e Alberto Di Guissano, em direção a Trípoli, encontram quatro destróieres britânicos perto das costas tunisianas. Durante um combate noturno, particularmente audacioso, os dois cruzadores foram afundados.

Primeira batalha no golfo de Sirta: 17 de dezembro de 1941

A frota italiana, sob o comando do almirante Iachino, com os navios de linha Littorio, Caio Duilio, Andrea Doria e Giulio Cesare, cinco cruzadores e vinte destróieres, escolta um comboio em direção a Trípoli. Sua rota cruza com um comboio britânico que se dirige a Malta, protegido por cinco cruzadores e vinte destróieres comandados pelo contra-almirante Vian. Após um breve duelo de artilharia de longo alcance, Iachino, desprovido de radar, não pode explorar sua superioridade e interrompe o combate com o cair da noite.

518

Em 18 de dezembro de 1941, a força K instalada em Malta cai sobre um campo de minas ao largo de Trípoli. O cruzador Neptune e um destróier afundam; os cruzadores Aurora e Penélope são avariados.

Ataque italiano contra Alexandria: 18-19 de dezembro de 1941

Três torpedos humanos (SLC ou maiales) são levados pelo submarino Scire à entrada do porto de Alexandria. Com um notável sangue frio, os seis homens rãs conseguem colocar as cargas explosivas sob os encouraçados Queen Elizabeth e Valiant e sob um petroleiro. As explosões danificam as três construções, que afundam nas águas rasas. Os encouraçados ficam fora de combate por longos meses. No fim do ano de 1941, a Mediterranean Fleet se encontra desprovida de porta-aviões e de navios de linha. Os dias de Malta parecem contados.

Segunda batalha no golfo de Sirta: 22 de março de 1942

Para evitar a asfixia de Malta, os ingleses tentam passar quatro cargueiros sob a proteção de quatro cruzadores e dez destróieres comandados pelo contra-almirante Vian. O comboio consegue atravessar "o corredor das bombas" entre Creta e Líbia, graças à proteção de aviões de caça instalados no Egito. Entretanto, ele se choca contra uma poderosa esquadra italiana comandada pelo almirante Iachino, formada pelo encouraçado Littorio, três cruzadores e dez destróieres. Ao perceber os italianos, Vian deixa os cargueiros com uma escolta ligeira e avança sobre o inimigo criando uma cortina de fumaça, atrás da qual ele multiplica os ataques de torpedo. O vento do sudeste impele a nuvem sobre os italianos, que não atacam devido à falta de visibilidade e por medo dos torpedos. Após várias tentativas do Littorio de dispersar os ingleses pelo oeste, Iachino interrompe o combate, não podendo continuar uma batalha noturna sem radar. O cruzador britânico Cleopatra e dois destróieres são severamente avariados. O comboio atrasado não é, entretanto, salvo. A 2ª Fliegerkorps multiplica os ataques e afunda dois cargueiros antes que atinjam Malta. Dois outros são destruídos sem chegar ao porto de La Valette. De 26 mil toneladas vindas do Egito, somente 5 mil são descarregadas.

8 de abril de 1942. Ponto culminante dos ataques da Luftwaffe contra Malta. Sozinho, o cruzador Penélope consegue levantar âncora depois de ter atirado 6,5 mil projéteis de 102 mm. Três destróieres, três submarinos e muitos outros navios são afundados. O porto se torna inutilizável para a frota britânica.

A Segunda Guerra Mundial

11 de maio de 1942. A Luftwaffe afunda 3 dos 4 destróieres saídos para atacar os comboios do Eixo com destino a Bengasi.

Pacífico e Extremo Oriente

Quando começa a contra-ofensiva do Exército Vermelho diante de Moscou, e quando a luta se reveste de uma nova intensidade no Mediterrâneo, a guerra se estende ao Pacífico com o ataque japonês a Pearl Harbor e com as operações desencadeadas no sudeste asiático contra as possessões americanas, britânicas e holandesas.

A iniciativa japonesa deve-se, essencialmente, às reações de Washington diante das expansões nipônicas na China e na Indochina, aproveitando-se da derrota francesa. De setembro de 1940 a julho de 1941, os Estados Unidos recorrem a medidas de repressão econômicas, visando privar o Japão de produtos essenciais, principalmente de petróleo.

O governo de Washington só considera revogar essas medidas de embargo em troca da evacuação da China e da Indochina. Diante dessa intransigência, o gabinete do General Tojo, após o insucesso das últimas negociações no fim de novembro, decide pela guerra. A conquista do sudeste asiático permitirá ao Japão dispor de fontes de matérias-primas e de energia, indispensáveis a sua economia e a suas forças armadas. Essa conquista exige o controle do mar e a destruição da frota americana do Pacífico, instalada em Pearl Harbor.

Pearl Harbor

No domingo, 7 de dezembro de 1941, às 8h da manhã, a base aeronaval de Pearl Harbor, próxima de Honolulu, capital do Havaí (Estados Unidos), sofre dois ataques aéreos sucessivos da aviação embarcada japonesa. Essa agressão surpresa, que lembra a de Port-Arthur em 1904, foi preparada pelo almirante Yamamoto muitos meses antes. Os 6 porta-aviões (com um total de 423 máquinas), os 2 encouraçados e as embarcações de escolta são comandados pelo almirante Nagumo. Vindo de Etoforu (curilas), a frota japonesa evita as rotas de comércio e se aproxima do Havaí pelo norte, sem ser detectada.

O comando americano, dividido entre o almirante Kimmel e o general Short, recebeu vários alertas, mas não imaginou esse tipo de ataque. O último indício, uma mensagem significativa relacionada às negociações ocorridas em Washington por dois emissários japoneses, traduzida, interpretada e retransmitida a Pearl

520

Harbor com tal atraso, chega quando o ataque já começou. O alvo dos japoneses diz respeito, principalmente, à frota do Pacífico (8 encouraçados e 3 porta-aviões) e aos recursos aéreos baseados na ilha de Oahu. Em menos de duas horas, os encouraçados presentes são neutralizados (dois deles são definitivamente perdidos, o Arizona e o Oklahoma); as instalações portuárias, os alojamentos e as pistas de voo são gravemente danificados, salvo apenas os reservatórios de combustível que os japoneses negligenciaram.

A aviação instalada em terra e a aeronaval perderam 159 máquinas. As vítimas americanas totalizam 2.117 marinheiros, 218 soldados e aviadores e 68 civis. Os japoneses perderam 29 aviões. Além disso, 5 submarinos de bolso que deveriam aumentar a confusão desapareceram.

O "dia da infâmia", seguindo a expressão do presidente F. D. Roosevelt diante do Congresso, cujo objetivo era constatar o estado de guerra entre os Estados Unidos e o Japão, permaneceu marcado nas memórias americanas. Ele justificará o ódio contra os japoneses ao longo da guerra e explicará ainda a total aprovação, em 1945, do uso da bomba atômica contra o Japão. No momento, a defesa naval americana apenas conta com os 3 porta-aviões (Lexington, Saratoga e Enterprise) que, por um feliz acaso de circunstância, não haviam aterrissado no porto durante o final de semana. A repercussão de Pearl Harbor no mundo é considerável.

Em 11 de janeiro de 1942, a Alemanha declara guerra contra os Estados Unidos. A Itália a segue no dia seguinte. Hitler estima que é a hora propícia para o início de um conflito, considerado inevitável – em um momento em que a América, com um rearmamento apenas iniciado, se encontra engajada no Pacífico –, e para a intensificação da Batalha do Atlântico.

Conquista da Malásia e queda de Cingapura: dezembro de 1941-fevereiro de 1942

Combinando seu ataque em direção ao sul asiático com o ataque surpresa de Pearl Harbor, as tropas japonesas desembarcam em 8 de dezembro nas praias siamesas do istmo de Kra, o mais perto da fronteira da Malásia. A campanha da Malásia começa, opondo o 35ª Exército japonês (66 mil homens, general Yamashita) a 88 mil soldados vindos do Commonwealth, sob as ordens do general Percival. Aproveitando os erros do comandante britânico, os japoneses adquirem a superioridade aérea (ocupação do norte da Malásia e destruição em terra de mais de 100 máquinas) e naval (destruição de navios da linha Prince of Wales e Repulse, do almirante Philipps ao largo do Kuantan em 11 de dezembro). Acrescente-se a isso a influência psicológica ao bombardear Cingapura aos 8 de dezembro, acarretando a morte de 200 civis.

A Segunda Guerra Mundial

Cedendo facilmente ao pânico ou ao temor de serem cercadas, as tropas britânicas, com australianos pouco motivados, indianos mal posicionados ou malásios hesitantes, não conseguem fazer frente à determinação japonesa: combates do desfiladeiro de Kroh, de Jitra ou das regiões de Kota Bharu (8-12 de dezembro). A conquista da península malásia é obtida em 15 de janeiro de 1942 com a queda de Kuala Lumpur. As tropas inglesas têm um instante de honra no rio Muar. Em 31 de janeiro, as divisões japonesas margeiam o estreito de Johor, diante de Cingapura.

Nada é previsto para uma defesa diante do continente. Além disso, sem informações, Percival dividiu seus 85 mil homens sobre toda a periferia da ilha, onde um milhão de civis aumenta a confusão. Yamashita concentra suas duas divisões de ataque contra os australianos no noroeste, e entram em batalha na noite de 8 para 9 de fevereiro. Em um dia, os japoneses conseguem estabelecer-se na ilha, iniciando uma conquista metódica em direção à cidade, alcançada às 10h da noite. Desmoralizados, sem esperança de socorro, abandonados por alguns de seus chefes (Duff Cooper, chamado por Churchill, e o general Gordon-Bennett, preparando sua fuga), as tropas e os supervisores apenas aspiram ao fim do combate. Percival deve conformar-se em enviar dois emissários a Yamashita. Este lhe extrai, em 15 de fevereiro, uma rendição sem condições, com um cerimonial particularmente humilhante.

O resultado é pesado: nove mil mortos e cem mil prisioneiros do lado dos britânicos; dez mil mortos ou feridos do lado dos japoneses. Muito pior, a Grã-Bretanha perdeu a dignidade diante dos japoneses e das populações asiáticas. A queda de Cingapura anuncia o fim do Império britânico.

Pouco depois, Hong Kong é tomada no dia de Natal de 1941, depois de três semanas de combates sem esperanças, dirigidos por seis batalhões ingleses e canadenses contra duas divisões japonesas. Nessa ocasião, os japoneses revelam sua brutalidade e selvageria com seus prisioneiros, militares ou civis, comportamento que se manifestará durante toda a Guerra do Pacífico.

Queda de Bataan e de Corregidor: abril-maio de 1942

A ocupação das Filipinas está incluída nos planos japoneses de conquista do sudeste asiático. Está previsto pôr em combate o 34ª batalhão (general Homma, com 2 divisões reforçadas) para uma campanha rápida de 15 dias. Assim, desde 8 de dezembro (7 de dezembro em Pearl Harbor), a aviação japonesa destrói em terra alguns aparelhos modernos americanos, antes dos desembarques em Luzon, em 12 de dezembro, ao sul de Legazpi, e, com força total, em 22-24 de dezembro, no norte, em Lingayen.

MacArthur, comandante americano em exercício e marechal filipino, dispõe, para defender o arquipélago, da Philippine Division (US Army) de divisões leves de recrutamento local, mediocremente equipadas e ainda pouco treinadas. Sob o avanço japonês e o isolamento progressivo de Luzon (desembarque japonês em Mindanao, em 20 de dezembro), MacArthur reagrupa suas forças na península de Bataan. Ele declara Manilha cidade aberta e se instala na ilha de Corregidor, fortificada e armada com peças de artilharia pesada, na entrada da baía de Manilha (6 de janeiro de 1942). Espera, ainda, socorros que serão, na verdade, desviados em grande parte para a Austrália, em consequência da queda de Wake e de Guam, que são tomadas em 10 e 23 de dezembro e isolam as Filipinas do Pacífico Oriental. A península de Bataan é dividida entre 2 batalhões do exército (1º CA Wainwright, a oeste, 2º CA Parker, a leste) e é defendida por 80 mil americano-filipinos, com mais de 26 mil refugiados.

Durante dois meses, mal alimentados, sem cuidados, sem socorro, os americanos resistem em Bataan, repelindo as tentativas de desembarque inimigo ou reduzindo os avanços frontais (fevereiro de 1942). O general Homma manda reforços terrestres e aéreos para realizar um assalto final em 3 de abril. Bataan se rende, deixando 54 mil prisioneiros com o adversário (6 de abril). Nesse período, em 12 de março, MacArthur deixou Corregidor sob a ordem formal de Roosevelt e seguiu para a Austrália, de onde pronuncia o famoso "Eu voltarei". O comando é passado ao general Wainwright. Este, refugiado por sua vez em Corregidor, sofre ainda por um mês bombardeio aéreo e de artilharia pesada, antes que os japoneses o cerquem (3 de maio). Em 6 de maio ao meio-dia, Wainwright informa a rendição a todas as forças americano-filipinas do arquipélago. Os 13 mil homens da guarnição partem, por sua vez, para a Marcha da Morte em direção aos campos de San Fernando. As Filipinas permanecerão sob a dominação japonesa até outubro de 1944, quando MacArthur, à frente das forças americanas, empreenderá a reconquista a partir da ilha de Leyte.

Conquista das Índias Holandesas: janeiro-março de 1942

Como as hostilidades iniciadas pelo Japão foram motivadas, em primeiro lugar, pela vontade de se apropriar das fontes de matérias-primas, as Índias Holandesas constituem, por excelência, um de seus primeiros objetivos.

A partir de 6 de janeiro de 1942, tendo assegurado suas retaguardas pelos desembarques nas Filipinas e na Malásia, os japoneses instalam-se nas costas sem defesa de Bornéu, ao norte (Brunei e Jesselton – hoje Kota Kinabalu) e a leste

(Terakan), assim como na ponta norte (Menado) das Célebes (hoje Sulawesi). Enquanto o 25º Exército progride em direção a Cingapura e o 14º cerca MacArthur em Bataan, o 16º Exército do general Immamura prossegue sua marcha em direção ao sul: Balikpapan (em Bornéu), Kendari (nas Célebes) e Amboine são ocupadas no final de janeiro. Após a queda de Cingapura, os desembarques acontecem em Palembang (Sumatra), Timor e Bali. A aeronaval japonesa aproxima-se dos portos australianos de Darwin e de Broome, destruindo navios, depósitos e aviões. Assim, a ilha principal das Índias Holandesas, Java, é isolada.

Do lado aliado, o ABDA Command (American-British-Dutch-Australian) é criado a partir de 19 de janeiro e confiado ao general inglês Wavell. Esse comando se caracteriza pela mediocridade de seus recursos terrestres (um fraco exército colonial holandês de cinco regimentos de recrutamento indígena), marítimos (oito cruzadores com quatro bandeiras diferentes sem nunca terem manobrado juntos) e aéreos (alguns caças Hurricane e P-40, hidroaviões de patrulha Dornier e Catalina), bem como pela dificuldade de organizar rapidamente estruturas de comando eficazes. Esses fatores, sem contar o ascendente psicológico adquirido pelos japoneses, levam-nos a ir de sucesso em sucesso numa série de combates navais comandados pelo almirante Kondo, Ozawa e Kutira (que se reencontrará em 1944 na Batalha de Leyte): Bali (19 de fevereiro), mar de Java (27 de fevereiro) – onde desaparece o almirante holandês Karel Doormann com seus cruzadores De Ruyter e Java –, estreito de Sonde (28 de fevereiro) – onde são afundados os cruzadores Houston (EUA), Exeter (GB) e Perth (Aust). Em 24 de fevereiro, o ABDA Command se dissolve espontaneamente, tendo a perda de Cingapura convencido os ingleses da impossibilidade de frear a expansão japonesa. Wavell volta para o Ceilão e deixa os holandeses conduzirem os combates pela honra.

A conquista final de Java começa com os desembarques da 2ª DI no golfo de Banten, no extremo oeste da ilha, em 1º de março, e, no mesmo dia, da 48ª DI a oeste de Surabaia. O general Ter Poorten, com os sobreviventes de seu pequeno exército, reforçados com alguns anglo-australianos que escaparam da Malásia, conduz um combate sem esperança. Em 4 de março, Batávia (hoje Djakarta) e Bandoeng são ocupadas a oeste, Surabaia e Kragan a leste, enquanto uma ponta inimiga avança em direção a Tjilatjap na costa sul da ilha, vencida em 8 de março. Em 10 de março, Ter Poorten assina, em Bandoeng, a rendição sem condições que os japoneses, vitoriosos, impõem a seus adversários.

As Índias Holandesas passam para o controle dos japoneses, que vão explorar sistematicamente seus recursos: petróleo, estanho, borracha, bauxita, instalando ali uma infraestrutura militar (bases navais e aéreas). Em nome da Grande Esfera da Coprosperidade Asiática, eles suscitam um governo nacionalista com Sukarno e

Mohamed Hatta, que só se afastarão de seus protetores quando a derrota nipônica se tornar evidente (14-17 de agosto de 1945).

Conquista da Birmânia: janeiro-maio de 1942

Paralelamente às operações realizadas na Malásia, nas Filipinas e nas Índias Holandesas, o 15º Exército japonês de Shojiro Ida ocupa a Tailândia e empreende a conquista da Birmânia.

12 de janeiro-7 de março. Deparando-se com duas divisões mal equipadas e desiguais, os japoneses apoderam-se de Moulmein, cobrindo o Salwein e o Sittang e obrigando o general Alexander a evacuar Rangum, que é ocupada em 7 de março.

7 de março-10 de abril. Com a ajuda de dois exércitos chineses vindos pela rota da Birmânia e comandados pelo general americano Stilwell, chefe do estado-maior de Chiang Kai-shek, Alexander restabelece uma frente sobre a linha Prome-Toungoo.

10 de abril-30 de maio. Com um exército reforçado por duas divisões vindas da Malásia, Ida retoma o ataque, pressionando as posições britânicas em Magwe e, literalmente, pondo em debandada as tropas chinesas. Em 29 de abril, os japoneses se apossam de Mandalay e em 1º de maio de Lashio. Durante todo o mês de maio, as unidades aliadas recuam para o Chidwin, abandonando toda a Birmânia ao adversário. Se as perdas nipônicas não ultrapassam 7 mil homens, as dos ingleses atingem 30 mil entre 42 mil em combate, e as dos chineses são ainda mais pesadas. A derrota aliada é acompanhada da perda da rota da Birmânia. Para abastecer a China, os americanos vão montar uma ponte aérea acima do Himalaia, a Hump, ligando Calcutá a Kunming.

A conquista da Birmânia é seguida de um ataque aeronaval japonês no oceano Índico.

25 de março de 1942. O almirante Nagumo, com uma frota de cinco porta-aviões, quatro encouraçados rápidos, vários cruzadores e destróieres, penetra no Índico, tendo por objetivo atacar as bases inglesas do Ceilão e paralisar a navegação do golfo de Bengala. Apesar de uma esquadra importante – três porta-aviões, cinco encouraçados antigos, oito cruzadores e cinco destróieres –, o almirante Somerville, convencido da superioridade da aeronáutica japonesa, evita o combate e retira suas forças para a África Oriental.

De 2 a 8 de abril. Os japoneses lançam ataques sobre Colombo e Trincomalee, afundando o pequeno porta-aviões Hermes, os cruzadores pesados Cornwall e Dorsetshire, um destróier e 150 mil toneladas de navios mercantes. Após essa demonstração, a frota de Nagumo retorna ao Pacífico.

Ignorando as verdadeiras intenções nipônicas, os ingleses executam uma operação contra Madagascar, cujo objetivo é não somente estratégico, mas também psicológico. A Grã-Bretanha precisa de uma vitória.

Desembarque britânico em Diego Suarez, Madagascar. Operação Ironclad: 5-8 de maio de 1942

Para vencer a resistência das forças francesas de Diego Suarez, composta de menos de 2 mil homens, 8 aviões obsoletos, 1 aviso, 1 cruzador e 4 submarinos, a operação Ironclad aciona uma força desproporcional, em torno de 20 mil homens, cujo desembarque é apoiado pelo encouraçado Ramillies, os porta-aviões Indomitable, Illustrious, com 59 aviões, 2 cruzadores e 11 destróieres. Atacada de surpresa em 5 de maio durante a madrugada, Diego Suarez se rende ao final de três dias. O general De Gaulle, que não foi informado, enfurece-se, e temendo que os britânicos preparem uma ação na África Ocidental francesa, ameaça romper com as autoridades britânicas e deixar a Grã-Bretanha.

30-31 de maio de 1942. Um submarino de bolso japonês torpedeia o encouraçado britânico Ramillies (posto fora de combate por seis meses) e um petroleiro na baía de Diego Suarez.

Ocupação de Madagascar: 10 de setembro-5 de novembro de 1942

Os britânicos tentam impor, através de negociação, suas condições – o controle dos portos –, mantendo a soberania francesa sobre a ilha de Madagascar. O governador geral Amet as recusa. Diante do impasse, os ingleses decidem, em 10 de setembro, pela ocupação da totalidade da ilha. Amet, completamente cercado em Ambalavao, rende-se em 5 de novembro.

Enquanto isso, logo após o ataque aéreo de Nagumo no oceano Índico, o Japão alcançou praticamente todos os seus objetivos. A conquista do sudeste asiático é efetuada com o mínimo de gastos, e um "perímetro defensivo" é implementado no Pacífico Central em confronto com os Estados Unidos.

França, 1941

9 de fevereiro – Demissão de Flandin. Darlan torna-se vice-presidente do Conselho e sucessor designado do Marechal.

15 de maio – Criação da Frente Nacional.

2 de junho – Segundo estatuto dos judeus.

11 de julho – Criação da LVF (Legião dos Voluntários Franceses).

11 de agosto – Pucheu é ministro do Interior.

14 de agosto – Instituição das Cortes especiais de Justiça. Obrigação do juramento para o exército e para a magistratura.

21 de agosto – Atentado de Fabien contra o aspirante Moser no metrô de Barbès-Rochechouart.

27 de agosto – Atentado de Collette contra Laval e Déat.

29 de agosto – Execução de Estienne d'Orves.

4 de outubro – Contrato de trabalho.

21 de outubro – Execução dos reféns em Nantes.

22 de outubro – Execução de 98 reféns em Châteaubriant, Bordeaux e Paris.

29 de outubro – Lei que organiza os judeus em minoria nacional.

1º de novembro – Criação do movimento Combat, em Grenoble.

As últimas vitórias do Eixo

O apogeu da Batalha do Atlântico

O ano de 1942 começa com uma concentração das forças de superfície da Kriegsmarine no mar do Norte.

11-13 de fevereiro. Sob as ordens do almirante Ciliax, o Scharnhorst, o Gneisenau e o Prinz Eugen, submetidos a ataques aéreos constantes da RAF, saem de Brest a caminho da Alemanha pela Mancha, na noite de 11 de fevereiro. As embarcações alemãs são detectadas pelos ingleses somente no dia seguinte, ao meio-dia, na altura de Dover. Graças a uma cobertura aérea constante, rechaçam os ataques dos destróieres, das lanchas e dos aviões torpedeiros britânicos. Ao cair da noite, entram no mar do Norte. Ainda que Scharnhorst e Gneisenau sejam danificados pelas minas ao longo da Frísia, a operação não deixa de ter sucesso. É grande a emoção na Inglaterra. A travessia da Mancha em pleno dia pelas embarcações alemãs é vista como uma humilhação. A Kriegsmarine poderá, a partir de então, concentrar seus grandes navios ao norte da Noruega, fora do alcance da aviação britânica da época.

Janeiro-maio de 1942. Operação Paukenschlag ("rufar de tambor"). Após a declaração de guerra da Alemanha contra os Estados Unidos, um grupo de submarinos opera ao longo da costa leste da América do Norte em condições ideais. Apesar dos avisos britânicos, a US Navy se recusa a adotar o sistema de comboios e recorre às rotas patrulhadas. Em quatro meses, os U-Boote põem a pique dois milhões de toneladas de navios sem sofrer perdas.

Maio-agosto de 1942. Diante da melhoria dos recursos de luta da marinha americana, os submarinos transferem seus ataques para o tráfego petroleiro das Antilhas, obtendo também aí sucessos espetaculares.

Agosto-dezembro de 1942. A luta se cristaliza na rota do Atlântico Norte, no setor ainda não coberto pela aviação aliada. Atacados por alcateias de vinte a

A Segunda Guerra Mundial

trinta submarinos, os comboios sofrem perdas severas. No total, cinco milhões de toneladas de navios mercantes são afundadas ao longo do ano de 1942. Essa hemorragia paralisa a estratégia aliada.

Os comboios de Murmansk

A guerra no mar diz respeito, igualmente, aos comboios aliados do Ártico, com destino a Murmansk. A partir da primavera de 1942, esses comboios são submetidos aos ataques da aviação e dos U-Boote e estão sob a ameaça das grandes embarcações de superfície, principalmente do navio de linha Tirpitz. Em 21 de maio, o PQ-16 desatraca da Islândia, tendo início a história dos "comboios do azar". Avistado desde 25 de maio, o comboio, que conta com 35 cargueiros, é submetido durante 3 dias a ataques submarinos e aéreos ininterruptos. Quando penetra no mar de Kola, 8 navios mercantes foram afundados e muitos outros gravemente danificados.

O comboio seguinte, o PQ-17, com 36 navios de carga, tem um destino ainda mais trágico, apesar de uma proteção imponente que mobiliza o grosso dos recursos da Home Fleet, reforçados por um encouraçado e um cruzador americanos. Em 3 de julho, com o anúncio de uma excursão geral dos grandes navios alemães, o almirantado toma uma decisão que será objeto de intermináveis controvérsias, ao dar a ordem de dispersar o comboio. Os cargueiros ganharão Murmansk isoladamente.

Aproveitando uma ocasião inesperada, os U-Boote e os aviões iniciam um verdadeiro massacre. Vinte e três cargueiros são enviados ao fundo. De 200 mil toneladas de materiais previstos, 70 mil, somente, chegam a Murmansk. Em sequência a esse drama e apesar dos mais vivos protestos soviéticos, os comboios são suspensos até o outono. Apesar de uma proteção de 27 navios de guerra, o comboio PQ-18 perderá, ainda em setembro, 13 navios mercantes de um total de 41.

O ano de 1942 termina no Ártico, em 31 de dezembro, pela Batalha do mar de Barents, pouco gloriosa para a Kriegsmarine. O encouraçado de bolso Admiral Scheer e o cruzador pesado Hipper deixam-se manobrar por uma escolta britânica nitidamente inferior e renunciam ao ataque de um comboio. Furioso, Hitler decide pelo desarmamento dos grandes navios de superfície, decisão que acarreta a demissão do grande almirante Raeder e sua substituição por Dönitz.

O bombardeio estratégico

No início de 1942, o bombardeio estratégico, posto em causa pelo relatório Butt, é reabilitado, graças à insistência e à tenacidade de dois homens, Churchill e

As últimas vitórias do Eixo

o novo chefe do Bomber Command, Harris. Um e outro estão convencidos de que os ataques aéreos maciços constituem o único meio de ação ofensiva à disposição da Inglaterra. Trata-se de não renunciar a um instrumento em pleno desenvolvimento, que absorve 40% do esforço de guerra britânico. O Bomber Command está agora em condições de lançar ondas de 400 a 500 aparelhos, com uma proporção crescente de quadrimotores Lancaster.

Desde sua entrada em função, em fevereiro de 1942, Harris defendeu uma nova tática, que permanecerá em vigor até o fim da guerra: o bombardeio de zona. A RAF concentrará seus esforços sobre as sessenta maiores cidades alemãs. O exemplo de Coventry demonstrou que a paralisia da produção pode ser obtida através da destruição do centro, que leva à ruptura das canalizações de água e gás, dos cabos elétricos e telefônicos, e que, além disso, desmoraliza a população.

A eficácia dos ataques aéreos deve, enfim, poder ser obtida pelo funcionamento do primeiro sistema de radionavegação, o Gee, que será ultrapassado, antes do fim de 1942, pelo Gee H e pelo Oboe, ou pelo radar de bordo H2S. Harris pretende também associar artefatos incendiários às bombas explosivas. Os primeiros resultados obtidos são decisivos. Lübeck e Rostock são vítimas de tufões de fogo devastadores. O ataque mais espetacular, levado por mil aparelhos, em 30 de maio de 1942, arrasa o centro de Colônia. O martírio das cidades alemãs começa, ainda que esses ataques aéreos praticamente não afetem o desenvolvimento da produção.

Guerra no leste

Depois da crise do inverno, a partir de 23 de março, Hitler especifica as grandes linhas do plano Bleu. Dois grupos de exércitos, sob as ordens de von Bock e de List, partindo de Kursk e de Donetz, deverão, a princípio, efetuar uma manobra de cerco e destruir as concentrações do Exército Vermelho na curva do Don. As forças alemãs alcançarão o Volga em seguida, neutralizarão Stalingrado – que não oferece possibilidades de ser tomada de assalto – e avançarão em direção ao Kuban e ao Cáucaso, com o objetivo de privar a União Soviética de seus últimos grandes cultivos de trigo e jazidas de petróleo de Maikop, de Grosnyi e de Baku, que representam, então, 90% de seus recursos.

15-30 de maio. Uma ofensiva preventiva soviética vai facilitar o desenvolvimento da manobra alemã. Após um bom início em direção a Kharkov e Dnieper, a ação revela-se um desastre. Atacado pelo flanco por potentes formações blindadas, o exército de Timochenko é literalmente despedaçado. Uma ordem tardia de retirada de Stalin termina em desastre. Mais de 200 mil homens são feitos prisioneiros. Um importante material é destruído ou capturado.

531

A Segunda Guerra Mundial

Antes de lançar a ofensiva maior, a Wehrmacht procura evitar toda ameaça na frente sul. No início de maio, através de uma brilhante manobra, o general von Manstein elimina a cabeça de ponte de Kertch, estabelecida pelo Exército Vermelho durante o inverno. Os alemães capturam mais de 170 mil homens e um imponente material.

Manstein pode, então, consagrar-se ao ataque de Sebastopol, cujo sistema de defesa sempre foi reforçado pelos soviéticos. Para dominar a fortaleza, reputada como a mais poderosa do mundo, dispõe de 7 divisões do corpo aéreo do general Richthofen e de uma artilharia imponente com canhões monstros de 540, 640 ou 800 mm.

Depois de cinco dias de preparação de artilharia e de ataques aéreos ininterruptos, o assalto começa em 7 de junho. Os alemães se deparam com um labirinto de defesas, apoiado por fortes cujos nomes são evocadores: Gorki, Molotov, Tcheka, Guepeou, Stalin... Três semanas de combate são necessárias para desembaraçar essas posições. Em 30 de junho, os alemães se apropriam do Monte Sapun, que domina o porto e a cidade. Em 3 de julho, toda resistência cessa. Dois exércitos soviéticos foram destruídos, cem mil homens capturados, um material enorme apreendido ou destruído.

No momento em que termina uma das batalhas mais acirradas da guerra, a ofensiva principal começa a se deslocar em 28 de junho. Ao norte, os blindados de von Bock alcançam Voronej, enquanto ao sul, as tropas de List avançam na região industrial do Donetz. Os combates prolongados pela posse de Voronej, que acarretam a substituição de von Bock pelo general von Weichs, e a difícil progressão do grupo do exército de List, permitem aos soviéticos evitar o cerco e evacuar a curva do Don. A ofensiva alemã não deixa de provocar uma crise severa no seio do Exército Vermelho. Uma indecisão é perceptível.

Convencido de que "o russo está acabado", Hitler modifica o plano de operações em 23 de julho, dando a ordem ao grupo de exércitos B de von Weichs para se apoderar de Stalingrado, constituindo uma frente defensiva de Voronej até a curva do Volga. Para essa missão, Weichs dispõe do 6ª Exército de Paulus, de um exército húngaro e do corpo expedicionário italiano. Simultaneamente, o grupo de exércitos A de List, associando um exército de infantaria e dois exércitos blindados, deverá ocupar as costas do mar Negro até a Tuapse, fechar os desfiladeiros do Cáucaso e apoderar-se das jazidas de petróleo até Baku. O plano Bleu leva, no final das contas, a duas manobras divergentes.

O início parece promissor. Enquanto o 6º Exército de Paulus trava duros combates para tomar as posições que protegem Stalingrado, o avanço das tropas de List parece irresistível. As Panzers atravessam o Don, depois o Manytch, a linha

532

As últimas vitórias do Eixo

teórica que separa a Europa da Ásia. Em 3 de agosto apossam-se de Stavropol, e alcançam Maikop no dia 9, para encontrar os poços de petróleo incendiados. Uma unidade motorizada se apodera de Elista, em plena estepe calmuca, e lança os ataques aéreos até os arredores de Astracã.

Nos dias seguintes, a progressão continua. Krasnodar é ocupada e os blindados avançam em direção a Piatigorsk. Travando duros combates no noroeste do Cáucaso, tropas de montanha ocupam os principais desfiladeiros e descem em direção a Tuapse e Sukhumi. Em 21 de agosto, um grupo de caçadores alpinos, sob as ordens do capitão Groth, atinge o cume do Elbrouz em plena tempestade de neve e finca a bandeira do Reich a 5,6 mil metros de altitude.

No momento em que a vitória parece próxima, a máquina de guerra do Reich dá sinais de fraqueza. Enquanto Paulus trava combates cada vez mais difíceis nos arredores de Stalingrado, o grupo de exércitos List não pode atravessar o Terek. Também não consegue apoderar-se dos desfiladeiros do Cáucaso central. Os blindados não conseguem ultrapassar Piatigorsk e atravessar Ordjonikidze. Em toda parte, a resistência soviética se fortalece, acompanhada de violentos ataques aéreos.

Repetem-se as divergências notadas ao longo do ano anterior. As forças disponíveis não estão em condições de um grande esforço, ainda mais porque Hitler, devido ao temor de desembarques anglo-saxões na Europa Ocidental, julgou necessário reenviar à França duas grandes unidades blindadas da Waffen ss. Ele teve, igualmente, em detrimento da frente sul, de mandar reforços para a região de Leningrado e para o setor central, onde os soviéticos multiplicam os ataques contra a saliência de Rjev.

Os alemães enfrentam ainda um novo problema tático, depois de um avanço de 750 km em direção ao Cáucaso. As vanguardas de List necessitam de gasolina e munição. O comandante do grupo de exércitos A também se ressente da ausência de apoio aéreo. Cansado de suas reclamações, Hitler acaba por dispensá-lo, decidindo assumir, ele próprio, a direção das operações. Entretanto, não consegue mais do que seu antecessor e não pode relançar a ofensiva ao Cáucaso.

A razão dessa complicação no setor-chave da manobra deve-se, essencialmente, ao deslocamento do centro de gravidade da ofensiva, à modificação radical do plano de operações. Stalingrado age como se fosse um ímã sobre o espírito do OKH e sobre o de Hitler. De fato, desde meados de julho, Stalin tomou a decisão de defender Stalingrado, cidade querida de seu coração, onde exerceu um comando durante a guerra civil, numa época que ainda se chamava Tsarytsyn, sendo objeto de todas as suas solicitudes desde 1928. Decisão tomada sem levar em conta as condições táticas extremamente desfavoráveis. A batalha vai ter como cenário uma enorme aglomeração de 40 km de comprimento, construída na margem direita do

533

A Segunda Guerra Mundial

Volga. Os defensores deverão combater de costas para o rio, arriscando-se a ver a artilharia e a aviação alemãs paralisar seu abastecimento.

Tomando sua decisão, Stalin obedeceu a razões de amor próprio, e também da política. Apenas por seu nome, Stalingrado constitui um símbolo. A queda da cidade pode ser aproveitada para a propaganda do adversário e causar um duro golpe à moral da população e do exército soviético. Por uma ironia do destino, Hitler obedece a considerações dessa mesma ordem, fazendo questão de aceitar o desafio. Apoderando-se da cidade, quer convencer-se de que vai concluir a usura de um adversário que acredita, obstinadamente, estar no fim de suas forças. A queda de Stalingrado terá uma repercussão mundial e só poderá consumar a decomposição do adversário.

No início de setembro, a Batalha do Volga mobiliza os esforços do 6º Exército, do grosso do 4ª Exército blindado, retirado do grupo de exércitos A, e a quase totalidade da Luftwaffe, que efetua até 25 mil bombardeios por dia. Toda a atividade da Frente Oriental se cristaliza numa batalha que absorve o grosso das reservas e das provisões da Wehrmacht. À custa de pesadas perdas, Paulus não hesita em atacar os centros de resistência mais poderosos do adversário, defendidos com uma rara tenacidade pelos soldados de Tchuikov e de Eremenko, principalmente a usina de tratores Djerjinski e as fábricas de armamento Barricada e Outubro Vermelho. Combates ferozes acontecem para a ocupação de uma cidade operária ou de um silo de trigo.

No final de outubro, enquanto a Batalha do Cáucaso está estagnada, os alemães conquistaram a maior parte das ruínas de Stalingrado, sem conseguir eliminar os focos de resistência. Visivelmente, a Wehrmacht carece de recursos necessários para alcançar esse objetivo, pois o estado-maior alemão, mais uma vez, subestimou o enorme potencial soviético. Bloqueando o esforço alemão na frente sul, o Exército Vermelho está em condições de lançar violentos ataques em outros setores da frente.

Aïn-Gazala-Bir Hakeim: 26 de maio-21 de junho de 1942

No norte da África, as forças do Eixo obtêm sucessos espetaculares, mas ainda sem futuro.

Para chegar a uma conclusão no Mediterrâneo, o comando germano-italiano decide lançar uma ofensiva à Líbia, visando à tomada de Tobruk e ao recuo do 5º Exército britânico para o Egito. Essa ofensiva precederia a operação Hercules, que diz respeito à tomada de Malta. Esta será assegurada pelo assalto através de paraquedistas alemães e italianos seguidos de um desembarque. A queda de Malta suspenderia a hipoteca que pesando sobre as comunicações do Eixo. Em seguida,

As últimas vitórias do Eixo

permitiria ao Afrikakorps retomar o ataque em direção ao Cairo e ao canal de Suez. O primeiro momento desse programa consegue ir além de toda esperança.

Em 26 de maio, Rommel surpreende uma ofensiva britânica, lançando 560 tanques, dos quais 240 são italianos, no assalto às posições fortificadas estabelecidas pelo 5º Exército, sobre uma frente de 60 km entre Aïn-Gazala e Bir Hakeim. No norte e no centro, dois CA italianos seguram os britânicos. Enquanto o 20º CA ataca Bir Hakeim em poder da 1ª brigada francesa do general Koenig, Rommel, com suas forças blindadas e mecanizadas, empurra os britânicos para o sul. Entretanto, os italianos fracassam em Bir Hakeim devido à teimosa resistência francesa, e Rommel deve então travar uma batalha confusa no centro das posições britânicas. Bir Hakeim cai em 11 de junho, e Rommel sai do "caldeirão" e aborda o 8º Exército por trás. Em 14 de junho, Auchinleck decide bater em retirada em direção à fronteira egípcia, deixando para trás uma pequena guarnição em Tobruk, na esperança de que ela constitua um espinho plantado no flanco inimigo. Entretanto, em 21 de junho, após um ataque surpresa, Rommel se apodera de Tobruk, resgatando 33 mil prisioneiros e 10 mil m³ de combustível. No dia 23, alcança a fronteira egípcia, muito decidido a aproveitar de sua vitória.

O ataque aéreo sobre o Egito:
1º de julho-7 de setembro de 1942

Rommel, que acaba de ser promovido a marechal, obtém de Hitler e de Mussolini, apesar das objeções de Kesselring, o adiamento da operação aérea em Malta e a autorização de perseguir o 5º Exército até o Egito. Em 29 de junho, ele chega a Marsa Matrûh e, em 1º de julho, toma posição com 6 mil homens e 40 tanques diante das linhas de defesa britânicas de El-Alamein, a 80 km de Alexandria. A notícia de sua chegada provoca o pânico no Egito. A Mediterranean Fleet deixa Alexandria pelo mar Vermelho. Nuvens de fumaça sobem dos quartéis-generais do Cairo, onde queimam os arquivos. A "quarta-feira das cinzas", contudo, não terá continuidade. As retaguardas não demoram a encontrar sua paz. Rommel, não podendo atravessar a depressão de El-Quattarah por falta de materiais apropriados, aceita um combate frontal. Mas de 2 a 20 de julho, com suas linhas de comunicação dilatadas e suas tropas esgotadas, ele não chega a quebrar o fecho de El-Alamein. Sua derrota salva o Egito e é identificada como um dos momentos decisivos da guerra.

Churchill, desejoso de transformar essa batalha estagnada numa reconquista, remodela o comando. Em 15 de agosto, o general Alexander substitui Auchinleck

A Segunda Guerra Mundial

como comandante do 5º Exército. A primeira ordem de Montgomery a suas tropas é parar de recuar e deter todo ataque alemão na linha de Alam-Halfa, custe o que custar. Rommel, sempre convencido de poder atingir Alexandria "dentro de seis dias", lança, em 31 de agosto, uma nova ofensiva com 2-DB, quatro divisões alemãs e seis divisões italianas. Sua ação se complica no que a tropa alemã denominará "a corrida dos seis dias". Em 7 de setembro, os germano-italianos recuam no momento certo, apesar da artilharia e do tapete de bombas da aviação britânica. Rommel perdeu definitivamente a iniciativa. Seu ataque aéreo sobre o Egito, cometido em detrimento da conquista de Malta, aparece como um erro estratégico. Montgomery não o persegue, preferindo reorganizar o 5º Exército para o assalto final.

As operações Harpoon e Vigorous: 12-16 de junho de 1942

Entretanto, a situação de Malta permanece crítica ao longo do verão. A fome é uma ameaça. A Royal Navy exerce um esforço considerável para evitar a rendição da ilha. As operações Harpoon e Vigorous preveem a partida de dois comboios simultâneos de Gibraltar e de Alexandria. O primeiro com 6 cargueiros e acompanhados até o canal da Sicília por uma escolta potente: 1 encouraçado, 2 porta-aviões, 4 cruzadores e 17 destróieres. O segundo, sob as ordens do contra-almirante Vian, é composto de 11 cargueiros apoiados por 7 cruzadores e 26 destróieres. O comboio de Alexandria, alvo de ataques de lanchas, de uma investida da frota italiana (2 navios de linha, 4 cruzadores pesados, 12 destróieres) e de bombardeios aéreos, deve voltar para trás e renunciar à sua tentativa depois de perder 2 cargueiros. O comboio de Gibraltar tem mais sorte, e 2 cargueiros conseguem chegar a Malta com um carregamento de 15 mil toneladas. O tributo pago pelas forças de proteção, entretanto, é muito pesado: o cruzador Hermione e 5 destróieres afundados, 3 cruzadores danificados. Os italianos perderam, por seu turno, o cruzador Trento, e o encouraçado Littorio foi danificado.

Operação Pedestal: 10-15 de agosto de 1942

Os ingleses interrompem os comboios do Ártico para salvar Malta à beira da rendição, organizando, com esse fim, a operação da última esperança: Pedestal. Partindo de Gibraltar, põe em ação, sob as ordens do almirante Syfret, 14 cargueiros, entre os quais o petroleiro Ohio transportando 11,5 mil toneladas de hidrocarbonetos, escoltado pelos encouraçados Nelson e Rodney, os porta-aviões Eagle,

536

As últimas vitórias do Eixo

Furious, Indomitable e Victorious, 7 cruzadores e 27 destróieres. O comboio é, desde o início, alvo dos ataques incessantes de submarinos, de lanchas e de aviões. Só é poupado pela saída da esquadra italiana em razão da escassez de combustível. As perdas são particularmente elevadas. O porta-aviões Eagle é torpedeado pelo U-73, e os cruzadores Manchester, Cairo e um destróier são enviados ao fundo, assim como 9 navios mercantes. Os porta-aviões Indomitable e Victorious, assim como os cruzadores Nigeria e Kenya, são danificados. Os italianos podem celebrar a *"vittoria del mezz'agosto"*. Vitória incompleta, entretanto, pois 4 cargueiros alcançam Malta por seus próprios meios. O Ohio, atingido por várias vezes e em pane a 70 milhas de La Valette, pode ser rebocado. O abastecimento da ilha em combustível e munições é assegurado por três meses. O fantasma da rendição se afasta. Malta volta a ser uma base ofensiva contra as linhas de abastecimento do Eixo.

A mudança da maré

No outono de 1942, as forças de Eixo registram tanto na Frente Oriental quanto no norte da África duas derrotas particularmente graves.

Frente Oriental

Tendo em vista o atolamento alemão no Cáucaso e a resistência acirrada de Stalingrado, o Exército Vermelho reconstituiu uma massa de manobra, achando-se assim em condições, sob a direção geral de Jukov, de desencadear, de 19 a 23 de novembro, de um lado e do outro da curva do Volga, um ataque contra as posições mantidas pelas tropas romenas, mal equipadas e pouco motivadas. Esses ataques integram-se a uma manobra em pinça que resulta no cerco do 6º Exército de Paulus e do 4º Exército Panzer. Assim, 220 mil alemães acham-se cercados num bolsão de 40 km de comprimento por 25 de largura a oeste de Stalingrado.

Hitler se opõe, então, a um recuo ainda possível. Pelas garantias dadas pelo chefe de estado-maior da Luftwaffe, ele conta com uma ponte aérea para abastecer as tropas cercadas à espera de uma operação de resgate. O cálculo se revela falso. Apesar de enormes sacrifícios – mais de 800 aparelhos perdidos –, a aviação de transporte só pode encaminhar em média 100 toneladas de víveres por dia, em vez das 300 necessárias. Entretanto, 42 mil feridos serão evacuados.

Quanto à manobra de resgate dirigida por Manstein na segunda quinzena de dezembro, termina em fracasso. Por falta de meios suficientes, as formações blindadas não conseguem atravessar os últimos 40 km que as separam de Stalingrado. O fracasso deve-se ainda ao caráter temeroso de Paulus, que não se resolve a coordenar sua ação com a das tropas de resgate e a tentar uma saída na direção do sul,

A Segunda Guerra Mundial

apesar dos convites insistentes de Manstein. Sob uma enorme pressão das forças soviéticas, o 6º Exército estará encurralado nas ruínas de Stalingrado e pressionado para uma capitulação que acontecerá de 31 de janeiro a 2 de fevereiro de 1943. Nessa data, uma ofensiva geral do Exército Vermelho ameaça de derrocada toda a frente sul.

Norte da África. A Batalha de El-Alamein: 23 de outubro-4 de novembro de 1942

Após sete semanas de intensos preparativos, Montgomery se julga pronto para desencadear a ofensiva suscetível de destruir as forças do Eixo no norte da África. Ele dispõe de uma incontestável superioridade quantitativa e qualitativa: 195 mil homens e 1.029 mil tanques, entre os quais 250 Sherman apoiados por 900 canhões e 530 aviões. Os germano-italianos só podem contar com 104 mil homens, 489 tanques, entre os quais 211 alemães, e 350 aviões. O plano de Montgomery é destruir as posições do inimigo com um assalto de infantaria-artilharia antes de lançar seus blindados nas brechas. Em 23 de outubro, a batalha de El-Alamein começa por um bombardeio de 456 canhões para sustentar um ataque da infantaria ao longo da estrada costeira apoiada ao sul por uma operação de despistamento do 13º CA. É um semissucesso. Em uma semana, os britânicos só avançam 10 km. Na noite de 1º a 2 de novembro, Montgomery desencadeia sua grande ofensiva Surcharge. Depois de um potente tiro de artilharia, uma violenta batalha de tanques reduz os blindados alemães a 35 unidades. Em 4 de novembro, o 20º CA italiano é aniquilado e a frente é rompida em 20 km. Em 5 de novembro, Rommel, diferentemente das instruções de Hitler, decide recuar ao longo da costa, abandonando o grosso das divisões italianas.

Os britânicos iniciam a perseguição com prudência, o que permite a Rommel esquivar-se de suas manobras de ultrapassagem. O avanço prossegue durante três meses em 2,5 mil km com duas pausas, em El-Agheila (23 de novembro-13 de dezembro) e Wadi-Zernzem (26 de dezembro de 1942-16 de janeiro de 1943). Rommel alcançará a fronteira tunisiana no dia 4 de fevereiro de 1943. A campanha da Líbia está terminada.

Depois da vitória de Montgomery e da evacuação da Líbia, Malta está salva. A fome está descartada com a chegada em 20 de novembro de um comboio de 4 cargueiros, que exigiu ainda o apoio de 4 cruzadores e de 17 destróieres. A proteção, em seguida, estará decrescendo. Em dezembro, a operação Portcullis utilizará

540

A mudança da maré

apenas 4 cruzadores e 10 destróieres. No fim do ano, Quadrange se limitará a um cruzador e 5 destróieres para 8 cargueiros.

Desembarques anglo-americanos no norte da África. Operação Torch: 8 de novembro de 1942

Os desembarques aliados no norte da África constituem a primeira operação aliada destinada a retomar a iniciativa na Europa. O desencadear de Torch põe termo a uma longa controvérsia entre os americanos, que preferem uma estratégia frontal, e os britânicos, partidários da estratégia periférica. Assim se coloca o problema político. Como tratar o norte da África, parte integrante do Império Francês, colocada sob a autoridade de Vichy. Deve-se "libertá-la" ou "invadi-la e ocupá-la"? Os Aliados jogam a carta da adesão.

Para os americanos, o general Giraud, antigo comandante do 7º Exército em 1940 e recentemente evadido da fortaleza de Krenigstein, é o homem providencial capaz de obter, por sua ascendência, a adesão do exército da África. Para preservar as suscetibilidades francesas e compensar a impopularidade presumida dos britânicos, a operação é colocada sob o comando do general americano Eisenhower. Em 4 de setembro, o cônsul Robert Murphy, encarregado de preparar o terreno político, estabelece contatos com o "grupo dos cinco", das personalidades favoráveis ao general Giraud (Jacques Lemaigre-Dubreuil, Jacques Rigault, Henri d'Astier de la Vigerie, Jacques Tarbé de Saint-Hardoin, coronel van Hecke). Ele encontra em Cherchell, em 23 de outubro, o general Mast, comandante da divisão de Argel, e estabelece relações com o general Béthouart, comandante da divisão de Casablanca. Arma-se um duplo complô destinado a apoiar a ação aliada. Em compensação, apesar da insistência de Marshall, do almirante King e de Eisenhower, nem o general Juin, nem Darlan ficam cientes disso. Os conjurados franceses julgam os dois homens comprometidos demais com a política de colaboração de Vichy.

O plano definitivo é adotado em 20 de setembro, sendo de uma extrema complexidade. A Western Task Force, vinda dos Estados Unidos, é comandada pelo general Patton, devendo desembarcar no litoral atlântico do Marrocos e chegar a Casablanca. A Center Task Force anglo-americana, sob as ordens do general Fredendall, vinda da Grã-Bretanha, é encarregada do ataque de Orã. A Eastern Task Force anglo-americana do general Ryder, também vinda da Grã-Bretanha, deve ir para Argel. São reunidos meios consideráveis para essas operações: 110 transportes, 200 embarcações de guerra. As Task Forces devem atacar simultaneamente em 8 de novembro, à mesma hora.

541

A Segunda Guerra Mundial

A armada aliada vinda da Inglaterra é localizada pelos alemães, mas eles pensam que ela se destina a Malta. A surpresa do Eixo e de Vichy é então total. Entretanto, desde a partida, a operação depara-se com obstáculos e com uma surpresa política. O golpe não dá certo em Casablanca. Os 34 mil homens de Patton desembarcam nas praias de Fedala, Mehdia e Safi e se deparam com uma viva resistência francesa. O general Béthouart deu a ordem para acolher os americanos como aliados, mas Nogues restabelece a situação e joga Béthouart na prisão. Obedecendo a Vichy, ele ordena que os invasores sejam empurrados para o mar. As forças navais comandadas pelo contra-almirante de Lafond tentam opor-se ao desembarque com o cruzador Primauguet e 6 destróieres, mas após um longo combate com as embarcações de escolta que compreendiam os encouraçados Massachussetts, Texas e New York, o porta-aviões leve Ranger, 4 porta-aviões de escolta, 7 cruzadores e 38 destróieres, as embarcações francesas são afundadas ou avariadas. O encouraçado Jean Bart, inacabado, é severamente avariado pelos tiros do Massachussetts e pelos ataques aéreos. Em 11 de novembro, toda a resistência francesa vai cessar no Marrocos.

A Center Task Force desembarca em Orã os 39 mil homens do general Fredendall, com 19 balsas de desembarque e 28 transportes. O apoio vem de 2 porta-aviões de escolta, 3 cruzadores e 13 destróieres. Uma tentativa de ataque de contratorpedeiros é rechaçada e, em de novembro, cessa toda resistência.

Em Argel, a oposição das embarcações francesas e da artilharia costeira à entrada de destróieres britânicos no porto fracassa. O golpe obteve sucesso. Entretanto, inesperadamente, Darlan, por acaso presente em Argel havia alguns dias e preso por um momento pelos conspiradores, revela-se o único em condições de dominar a situação.

Tornando-se interlocutor dos americanos, aceita o princípio de um armistício limitado em primeiro lugar a Argel, e depois, em 10 de novembro, à África como um todo. Mantendo um contato secreto com Vichy, ele dá o passo decisivo em 13 de novembro, ao ordenar a retomada da luta contra o Eixo. Torch, sucesso no plano militar, desemboca na confusão política. Giraud só chega a Argel em 9 de novembro. Darlan, o homem dos Protocolos de Paris, assumiu o comando e efetuou um espetacular restabelecimento. Entretanto, o acordo com Darlan é comprometedor para os Aliados, provocando um clamor geral junto a De Gaulle e aos franceses livres, aos resistentes e às opiniões anglo-saxônicas. O imbróglio político só termina em 24 de dezembro, com o assassinato do almirante por Fernand Bonnier de la Chapelle. O general Giraud o sucede como comandante em chefe civil e militar.

542

A mudança da maré

A reação do Eixo: 9-30 de novembro de 1942

A operação Torch constitui uma desagradável surpresa para as potências do Eixo. Göring reconhece que é o primeiro sucesso aliado desde o começo da guerra. Em 10 de novembro, em Munique, Hitler e Ciano tomam duas decisões: a ocupação da zona livre e a constituição de uma cabeça de ponte na Tunísia. Laval, que participa do final da reunião, não é informado do primeiro ponto e é impelido ao segundo.

Em 11 de novembro, as tropas alemãs penetram em zona livre e alcançam, no dia seguinte, a costa do Mediterrâneo, sem encontrar a menor resistência das forças de Vichy. O episódio não é apresentado como uma ruptura do armistício, mas como uma operação destinada a ajudar os franceses a rechaçar um desembarque aliado em território metropolitano. O marechal Pétain se contenta em protestar, recusando-se a ir para o norte da África e dar a ordem à frota para desatracar. De acordo com os alemães, um "campo fortificado", livre de toda presença do Eixo, se constituiu em torno de Toulon.

Simultaneamente, alemães e italianos, com uma surpreendente rapidez, estabelecem uma cabeça de ponte na Tunísia. Desde 9 de novembro, aviões de transporte aterrissam em El-Aouina, perto de Túnis. Em 11 de novembro, navios penetram no porto de Bizerte. Dois elementos explicam o funcionamento do dispositivo germano-italiano. Submetido a instruções contraditórias que emanam tanto de Argel quanto de Vichy, os responsáveis franceses se confinam na expectativa ou na inação. O general Barré contenta-se em recuar suas tropas para a cadeia de montanhas tunisiana. O residente geral, o almirante Esteva, e o comandante da base de Bizerte, o almirante Derrien, após uma veleidade de resistência, não se opõem à presença alemã e italiana. A instalação das forças do Eixo é ainda facilitada pela extrema lentidão da chegada das tropas aliadas vindas da Argélia. É somente em 22 de novembro que uma coluna britânica tenta uma operação contra Túnis, sendo brutalmente rechaçada pelos alemães. Finalmente, em fins de novembro, as forças germano-italianas ocupam o essencial da Tunísia e preparam-se para recolher as tropas de Rommel que chegaram da Líbia.

Afundamento da frota francesa em Toulon. Operação Lila: 27 de novembro de 1942

Logo após a ocupação da zona livre, Hitler decide, em 16 de novembro, neutralizar a frota francesa estacionada em Toulon. Uma vez que o marechal Pétain

543

A Segunda Guerra Mundial

se opôs, em 11 de novembro, à sua partida para o norte da África, as forças navais francesas, praticamente, caíram na armadilha. O almirante Laborde, comandante da frota de Alto-Mar (Haute Mer), animado pela anglofobia advinda de Mers el-Kébir e por uma fidelidade incondicional ao chefe do Estado, recusou-se a desatracar por iniciativa própria, apesar da insistência de Darlan.

Em 27 de novembro, ao amanhecer, a operação Lila, efetuada por duas Panzer e por um destacamento da divisão ss "Das Reich", surpreende totalmente os marinheiros franceses. O almirante Marquis, prefeito marítimo de Toulon, é capturado em seu leito. Um de seus adjuntos, entretanto, consegue dar o alerta. Na impossibilidade de desatracar, por falta de pressão, o almirante Laborde só pode dar a ordem de afundamento. Minuciosamente preparada desde 1940, a operação é executada com perfeição, sem que os alemães possam reagir. Somente cinco submarinos (Casabianca, Venus, Iris, Glorieux, Marsouin) conseguem desatracar, dos quais três chegarão a Argel.

São cerca de 90 embarcações (3 navios de linha, 7 cruzadores, 29 torpedeiros e contratorpedeiros, 12 submarinos), representando 250 mil toneladas, que são afundados. A operação Lila, mesmo sem resultar na captura da frota, constitui um alívio para Hitler. Uma partida com destino ao norte da África teria sido sentida pelo Führer como uma enorme humilhação. O afundamento suscita uma enorme comoção no mundo. Os marinheiros franceses mantiveram sua palavra. Com a ocupação da zona livre e a adesão do império aos Aliados, o afundamento representa o desaparecimento do último trunfo de Vichy, cuja independência não é mais do que uma ficção.

Batalha do mar de Coral: 6-8 de maio de 1942

No Pacífico, os americanos obtêm suas primeiras vitórias e põem fim à expansão nipônica.

Após a conquista das Índias Holandesas, a marinha japonesa procura expandir para o sul a muralha protetora da esfera da coprosperidade. Desse modo, parece necessário ocupar a costa sul da Nova Guiné, de onde será possível ameaçar os arquipélagos do Pacífico Sul e isolar a Austrália. Como a travessia da Nova Guiné é particularmente árdua (obstáculos dos montes Owen Stanley e da floresta equatorial, além da ausência de vias de comunicação), o comando decide uma operação anfíbia, o plano Mo-Go. Este prevê que uma flotilha de desembarque sairá de Rabaul para Port-Moresby, apoiada por uma esquadra leve (almirante Goto), com um porta-aviões, o Sho-ho, enquanto uma esquadra pesada (almirante Takagi, com

544

A mudança da maré

o Shokaku e o Zuikaku, que participaram do ataque de Pearl Harbor) cobrirá o conjunto da operação. A coordenação do plano é confiada ao almirante Inuye, em Rabaul, que depende de Yamamoto, baseado em Truk. Como em outras ocasiões durante a guerra, os japoneses têm uma organização de comando e um plano de operações complexos. Diante dessa ameaça, os Aliados praticamente não têm mais forças terrestres. Os japoneses só podem ser detidos por forças navais. Ao final de abril, estão disponíveis apenas os porta-aviões Lexington e Yorktown (almirante Fletcher, TF-17), que recebem a ordem de ir para as Novas Hébridas até o 1º de maio de 1942. A batalha começa quando os reconhecimentos aéreos e os *"coastwatchers"* australianos assinalam os movimentos das diferentes esquadras japonesas.

Em 5 de maio, Takagi penetra no mar de Coral contornando a extremidade leste das ilhas Salomão. Simultaneamente, Goto se une aos transportes do almirante Abe, que se dirige para Port-Moresby, passando entre a Nova Guiné e o arquipélago das Louisiades. Fletcher, ignorando a presença de Takagi a nordeste, avança adiante de Goto, destacando à sua frente um grupo de cruzadores (a TF-44), cuja DCA vai lhe fazer falta mais tarde. Em 7 de maio, com efeito, as esquadras se descobrem reciprocamente, graças a seus reconhecimentos aéreos. Fletcher lança seus aparelhos contra o Sho-ho, que é afundado. Os japoneses atacam um petroleiro que pensaram ser um porta-aviões e o põem a pique. Atacam igualmente os cruzadores da TF-44, mas sem resultado. Ao final do dia, Fletcher e Takagi têm conhecimento de suas respectivas posições, mas Inouye ordenou a Abe para dar meia-volta e retornar a Rabaul.

Em 8 de maio, japoneses e americanos atacam-se simultaneamente. O Shokaku é gravemente avariado, mas o Zuikaku escapa aos aparelhos americanos. Fletcher, por seu turno, perde o Lexington, que pegou fogo e que deve ser destruído a torpedos. O Yorktown sofreu sérias avarias. À noite, Fletcher retorna a Nouméa, enquanto Takagi retorna a Rabaul, rebocando o Shokaku, que quase afundou por várias vezes. O ataque a Midway, em preparação entre os japoneses e esperado pelos americanos, leva as embarcações dos dois adversários a ganhar sem demora suas bases respectivas, Rabaul e Pearl Harbor.

Com essa batalha, a primeira travada além do horizonte por aparelhos embarcados, o porta-aviões afirma sua capacidade de ser o novo *capital-ship* das frotas modernas. A Guerra do Pacífico confirmará tal fato. No plano operacional, essa batalha constitui, para os americanos, uma vitória estratégica. Os japoneses renunciaram, com efeito, a desembarcar em Port-Moresby e não irão mais para o sul. Pela primeira vez depois de cinco meses, uma ofensiva nipônica é bloqueada. Esse sucesso militar constitui ainda uma compensação moral à capitulação de Corregidor, que ocorre no mesmo dia. A Batalha do mar de Coral marca, assim, a primeira hesitação da gangorra da História que, a partir do final de 1942, oscilará definitivamente em favor dos Aliados.

545

A Segunda Guerra Mundial

Batalha de Midway: 4-6 de junho de 1942

A batalha aeronaval de Midway é provocada pela decisão japonesa de prosseguir ações ofensivas após o sucesso da conquista do sudeste asiático e afastar qualquer ameaça contra o território nacional, após o ataque sobre Tóquio efetuado pelos bombardeiros do coronel Doolittle (18 de abril de 1942).

A primeira etapa dessa nova fase deve ser a ocupação do atol de Midway, na extremidade ocidental do arquipélago do Havaí, de onde os japoneses poderão ameaçar Pearl Harbor, a costa oeste dos Estados Unidos e o Panamá. O plano Mi-Go, preparado pelo almirante Yamamoto, é particularmente complexo – reagrupamento dos meios (oito esquadras ou comboios vindo do Japão e das ilhas Marianas) e desenrolar de operações principais e de despistamento (um desembarque nas Aleutas) –, ainda mais porque Yamamoto engaja o máximo de forças disponíveis: 7 porta-aviões, 11 encouraçados, 18 cruzadores, 57 destróieres, 22 submarinos, sem contar os transportes e os navios de suporte logístico.

Do lado americano, o almirante Nimitz só dispõe de 3 porta-aviões, 13 cruzadores, 26 destróieres e 35 submarinos para enfrentar o adversário. Entretanto, tem a vantagem de conhecer as intenções japonesas graças ao trabalho notável de seu serviço de escuta, podendo então reforçar as defesas terrestres e aéreas de Midway e colocar, antecipadamente, seus porta-aviões a nordeste do atol. O comando tático é confiado ao almirante Fletcher, a bordo do porta-aviões Yorktown. O almirante Spruance dirige o grupo dos dois outros porta-aviões (Enterprise e Hornet). Do lado japonês, o almirante Nagumo, que comandou o ataque contra Pearl Harbor, comanda o grupo de ataque dos quatro porta-aviões pesados, estando o almirante Hosogaya à frente da operação nas Aleutas, em face do almirante americano Theobald.

Saídos ao final de maio de suas diferentes bases, alguns comboios japoneses são localizados aos 3 de junho a oeste de Midway, desencadeando uma primeira reação da aviação americana. Os porta-aviões nipônicos são localizados no dia seguinte, ao alvorecer de 4 de junho, e são submetidos a uma série de ataques tão corajosos quanto inúteis. Nagumo suspeita da presença de um porta-aviões inimigo e não descobriu os dois outros. As ondas de assalto americanas surgem de repente às 10h da manhã, quando a caça japonesa é atraída ao nível do mar para destruir os aviões torpedeiros e as pontes dos porta-aviões estão cheias de aparelhos, de bombas, de torpedos e de tubos de combustível. O Kaga, o Akagi e o Soryu logo são tomados pelas chamas e afundarão durante o dia. O almirante Yamaguchi, a bordo do Hiryu – poupado por estar afastado do grupo principal –, lança um ataque contra o Yorktown que é seriamente avariado. Fletcher passa, então, o comando a Spruance, que vai dirigir a sequência da batalha.

546

A mudança da maré

Na tarde do dia 4, Spruance manda atacar e destruir o Hiryu por aparelhos do Enterprise e do Hornet, enquanto Yamamoto tenta retomar a iniciativa reunindo dois porta-aviões leves e empurrando seus encouraçados para leste, para um encontro com os americanos à noite. Prudente, Spruance se retira para Pearl Harbor, com o Yorktown no reboque. Na manhã de 5 de junho, Yamamoto dá a ordem de recuo a suas esquadras. As últimas perdas da batalha serão o Yorktown, torpedeado novamente por um submarino japonês e afundado em 7 de junho pela manhã, e o Mikuma, cruzador japonês, afundado pela aviação do Hornet na noite do dia 6.

Vitória inesperada, mas incontestável, dos Estados Unidos, a Batalha de Midway restabelece o equilíbrio no Pacífico (4 porta-aviões e 322 aparelhos nipônicos destruídos) e doravante põe o Japão na defensiva. Os Estados Unidos vão empreender a longa reconquista do Pacífico, utilizando sobretudo seus grupos de porta-aviões que destronam definitivamente o encouraçado.

Campanha de Guadalcanal: agosto de 1942-fevereiro de 1943

27 de abril de 1942. A 1ª Divisão de US Marines (sob as ordens do general Vandegrift) desembarca em Guadalcanal, no arquipélago das ilhas Salomão, a nordeste da Austrália. Essa operação, batizada Watchtower, abre um período de seis meses de combates terrestres e de batalhas navais que marcarão o primeiro recuo do exército japonês e o começo da reconquista do Pacífico pelos Aliados.

Na perspectiva da extensão de sua zona de segurança, os exércitos japoneses, depois de empreenderem a conquista do sudeste asiático no final de março de 1942, estão prontos, com efeito, para avançar em direção à Nova Caledônia e às Fiji, isolando a Austrália e facilitando seu controle ou conquista. Para isso, são previstas a ocupação da Nova Guiné (essencialmente Port-Moresby) e a construção de bases aéreas, mais a leste, nas ilhas Salomão. Entre essas, Guadalcanal apresenta condições técnicas muito favoráveis. Assim sendo, desde junho de 1942, a partir da base avançada de Tulagi, os japoneses enviam uma pequena guarnição e pioneiros coreanos para instalar ali um campo de aviação.

Simultaneamente aos projetos japoneses, os americanos – MacArthur na Austrália, King em Washington e Nimitz no Havaí – pretendem explorar a vitória de Midway assumindo a ofensiva no Pacífico Sul. O projeto aprovado, utilizando apenas os meios disponíveis, uma divisão de marines (a 1ª) e os porta-aviões sobreviventes de Midway, prevê uma investida à base japonesa de Rabaul, ladeando as Ilhas Salomão. Assim, quando se descobre a existência do campo de pouso de Guadalcanal, em 25 de junho de 1942, a operação Watchtower é marcada para o

547

A Segunda Guerra Mundial

1º de agosto seguinte. Vandegrift reivindica mais um mês para melhor preparar sua divisão, que se reúne na Nova Zelândia: King lhe dá mais uma semana. Apesar de um ensaio decepcionante numa das ilhas Fiji, o desembarque em Guadalcanal acontece sem dificuldade na manhã de 7 de agosto, mas à custa de combates severos nas ilhotas próximas de Tulagi, Gavutu e Tassaorbongo. Os 11 mil Marines de Vandegrift instalam-se rapidamente em torno do campo de pouso de Guadalcanal – ao qual será dado rapidamente o nome de Henderson Field (um oficial da marinha morto em Midway) –, mas, como lhes falta audácia, não avançam mais para o interior para perseguir sobreviventes japoneses.

Assim sendo, os combates vão desenrolar-se em torno de um perímetro de alguns quilômetros e, durante seis meses, os japoneses vão tentar reconquistar o campo de aviação e expulsar as unidades americanas por uma série de assaltos lançados assim que considerarem ter reunido reforços suficientes. Ao mesmo tempo, a Marinha Imperial intervém para facilitar a chegada ou o engajamento dessas unidades – daí uma série de embates navais com a US Navy, que está encarregada de manter e proteger a cabeça de ponte e seu aeródromo.

Os combates terrestres

Além das características físicas e climáticas próprias de Guadalcanal – floresta tropical, chuvas, calor, umidade, febres etc. –, dois outros fatores influenciam o desenrolar da campanha. O primeiro é a subavaliação crônica, pelos japoneses, do número e da vontade dos americanos. O segundo é que, colocado em situação defensiva, Vandegrift pode utilizar seus meios, em particular suas armas, a partir de uma posição central em relação ao adversário.

A primeira tentativa de reconquista de Henderson Field é empreendida a partir de 18 de agosto pelo destacamento do coronel Ichiki. Seus 900 homens – o número parecia suficiente – são massacrados às margens do rio Tenaru, a leste do aeródromo. Ichiki se suicida após o combate. Um mês depois, a brigada Kawaguchi (8 mil homens) ataca, à noite (12-13 de setembro), nas colinas situadas ao sul do aeródromo, sendo rechaçada à custa de perdas sangrentas entre os Marines (mais de 500 mortos ou feridos), mas os japoneses deixam 1,1 mil cadáveres para trás, daí o nome de Bloody Ridge dado a esse combate. Após esse segundo fracasso, o general Hyukatake envia o reforço da 2ª DI (proveniente de Java) e assume ele mesmo o comando no local no início de outubro. Ele se prepara para atacar em toda a extensão do perímetro em 15 de outubro, mas o mau tempo e as dificuldades de terreno o retardam para 23 de outubro. Durante três noites, os japoneses lançam assaltos sucessivos em três lados do dispositivo americano. Um elemento atinge a própria pista e anuncia em Tóquio a tomada de Henderson Field. Na realidade,

A mudança da maré

os assaltos são rechaçados pelos Marines e os primeiros reforços do US Army; mais uma vez as perdas são pesadas: 500 americanos e 3 mil japoneses mortos. Prosseguindo em sua política de reforço, o 17º Exército, em Rabaul, decide enviar a 38ª DI em ajuda à 2ª DI, mas o translado acontece nas piores condições (Batalha Naval de Guadalcanal, de 12 a 16 de novembro) e somente 2 mil homens entre os 10 mil embarcados em Rabaul chegam à ilha, sem artilharia nem abastecimento. Não se trata mais de uma grande ofensiva.

Ao contrário, são os americanos que, desde meados de setembro, não deixam de se fortalecer: 7º regimento de Marines em meados de setembro, 164º RI em meados de outubro, depois, progressivamente toda a Divisão Americal vinda de Nova Caledônia. Em meados de novembro, a 1ª divisão de Marines é repatriada para a Austrália, e o general Patch sucede a Vandegrift. Depois, é a vez da 25ª DIUS (general Lawton Collins), sendo ativado o 24º batalhão. Elementos da 2ª divisão de Marines desembarcam em janeiro. Assim, há cerca de 60 mil americanos em Guadalcanal. Na verdade, a partir de dezembro, os GI passam à ofensiva e rechaçam, para o Cabo Esperança, os 15 mil japoneses sobreviventes, que passam fome e não dispõem de cuidados médicos. Efetuam-se desembarques na costa leste para surpreendê-los por trás.

A evacuação de Guadalcanal é decidida por Tóquio em meados de dezembro, recomendada nos relatórios do exército e da marinha imperiais. As unidades se agrupam no leste e são evacuadas, com o general Hyukatake entre os últimos, no início do mês fevereiro. A última rotação de destróieres acontece na noite de 6 a 7 de fevereiro. Em 8 de fevereiro, Patch pode relatar a Halsey a "derrota total e completa das forças japonesas em Guadalcanal", exatamente seis meses depois do desembarque de 7 de agosto de 1942.

As batalhas navais
Numa relação mais ou menos próxima aos acontecimentos em terra, uma série de batalhas navais acontece em torno de Guadalcanal ao longo dos seis meses de campanha, com as frotas procurando obter o domínio sobre o mar para melhor apoiar direta ou indiretamente suas forças terrestres.

A primeira reação ao desembarque de 7 de agosto é desencadeada pelo almirante Mikawa, comandando a zona dos mares do sul em Rabaul. Alertado pela guarnição de Fulagi e informado por suas patrulhas aéreas, Mikawa reúne sete cruzadores e um destróier e parte sem demora para Guadalcanal, seguindo o canal interior das ilhas Salomão, o Slot. Embora localizado pelos adversários ao longo de seu trajeto, chega a seu destino sem obstáculos, na noite de 8 a 9 de agosto. Manobrando sua esquadra em torno da ilha Savo, situada na ponta norte de Guadalcanal, surpreende a frota do almirante Crutchley e destrói quatro cruzadores (três

A Segunda Guerra Mundial

americanos e um australiano), sem contar as avarias em 3 destróieres. Em seguida, retorna a Rabaul sem se importar com os transportes que se acham ainda diante das praias e que ficaram sem defesa com o recuo dos porta-aviões de Fletcher. O engajamento da ilha Savo confirma a eficácia da marinha japonesa durante esses embates noturnos e a validade de seu armamento, em particular dos torpedos. Para apoiar a tentativa do coronel Ichiki, Yamamoto lança um porta-aviões leve, o Ryujo, ao norte das ilhas Salomão, coberto mais a leste por um grupo pesado que inclui o Shokaku e o Zuikaku, sob as ordens do almirante Kondo. Do lado americano, Fletcher dispõe de três porta-aviões, o Saratoga, o Wasp e o Enterprise. Em 24 de agosto, o Wasp se retira para o sul a fim de abastecer. Na tarde do mesmo dia, Fletcher lança seus aviões contra o Ryujo, que é afundado. A reação japonesa visa ao Enterprise e sua escolta antiaérea, que compreende o novo encouraçado North-Carolina. Apesar da densidade dos ataques, com o Enterprise severamente atingido, mas consegue abrigar-se em Nouméa, enquanto Kondo retorna a Truk. Essa ação breve, mas intensa, é chamada de Batalha das Ilhas Salomão Orientais.

Em setembro, implementa-se, do lado japonês, a técnica do Expresso de Tóquio. Sob o comando do almirante Tanaka, a cada noite destróieres desembarcam reforços e provisões de víveres e munições, sem temor de uma aviação americana, que é mal treinada para as ações noturnas. De dia, inversamente, esta detém o domínio do céu. Quando o 7º regimento de Marines se une à sua divisão, em 15 de setembro, o Wasp que servia de escolta para o comboio é torpedeado pelo submarino I-16, que se incendeia e deve ser posto a pique. No mês seguinte, cada adversário conta com novos reforços, o que dá lugar a uma série de embates a partir de 11 de outubro: Batalha do Cabo Esperança (noite de 11 a 12 de outubro), onde o almirante Scott bloqueia a passagem de uma pequena esquadra japonesa, afundando um cruzador e um destróier, com a perda de um destróier americano, vítima tanto do fogo amigo quanto dos tiros do adversário.

Duas noites depois, os encouraçados Kongo e Haruna vêm bombardear Henderson Field e os recém-chegados do 164º RIUS. É então que se dá a substituição do almirante Ghormley, responsável pouco empenhado da operação Watchtower desde o começo, pelo almirante Halsey, chefe entusiasta e cheio de vontade de vencer. Ele confirma a Vandegrift que as forças de Guadalcanal serão mantidas e reforçadas. Ele envia o almirante Kinkaid, que substituiu Fletcher, também ele julgado pusilânime, e seus dois porta-aviões, o Hornet e o Enterprise na frente de Kondo, que retorna a Guadalcanal com quatro porta-aviões, em conexão com o ataque da 2ª DI contra Henderson Field. Ações confusas desenvolvem-se acima das frotas inimigas; a conclusão se faz em detrimento de Kinkaid, que deve abandonar o Hornet, que pega fogo, enquanto Shokaku e um cruzador são avariados. Entre-

550

tanto, essa Batalha de Santa Cruz (25-26 de outubro) é uma vitória americana, pois os japoneses perdem mais de 100 pilotos.

Mais uma vez, os adversários se recuperam de suas avarias e angariam reforços para um novo confronto. Este acontece em meados de novembro, por ocasião da tentativa de implementação da 38ª DI japonesa. Na noite de 12 a 13 de novembro, os almirantes Callaghan e Scott são mortos e dois cruzadores americanos afundados num confronto confuso ao sudeste de Savo, onde dois encouraçados japoneses estavam em combate. Um deles, o Hiei, é afundado em 13 de novembro pela aviação de Henderson Field e pela aeronaval, que destroem no dia 14 as embarcações provenientes de Rabaul. Na noite de 14 a 15 de novembro, dá-se o encontro entre os encouraçados americanos Washington e South Sakota com o Kirishima. Este deve ser posto a pique por sua tripulação depois de ser atacado pelo Washington com projéteis de 406 mm, regulando sua pontaria unicamente pelo radar.

Essa Batalha Noturna de Guadalcanal (12-15 novembro) marca o final das intervenções da frota combinada japonesa nas Ilhas Salomão e convence Yamamoto da necessidade de abandonar Guadalcanal. A última ação naval importante acontece aos 30 de novembro ao longo de Tassafaronga. Tanaka, sempre à frente do Expresso de Tóquio, tenta passar do abastecimento (1,5 mil tonéis que devem ser jogados nas praias) aos sobreviventes do 17º Exército. Chegando ao meio da noite entre Savo e Guadalcanal, Tanaka e seus oito destróieres são avistados ao ladear a esquadra de vigilância americana (5 cruzadores e 6 destróieres). Um dos destróieres japoneses é incendiado e afundado, e os demais, para escapar, dão meia-volta, lançando ao mesmo tempo seus torpedos na linha americana. Quatro cruzadores são atingidos, todos com muitas avarias, e um deles, o Northampthon, naufraga pouco depois. É a última lição de tática naval e de treinamento dada pelos japoneses à US Navy. Em 11 de dezembro, Tanaka perde seu próprio navio-almirante, o Teruzuki, afundado pelos PT Boats americanos.

O resultado dos combates terrestres, bem como as perdas em homens, em aviões e em navios convenceram então o quartel-general japonês em recuar sua linha de defesa para as ilhas Salomão ocidentais (Nova-Geórgia e Bougainville).

Em 7 de fevereiro, não há mais japoneses em Guadalcanal. Os seis meses de combate custaram 1,6 mil mortos e 4,2 mil feridos aos 60 mil Marines e GI em combate. Mas, dos 36 mil japoneses em terra, 15 mil foram mortos ou desapareceram; 9 mil morreram por doença e mil foram feitos prisioneiros. No plano naval, os dois adversários perderam, cada um, 24 embarcações de guerra de todos os tipos, mas a tonelagem perdida é mais alta para os japoneses (136 mil toneladas) do que para os americanos (124 mil toneladas). Além das tripulações, as perdas de pilotos das forças aeronavais é que são as mais graves para os japoneses. Enfim, os combates

A Segunda Guerra Mundial

vitoriosos de Guadalcanal reforçaram a reputação e a autoconfiança do soldado de infantaria americano. A reconquista do Pacífico pode ser efetuada com a esperança de vitória, mesmo que longínqua.

França, 1942

2 de janeiro – Descida de paraquedas de Jean Moulin na zona livre, como representante do general De Gaulle e delegado do Comitê nacional francês.

19 de fevereiro – Abertura do processo de Riom.

15 de abril – Suspensão do processo de Riom.

17 de abril – Demissão do governo Darlan. O almirante torna-se comandante em chefe das forças terrestres e aéreas.

18 de abril – Laval, vice-presidente do Conselho.

28 de abril – Criação de um comando SS na França sob as ordens de Oberg.

29 de maio – Obrigação do uso da estrela amarela para os judeus da zona ocupada.

22 de julho – Prisão de 22 mil judeus em Paris (batida do Vel'd'Hiv').

25 de agosto – Serviço militar obrigatório para os alsacianos-lorenos na Wehrmacht.

29 de setembro – Encontro em Londres entre Frenay, E. d'Astier, Passy e De Gaulle. O general Delestraint é nomeado comandante do Exército Doméstico.

11 de novembro – Ocupação da zona livre pelos alemães e pelos italianos.

17 de novembro – O ato constitucional n° 12 dá a Laval o poder de assinar sozinho leis e decretos.

27 de novembro – Afundamento da frota e dissolução do 1º Exército do armistício.

Dezembro – Oficiais do ex-exército do armistício fundam o OMA.

O Reich na defensiva

Conferência de Casablanca-Anfa: 13-24 de janeiro de 1943

Em Anfa, próximo a Casablanca, dá-se o encontro de Roosevelt, Churchill e seus respectivos conselheiros militares. A conferência possui, de início, um aspecto estratégico. Várias prioridades são definidas: ganhar a Batalha do Atlântico contra os U-Boote, intensificar a ofensiva aérea contra a Alemanha, reforçar a ajuda à União Soviética e eliminar a cabeça de ponte da Tunísia. Nenhuma referência é feita à continuidade das operações no Mediterrâneo.

No plano político, a conferência é marcada pela decisão que se torna pública e encampada por Churchill, de impor à Alemanha, à Itália e ao Japão uma rendição sem condições. É marcada ainda, em 23 de janeiro, pelo fracasso do encontro entre De Gaulle e Giraud. O chefe da França livre rejeita toda ideia de triunvirato no qual fosse subordinado a Giraud e ao general Georges.

Em todas as frentes, os Aliados adquirem a iniciativa.

A virada da Batalha do Atlântico

O ponto culminante do êxito dos U-Boote é alcançado de janeiro a março de 1943. Dispondo de uma centena de submarinos operacionais, Dönitz lança ataques maciços de alcateias no Atlântico Norte. As perdas aliadas chegam a uma dimensão preocupante. A batalha mais violenta se desenrola de 16 a 20 de março. Cerca de 40 U-Boote atacam os comboios HX-229 e SC-122. São afundados 31 navios mercantes, com a perda de um único submarino. Mais de 500 mil toneladas são mandadas para o fundo durante o mês de março. Desanimados, os estados-maiores aliados pensam em desistir do sistema de comboios e voltar às incursões isoladas.

A Segunda Guerra Mundial

Já no mês seguinte começa uma mudança. Apesar de um esforço considerável, as alcateias só põem a pique 250 mil toneladas de navios, para uma perda de 15 submarinos. A tendência se confirma durante o mês de maio: 34 U-Boote desaparecem, e as destruições caem a menos de 150 mil toneladas.

Vários elementos estão na origem da vitória aliada: a aparição de grupos de apoio dotados de porta-aviões de escolta, o fechamento do "buraco negro" do Atlântico Norte pela ação de quadrimotores com grande raio de ação, a utilização de aparelhos de detecção radiogoniométrica e de radares centimétricos. Os navios de escolta utilizam, ainda, granadas mais potentes e são armados com morteiros que lançam salvas de foguetes para a frente sem perda do contato pelo sonar. A utilização desses meios é completada pela informação. O centro britânico de Bletchley Park logra decifrar as mensagens alemãs em prazos operacionais. Simultaneamente, os U-Boote são vítimas do verdadeiro bloqueio aéreo estabelecido no golfo de Gasconha.

Em 26 de maio, Dönitz se rende à evidência. Ele abandona o Atlântico Norte e recua seus submarinos no setor dos Açores, no Atlântico Sul e no oceano Índico. Entretanto, dá-se um retorno da ofensiva na rota América do Norte–Grã-Bretanha em setembro. Os U-Boote são dotados de novos detectores de radar centimétrico e do torpedo acústico Zaunkönig destinado ao ataque dos navios de escolta. Apesar de alguns sucessos, os resultados continuam magros e as perdas proibitivas. Ao final de setembro, o grupo "Leuthen" só chega a afundar oito embarcações, entre as quais três navios de escolta. Os resultados registrados, durante as semanas seguintes, são ainda mais medíocres. A Batalha do Atlântico pode ser considerada perdida.

No Ártico, as perdas dos comboios aliados são moderadas no começo do ano de 1943, antes de sua supressão completa durante o verão, trocada pela rota do Irã e de Vladivostok. A ameaça dos grandes navios de superfície, entretanto, continua importante, com a chegada em março do Scharnhorst, ao norte da Noruega.

Em 6 e 9 de setembro, o Tirpitz e o Scharnhorst efetuam um ataque bem-sucedido contra as instalações aliadas da Islândia.

Em 22 de setembro, o Tirpitz é gravemente avariado por submarinos de bolso britânicos.

De 24 a 26 de dezembro, dá-se a última excursão do Scharnhorst destinada ao ataque de um comboio. A embarcação é identificada, interceptada e afundada por tiros de canhão e torpedos do navio de linha Duke of York e um grupo de destróieres. São recolhidos apenas 36 sobreviventes entre 1,9 mil homens.

554

Ofensiva aérea sobre a Alemanha

Até 1942, a RAF multiplicou os ataques noturnos contra as cidades do norte da Alemanha e da região industrial do vale do Ruhr, sem obter resultados significativos, apesar de perdas sensíveis.

A partir de 1943, tem início uma ofensiva combinada que associa o Bomber Command da RAF e a 8ª US Air Force. São utilizadas duas técnicas. Os ingleses permanecem fiéis aos ataques noturnos de zona, visando essencialmente às cidades, enquanto as "Fortalezas voadoras" ou os "Liberator" americanos efetuam ataques diurnos de precisão sobre os centros industriais.

Bomber Command. Graças à melhoria dos meios de radionavegação, os ataques britânicos ganham em eficácia e em amplidão.

De março a julho, a RAF trava a Batalha do Ruhr com ataques maciços sobre Essen, Dortmund, Duisburg e Dusseldorf. Os estragos são consideráveis, mas o efeito desses ataques sobre a produção não é, em nada, decisivo. Um ataque sobre as barragens do Möhne também não é determinante.

De 26 a 29 de julho, Hamburgo é vítima de ataques devastadores. Contam-se mais de 45 mil mortos e cerca de 800 mil desabrigados. Outros ataques tão mortíferos quanto esses atingem Hannover, Kassel, Mannheim, Nuremberg, Munique e Stuttgart. Na noite entre 17 e 18 de agosto, o centro experimental de Peenemunde sofre graves estragos que vão retardar em vários meses a fabricação das bombas voadoras V1 e V2.

Em novembro de 1943, a RAF desencadeia a Batalha de Berlim, que deve causar a derrocada do Reich. O Bomber Command depara com uma defesa particularmente eficaz. Em seis meses, mais de mil quadrimotores serão abatidos pela caça ou pela DCA. Os ataques não logram causar a desorganização da capital do Reich.

Após o ataque de 30 de março de 1944 sobre Nuremberg, no qual 94 bombardeiros entre 795 são abatidos, a RAF vai suspender, durante vários meses, seus bombardeios sobre a Alemanha.

A US Air Force não obtém resultados mais decisivos. Os ataques efetuados em junho contra os portos do norte da Alemanha não causam nenhuma queda sensível na construção de submarinos. Os ataques efetuados em profundidade revelam-se ainda mais decepcionantes. Em 1º de agosto, o ataque a partir de Benghazi na Líbia, contra as refinarias de petróleo de Ploesti na Romênia, traduz-se num enorme fracasso. Os estragos são mínimos, e 54 aviões entre 178 são abatidos.

Um fracasso da mesma ordem é registrado em 17 de agosto contra o centro de indústria aeronáutica de Regensburg e as usinas de rolamentos de Schweinfurt. Em 14 de outubro, um segundo ataque contra Schweinfurt termina num verdadeiro

A Segunda Guerra Mundial

desastre. De 288 aparelhos em ação, 62 são abatidos e 138 gravemente avariados. Em consequência dessa derrota, a aviação deve interromper seus ataques em profundidade efetuados sem a proteção dos aviões caça.

No total, o balanço do bombardeio estratégico para 1943 é negativo, tanto no que diz respeito ao moral quanto à produção industrial. O único efeito positivo é que os ataques obrigam a Alemanha a efetuar um enorme esforço de defesa aérea e a concentrar o grosso da Luftwaffe para a proteção do Reich.

Recuo alemão na Frente Oriental

A Wehrmacht consegue superar a crise provocada para o cerco de Stalingrado e a ofensiva geral do Exército Vermelho na direção do Donetz e da foz do Dnieper.

Em janeiro de 1943, o grupo de exércitos A consegue recuar do Cáucaso em direção à Ucrânia por Rostov sobre o Don e constituir uma cabeça de ponte no Kuban, na margem oriental do mar Negro.

De 18 de fevereiro a 20 de março, o marechal von Manstein, promovido ao comando da frente sul, com o grosso das formações de tanques e o batalhão blindado SS, lança uma vitoriosa contra-ofensiva sobre os flancos dos exércitos soviéticos, perigosamente prolongados e expostos. Kharkov e Bielgorod são reocupadas, o Donetz desobstruído e as forças do Exército Vermelho rechaçadas em direção a leste com pesadas perdas.

De março a junho, dá-se a mais longa pausa na Frente Oriental desde o ataque alemão de 22 de junho de 1941. Essa pausa permite aos dois campos reforçar seu dispositivo. As Panzer são reconstituídas e recebem novos materiais, como os tanques Tigre ou Panther.

5-16 de julho. Operação Cidadela, a última grande ofensiva alemã a leste. Depois de longas hesitações, Hitler decide lançar uma ofensiva em pinça contra o posto avançado de Kursk, onde está concentrado o grosso das forças soviéticas. Uma vitória seria um golpe severo ao Exército Vermelho e permitiria talvez desembocar numa solução política. O ataque põe em jogo 40 divisões, entre as quais 16 Panzer, ou seja, 2,7 mil tanques e 2 mil aviões. As forças soviéticas representam quase o dobro.

A operação se inicia aos 4 de julho e justifica rapidamente as apreensões de alguns grandes chefes como Guderian. Ao norte, Model, à custa de muitas perdas, avança penosamente em 15 km nas posições fortificadas, recheadas de minas e de canhões antitanques, para logo recuar outro tanto. Ao sul, Manstein é mais feliz. Depois de cinco dias de combates custosos, seus tanques, apesar de contra-ataques soviéticos maciços, chegam em terreno livre. Pondo em ação suas últimas reservas, conta ainda obter a decisão. Entretanto, em 14 de julho, o desembarque aliado na

556

Sicília faz com que Hitler interrompa a operação Cidadela. Temendo uma derrocada do regime fascista e uma ameaça mortal no flanco sul do Reich, ele decide enviar para a Itália o batalhão blindado SS, um exército político. Confirmando as inquietações de Guderian, a ofensiva enfraqueceu a ponta de lança do exército alemão, que acaba de perder definitivamente a iniciativa a leste.

De julho a setembro, o Exército Vermelho inicia uma ofensiva geral na Frente Central no setor de Smolensk e na Ucrânia. Diante da violência dos assaltos soviéticos, os alemães são obrigados a ceder terreno. Kharkov é evacuada em 23 de agosto, Smolensk em 15 de setembro. Praticando a política da terra arrasada, Manstein inicia uma retirada para trás do Dnieper. Entretanto, essa retirada representa apenas uma pausa breve e não impede os soviéticos de atravessar o rio e libertar Kiev, em 6 de novembro. Uma contraofensiva no setor de Jitomir obtém um sucesso local, mas também não passou de uma pausa efêmera. Ao sul da frente, o recuo alemão reforça o isolamento da Crimeia.

Durante todo o inverno de 1943-1944, a ofensiva do Exército Vermelho prossegue. Na frente norte, os soviéticos liberam Leningrado, depois de um cerco de 900 dias. Küchler e Model conseguem, entretanto, restabelecer-se na linha Narva-Pskov-Polotsk. Ao sul da frente, na "varanda do Dnieper", no setor de Tcherkassy, Jukov e Koniev fazem o cerco a dois batalhões do exército, em janeiro de 1944, mas estes conseguem escapar à custa de pesadas perdas.

Mais ao sul, na região de Tarnopol, de 10 de março a 10 de abril, um segundo cerco se forma em torno do 1º Exército Panzer de Hube. Abastecido pelo ar, esse exército também consegue se desvencilhar, sob as instruções de Manstein e com a ajuda de duas divisões blindadas SS vindas da França. No fim do inverno, os alemães evitaram a reedição de um novo cerco comparável ao de Stalingrado. Entretanto, sofreram graves perdas e tiveram de evacuar a Ucrânia ocidental e recuar para a Galícia e para os primeiros contrafortes dos Carpatos.

Em 30 de março, Hitler retira Manstein e Kleist de seu comando, substituindo-os por homens como Model ou Schörner, considerados mais adaptados às condições da nova guerra.

A *campanha de inverno a leste se estende de 3 de abril a 9 de maio* e termina com a libertação da Crimeia e a evacuação de Sebastopol.

Fim da presença do Eixo no norte da África: primavera de 1943

No Mediterrâneo, o inverno e a primavera de 1943 são marcados pela campanha da Tunísia, na qual os alemães e os italianos conseguiram constituir uma

A Segunda Guerra Mundial

sólida cabeça de ponte. Durante o mês de fevereiro, uma primeira fase é marcada por uma ofensiva das forças do Eixo, que tentam bater as tropas aliadas vindas da Argélia antes da chegada do 8º Exército britânico de Montgomery. Obtêm-se êxitos limitados: tomada dos desfiladeiros de Maknassy (3-4 de fevereiro) e do Faid (30 de janeiro-2 de fevereiro). Duas dessas ofensivas ameaçam gravemente a frente aliada. A primeira, efetuada pelo 5º Exército ítalo-alemão do general von Arnim, chega a Ousseltia na junção das duas cadeias de montanhas e ameaça as forças francesas que têm muitas dificuldades para evitar o cerco. A segunda, conduzida por Rommel, termina em fracasso. A 21ª Panzer combate o 2º CA US entre o desfiladeiro do Faid e Gafsa e o faz recuar até Kasserine (18 de fevereiro). Os alemães buscam continuar em vantagem em direção ao norte, Sbida e Thala, mas são detidos pelos ingleses e pela 34ª DI US. Uma nova ofensiva de von Arnim, de 26 de fevereiro a 15 de março em Medjez el-Bab e ao norte da cadeia oriental, fracassa, após um sucesso inicial.

Em meados de fevereiro dá-se uma reorganização do comando. Do lado do Eixo, um grupo reunindo os dois exércitos germano-italianos (1º e 5º) é constituído sob as ordens de Rommel (até 8 de março) e depois de von Arnim. Do lado aliado, o 18º GA, comandado por Alexander, agrupa o 8º Exército de Montgomery e o 1º Exército de Anderson. Este último compreende o 5º CA britânico (general Alfrey), o 19º CA francês (general Koeltz) e o 2º CA US (general Patton).

Em março, a campanha da Tunísia entra numa nova fase. Os assaltos germano-italianos perdem fôlego e os Aliados retomam progressivamente a ofensiva. Dois fatores decisivos jogam em seu favor. Um domínio do mar e uma superioridade aérea cada vez maiores levam progressivamente à ruptura das comunicações entre a Itália e a Tunísia. Rommel decide, então, atacar o 8º Exército britânico ultrapassando a linha Mareth em 3 de março. Entretanto, o ataque fracassa e em 6 de abril Rommel é chamado de volta à Alemanha. Enquanto Patton desenvolve uma operação de despistamento em Gafsa, Montgomery ataca frontalmente a linha Mareth (20 de abril). É um pesado fracasso. Em compensação, uma manobra de flanco das forças neozelandesas e francesas (coluna Leclerc) ultrapassa a linha Mareth e força seus defensores germano-italianos a abandoná-la (27 de março) para recuar para trás do riacho Akarit ao norte de Gabes. Montgomery retoma a ofensiva a 6 de abril. Auxiliado pelo ataque de Patton sobre Maknassy, ele provoca a retirada geral do adversário (12 de abril) até a linha Enfidaville – Takrouna no norte tunisiano. Os exércitos do Eixo estão praticamente cercados numa pequena cabeça de ponte cobrindo Bizerte, Túnis e o cabo Bon, de costas para um mar controlado pelos Aliados.

O general Alexander reorganiza seu dispositivo para o assalto final. Ele coloca o 2º CA US (general Bradley) diante de Bizerte, o 1º Exército britânico diante de

Túnis e o 19º CA francês no sul, com o 8º Exército de Montgomery. A superioridade aliada é absoluta (15 a 20 tanques contra 1) e o domínio do ar total. Essa concentração revela-se decisiva. Em 4 de maio, a ofensiva é retomada, obrigando as forças do Eixo a capitular em 13 de maio. São feitos prisioneiros 125 mil alemães e 115 mil italianos. O Eixo está eliminado do norte da África. O Mediterrâneo volta a ser um mar inglês.

A conferência Trident que acontece de 15 a 25 de maio em Washington entre Roosevelt e Churchill confirma o princípio Germany First. A ofensiva aérea sobre a Alemanha deve ser intensificada e a operação decisiva na França é prevista para o 1º de maio de 1944. Enquanto isso, haverá um desembarque na Sicília, tendo como objetivo testar a resistência italiana. Em caso de sucesso rápido, operações anfíbias poderão ter como alvo a própria península.

Operação Corkscrew: 11-12 de junho de 1943

Em preparação à conquista da Sicília, os britânicos bombardeiam as ilhas de Pantelária e Lampedusa. Os 1,2 mil defensores capitulam apenas sob o efeito dos bombardeios aéreos e navais, sinal revelador da desmoralização das tropas italianas.

Desembarque aliado na Sicília. Operação Husky: 10 de julho de 1943

A operação Husky é a maior operação anfíbia jamais tentada desde o começo da guerra. A primeira onda de assalto deve mobilizar 160 mil homens, 24 mil veículos, 600 tanques e 1,8 mil canhões exigindo uma armada de 2,5 mil embarcações. As forças de cobertura compreendem os encouraçados King George V, Howe, Nelson, Rodney, Warspite e Valiant, os porta-aviões Indomitable e Formidable, 6 cruzadores e 24 destróieres. Se o desembarque na Sicília não é uma surpresa para o Eixo, não deixa de ser um êxito quase completo. Precedidos por bombardeios e operações aerotransportadas, o 7º Exército US (general Patton) e o 8º Exército britânico (general Montgomery) chegam em terra de um lado e do outro do cabo Passero sem encontrar grande resistência. Os italianos comandados pelo general Guzzoni dispõem, entretanto, de quatro divisões reforçadas por duas grandes unidades alemãs, a 15ª PZ Gr a oeste e a PZD Hermann-Göring no sudeste. Apenas as tropas aerotransportadas registram pesadas perdas devidas em parte à inexperiência

A Segunda Guerra Mundial

dos voos noturnos. O 8º Exército avança rapidamente, apoderando-se de Siracusa em 11 de julho e alargando sua cabeça de ponte de Pozzalo a Priolo. Os americanos encontram mais dificuldades para se estabelecer. As tropas de Patton sofrem, em 11 de julho, um contra-ataque de blindados alemães na planície de Gela, freado graças à intervenção maciça da artilharia da marinha. Em 12 de julho, o 8º Exército, graças a uma ação combinada com a marinha, apodera-se da base naval de Augusta. O general Guzzoni, crendo ter sido ultrapassado, e sem esperar a chegada de reforços, decide, de acordo com Kesselring, contentar-se com a ponta nordeste da ilha seguindo a linha Catena-Nicosia-Santo Stefano. O plano aliado prevê, então, que o 8º Exército desenvolverá o esforço principal em direção a Catania e Messina com a cobertura do 7º Exército us.

Campanha da Sicília. O recuo ítalo-alemão no Etna: 14-24 de julho de 1943

Os ítalo-alemães recuam para o leste de forma organizada, colocando minas, destruindo as pontes e detendo-se nas encruzilhadas para facilitar a retirada das grandes unidades. O general Patton, recusando-se a ter um papel secundário, lança-se à conquista da parte ocidental da ilha. A progressão americana é tão rápida quanto a rede viária envelhecida permite. Desde a tomada do Etna, Patton lança suas unidades blindadas sobre Palermo, alcançada em 22 de julho. Na zona controlada pelos americanos só subsistem alguns locais de posse dos italianos, entre os quais os últimos se rendem em 24 de julho. Por outro lado, a progressão do 8º Exército britânico não é tão fulgurante, exceto a oeste, com o avanço rápido da 1ª divisão canadense.

Para as outras unidades saídas da região de Lentini, trata-se de penetrar na planície de Catania e de atravessar o Simeto defendido pelas divisões Napoli, Hermann-Göring e o grupamento Schmalz. Uma operação aerotransportada é montada na noite de 13 a 14 de julho para tomar a ponte de Primasole sobre o Simeto. Em consequência de um erro de descida de paraquedas, menos da metade do efetivo atinge o objetivo, logo reconquistado por um contra-ataque alemão. Em 16 de julho, os britânicos conseguem estabelecer uma pequena cabeça de ponte às margens do Simeto – sucesso inexplorado. O 8º Exército marca passo na planície de Catania. Montgomery decide então concentrar seu esforço principal, a partir de 1º de agosto, a oeste de seu exército, para contornar o Etna e tomar por trás as defesas inimigas, em coordenação com o 7º Exército us.

560

O Reich na defensiva

Fim da campanha da Sicília:
25 de julho-17 de agosto de 1943

Após a queda de Mussolini e sua substituição pelo marechal Badoglio, a defecção dos italianos parece inelutável aos alemães e sua única preocupação é deixar a Itália nos prazos mais breves. O general Hube toma a direção das operações. Do lado aliado, o objetivo final é Messina. Duas novas divisões são transferidas da África do Norte, o que leva o total a 12. Os americanos devem avançar segundo duas direções: a estrada que segue a costa norte e o eixo Leonforte-Nicosia-Randazzo. No 8º Exército, a 78ª divisão deve contornar o Etna pelo norte enquanto o grosso das forças avançará ao longo da costa leste.

Os ítalo-alemães procedem a uma série de ações de retardamento facilitadas pelo caráter montanhoso da Sicília. À medida que recuam, diminuem sua frente, enquanto os Aliados estão cada vez mais sem espaço para colocar suas forças. Em 31 de julho, San Stefano, Nicósia e Agira são ultrapassadas. De 3 a 6 de agosto, o 2º CA US fica bloqueado em Troina. Na costa norte, Patton tenta, por três vezes, acelerar a progressão com pequenas operações anfíbias desencadeadas muito tardiamente para serem eficazes. Montgomery tenta um pequeno desembarque na noite de 15 a 16 de agosto. Entretanto, a retaguarda inimiga escapou mais ao norte, e a maior parte das tropas ítalo-alemãs já atravessou o estreito de Messina e ganhou o continente. A retirada efetuou-se em seis dias sem perdas e sem nenhuma intervenção séria por parte das forças aéreas e navais aliadas; 88 mil homens entre os quais 40 mil alemães, uma centena de canhões e cerca de 50 tanques foram evacuados.

Em 17 de agosto, às 6h30 da manhã, as vanguardas americanas entram em Messina seguidas de perto por um destacamento britânico e são acolhidas com o grito de: "Então, turistas, onde estavam vocês?".

Por excesso de prudência, a campanha da Sicília é um meio-sucesso na medida em que os Aliados se revelaram incapazes de impedir a evacuação ítalo-alemã. Seus resultados estratégicos não deixam de ser consideráveis, uma vez que desencadeou a queda do fascismo e levou a Itália à capitulação.

Logo após a ocupação da Sicília, desenrola-se em Washington, de 14 a 24 de agosto, a conferência Quadrant, que reúne novamente Roosevelt e Churchill. Sem retardar o esforço na Europa, decidem acelerar a guerra contra o Japão. Também é previsto, em razão da queda de Mussolini, invadir a Itália. Durante a reunião, os Aliados decidem ainda considerar o Comitê Francês de Liberação Nacional como o representante de todos os franceses na luta contra o Eixo.

A Segunda Guerra Mundial

Desembarques aliados no sul da Itália:
3-20 de setembro de 1943

Em virtude do plano estabelecido por Eisenhower, os ingleses são encarregados de duas operações de despistamento na bota italiana, para atrair e fixar as forças alemãs. O grosso do 8º Exército deve atravessar o estreito de Messina e dirigir-se para a Calábria (operação Baytown); a 1ª divisão paraquedista tomará Tarento (operação Slapstick). O esforço principal com o 5º Exército US do general Clark será mais ao norte na baía de Salerno, ao sul de Nápoles (operação Avalanche), no limite do raio de ação dos caças aliados baseados na Sicília.

Em 3 de setembro, a operação Baytown é desencadeada. Sob a proteção de 4 encouraçados e 400 canhões espalhados nas costas sicilianas, o 8º Exército atravessa o estreito de Messina, ocupa Reggio e chega à península. No mesmo dia, Badoglio assina secretamente a capitulação da Itália segundo os termos do "pequeno armistício". Para dar suporte às forças italianas contra a Alemanha, é previsto o desembarque da 82ª divisão aerotransportada US nos aeroportos próximos a Roma (operação Giant II), em 8 de setembro, dia em que o armistício virá a público. Considerada muito arriscada, a operação é anulada no último minuto. Entretanto, ao anúncio da defecção às 18h30, Kesselring desencadeia o plano Achse. A neutralização das forças italianas acontece muito rapidamente e sem maiores incidentes, exceto na Córsega ou em alguns locais da Itália. Em 10 de setembro, os alemães dominam perfeitamente a situação. Kesselring dispõe, para defender Roma e o sul da Itália, de 8 divisões repartidas em 3 CA: a 11ª CA (general Student) na região de Roma; a 76ª CA (general Herr) na Calábria, e a 14ª CA (general Hube) na região de Nápoles e Foggia, constituindo o 10º Exército (general von Vietinghoff).

Em 9 de setembro, como previsto, o 5º Exército US desembarca em Salerno sob a proteção direta de um porta-aviões leve, de 4 porta-aviões de escolta, 11 cruzadores e 43 destróieres. A força H (vice-almirante Willis) cobre o desembarque com os encouraçados Nelson e Rodney e os porta-aviões Illustrious e Formidable. Ao mesmo tempo, os encouraçados Warspite, Valiant, Howe e King George V escoltam a frota italiana em direção a Malta e cobrem o desembarque da 1ª divisão paraquedista britânica no porto de Tarento. Segundo as disposições do armistício, a frota italiana, compreendendo 6 navios de linha, 8 cruzadores, 32 destróieres e lanchas lança-torpedos, desatraca de La Spezzia, Gênova, Castellamare e Tarento para ser ancorada em Malta. A Luftwaffe põe a pique o encouraçado Roma com uma bomba rasante teleguiada e atinge o Italia. As outras embarcações chegam a bom porto acompanhadas por 90 navios mercantes, entre os quais um transatlântico (300 mil toneladas).

562

Em Salerno, o 5º Exército desembarcado, sem preparação de artilharia para beneficiar-se do efeito surpresa, acha-se numa situação precária. Acolhido por um fogo violento, é bloqueado nas praias e sofre pesadas perdas. Com efeito, os alemães preveem o desembarque e a 16ª PZD está a postos para fazer frente aos Aliados. Finalmente, o 10º CA britânico pode avançar na direção de Salerno e Battipaglia, enquanto a 36ª DI US se instala em torno de Paestum. Entretanto, o vale do Sele os separa, e é ali que ocorre, a partir de 12 de setembro, o contra-ataque do 14º CA, num momento em que a aviação tática aliada ainda não dispõe de campos de pouso na cabeça de ponte. A intervenção da aviação estratégica, dos canhões da marinha, de dois regimentos de paraquedistas e de uma nova divisão desembarcada permite restabelecer a situação.

Por outro lado, o 8º Exército, em razão da destruição das estradas costeiras pelos alemães ao longo de seu recuo, é obrigado a avançar por "pulos de pulga anfíbios". Sua vanguarda está ainda a 35 km de Paestum. Em 16 de setembro, uma nova ofensiva fracassa contra a cabeça de ponte de Salerno. Kesselring ordena então a retirada e um recuo progressivo para Volturno, a cerca de 30 km ao norte de Nápoles. O 5º Exército progride em direção ao norte tentando deter a retirada do 10º Exército alemão, que efetua uma série de combates de retardo. É somente a 1º de outubro que Nápoles é alcançada. Foram necessárias três semanas para o 5º Exército US alcançar seu objetivo inicial. Esse avanço lhe custou cerca de 12 mil homens (7 mil britânicos, 5 mil americanos).

Liberação da Córsega. Operação Vesúvio: 9 de setembro-5 de outubro de 1943

Os alemães evacuam a Sardenha pela Córsega e Livorno. O general Giraud não deixa passar essa ocasião. Apesar das reticências do estado-maior aliado, que se recusa a dispersar suas forças na ocasião dos desembarques no sul da Itália, ele toma a iniciativa de libertar a Córsega. Em 9 de setembro, a Frente Nacional desencadeia contra o ocupante uma rebelião geral. Em 11 de setembro, desembarcam os primeiros elementos de um batalhão do exército francês de 6 mil homens compreendendo o batalhão de choque do comandante Gambiez e as tropas de montanha marroquinas sob as ordens do general Henry Martin. O corpo expedicionário, os resistentes e os italianos aliados conjugam seus esforços e rechaçam os alemães para o norte da ilha. A liberação termina em 4 de outubro pela tomada do porto de Bastia.

No plano nacional, a repercussão da operação Vesúvio é considerável. É o primeiro departamento francês a ser arrancado ao ocupante em virtude de uma intervenção armada exclusivamente francesa. No plano tático, a Córsega, com a preparação de 13 campos de aviação, torna-se um dos porta-aviões inafundáveis do Mediterrâneo, a partir do qual pode ser bombardeado o sul da Alemanha.

O atolamento da campanha da Itália

As manobras retardatárias até a Linha Gustav:
6 de outubro de 1943-20 de janeiro de 1944
Ao longo do Adriático, o 8º Exército britânico tenta contornar as defesas alemãs desembarcando comandos ao norte de Termoli. Em 6 de outubro, o Voltumo é alcançado. Uma frente contínua se instaura do Voltumo até Termoli. Para rompê-lo, o general Alexander, comandante do 15º GA, dispõe de 12 divisões repartidas em 2 exércitos: o 5º Exército US (general Clark) com 2 CA (10º CA britânico, general Mc Creery; 6º CA US, general Lucas), e o 8º Exército britânico (general Montgomery) com 2 CA (5º CA, general Alfrey e 13º CA). Escaldado pelos fracassos do 8º Exército em penetrar ao longo do Adriático, o comando aliado, para alcançar Roma, só vê uma única rota – a que passa por Cassino e pelo vale do Liri – e exclui as rotas costeiras. O general Alexander prescreve, em 8 de novembro, uma ação de ruptura no vale do Liri ligada a uma operação combinada na região de Anzio entre Roma e a Linha Gustav.

Kesselring, prevendo o plano aliado, determina um eixo de defesa ao longo do Garigliano e do Rapido com apoio no centro sobre o desfiladeiro de Cassino, posição batizada de Linha Gustav. Antes dessa linha, o 10º Exército organiza uma primeira linha de resistência, a Linha Bernhard ou Linha de Inverno, para impedir pelo tempo mais longo possível os dois pontos de passagem obrigatórios: a passagem de Camino e a confluência do Liri e do Rapido dominada pelos montes Cassino e Majo. Atrás desse dispositivo está disposta a Linha Hitler, barrando o vale do Liri na altura de Pontecorvo. Após a partida de Rommel, Kesselring torna-se o comandante de todo o teatro italiano, dispondo, além do 10º Exército (general von Senger und Etterlin) de um estado-maior de exército (14º) e de 2 CA no norte da Itália para prevenir eventuais desembarques.

Antes de tentar uma grande operação combinada, os Aliados devem ganhar suas bases de partida. Todo avanço é comprometido por condições meteorológicas execráveis. Chuvas diluvianas e um terreno alagado colam ao solo as pesadas divisões anglo-americanas. O 8º Exército britânico desencadeia uma ofensiva ao longo do Adriático para forçar as defesas de Sagro e depois alcançar a estrada Pescara-Avezzano. De 20 de novembro a 20 de dezembro, só consegue avançar em 20 km.

564

O Reich na defensiva

Se alcança a Linha Gustav na margem do Adriático, não chega a ultrapassar Ortona, onde deve travar violentos combates de rua. Montgomery é então substituído pelo general Leese. Em 2 de dezembro, o 5º Exército US se lança ao assalto da Linha Bernhard. A tomada dos montes Camino e Sammucro é muito difícil, mesmo com a chegada da 2ª DIM (1ª divisão do CEF), que desbloqueia em parte a situação na montanha. O vale do Liri é inacessível, o prosseguimento da ofensiva é comprometido. Assim, o general Clark o aconselha a anular a operação Shingle em Anzio.

A operação Shingle e as batalhas do Monte Cassino: 18 de janeiro-12 de maio de 1944

Contrariado pela lenta progressão aliada na Itália, Churchill relança a operação Shingle, apesar das reticências do comando aliado temeroso da perspectiva de um novo Gallipoli. Ele obtém na conferência do Cairo a logística necessária. Alexander precisa montar em três semanas uma variante de Shingle que combine um assalto frontal da Linha Gustav com uma operação anfíbia em Anzio para desviar as retaguardas alemãs e abrir a rota de Roma. A desorganização do dispositivo alemão deve acelerar a junção das forças aliadas.

Para romper a Linha Gustav entre o maciço de Meta e o golfo de Gaete, o 5º Exército compreende 3 CA: de norte a sul o corpo expedicionário francês (general Juin) orientado para Atina; o 2º CA US (general Keyes) diante de Cassino e do vale do Liri; o 10º CA britânico (general Mc Creery) do Liri ao mar que forma, aos 17 de janeiro, uma cabeça de ponte na margem direita do Garigliano na direção de Minturnas. A Linha Gustav é defendida por 4 divisões do 14º CA (general von Senger und Etterlin).

Primeira batalha do Monte Cassino: 18-22 de janeiro de 1944

A primeira batalha do Monte Cassino está diretamente ligada à operação Shingle. Tem como objetivos romper a Linha Gustav e atrair para o sul reservas alemãs no momento em que o 6º CA US desembarcar em Anzio. O segundo objetivo é alcançado, visto que Kesselring envia 2 divisões de reserva para o sul de Roma para fazer frente à cabeça de ponte de Minturno. Entretanto, o primeiro objetivo, penetrar no vale do Liri, escapa ao 2º CA US. A 36ª DI não consegue atravessar o Rapido ao sul do Monte Cassino. Submetidas à lei da guerra na montanha – quem é senhor dos cumes é senhor dos vales –, as unidades que atravessam o Garigliano durante a noite são esmagadas pela manhã pelos tiros da artilharia, das metralhadoras e dos tanques. Depois de dois dias de combates, a 36ª DI retorna

565

A Segunda Guerra Mundial

a seu ponto de partida. Simultaneamente, as operações de cobertura ao norte e ao sul fracassam. O CEF não pode avançar para Atina; ao sul, os britânicos não conseguem alargar sua cabeça de ponte.

Operação Shingle: 22 de janeiro de 1944

Apesar do fracasso da ruptura da Linha Gustav, a operação é desencadeada. O 6º CA US (general Lucas) é encarregado de sua execução, compreendendo 3 DI (entre as quais uma britânica), 1 DB, 2 regimentos de paraquedistas, 1 regimento de *rangers* e 1 brigada britânica de comandos. A frota de desembarque comandada pelos CA Lowry (US) e Troubridge (GB) é protegida por 4 cruzadores e numerosos destróieres. O desembarque deve efetuar-se sem preparação de artilharia, com uma operação de despistamento da marinha na Civitavecchia, a 70 km ao norte de Roma. A mobilização em Anzio de 60 mil homens e 5 mil veículos efetua-se sem dificuldade. Os alemães são completamente surpreendidos. O êxito da operação necessitaria de uma manobra rápida para alcançar os montes Albanos e cortar as estradas nº 6 e 7, o que teria isolado o 10º Exército alemão na Linha Gustav, o que não leva em conta a prudência e o pessimismo do general Lucas. Ele busca consolidar a cabeça de ponte antes de se aventurar no interior.

Segunda batalha do Monte Cassino: 25 de janeiro-18 de fevereiro de 1944

Diante da necessidade de fazer sua junção com o 6º CA desembarcado em Anzio, o general Clark relança o 5º Exército contra a Linha Gustav, modificando, entretanto, o eixo do esforço principal. A 34ª DI deve atravessar o rio Rapido acima de Cassino para contornar pelo norte, sendo apoiada pelo CEF, cuja 3ª DIA deve apoderar-se do Belvedere e do desfiladeiro Abate. A 34ª DI só consegue apoderar-se de uma sólida cabeça de ponte após uma semana de duros combates, e nesse intervalo o general Senger engajou novas reservas. Em 10 de fevereiro, os americanos devem recuar, estando esgotados e tendo sofrido pesadas perdas. O mesmo acontece com o CEF, apesar da tomada do Belvedere. Após esse fracasso, o general Alexander reforça o 5º Exército US criando um batalhão neozelandês (general Freyberg) com a 2ª DI neozelandesa e a 4ª DI indiana.

O plano de ataque quase não difere do método utilizado até então. A 7ª brigada indiana substitui a 36ª DIUS para ocupar o monte Calcario e o Monte Cassino e fazer a conexão no vale do Liri com a 2ª DI neozelandesa encarregada de apoderar-se da estação ferroviária de Cassino e avançar pelo vale. Freyberg neutraliza a operação com um ataque aéreo maciço ao monastério supostamente ocupado. Em 15 de

566

fevereiro, um bombardeio formidável reduz a ruínas o monastério de São Benedito, logo transformado pelos paraquedistas alemães em centro de resistência. De 16 a 18 de fevereiro, os ataques repetidos da 4ª divisão indiana impedem qualquer progresso, enquanto os maoris são varridos de sua cabeça de ponte sobre o Rapido por uma contraofensiva de tanques alemães.

Em Anzio, a situação do 6º CA US se degrada. Uma vez passado o efeito surpresa, a reação alemã é fulgurante. Kesselring remaneja seu dispositivo, confiando ao 14º Exército de Mackensen o setor de Anzio, com missão de primeiro fortificar o perímetro de defesa e depois reduzir a cabeça de ponte. A Luftwaffe ataca fortemente as concentrações navais e provoca pesadas perdas. O cruzador Spartan é afundado em 29 de janeiro; o cruzador Penelope é torpedeado aos 18 de fevereiro. De 24 a 31 de janeiro, os ataques aliados não logram estender a cabeça de ponte.

Em 1º de fevereiro, a 3ª DI US e a 1ª DI britânica são obrigadas a recuar defensivamente. A cabeça de ponte não tem mais do que 20 km de profundidade. Mackensen, com suas 10 divisões, lança de 3 a 7 de fevereiro e de 16 a 20 de fevereiro violentos contra-ataques no eixo Campoleone-Anzio, para cercar as forças americanas. O avanço alemão é detido *in extremis* na enseada de Carroceto, a meio caminho de Anzio, graças a uma intervenção maciça das forças aliadas aeronavais. Uma nova ofensiva começa em 28 de fevereiro ao longo da rota de Cisterna. A 3ª DI US detém esse avanço, e a aviação pulveriza os adversários ao final de três dias. Em 4 de março, Mackensen é obrigado a encerrar a operação, deixando cinco divisões para manter o cerco. A fixação dessas unidades é, na verdade, o único ponto positivo da operação Shingle, que não atingiu nenhum de seus objetivos e é vista pelo estado-maior americano como uma "baleia encalhada".

Terceira batalha de Cassino: 15-23 de março de 1944

Para abrir a via à ofensiva da primavera, Clark lança um novo ataque contra o Monte Cassino. Dessa vez o ataque é ainda mais direto que os precedentes. A divisão neozelandesa deve avançar através da cidade, e depois a 4ª divisão indiana deve empreender o assalto sobre as escarpas ao sudeste da colina do Monastério. Em 15 de março, um violento bombardeio efetuado pela artilharia e pela aviação (1,2 mil toneladas de bombas e 190 mil obuses) é desencadeado para paralisar os defensores. Os paraquedistas alemães suportam estoicamente essa avalanche de fogo e retardam a ofensiva da infantaria. As avarias do terreno devidas ao bombardeio e às chuvas torrenciais beneficiam os defensores. Os hindus tentam, em vão, apoderar-se da Rocca Janula e da colina do Carrasco. Em 23 de março, o comando aliado deve renunciar uma vez mais à ofensiva.

Derrota britânica no Dodecaneso:
8 de setembro-28 de novembro de 1943

A capitulação da Itália provoca um "vazio" no Mediterrâneo oriental. Churchill, obcecado pela estratégia periférica, decide a ocupação das possessões italianas do mar Egeu a fim de influenciar a Turquia e tendo em vista operações ulteriores nos Bálcãs. Entretanto, suas ambições não estão à altura de seus meios absorvidos na campanha da Itália. Os americanos se recusam a colaborar. Em compensação, os alemães, que não têm a intenção de deixar aos ingleses as vantagens estratégicas dessa região por temer repercussões nos Bálcãs, podem intervir a partir de suas bases de Creta e da Grécia, dispondo localmente de superioridade aérea.

Desde o anúncio do armistício, os 6 mil alemães do general Kleemann estacionados em Rhodes ocupam os pontos estratégicos da ilha. Mesmo assim, os britânicos desembarcam a partir de 13 de setembro em Kós, Simi, Leros, Kálimnos, Kastellorizon e Samos. As guarnições italianas comandadas pelo general Campioni os acolhem com entusiasmo. A reação alemã não se faz esperar.

Em 3 de outubro, o general Müller, com 1,2 mil homens, elementos aerotransportados e o apoio da Luftwaffe, torna-se senhor de Kos, privando os ingleses do único campo de pouso utilizável pelos seus Spitfire. A luta é a reedição da campanha de Creta de 1941. A Royal Navy, lutando sozinha contra a Luftwaffe, não pode cortar as comunicações adversas. Os alemães ocupam metodicamente as ilhas: Naxos (12 de outubro), Simi (15 de outubro). O ataque pelas tropas desembarcadas e trazidas de paraquedas contra Leros inicia-se em 12 de novembro, terminando quatro dias mais tarde a despeito de uma resistência acirrada das tropas italianas e britânicas. A queda de Leros provoca a evacuação precipitada de Samos (19 de novembro) e de Kastellorizon (28 de novembro). Todas as Ciclades são ocupadas pelos alemães. O fracasso britânico se traduz em perdas severas: 6 destróieres e 2 submarinos afundados; 4 cruzadores e 4 destróieres avariados.

Ofensiva americana no sudoeste do Pacífico
e no Pacífico Central: fevereiro de 1943-janeiro de 1944

O sucesso da campanha de Guadalcanal marca, com os acontecimentos das outras frentes entre novembro de 1942 (desembarque aliado no norte da África e fevereiro de 1943 (capitulação de Stalingrado), a virada da Segunda Guerra Mundial. No que concerne ao Pacífico, essa vitória permite aos "Joint Chiefs of Staff"

O Reich na defensiva

em Washington, em conexão com os dois comandantes dos teatros de operações, definir e organizar a nova fase da reconquista do Pacífico.

Para contornar as suscetibilidades e utilizar as competências, é decidido que MacArthur empreenderá a ofensiva na Papuásia–Nova Guiné para chegar a Rabaul na Nova Bretanha, enquanto Hasley prosseguirá sua ofensiva remontando de Guadalcanal para Bougainville. E Nimitz, partindo do Havaí, tomará a ofensiva no Pacífico Central assim que tiver meios suficientes para obter êxito. Os embates em torno de Guadalcanal foram, com efeito, muito dispendiosos em navios de todos os tipos. A máquina de guerra americana é lançada, mas os novos materiais, as novas embarcações e as novas unidades do exército e da marinha ainda não estão prontos. As ambições devem, pois, ser contidas e as operações metodicamente efetuadas. Do lado japonês, Yamamoto decidiu aplicar o Plano Z, defensivo no conjunto do perímetro oceânico, enquanto o exército ainda espera retomar a ofensiva sobre Port-Moresby. Assim, os acontecimentos no Pacífico vão se desenrolar em dois grandes setores: sudoeste do Pacífico e Pacífico Central.

As ilhas Salomão e a Nova Guiné

Após a conquista de Guadalcanal, Halsey desembarca nas ilhas Russell (24 de fevereiro de 1943) e depois efetua uma lenta subida para Bougainville: desembarque em Rendova (30 de junho), de onde a artilharia pode apoiar o assalto contra Seggi Point, na Nova Guiné, que fica próxima (5 julho). A conquista de Munda vai levar um mês de duros combates. Para vencer a guarnição de 4,5 mil japoneses, o almirante Turner deve dispor de 32 mil GI (todo o XIV US Corps com três divisões) e 1,7 mil Marines. Munda é utilizada como base operacional pela aviação a partir de 15 de julho. Apesar das dificuldades encontradas nessa operação, Halsey decide não atacar o objetivo seguinte, Kolombangara e seu aeródromo de Vila. Ele efetua o desembarque dos infantes do 35º RIUS em Vela Lavella, menos protegida (15 de agosto de 1943) e que será definitivamente desocupada pelos neozelandeses em setembro. No mar, engajamentos noturnos opõem com sucesso os cruzadores e destróieres americanos a seus homólogos japoneses (combate de Vila, dois destróieres japoneses afundados em 6 de março; Batalha de Vela Gulf, três destróieres japoneses afundados em 6-7 de agosto; Batalha de Vela Lavella, cinco embarcações japonesas afundadas em 17-18 de agosto) que tentam trazer socorro ou evacuar as guarnições isoladas.

A fase seguinte leva Halsey a Bougainville. Sendo os meios terrestres e navais limitados pelas necessidades dos outros teatros (inclusive o do Mediterrâneo), ele prefere desembarcar na baía da Imperatriz Augusta, na costa oeste da ilha, e longe das fortes guarnições do sul (Buka e Buin), em 1º de novembro. Ao preço de duros

A Segunda Guerra Mundial

combates, o Marine Amphibious Corps consegue alargar a cabeça de ponte para 50 km². Dois campos de aviação são abrigados ali – de onde Rabaul pode ser bombardeada regularmente – e tornam inútil a conquista total da ilha (o II Batalhão australiano substitui o XIV US Corps no início de 1944). A desocupação sistemática de Bougainville durará até os últimos dias da guerra.

Com a chegada dos americanos, o almirante Omori teve a mesma reação que o almirante Mikawa em agosto de 1942, partindo com um grupo de cruzadores para destruir os transportes americanos. Mas a batalha da baía da Imperatriz Augusta (2 de novembro) não é a repetição da Batalha da ilha de Savo. Um cruzador e um destróier japoneses são afundados, para três destróieres americanos avariados. Halsey lança audaciosamente dois ataques aéreos contra Rabaul em 5 e 11 de novembro, neutralizando ali uma nova esquadra que o almirante Kurita devia conduzir contra as praias de desembarque. O domínio do mar assim como o do céu são totalmente americanos. Rabaul, com seus 90 mil homens, está definitivamente isolada.

Durante os últimos meses de 1942, MacArthur havia empreendido a reconquista de Nova Guiné, partindo de Port-Moresby, com tropas australianas e americanas. Os japoneses sofrem um primeiro fracasso por ocasião de uma tentativa de desembarque em Milne Bay, na extremidade oriental da Nova Guiné (final de agosto e início de setembro). Com o envio de reforços americanos, o equivalente de três divisões aliadas rechaça lenta e metodicamente os destacamentos do 17º Exército, além das colinas Owen Stanley, ao longo da pista de Kokoda, de Imita Range, em Buna. Os combates numa selva hostil são particularmente severos. A redução do bolsão de Buna-Sananada requer cerca de dois meses de sítio (15 de novembro de 1942 a 8 de janeiro de 1943).

Contornando o mar das ilhas Salomão, as forças americano-australianas avançam para o nordeste de Buna enquanto a 5ª Air Force adquire a superioridade sobre seu adversário (junho de 1943). Os desembarques sucessivos acontecem em Kiriwina Bay, depois em Nassau Bay. O esforço dirigiu-se a seguir para Lae-Salamaua (4 de setembro), depois para Finchhaffen (23 de setembro). Assim, MacArthur pode desembarcar em Nova Bretanha por Arawe (15 de dezembro), e no cabo Gloucester (26 de dezembro), para isolar Rabaul pelo sul. As ilhas Admiralty são ocupadas na sequência (fevereiro de 1944). A próxima etapa será, em 1944, o prosseguimento do ataque ao 18º Exército japonês (general Adachi) ao longo da costa norte da Nova Guiné.

Episódio dramático desse período, a eliminação do almirante Yamamoto é decidida em Washington em abril de 1943, quando Halsey, graças à interceptação de mensagens de rádio, descobre que o almirante vai fazer uma viagem de inspeção nas ilhas Salomão, devendo estar em Bougainville no dia 18 de abril. Uma esqua-

570

drilha de caças bimotores P-38 é equipada com reservatórios suplementares para poder interceptar, a partir de Guadalcanal, os dois aparelhos Betty que transportam o almirante e sua escolta. Homem pontual, Yamamoto comparece ao encontro fatal, aos 18 de abril de 1943 às 9h, acima de Kahili. Seu aparelho é abatido, em chamas, na selva. Suas cinzas são levadas a Tóquio para funerais nacionais. O almirante Koga o sucede no comando da frota combinada, mas o espírito da Marinha Imperial se extinguiu.

Enquanto Halsey e MacArthur retornam a Rabaul para finalmente isolá-la, Nimitz prepara e executa a primeira etapa do avanço no Pacífico Central.

O Pacífico Central

No início de 1943, os Aliados não se acham em condições de ameaçar realmente o território nacional do Japão. É preciso adquirir bases através do Pacífico para se aproximar de Tóquio. As primeiras posições alcançadas permitirão atacar os bastiões que guardam a fortaleza principal: Truk, Saipan, Guam e Yap. Os japoneses elaboraram o plano Z, com a intervenção da frota combinada a partir de Truk. Mas o desgaste dos meios navais e aéreos nas ilhas Salomão e na Nova Guiné obriga-os a abandonar esse plano por um simples reforço das guarnições insulares, que deverão aguentar o máximo de tempo possível sem esperança de socorro nem espírito de recuo.

Os primeiros objetivos do almirante Nimitz no Pacífico Central são as ilhas Gilbert e as ilhas Marshall. As ilhas Gilbert constituem um território britânico que os marinheiros japoneses ocuparam no início de 1942 e cujo atol de Tarawa, no qual construíram uma pista de aviação, tornou-se a posição principal (4,8 mil homens, comandados pelo almirante Shibasaki). As ilhas Marshall, antes alemãs, foram dadas em mandato ao Japão pela SDN. Todas as ilhas são solidamente fortificadas e ocupadas. Reunindo seus meios na Nova Zelândia (2ª Marines Division) e no Havaí (27ª DIUS), Nimitz retoma as Aleutas perdidas por ocasião de Midway e desembarca nas ilhas Ellice, ao sul das Gilbert. A frota de invasão se reúne em Nouméa em novembro. A operação parece fácil. Em 20 de novembro, apesar de um severo bombardeio naval (os encouraçados sobreviventes de Pearl Harbor estão presentes) e aéreo, as ondas de assalto dos Marines se deparam com uma defesa feroz, situação agravada pelos movimentos da maré e pelas correntes próximas das praias. São necessários três dias e três noites de um combate mortífero para conquistar Tarawa. Os japoneses deixaram apenas 146 prisioneiros (entre os quais 127 trabalhadores coreanos); as perdas dos Marines são de 1.008 mortos e 2,8 mil feridos. Em Makin, o 165º RIUS encontra menos dificuldades para apoderar-se metodicamente da ilha em dois dias. A operação Galvanic, entretanto, marcou os es-

571

A Segunda Guerra Mundial

píritos. A preparação e a execução dos futuros desembarques serão mais cuidadosas e a eficácia dos bombardeios preparatórios estimada com mais precisão e realismo.

Após a ocupação das Gilbert (atualmente Kiribati), o objetivo seguinte é o arquipélago das Marshall. A operação Flintlock engaja a 4ª Marine Division e a 7ª DIUS. A primeira etapa é a tomada de Majuro, depois, o assalto, aos 31 de janeiro de 1944, das ilhotas de Roi-Namur. Kwajalein é atacada a 1º de fevereiro, e a conquista do atol é concluída em quatro dias, com perdas bem menos consideráveis do que em Tarawa. Evitando atacar as ilhas fortemente guardadas de Wotje e de Maloelap, Nimitz desembarca em Eniwetok, a 700 km ao noroeste de Kwajalein. O atol é ocupado entre 21 e 27 de fevereiro. A conquista das Marshall foi mais tranquila do que as precedentes.

As forças americanas encontram-se então a 1,5 mil km das Marianas e a mil km de Truk nas Carolinas. Essa base vai ser continuamente castigada pela aviação americana. A frota combinada deverá evacuá-la de maneira definitiva, e o almirante Koga estabelecerá uma nova linha de defesa nitidamente mais a oeste.

França, do final de 1942 a 1943

17 de novembro de 1942 – Plenos poderes concedidos a Laval.

Janeiro de 1943 – Criação da Legião tricolor.

12 de janeiro – Adesão do PCF à França combatente.

30 de janeiro – Criação da Milícia de Joseph Darnand.

16 de fevereiro – Instituição do STO (Serviço do trabalho obrigatório na Alemanha).

Abril – Criação na zona sul dos MUR (Movimentos Unidos de Resistência) pela fusão de Combat, Franc-Tireur, Libération.

27 de maio – Organização do CNR (Conselho Nacional da Resistência).

9 de junho – Prisão do general Delestraint.

21 de junho – Prisão de Jean Moulin em Caluire.

8 de setembro – Bidault eleito presidente do CNR.

2 de dezembro – Assassinato em Toulouse de Maurice Sarraut pela Milícia.

29 de dezembro – Surgimento das FFI (Forças Francesas do Interior).

30 de dezembro – Joseph Darnand e Philippe Henriot secretários de Estado do governo Laval.

A França combatente: dezembro de 1942-junho de 1944

25 de dezembro de 1942 – Assassinato de Darlan. O general Giraud o sucede à frente do conselho do Império como alto comissário civil e militar.

23 de janeiro de 1943 – Fracasso do encontro De Gaulle–Giraud em Casablanca.

572

14 de março – Discurso "republicano" de Giraud.

30 de maio – Chegada de De Gaulle em Argel.

3 de junho – Criação do Comitê francês de libertação nacional sob a presidência de Giraud e de De Gaulle com Catroux, George Massigli, Jean Monnet, A. Philip.

24 de junho – Adesão das Antilhas ao CFLN.

19 de setembro – Criação da Assembleia consultativa provisória.

20 de setembro – Execução de Pucheu.

9 de outubro – Giraud, eliminado do CFLN, é nomeado comandante em chefe das Forças Armadas.

30 de janeiro de 1944 – Conferência de Brazzaville.

4 de abril – De Gaulle suprime o posto de comandante em chefe e nomeia Giraud inspetor dos exércitos. Giraud recusa essa distinção honorífica e é colocado em reserva de comando.

Ingresso dos deputados comunistas Grenier e Billoux no CFLN. Organização dos poderes públicos após a Liberação.

3 de junho – De Gaulle eleito presidente do governo provisório.

1944 – A decisão

Os Aliados acham-se então em condições de proceder na França aos grandes desembarques previstos desde 1942, enquanto o Exército Vermelho desencadeia uma série de ofensivas vitoriosas sobre a totalidade da Frente Oriental. As tropas alemãs também não escapam à derrota na Itália.

No Atlântico

Os Aliados efetuam uma ofensiva geral para afastar qualquer ameaça às vésperas dos desembarques. De janeiro a junho de 1944, grupos de caça compostos de porta-aviões leves, de destróieres e de navios de escolta, em conexão com a aviação de patrulha marítima, perseguem os U-Boote em toda a superfície do oceano. Apesar da adoção do Schnorchel, o submarino, permanentemente atacado, perde toda sua capacidade ofensiva.

Os ingleses procuram, ao mesmo tempo, obter a neutralização do Tirpitz, no Alten Fjord, que mantém imobilizadas em Scapa Flow forças importantes. Esse grande navio de linha é objeto de sucessivos ataques fracassados da aviação embarcada, em 3 de abril, antes de ser seriamente avariado, em 15 setembro, por bombardeiros com grande raio de ação. Transferido para Tromse, ele será afundado em 12 de novembro, por um ataque aéreo de Lancaster que levava bombas de 6 toneladas.

A ofensiva aérea

De fevereiro a maio de 1944, os Aliados retomam a ofensiva aérea contra a Alemanha, seguindo os mesmos métodos, mas com meios reforçados. Em seus

A Segunda Guerra Mundial

ataques diurnos, a US Army Air Force conta com a proteção de caças de escolta com um grande raio de ação tipo Lightning e Mustang. São ataques importantes, no âmbito de Big Week, atingindo a indústria aeronáutica para assegurar a superioridade aérea por ocasião dos desembarques. Embora os estragos sejam rapidamente consertados, as perdas infligidas à caça alemã, no combate aéreo, são consideráveis. A Luftwaffe não está mais em condições de disputar o domínio do ar nas frentes terrestres. Quanto ao Bomber Command da RAF, continua fiel aos bombardeios terroristas sobre as cidades.

De abril a junho de 1944, a aviação estratégica está engajada na preparação do desembarque; ela interrompe seus ataques sobre a Alemanha. Os ataques concentram-se nas pontes do Sena e do Loire e nos centros de comunicações da Bélgica e do norte da França, particularmente as estações de triagem.

As Baby Blitz

Os ataques cada vez mais violentos lançados contra o Reich incitam os dirigentes alemães a efetuar ações de represálias. Por duas vezes, a Luftwaffe, embora solicitada em todas as frentes, desencadeia Baby Blitz sobre a Inglaterra.

A primeira acontece em abril-maio de 1942, após os ataques devastadores executados sobre o centro das velhas cidades medievais de Lübeck e de Rostock. Seguindo a fórmula de Hitler, a Luftflotte III desencadeia, assim, ataques ao Baedeker, o célebre guia turístico, nas cidades históricas do sul da Inglaterra. Exeter, Bath, Norwich, York, Hull, Grimsby e Canterbury são assim duramente atingidas.

Efetuados por grupos de 50 a 250 aviões, esses ataques utilizam métodos que, daí em diante, caracterizam os bombardeios noturnos: orientação por rádio, *pathfinders*, bombas incendiárias, ataques concentrados no centro histórico nas velhas casas de madeira e nas ruas estreitas, a fim de provocar incêndios devastadores. A reação britânica, sobretudo a da caça noturna consideravelmente melhorada e reforçada a partir de 1940, é severa (250 bombardeiros abatidos). Assim sendo, os ataques se encerram em julho de 1942. A Luftwaffe vai então concentrar o grosso de seus bombardeiros na Frente Oriental.

A segunda Baby Blitz acontece no início de 1944, em reação à ofensiva do Bomber Command sobre Berlim. No âmbito da operação Steinbock, põe em ação uma força composta por 450 aviões bimotores Ju-88, Ju-188, Do-217 e quadrimotores He-177 recém-curados de seus males de juventude. Em janeiro, fevereiro e março, essas formações concentram-se particularmente sobre Londres e obtêm diversos sucessos. No período próximo ao desembarque, os ataques são efetuados contra os por-

576

tos onde a frota de transporte estaria concentrada; Bristol, Portsmouth, Plymouth, Weymouth e Falmouth são, assim, objeto de ataques mais ou menos bem-sucedidos.

A Baby Blitz termina em junho de 1944, com o desencadear da operação Overlord. Nenhum resultado decisivo foi obtido e as perdas foram severas. Única vantagem: esses bombardeios obrigaram a Inglaterra a manter num nível elevado seu sistema defensivo. A Luftwaffe imobilizou, assim, 1,4 mil caças da RAF cuja ausência se fez sentir duramente em outros locais.

O começo do ano de 1944 é ainda marcado por uma tentativa fracassada de bombardeio estratégico sobre a União Soviética. Durante os dois primeiros anos da campanha a leste, a Luftwaffe efetuou alguns poucos ataques sobre as instalações industriais da URSS. Seguindo a doutrina já praticada na Polônia ou na França, sua atividade foi essencialmente tática. É somente ao final de 1943 que o comando da Luftwaffe, em conexão com Speer, efetua operações de envergadura contra as fábricas de armamentos e as centrais do Volga ou do Ural. Uma força compósita, 500 bombardeiros, é reagrupada na Rússia Branca. Essa força não estará jamais no ataque. O agravamento da situação terrestre traduz-se, com efeito, em constantes requisições. Após as vitoriosas ofensivas soviéticas do inverno e da primavera, a Luftwaffe deve evacuar seus campos da Rússia Branca e da Ucrânia ocidental, perdendo assim qualquer possibilidade de atingir o potencial econômico adverso. É preciso dissolver a força de bombardeio em julho de 1944.

O desembarque aliado na Normandia.
Operação Overlord: 6 de junho de 1944

O desembarque tão esperado acontece ao alvorecer de 6 de junho de 1944 no litoral normando, com a surpresa tática mais perfeita. Na noite de 5 a 6 de junho, 6,5 mil embarcações de todos os tipos, formando 75 comboios, atravessam a Mancha enquanto a aviação aliada despista os sistemas de alerta, destrói os postos de comando ou efetua ataques de despistamento. Aviação e artilharia de marinha cobrem o desembarque da 3ª divisão britânica, da 3ª divisão canadense, da 51ª britânica e das 1ª e 4ª divisões americanas nas praias Sword, Juno, Gold, Omaha e Utah. Na noite anterior, três divisões aerotransportadas, a 6ª britânica e as 82ª e 101ª americanas, foram largadas a leste de Sword e a oeste de Utah.

A reação alemã é confusa. Somente a 21ª divisão blindada esboça um contra-ataque em direção ao setor britânico. Entretanto, a superioridade aliada faz com que a tentativa fracasse. Ao cair da noite, os Aliados têm em seu poder 4 cabeças de ponte. A situação só é preocupante no setor de Omaha, onde os americanos se depararam com uma forte resistência.

Durante os dois dias seguintes, a confusão alemã permite que os americanos estabeleçam a ligação entre Utah e as divisões aerotransportadas e liberem Omaha. Os britânicos unem suas cabeças de ponte e fazem sua junção com os americanos. Na noite de 8 de junho, a cabeça de ponte está sólida e ocupa uma larga faixa litorânea de 56 km, por 8 a 16 de largura. Entretanto, o atraso é sensível em relação ao que tinha sido planejado.

Enquanto isso, são amplamente dispostas caixas Mulberries, para constituir dois portos artificiais, um no setor britânico, em Arromanches, outro no setor americano, em Saint-Laurent. Uma tempestade destruirá o porto americano em 19 de junho; somente o porto britânico continuará em serviço, permitindo o trânsito de 11 mil toneladas de mercadorias por dia.

A Batalha da Normandia

Primeira fase e tomada de Cherburgo: 7-27 de junho de 1944
Hitler, convencido de que a operação na Normandia é apenas uma preliminar ao desembarque principal esperado no Pas-de-Calais, mantém o 15º Exército ao norte do Sena e hesita em colocar as reservas blindadas à disposição do 7º Exército colocado na primeira linha. Além disso, Rundstedt e Rommel se desentendem quanto à estratégia a adotar: defesa em profundidade ou defesa junto à costa. Dessas divergências resulta uma flutuação no comando. Os reforços chegam de maneira fragmentada, e uma parte das forças blindadas alemãs é desperdiçada em contra-ataques desordenados.

O avanço dos Aliados, entretanto, marca passo nos bosques normandos cuja compartimentação favorece a defensiva e anula a superioridade material. Mais além, a resistência alemã se revela mais sólida do que o previsto nas duas alas em torno de Carentan e de Caen.

A progressão britânica em direção a Caen, objetivo do Dia D, é alcançada pelas divisões Panzers recém-chegadas à frente de batalha. Montgomery se esforça em vão para contornar as posições alemãs por Villiers-Bocage (10-12 de junho). No Cotentin, os americanos livram-se com dificuldade da cabeça de ponte e conseguem cortar a península em duas apenas em 17 de junho, ao alcançar Barneville. As forças alemãs, encurraladas no "beco" de Cherburgo, rendem-se em 27 de junho após uma resistência desesperada, tendo procedido à destruição das instalações portuárias.

578

Segunda fase. O afundamento: 27 de junho-24 julho de 1944

Mais de um milhão de homens e 150 mil veículos amontoam-se na cabeça de ponte incapaz de se expandir. A progressão nos bosques normandos é desesperadamente lenta e custosa. A frente se estabiliza numa linha que vai de La Haye-du-Puits ao norte de Caen, passando por Carentan, pelo norte de Saint-Lô e de Caumont.

Montgomery tenta uma segunda vez apoderar-se de Caen pelo oeste (operação Epson, 24 de junho-1º de julho), mas a maioria das Panzers concentrada na planície de Caen impede o sucesso da tentativa. Esse fracasso não modifica o esquema geral da manobra aliada, "manter-se à esquerda (Caen), progredir à direita". Uma terceira tentativa britânica, de tomar Caen através de um potente ataque blindado incidindo a leste da cidade (operação Goodwood), de 18 a 20 de julho, é igualmente contida. Entretanto, Goodwood tem, pelo menos, a vantagem de atrair e fixar as forças blindadas alemãs na extremidade leste da zona conquistada pelos Aliados, dando oportunidade aos americanos de obter a ruptura, preparada por Bradley ao abrir caminho em Saint-Lô (18 de julho). Até então, os Aliados perderam 122 mil homens e os alemães 114 mil, dos quais 41 mil prisioneiros.

Terceira fase: A penetração de Avranches: 25-31 de julho de 1944

Na Normandia, o desfecho acontece com o sucesso da operação Cobra. A operação começa, no entanto, sob maus auspícios. O bombardeio em formação de tapete, com 4 mil toneladas de bombas atiradas por 3 mil aparelhos sobre 15 km², atinge as primeiras linhas americanas, desorganizando as forças no ataque; mais de 500 soldados são mortos ou feridos. O 1º Exército americano, entretanto, rompe as linhas alemãs a oeste de Saint-Lô.

Num primeiro tempo, a progressão americana atrasada pela resistência da Panzer Lehr acelera-se sob o impulso de Patton. Coutances é alcançada em 28 de julho, e os blindados de Collins apoderam-se de Granville e de Avranches em 31 de julho, enquanto o 19º CA US detém um contra-ataque alemão a leste de Saint-Lô (27-30 de julho). Uma vez efetuada a ruptura, resta passar à exploração.

O contra-ataque alemão de Mortain: 6-10 de agosto de 1944

Em 1º de agosto, o comando aliado é reorganizado. O 3º Exército US colocado sob as ordens do general Patton torna-se operacional, e Bradley assume o comando do 12º GA depois de ter deixado o do 1º Exército para o general Courtney Hodges. Patton lança de imediato o 8º CA em direção aos portos bretões e esforça-se para alargar o gargalo de Avranches. A vulnerabilidade americana não escapa a Hitler, que ordena um contra-ataque a partir da região de Mortain na direção de Avranches, destinado a cortar o gargalo para isolar as forças americanas engajadas fora

A Segunda Guerra Mundial

do Cotentin. A manobra alemã é decifrada pelos serviços de informação Ultra e bloqueada pela intervenção maciça da aviação tática americana. A audácia da tentativa alemã retorna contra seus autores. Independentemente de seu fracasso, tem por consequência engajar ao máximo as Panzers no dispositivo dos Aliados e facilitar sua manobra de cerco pelo norte e pelo sul.

Os exércitos anglo-canadenses progridem em direção a Falaise, e o 15º CA US, após libertar Le Mans, toma a direção norte. Essa manobra termina por criar o bolsão de Falaise. A obstinação de Hitler em permanecer no local sem recuar impediu uma retirada para o Sena como pretendia von Kluge.

Fim da campanha da Normandia: 13-30 de agosto de 1944

O 15º CA US alcança Argentan. Americanos e canadenses encontram-se afastados em apenas 25 km. A 2ª DB polonesa, vanguarda do 2º CA canadense, tenta obstinadamente fechar a saída do bolsão de Falaise. Uma série de erros cometidos pelo comando aliado permite a von Kluge manter a brecha aberta e acelerar a evacuação do fundo do bolsão. A maioria das Panzers restantes conseguem a retirada, apesar da tomada de Falaise (18 de agosto). O bolsão é definitivamente fechado aos 21 de agosto. Cerca de 50 mil alemães são feitos prisioneiros, e 10 mil outros foram mortos.

Durante a Batalha de Falaise, o 3º Exército americano continua sua exploração em direção ao Loire e ao Sena, alcançado em Mantes e Troyes.

As forças alemãs que escaparam do bolsão de Falaise conseguem atravessar o Sena em balsas ou em pontes flutuantes, apesar da destruição de todas as pontes acima de Paris por ataques aéreos efetuados na última semana de agosto. Von Kluge, comprometido no complô de 20 de julho, é destituído por Hitler e substituído pelo marechal Model. A derrota de Falaise marca o fim da Batalha da França, e então pode-se esperar uma derrota decisiva a oeste antes do inverno.

A liberação de Paris: 25 de agosto de 1944

Com a aproximação dos Aliados, os elementos comunistas da capital, sob a direção do coronel Rol-Tanguy, decretam, em 18 de agosto, a "insurreição libertadora", apesar da oposição dos representantes do general De Gaulle, Parodi e Chaban-Delmas. Pode-se temer um fracasso à maneira de Varsóvia, que seria desastroso para a população, ou um sucesso dos revoltosos que colocaria o chefe do governo provisório numa situação delicada. Durante uma semana, combates esporádicos, entremeados de uma trégua efêmera, opõem os resistentes às tropas alemãs de von Choltitz.

580

A pedido do general De Gaulle, Eisenhower aceita então enviar a Paris o batalhão do general Gerow, que compreende uma divisão americana e a 2ª DB do general Leclerc. Após importantes combates nos subúrbios ao sul de Paris, os primeiros elementos franceses alcançam o Hôtel de Ville na noite de 24 de agosto. No dia seguinte, após o domínio de núcleos de resistência no Senado, na Escola Militar e no Majestic, o general Leclerc, em companhia do coronel Rol-Tanguy, recebe, às 17 horas, a rendição de von Choltitz. No dia seguinte, durante uma jornada tumultuosa, De Gaulle, aclamado por uma multidão imensa, desce a avenida dos Champs-Élysées e assiste a uma celebração em Notre-Dame. O general é definitivamente consagrado como o chefe da França libertada.

Resistência e libertação

Nas vésperas do desembarque, o general De Gaulle e o governo provisório prepararam cuidadosamente a libertação do país. Uma delegação sediada na França e dirigida por A. Parodi tem por missão implementar clandestinamente, de intermédio de comissários da República, uma nova administração encarregada de assegurar a substituição daquela de Vichy. Todas as forças militares, inclusive os FTP (Franco-Atiradores Partisans) Franceses são integradas às FFI (Forças Francesas do Interior) e colocadas sob as ordens do general Koenig. A rebelião deve ocorrer no momento da ruptura das cabeças de ponte e garantir a libertação do país, antes mesmo da chegada das tropas aliadas.

Em consequência de uma má coordenação entre a resistência e o comando aliado, a ação das FFI começa na noite de 5 de junho. Essa mobilização prematura provoca importantes mobilizações na Bretanha (maquis de Saint-Marcel) ou no Auvergne (Mont Mouchet), desencadeando violentas reações alemãs e sérias represálias, provando também o caráter perigoso dos grandes redutos compostos de milhares de resistentes mal treinados e mal armados. O exemplo mais trágico é o do maquis do Vercors, eliminado no fim de julho pelos alemães. É no momento da ruptura da frente alemã que a resistência vai dar toda a sua medida e facilitar consideravelmente a progressão dos Aliados, embora cause, em algumas regiões, difíceis problemas políticos.

França, de janeiro a agosto de 1944

10 de janeiro – J. Darnand, único responsável pela manutenção da ordem.

12 de janeiro – Assassinato de Victor Basch pela Milícia.

20 de janeiro – Instituição de cortes marciais para julgar os resistentes.

A Segunda Guerra Mundial

30 de janeiro – Assinatura de Pétain num projeto de constituição da República Francesa.

16 de março – Marcel Déat secretário de Estado do Trabalho.

25 de março – Destruição do maquis de Glières pelos alemães e pela Milícia.

27 de março – Vichy autoriza os engajamentos de franceses na Waffen ss.

7-28 maio – Primeira viagem de Pétain na zona norte.

10 de junho – Massacre de Oradour.

20 de junho – Assassinato de Jean Zay pela Milícia.

28 de junho – Assassinato de Philippe Henriot pelos resistentes.

8 de julho – Assassinato de Mandel pela Milícia.

12 de julho – Último conselho de ministros de Vichy.

20 de agosto – Pétain transferido para a Alemanha.

Desembarque na Provença.
Operação Dragoon: 15 de agosto de 1944

Para garantir a derrota rápida dos alemães, os Aliados previram uma manobra em pinça na Frente Ocidental. Sucedendo ao desembarque na Normandia, uma segunda operação, complementar e de menor envergadura, deve permitir a fixação na costa meridional da França, apoderar-se de Toulon e de Marselha e avançar em direção ao norte para operar a junção com as tropas desembarcadas na Normandia. Trata-se da operação Anvil, rebatizada Dragoon em julho de 1944. Levando-se em conta a fraqueza relativa do dispositivo adverso, põe em jogo meios consideráveis. A Western Task Force, comandada pelo almirante Hewitt, compreende 2 mil navios, entre os quais os encouraçados Texas, Nevada, Arkansas, Ramillies e Lorraine, 9 porta-aviões de escolta, 25 cruzadores e 45 destróieres. Cerca de 2 mil aviões são postos em combate. O 7º Exército us do general Patch constitui o corpo expedicionário, e compreende o 6º CA US com 3 DI (3ª, 36ª, 45ª DI US), a 1ª divisão aerotransportada anglo-americana e o exército B francês (general De Lattre de Tassigny) previsto em segundo escalão.

Na noite de 14 a 15 de agosto, dois comandos franceses preparam o desembarque: a oeste, no cabo Nègre, conquistado à tarde, a leste, na ponta do Esquillon, onde a operação resulta num fracasso. Às 16h30, começam os primeiros saltos de paraquedas da 1ª divisão aerotransportada us, que consegue isolar a zona de assalto durante o dia. Às 20h, após um bombardeio aéreo e naval maciço, o 6º CA US (general Truscott) desembarca a 70 km entre Cap-Cavalaire e Agay. Somente a 36ª DI é que enfrenta uma sólida resistência na altura de Saint-Raphael. Por volta

582

de 22h, duas cabeças de ponte são estabelecidas de ambos os lados do Argens. Em 16 de agosto começa a exploração, com o desembarque do exército B do general De Lattre apoiado pelas Forças Francesas do Interior. Após duros combates, Toulon é libertada em 23 de agosto, Marselha em 29. Franceses e americanos lançam-se na perseguição do 19º Exército alemão (que inclui a 11ª divisão Panzer) no vale do Ródano. Lyon é libertada aos 3 de setembro. Dez dias depois, a 1ª DB de Dragoon e a 2ª DB de Overlord unem-se em Langres. Envolvido em dificuldades logísticas, o 7º Exército não logra impedir a retirada do 19º Exército alemão, que recua para a Alsácia, onde se coloca para defender as vizinhanças da muralha do oeste. O general De Lattre reorganiza seu exército com os combatentes dos FFI que se uniram a ele. Em 25 de setembro, o exército B torna-se o 1º Exército.

A operação Dragoon é uma das operações combinadas mais bem-sucedidas da guerra, tendo facilitado a libertação de uma parte considerável do território francês e permitido a consolidação do flanco direito de Eisenhower. Os portos de Toulon e Marselha vão contribuir fortemente para o abastecimento das forças aliadas com um quarto de material e de efetivos desembarcados na Europa, de 6 de junho de 1944 a 8 de maio de 1945.

Operação Diadem e tomada de Roma: 12 de maio-4 de junho de 1944

Na Itália, os Aliados saem, enfim, do afundamento marcado pelas batalhas de Cassino.

Alexander reorganiza o seu dispositivo que prevê a operação Diadem, a qual tem por objetivo a ruptura da Linha Gustav, a junção com o 6º CA US sempre isolado em Anzio e a conquista de Roma. O setor do 8º Exército britânico estende-se do Adriático ao vale do Liri inclusive. O 5º Exército está reduzido a 2 CA: o 2º CA US e o CEF (general Juin), compreendendo 4 divisões reforçadas pelo grupamento dos batalhões marroquinos. Em Anzio, o 6º CA US (general Truscott) dispõe de 6 divisões (3 DI US, 2 DI britânicas, 1 DB US) e a Special Service Force. A operação Diadem retoma o esquema das manobras precedentes, mas com o triplo de efetivos. A tarefa do 8º Exército é abrir uma brecha no Monte Cassino, enquanto o 5º Exército lhe daria cobertura na ala esquerda atravessando o Garigliano e penetrando, a partir da cabeça de ponte de Anzio, na direção de Valmontone na estrada de n° 6. Alexander pretende ser o primeiro a entrar com as tropas britânicas na capital italiana cobiçada há oito meses.

A Segunda Guerra Mundial

Pouco satisfeito com esse programa, o general Juin convence o general Clark do princípio de uma manobra de grande envergadura. Trata-se não somente de romper a frente alemã, mas também de ocupar Pico, para desviar em direção ao norte na altura de Frosinone, a fim de contornar a resistência alemã e alcançar Roma.

Em 13 de maio, o 13º CA britânico consegue criar uma cabeça de ponte à margem direita do rio Rapido, mas sem poder sair, sob a ameaça do monte Cassino que resiste aos assaltos encarniçados e arrasadores do 2º CA polonês (general Anders). O CEF que partiu do Garigliano apodera-se do monte Majo e de Castelforte. Em 14 de maio, irrompe no vale do Ausente e a 71ª divisão alemã começa a recuar diante de seu avanço. O 2º CA US aproveita para acelerar sua progressão sobre a estrada costeira em oposição à 94ª divisão alemã. O caminho de retirada das 2 divisões de Panzer-granadeiros está impedido por um maciço sem estradas considerado intransponível, os montes Aurunci. O general Juin cede os *tabors* (general Guillaume) para impedir qualquer restabelecimento da linha alemã no vale do Liri.

Tendo avançado 40 km através do dispositivo alemão, os franceses ameaçam as retaguardas das tropas alemãs engajadas em Cassino e no Rapido. Kesselring dá ordem aos paraquedistas para evacuar o Monte Cassino. Em 18 de maio, desocupam as ruínas do monastério, onde logo penetra o 12º Lancier Polski. Kesselring tenta estancar o avanço aliado, reforçando as defesas na linha Hitler, buscando 4 divisões na frente de Anzio e do Adriático.

Até 23 de maio, desenvolvem-se violentos combates encerrados pelo CA canadense com a tomada de Pontecorvo. Kesselring dá ao 10º Exército a ordem geral de recuar para a Linha César, situada diante de Roma através de Frosinone e de Valmontone.

Em 23 de maio, o 6º CA US tenta sair da cabeça de ponte de Anzio em direção a Valmontone para cortar a retirada do 10º Exército no vale do Secco. Enquanto duas divisões britânicas detêm as unidades alemãs, a 34ª DI US cria uma brecha em direção a Cisterna, tomada em 25 de maio. Enquanto busca a junção com o 2º CA US nos alagados pontinos, o CEF avança nos montes Lepini. As pesadas divisões britânicas progridem lentamente no vale do Liri e do Secco prejudicadas pelas destruições e pelos engarrafamentos. A resistência alemã endurece na passagem de Valmontone, onde a divisão Hermann-Göring retoma temporariamente Artena, e também nas encostas dos montes Albanos. Entretanto Clark, por razões de prestígio, está mais preocupado com Roma do que com Valmontone e despreza a chance de capturar o grosso do 10º Exército alemão. A perspectiva de uma retenção está descartada pelo sucesso da 36ª DI US, que, aos 30 de maio, logra apoderar-se de Velletri na estrada nº 7 nos montes Albanos e romper a Linha César. Clark explora a ocasião que lhe é oferecida e ordena uma ofensiva geral do 5º Exército sobre Roma de ambos os

584

1944 – A decisão

lados dos montes Albanos, com o 2º CA ao norte e o 6º CA ao sul. Sob a ação de 11 divisões, as unidades alemãs cedem terreno, e os americanos, em 4 de junho, entram em Roma, declarada "cidade aberta".

Campanha da Itália. A exploração em direção ao Arno: 5 de junho-4 de agosto de 1944

Após a queda de Roma, Kesselring procura conter a progressão aliada com uma série de ações efetuadas ao longo do verão e recuar para a linha Gótica, ao norte do Arno. Ele confia ao 10º Exército a tarefa de conter o 8º Exército britânico e reorganiza o 14º Exército substituindo Mackensen pelo general Lemelsen, que deve opor-se ao 5º Exército US. A manobra alemã consiste em multiplicar ataques ferozes, de início na altura de Viterbo, depois ao longo da Linha Trasimene, do Ombrone ao Chianti, depois à altura de Arezzo e, enfim, junto ao Arno. A progressão aliada é desorganizada, causando decepções e frustrações. A batalha resume-se a uma série de ações isoladas entre elementos aliados e alemães, até que estes, vendo que os Aliados movimentam-se para um ataque maciço, retiram-se até a próxima linha de obstáculos naturais. Alexander perde pouco a pouco as divisões previstas para Anvil. Travam-se rudes combates de 20 a 30 de junho na Linha Trasimene. Em 2 de julho, Siena é libertada pelo CEF, Ancona em 18 de julho pelos poloneses e Livorno em 19 pelos americanos. Em 4 de agosto, os alemães explodem todas as pontes sobre o Arno em Florença, exceto a Ponte-Vecchio obstruída, recuando para a linha Gótica, onde resistirão até abril de 1945.

Na Frente Oriental

O Exército Vermelho desencadeia, em 22 de junho de 1944, dia do aniversário do ataque alemão, a operação Bagration na Frente Central. Os alemães são surpreendidos; o sucesso é total, favorecido pela ação dos partisans, que paralisam os transportes ferroviários durante 48 horas, e pela superioridade da aviação soviética. O Exército Vermelho libera Vitebsk em 25 de junho e Bobruisk dois dias depois, e executa uma manobra em pinça na direção de Minsk, ocupada em 3 de julho. O grupo do Exército do Centro é, em grande parte, aniquilado.

Sob a direção geral de Jukov, os exércitos soviéticos passam à exploração na direção do Vístula, de Riga e de Lvov, ocupada aos 27 de julho. A ofensiva cessa em

A Segunda Guerra Mundial

meados do mês de agosto, por dificuldades de abastecimento ligadas a um avanço de mais de 600 km e ao contra-ataque de Model diante de Varsóvia.

Enquanto uma longa pausa vai dominar a Frente Central, o Exército Vermelho lança, em 10 de julho, uma violenta ofensiva contra a Finlândia. Mesmo cedendo terreno, as tropas finlandesas resistem e salvam pela segunda vez a independência do país. Uma trégua começa em 4 de setembro. A Finlândia escapa à ocupação soviética e deve ser evacuada pelos contingentes alemães, que vão retirar-se em direção à Noruega setentrional.

Em 20 de agosto, vários exércitos soviéticos desencadeiam uma nova operação importante contra a Romênia. Essa ofensiva acarreta a queda do governo Antonescu e a defecção da Romênia, que declara guerra à Alemanha. As tropas soviéticas entram em Bucareste em 1º de setembro.

Oito dias depois, Moscou declara guerra à Bulgária, e elementos do Exército Vermelho penetram em seu território. Essa série de acontecimentos provoca confusão no exército alemão, obrigado a recuar precipitadamente para a Transilvânia, com o risco de uma nova defecção, a da Hungria. O regente Horthy, dirigindo-se a Moscou, também procura uma saída para o conflito.

Exercendo uma forte pressão em direção a Budapeste, *as forças soviéticas efetuam sua ligação com os partisans de Tito, ajudando-os, em 20 de outubro de 1944, a libertar Belgrado.* O recuo do grupo do exército F do general von Weichs a partir da Grécia acha-se então seriamente comprometido.

Os alemães enfrentam ainda uma *violenta ofensiva soviética nos países bálticos e uma ameaça de invasão na Prússia oriental.*

A aviação estratégica

Ao longo do verão de 1944, a aviação estratégica aliada retoma seus ataques sobre a Alemanha. Sem deixar de lado os ataques terroristas, concentra seu esforço na indústria do petróleo e dos transportes, em estações, pontes, cruzamentos rodoviários e canais. Essa ofensiva, apesar das reações alemãs ainda importantes, vai provocar, a partir do final do outono, uma desorganização crescente na máquina de guerra alemã.

586

Em 8 de setembro, dois dias após a interrupção dos lançamentos de V1, a ofensiva aérea alemã contra Londres é retomada por meio de V2, foguetes de 13 toneladas que podem chegar a 5 mil km/h e com um alcance de 350 km. A partir da Holanda, serão enviados 1.115 V2 contra a aglomeração londrina e 1.341 contra Antuérpia. Não há nesse momento nenhuma reação. Os danos são consideráveis e tais ataques provocarão a morte de 2,5 mil pessoas. Os ataques contra Londres só cessarão em 27 de março de 1945.

De 12 a 16 de setembro, acontece a *segunda conferência de Quebec* entre Roosevelt e Churchill. Num momento em que uma derrocada da Alemanha parece iminente, as conversações têm um caráter essencialmente político, na origem de uma certa tensão entre ingleses e americanos. Churchill começa a se preocupar com a expansão soviética e gostaria de resolver diretamente com Stalin o problema das zonas de influência na Europa Oriental, concepção que Roosevelt desaprova. Os dois aliados opõem-se ainda sobre o futuro da Itália, pois Churchill deseja a manutenção da monarquia.

O resultado mais claro da conferência é a adoção do plano proposto por Morgenthau, o secretário de Estado americano do Tesouro, visando rebaixar a Alemanha ao nível de um país puramente agrícola. Embora esse projeto seja abandonado um mês depois, chegará ao conhecimento dos alemães e contribuirá para reforçar sua determinação em prosseguir a luta até o final.

Confinada nas regiões de florestas ou de montanhas, a resistência não dispõe de armas e sofre carências de todos os tipos, não conseguindo entravar seriamente as comunicações do Eixo nem "libertar" zonas nevrálgicas e aglomerações importantes. Tito, assim como Mihailovitch, não hesitará em concluir tréguas com o adversário. Ele imobilizará apenas formações auxiliares ou de recrutamento local, como os ustachis ou os croato-albaneses da divisão SS Skanderberg.

Por outro lado, o papel político desses maquis será considerável. Enfrentamentos armados entre tendências opostas acontecerão durante o conflito. Tito, antes mesmo do final da guerra, conseguirá eliminar os tchetniks. O infeliz Mihailovitch será capturado e fuzilado em 1946. Na Grécia, o antagonismo latente entre o ELAS e o EDES estará em grande parte na origem da terrível guerra de 1946 a 1948.

Conquista das Marianas e Batalha das Filipinas: junho-julho de 1944

No momento em que as forças aliadas desembarcam na Normandia, os Estados Unidos efetuam uma operação comparável no Pacífico, atacando as ilhas Marianas.

587

A Segunda Guerra Mundial

O arquipélago faz parte, como as Marshall e as Carolinas, do domínio insular adquirido pelo Japão às expensas do Império Alemão em 1919. As Marianas situam-se estratégica e logicamente, após as ilhas Marshall conquistadas em janeiro-fevereiro de 1944, no eixo do avanço do almirante Nimitz no Pacífico Central. A operação Forager é montada e executada três meses depois da operação Flintlock. A brevidade dos prazos mostra o domínio obtido pelos Estados Unidos na condução das operações.

A operação se inicia em 15 de junho nas praias de Saipan, sob as ordens do general Holland Smith, que engaja as 2ª e 4ª divisões de Marines e a 27ª DIUS. Apesar da preparação da artilharia naval e dos bombardeios aéreos, o 31º Exército japonês comandado pelo general Saito vai defender-se pé contra pé, chegando a provocar uma crise no comando americano, antes de sua eliminação quase total (30 mil mortos) no início de julho. O 5º batalhão anfíbio e a 27ª DI vão perder 14 mil mortos ou feridos, entre 70 mil homens desembarcados, numa proporção comparável à de Tarawa.

Desde o anúncio do desembarque em Saipan, o almirante japonês Toyoda, que substituiu o almirante Koga, desaparecido no mar em fevereiro de 1944, decide aplicar o plano A-Go. Vinda de Bornéu (Tawi-Tawi) através das Filipinas, *a Frota Combinada lança, na manhã de 19 de junho, seus 500 aviões contra a Task Force 58 do almirante Spruance*. Este, graças à sua superioridade aérea (número e características dos aviões, além da qualidade dos pilotos) e a sua DCA, inflige uma verdadeira hecatombe a seus adversários: 330 aviões japoneses são abatidos. Essa batalha será chamada de "Tiro aos Pombos das Marianas".

Simultaneamente, dois porta-aviões japoneses, o Taiho e o Shokaku, são afundados por submarinos americanos. O almirante Ozawa, que substituiu Nagumo, destituído após Midway, retira-se para o oeste a fim de retomar o combate no dia seguinte. Entretanto, à tarde, o almirante Mitscher lança seus aviões contra os japoneses e põe a pique um terceiro porta-aviões, o Hiyo. Dois outros, o Chiyoda e o Zuikaku, são gravemente avariados. Ozawa decide abandonar o combate. O retorno durante a noite dos aviões americanos para a TF-58 torna-se um dos episódios mais dramáticos da guerra. Oitenta aparelhos caem no mar, perdidos ou com falta de combustível. No dia seguinte, entretanto, 160 aviadores dos 209 desaparecidos serão encontrados. A força aeronaval japonesa, que dispõe ainda de 6 porta-aviões, mas não tem mais pilotos, foi realmente aniquilada na Batalha das Marianas, também chamada de Primeira Batalha Naval das Filipinas.

Após a captura de Saipan, quando um bom número de civis japoneses preferiram se suicidar a sofrer a ocupação inimiga, o esforço americano dirigiu-se para a ilha de Tinian, ao sul de Saipan. A operação é conduzida pelo general Schmidt, com elementos das 2ª e 4ª Marine Divisions, novamente na primeira linha. A invasão

588

foi metodicamente preparada. A defesa inimiga conta 8 mil soldados e marinheiros, e, depois de ter desembarcado aos 24 de julho, os Marines apoderam-se da ilha em seis dias. A expulsão definitiva dos inimigos, entretanto, só será completada em janeiro de 1945.

A conquista das Marianas se encerra com a tomada de Guam. Essa operação é confiada ao 3º Amphibious Corps (general Geiger), com a 3ª Marine Division e a 77ª DIUS, recém-chegada ao Pacífico. Guam pertence aos Estados Unidos desde a guerra hispano-americana (1898). Os japoneses a ocuparam em um dia, em 10 de dezembro de 1941. A reconquista vai exigir muito mais tempo.

O *desembarque*, inicialmente previsto para 18 de junho, acontece em 21 de julho, nas praias norte e oeste da ilha, com os Marines numa primeira onda. A guarnição japonesa, 18,5 mil homens comandados pelo general Obata, reage com vigorosos contra-ataques noturnos apoiados por blindados. Todos são rechaçados com perdas sangrentas. A redução dos sobreviventes agrupados em torno dos montes Mataguac e Santa Rosa prossegue metodicamente até 8 de agosto. A ilha é declarada conquistada, mas restarão ainda grupos isolados, mais ocupados em sobreviver do que em combater, que serão pouco a pouco eliminados. Alguns resistirão até a capitulação de setembro de 1945. No total, a conquista de Guam custou 2,1 mil mortos e 6 mil feridos aos americanos, para 15,6 mil mortos japoneses.

Os resultados da campanha das Marianas marcam a derrocada da força aeronaval japonesa e a aquisição pelos EUA de bases navais e principalmente aéreas com o Japão a seu alcance. Seis meses após o primeiro desembarque em Saipan, os bombardeiros pesados B-29 do 21º Bomber Command partem para a sua primeira missão sobre Tóquio (24 de novembro de 1944). Esses ataques continuarão com uma intensidade crescente até agosto de 1945.

Reconquista das Filipinas e batalha aeronaval de Leyte: outubro de 1944-setembro de 1945

Quando MacArthur termina a ocupação de Morotai (setembro) e Nimitz expulsa os últimos soldados japoneses das Ilhas Palau (setembro-outubro), as duas ofensivas americanas do Pacífico se unem. A fase seguinte traduz-se numa hesitação: continuar nas Filipinas ou atacar diretamente Formosa. No segundo caso, o arquipélago filipino constituiria uma ameaça para as comunicações aliadas. Além

A Segunda Guerra Mundial

disso, MacArthur faz questão de cumprir seu juramento de voltar para libertar as Filipinas. Desse modo, por recomendação de Halsey, os JCS decidem adiantar, para 20 de outubro, o primeiro desembarque sobre Leyte, no centro do arquipélago, previsto para final de novembro.

O comando foi reorganizado. MacArthur é responsável pelo teatro de operações e recebe uma grande parte dos meios aeronavais e anfíbios de Nimitz. Esses meios retornarão ao CinCPAC quando ele empreender novos desembarques em direção ao Japão (Iwojima em fevereiro de 1945). Assim, a 3ª frota (Halsey) é ligada ao CinCSWPA (MacArthur), enquanto o 24º batalhão (general Hodge) é diretamente subordinado a leste para formar, com o 10º batalhão (General Sibert), o 6º Exército, comandado pelo general Krueger. Do lado japonês, a defesa do arquipélago está a cargo do 35º Exército (general Suzuki), subordinado à 14ª Zona do exército (general Yamashita, recém-chegado de uma semidestituição na Manchúria). A ilha de Leyte é ocupada pela 16ª DI (general Makino).

O desembarque em Leyte acontece ao alvorecer do dia 20 de outubro, com o 10º batalhão ao norte, visando ao Tacloban, e o 24º ao sul, para apoderar-se do campo de aviação de Dulac, o que provoca duas reações japonesas imediatas: a intervenção da frota combinada que conduz à Batalha de Leyte e o envio de reforços terrestres por Yamashita. Os combates vão durar até dezembro, marcados por uma operação aerotransportada japonesa contra os aeródromos de campanha (6 de dezembro) e um desembarque americano em Palompon, na costa oeste (22 de dezembro). Em 26 de dezembro, o 8º Exército US (general Eichelberger) substitui o 6º Exército e prossegue na eliminação dos inimigos da ilha. As perdas totais japonesas chegarão, em 8 de maio de 1945, a 68 mil mortos ou desaparecidos. O 6º Exército conta 2,88 mil mortos, o 8º Exército 624, e os dois juntos 11 mil feridos.

Durante os combates em Leyte, MacArthur ocupou Mindoro, cujo aeródromo de San José é necessário à reconquista de Luzon. Unidades de engenharia terão, nesse meio tempo, melhorado e construído cinco campos de pouso, dos quais dois para bombardeiros. Sem esperar, MacArthur já havia empreendido a libertação de Luzon.

Em 9 de janeiro de 1945, os 15º e 1º batalhões US desembarcam nas praias de Lingayen, ao norte de Luzon, de onde eliminarão os inimigos, das planícies centrais até Manilha, em três semanas. O general Yamashita não pretende combater na cidade e refugia-se nas montanhas, de onde espera atacar de surpresa os americanos com seus 262 mil homens articulados em três grupos. Entretanto, o almirante Iwabuchi, contra suas ordens, deixa-se cercar em Manilha com 17 mil marinheiros e soldados e resiste desesperadamente durante um mês (9 de fevereiro-3 de março), antes que a capital em ruínas seja libertada pelo 14º batalhão, à custa de mil mortos e 5 mil feridos. A guarnição japonesa é praticamente aniquilada.

Simultaneamente, *Bataan foi libertada pelo 11º batalhão* (general Hall), *de 29 de janeiro a 21 de fevereiro*, contra o grupamento Tsukada, enquanto a ilha de Corregidor é reconquistada por uma operação combinada aerotransportada (503º Regimento de Paraquedas) e anfíbia (34º RI), entre 16 e 26 de fevereiro. Em toda parte, as tropas japonesas opuseram uma resistência obstinada. Os últimos defensores de Corregidor desaparecem na explosão de seus depósitos de munições (200 mortos). O resto de Luzon é libertado por operações metódicas contra o grupamento Shimbu (general Yokoyama), enquistado nas montanhas ao sudeste de Manilha. Sua destruição exige mais de dois meses do 14º batalhão (fevereiro-maio). A redução do grupamento Shobu, ao norte da ilha, é empreendida a partir de 21 de fevereiro pelo batalhão procedente de Bataan. No momento da capitulação geral de 2 de setembro de 1945, subsiste ainda um reduto a 50 km de Bagnio, de onde Yamashita e 40 mil combatentes se renderão ao 8º Exército.

As outras ilhas do arquipélago filipino foram total ou parcialmente libertadas de fevereiro a abril, necessitando de mais de 30 desembarques: Palawan, Zamboanga, Panay, Cébu, Bohol e finalmente Mindanao, onde o 10º batalhão desembarca em 17 de abril e toma posse da ilha em seis semanas, com a ajuda dos 20 mil guerrilheiros do coronel Fertig, que entrou para a clandestinidade com a queda de Corregidor em maio de 1942.

Ao final das hostilidades, as Filipinas não estão totalmente libertas da presença japonesa, mas sua reconquista é assegurada. A tenacidade japonesa, entretanto, reteve dois exércitos americanos no arquipélago, custando-lhe mais de 10 mil mortos e 30 mil feridos, ao preço de perdas que jamais foram fixadas exatamente. O comando americano, por isso, avalia seriamente a perspectiva de desembarcar em solo japonês, para assegurar-se da capitulação sem condições do Império Nipônico. Após Iwojima e Okinawa, a campanha das Filipinas vai convencer os responsáveis políticos e militares de Washington a empregar a bomba atômica para pôr fim a tais hecatombes.

A batalha aeronaval de Leyte: 24-26 de outubro de 1944

O desembarque americano em Leyte não havia sido uma surpresa para os japoneses. Desde a Batalha das Marianas, a Marinha Imperial havia preparado os planos chamados Sho-go para responder às ameaças possíveis. O plano Sho I atende ao caso de invasão das Filipinas, prevendo que a frota combinada (encouraçados e cruzadores) deverá deixar sua zona de espera de Lingga (Cingapura) e, dividindo-se em duas esquadras, atravessar o arquipélago das Filipinas para desembocar no golfo de Leyte pelo norte e pelo sul, destruir os transportes americanos e isolar as tropas desembarcadas. Simultaneamente, uma esquadra estacionada em Kuré se unirá

A Segunda Guerra Mundial

ao lado sul da pinça para reforçá-la. Enfim, a esquadra de porta-aviões, também estacionada no Japão, descerá do norte para atrair os porta-aviões americanos e facilitar a missão da frota combinada.

Em 18 de outubro, é dado o alerta aos diferentes atores: Kurita, comandante da 1ª frota de despistamento (na realidade, o elemento mais poderoso: 5 encouraçados, 12 cruzadores e 15 destróieres), Nishimura, com a 2ª frota de despistamento (2 encouraçados, 1 cruzador e 4 destróieres), Shima, em espera nas ilhas Pescadores (3 cruzadores e 4 destróieres) e que deve juntar-se a Nishimura (depois Ozawa), que comanda a esquadra de porta-aviões (4 porta-aviões e 2 encouraçados híbridos), escoltados por 3 cruzadores e 10 destróieres estacionados em Kuré (mar Interior) com o magro total de 108 aparelhos embarcados. Em 20 de outubro, Kurita e Nishimura estão em Brunei para o abastecimento em óleo combustível. No dia seguinte, tomam, o primeiro, a direção do estreito de San Bernardino pelo mar de Sibuyan, e o segundo, a do estreito de Surigao pelo mar de Sulu.

O dispositivo naval que apoia o desembarque americano é articulado entre a 7ª frota de Kinkaid e a 3ª frota de Halsey. Kinkaid é encarregado do desembarque, depois da proteção da cabeça de ponte e do apoio às tropas em terra, dispondo de 4 Task Forces, uma das quais reúne os encouraçados antigos encarregados do apoio à artilharia pesada. Halsey tem por missão a cobertura estratégica da operação, com seus encouraçados rápidos e seus porta-aviões pesados, e a proteção afastada ao ataque das bases de Ryu Kyu, de Formosa e das outras ilhas do arquipélago. No total, a 7ª frota conta com 6 encouraçados antigos, 14 porta-aviões de escolta, 8 cruzadores e 40 destróieres. Quanto à 3ª, conta com 3 Task Forces, compreendendo cada uma 2 porta-aviões pesados, 2 porta-aviões leves, 2 encouraçados rápidos, 3 cruzadores e 10 destróieres.

A batalha começa quando a esquadra de Kurita é localizada na noite de 23-24 de outubro, na costa oeste de Palawan, por dois submarinos americanos que põem a pique dois dos cruzadores pesados, um dos quais o navio-almirante. Essa perda é importante; Kurita não mais dispõe de um serviço de transmissões coerente e competente. A frota americana em alerta logo se coloca a postos. Kinkaid envia os velhos encouraçados de Oldendorf para bloquear o estreito de Surigao, enquanto a 3ª frota se aproxima do estreito de San Bernardino e os porta-aviões de escolta da 7ª frota cruzam o golfo de Leyte. No dia seguinte, os aviões embarcados da 3ª frota lançam ataques violentos e sucessivos contra Kurita, que atravessa o mar de Sibuyan; Nishimura foi localizado na rota em direção a Surigao, mas não é considerado a ameaça principal. Todas as embarcações de Kurita são afetadas. O Musashi vai a pique, atingido por 19 torpedos e 10 bombas, depois de 4 horas de agonia. Sob os ataques aéreos, Kurita, no meio da tarde, faz meia-volta. Halsey está convencido de que ele se retirou da batalha, quando a esquadra de Ozawa é localizada ao longo do cabo Engano. Halsey decide colocar-se à frente dessa nova ameaça, com todos

592

os seus meios. Na verdade, Kurita decidiu retomar sua missão, retornando para o leste ao anoitecer e entrando no estreito de San Bernardino.

Quando Kurita sai do estreito de San Bernardino na manhã de 25 de outubro, a dupla manobra prevista pelo plano Sho não pode efetivar-se. As esquadras de Nishimura e de Shima foram destruídas durante a noite. Os encouraçados de Oldendorf barraram o "T" a Nishimura, perdendo, este, o encouraçado Fuso. O navio almirante Yamashiro é posto a pique num breve, mas violento duelo de artilharia. O resto da esquadra pega fogo ou é destruído. Apenas um destróier escapa intacto. A batalha conhece, na manhã de 25 de outubro, seu episódio mais dramático, quando Kurita surge ao longo de Samar e surpreende os porta-aviões de escolta que cobrem as praias de desembarque e só estão protegidos pelos destróieres. Os aviões embarcados tentam deter os encouraçados e os cruzadores japoneses. Os destróieres jogam cortinas de fumaça, enquanto os pequenos porta-aviões de escolta atacam os navios japoneses. Esses esforços permitem pôr a pique três cruzadores pesados e avariar um outro. Quanto aos japoneses, põem a pique dois porta-aviões de escolta, o Gambier Bay e o Saint-Lô, além de três destróieres. No momento em que parece senhor da situação, Kurita faz meia-volta e retorna a San Bernardino. Essa decisão se deve à ignorância da sorte das outras esquadras, à opinião de que não pode atingir os transportes prevenidos de sua chegada, à ameaça aérea vinda da terra e à dos porta-aviões da 3ª frota. A parte naval da Batalha de Samar encerra-se ao meio-dia, aos 25 de outubro; entretanto, prolonga-se pela primeira intervenção de aviões camicase que, no mesmo dia e nos dias seguintes, despedaçam-se contra os porta-aviões de escolta, causando estragos importantes.

Nessa mesma manhã do dia 25, Halsey lança sua aviação embarcada contra a frota de Ozawa, cujas embarcações são sucessivamente destruídas durante o dia. Entretanto, os encouraçados da TF-34 não estão mais lá para dar o golpe de misericórdia. Às 11h da manhã, Halsey retorna para o sul em grande velocidade, para socorrer os porta-aviões de escolta massacrados em Samar, chegando muito tarde diante de San Bernardino, onde Kurita havia entrado por volta das 22h, depois de ter sofrido numerosos ataques na parte da tarde. A Batalha do Cabo Engaño se encerra com o balanço de 4 porta-aviões e 2 destróieres japoneses afundados. Entre os porta-aviões, conta-se o Zuikaku, último sobrevivente dos atacantes de Pearl Harbor. A Batalha de Leyte marca o final da Marinha Imperial Japonesa. Os navios sobreviventes devem refugiar-se em Cingapura ou no mar Interior, onde serão atacados por bombas até a hora da capitulação. O balanço material é pesado para os japoneses: 68 embarcações e 300 mil toneladas, contra 21 navios e 37 mil toneladas americanos. A reconquista das Filipinas pode então continuar, e Nimitz prepara o assalto de Iwojima.

O último estertor
e o afundamento final

A recuperação alemã: setembro de 1944

Após a passagem do Sena, a progressão aliada parece irresistível e pode-se prever uma derrocada da Wehrmacht antes do fim do ano. As tropas britânicas liberam o norte da França, penetram na Bélgica e entram em Bruxelas, em 3 de setembro. No dia seguinte, chegam a Antuérpia, onde se apoderam das instalações intactas do porto. No momento em que os exércitos de Bradley saem de Liège, o avanço de Patton também é muito rápido no leste da França. *Em 30 de agosto, dá-se a travessia do Meuse.*

Entretanto, a progressão volta a ficar mais lenta, em razão de dificuldades logísticas crescentes ligadas ao aumento das distâncias, à desorganização dos transportes ferroviários, à retomada dos bombardeios anglo-americanos e às destruições efetuadas pelos alemães durante sua retirada. O comando aliado deve improvisar um sistema de abastecimento por terra, o Red Ball Express.

O problema logístico deve-se ainda à falta de portos. Os desembarques de reforços e de material ficam limitados às praias da Normandia e de Cherburgo. No momento da ruptura da Normandia, Hitler deu a ordem, a uma parte das tropas alemãs, para ocupar os portos da Mancha e do Atlântico e transformá-los em "fortalezas". Essa política vai obrigar o comando aliado a travar duros combates para apoderar-se de Brest, Saint-Malo, Le Havre, Boulogne e Calais. Até o final da guerra, os alemães resistirão nos "bolsões" de Dunquerque, Lorient, Saint-Nazaire, La Rochelle-La Pallice e no estuário do Verdon, paralisando o estuário do rio Gironde. Durante seu avanço vitorioso na Bélgica, o exército britânico comete ainda o erro grave de não tomar posse do estuário do Escalda para assegurar a atividade de Antuérpia.

A Segunda Guerra Mundial

O comando alemão explora admiravelmente as dificuldades aliadas para improvisar posições defensivas e restabelecer uma frente contínua nas proximidades das fronteiras do Reich. Com elementos heterogêneos fornecidos pela Luftwaffe, um primeiro exército de paraquedistas estabelece uma estreita linha defensiva ao longo do canal Albert, enquanto o 15º Exército do general Zentgen ocupa o estuário do Escalda.

As tropas de Bradley enfrentam ainda uma resistência crescente além de Liège, enquanto Patton deve deter seu avanço diante de Metz. Os exércitos vindos da Provença devem igualmente interromper sua progressão nas cercanias dos Vosges e do desfiladeiro de Belfort.

Assim sendo, a vitória está incompleta, embora desde 6 de junho os Aliados, à custa da perda de 250 mil homens, tenham posto fora de combate cerca de meio milhão de alemães. Independentemente das restrições logísticas, outras razões explicam a recuperação da Wehrmacht. Mais de 225 mil homens e 25 mil veículos conseguiram escapar ao cerco na Normandia, atravessar o Sena e recuar para a Bélgica e para as fronteiras ocidentais da Alemanha. Um novo esforço de mobilização – a criação de divisões de Volksgrenadier – permite conjurar parcialmente a crise de efetivos. Também não se pode negar a extraordinária qualidade operacional da Wehrmacht nem esquecer que, em setembro de 1944, a produção de guerra do Reich bate todos os recordes e permite recompletar rapidamente as grandes unidades em material.

No momento em que uma frente contínua se restabelece em meados de setembro, um debate estratégico divide o comando aliado. Enquanto Eisenhower e a maior parte dos generais americanos são partidários de uma "frente ampla" com ofensivas efetuadas de ambos os lados do maciço das Ardenas, Montgomery defende o princípio da "frente estreita", com a concentração das forças e dos recursos de combustível na direção da Antuérpia e de Aix-la-Chapelle, tendo por objetivo a travessia do Reno, o isolamento do vale do Ruhr e a chegada a Berlim pela grande planície do norte da Alemanha.

Sem despojar totalmente Patton, Eisenhower atende em parte a Montgomery e aceita o princípio de uma grande operação aerotransportada, antes mesmo da desobstrução do estuário do Escalda. Essa operação, pondo em jogo três divisões aerotransportadas, deveria permitir a posse das passagens do Meuse e do Reno e abrir a porta para o norte da Alemanha. Uma coluna blindada partindo de Eindhoven garantirá progressivamente a conexão com os paraquedistas até Arnhem. O episódio recebe o nome de Market-Garden.

Market-Garden: 17-25 de setembro de 1944

A operação aerotransportada começa em 17 de setembro. A primeira fase (Market) tem um resultado favorável. A 101ª divisão aerotransportada americana

596

O último estertor e o afundamento final

ocupa a passagem do canal Wilhelmine próximo a Eindhoven. A 82ª US apodera-se da ponte de Grave e daquela do canal Meuse–Waal. Alcançada pela coluna blindada britânica, consegue apoderar-se da ponte de Nimègue intacta. Nos dias subsequentes, o avanço dos blindados prossegue em direção ao norte, mas com lentidão. Dispondo apenas de uma via estreita, a coluna é permanentemente atacada pelos flancos por elementos alemães. É somente em 25 de setembro que os tanques britânicos alcançam o último braço do Reno, o Leek, diante de Arnhem. Então já é muito tarde para dar suporte aos paraquedistas britânicos em pleno desalento.

A descida de paraquedas da 1ª divisão aerotransportada britânica (Garden) efetuou-se, no entanto, em boas condições no dia 17 de setembro, mas a uma dezena de quilômetros do objetivo. A operação enfrenta de imediato uma viva reação do marechal Model, cujo quartel-general se encontra próximo, e a intervenção de duas divisões de Panzer SS, em fase de reconstituição após o desembarque na Normandia. Embora consigam penetrar em Arnhem, os paraquedistas não podem controlar as duas extremidades da ponte sobre o Reno e são logo cercados.

Confusões nas frequências de rádio e a deterioração das condições atmosféricas não lhes permitem receber os reforços e as provisões necessárias. *Na noite de 25 para 26 de setembro*, 2,2 mil homens conseguem recuar para a margem esquerda do Reno, deixando atrás de si mais de 7 mil mortos, feridos ou prisioneiros.

Market-Garden resulta numa derrota severa, mesmo que 8 das 9 pontes tenham sido tomadas. Os alemães conseguiram impedir o acesso à grande planície do norte e reforçar seu dispositivo no estuário do Escalda. Assim sendo, a esperança de uma solução rápida se esvai e os Aliados se acham diante de uma batalha longa e pesada.

A liberação do estuário do Escalda: outubro-novembro de 1944

Iniciada em 8 de outubro, a liberação do estuário do Escalda demanda mais de um mês. A conquista da península do sul, Beveland, traduz-se em perdas severas e a Ilha de Walcheren só é conquistada em 8 de novembro, após um assalto anfíbio. Três semanas são ainda necessárias para desobstruir o canal do Escalda recheado de pedras e de minas e para permitir que o primeiro comboio chegue a Antuérpia, em 28 de novembro. Até março de 1945, a cidade será submetida a ataques intensos de V1 e V2, que, entretanto, não conseguirão entravar de maneira determinante um tráfego vital. No total, perto de 8 mil artefatos serão lançados.

Simultaneamente, o 12º grupo de exércitos de Bradley aborda as primeiras posições da linha Siegfried a leste de Liège, rapidamente recolocadas em estado de defesa. São necessárias três semanas de violentos combates no dédalo das fortifi-

A Segunda Guerra Mundial

cações e das minas de carvão para conseguir a queda de Aix-la-Chapelle. A capital do antigo Santo Império Romano Germânico só cai aos 21 de outubro.

Em 28 de outubro, a conferência de Bruxelas, presidida por Eisenhower, lança as bases da retomada geral da ofensiva. O objetivo consiste em reduzir as defesas alemãs na margem esquerda do Reno, em transpor o rio e em penetrar na direção do centro da Alemanha. Nessa perspectiva, e 21º grupo de exércitos de Montgomery concluirá a conquista da Holanda, e o 12º de Bradley penetrará na Renânia de ambos os lados das Ardenas. Quanto ao 6º grupo do exército de Devers, juntamente com o 7º Exército US e o 1º Exército francês, deverá liquidar o reduto dos Vosges e da Alsácia.

A batalha da fronteira do Reich: novembro-dezembro de 1944

Até meados de dezembro, o plano de Eisenhower se decompõe em uma série de operações limitadas e dispendiosas. A leste de Aix-la-Chapelle, os dois exércitos de Bradley enfrentam sólidas posições defensivas e o obstáculo da floresta de Hurgen, onde os alemães combatem acirradamente. O Roer é alcançado, mas não ousam atravessá-lo por receio de inundações, visto que os Aliados não controlam as barragens nas cabeceiras do rio.

Quanto ao 3º Exército de Patton, embora consiga, enfim, tomar Metz em 22 de novembro, a transpor o Sarre em 2 de dezembro, também se depara com uma resistência forte assim que avança em território alemão. Em meados de dezembro, o Reno ainda está longe.

Somente o 6º grupo de exércitos de Devers obtém sucessos notáveis. No âmbito de uma ofensiva lançada pelo 7º Exército americano na altura de Saverne, a 2ª DB de Leclerc consegue atingir e liberar Estrasburgo, em 23 de novembro. Ao sul dos Vosges, o 1º Exército de De Lattre libera Belfort em 20 de novembro e Mulhouse em 25 de novembro, sem lograr, entretanto, empurrar para a outra margem do Reno o 19º Exército do general Wiese, que vai conservar ainda durante três meses o controle do "bolsão de Colmar".

A recuperação alemã na Itália

Ao final do mês de agosto, o general Alexander, numa dupla ofensiva, tenta romper a linha Gótica ao norte dos Apeninos. Ao longo da costa adriática, o 8º Exército consegue apoderar-se de Rimini em 21 de setembro, mas seu elã é que-

598

O último estertor e o afundamento final

brado por chuvas diluvianas e violentos contra-ataques alemães. O 5º Exército americano não é mais feliz. Apesar de um sucesso inicial, não consegue alcançar Bolonha. No fim do ano, os Aliados efetuam uma derradeira tentativa. Embora os britânicos cheguem a ocupar Ravena, não conseguem prosseguir, e o 6º Exército fica bloqueado, uma vez mais, ao sul de Bolonha. A frente de batalha vai então estabilizar-se até a primavera de 1945.

O restabelecimento da Frente Oriental

Nos países bálticos, o general Schörner, após violentos combates no setor de Riga, evita a destruição e reagrupa suas forças na cabeça de ponte de Courland, que será abastecida pelo ar e por mar até o final da guerra. As tropas alemãs rechaçam igualmente violentos assaltos soviéticos contra a Prússia oriental.

Na Hungria, uma operação de comando efetuada por Otto Skorzeny, em 16 de outubro, provoca a queda e a prisão do regente Horthy, desejoso de seguir o exemplo da Romênia e assinar um armistício com os soviéticos. Um novo governo é instalado em Budapeste e aceita continuar a luta ao lado do Reich. Essa operação facilita a tarefa do general Friessner, que, em conexão com o exército húngaro, restabelece uma frente diante de Budapeste. É o ponto de partida de uma batalha acirrada que vai durar até abril de 1945, marcada pelo cerco de Budapeste e por violentos contra-ataques alemães destinados a preservar as reservas de petróleo do lago Balaton.

Friessner também estabelece uma ligação com o grupo de exércitos F de von Weichs, que também consegue, do começo de outubro a meados de dezembro, uma evacuação organizada da Grécia, da Albânia e da Sérvia, apesar das reações dos maquis helênicos e dos partidários de Tito. Essa retirada termina com sólidas posições na Bósnia, que resistirão até maio de 1945.

A Wehrmacht não se contenta com um simples restabelecimento, reconstituindo uma massa de manobra de uma dezena de divisões Panzers e de cerca de vinte divisões de infantaria, que Hitler decide lançar a oeste, no teatro considerado o mais frágil da coalizão.

Contraofensiva alemã nas Ardenas: 16-19 de dezembro de 1944

Em 16 de dezembro os alemães desencadeiam a ofensiva que surpreende a dos Aliados. O ataque é lançado contra a frente do 1º Exército US nas Ardenas, onde os efetivos são reduzidos para concentrar o máximo das forças ao longo dos eixos

599

A Segunda Guerra Mundial

de penetração na Alemanha. O alto-comando aliado, reeditando o erro funesto de Gamelin em 1940, julgou as Ardenas impróprias para uma ofensiva e desprezou-as como possível linha de ataque para o inimigo. Erro de apreciação esperado por Hitler que, desde 19 de agosto, data da ruptura da frente da Normandia, prevê para o mês de novembro uma contraofensiva de envergadura suscetível de devolver-lhe a iniciativa estratégica no teatro do oeste. Em meados de setembro, as grandes linhas da operação Wacht am Rhein estão fixadas. O objetivo é cercar as forças aliadas ao norte da linha Antuérpia-Bruxelas-Bastogne e obrigá-las a evacuar o continente em favor de um segundo Dunquerque.

O plano de Hitler está longe de ser consensual no alto-comando alemão. Model e von Rundstedt consideram a operação irrealista e preconizam uma alternativa menos ambiciosa: *a pequena solução* (*die Kleine Lösung*), que consiste em avançar em pinça para o posto avançado em torno de Aix-la-Chapelle, sob domínio aliado. Convencido de estar em condições de reverter o curso da guerra, o Führer mostra-se intratável e prescreve uma ofensiva por 3 exércitos numa frente de 120 km entre Montjoie e Echternach. A operação rebatizada de Herbstnebel (*bruma de outono*) atribui o papel principal ao 6º Panzerarmee do SS Sepp Dietrich, que, com 4 Panzers e 5 divisões de infantaria, deve forçar o Meuse entre Liège e Huy e apoderar-se da Antuérpia; em apoio ao flanco esquerdo, estará o 5º Panzerarmee do general Hasso von Manteuffel com 4 Panzers e 3 divisões de infantaria; o conjunto terá cobertura ao sul, pelo 7º Exército do general Brandenberger. Como complemento, é prevista a operação Greif, pondo em ação a 150ª brigada comandada por Skorzeny, cujos homens vestidos de uniformes americanos são encarregados de semear a desordem nas retaguardas antes de apoderar-se das pontes do Meuse.

A ofensiva alemã, lançada numa noite glacial, fulmina as defesas americanas mantidas por 4 divisões. A surpresa tática e estratégica é completa. As condições meteorológicas – bruma, neve, chuva – prendem oportunamente ao solo a aviação aliada e impedem qualquer reação imediata. O alto-comando aliado, que, assim como seus serviços de informação, excluiu a probabilidade de uma ofensiva por parte de um inimigo considerado em plena decomposição, é tomado de surpresa.

A primeira fase da batalha é indiscutivelmente favorável aos alemães. A estreita fileira de tropas americanas é desmantelada. Entretanto, ao norte, as 2ª e 99ª divisões US aguentam sem esmorecer o assalto das Panzers; o mesmo acontece ao sul com a 4ª divisão. Canalizados entre esses dois polos de resistência, os alemães progridem para o Meuse.

O alto-comando aliado, convencido de que se trata de um simples despistamento destinado a deter a ofensiva aliada em Sarre ou na Renânia, só tardiamente é que toma consciência da gravidade da situação. O tumulto chega aos meios polí-

600

O último estertor e o afundamento final

ticos de Bruxelas e mesmo de Paris. Os territórios liberados são vítimas da psicose da 5ª coluna alimentada pelas exigências da brigada de Skorzeny. A mais extrema confusão paralisa as reações aliadas.

Todavia, a operação acaba por se organizar. Todas as forças blindadas disponíveis são dirigidas para os setores atacados. Eisenhower engaja suas reservas, as 82ª e 101ª divisões aerotransportadas em processo de recuperação junto a Reims após a operação Market-Garden. A 101ª divisão (general Mac Auliffe) ganha rapidamente Bastogne, enquanto a 82ª (general Ridgway) é enviada para sustentar o flanco norte. Montgomery faz avançar o 30º corpo britânico para impedir qualquer ocupação junto ao Meuse. Acatando a ordem de Bradley, Patton detém sua progressão em Sarre, em 18 de dezembro, e efetua uma virada de 90º em direção ao norte.

Segunda fase da Batalha das Ardenas.
A recuperação dos Aliados: 20-26 de dezembro de 1944

Eisenhower reorganiza temporariamente o comando e confia a Montgomery todas as unidades americanas dispostas ao norte do Meuse. Enquanto isso, a situação das unidades americanas confinadas no posto avançado se degrada. Dois regimentos da 106ª divisão US, recém-chegados à frente, acham-se isolados no setor de Schnee Eifel e devem capitular, deixando cerca de 7 mil prisioneiros. É "o revés mais grave sofrido pelas forças americanas na Europa", segundo a historiografia americana. Os polos rodoviários de Saint-Vith e Bastogne sofrem uma forte pressão. Apesar da resistência acirrada da 7ª divisão blindada US (general Hasbrouk), Saint-Vith cai em 21 de dezembro. Em Bastogne, isolada desde 20 de dezembro, a situação é crítica. A 101ª divisão aerotransportada, com algumas unidades – ao todo 18 mil homens –, consegue com muito esforço impedir o acesso de seu perímetro às Panzers que a rodeiam. O general Mac Auliffe, comandante interino da 101ª divisão, instado a render-se em 22 de dezembro, responde com um "Nuts" lacônico, que se tornou legendário. A onda de assalto alemã continua sua progressão inexorável no noroeste. Um destacamento chega, em 23 dezembro, a menos de 7 km do Meuse.

A tendência inverte-se então sensivelmente. Model, comandante do grupo do exército B, que pretendia modificar a ordem inicial para dar a função principal ao 5º Exército Panzer, choca-se com a obstinação de Hitler, cioso em proteger seu favorito, Sepp Dietrich. A escassez de combustível e a lama vencem os blindados de Dietrich avançados na área de Manhay-Stavelot, assim como as Panzers de vanguarda de Manteuffel – a Panzer Lehr e a 2ª PZD –, as quais são obrigadas progressivamente a estacar em Celles.

601

A Segunda Guerra Mundial

Em 23 de dezembro, com o bom tempo, milhares de aviões aliados levantam voo, do norte da Escócia para Bruxelas, para vir em apoio às forças aliadas no solo e bombardear as linhas de abastecimento alemãs.

Em 24 de dezembro, Patton ataca em direção aos sitiados de Bastogne com dois batalhões do exército, enquanto Devers se estende à sua esquerda para cobrir seu avanço. Uma contraofensiva anglo-americana em direção a Celles surpreende as Panzers (25-26 de dezembro) em pane de gasolina. O 3º Exército de Patton consegue desbloquear Bastogne em 26 de dezembro.

Bastogne e Estrasburgo: janeiro de 1945

No momento em que a Batalha das Ardenas está no ponto morto, Hitler não se dá por vencido, decidindo relançar os assaltos contra Bastogne e estender a ofensiva ao norte da Alsácia. O objetivo é alargar o bolsão em direção ao sul, de maneira a facilitar o avanço das Panzers e relançar a ofensiva na direção do Meuse.

Enquanto Bastogne é objeto de violentos assaltos, que vão durar até 9 de janeiro, começa em 31 de dezembro a operação Nordwind, efetuada por 7 divisões em direção a Saverne. O 7º Exército de Patch, bastante disperso, é afetado. No amanhecer do dia seguinte, a Luftwaffe desencadeia sua última grande ofensiva a oeste. Cerca de 800 aviões atacam os campos de pouso da Holanda, da Bélgica e do norte da França. Mais de 200 aparelhos aliados são destruídos ou avariados no solo, mas as perdas alemãs são equivalentes.

Diante da gravidade da situação no norte da Alsácia, Eisenhower planeja um recuo para os Vosges. Essa decisão provoca um protesto veemente de De Gaulle. O abandono de Estrasburgo teria consequências funestas não somente para o moral da população francesa, mas para a conduta geral da guerra. O general ameaça proibir aos Aliados a utilização dos portos e das estradas de ferro francesas. A crise é suficientemente grave para exigir a vinda de Churchill a Paris. Em 3 de janeiro, Eisenhower cede. Estrasburgo não será evacuada. A cidade será defendida pelo 1º Exército, que deverá travar duros combates durante mais de três semanas.

Simultaneamente, o recomeço da Batalha das Ardenas em torno de Bastogne resulta em fracasso, e em 8 de janeiro Hitler aceita recuar as tropas engajadas até o maciço. A manobra se executa metodicamente, sendo facilitada pelo tempo execrável, pancadas de neve abundantes e frio intenso. Eisenhower não consegue efetuar uma manobra em pinça para cercar e destruir as divisões alemãs. O balanço do episódio é pesado para os dois lados. As perdas alemãs ultrapassam cem mil homens. As dos Aliados, em sua maior parte americanas, elevam-se a mais de setenta mil mortos, feridos e prisioneiros. O último jogo de dados de Hitler acaba de fracassar.

602

Redução do "bolsão" de Colmar:
20 de janeiro-9 de fevereiro de 1945

O 1º Exército francês do general De Lattre se lança ao assalto do "bolsão" de Colmar firmemente dominado pelo 19º Exército alemão, que melhorou suas defesas durante a pausa ensejada pela Batalha das Ardenas. Enquanto o 1º CA de Béthouart ataca entre Mulhouse e Thann em direção a Brisach, o 2º CA de Montsabert, três dias depois, concentra o esforço principal ao norte. Mas a manobra em pinça encontra uma forte resistência alemã, favorecida por um frio intenso e pelo terreno propício à defensiva. Diante do acúmulo de dificuldades, De Lattre reivindica e obtém de Devers a intervenção do 21º CA US. Colmar é tomada em 27 de janeiro. Franceses e americanos se reúnem em 5 de fevereiro em Rouffach. A 5ª DB remonta em direção a Munster e desocupa a floresta de Hart. O bolsão é reabsorvido em 9 de fevereiro. O flanco sul aliado borda o Reno da fronteira suíça até Grambsheim, ao norte de Estrasburgo.

Ofensiva soviética em direção ao Oder:
12 de janeiro-16 de fevereiro de 1945

O Exército Vermelho vai aproveitar do desequilíbrio da Wehrmacht, cujas melhores unidades estão engajadas a oeste, para desencadear sua ofensiva mais potente desde 1943. Dispõe de uma enorme superioridade de meios: 2,2 milhões de homens, 7 mil blindados e 5 mil aviões. Os alemães só dispõem de 1 milhão de homens, 2,5 mil tanques e 1,5 mil aeronaves.

Em 12 de janeiro, as tropas de Jukov, de Koniev e de Rokossovski partem para o ataque descendo das cabeças de ponte do Vístula. Em 48 horas, a ruptura é obtida e dois exércitos blindados passam à exploração. O Oder é alcançado em 31 de janeiro, e os soviéticos encontram-se apenas a 80 km de Berlim.

As tropas alemãs da frente do Vístula foram destruídas, rechaçadas para os flancos ou cercadas nas "fortalezas" de Thorn, Posen ou Breslau. Simultaneamente, as forças soviéticas travam uma dura batalha na Hungria, onde Hitler lança suas últimas reservas para defender os poços de petróleo do lago Balaton e tentar livrar Budapeste.

De fevereiro a abril, o Exército Vermelho empreende, à custa de perdas sangrentas, a desocupação da Silésia e a redução das forças alemãs da Prússia oriental e da Pomerânia. Dois meses de esforço são necessários para alcançar esse objetivo. No Báltico, a Kriegsmarine participa de maneira magistral dessa última batalha,

A Segunda Guerra Mundial

encaminhando material e reforço e trazendo seu apoio em fogo antes de proceder
à evacuação de 1,5 milhão de refugiados e de várias centenas de milhares de combatentes, a partir de Dantzig, Gothenhafen, Königsberg, Pillau e Kolberg.

Inverno de 1944-1945.
A guerra aérea prossegue numa violência crescente

A aviação aliada intensifica seus bombardeios sobre o petróleo e as comunicações, prosseguindo em seus ataques contra Berlim e os grandes centros urbanos.
O cúmulo do horror acontece com os *bombardeios de Dresden em 13 e 14 de fevereiro*,
efetuados sucessivamente pelo Bomber Command e pela 8ª US Air Force. Com a
ação de um terrível "tufão de fogo", mais de 100 mil pessoas desaparecem no que
até hoje é considerado um dos bombardeios mais cruéis da história.

Simultaneamente, a aviação tática se concentra nos eixos de comunicação e nos
campos de pouso da Luftwaffe, que ainda alinha mais de 3 mil aparelhos. Os Aliados esforçam-se principalmente para neutralizar os novos caças a jato Messerschmitt Me-262.

No Atlântico

Dönitz, a partir das bases da Noruega, e do norte da Alemanha, lança uma
nova ofensiva contra o tráfego aliado com submarinos dotados do Schornchel.
De janeiro a fevereiro de 1945, 250 mil toneladas são enviadas para o fundo, à
custa de severas perdas. Para interromper esse assalto, os americanos estabelecem
no Atlântico Norte e amplamente nos Açores uma dupla barragem de navios de
escolta e de porta-aviões leves.

O último engajamento acontecerá em 6 de maio de 1945, com a destruição do
U-853 pelos destróieres Atherton e Moberly, ao longo de Block Island. No momento
da capitulação, apesar de perdas impressionantes – 780 submarinos destruídos –,
250 U-Boote estão ainda em operação.

Por ocasião da *conferência de Malta de 30 de janeiro a 2 de fevereiro*, Roosevelt,
Churchill e os grandes responsáveis militares aliados, antes de comparecer a Yalta,
concluem o plano da ofensiva final contra o III Reich, não sem novas controvérsias.
Mais do que nunca, os ingleses são partidários de dar o golpe decisivo na grande planície do norte da Alemanha. Mais empírico, Eisenhower acaba por impor um plano
em três fases: destruição de toda resistência entre a linha Siegfried e o Reno, travessia
do rio e exploração das condições da ruptura. A ação principal acontecerá ao norte
de Duisburg e será apoiada por uma operação secundária entre Mayence e Karlsruhe.

O último estertor e o afundamento final

A batalha da margem esquerda do Reno: 8 de fevereiro-21 de março de 1945

Apesar de uma enorme superioridade de meios, os Aliados serão obrigados a travar combates acirrados e dispendiosos para rechaçar os alemães para o outro lado do Reno.

Ao norte do Eifel, Montgomery, com o 1º Exército canadense e o 2º Exército britânico, ataca na direção de Wesel, efetuando uma manobra em pinça em conexão com o 9º Exército americano, que dirige seu esforço para Dusseldorf. Levando-se em conta a resistência alemã, as intempéries e as dificuldades do terreno, a manobra só é executada aos 3 de março e as últimas resistências alemãs só são eliminadas uma semana depois. Em 11 de março, o sucesso é completo. Se o 1º Exército paraquedista alemão pôde recuar para trás do Reno, 7 divisões foram praticamente aniquiladas e os britânicos contam mais de 70 mil prisioneiros.

Mais ao sul, o 12º grupo de exércitos de Bradley também executa uma manobra em pinça entre Colônia e Coblence. Também aí a resistência é feroz, e o 1º Exército de Hodges só chega a Colônia em 7 de março. Em 11 de março, efetua sua ligação com o exército de Patton vindo de Trèves. Um acontecimento abala então o plano de operações. Ao sul de Colônia, em 7 de março, a 3ª divisão blindada do 1º Exército apodera-se, em Remagen, da ponte da estrada de ferro Ludendorff intacta. Os americanos aproveitam a ocasião e penetram à força na margem direita. Após esforços frenéticos dos alemães, tiros de artilharia e de V2, ataques aéreos e nadadores de combate, a ponte acaba desmoronando em 17 de março. Entretanto, é então completada por duas pontes de embarcações. Hitler se aproveita da ocasião para demitir von Rundstedt pela terceira vez e o substitui pelo marechal Kesselring.

Nessa data, o 3º Exército de Patton e o 6º grupo de exércitos de Devers continuam a liberação do Palatinado. Sarrebruck cai em 20 de março, Mayence no dia seguinte. Um audacioso ataque de flanco de Patton provoca a queda do grupo de exércitos G. No total, a batalha da margem esquerda do Reno custa aos alemães 60 mil mortos e feridos e cerca de 250 mil prisioneiros. As perdas aliadas não ultrapassam 20 mil homens.

A travessia do Reno: 22-31 de março de 1945

Nas vésperas da travessia do Reno, os Aliados dispõem de uma esmagadora superioridade. Eisenhower alinha 85 divisões, entre as quais 5 vindas recentemente da Itália, 23 blindadas e 5 grandes unidades paraquedistas, dotadas de 6 mil tan-

605

A Segunda Guerra Mundial

ques e organizadas em três grupos de exércitos. Enormes meios logísticos foram mobilizados e 4 mil chalupas reunidas.

Numa frente de 750 km, Kesselring opõe ainda 71 divisões, entre as quais 8 Panzers. Mas essas grandes unidades constituem apenas um terço de seus efetivos. O grosso da Wehrmacht está então engajado a leste (160 divisões) para tentar conter as ofensivas soviéticas na Alemanha e na Hungria.

A travessia do Reno é precedida de uma violenta ofensiva aérea. A operação Clarion associa o bombardeio estratégico à aviação tática, visando às concentrações alemãs, as vias de comunicação e os campos de pouso da Luftwaffe, a fim de neutralizar a ação dos aparelhos a jato.

Enquanto o 1º Exército de Hodges aumenta a cabeça de ponte de Remagen, a primeira travessia é conseguida de surpresa por Patton em Oppenheim, na noite de 22 a 23 de março. Dois dias depois, 4 divisões atravessaram o rio, e Frankfurt cai aos 24 de março.

Mais ao norte, a travessia do rio pelo 21º grupo de Montgomery toma a aparência de uma operação metódica em grande estilo, sendo precedida por um ataque aéreo maciço, pelo disparo de 3 mil canhões e pela descida de duas divisões aerotransportadas, destinada a garantir a revanche de Arnhem. A passagem é efetuada na noite de 23 a 24 de março. Dois dias depois, 14 divisões tomaram posição na margem direita a partir de 12 pontes formadas por embarcações.

O 7º Exército de Patch efetua, por sua vez, a travessia de um lado e de outro de Worms, antes de apoderar-se, em 28 de março, de Mannheim. Instigado por De Gaulle, o 1º Exército francês obtém enfim a autorização para atravessar o Reno. A passagem é efetuada, em 31 de março, em Spire e em Lemersheim.

A ofensiva aliada na Alemanha: final de março-8 de maio de 1945

Com a travessia do Reno, Eisenhower dá prioridade a três manobras que devem executar-se simultaneamente. O cerco do vale do Ruhr será associado a uma progressão divergente em direção ao norte e ao sul da Alemanha. Trata-se de evitar a constituição de dois "redutos" – um na Escandinávia e outro nos Alpes – onde os dirigentes do Reich, em conexão com formações de elite, estariam em condições de prolongar a luta durante vários meses.

Eisenhower não considera Berlim um objetivo prioritário. Ele vai contentar-se, de ambos os lados do maciço do Harz, em dirigir um exército até o Elba, onde efetuará sua junção com os soviéticos antes de se colocar em posição defensiva. Apesar das objeções de Churchill, convencido da repercussão política da queda da

606

capital do Reich, Eisenhower continua inabalável, e a morte de Roosevelt, em 12 de abril, só fará acentuar suas convicções. "Berlim não constitui um objetivo militar."

O cerco do vale do Ruhr efetuado pelo 9º e pelo 1º Exército US acontece já em 1º de abril. Dezoito divisões são pegas na armadilha sob o comando do marechal Model. A redução do bolsão é confiada ao 15º Exército de Gerow, recentemente constituído. Desmoralizadas, as tropas alemãs não opõem mais que uma resistência esporádica. As grandes cidades do Ruhr caem umas após as outras. Dortmund e Essen em 9 de abril, Wuppertal no dia 14. No dia 18, acontece a rendição geral, envolvendo 30 generais e 325 mil homens. Preferindo a morte à desonra, Model se suicida em 21 de abril.

No norte da Alemanha, o grupo de exércitos de Montgomery efetua então uma progressão lenta e metódica. No começo de maio, todo o litoral do mar do Norte é ocupado e a tomada de Lubeck concede aos ocidentais um acesso ao Báltico, cujo papel se revelará capital para a futura República Federal Alemã.

Ao sul do Reich, o avanço aliado prossegue num ritmo lento. Após a tomada de Karlsruhe, o 1º Exército de De Lattre empreende a eliminação dos inimigos da Floresta Negra. A ocupação de Stuttgart, em 22 de abril, provoca, entretanto, um vivo incidente interaliado. Após um ultimato em regra, os franceses devem evacuar a cidade, situada sobre o eixo de progressão de um batalhão do exército americano.

Enquanto o 1º Exército prossegue sua marcha ao longo do lago de Constança, os americanos progridem em direção ao Danúbio, não sem travar ainda duros combates, em particular nas cercanias de Nuremberg. O rio é alcançado em 27 de abril em Ulm, Ingolstadt e Ratisbonne. Uma vez efetuada a travessia do rio, o avanço se acelera em direção a Munique, ocupada em 29 de abril. Elementos da 2ª DB de Leclerc, que opera, conforme a vontade de seu chefe, ao lado dos americanos, alcançam Berchtesgaden, onde hasteiam a bandeira francesa. A marcha dos Aliados prossegue na Áustria com a tomada de Innsbruck, de Salzburgo e de Linz.

Simultaneamente, o 1º Exército de Hodges alcança o Elba e efetua, em 25 de abril, sua junção com elementos do Exército Vermelho. Quanto ao 3º Exército de Patton, ele estaca nas fronteiras da Tchecoslováquia, a pedido do comando soviético. Ao anúncio da morte de Hitler em Berlim, em 30 de abril, toda resistência se desintegra a oeste e as capitulações locais se multiplicam na Holanda, na Dinamarca e na Áustria.

Vitória final na Itália: 9 de abril-2 de maio de 1945

Após a longa pausa do inverno, o comando aliado desencadeia uma ofensiva geral sobre a frente italiana, entre 9 e 14 de abril. Com a partida de Kesselring, chamado ao comando da Frente Ocidental, é o general Vietinghof que tenta conjurar a

A Segunda Guerra Mundial

ameaça. Sob a violência do assalto, ele não consegue efetuar o recuo previsto ao norte do Pó, sobre as posições do "reduto alpino" a partir do lago de Garda até o Adige.

A progressão aliada torna-se então irresistível, enquanto uma insurreição se desenvolve no norte da Itália. A travessia do Pó acontece em 23 de abril, Verona é ocupada no dia 26, a rota do Brenner ameaçada. En 28 de abril, Vietinghof negocia uma capitulação que se torna efetiva em 2 de maio. A derrocada alemã acarreta a da República de Salò. Depois de tentar, em vão, um acordo com a resistência, Mussolini, disfarçado de soldado alemão, procura ganhar a Suíça. Reconhecido e preso, ele é fuzilado por partisans em companhia de sua ama, aos 28 de abril, perto do lago de Como.

A queda de Berlim: 21 de abril-2 de maio de 1945

Em sequência à decisão de Eisenhower de não se ocupar de Berlim, é o Exército Vermelho que vai travar a última batalha da guerra entre o Oder e o Elba e apoderar-se da capital do Reich. Na véspera desse último esforço, os soviéticos alinham, do estuário do Oder até Görlitz, mais de 2,5 milhões de homens, 6,5 mil tanques e canhões de assalto, 42 mil peças de artilharia e 8,5 mil aviões, ou seja, uma superioridade em efetivos de 3 para 1, e de 6 para 1 em material.

A ofensiva deslancha em 16 de abril. Ao norte, Rokossovski deve ocupar Stettin e a Pomerânia ocidental. No centro, Jukov e Koniev, de início, cercarão as tropas alemãs do setor de Frankfurt sobre o Oder, antes de tomar em pinça a capital do Reich. Sua progressão se orientará, em seguida, na direção do Elba e de Saxe. A manobra é executada, apesar de uma resistência acirrada e, em 24 de abril, Berlim é cortada do exterior.

A batalha pela capital começa em 26 de abril. A guarnição conta com cerca de 300 mil homens, oriundos de tropas regulares de Volkssturm, de policiais e da Juventude Hitlerista. A defesa foi improvisada por meio de barricadas, de passagens ligando os imóveis uns aos outros. Foi necessária uma semana de combates para quebrar uma resistência feroz. Os últimos assaltos acontecem no Reichstag. A rendição se dá no dia 2 de maio.

A batalha entre o Oder e o Elba termina dias depois com uma grande vitória do Exército Vermelho, com 500 mil prisioneiros e um material considerável, destruído ou capturado. Entretanto, as perdas soviéticas são severas, com mais de 300 mil mortos, feridos ou desaparecidos.

Após os últimos combates na Hungria, o Exército Vermelho penetrou na Áustria e apoderou-se de Viena em 13 de abril. Trava sua última batalha na Tchecoslováquia contra as tropas do general Schörner, antes de libertar Praga, em 9 de maio. No total, os soviéticos, à custa de pesados sacrifícios, se outorgaram o privilégio de ocupar as grandes capitais da Europa Oriental e Central, prelúdio a uma satelização.

608

A capitulação. Reims e Berlim: 8-9 de maio de 1945

Após a rendição de Berlim, o III Reich agoniza. Antes de se suicidar, em 30 de abril, Hitler designou como sucessor o almirante Dönitz. De Flensburg, na fronteira dinamarquesa, empreende os últimos combates e se esforça para fazer passar o máximo de tropas e de refugiados para o oeste, nas linhas anglo-americanas, antes de resignar-se a depor as armas. Assim, o general Jodl e o almirante von Friedeburg assinam, em 8 de maio, em Reims, no quartel-general de Eisenhower, o ato de capitulação estendida a todas as frentes. Os soviéticos exigem uma segunda capitulação, assinada no dia seguinte em Berlim pelo marechal Keitel, diante de Jukov e de Tedder, com os generais Spaatz e De Lattre servindo de testemunhas. A *Segunda Guerra Mundial está terminada na Europa.*

Conquista de Iwojima: fevereiro-março de 1945

No momento em que o Reich capitula, o Japão está numa situação desesperada. Apesar de estar submetido a bombardeios devastadores, estar privado de sua marinha mercante e ser vítima de submarinos americanos, acha-se ainda em condições de oferecer uma obstinada resistência e de infligir perdas severas ao adversário.

Situada no pequeno grupo das ilhas Volcano, Iwojima está a meio caminho entre as Marianas e o Japão. A guarnição nipônica pode então dar o alerta, e a aviação de caça interceptar os bombardeios americanos quando estes se dirigem para o Japão em seus ataques regulares a partir das Marianas. Inversamente, tomada pelos americanos, a ilha se tornaria uma base para os caças de escolta que poderiam então voar até o Japão e um campo de acolhida para o retorno dos aparelhos avariados. Sempre ciosos em economizar as vidas americanas, os JCS decidem, no começo de outubro, sobre o início e a data do ataque de Iwojima: 19 de fevereiro de 1945. O almirante Spruance é responsável pelas operações navais, o general Schmidt, veterano de Saipan, conduz o 5° batalhão anfíbio, juntamente com as 4ª e 5ª divisões de Marines, ficando a 3ª em reserva (sendo um total de 70 mil Marines).

Em face deles, o general Kuribayashi, com a 109ª DI e unidades de reforço – num total de 21 mil homens – preparou sua defesa a partir de uma fortificação impressionante da ilha. Esta se encontra recheada de *Blockhaus*, de abrigos, de postos de comando, de arsenais, de depósitos de munição e de hospitais, ligados por 20 km de túneis (Iwojima tem 9 km de comprimento por 5 de largura). A base Chidori – que pertence à aviação naval – está protegida por 150 *Blockhaus*.

Medindo a dificuldade da operação Detachement, o almirante Turner, encarregado da execução e da conquista da cabeça de ponte, dispõe de 485 embarcações,

A Segunda Guerra Mundial

8 encouraçados antigos, 12 porta-aviões de escolta, 19 cruzadores e 44 destróieres. O 5º batalhão anfíbio é embarcado em 43 unidades de transporte, 63 LST (Landing Ship Tanks) e 31 LSM (Landing Ship Medium). A Task Force 58 (Mitscher) garante a proteção à distância atacando as bases e os aeródromos do arquipélago japonês.

Ao amanhecer de 19 de fevereiro de 1945, os Marines desembarcam. A operação foi precedida de 74 dias de bombardeios aéreos e de 3 dias de ataque intenso pelos TF-52 e TF-58. Ao chegarem a terra, os Marines são submetidos a um dilúvio de fogo que os fixa nas rampas de areia vulcânica de cor negra das praias. As embarcações devem ficar próximas e eliminar sistematicamente por tiros diretos os *Blockhaus* e as localizações de tiro japonesas. É necessário esperar a noite para que a linha de contato avance na ilha. Entre os 30 mil homens que foram desembarcados, já se contam 2,5 mil mortos.

A batalha vai progredir lentamente contra os japoneses que aos poucos se defendem. Os Marines atacam de início em direção ao sul, para apossar-se do monte Suribachi que domina a ilha. O pico só é alcançado em 23 de fevereiro pelos homens do 28º Regimento, que hasteiam ali a bandeira americana por duas vezes, estando a segunda imortalizada pelo fotógrafo J. Rosenthal. Os americanos, que esperavam conquistar a ilha em dez dias, devem então engajar a divisão mantida em reserva. Essas três grandes unidades empreendem uma eliminação sistemática dos inimigos da ilha, do sul para o norte, onde Kuribayashi instalou seu PC subterrâneo. A partir de 8 de março, os campos de aviação são utilizados pelos caças P-51 americanos. Os japoneses não deixam de demonstrar uma resistência obstinada, em particular no setor conhecido como "Moedor de carne" (Meat Grinder), no setor centro-leste da ilha (Cota 382), ou nas cotas 362A (a oeste) ou 362B (bem ao norte). Os lança-chamas e os tanques-dozers são diariamente utilizados para reduzir as resistências ou enterrá-las definitivamente. Em 9 de março, uma patrulha do 21º Marines alcança a extremidade norte da ilha, mas a eliminação dos inimigos só é considerada terminada em 26 de março. Kuribayashi suicidou-se, provavelmente no mesmo dia, após um derradeiro contra-ataque no qual 262 japoneses e 53 Marines foram mortos. Para aliviar as tropas sitiadas, a aviação japonesa prosseguiu seus ataques perdendo mais de 500 aviões, incluindo aqueles destruídos no solo. A marinha japonesa não interveio.

A conquista de Iwojima custou às forças americanas 6.821 mortos e 19 mil feridos. Os japoneses perderam 13.234 mortos, sem contar 8 mil homens enterrados nas grotas, deixando só 212 prisioneiros para os americanos. A guarnição foi aniquilada. Entre os mortos, o coronel Nishi, medalha de ouro nos esportes equestres dos Jogos Olímpicos de Los Angeles, em 1932. O heroísmo dos atacantes esteve na medida dos defensores.

610

O último estertor e o afundamento final

Uma vez conquistada, a ilha desempenha o papel que os JCS esperavam. De março a agosto de 1945, 2,4 mil superfortalezas B-29 efetuarão ali aterrissagens de urgência ao retornar de missões sobre o Japão. Os meios de salvamento aí baseados permitirão salvar 402 aviadores caídos no mar durante esse mesmo período. Enfim, o plano Workman realizará a ampliação e o reforço dos campos de aviação: quatro grupos de caça diurna (P51 Mustang) e noturna (P61 Black Widow) ficarão baseados permanentemente na ilha. As perdas sofridas durante a conquista de Iwojima são justificadas pelo número de vidas assim poupadas até o final da guerra.

Campanha de Okinawa: abril-junho de 1945

A campanha de Okinawa começa imediatamente após a ocupação de Iwojima. As forças americanas de MacArthur continuam suas operações nas Filipinas, e a US Air Force já isola o Japão metropolitano de seus recursos do sudeste asiático. Os últimos navios da Marinha Imperial refugiaram-se nas bases do mar Interior ou em Cingapura. A aviação do exército ou da marinha não são mais capazes de uma utilização convencional, mas sua nova tática camicase a torna uma ameaça preocupante para as forças de superfície aliadas. Partindo das bases das Marianas, os bombardeiros americanos exercem sua potência sobre os objetivos do arquipélago nipônico. Desde março, o Strategic Air Command dá início a ataques incendiários sobre as principais cidades japonesas. O Japão, vencido militarmente, parece querer continuar o combate até ser totalmente destruído.

De acordo com as diretrizes das JCS, que estipulam a conquista de uma base no Nansel Shoto (ou arquipélago das Ryu Kyu), Nimitz decide-se pela conquista da ilha de Okinawa. Essa ilha oferece, com efeito, numerosos terrenos para aeródromos, excelentes abrigos propícios ao estabelecimento de bases navais, enfim, uma superfície suficiente para acolher forças terrestres com vistas a operações ulteriores. A pressão sobre o Japão metropolitano e suas águas territoriais será grandemente intensificada.

O assalto e a ocupação de Okinawa constituem a maior operação anfíbia empreendida até então. A operação Iceberg reúne 1.213 navios, 564 aviões embarcados e 451.866 combatentes. O general S.M. Bruckner comanda o 10º Exército, que coroa o 3º batalhão anfíbio – general Geiger, com as 1ª e 6ª Marine Divisions –, e o 24º batalhão (US Army) – general Hodge, com as 7ª e 96ª DIUS. Há três divisões em reserva: a 3ª Marine e as 27ª e 77ª DIUS. A Fast Carrier force (TF-58, Mitscher) agrupa 15 porta-aviões rápidos (919 aviões embarcados), 8 encouraçados modernos, 75 cruzadores (entre os quais, os novos cruzadores de batalha, Alaska e Guam). Pela

611

A Segunda Guerra Mundial

primeira vez desde 1942, a Royal Navy reaparece no Pacífico com a Task Force do almirante Rawlings – 4 porta-aviões pesados e 2 encouraçados.

Okinawa é defendida pelo 32º Exército japonês (general Ushijima), que compreende as 24ª e 62ª DI, a 44ª brigada independente e elementos das 9ª e 28ª DI. Entre as unidades de apoio, um regimento de artilharia equipado com morteiros gigantes de 320 mm. No total, 77,2 mil homens. Uma espécie de milícia local, a *Boetai*, foi utilizada principalmente nos trabalhos das fortificações. O plano de batalha de Ushijima é simples: não se ater às praias, mas fixar as forças inimigas em torno dos centros de resistência e principalmente numa espécie de campo fortificado, situado ao sul da ilha, onde quase toda a guarnição e a milícia estão concentradas. Retendo os americanos durante várias semanas, a aviação poderá intervir com seus aviões-suicidas e destruir o máximo de navios americanos.

Após a eliminação dos inimigos das ilhas Kerama ao final de março pela 77ª DI, a Força Expedicionária combinada desembarca nas praias do oeste, na parte mais estreita da ilha, em 1º de abril de 1945, domingo de Páscoa. O 3º batalhão anfíbio se dirige para o norte e o 24º batalhão para o sul. Durante quatro dias, os americanos não encontram nenhuma resistência. Os Marines continuam sua progressão. Aos 8 de abril, estão a meio caminho de Hedo Misaki, no extremo norte da ilha, aonde chegam em 13 de abril. Entretanto, até 20 de abril, a 6ª Marine Division deve varrer a península de Motobu, onde a 44ª brigada independente (coronel Udo) mantém o único centro de resistência dessa parte da ilha.

Em direção ao sul, a 7º e a 96º DIUS são detidas pelas primeiras defesas japonesas que cobrem o "Shuri Castle", PC do general Ushijima. Bruckner mobiliza sua divisão de reserva, a 27ª, para lançar um assalto geral, em 19 de abril, que termina em fracasso. Ao final do mês, após progressos difíceis, o dispositivo do 10º Exército é reorganizado: as 1ª e 6ª divisões da marinha vêm substituir a 27ª DI. Os japoneses, por seu turno, lançam um contra-ataque em 3 de maio, com desembarques nas retaguardas das duas extremidades da frente. Os dois regimentos engajados são aniquilados pelos americanos que perceberam a manobra. Em 4 de maio, o prolongamento dessa manobra por uma saída da 24ª DI japonesa contra a 7ª DIUS termina em fracasso.

A primeira quinzena de maio assiste a uma lenta progressão do 10º Exército, em combates corpo a corpo e com lança-chamas semelhantes aos de Iwojima. Conical Hill, importante base de fogos de artilharia do dispositivo japonês, é tomada em 19 de maio. Esse sucesso não pode ser explorado em razão das abundantes chuvas que transformam o terreno e as estradas em lamaçal. Os japoneses atacam de surpresa, na noite de 24-25 de maio, desembarcando comandos aerotransportados em aeródromos de Yontan e Kadena. Esses são rapidamente eliminados depois de

612

O último estertor e o afundamento final

destruírem sete aviões. A defesa japonesa começa a sofrer falta de munições, mas ainda resiste. Em 29 de maio, os Marines apoderam-se de Shuri Castle, abandonado por Ushijima, que se instala a 20 km mais ao sul. É necessário, em seguida, varrer a península de Oroku, mantida pelos marinheiros do almirante Ota. São necessários oito dias para a 6ª Marine Division eliminar seus 4 mil defensores (4-12 de junho). Empurrando sempre metodicamente a linha japonesa, os americanos requisitam, de Saipan, a 2ª Marine Division que tinha simplesmente efetuado uma operação de despistamento por ocasião do desembarque de 1º de abril. Foi ao assistir ao engajamento dessa unidade que Bruckner foi morto por um fragmento de granada, em 18 de junho.

O final da campanha está próximo. Os japoneses são rechaçados para a península de Kiyamu, ao sul, onde se formam vários bolsões de resistência dominados uns após outros. Resta ainda uma semana para encerrar-se a conquista da ilha, que, no total, demandou 82 dias. Se a operação Iceberg foi a mais importante da guerra do Pacífico quanto aos meios utilizados, também é a mais sangrenta. Os japoneses contam 110 mil mortos e 10,7 mil prisioneiros, e os americanos 7.613 mortos e 31,8 mil feridos, sem falar das vítimas dos ataques camicase. Essa vitória, que custou caro, faz que os responsáveis americanos reflitam, medindo o preço a pagar quando for necessário engajar-se na conquista do Japão.

Camicase

Uma das características da campanha de Okinawa é o recurso sistemático dos japoneses à tática dos ataques suicidas utilizada até então de maneira episódica. A partir da Batalha de Leyte, aviadores da marinha baseados em Formosa haviam, com o acordo do almirante Onishi, decidido jogar-se deliberadamente sobre os navios americanos que a prudência do almirante Kurita havia poupado. Em 24 de outubro, o porta-aviões de escolta Saint-Lô é destruído sob os ataques suicidas de aviões, e vários outros navios sofrem avarias mais ou menos graves. A partir de então, diariamente, embarcações presentes em Leyte, e depois em Mindoro e mais tarde em Lingayen, são submetidas a esses ataques, que levam o nome de ataques camicase em memória do tufão providencial que havia destruído a frota de invasão mongol no século XIII. Retomados em Iwojima, tais "ataques especiais" são considerados pelos japoneses a única tática eficaz para deter o avanço das forças de superfície inimigas.

Duas forças aéreas (6ª força aérea e 5ª frota aérea) são designadas para garantir a defesa dos Ryu Kyu, a partir de Kyushu e Shikoku. Dois ataques importantes são assim lançados contra Okinawa entre 6 de abril e 22 de junho de 1945, recebendo

613

A Segunda Guerra Mundial

o nome de Kibusui (*crisântemos flutuantes*) e engajando 1.465 aparelhos. A partir de Formosa, a 1ª frota aérea lança igualmente 250 ataques suicidas. No total, na campanha de Okinawa são lançados 1,9 mil ataques suicidas contra as forças americanas, sem contar a saída sem retorno do Yamato.

Para se proteger, a US Navy espalha ao longo das praias *picket-ships* destinados a dar o alerta a distância. São esses navios que vão sofrer as perdas mais pesadas. Onze deles serão afundados.

Para a defesa do Japão metropolitano (plano Ketsu), os japoneses mobilizam, além da 6ª força aérea, a 5ª (Coreia do Sul e Manchúria) e a 1ª (em reserva da 6ª) para engajar 1,5 mil aviões suicidas a partir de agosto de 1945. As 3ª e 5ª frotas aéreas estão prontas para lançar 3 mil aparelhos.

Tendo sistematizado o espírito da organização desses ataques, os japoneses também estudaram os seus meios. Além de aparelhos clássicos, dos mais modernos aos mais antigos, que são consumidos nesse estilo de ataque, o exército e a marinha desenvolvem:

- Bombas humanas, as Ohka (apelidadas Baka) propulsadas por um foguete e levadas para a proximidade de seus objetivos por bombardeiros Betty. Uma versão catapultada do solo e uma outra propulsada por reação são desenvolvidas.
- Torpedos humanos, os Kaiten.
- Submarinos suicidas com 5 (Koryu) ou 2 homens (Kairyu).
- Lanchas-rápidas suicidas, as Shinyo.

Os americanos acharão importantes depósitos desses materiais em Okinawa, e depois da capitulação ou nos estaleiros (Kuré) ou próximos às praias (Kyushu). O balanço final desses ataques é o seguinte:

- Por aviões-suicidas ou bombas Ohka: 3 porta-aviões de escolta e 34 embarcações leves (destróieres, LST etc.) afundados e 288 embarcações avariadas (do encouraçado ao LST).
- Por lanchas suicidas: 9 LCI ou LCS afundados, 15 embarcações leves avariadas.
- Por torpedos humanos: 2 petroleiros afundados, 4 embarcações leves avariadas.

As perdas humanas aliadas são estimadas em 3 mil mortos e 6 mil feridos, enquanto os japoneses sacrificaram 3.913 aviadores e marinheiros, do vice-almirante ao simples piloto. Essa determinação feroz dos aviadores, acrescida à defesa sem espírito de recuo dos combatentes terrestres, só torna mais pessimistas as previsões feitas pelo planejamento americano para a execução das operações Olympic (desembarque em Kyushu em novembro de 1945) e Coronel (desembarque em Honshu em março de 1946). Ambas só fazem convencer os americanos do emprego de novos meios potentes e definitivos a fim de quebrar essa obstinação.

614

A campanha da Birmânia: 1942-1945

A vitoriosa contraofensiva americana no Pacífico não pode deixar de lembrar o esforço considerável dos britânicos na Birmânia, embora o sucesso tenha demorado a se manifestar. De janeiro a abril de 1942, uma ofensiva no Arakan – no entorno do golfo de Bengala – e um ataque aéreo em profundidade dos Chindits de Wingate terminam em fracasso. Ao norte, as tropas chinesas de Stilwell não são mais felizes. Um ano depois, operações do mesmo tipo iniciadas durante a estação seca também só conseguem resultados limitados.

Em abril-maio de 1944, os britânicos alcançam enfim seus primeiros êxitos ao norte. A vitória se delineia em seguida, durante o verão, na Birmânia central, com o fracasso de uma ofensiva japonesa contra Imphal e Kohima. O ano seguinte é decisivo. Ao norte, os chineses reabrem a rota da Birmânia. No centro, o general Slim, que dispõe agora de meios consideráveis e de uma superioridade aérea absoluta, está em condições de desencadear uma ofensiva geral coroada de sucesso. Mandalay é reocupada em 20 de março de 1945, Meiktila dez dias depois.

A progressão se acelera, em seguida, em direção a Rangum, mas é freada pelas chuvas diluvianas da monção. É uma operação anfíbia que provoca, em 3 de maio de 1945, a queda de Rangum. Três exércitos japoneses foram aniquilados em sua maior parte. Seus restos recuam para a Tailândia. A derrota nipônica se explica pela falta de meios e pela doença. A vitoriosa campanha da Birmânia de 1945 constitui a revanche dos desastres de 1942.

O Japão sitiado

Após a queda de Okinawa, o Japão se acha não somente ameaçado de invasão, mas à beira da asfixia econômica e submetido a destruições maciças. Após Pearl Harbor, o almirante Nimitz tomou a decisão de travar, contra a marinha mercante japonesa, uma guerra submarina sem restrições. A partir de 1943, uma vez implementados novos procedimentos de ataque e superada uma grave crise dos torpedos, os resultados são espetaculares. Em agosto de 1945, mais de 7 milhões de toneladas de embarcações mercantes foram postas a pique, entre as quais 60% pelos submarinos e o resto pela aviação. A frota mercante japonesa acha-se reduzida a um milhão de toneladas, e as relações marítimas limitam-se à Manchúria do norte e à Coreia. A partir de meados de 1943, o Japão se encontra cortado de suas possessões do sudeste asiático e submetido a uma escassez crescente de petróleo e de matérias-primas. Às vésperas do uso da arma nuclear, uma parte importante das indústrias de armamento está paralisada.

615

A Segunda Guerra Mundial

Os bombardeios aéreos também contribuem para a desorganização da economia. Os primeiros ataques aéreos começam em junho de 1944, com o uso das superfortalezas B-29, com grande raio de ação, que operam a partir de campos de pouso em Bengala e no sul da China. Entretanto, os resultados são medíocres. Os B-29 deparam-se com reações eficazes dos caças nipônicos e não conseguem atingir o sul do arquipélago nipônico. A ofensiva japonesa no sul da China, no começo de 1945, com a ocupação de vários campos de pouso, encerra a experiência.

A retomada dos ataques é assegurada pelas bases das Marianas, construídas em Saipan, Guam e Tinian. De início, o 21º Bomber Command do general Hansell aplica a tática praticada na Alemanha com ataques de precisão efetuados em plena luz do dia, numa altitude elevada. Os resultados são ainda decepcionantes, em virtude dos caprichos das condições meteorológicas e da aviação de caça japonesa. As taxas de perdas ultrapassam 5% e muitos aparelhos avariados perdem-se no mar.

A ocupação de Iwojima proporciona uma sensível melhora. O que não impede que Curtis Le May, o novo comandante do 21º Bomber Command, mude de tática. Ele adota a doutrina da Royal Air Force e recorre a ataques noturnos em altitude média, utilizando bombas explosivas e incendiárias. Os ataques concentram-se então sobre Tóquio, Osaka, Kobe e Nagoya, onde as grandes indústrias de armamento, em conexão com centenas de pequenas empresas terceirizadas, estão estreitamente imbricadas a bairros residenciais altamente vulneráveis ao incêndio, com suas casas de madeira e papel.

Após vários ensaios, *Tóquio torna-se objeto de um ataque maciço na noite de 9 a 10 de março de 1945. São 300 as superfortalezas* que despejam 1.667 toneladas de bombas incendiárias. As destruições atingem um nível inimaginável: 40 km^2 são devastados por terríveis incêndios. Reedita-se aí o drama de Hamburgo ou de Rostock. Mais de 85 mil pessoas morrem carbonizadas, e os feridos graves são mais de 100 mil. Nos dez dias que se seguem, o holocausto continua. Nagoya, Osaka e Kobe são vítimas de ataques aéreos devastadores, assim como as cidades da baía de Tóquio. Ao longo dessa ofensiva de uma violência sem precedentes, as perdas são mínimas: 1,4 % apenas dos aviões engajados. Com isso, o moral das tripulações vai às alturas.

Começa o martírio do Japão. Ao longo dos meses seguintes, os ataques continuam, com meios cada vez mais potentes. Se em dezembro de 1944 as bases das Marianas contavam apenas com 350 aparelhos, em abril de 1945 contam com 700, com a chegada do 20º Bomber Command, e com 1,05 mil aparelhos em agosto. Uma após outra, as cidades japonesas são alvo de ataques devastadores. Nessa última fase, Curtis Le May muda mais uma vez sua tática. Os ataques noturnos continuam, mas os B-29 retomam ataques diurnos de precisão em altitude média, da ordem de 4 mil a 6 mil metros. As perdas são relativamente moderadas em razão da baixa potência da DCA, da proteção assegurada pelos Mustang e pelos novos Thunderbolt, e por causa da política do comando nipônico que procura poupar a aviação de caça para o caso de um desembarque. Durante as últimas semanas, os ataques visam essencialmente as construções aeronáuticas e a indústria do petróleo.

No momento da capitulação, o balanço obtido pela 20ª Air Force é altamente positivo: com uma perda de 441 B-29, 40 cidades sofreram danos consideráveis. Contam-se 300 mil mortos, 450 mil feridos, mais de 10 milhões de desabrigados. O moral da população é duramente atingido. A US Army Air Force pode ainda reivindicar uma redução da capacidade de produção de 60% a 85%. Na verdade, essa redução também se deve ao desaparecimento da marinha mercante. Deve-se também, durante as últimas semanas do conflito, à conjunção de todas as forças aéreas: a aviação tática que opera a partir de Okinawa e a aviação embarcada. Esta ataca diretamente o arquipélago nipônico em ondas de 800 a mil aparelhos, multiplicando os bombardeios e metralhando os portos, os campos de aviação, os transportes e as indústrias. Os pesados canhões da frota bombardeiam até as instalações costeiras. De todo modo, a despeito de uma situação desastrosa, a vontade de resistência persiste, pelo menos no exército, e após o ataque com a arma nuclear, será necessária toda a autoridade do imperador para impor a capitulação.

Hiroshima e Nagasaki: 6-9 de agosto de 1945

Em 6 de agosto de 1945, às 8h15 da manhã, um B-29 do 500º grupo do 20º Bomber Command solta uma única bomba sobre a cidade de Hiroshima, na extremidade ocidental da ilha de Honshu. Explodindo a 600 metros de altitude, essa bomba provoca uma destruição completa dos imóveis e dos habitantes num raio de 1 km. Além dos efeitos do calor e do choque provocados pelo equivalente a 35 mil toneladas de TNT, acrescenta-se o efeito invisível e pernicioso da radioatividade. No total, 70 mil mortos e 80 mil feridos. Essa bomba, utilizando o fenômeno de liberação da energia nuclear, é o resultado de um duplo processo, científico e político.

Em 1938, físicos alemães (Hahn e Strassmann) confirmam uma experiência efetuada por Enrico Fermi em 1934: a desintegração do átomo é possível, liberando uma quantidade de energia considerável. Informado a esse respeito, Niels Bohn, um físico dinamarquês, prossegue com a experiência em Princeton (EUA) e, finalmente, em outubro de 1939, em nome dos sábios envolvidos nessa pesquisa, Einstein escreve ao presidente Roosevelt para lhe anunciar a possibilidade de fabricar uma bomba superpotente e radioativa. Como os alemães trabalham sobre as mesmas pesquisas, ele sugere que os Estados Unidos ajam rapidamente, a fim de se adiantar

A Segunda Guerra Mundial

ao adversário. O projeto Manhattan, dirigido pelo general Groves, inicia-se logo após Pearl Harbor, em três centros de pesquisa de Hanford (Washington), Oak Ridge (Tennessee) e Los Alamos (Novo México) – onde Robert Oppenheimer é encarregado da construção das bombas.

De trabalhos em experiências, os pesquisadores descobrem um novo elemento, o plutônio, ainda mais fácil de desintegrar do que o urânio U-235. Preparam-se então dois tipos de bombas: a Little Boy com o U-235, e a Fat Man, de plutônio, tendo seus apelidos ligados a seu aspecto exterior. Em 16 de julho de 1945, Oppenheimer e Groves efetuam uma explosão-teste em Alamogordo (Novo México) para verificar o bom funcionamento da bomba de plutônio. A primeira explosão é um sucesso. O presidente Truman é avisado de que o uso da bomba de energia nuclear é possível a partir de então.

Em julho de 1945, depois de transcorridos três meses da morte de Roosevelt, de fadiga e de doença, Truman está à frente da coalizão aliada contra o Japão, que deve ser levado a capitular. Os combates de Iwojima e de Okinawa, assim como os ataques suicidas efetuados pela aviação e pela marinha japonesa, fazem prever a resistência que encontrarão as forças americanas ao atacarem o próprio santuário japonês (operações Olympic e Coronel). As perdas aliadas vão atingir cifras insuportáveis para a opinião pública americana. Truman teme ainda que Roosevelt, ao incentivar a URSS a intervir no Extremo Oriente, tenha dado um presente excessivo a Stalin, que tirou o máximo proveito do tratado de neutralidade russo-japonês de 1941 e que obteria assim vantagens sem proporção por seu papel no conflito na Ásia. É necessário, então, acabar com a guerra sem demora. A declaração de 26 de julho, concluindo a conferência de Potsdam, propõe ao Japão capitular logo, senão seria obrigado a aceitar a paz após sofrer uma "rápida e total destruição".

Paralelamente a esses acontecimentos, o 509º grupo misto de bombardeio é criado em setembro de 1944, reagrupando as melhores tripulações das super-fortalezas B-29 . Após um período de treinamento em Cuba, o grupo é transferido para Tinian (Marianas) em junho de 1945. Em sequência à experiência de Alamogordo, os elementos das duas bombas atômicas são transportados para Tinian pelo cruzador Indianápolis, e os dois artefatos estão prontos em 1º de agosto. Não tendo recebido resposta oficial à declaração de Potsdam, Truman confirma que a operação Sylver Plate deve ser executada. Em 6 de agosto, o B-29 Enola Gay, pilotado pelo coronel Paul Tibbets, decola às 2h45, precedido de um bombardeiro meteorológico e escoltado por dois B-29 de observação e de registro, para a primeira missão aérea da era nuclear.

Após a explosão de Hiroshima, a segunda bomba deve ser lançada sem atraso para reforçar o efeito de terror sobre as populações, e de persuasão sobre os dirigentes nipônicos. A missão é executada pelo B-29 Bock's Car, pilotado pelo major Chuck Sweeney, em 9 *de agosto* do mesmo ano. O objetivo seguinte é a cidade de Kokura, mas as condições meteorológicas obrigam a atacar o objetivo de substituição, Nagasaki, na ilha de Kyushu. Como a cidade era construída ao longo de vales, os estragos são menos gigantescos do que em Hiroshima; o número de vítimas é, entretanto, ainda enorme: 40 mil mortos e 60 mil feridos.

Naquele momento, a opinião mundial não contesta a legitimidade do emprego da arma nuclear, de tão profunda que é a animosidade contra o Japão desde o ataque surpresa de Pearl Harbor, da mesma forma que a opinião japonesa vê nesse ataque apenas uma forma ainda mais brutal dos bombardeios e assaltos que sofre há um ano. Essa dupla demonstração de potência de destruição das novas armas americanas acelera então o processo da capitulação japonesa, que vai ser conseguida à custa de uma grave crise interior e da intervenção pessoal do imperador Hiroito.

Campanha da Manchúria: 9-25 de agosto de 1945

Por ocasião da conferência de Yalta, Stalin, por insistência de Roosevelt, havia prometido que a URSS entraria em guerra contra o Japão três meses após o final das hostilidades na Europa. Em 2 de abril de 1945, Molotov avisa o embaixador Sato de que o tratado de neutralidade russo-japonês, assinado por 5 anos em abril de 1941, está revogado. Após 8 de maio, efetuam-se importantes transferências da Europa para o Extremo Oriente, onde, até então, o exército autônomo da Sibéria (com cerca de 40 divisões) enfrentava o exército do Kwantung (general Yamada) cujos efetivos, em virtude de punções constantes, não perfazem mais do que 500 mil homens. Com a chegada dos reforços vindos da frente alemã, os russos elevam suas forças a 1,5 milhão de homens e 5,5 mil tanques. O total é articulado em 3 frentes, sob as ordens do marechal Vassilievsky (o vencedor de Koenigsberg), a saber:

- A frente de Transbaikalia (marechal Malinovsky), com 4 exércitos (incluindo o 6º blindado da guarda), encarregado de atacar de leste para oeste na direção de Kharbin e Mukden, atravessando o Grande Khingan.
- A 2ª frente do Extremo Oriente (general Purkaiev), com 2 exércitos, avançando ao longo do Tsungari, de norte a sul, partindo de Blagovetchensk.
- A 1ª frente do Extremo Oriente (marechal Meretzkov), no extremo leste, partindo de Vladivostok com 3 exércitos e um batalhão blindado, avançando para oeste em direção a Kharbin e a Singking, através das montanhas cobertas de florestas do Pequeno Khingan, de onde as guerrilhas coreanas atacam os japoneses há dez anos.

619

A Segunda Guerra Mundial

Além disso, a frota do Pacífico (almirante Iumachev) e o 16º Exército são encarregados de recuperar o sul de Sacalina (o Karafuto) e de apoderar-se das Curilas.

Em 8 de agosto, na data prevista, Molotov anuncia brutalmente a Sato que seus dois países estão em estado de guerra. Em 9 de agosto, as forças soviéticas penetram na Manchúria em três faces, além dos desembarques na costa oriental do norte da Coreia. Em oito dias, os exércitos russos progridem em 400 km na direção da grande planície central, ajudados por unidades de cavalaria mongol. Em 16 de agosto, faz-se a conexão com o exército popular chinês em Kalgan. O exército do Kwantung é cercado: Yamada inicia negociações de capitulação. Em 20 de agosto, além das negociações entre Tóquio e MacArthur, é ordenado o cessar-fogo na linha de frente. Em 23 de agosto, Port-Arthur volta a ser russo.

Simultaneamente, de 11 a 25 de agosto, o 25º Exército (general Tchischiakov) penetra na Coreia até o 38º paralelo (conforme os acordos de Potsdam) e a frota procede à ocupação do Karafuto e das Curilas. Ela se apodera também de quatro ilhas da província de Hokkaido (Shikotan, Hobomal, Etorofu e Kunashiri) destinadas a tornar-se, assim, um pomo de discórdia entre Japão e URSS por 50 anos. O conjunto dessas operações faz mais de 500 mil prisioneiros japoneses para os russos, dos quais somente 90 mil retornarão a seu país em 1949. Além disso, os soviéticos, como na Alemanha, apoderam-se de todas as instalações industriais da Manchúria para levá-las para a URSS, em prejuízo dos chineses comunistas que instalam seu poder em Kharbine e se estendem para o sul.

Últimos a combater contra o Japão, os soviéticos estão presentes na baía de Tóquio em 2 de setembro, e o tenente general K. Deremyanko apõe sua assinatura no ato de capitulação japonês. A afronta das derrotas de 1904-1905 (Port-Arthur, Mukden e Tsushima) está vingada.

A capitulação japonesa: 6 de agosto-2 de setembro de 1945

O governo japonês, desde a perda das Marianas em junho de 1944, sabe que a guerra está perdida. A primeira etapa da paz é a queda do ministro Tojo (22 de julho). Dois gabinetes se sucedem, dirigidos pelo general Koiso e depois pelo almirante Suzuki. Ambos devem negociar entre os chefes militares, partidários da continuidade da guerra, e os conselheiros políticos do imperador, que procuram uma solução honrosa. São feitos contatos na Suíça desde a primavera de 1945, e depois pelo Vaticano, em junho. Apesar da denúncia do tratado de neutralidade, os japoneses esperam obter a mediação da URSS, até a declaração de guerra de 8 de agosto.

620

A primeira bomba atômica explode sobre Hiroshima, em 6 de agosto, seguida pela de Nagasaki em 9 de agosto. Esses três acontecimentos convencem o imperador, o primeiro-ministro e o ministro de Relações Exteriores Togo da necessidade de aceitar a capitulação sem condições exigida pela declaração de Potsdam de 26 de julho. Uma reunião dramática do conselho dos ministros na noite de 9 a 10 de agosto obriga os militares a se inclinarem diante da decisão de Hiroito. Na manhã de 10 de agosto, os embaixadores japoneses na Suíça e na Suécia são encarregados de dar a conhecer essa decisão aos seus confrades americanos. Com uma única condição: que o imperador permaneça em seu trono. Em seguida, é difundida uma emissão radiofônica cuja intenção é dirigir-se diretamente a Washington. Após consulta aos demais Aliados, Truman pode responder afirmativamente ao pedido japonês, em 12 de agosto.

Alguns termos relativos à subordinação do imperador ao comando aliado vão provocar um sobressalto de desespero entre oficiais ultranacionalistas. Uma tentativa de golpe de estado para apoderar-se do imperador, destruir seu discurso à nação previamente gravado e prosseguir em guerra acontece em 14 de agosto. Essa tentativa fracassa, mas vários oficiais generais ou altos dignitários foram abatidos pelos conjurados. A retomada do controle é rápida. No entanto, essa tentativa provocará uma série de suicídios no momento da capitulação: general Anami, ministro da Guerra, general Umetzu, chefe de estado-maior do exército, almirante Onishi, almirante Ugaki. Em 15 de agosto, o imperador anuncia ao povo japonês (que ouve sua voz pela primeira vez, exprimindo-se em japonês de corte), que ele deverá "suportar o insuportável". E 16 de agosto, a capitulação é efetiva.

As primeiras unidades americanas chegam em 28 de agosto por avião a Atsugi, no subúrbio de Tóquio, depois, a 1ª e a 2ª divisões aerotransportadas desembarcam em levas sucessivas. Enfim, MacArthur desembarca em 30 de agosto. Três dias depois, acontece a cerimônia solene do ato de capitulação a bordo do encouraçado Missouri – logo, em território americano – na presença dos representantes que estiveram em guerra contra o Japão e dos generais Percival e Wainwright.

MacArthur assina em nome dos Estados Unidos, e Shigemitsu, novo ministro de Relações Exteriores, pelo Japão. *Em 2 de setembro de 1945, a Segunda Guerra Mundial termina oficialmente.*

Bibliografia

História geral

Atlas de la Seconde Guerre mondiale, sous la direction de John Keegan, Paris, Larousse, 1990.

Baer G., *The US Navy, 1890-1990, one hundrerd years od Sea Power*, Stanford, Un. Press, 1994.

Barnett Correlli, *Engage the Enemy more clasely*, The Royal Navy in the Second Word War, Londres, 1991

Barjot P., *Histoire de la guerre aéronavale*, Paris, 1961.

Bauer Eddy, *La guerre des blindés*, 2 vols, Paris, Payot, 1962.

Bauer E., *Histoire controversée de la Seconde Guerre mondiale*, 10 vols, Rombaldi, 1966.

Churchill W., *The Second World War*, 6 vols, Londres, 1948-1954.

Bennett G., *Naval buttless of world war II*, Londres, Bastsford 1975.

Brezet Fr., *Histoire de la marine allemande*, Paris, Perrin, 1999.

Chaline E., Santarelli P., *Historique des forces navales françaises libres*, Vincennes, S.H.M., 1989.

Creveld Martin van, *Supplying War*, Cambridge, 1977.

Dahms H.G., *La Deuxième Guerre mondiale*, Paris, Payot, 1961.

Dictionnaire de la Seconde Guerre mondiale (sous la direction de Ph. Masson), 3 vol., Paris, Larousse, 1992.

Dupuy Ernest and Dupuy Trevor, *The Encyclopedia Military History*, Londres, Jane's, 1977.

Frankland Noble et Dowling Christopher, *Decisive battles of the 20th century – Land – Sea – Air*, Londres, Sidgwick and Jackson, 1976.

Gabrie Y., *Cinquante ans de marines (1935-1985)*, Saint-Malo, 1998.

Gaulle de Ch., *Mémoires de guerre*, Paris, Plon, 1954-1959.

Guderian H., *Souvenirs d'un soldat*, Paris, Plon, 1954.

History of the Second World War, sous la direction de Liddell Hart, Londres, 8 vols, Purnell and sons, 1966-1968.

Irving David, *Hitler's War, 1933-1945*, 3 vols, Londres, 1988.

Jakobsen Hans-Adolf et Rohwer Jurgen, *Decisive Battles of World War II : the German View*, Purnam, 1965.

Kaspi André, *La Deuxième Guerre mondiale, chronologie commentée*, Paris, Perrin, 1990.

Keegan John, *The Second World War*, Londres, Hutchinson, 1989.

Latreille André, *La Seconde Guerre mondiale*, Paris, Hachette, 1966.

Liddell Hart, sir Basil, *Histoire de la Seconde Guerre mondiale*, Paris, Fayard, 1973.

Liddell Hart, *The other side of the Hill*, Londres, Cassel, 1951, édition refondue de *The German Generals Talk*, New York, Morrow, 1948. Traduction française, *Les Généraux allemands parlent*.

Macdonald John, *Great Battles Of World War II*, New York, Mac Millan Publishing company, 1986.

Manstein Erich von, *Victoires perdues*, Paris, Plon, 1958.

Marshall, *Biennal Reports of the Chief of Staff of the United States Army to the Secretary of War*, Washington, 1941-1945.

Masson Ph., *De la mer et de sa stratégie*, Paris, Tallandier, 1986.

Masson Ph., *Histoire de l'armée allemande*, Paris, Perrin, 1994.

Masson Ph., *Histoire des batailles navales de la voile aux missiles*, Paris, Atlas, 1983.

Masson Ph., *La marine française et la Seconde Guerre mondiale*, Paris, Tallandier, 2001.

Masson Ph., *Une guerre totale, 1939-1945*, Paris, Tallandier, 1990.

Michel Henri, *La Seconde Guerre mondiale*, T.I. : Les succès de l'Axe ; T. II : La victoire des Alliés, P.U.F. 1968-1969.

Millet Allan R. et Maslowski Peter, *For the Common Defense, A military History of the United States of America*, New York, The Free Press, 1984.

Miquel Pierre, *La Seconde Guerre mondiale*, Paris, Fayard, 1986.

Pemsel H., *Atlas of Naval Warfare*, Arms and Armour Press, Londres, 1977.

Potter E.B. et Nimitz C.W., *Sea power, a Naval History*, Prentice Hall, USA, 1960.

Puleston, *The influence of Sea Power in Seconde World war*, Yale, 1947.

Weighley Russel F., *The American Way of War*, Bloomington, Indiana university Press.

Relações internacionais. Estratégia

Bedarida F., *La stratégie secrète de la drôle de guerre*, Paris, Fondation nationale des Sciences politiques, 1979.

Bloch Ch., *Le IIIe Reich et le Monde*, Paris, Imprimerie nationale, 1986. Fondamental.

Blumenson Martin, *The great Wartime conferences, Arcadia to Potsdam, Second World war*, Purnell and sons, vols 8, n° 4.

Butler J.R.M., *History of the Second World War. Grand strategy*, 6 vols, Londres, H.M. Stationery office, 1956-1976.

Churchill and Roosevelt, *The Complete Correspondance*, 3 vols, Princeton, univ. Press. N.J. 1987.

Deakin F.W., *L'Axe brisé ; l'amitié brutale d'Hitler et de Mussolini*, Paris, Stock, 1962.

Duroselle J.B., *L'Abîme (1939-1945)*, Imprimerie nationale, Paris, 1982. Capital.

Duroselle J.B., *Le Conflit stratégique anglo-américain de juin 1940 à juin 1944*, Revue hist. mod et contempor, tome X, juillet-septembre 1964.

Duroselle J.B., *De Wilson à Roosevelt. Politique extérieure des États-Unis, 1913-1945*, Paris, Armand Colin, 1960.

Fabry Philipp W., *Die Sowjetunion und des Dritte Reich*, Seewald Verlag, Stuttgart, 1971.

Friedlander Saul, *Hitler et les États-Unis*, Paris, Éd. du Seuil, 1986. Essentiel.

Fuller J.F.C., *The conduct of war 1789-1961*, Londres, Methuen and Co, 1977.

Furet Fr., Nolte E., *Facisme et communisme*, Paris, Plon, 1998.

Gaddis John L., *The United States and the Origins of Cold War, 1941-1947*, New York, Columbia University Press, 1972.

Greenfeld K.R., *Command decisions*, Londres, Methuen and Co, 1960.

Hitler, *Testament politique*, Paris, Fayard, 1953.

Jackel E., *La France dans l'Europe de Hitler*, Paris, Fayard, 1968.

Johnson Paul, *Une histoire du monde moderne*, T.I. La fin de la vieille Europe (1917-1945), Paris, R. Laffont, 1983.

Keegan John, *Broad Front or Narrow Front, Second World War*, Purnell and sons, vols 8, n° 5.

Keegan John, *Mediterranean Strategy, Second World War*, Purnell and sons, vols 8, n° 5.

Kennan George, *La Russie soviétique et l'Occident*, Paris, Calmann-Lévy, 1962.

Kennedy Paul, *Stratégie et politique*, Paris, Economica, 1988.

Kwiatkowska Viatteau A., *Katyn, l'armée polonaise assassinée*, Bruxelles, Éditions Complexes, 1982.

Laloy Jean, *Yalta, hier, aujourd'hui demain*. Paris, R. Laffont, 1988.

Love Robert W., *Fighting a Global War, 1941-1945. In peace and war*, Wesport-Londres, Greenwood Press, 1984.

Lukacs John, *Le Duel Churchill-Hitler*, Paris, Laffont, 1992.

Masson Ph., *La Marine française et la stratégie alliée*, Colloque Deutschland und Frankreich, 1936-1939. Artemis Verlag München.

Masson Ph., « Stratégie et tactique », *Dictionnaire Seconde Guerre mondiale, op. cit.*

A Segunda Guerra Mundial

Muller K.J. sous la direction, *The Military in Politics and society in France and Germany in the twentieth century*, Oxford, Washington, 1995.

Nolte E., *La guerre civile européenne 1917-1945*, Paris, Editions des Syrtes, 1987.

Nolte E., *Les fondements historiques du national-socialisme*, Paris, Ed. du Rocher, 2002.

Pike David Wingeate, *Franco et le stigmate de l'Axe*, revue d'histoire Seconde Guerre mondiale et conflits contemporains n° 142, avril 1986.

Sherwood R.E., *Le mémorial de Roosevelt*, Paris, Plon, 1950.

Steele Richard W., *The first offensive : Roosevelt, Marshall and the Making of American Strategy*, Indiana University Press, 1973.

Stoler Mark A., *The Politics of the second Front : American Military Planning and Diplomacy in coalition warfare* 1941-1943, Greenwood Press, 1977.

Taylor A.J.P., *La Fausse Alliance*, Historia XX°, 5, n° 163.

Taylor A.J.P., *The origins of the Second World war*, Harmonds worth, 1985.

Tolstoy Nikolai, *Stalin's Secret War*, Londres, Pan Books, 1982.

Wedemeyer Albert C., *Wedemeyer reports*, Holt, 1958.

Guerra a oeste

Beaufre général, *Le Drame de 1940*, Paris, Plon, 1965.

Beaufre général, *La Revanche de 1945*, Paris, Plon, 1966.

Bedarida, *Normandie 1944*, Paris, Albin Michel, 1987.

Benoist-Mechin, *Soixante jours qui ébranlèrent l'Occident*, Paris, R. Laffont, 1956.

Berben Paul et Iselin Bernard, *Les Panzers passent la Meuse*, Paris, R. Laffont, 1967.

Blumenson Martin, *Duel pour la France, 1944*, Paris, Denoël, 1963.

Botting Douglas, *The Second Front, World war II*, Time-Life, Alexandria, Virginia, 1978.

Cousine A. et Gourmen P., « Rhénanie, (campagne de) », *Dictionnaire Seconde Guerre mondiale, op. cit.*

Delmas J., « France 1944-1945, (bataille de) », *Dictionnaire Seconde Guerre mondiale, op. cit.*

Delmas J., « France 1940 (campagne de) », *Dictionnaire Seconde Guerre mondiale, op. cit.*

Delmas J., « Normandie (bataille de) », *Dictionnaire Seconde Guerre mondiale, op. cit.*

Dutailly H., « Norvège (opérations de) », *Dictionnaire Seconde Guerre mondiale, op. cit.*

Eisenhower, Dwight D., *Crusade in Europe*, New York Mac Millan, 1948. Trad. française, *Croisade en Europe*, Paris, Robert Laffont, 1949.

626

Facon P., *La Bataille d'Angleterre*, Paris, Économica, 1992.

Français et Britanniques dans la drôle de guerre, Acte du colloque 8-12 décembre 1975, Paris, C.N.R.S., 1979.

Frieser K.H., *La légende de la Blitzkrieg. Mai-juin 1940*, op. cit., Paris, Autrement, 2000.

Frieser K.H., *Blitzkriege-Legende – Westfeldzung 1940*, Munich-Oldenburg, 1995.

Goutard A., *La guerre des occasions perdues*, Paris, Hachette, 1956.

Hastings Max, *Overlord, D-day and the battle for Normandy*, 1944, Londres, Michael Joseph, 1984.

Jackson J., *Etrange défaite française ou étrange victoire anglaise in mai-juin 1940*, sous direction M. Vaïsse, Paris, Autrement, 2000.

Keegan John, *Six armées en Normandie*, Paris, Albin Michel, 1984.

Kersaudy F., *1940, la Guerre du fer*, Paris, Tallandier, 1987.

Mason D., *La ruée vers la Seine, d'Arromanches à Paris*, Verviers, Gérard and Co, 1971.

Masson P., « Normandie (débarquement de) », *Dictionnaire Seconde Guerre mondiale, op. cit.*

Michel Henri, *La défaite de la France*, Paris, P.U.F., 1980.

Mordal J., *La bataille de France*, Paris, Presses de la Cité, 1954.

Mysyrowicz L., *Autopsie d'une défaite*, Paris, L'Âge d'homme, 1973.

Ryan C., *Le jour le plus long*, Paris, R. Laffont, 1960.

Speidel H., *Invasion 1944*, Paris, Berger-Levrault, 1950.

Wheatley R., *La guerre russo-finlandaise, les plans d'intervention alliés et les relations britanniques avec la Russie, Français et Britanniques dans la drôle de guerre*, C.N.R.S., 1979.

Wilmot Ch., *La lutte pour l'Europe*, 3 tomes, Paris, Presses de la Cité, 1964.

Guerra a leste

Bethell Nicolas, *Russia Besieged, World war II*, Time-Life, Alexandria, Virginia, 1977, Trad. française, *Le Front russe*, 1980.

Beevor A., *La chute de Berlin*, Paris, de Fallois, 2002.

Beevor A., *Stalingrad*, Paris, de Fallois, 1999.

Blau Georges E., *The German Campaign in Russia. Planning and Operations (1940-1942)*, Washington, 1955.

Carell P., *Opération Barbarossa*, Paris, R. Laffont, 1964.

Carell P., *Opération terre brûlée*, Paris, R. Laffont, 1966.

Condon R.W., *The Winter War, Russia against Finlande*, 1939-1940, New York, Ballantine, 1972.

Degrelle Léon, *La Campagne de Russie*, 1941-1945, Paris, Diffusion du livre, 1949.

Duffy Ch., *Red Storm On The Reich*, Atheneum, New York, 1991.

Erickson J., *The road to Stalingrad. The road to Berlin*, Londres, Grafton Books, 1985.

Jukes Geoffrey, *The Defence of Moscow*, New York, Ballantine, 1969.

Jukes Geoffrey, *Kursk, the Clash of Armour*, New York, Ballantine, 1968.

Jukes G., *Stalingrad*, Verviers, Gérard and Co, 1971.

Keegan John, *Barbarossa, Invasion of Russia 1941*, New York, Ballantine, 1970.

Salisbury Harrison E., *The 900 days. The siege of Leningrad*, Londres, Pan Books, 1969.

Shaw John, *Red Army Resurgent, World War II*, Time-Life, Alexandria, Virginia, 1979. Trad. française, *Le Redressement soviétique*, 1980.

Suvorov Victor, *Le Brise-glace*, Paris, Olivier Orban, 1989.

Thorwald J., *La Débâcle allemande*, Paris, Stock, 1965.

Wykes A., *Leningrad, 900 jours de siège*, Verviers, Gérard and Co, 1971.

Ziemke Earl F., *La chute de Berlin*, Verviers, Gérard and Co, 1970.

Ziemke Earl F., *The Soviet Juggernaut, World war II*, Time-Life, Alexandria, Virginia, 1980.

Mediterrâneo

Blumenson Martin, *Sicily*, New York, Ballantine, 1971.

Brigadin M.A., *The Italian Navy in World War II*, US Naval Institute, Annapolis, 1957.

Costantini A., « Campagne des Balkans », *Dictionnaire Seconde Guerre mondiale, op. cit.*

Consine A., « Provence (débarquement de) », *Dictionnaire Seconde Guerre mondiale, op. cit.*

Coutau-Bégarie H. et Cl. Huan, *Mers el-Kébir, 1940. La rupture franco-britannique*, Paris, Economica, 1994.

Delmas J., « Cassino », *Dictionnaire Seconde Guerre mondiale, op. cit.*

Delmas J., « Italie (campagne d') », *Dictionnaire Seconde Guerre mondiale, op. cit.*

Dutailly H., « Sicile (conquête de la) », *Dictionnaire Seconde Guerre mondiale, op. cit.*

Gourmen P., « Libye (campagne de) », *Dictionnaire Seconde Guerre mondiale, op. cit.*

La guerre en Méditerranée, 1939-1945, Actes du colloque 8-11 avril 1969, Paris, C.N.R.S., 1971.

Lesouef P., « Tunisie (campagne de) », *Dictionnaire Seconde Guerre mondiale, op. cit.*

Levisse-Touzé Christine, *L'Afrique du nord dans la guerre 1939-1945*, Albin Michel, 1998.

Macintyre D., *La bataille de Méditerranée*, Paris, Presses de la Cité, 1964.

Masson Ph., « Malte », *Dictionnaire Seconde Guerre mondiale, op. cit.*

Masson Ph., « Méditerranée (guerre en) », *Dictionnaire Seconde Guerre mondiale, op. cit.*

Wallace Robert, *The Italian Campaign, World war II*, Time-Life, Alexandria, Virginia, 1978. Trad. française, la campagne d'Italie, 1980.

Atlântico

The Battle of the Atlantic, 1939-1945, The 50e Anniversery international naval conference, Londres, Annapolis, 1994.

Abbazia Patrick, *M. Roosevelt Navy, the Private War of the U.S. Atlantic Fleet 1939-1942*, Annapolis, 1975.

La bataille de l'Atlantique, *Revue histoire Seconde Guerre mondiale*, n° 69.

Bekker P., *Hitler's Naval War*, New York, 1974.

Costello J. et Hughes T., *La bataille de l'Atlantique*, Paris, Albin Michel, 1980.

Dönitz, *Dix ans et vingt jours*, Paris, Plon, 1959.

Dülffer Jost, *La Kriegsmarine : Raeder entre Hitler et Dönitz, Du Dreadnought au nucléaire*, Paris, Service historique de la marine, 1990.

Hezlet A., *Electronic and Sea Power*, Londres, Stein and Day, 1975.

Hezlet A., *The Submarine and sea power*, Londres, Peter Davies, 1967.

Macintyre Donald, *The battle of the Atlantic*, Londres, 1983.

Masson Ph., *La bataille de l'Atlantique*, Paris, Tallandier, 1997.

Peillard Leonce, *Histoire générale de la guerre sous-marine*, 1939-1945, Paris, R. Laffont, 1970.

Rahn W., *The development of new types de U-boote in Germany during World War II*, colloque international, op. cit. p. 357.

Rohwer J., *The Critical convoy battles of 1943*, Londres, 1977.

Vulliez A., *Analyse des conférences navales du Führer*, Paris, 1949.

Pacífico

Albas Ad., *Death of a Navy, Japanese naval action in World War II*, New-York, 1957.

Barker A.J., *Midway, The Turning Point*, New York, Ballantine, 1971.

Barker A.J., *Pearl Harbor*, New York, Ballantine, 1969.

Blair Clay, *Silent victory, the US submarine war against Japan*, New-York, 1976.

Coox Alvin, Kwantung Army, *Second World war*, Purnell and sons, vol. 8, n° 3.

Costello John, *The Pacific War*, Londres, Pan Books, 1955 Trad. française, *La guerre du Pacifique*, Paris, Pygmalion, 1982.

Craig William, *La Chute du Japon*, Paris, R. Laffont, 1969.

629

A Segunda Guerra Mundial

Dull Paul, *The Imperial Japanese Navy (1941-1945)*, Annapolis, Naval Institute Press, 1978.

Falk Stanley, *Liberation of the Philippines*, New York, Ballantine, 1971.

Hirama Youichi, *La riposte japonaise au plan* Orange. *Du traité de Washington à la bataille des Mariannes. Les marines de guerre du Dreadnought au nucléaire*, Service historique de la marine, Paris, 1989.

Hiroyuki Agawa, *The Reluctant Amiral, Yamamoto and the Imperial Navy*, Tokyo, New-York, San Francisco, 1979.

Keegan John, *Japan's strategic controversies. Second World war*, Purnell and sons, vol. 8, n° 3.

Kennedy Paul, *Japan's strategic decisions, Second World war*, Purnell and sons, vol. 8, n° 3.

Kennedy Paul, *Pacific Onslaught*, New York, Ballantine, 1971.

Lequiller Jean, *Le Conflit nippo-soviétique*, Historia xxᵉ s, n° 176.

Lesouef P., « Campagne de Birmanie », *Dictionnaire Seconde Guerre mondiale, op. cit.*

Macintyre Donald, *Leyte Gulf*, New York, Ballantine, 1970.

Marder A.J., *Old friends, new ennemies, the Royal Navy and the Imperial Japanese Navy*, 2 vol., Oxford, un. Press, 1981-1991.

Mayor John, *The navy plans for war, 1937-1941*, in *Peace and war, Westport*, Londres, Greenwood Press, 1984.

Miller Edward, *War Plan Orange*, Annapolis, United Naval Institute, 1991.

Moser Don, *China – Burma – India, World War II*, Time-Life, Alexandria, Virginia, 1978.

Okumiya Masatake, Horikoski Jiro, Caidin Martin, *Les ailes japonaises en guerre*, Paris, Presses de la Cité, 1956.

Prange Gordon W., *At Dawn we slept*, New York, Mc Grew Hill, 1981.

Reynolds Clark G., *The fast carriers : The Forging of an Air Navy*, Mc Grew Hill, 1968.

Reynolds Clark G., *History and the Sea, The Continental State. Upon the Sea : Imperial Japan*, Columbia, The University of south Carolina Press, 1989.

Rooney D. D., *Stilwell*, New York, Ballantine Books, 1971.

Spector Ronald H., *Guerre sous-marine dans le Pacifique, Les Marines du Dreadnought au nucléaire*, Paris, Service historique de la marine, 1990.

Spector Ronald H., *La guerre du Pacifique*, Paris, Albin Michel, 1984.

Spector R. H., *The submarine war in the Pacific*, colloque international, op. cit., p. 433.

Toland J., *Infamy, Pearl Harbor and its Aftermath*, Garden City, New Jersey, 1982.

Wheeler Keith, *War under the Pacific, World War II*, Time-Life, Alexandria, Virginia, 1980.

Willmott H. P., *La Seconde Guerre mondiale, le Pacifique*, Paris, Autrement, 2000.

Guerra aérea

Bedarida François, *La bataille d'Angleterre*, Bruxelles, Éditions Complexe, 1985.

Collier Basil, *The Battle of Britain*, Londres, Batsford, 1962.

Facon Patrick, « Bombardement (aviation de) », *Diction. Seconde Guerre mondiale, op. cit.*

Facon Patrick, « Chasse (aviation de) », *Diction. Seconde Guerre mondiale, op. cit.*

Frankland Noble, *Bomber offensive, the devastation of Europe*, New York, Ballantine, 1969.

Freeman Roger, *The US Strategic Bomber*, Londres, Macdonald, 1975.

Galland Adolf, *Les premiers et les derniers*, Paris, Y. Michelet, 1985.

Hastings Max, *Bomber Command*, Londres, Michael Joseph, 1979.

Irving David, *À bout portant sur Londres*, Paris, Laffont, 1967.

Irving David, *La Destruction des villes allemandes*, Paris, France-Empire, 1965.

Murray Williamson, *Luftwaffe*, Baltimore, The nautical and Aviation Publishing Company, 1985.

Price Alfred, *Luftwaffe*, New York, Ballantine, 1969.

The Rise and fall of german Air Force, Londres, Arms and Armour Press, 1983.

Rumpf Hans, *La Guerre des bombes*, Paris, Presses de la Cité, 1963.

Sherry Michael, *The rise of American Air Power*, New Haven and London, Yale university Press.

Sweetman John, Schweinfurt, *Disaster in the skies*, New York, Ballantine, 1972.

Wheeler Keith, *Bombers over Japan, World War II*, Time-Life, Alexandria, Virginia, 1982.

Guerrilha

Bailey Ronald H., *Partisans and guerrillas, World War II*, Time-Life, Alexandria, Virginia, 1978.

Baritz J.J., *The Phantom war, Second World war*, Purnell and sons, vol. 4, n° 4.

Laqueur Walter, *Guerilla*, Londres, Wendenfeld and Nicolson, 1977.

Loverdo Costa, *les Maquis rouges des Balkans*, Paris, Stock, 1967.

Michel Henri, *La Guerre de l'ombre*, Paris, Grasset, 1970.

Michel Henri, « La Résistance en Europe », *Diction. Seconde Guerre mondiale, op. cit.*

Neuberg A., *Der Bewaffnete Aufstand*, 1928, trad. Armed Insurrection, Londres, 1970.

Informação

Accote P., Quet P., *La Guerre a été gagnée en Suisse*, Paris, Librairie acad. Perrin, 1966.

Allen Louis, *Japan's spy Network, Second World war*, Purnell and sons, vol. 8, n° 3.

Andrew Christopher, *Codebreaking and signals Intelligence*, Londres, 1986.

Baritz J.J., *The phantom war, Second World war*, Purnell and sons, vol. 4, n° 4.

Bloch Gilbert, *Renseignements et intoxication durant la Seconde Guerre mondiale, l'exemple du débarquement*, Paris, l'Harmattan, 1999.

Brown, Anth., *La guerre secrète*, Paris, Pygmalion, 1981.

Casey W., *The secret war against Hitler*, Londres, Simon and Schester, 1989.

Cochran Alexander s., *The influence of magic intelligence on Allied strategy in the Mediterranean*, New aspect of Naval history, Annapolis, 1979.

Le commandement américain et le renseignement, Rev. hist. 2° Guerre mondiale et conflits contemporains, n° 133, janvier 1944.

Deakin F.W. and Storry G.R., *The case of Richard Sorge*, Harper and Row, 1966.

Gardner W.J.R., *ASW Victory. Ressources or intelligence*. Les marines de guerre du Dreadnought au nucléaire, Paris, Service historique de la marine, 1990.

Hinsley F.H., *British intelligence in the Second World War*, 4 vols. Londres, Her Majesty's stationery office, 1979.

Homes W.J., *Naval intelligence in the war against Japan (1941-1945) The view from Pearl Harbor, New aspects of Naval history*, Annapolis, 1979.

Langhorne R., *Diplomacy and Intelligence during the Second World war*, Cambridge univ. Press, 1985.

Lewin R., *Ultra goes to war*, Londres, Hutchinson, 1978.

Lewin R., *The american Magic*, New York Penguin Brooks, 1983.

Mac Lachlan D., *Room 39, Naval intelligence in action, 1939-45*, Londres, Weindelfed and Nicolson, 1968. Trad. française, Paris, Fayard, 1970.

Russell Francis, *The secret war, World war II*, Time-Life, Alexandria, Virginia, 1981.

Storry Richard, *The Sorge spy Ring*, Second World war, Purnell and sons, vol. 5, n° 14.

Armamento

Berger Carl, *B 29, The super-fortress*, New York, Ballantine, 1970.

Caidin Martin, *Zero fighter*, New York, Ballantine, 1970.

Dutailly H., « Infanterie », *Diction. Seconde Guerre mondiale, op. cit.*

Ford Brian J., *Allied Secret Weapons*, New York, Ballantine, 1971.

Green William, *Rocket fighter*, New York, Ballantine, 1969.

Guns, *Second World war*, Purnell and sons, vol. 7, n° 11.

Hogg Ian v., *The guns, 1939-45*, Londres, Mac Donald, 1970.

Lusar R., *German secret weapons of World war II*, New York, Philosophical Library, 1959.

Macintyre Donald, *Aircraft Carrier*, New York, Ballantine.

Macksey Kenneth, *Panzer division, the mailed first*, New York, Ballantine, 1972.

Macksey Kenneth, *Tank force, Allied Armour in the Second World war*, New York, Ballantine, 1970.

Mason David, *U-boat*, New York, Ballantine, 1972.

Masson Ph., « Marine de guerre, Porte-avions, navires de ligne, sous-marins », *Diction. Seconde Guerre mondiale, op. cit.*

Orgill Douglas, *T 34 russian armor*, New York, Ballantine, 1971.

Rahn Werner, *The development of new types of U-boats in germany during World war II. Construction, Trials and First operational experience of the type XXI, XXIII and Walter U-boats*. Les marines du Dreadnought au nucléaire, Paris, Service historique de la marine, 1990.

Tanks, *Second World war*, Purnell and sons, vol. 7, n° 11.

Tubbs D.B., *Lancaster Bomber*, New York, Ballantine, 1971.

Vader John, *Spitfire*, New York, Ballantine, 1972.

Vernet J., « Armement », *Diction. Seconde Guerre mondiale, op. cit.*, 1980.

Vernet J., « Artillerie », *Diction. Seconde Guerre mondiale, op. cit.*, 1980.

Vernet J., « Blindés (guerre des) », *Diction. Seconde Guerre mondiale, op. cit.*

Economia de guerra

Chardonnet Jean, *L'Économie mondiale au milieu du XX*[e] *siècle*, Paris, Hachette, 1951.

« L'Économie de guerre américaine », *Revue d'histoire de la Seconde Guerre mondiale*, n° 65, janvier 1967.

Facon P., « Ravitaillement », *Dictionnaire de la Seconde Guerre mondiale, op. cit.*

Franck Louis R., *Histoire économique et sociale des États-Unis* de 1919 à 1949, Paris, Aubier, 1950.

Gourmen P., « Logistique », *Dictionnaire de la Seconde Guerre mondiale, op. cit.*

Harvey S., *Mobilisation économique et succès militaire pendant la Seconde Guerre mondiale*, Revue d'histoire de la Seconde Guerre mondiale et des conflits contemporains, n° 142, avril 1986.

Kennedy Paul, *The Rise And Fall Of The Great Powers*, New York Vintage books, 1987.

Kennedy Paul, *The Rise And Fall Of British Naval Mastery*, Londres, Macmillan, 1976.

A Segunda Guerra Mundial

Leighton R.M., *Les Armes ou les armées*, Rev. hist. Seconde Guerre mondiale, n° 65, 1/1967.

Milward Alan, *The german Economy at war*, Londres, 1965.

United States Strategic Bombing Survey. The Effects Of Strategic Bombing On The Japanese War Economy. US government printing office, Washington DC 1946.

Wolff G., « Finances, Économie de guerre », *Dictionnaire de la Seconde Guerre mondiale, op. cit.*

Combatentes

Bartov Omer, *Hitler's Army*, Oxford University Press, 1991.

Clostermann P., *Le Grand Cirque*, Paris, Flammarion, 1948.

Creveld Martin van, *Fighting Power, German and US Army Performance, 1930-1945*, Greenwood, 1982.

Facon P., « Moral », *Diction. Seconde Guerre mondiale, op. cit.*

Keegan J. and Holmes R., *Soldiers*, Londres, Hamish Hamilton, 1985.

Keegan J., *Waffen SS*, Purnell and sons, vol. 7, n° 11.

Kennett Lee, *G.I. The american soldier in world war II*, New York, Scribner's sons, 1987.

Holmes Richard, *Acts of war, The behavior of men in battle*, New York, The free Press, 1985.

Kageneck A. von, *Lieutenant de Panzers*, Paris, Perrin, 1994.

Lucas James, *War on the eastern front 1941-1945, The german soldier in Russia*, Londres, Jane's publishing comp. 1979.

Masson Ph., *Moral et propagande, Français et Britanniques dans la drôle de guerre*, p. 163, Paris C.N.R.S., 1979.

Men, *Second World war*, Purnell and sons, vol. 7, n° 11.

Rudel Hans, *Pilote de Stuka*, Paris, Correa, 1951.

The soldier, *Second World war*, Purnell and sons, vol. 7, n° 16.

Stouffer Samuel A., *The American Soldier*, 2 vols, Princeton Univ. Press, 1949.

Chefes de guerra

Bédarida F., « Churchill », *Dictionnaire de la Seconde Guerre mondiale*, Paris, 1984.

Bédarida F., *Churchill*, Paris, Fayard, 1999.

Behr Edward, *Hirohito, l'Empereur Ambigu*, Paris, Laffont, 1987.

Blumentritt G., *Von Rundstedt*, Odhams, 1952.

Buell Thomas B., *Master of sea power : A Biography of Fleet Admiral Ernest J. King*, Annapolis, Naval Institute Press, 1980.

Burns, James Mac Gregor Burns, *Roosevelt, The soldier of Freedom, 1940-1945*, Harcourt Brace Jovanovitch, 1970.

Cartier R., *Hitler et ses généraux*, Paris, Fayard, 1962.

Feis Herbert, *Churchill, Roosevelt, Staline*, Princeton Univ. Press, 1957.

Irving David, *Göring*, Paris, Albin Michel, 1991.

Irving D., *Gœring, le maréchal du Reich, t. II, 1939-1948*, Paris, Albin Michel, 1991.

Kaspi André, *Franklin Roosevelt*, Paris, Fayard, 1988.

Keegan John, *L'Art du commandement, Alexandre, Wellington, Grant, Hitler*, Paris, Perrin, 1991.

Keegan John, *Guderian*, New York, Ballantine, 1973.

Kershaw I., *Hitler, t. II, 1936-1945*, Paris, Flammarion, 2000.

Kersaudy F., *Churchill*, Paris, Tallandier, 2000.

Manchester William, *American Caesar, Douglas Mac Arthur, 1880-1964*, New York, Dell Publishing Co, 1960.

Marks Frederick, *Wind over sand, the diplomacy of Franklin Roosevelt*, Athens, University of Georgia Press, 1988.

Masson Philippe, *De Gaulle*, New York, Ballantine, 1972.

May Ernst R., *The Ultimate decision. The President as commander in chief*, New York, George Braziller, 1960.

Milza, P., *Mussolini*, Paris, Fayard, 1999

Padfield P., *Dönitz*, Londres, 1984, Trad. française.

Pogue Forrest C., *George C Marshall*, 2 vol. Ordeal and Hope, 1939-1942, Organizer of Victory, 1943-1945, Viking, 1965-1973.

Potter E.B., *Nimitz*, Annapolis, Naval Institute Press, 1976.

Rauschning Hermann, *Hitler m'a dit*, Paris, Somogy, 1979.

Steinert Marlis, *Hitler*, Paris, Fayard, 1991.

Strawson J., *Hitler as military commander*, Londres, 1971.

Taylor A.J.P., *The war lords*, New York, Penguin Books, 1984.

Young Desmond, *Rommel*, Paris, Fayard, 1951.

As retaguardas

Adams Henry H., *1942 : The Year That Doomed The Axis*, New York, David Mc Kay, 1967.

L'Angleterre dans la guerre, Revue d'histoire de la Seconde Guerre mondiale, n° 90.

Bailey Ronald H., *The Home Front : U.S.A.*, Time-Life ? Alexandria, Virginia, 1977.

Blum John Morton, *War for Victory : Politics and American culture during World War II*, Harcourt Brace Jovanovitch, 1976.

Dallin A., *The german rule in Russia*, St-Martin's Press, États-Unis, 1957. Trad. française, *La Russie sous la botte nazie*, Paris, Fayard, 1970.

Fussel Paul, *Wartime*, New York, Oxford, Oxford Univ. Press Girault R., *L'Effort humain de l'arrière (1941-1943)*, Revue Seconde Guerre mondiale, n° 68.

A Segunda Guerra Mundial

Hoop d'Jean-Marie, *Prisonniers de guerre français témoins de la défaite allemande (1945)*, Guerres mondiales et conflits contemporains, n° 150, avril 1988.

Jackel Eberhard, *La France dans l'Europe de Hitler*, Paris, Fayard, 1968.

Heller Michel et Nekrich Aleksandr, *L'Utopie au pouvoir ; Histoire de l'URSS de 1917 à nos jours*, Paris, Calmann-Lévy, 1982.

Herling Gustaw, *Un monde à part*, Paris, Denoël, 1985.

Japan at war, World war II, Time-Life, Alexendria, Virginia, 1980.

Koch H.W., *The renegade armies*, Purnell and sons, vol. 7, n° 11.

Kosyk W., *L'Allemagne nationale-socialiste et l'Ukraine*, Paris, Publication de l'Est européen, 1986.

Polenberg Richard, *War and Society : The United States, 1941-1945*, Putman, 1970.

Schoenbaum D., *Hitler's Social Révolution*, Londres, Weidenfeld and Nicolson, 1966.

Speer Albert, *Au cœur du IIIe Reich*, Paris, Fayard, 1971.

Thorwald Jurgen, *Wlassow contre Staline*, Paris, Andé Bonne, 1953.

Werth Alex, *La Russie en guerre*, tome 1, La patrie en danger : tome II, De Stalingrad à Berlin, Paris, Stock, 1965.

Whiting Charles, *The home front germany, World war II*, Time-Life, Alexandria, Virginia, 1982.

Resistência alemã

Baumont M., *La Grande Conjuration contre Hitler*, Paris, 1963.

Bedarida Fançois, *Les Résistants allemands*, L'Histoire, n° 118, 1989, p. 128.

Bernard H., *L'autre Allemagne : la Résistance allemande à Hitler*, Paris, Renaissance du Livre, 1976.

Hoffmann P., *The history of the german resistance*, Londres, Macdonald and Jane's, 1977 Trad. française, *La Résistance allemande contre Hitler*, Paris, Balland, 1984.

Manvele R., *The Conspirators : 20th July 1944*, New York, Ballantine Books, 1971.

Sandoz G., *Ces allemands qui ont défié Hitler, 1933-1945*, Paris, Pygmalion, 1980.

O genocídio

Azéma J.-P., *Les victimes du nazisme*, L'Histoire, n° 118, 1989.

Browning Ch., *Fateful months, Essays on the Emergence of the Final Solution*, New York-Londres, Holmer et Maier, 1985 *Devant l'histoire*, Paris, Éditions du Cerf, 1988.

Ertel Rachel, *Le Shtetl, la bourgade juive de Pologne*, Paris, Payot, 1982.

Friedlander Saül, *Quand vient le souvenir*, Paris, Éditions du Seuil, 1978.

– *Reflets du Nazisme*, Paris, Éditions du Seuil, 1982.

– *Kurt Gerstein ou l'ambiguïté du bien*, Paris, Casterman, 1967.

– *L'antisémitisme nazi*, Paris, Éditions du Seuil, 1971.

Gilbert Martin, *Auschwitz and the Allies*, Londres, Hamlyn Paperbacks, 1983.

Hilberg Raul, *La Destruction des Juifs d'Europe*, Paris, Fayard, 1988. Une somme.

Johnson Paul, *History of the jews*, Londres, Weidenfeld and Nicolson, 1988. Traduction française. Fondamental.

Kaspi André, *Génocide. Les Alliés savaient*, L'Histoire, n° 118, 1989.

Laqueur W., *The Terrible Secret*, New York ; Penguin Books, 1982. Traduction française, *Le terrifiant secret, la solution finale et l'information étouffée*, Paris, Gallimard, 1981.

Leroy-Beaulieu A., *L'Antisémitisme*, Paris, 1987.

Londres Albert, *Le Juif errant est arrivé*, Paris, Union générale d'Éditions, 1975. Remarquable description des ghettos de l'Europe de l'Est avant leur destruction.

Marrus Michael R., *The Holocaust In History*, New York, New American Library, 1987. Excellente synthèse.

Orzeszkowa Eliza, *Meïer Ezofowicz*, Paris, R. Laffont, 1983.

Sorlin P., *L'Antisémitisme allemand*, Paris, Flammarion, 1969.

Wieviorka Annette, *Déportation et génocide*, Paris, Plon, 1992.

Wyman David, *l'Abandon des juifs. Les Américains et la Solution finale*, Paris, Flammarion, 1987.